Marco Castellani   Fausto Gozzi

MATEMATICA DI BASE
per l'Economia e l'Azienda

Esercizi e testi d'esame svolti

Società Editrice
ESCULAPIO

ISBN 978-88-7488-528-2

Impaginazione: Giancarla Panigali
Stampato da: Digital Team - Fano (PU)
Printed in Italy

Società Editrice
ESCULAPIO

Indice

Capitolo 0

Introduzione

Leggete l'introduzione! Contiene molte informazioni sull'organizzazione del testo e alcuni suggerimenti su come utilizzarlo: pensiamo che sia proficuo conoscere queste cose *prima* di affrontare il resto.

Questo libro è nato per rispondere alle necessità degli studenti dei nostri corsi di matematica di base per l'Economia a Roma e L'Aquila che ci chiedono "esercizi, esercizi, esercizi, e con le risposte!" Il libro contiene infatti tutti i problemi da noi proposti nei testi d'esame negli anni 1999 e 2000 (e qualcuno in più) *inclusa la soluzione.* Lo abbiamo scritto pensando alle mille e più domande e obiezioni che ci sono state fatte dagli esaminandi di turno: per questo le soluzioni contengono una serie di piccoli chiarimenti sul come vanno affrontati gli esercizi.

Abbiamo deciso di scrivere il libro con un linguaggio informale, un po' più simile a quello che adoperiamo a lezione senza però perdere né sminuire la correttezza formale del contenuto matematico.

Organizzazione del testo

Capitoli e loro struttura. Il testo è suddiviso in 6 capitoli nell'ordine da noi adottato a lezione e che è il seguente:

1) Insiemi, numeri, equazioni e disequazioni;

2) Successioni e serie;

3) Funzioni di una variabile;

4) Integrali;

5) Vettori e matrici;

6) Funzioni a più variabili.

Ogni capitolo inizia con una breve sezione intitolata "Quali esercizi affronteremo in questo capitolo?" che elenca brevemente il tipo di esercizi che vengono affrontati.

Le sezioni successive iniziano spesso con alcuni sintetici richiami di teoria che possono essere usati (almeno) in due modi:

- il lettore può leggere i richiami di teoria prima di avventurarsi negli esercizi così da "attrezzarsi ben bene in vista della battaglia";
- il lettore può mettersi a lavorare direttamente sugli esercizi utilizzando i richiami di teoria ogni volta che un dubbio o un vuoto di memoria lo assale.

Gli esercizi proposti sono divisi in due categorie:

- Gli *esercizi ben svolti* sono degli esercizi–tipo la cui soluzione viene discussa immediatamente dopo il testo e approfonditamente, cercando di evidenziare il metodo di lavoro, le idee che portano al successo, le trappole che portano alcuni a sbagliare strada.

- Gli *esercizi per casa* dovrebbero essere facili da risolvere, una volta capiti gli esercizi–tipo. La soluzione di tali esercizi è posticipata alla fine del capitolo corrispondente e viene discussa in modo più stringato, evidenziando eventuali difficoltà diverse da quelle dei corrispondenti esercizi ben svolti. Se l'esercizio è completamente analogo a qualche esercizio ben svolto, vengono dati soltanto i risultati.

Faccine, Pericoli, Osservazioni. Abbiamo disseminato qua e là nel testo due simboli grafici.

Faccina: indica una buona notizia per il lettore: un'idea che semplifica le cose, un trucchetto che permette di risolvere in metà tempo un'esercizio, un modo diverso di vedere un concetto che permette di capirlo al volo ...

Pericolo: indica un pericolo per il risolutore di esercizi: un'errore che molti hanno fatto, un possibile equivoco, una trappola logica ...

Li abbiamo messi in evidenza e numerati per poterli richiamare.

Nel testo compaiono altri campi più tradizionali per i testi di matematica: Definizioni, Teoremi, Osservazioni. Le Osservazioni servono a chiarire meglio il significato di un certo risultato di teoria o a buttare lì qualche idea più approfondita sui temi affrontati e possono essere omesse in prima lettura.

Richiami e Numerazione.

- Richiameremo come *sezioni* tutti i paragrafi e sottoparagrafi: per esempio "Sezione 3.1" indica un paragrafo, "Sezione 3.1.1" indica un sottoparagrafo, e così via.
- I campi Faccina, Pericolo, Osservazione, Teorema e Definizione sono anch'essi numerati e pensati come parte di un unico elenco. Il numero che li contraddistingue contiene quelli del capitolo e del paragrafo in cui compaiono e un terzo numero progressivo.

  Per esempio:

  - la Faccina 1.4.5 è contenuta nel Capitolo 1 al Paragrafo 4 (cioè nella Sezione 1.4) ed è il quinto oggetto numerato (esercizi a parte) che appare nella Sezione 1.4;
  - subito dopo la Faccina 1.4.7 appaiono l'Osservazione 1.4.8, il Pericolo 1.4.9, e così via.
- Gli esercizi sono invece numerati separatamente, con numero di capitolo e paragrafo come per gli altri campi, e con un terzo numero progressivo che parte da 1 in ogni diversa sezione. L'esercizio 1.4.7 è così il settimo della Sezione 1.4.
- A volte si rimanda ad una discussione svolta in una sezione: in tal caso si richiama direttamente la sezione specificando eventualmente il numero o lettera se la discussione compare in un capoverso numerato.
- Col simbolo [PSS] indichiamo un richiamo al testo L. Peccati, S. Salsa, A. Squellati, *Matematica per l'Economia e l'Azienda,* Ed. EGEA, Milano, 1999.

Simboli e abbreviazioni. Ecco qui un elenco di simboli e abbreviazioni usati nel corso del testo con il relativo significato[1].

[1] Non ci sono tutti in quanto alcuni sono richiamati all'interno del capitolo dove si usano.

$\exists$	esiste
$\exists!$	esiste ed è unico
$\forall$	per ogni
CE	campo di esistenza
CER	campo di esistenza relativo
FI	forma indeterminata
FD	forma determinata
TC	teoremi sulla continuità
TD	teoremi sulla derivabilità
LI	linearmente indipendenti
LD	linearmente dipendenti
$\log_a$	logaritmo in base a
$\ln$	logaritmo naturale (in base e)
sen	seno
$\cos$	coseno
tg	tangente
arcsen	arcoseno
$\arccos$	arcocoseno
arctg	arcotangente
$f(a^+)$	limite destro di f in a
$f(a^-)$	limite sinistro di f in a
$f'(a^+)$	derivata destra di f in a
$f'(a^-)$	derivata sinistra di f in a
$\nearrow$	crescente
$\nearrow\nearrow$	strettamente crescente
$\searrow$	decrescente
$\searrow\searrow$	strettamente decrescente
$\bullet$	il punto appartiene all'insieme
$\circ$	il punto non appartiene all'insieme

N.B. Gli ultimi due simboli compaiono solamente nelle figure.

Suggerimenti per l'utilizzo

Tenete a portata di mano un libro di teoria! Come prima cosa vi ricordiamo che questo è un libro di esercizi: diamo per scontato che chi lo utilizza abbia già studiato o stia studiando un libro di teoria. Se anche nel testo troverete un breve riepilogo di alcuni argomenti, non siate indotti a pensare che questo sia sufficiente per comprendere la soluzione dei problemi che proponiamo. Spesso faremo esplicito riferimento a [PSS], perché presenta gli argomenti nel nostro stesso ordine, ma un qualsiasi altro testo va bene.

Procuratevi i testi d'esame! Come abbiamo già detto, in questo libro sono contenuti i testi d'esame[2] dati ai nostri corsi di Matematica Generale; tuttavia è buona regola procurarsi quelli assegnati

[2]Essi sono contrassegnati da un'etichetta che riporta luogo e data.

dal docente del proprio corso. Per esempio, i nostri testi d'esame e relative soluzioni (anche quelli successivi alla stesura di questo libro) si trovano al sito

`www.ec.univaq.it/It/ProfPages/Castellani/Esempi.shtml`

Come usare il materiale. Infine vi suggeriamo alcuni dei modi in cui il materiale contenuto in questo libro può essere usato. Potete:

- leggere tutto nell'ordine in cui si presenta, cercando di capire gli esercizi ben svolti e provando subito dopo a svolgere gli esercizi per casa;
- usare il libro come un test, svolgendo qualche esercizio qua e là controllando le soluzioni e servirvi dei vari rimandi per approfondire singoli argomenti o metodi di soluzione;
- studiare approfonditamente solo uno o più capitoli, consultando gli altri al bisogno (per esempio, se volete lavorare sul Capitolo 3 sarete costretti a risolvere equazioni e disequazioni e quindi, eventualmente, a consultare il Capitolo 1 dove queste sono trattate).

Ringraziamenti

Innanzitutto ringraziamo Nadia Gozzi e Giovanni Gronchi per l'aiuto importante che ci hanno dato nella stesura del testo.

Poi ci sono molte persone che ci hanno dato utili suggerimenti per migliorarlo: Gian Italo Bischi, Annalisa Ciampalini, Massimiliano Giuli, Maria Letizia Guerra, Franco Nardini, Matteo Nencini, Angelo Secchi, alcuni studenti dei nostri corsi a Roma e l'Aquila,

Un ringraziamento a Lorenzo Peccati per averci incoraggiato a scrivere questo libro e a Silvia Faggian per averci dato molte idee e suggerimenti sull'impostazione e stesura del testo.

Infine un grazie specialissimo ad Anna D'Ottavio che ci ha letto tutto il testo e ci ha segnalato vari errori.

I commenti sono benvenuti

Nonostante i nostri sforzi e l'aiuto di alcuni amici, sicuramente qualche errore (od omissione) ci sarà sfuggito. Ce ne scusiamo anticipatamente con i lettori assumendoci ogni responsabilità. Saremmo contenti di ricevere commenti, suggerimenti e segnalazioni di errori ai seguenti indirizzi:

`castella@ec.univaq.it`
`gozzi@scec.eco.uniroma1.it`

Capitolo 1

Insiemi, numeri, equazioni e disequazioni

1.1 Quali esercizi affronteremo in questo capitolo?

1. Fare unioni ed intersezioni di semplici sottoinsiemi di $\mathbb{R}$, calcolare massimo, minimo, estremo superiore e inferiore di sottoinsiemi di $\mathbb{R}$.

2. Semplici esercizi di calcolo combinatorio: determinare il numero di permutazioni, combinazioni, disposizioni in semplici esempi realistici. Di conseguenza, determinare la probabilità di eventi semplici.

3. Maneggiare il simbolo di sommatoria e calcolare la somma di progressioni aritmetiche e geometriche e loro combinazioni; applicare tale tecnica al calcolo delle rendite finite.

4. Dimostrare semplici proprietà per induzione.

5. Trovare l'insieme delle soluzioni di equazioni e disequazioni dei tipi descritti sotto:

   - equazioni e disequazioni polinomiali: tutte quelle di primo e secondo grado; quelle di grado superiore al primo tramite annullamento del prodotto o regola dei segni;
   - equazioni e disequazioni polinomiali fratte: tutte quelle di primo e secondo grado; quelle di grado superiore al primo tramite annullamento del prodotto o regola dei segni;
   - equazioni e disequazioni con radici quadrate di polinomi: quelle in cui occorre elevare al quadrato ma scegliendo bene tempo e luogo;
   - equazioni e disequazioni esponenziali e logaritmiche: quelle in cui basta applicare le proprietà dei logaritmi ed esponenziali;
   - equazioni e disequazioni dei tipi sopra descritti contenenti dei valori assoluti;
   - qualche equazione/disequazione un po' speciale in cui si usano le tecniche viste sopra e qualche trucco diabolico.

1.2 Insiemi

Il linguaggio degli insiemi è la base del linguaggio matematico. Occorre quindi, prima di avventurarsi negli esercizi di questo libro, conoscerne almeno i rudimenti. Per tali rudimenti (modi di indicare, rappresentazione geometrica, operazioni di unione, intersezione, differenza, prodotto cartesiano e loro proprietà) rimandiamo a [PSS].

In questo capitolo ci occuperemo quasi soltanto[1] di particolari insiemi: i sottoinsiemi di $\mathbb{R}$. In [PSS] sono elencati i sottoinsiemi di $\mathbb{R}$ più usati ed i modi di indicarli: $\mathbb{N}$, $\mathbb{Z}$, $\mathbb{Q}$, intervalli aperti, chiusi, semiaperti (o semichiusi), semirette aperte e chiuse. Saranno questi gli ingredienti di base che useremo. Per evitare possibili fraintendimenti ricordiamo comunque che

[1] Nell'Esercizio 1.2.5, facendo il prodotto cartesiano salteranno fuori dei sottoinsiemi di $\mathbb{R}^2$.

- dati $a, b \in \mathbb{R}$ il simbolo $[a, b]$ (rispettivamente (a, b), $[a, b)$, $(a, b]$, indica l'intervallo chiuso (rispettivamente aperto, aperto a destra, aperto a sinistra) e limitato di estremi a e b.
- Dato $a \in \mathbb{R}$ il simbolo $[a, +\infty)$ (rispettivamente $(a, +\infty)$) indica la semiretta positiva chiusa (rispettivamente aperta) di origine a.
- Dato $a \in \mathbb{R}$ il simbolo $(-\infty, a]$ (rispettivamente $(-\infty, a)$) indica la semiretta negativa chiusa (rispettivamente aperta) di origine a.
- Le semirette sono anch'esse intervalli ma non limitati.
- Il simbolo $(-\infty, +\infty)$ indica la retta reale $\mathbb{R}$ ed è anch'essa un intervallo.
- A volte (nei Capitoli 2 e 3) ci farà comodo considerare intervalli illimitati in cui gli infiniti sono compresi (tipo $[0, +\infty]$ o $[-\infty, +\infty]$). Si tratta di utili artifici matematici che chiariremo al bisogno.

Inoltre, parlando sempre di sottoinsiemi di $\mathbb{R}$, ci servirà conoscere il significato di:

- insieme limitato, superiormente limitato e inferiormente limitato;
- massimo, minimo, estremo superiore ed estremo inferiore di un sottoinsieme A di $\mathbb{R}$.

Tali importanti concetti sono rievocati e definiti in [PSS]. Ricordiamo qui che si indicano con

$$\max A, \ \min A, \ \sup A, \ \inf A$$

rispettivamente il massimo, il minimo, l'estremo superiore e l'estremo inferiore di un sottoinsieme (non vuoto) A di $\mathbb{R}$.

Esercizi ben svolti

Esercizio 1.2.1 Scrivere come unione di intervalli disgiunti l'insieme

$$A = A_1 \cap A_2$$

dove

$$A_1 = [0, 1) \cup [2, 3] \qquad \text{e} \qquad A_2 = \left(\frac{1}{2}, 2\right].$$

Datene poi una rappresentazione grafica.

Soluzione. Occorre fare un'intersezione di sottoinsiemi di $\mathbb{R}$ e possiamo affrontare l'esercizio in due diverse maniere. Utilizzando il *disegno* conviene rappresentare i due insiemi come in Figura 1.1 su due rette parallele una sotto l'altra e poi considerare le parti comuni tracciandole su una terza retta posta sotto le altre due.

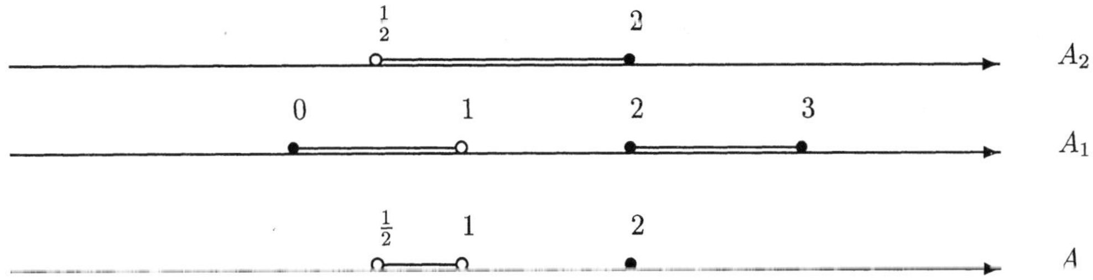

Figura 1.1

Se invece vogliamo utilizzare il *calcolo simbolico* possiamo sfuttare le proprietà delle operazioni tra insiemi. In particolare qui si può usare la proprietà distributiva dell'intersezione rispetto all'unione che afferma

$$(B \cup C) \cap D = (B \cap D) \cup (C \cap D),$$

ottenendo:

$$A_1 \cap A_2 = \{[0,1) \cup [2,3]\} \cap \left(\frac{1}{2}, 2\right] = \left\{[0,1) \cap \left(\frac{1}{2}, 2\right]\right\} \cup \left\{[2,3] \cap \left(\frac{1}{2}, 2\right]\right\} = \left(\frac{1}{2}, 1\right) \cup \{2\}.$$

Scegliete voi il metodo più semplice.

Osservazione 1.2.1 Come mai vi abbiamo chiesto di scrivere il nostro insieme come unione di intervalli disgiunti? Il motivo è che in tal modo se ne può fare agevolmente una rappresentazione grafica. D'ora in poi, ogni volta che avremo a che fare con sottoinsiemi di $\mathbb{R}$ li scriveremo sempre (ove possibile) come unione di intervalli disgiunti. ■

Esercizio 1.2.2 Trovare massimo e minimo (se esistono), estremo superiore ed inferiore dell'insieme

$$A = (0,1) \cup \left[2, \frac{5}{2}\right) \cup \{3\}.$$

Soluzione. Da dove cominciare? Sicuramente rappresentando l'insieme A come in figura qui sotto.

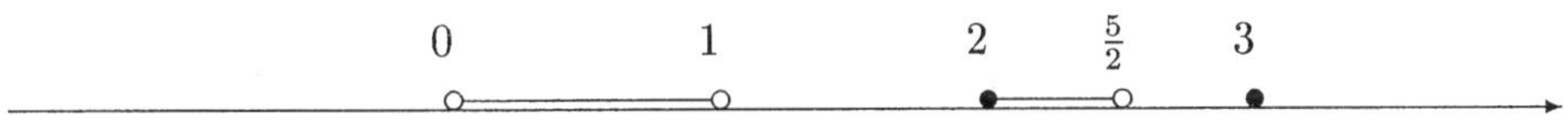

Figura 1.2

E poi? Beh, cerchiamo innanzitutto di trovare se ci sono il $\max A$ e il $\min A$ che sono le cose più facili. Ricordiamoci bene il significato di ciò che cerchiamo[2]. Noi sappiamo che il $\max A$ ha le seguenti proprietà:

- sta in A;
- è maggiore o uguale di tutti gli altri elementi di A, cioè per ogni $a \in A$ si ha $\max A \geq a$.

Per il minimo è la stessa cosa, solo che il $\min A$ è minore o uguale degli altri elementi di A.

Graficamente cercare il $\max A$ significa cercare (se c'è) un punto di A più grande (cioè più a destra) di tutti gli altri punti di A. Analogamente per il $\min A$ si cerca un punto più piccolo (cioè più a sinistra) di tutti gli altri punti di A. Se A fosse un insieme finito, tali punti esisterebbero di sicuro: purtroppo A è infinito e questo significa che $\max A$ e $\min A$ potrebbero non esistere.

A questo punto ragioniamo sulla figura 1.2 in cui abbiamo tracciato l'insieme A. Trascriviamo un dialogo, immaginario ma non troppo, tra i due autori in cerca della soluzione. Useremo alcune altre volte nel seguito del testo questo stile di esposizione.

FG: Ecco l'insieme A. Buttiamoci con la penna tutti sulla destra, in modo da superare A.

MC: Giusto! Ora tiriamo piano piano la penna verso sinistra, lungo la retta reale, fino a che tocchiamo (o sfioriamo) A. Arriviamo al punto $x = 3$. Possiamo dire che questo è il confine destro di A.

FG: Punti di A più a destra di 3 non ci sono. Quindi se un massimo ci sta, deve essere proprio 3.

MC: Ma $3 \in A$ quindi $3 = \max A$ poiché gode delle proprietà desiderate. E quindi abbiamo trovato anche il $\sup A$ poiché quando ci sta il $\max A$ esso è uguale al $\sup A$.

FG: Proviamo a fare lo stesso dall'altra parte: si arriva a sfiorare A nel punto 0.

MC: Già! Ma 0 non appartiene ad A e quindi non può essere il $\min A$. D'altronde se prendo un punto $x > 0$ quello non può essere $\min A$ in quanto non può essere $\leq$ di tutti i punti di A.

FG: Vero, ad esempio se scegliamo $x = \frac{1}{10000}$ abbiamo che $y = \frac{1}{20000}$ sta in A e $y < x$. Quindi non esiste $\min A$.

[2] Cosa da fare sempre, anche a costo di passare per rompiscatole.

MC: Però deve esistere $\inf A$. E altri non può essere che 0 poiché 0 è minore o uguale di ogni elemento di A ed inoltre tutti i minoranti di A sono minori di 0.

In sintesi

- $\max A = \sup A = 3$,
- non esiste $\min A$ e $\inf A = 0$. ∎

Esercizio 1.2.3 Trovare massimo e minimo (se esistono), estremo superiore e inferiore dell'insieme

$$A = \left(\frac{1}{2}, 1\right) \cup \mathbb{N}.$$

Soluzione. L'insieme A non è superiormente limitato perché $\mathbb{N}$ non lo è (ci sono numeri naturali grandi a piacere: non possiamo "buttarci a destra" di $\mathbb{N}$ come abbiamo fatto con l'insieme A del precedente esercizio).

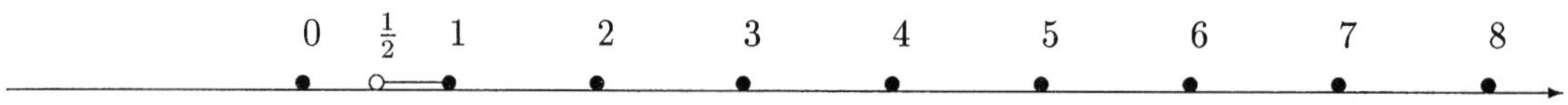

Figura 1.3

Quindi, in tal caso, per definizione, si ha

$$\nexists \max A \qquad \text{e} \qquad \sup A = +\infty.$$

Ragionando invece come *MC* e *FG* nel precedente esercizio si trova che, "buttandosi a sinistra" di A, $0 = \min A = \inf A$. ∎

Esercizi per casa

Esercizio 1.2.4 Scrivere come unione di intervalli disgiunti e rappresentare graficamente l'insieme

$$A = A_1 \cap A_2 \cap A_3$$

dove

$$A_1 = [-3, 1) \cup [2, 7], \qquad A_2 = \left(\frac{1}{2}, 5\right] \qquad A_3 = (-\infty, 1] \cup \{4\}.$$

Esercizio 1.2.5 Dati gli insiemi

$$A = [0, 1] \cup \{3, 4\} \qquad \text{e} \qquad B = \left[\frac{1}{2}, 3\right) \cup \left(\frac{7}{2}, 5\right]$$

trovare $A \cup B$, $A \cap B$, $A \setminus B$, $B \setminus A$, A^c, B^c, $A \times B$ e rappresentarli in $\mathbb{R}$ ed $\mathbb{R}^2$. Stessa cosa scegliendo $A = \mathbb{N}$ e B l'insieme dei numeri pari.

Esercizio 1.2.6 Trovare massimo e minimo (se esistono), estremo superiore e inferiore degli insiemi

$$A = (-1, 1) \cup \mathbb{Z}, \qquad B = (-\infty, 1), \qquad C = \left\{\frac{1}{n} \ : \ n \in \mathbb{N}\right\}.$$

1.3 Calcolo combinatorio, sommatorie, induzione

Raggruppiamo esercizi su tre argomenti "vicini" ai numeri naturali e collegati tra loro

1.3.1 Calcolo combinatorio

Per quanto riguarda le definizioni e i concetti di base del calcolo combinatorio si veda [PSS]. Ricordiamo i simboli che useremo e il loro significato matematico.

- Le *permutazioni semplici di n elementi*, che scriveremo
$$P_n = n!$$
rappresentano il numero di possibili riordinamenti di n oggetti distinti.

- Le *permutazioni con ripetizione di n elementi divisi in h gruppi di cardinalità $k_1, \dots, k_h$*, che scriveremo
$$P_{k_1,\dots,k_h} = \frac{n!}{k_1! \cdot \ldots \cdot k_h!},$$
rappresentano il numero di possibili riordinamenti di n oggetti di cui k_1 uguali tra loro e distinti dagli altri, k_2 uguali tra loro e distinti dagli altri, ... ,k_h uguali tra loro e distinti dagli altri, con $k_1 + k_2 + \ldots + k_h = n$.

- Le *combinazioni semplici di n elementi a gruppi di k*, che scriveremo
$$C_{n,k} = \binom{n}{k} = \frac{n!}{k!(n-k)!},$$
rappresentano il numero dei sottoinsiemi, costituiti da k elementi distinti, di un insieme di n elementi distinti (qui $k \leq n$).

- Le *disposizioni semplici di n elementi a gruppi di k*, che scriveremo
$$D_{n,k} = \frac{n!}{(n-k)!} = k! \cdot C_{n,k},$$
rappresentano il numero dei riordinamenti di k elementi distinti, scelti in un insieme di n elementi distinti (qui $k \leq n$).

- Le *disposizioni con ripetizione di n elementi a gruppi di k*, che scriveremo
$$D^*_{n,k} = n^k,$$
rappresentano il numero dei riordinamenti di k elementi, non per forza distinti, scelti in un insieme di n elementi distinti (qui k può anche essere $> n$).

Fare calcolo combinatorio significa sostanzialmente contare il numero di elementi di un insieme ed è questo che vi chiederemo di fare negli esercizi, cercando di prendere situazioni realistiche (con un po' di fantasia).

Come conviene agire per risolvere tali problemi? La prima cosa da fare è *vedere se la richiesta dell'esercizio si adatta ad uno dei casi standard ricordati sopra* (vi tranquillizziamo dicendo che sarà quasi sempre così). Se così non è, allora occorre provare a mettere insieme i suddetti concetti standard, sperando di non prendere cantonate.

Faccina 1.3.1 Cerchiamo di orientarci tra i concetti standard sottolineando alcune differenze tra essi. Le elenchiamo qui sotto in un modo che ci pare utile ai nostri scopi anche se un po' rozzo (uno stilista della matematica potrebbe, non a torto, aver qualcosa da obiettare):

- le permutazioni e le disposizioni richiedono un riordinamento degli oggetti considerati mentre le combinazioni no (domandiamoci quindi se conta l'ordine nel nostro caso);
- le combinazioni e le disposizioni richiedono due parametri n e k, mentre le permutazioni semplici ne richiedono uno solo (domandiamoci quindi quanti parametri abbiamo nel nostro caso);
- le permutazioni riguardano un problema di puro riordinamento di oggetti (non si interessano a estrarre sottoinsiemi); le combinazioni pensano solo ad estrarre sottoinsiemi senza curarsi dell'ordine; le disposizioni fanno entrambe le cose e per questo sono di più.

Inoltre, in questi esercizi, è spesso richiesto di calcolare la probabilità di un certo evento. Non viene richiesta una conoscenza del calcolo delle probabilità: infatti si considerano dei cosiddetti "esperimenti aleatori" in cui ogni risultato è equiprobabile (possiamo pensare ad un'estrazione del lotto in cui non ci sono informazioni in anticipo sui risultati). In questo contesto è naturale definire la probabilità $\mathbb{P}$ di un evento come:

$$\mathbb{P} = \frac{\text{numero dei casi favorevoli all'evento}}{\text{numero dei casi possibili}} \in [0,1] \tag{1.1}$$

con l'accordo che gli eventi certi hanno probabilità $\mathbb{P} = 1$ e quelli impossibili $\mathbb{P} = 0$. Abbiamo dunque necessità di "contare" i casi favorevoli ed i casi possibili.

Esercizi ben svolti

Esercizio 1.3.1 [Roma 18/01/2000 n.4] Calcolare quanti sono i possibili modi di scegliere 5 carte in un mazzo di 52. Supponendo che vi siano 26 carte rosse e 26 nere, qual è la probabilità che tali carte siano tutte rosse? E la probabilità che abbiano tutte lo stesso colore?

Soluzione. Si tratta di rispondere a tre domande.

- Iniziamo dalla prima domanda: calcolare quanti sono i possibili modi di scegliere 5 carte in un mazzo di 52. Seguendo il suggerimento ad inizio paragrafo, cerchiamo di capire innanzitutto se la richiesta dell'esercizio si adatta ad uno dei casi standard. Se ricordate il benevolo consiglio in Faccina 1.3.1, osserverete subito che non è chiesto di contare riordinamenti: ci è chiesto di contare i modi di scegliere 5 carte senza cenno al loro ordinamento (va detto, per onestà, che la frase *"quanti sono i possibili modi di scegliere"* è un po' ambigua e meriterebbe di essere meglio specificata: noi in mancanza di specificazione stabiliamo che l'ordine non conti). Il nostro diventa allora un caso "da manuale": i modi di scegliere 5 carte in un mazzo di 52 sono esattamente le combinazioni semplici di 52 oggetti a gruppi di 5, cioè

$$C_{52,5} = \binom{52}{5} = \frac{52!}{5!47!} = 2.598.960.$$

  Non vi preoccupate per i calcoli: non vi sarà chiesto di farli a mente!

- Seconda domanda. La probabilità che le 5 carte scelte siano tutte rosse è il rapporto tra il numero dei casi favorevoli e il numero dei casi possibili. I casi favorevoli sono tutti i modi di scegliere 5 carte rosse tra le 26 esistenti nel mazzo, quindi, ragionando come nella prima domanda

$$C_{26,5} = \binom{26}{5} = \frac{26!}{5!21!} = 65.780.$$

  I casi possibili li abbiamo visti sopra e sono $C_{52,5}$. Quindi, divertendoci a semplificare più che si può, abbiamo:

$$\mathbb{P} = \frac{\binom{26}{5}}{\binom{52}{5}} = \frac{\frac{26!}{5!21!}}{\frac{52!}{5!47!}} = \frac{26 \times 25 \times 24 \times 23 \times 22}{52 \times 51 \times 50 \times 49 \times 48} = \frac{1}{8} \cdot \frac{23 \times 22}{51 \times 49} = \frac{506}{19992} \approx 0,025 = 2,5\%.$$

  Ci sovviene qui il dubbio che per alcuni lettori non sia poi così immediato capire che i casi favorevoli siano tutti i modi di scegliere 5 carte rosse tra le 26 esistenti nel mazzo. Proviamo ad aiutarli tracciando il dialogo che noi abbiamo fatto.

  MC: L'esperimento aleatorio che stiamo descrivendo è la pesca di 5 carte (mettiamo di prenderle tutte insieme tanto l'ordine non conta).

  FG: Giusto! Noi vogliamo contare i casi favorevoli: cioè i casi in cui le 5 carte pescate sono tutte rosse. Come possiamo contarli?

  MC: Diciamo che nel mazzo ci sono 26 carte rosse. Quindi i casi favorevoli avvengono quando le 5 carte le pesco tutte tra le 26.

  FG: Perfetto! Allora i casi favorevoli devono essere i modi di scegliere 5 carte tra quelle 26.

MC: Bravissimo! Allora si ragiona come nella prima domanda e si ottengono proprio $C_{26,5}$ casi favorevoli.

- Terza domanda. La probabilità che le carte abbiano tutte lo stesso colore è il doppio della precedente. Infatti il numero dei casi possibili è lo stesso di prima, mentre il numero dei casi favorevoli è doppio (perché le carte potrebbero anche essere tutte nere): la probabilità che abbiano tutte lo stesso colore è quindi

$$\mathbb{P} \approx 0,050 = 5,0\%.$$

cioè il doppio della precedente. ∎

Esercizio 1.3.2 [Roma 14/03/2000 n.4] Calcolare quanti sono i possibili modi di anagrammare la parola *"rendita"*. E la parola *"econometria"*? Qual è la probabilità che un anagramma di *"rendita"* preso a caso inizi anch'esso con la lettera *"r"*?

Soluzione. Anche qui dobbiamo rispondere a tre domande. Rispondiamo alle prime due insieme, dato che sono molto simili.

- Gli anagrammi sono i classici esempi di permutazioni (semplici o con ripetizione). Basta pensare che per fare un anagramma dobbiamo solo riordinare e non estrarre sottoinsiemi: questo ci confina tra le permutazioni. I modi di anagrammare la parola *"rendita"* sono esattamente le permutazioni semplici di 7 oggetti (poiché nessuna lettera si ripete) e quindi 7! = 5040. Per quanto riguarda la parola *"econometria"* invece si tratta di permutazioni con ripetizione di 11 oggetti tra cui 2 gruppi di 2 (le *"e"* e le *"o"*) uguali tra loro e gli altri distinti, cioè

$$\mathbb{P}_{2,2,1,1,1,1,1,1,1} = \frac{11!}{2!2!} = 9.979.200.$$

- La probabilità $\mathbb{P}$ che un anagramma di *"rendita"* scelto a caso inizi con la lettera *"r"* è data dal rapporto tra il numero dei casi favorevoli e il numero dei casi possibili. I casi favorevoli sono tutti i modi di permutare le altre 6 lettere e quindi 6! (se questo non vi sembra immediato provate a capirlo imitando il dialogo degli autori dell'esercizio precedente). I casi possibili sono 7!. Quindi

$$\mathbb{P} = \frac{6!}{7!} = \frac{1}{7} \approx 14,3\%.$$

  Possiamo arrivare alla soluzione più velocemente se contiamo in un modo diverso e più astuto (ma più delicato dal punto di vista probabilistico) i casi possibili ed i casi favorevoli. Infatti possiamo osservare che le lettere che possono stare all'inizio dell'anagramma sono 7 (i casi possibili) mentre quella che vorremmo è una sola, la *"r"* (i casi favorevoli). Considerando come equiprobabili le diverse lettere all'inizio di parola (e qui sta la delicatezza e l'astuzia del ragionamento) otteniamo $\mathbb{P} = \frac{1}{7}$ come prima. ∎

Esercizio 1.3.3 [Roma 23/06/2000 n.2] Calcolare quanti sono i possibili modi di scegliere 5 carte in un mazzo di 40 (gioco del *briscolone*). Supponendo che vi siano 10 carte per ogni seme (i semi sono 4: ori, spade, bastoni, coppe), qual è la probabilità che tali carte siano tutte dello stesso seme? E la probabilità che una carta sia l'asso di bastoni?

Soluzione. Anche qui tre domande.

- La prima domanda è analoga a quella dell'Esercizio 1.3.1. I modi sono esattamente le combinazioni semplici di 40 oggetti a gruppi di 5, cioè

$$C_{40,5} = \binom{40}{5} = \frac{40!}{5!35!} = \frac{40 \cdot 39 \cdot 38 \cdot 37 \cdot 36}{5 \cdot 4 \cdot 3 \cdot 2 \cdot 1} = 13 \cdot 38 \cdot 37 \cdot 36 = 658008.$$

- Seconda domanda. Anche questa domanda è analoga alla terza domanda dell'Esercizio 1.3.1, perciò andiamo più spediti. La probabilità che le 5 carte scelte siano tutte dello stesso seme è il rapporto tra il numero dei casi favorevoli e il numero dei casi possibili. Conosciamo già i casi possibili. I casi favorevoli affinché escano tutte le carte di un solo seme fissato (spade, ad esempio) sono tutti i modi di scegliere 5 carte di un seme tra le 10 esistenti nel mazzo, quindi

$$C_{10,5} = \binom{10}{5} = \frac{10!}{5!5!} = \frac{10 \cdot 9 \cdot 8 \cdot 7 \cdot 6}{5 \cdot 4 \cdot 3 \cdot 2 \cdot 1} = 252.$$

Poiché i semi sono 4, il numero di casi favorevoli all'uscita di 5 carte dello stesso seme è $4 \cdot C_{10,5} = 1008$; quindi

$$\mathbb{P} = \frac{4 \cdot \binom{10}{5}}{\binom{40}{5}} = 4 \cdot \frac{\frac{10!}{5!5!}}{\frac{40!}{5!35!}} = 4 \cdot \frac{10 \cdot 9 \cdot 8 \cdot 7 \cdot 6}{40 \cdot 39 \cdot 38 \cdot 37 \cdot 36} = \frac{9 \cdot 8 \cdot 7}{39 \cdot 38 \cdot 37} \cdot \frac{1}{6} = \frac{14}{9139} \approx 1.5319 \times 10^{-3}.$$

cioè circa 0.15%. Notate che tale probabilità è molto più bassa di quella dell'analogo quesito dell'Esercizio 1.3.1. Ne sapreste trovare una giustificazione intuitiva?

- La terza domanda è invece un po' diversa. Il problema è contare il numero dei casi favorevoli, poiché i casi possibili sono noti dalla prima risposta. I casi favorevoli sono i casi in cui una delle carte pescate è l'asso di bastoni mentre le altre 4 possono essere qualunque, *ma non l'asso di bastoni stesso*. Ne segue allora che i casi favorevoli devono essere tutti i modi di scegliere 4 carte da un mazzo di 39. Qui il ragionamento può creare qualche difficoltà: vediamo di aiutarci col dialogo tra gli autori:

MC: L'esperimento aleatorio che stiamo descrivendo è la pesca di 5 carte (mettiamo di prenderle tutte insieme tanto l'ordine non conta).

FG: Giusto! Noi vogliamo contare i casi favorevoli: cioè i casi in cui nelle 5 carte pescate ci sta sempre l'asso di bastoni. Come possiamo contarli?

MC: Diciamo che nel mazzo ci sono 40 carte. Ne pesco 5: una deve essere per forza l'asso di bastoni mentre le altre sono libere.

FG: Libere, ma non del tutto! Perché quelle 4 carte libere non possono essere l'asso di bastoni e quindi i casi favorevoli devono essere i modi di scegliere 4 carte tra quelle 39 del mazzo che restano dopo aver tolto l'asso di bastoni.

MC: Mitico! Allora si ragiona come nella prima domanda e si ottengono proprio $C_{39,4}$ casi favorevoli.

La probabilità che una carta sia l'asso di bastoni è allora

$$\mathbb{P} = \frac{\binom{39}{4}}{\binom{40}{5}} = \frac{\frac{39!}{4!35!}}{\frac{40!}{5!35!}} = \frac{39!}{40!} \cdot \frac{5!}{4!} = \frac{5}{40} = \frac{1}{8} = 12,5\%$$

che non è poco! ∎

Esercizio 1.3.4 Calcolare la probabilità di fare 13 (o 12, o 11) al totocalcio, giocando 1 colonna.

Soluzione. Se supponiamo di non avere informazioni sui risultati dobbiamo "contare" i casi favorevoli ed i casi possibili. I casi possibili sono 3^{13}. Si tratta infatti di disporre 3 oggetti (i segni 1,X,2) in 13 caselle (ovviamente potendoli ripetere). È una disposizione con ripetizione di 3 oggetti di classe 13. Analizziamo il numero dei casi favorevoli.

- Per il 13 *uno solo*: la colonna giocata.

- Per il 12 occorre contare in quanti modi una colonna può dare 12. Diciamo che siamo "liberi" di sbagliare solamente un risultato. In quanti modi possiamo non indovinare il pronostico? Scegliamo a caso una partita delle 13 (questo succede in $C_{13,1} = \binom{13}{1}$ modi): possiamo sbagliare il pronostico della partita in due modi diversi (ad esempio: se il segno giusto è 1 possiamo mettere X oppure 2). Quindi otteniamo un totale di $2 \cdot C_{13,1} = 26$ casi favorevoli.

- Analogamente per fare 11 siamo "liberi" di sbagliare due e due soli risultati. In quanti modi possiamo farlo? Possiamo scegliere due partite a caso delle 13 e poi sbagliare ciascun risultato in due modi diversi. Fissate due partite, i modi di sbagliare sono le disposizioni con ripetizione di 2 oggetti a gruppi di 2 e quindi $D^*_{2,2} = 2^2 = 4$. Quindi otteniamo un totale di $2^2 \cdot C_{13,2} = 242$ casi favorevoli.

Quindi

$$\mathbb{P} = \begin{cases} 3^{-13} & \text{per il 13,} \\ 26 \cdot 3^{-13} & \text{per il 12,} \\ 242 \cdot 3^{-13} & \text{per l'11.} \end{cases}$$

Notate che abbiamo contato i casi favorevoli pensando a quante partite potevamo sbagliare invece di pensare a quelle da azzeccare. La cosa qui funziona bene perché c'è un modo solo di azzeccare una partita e due modi di sbagliarla.

⚠ **Pericolo 1.3.2** Un errore tipico in questo esercizio è di pensare che i casi favorevoli per il 12 siano semplicemente $C_{13,12}$ e cioè i modi di scegliere sottoinsiemi di 12 partite (quelle da azzeccare) da un insieme di 13. Così facendo si perde di vista il fatto che c'è un modo solo di azzeccare una partita e due modi di sbagliarla. Meditate! ■

Esercizio 1.3.5 In una cabina telefonica non funziona il tasto n.2, e neppure il n.4. Un "povero" utente vuole chiamare un numero di Roma di 8 cifre. Quanti numeri può effettivamente chiamare?

Soluzione. L'utente deve comporre 06 e poi il numero di 8 cifre. I possibili numeri di 8 cifre componibili senza usare il 2 e il 4 sono le disposizioni con ripetizione di 8 oggetti a gruppi di 8, per cui 8^8. Tuttavia la prima cifra (per ora?) non può essere 0 o 1, quindi in realtà ha 6 possibilità di scelta per la prima cifra e 8^7 possibilità per le successive. In totale fanno $6 \cdot 8^7$ possibilità. Perché un prodotto? Perché per ogni prima cifra abbiamo 8^7 modi di scegliere le successive. Meditate! ■

Esercizio 1.3.6 In un calcolatore la password di accesso è di 8 caratteri.

1. Quante sono le password costruibili con caratteri alfabetici (26 lettere)?
2. E quante nel caso in cui i caratteri siano alfanumerici (26+10 caratteri)?
3. E quante nel caso in cui i caratteri siano alfanumerici e la password sia "case sensitive" (cioè minuscole e maiuscole siano considerati caratteri distinti)?
4. E quante se 2 caratteri devono essere numerici per forza, gli altri alfabetici e la password non è "case sensitive"?
5. E quante se *almeno* 2 caratteri devono essere numerici e *almeno* 4 alfabetici?

Soluzione.

1. Si tratta di disposizioni con ripetizione e quindi 26^8 password.
2. I caratteri sono ora $36 = 26 + 10$. Ragioniamo come in 1: in totale 36^8 password.
3. I caratteri sono ora $62 = 26 \cdot 2 + 10$, e quindi un totale di 62^8 password.
4. 2 caratteri sono numerici: per essi ho 10^2 possibilità di scelta; 6 caratteri sono alfabetici: per essi ho 26^6 possibilità. Se l'ordine fosse fissato (come nel caso dei numeri di telefono, Esercizio 1.3.5) avremmo un totale di $10^2 \cdot 26^6$ chiavi d'accesso. Ma in realtà dobbiamo anche scegliere la posizione in cui mettere i caratteri numerici. Per ogni posizione prescelta dei due caratteri numerici (all'inizio oppure alla fine oppure altrove) otteniamo ogni volta $10^2 \cdot 26^6$ differenti password. Le scelte possibili qui sono $\binom{8}{2}$ (i possibili sottoinsiemi di cardinalità 2 delle 8 caselle da riempire) e dunque il totale è

$$\binom{8}{2} \cdot 10^2 \cdot 26^6.$$

5. Si ragiona come nel punto 4. Solo che qui è più dura perché vi sono più casi da analizzare. Vi possono essere

   - 2 numeri e 6 lettere: totale $\binom{8}{2} \cdot 10^2 \cdot 26^6$,
   - 3 numeri e 5 lettere: totale $\binom{8}{3} \cdot 10^3 \cdot 26^5$,
   - 4 numeri e 4 lettere: totale $\binom{8}{4} \cdot 10^4 \cdot 26^4$.

   Il totale si trova sommando questi tre casi. Usando il simbolo di sommatoria possiamo scrivere

$$\sum_{i=0}^{2} 10^{2+i} \cdot 26^{4+2-i} \cdot \binom{8}{2+i},$$

   di cui vi risparmiamo il calcolo. ■

Esercizi per casa

Esercizio 1.3.7 [Roma 22/09/2000 n.2] Un hacker tenta di indovinare la password di entrata (formata da 8 caratteri, lettere o numeri) di un sistema informatico. Egli, tramite uno "sniffer" (programmino che legge le password altrui) ne ha carpito le prime 5 lettere e fa 1000 tentativi a caso per trovare le altre (dopodiché viene scoperto). Dite qual è la probabilità che l'hacker riesca a "entrare" prima di essere scoperto. Fate la stessa cosa nel caso di password di 10 caratteri.

Esercizio 1.3.8 Calcolare la probabilità di indovinare (al totocalcio) giocando 1 colonna:

- esattamente k pronostici,
- almeno k pronostici,
- al massimo k pronostici,

con $k \in \{0, 1, \ldots, 13\}$.

Esercizio 1.3.9 In una cabina telefonica non funziona il tasto n.2, e neppure il n.4. Qual è la probabilità che un numero a caso di Roma sia componibile dalla cabina?

1.3.2 Sommatorie

Gli esercizi che seguono si propongono di verificare la dimestichezza del lettore con il simbolo di sommatoria e le sue proprietà. Ciò che occorre conoscere per potersi cimentare con tali esercizi è contenuto in [PSS]: si tratta sostanzialmente della definizione del simbolo di sommatoria e delle sue proprietà, delle definizioni di progressione aritmetica e geometrica e delle formule che forniscono le loro somme. Queste ultime formule saranno utili per calcolare il valore di rendite fisse. Iniziamo con alcuni esercizi di pura applicazione delle proprietà delle sommatorie e poi buttiamoci sulle rendite.

Esercizi ben svolti

Esercizio 1.3.10 Calcolare il valore della sommatoria (dipendente da n)

$$\sum_{k=7}^{n} 2^{k+3}$$

dopo aver sostituito in modo opportuno l'indice k.

Soluzione. Si tratta di fare un cambio di indice "opportuno", cioè tale che trasformi tale sommatoria in una di cui sappiamo calcolare la somma. Il termine generale è quello di una progressione geometrica di ragione $q = 2$: infatti il rapporto tra un termine dato 2^{k+3} ed il successivo $2^{(k+1)+3} = 2^{k+4}$ è sempre costante uguale a 2. Possiamo dire che quando il termine generale si presenta sotto forma di potenza in cui la base è fissa e l'esponente è un polinomio di grado 1 in k, allora si tratta del termine generale di una progressione geometrica.

Ora, per quanto riguarda le progressioni geometriche, sappiamo che

$$\sum_{h=0}^{N} q^h = \frac{q^{N+1}-1}{q-1}. \tag{1.2}$$

Se vogliamo ricondurci a questa formula tramite un cambio di indice, l'idea migliore è certamente quella di fare in modo che il nuovo indice parta da 0 invece che da 7. Scegliamo allora il nuovo indice $h = k - 7$ cosicché quando $k = 7$ si ha $h = k - 7 = 7 - 7 = 0$.

Faccina 1.3.3 Apriamo una parentesi: ricordiamo la formula generale del cambio di indice

$$\sum_{k=k_0}^{n} a_k = \sum_{h=k_0+p}^{n+p} a_{h-p}.$$

Per ricordarcela meglio possiamo fare così: scegliamo $h = k + p$ (dove p è fissato) dopodiché dobbiamo modificare di conseguenza *tre cose: l'indice di partenza, l'indice di arrivo* e *il termine generale* che prima erano scritti rispetto a k e ora vanno riscritti rispetto ad h. Facciamo questo semplicemente usando $h = k + p$:

- osserviamo che se $k = k_0$ allora $h = k_0 + p$, quindi l'indice di partenza è $k_0 + p$;
- osserviamo che se $k = n$ allora $h = n + p$, quindi l'indice di arrivo è $n + p$;
- osserviamo che $h = k + p$ implica $k = h - p$ e quindi il termine generale è $a_k = a_{h-p}$.

Ovviamente tale formula ci dice soltanto come si riscrive la sommatoria dopo il cambio di indice; non dice come va scelto il cambio e quando è opportuno farlo. Questo dipende dal singolo problema. Nel nostro caso la scelta viene fatta per ottenere indice di partenza 0 in maniera da poter poi applicare la formula nota. Chiudiamo la parentesi e andiamo avanti con il nostro problema.

Ponendo $h = k - 7$, si ha

$$\sum_{k=7}^{n} 2^{k+3} = \sum_{h=0}^{n-7} 2^{h+10}.$$

ed il primo passo è fatto. Non possiamo ancora usare la formula (1.2) poiché il termine generale è 2^{h+10} e non 2^h. Tuttavia, dalle proprietà delle potenze sappiamo che $2^{h+10} = 2^h \cdot 2^{10}$, quindi, raccogliendo 2^{10} a fattor comune nella sommatoria otteniamo

$$\sum_{h=0}^{n-7} 2^{h+10} = \sum_{h=0}^{n-7} 2^{10} \cdot 2^h = 2^{10} \sum_{h=0}^{n-7} 2^h$$

e, applicando finalmente la formula (1.2), ricaviamo

$$\sum_{h=0}^{n-7} 2^{h+10} = 2^{10} \frac{2^{n-6}-1}{2-1} = 2^{n+4} - 2^{10}.$$

Notate per inciso che n deve essere maggiore o uguale a 7 affinché il problema abbia senso. ∎

Esercizio 1.3.11 [Roma 18/01/2000 n.5] Calcolare

$$\sum_{k=4}^{n} \left(3k + 2^{k+1}\right).$$

Soluzione. Questo esercizio non risulta facile ad una prima occhiata per l'usuale ripulsa che il simbolo di sommatoria suscita in molti studenti e perché dovremo usare varie proprietà e formule. Magari tali proprietà e formule sono anche note al lettore ma non è ovvio in che ordine applicarle. E poi bisogna stare attenti agli indici nella sommatoria: un lavorone! Forse per questo motivo solo pochi studenti lo hanno affrontato all'esame [3].

Dobbiamo però rassicurare il lettore: si tratta soprattutto di ragionare facendosi le domande giuste. Vediamo.

[3] Altri, solo alla vista di questo esercizio hanno detto: "non ce la farò mai!"

MC: Questa somma è un po' indigesta: da dove cominciamo?

FG: Beh, non perdiamoci d'animo e cerchiamo di andare con ordine. Esaminiamo questa somma.

- L'indice parte da 4 invece che da 0 o 1, quindi probabilmente converrà, prima o poi, fare un cambio di indice.
- Il termine generale è la somma di due termini diversi: $3k$ e 2^{k+1}. Direi che il primo ricorda una progressione aritmetica e il secondo una progressione geometrica.

MC: Interessante! Questo mi fa pensare che sia utile spezzare la sommatoria in due sommatorie scrivendo così:

$$\sum_{k=4}^{n} \left(3k + 2^{k+1}\right) = \sum_{k=4}^{n} 3k + \sum_{k=4}^{n} 2^{k+1}.$$

FG: Ma certo! E ora queste due sono sostanzialmente la somma di una progressione aritmetica (la prima) e la somma di una progressione geometrica (la seconda).

MC: OK, però ora occorre aggiustare gli indici e applicare le formule, che pizza! Ma l'idea ora ci è chiara.

FG: Allora lasciamo la parola alla voce fuori campo.

Cominciamo dalla prima. Conviene subito raccogliere il 3 a fattor comune (e quindi portarlo fuori dal simbolo di sommatoria):

$$\sum_{k=4}^{n} 3k = 3\sum_{k=4}^{n} k.$$

Ora noi sappiamo che

$$\sum_{h=1}^{N} h = \frac{N(N+1)}{2}.$$

La nostra somma è diversa solo perchè la somma parte da $k = 4$ invece che da $k = 1$. Quindi la differenza tra le due somme sta nel fatto che alla nostra mancano i primi tre termini, cioè:

$$\sum_{k=4}^{n} k = \sum_{k=1}^{n} k - (1 + 2 + 3)$$

e quindi

$$\sum_{k=4}^{n} k = \frac{n(n+1)}{2} - 6.$$

Moltiplicando per tre abbiamo

$$\sum_{k=4}^{n} 3k = 3 \cdot \left(\frac{n(n+1)}{2} - 6\right) = 3 \cdot \frac{n^2 + n - 12}{2}.$$

Notate che invece di ragionare così potevamo anche cambiare indice in modo che la somma partisse dall'indice 1. Facciamolo: ponendo $h = k - 3$ (h viene scelto in modo da avere l'indice di partenza uguale a 1: infatti se $k = 4$ allora $h = k - 3 = 4 - 3 = 1$) avremmo ottenuto

$$\sum_{k=4}^{n} k = \sum_{h=1}^{n-3} (h + 3)$$

da cui

$$\sum_{k=4}^{n} k = \sum_{h=1}^{n-3} h + \sum_{h=1}^{n-3} 3 = \frac{(n-3)(n-2)}{2} + 3(n-3) = \frac{n^2 + n - 12}{2}$$

cioè il risultato di prima.

⚠ **Pericolo 1.3.4** Molti si sono sbagliati nel calcolare

$$\sum_{h=1}^{n-3} 3 = 3(n-3).$$

Tale espressione è semplicemente la somma della costante 3 ... quante volte? Se l'indice k della sommatoria varia tra k_0 e k_1, il numero di addendi è $k_1 - k_0 + 1$: basta pensare al caso

$$\sum_{k=0}^{1} a_k = a_0 + a_1.$$

Nel nostro caso gli addendi sono $(n-3) - 1 + 1 = n - 3$.

Passiamo alla seconda sommatoria. Qui conviene cambiare indice subito, ragionando come nell'Esercizio 1.3.10 (qui $h = k - 4$)

$$\sum_{k=4}^{n} 2^{k+1} = \sum_{h=0}^{n-4} 2^{h+5} = 2^5 \sum_{h=0}^{n-4} 2^h = 2^5 \frac{2^{n-3} - 1}{2-1} = 2^{n+2} - 2^5.$$

Il risultato finale si ottiene sommando i due risultati parziali:

$$\sum_{k=4}^{n} \left(3k + 2^{k+1}\right) = 3\frac{n^2 + n - 12}{2} + 2^{n+2} - 2^5.$$

Come ci si aspettava il risultato finale dipende dall'indice di arrivo n. ∎

Esercizio 1.3.12 Si calcoli

$$\sum_{k=0}^{n} \binom{n}{k} \cdot 2^k$$

Soluzione. Abbiamo visto alcuni studenti bloccarsi davanti a questo esercizio. Gli *AA* (cioè *MC* e *FG*) hanno notato come una discreta cura per i casi di "blocco totale" è ragionare per pura analogia: cosa ci ricorda questa domanda (in ispecie la somma che si chiede di calcolare)? A parte risposte fantasiose, una risposta abbastanza consueta è: *la formula del binomio di Newton* che dice

$$(a+b)^n = \sum_{k=0}^{n} \binom{n}{k} a^k b^{n-k}$$

per qualsiasi a, b numeri reali.

MC: Non sarà mica per caso che la nostra somma si riconduce alla formula del binomio di Newton per certi valori di a e b?

FG: Controlliamo. La presenza dell'addendo 2^k mi ricorda molto a^k ma non vedo traccia di b^{n-k}.

MC: Non è un problema! Infatti se pongo $b = 1$ ottengo $b^{n-k} = 1$ e quindi $a^k b^{n-k} = 2^k$.

FG: Mitico! Quindi la nostra somma è proprio la formula del binomio di Newton per $a = 2$ e $b = 1$.

Quindi

$$\sum_{k=0}^{n} \binom{n}{k} \cdot 2^k = 3^n$$

e siamo a posto. ∎

Esercizi per casa

Esercizio 1.3.13 Si calcoli

$$\sum_{k=2}^{n} 2^{1-\frac{k}{3}}$$

Esercizio 1.3.14 [Roma 14/03/2000 n.5] Calcolare

$$\sum_{k=0}^{128} \left(3 - k + e^k\right).$$

1.3.3 Calcolo di rendite

Sono esercizi sulle sommatorie, ma con un significato finanziario. In realtà le rendite possono offrire spunto a molti altri esercizi che vedremo nel prossimo capitolo.

Esercizi ben svolti

Esercizio 1.3.15 Calcolare il valore attuale, con tasso annuale di interesse composto $r = 10\% = 0.1$, di una rendita annuale di 1 euro per $n = 18$ anni (cioè 18 incassi), a partire da oggi.

Soluzione. Cerchiamo di capire innanzitutto il valore attuale di 1 euro da incassarsi tra k anni. Se c'è giustizia (il che in finanza si dice: "non sono possibili arbitraggi") tale valore deve essere una cifra a_k che, depositata in banca per k anni a tasso composto annuale r, dà alla fine 1 euro. Quindi deve essere:

$$a_k(1+r)^k = 1 \quad \Longrightarrow \quad a_k = \frac{1}{(1+r)^k} = (1+r)^{-k} = \left(\frac{1}{1+r}\right)^k$$

(ci siamo qui divertiti a scrivere a_k in modi diversi ma equivalenti: qui sotto useremo di volta in volta il modo più conveniente).

La rendita è costituita da un numero $n = 18$ di incassi, uno ogni anno. Il valore attuale della rendita sarà dunque uguale alla somma dei valori attuali di tutti gli incassi. Sarà quindi una sommatoria. Il termine generico della sommatoria sarà, come calcolato sopra, $(1 + r)^{-k}$. Ora individuiamo il valore del primo e dell'ultimo incasso (così troviamo quali sono l'indice di partenza e quello di arrivo della sommatoria). Il primo incasso avviene oggi, quindi a valore attuale esattamente 1 che corrisponde a $k = 0$. L'ultimo incasso (il diciottesimo) avviene esattamente tra 17 anni (e non tra 18 anni!! Pensate al caso di due incassi per dissipare ogni dubbio!) quindi il suo valore attuale è $(1+r)^{-17}$ che corrisponde a $k = 17$.

⚠ **Pericolo 1.3.5** E' molto importante in tutti gli esercizi di questo tipo calcolare bene quali sono il primo e l'ultimo termine della sommatoria che dà il valore attuale della rendita. Un tipico errore in questo esercizio è proprio quello di sbagliare l'ultimo termine scrivendo $(1+r)^{-18}$ invece di $(1+r)^{-17}$ (vedasi a proposito anche il Pericolo 1.3.4).

Notate inoltre che l'indice k qui *non* indica il numero progressivo dell'incasso (altrimenti partirebbe da 1 invece che da 0) ma il numero di anni da oggi all'incasso considerato. Avremmo potuto usare anche un altro indice. Questo che abbiamo scelto è però più comodo per applicare la formula (1.2). In altri casi potremo scegliere indici dal significato diverso.

Il valore attuale della rendita considerata è quindi la somma di una progressione geometrica di ragione $(1+r)^{-1}$ e vale

$$1 + \frac{1}{1+r} + \left(\frac{1}{1+r}\right)^2 + \cdots + \left(\frac{1}{1+r}\right)^{n-1} = \sum_{k=0}^{n-1}\left(\frac{1}{1+r}\right)^k.$$

Grazie alla formula (1.2) si ottiene

$$\sum_{k=0}^{n-1}\left(\frac{1}{1+r}\right)^k = \frac{\left(\frac{1}{1+r}\right)^n - 1}{\frac{1}{1+r} - 1} = \left(\frac{r+1}{r}\right)\cdot\left(1 - \left(\frac{1}{1+r}\right)^n\right) = 11\left(1 - \left(\frac{10}{11}\right)^{18}\right)$$

dove nell'ultima uguaglianza abbiamo sostituito i valori $r = 0.1$ e $n = 18$. ∎

Esercizio 1.3.16 Calcolare il valore attuale dell'Esercizio 1.3.15, ma nel caso in cui la rendita inizi esattamente fra $n_0 = 13$ anni a partire da oggi.

Soluzione. L'unica differenza è che la progressione da sommare inizia più avanti. Ragionando come sopra vediamo che il primo termine vale

$$\frac{1}{(1+r)^{n_0}} = (1+r)^{-n_0},$$

mentre l'ultimo vale

$$\frac{1}{(1+r)^{n_0+n-1}} = (1+r)^{-n_0-n+1}.$$

Quindi il valore attuale cercato è

$$\frac{1}{(1+r)^{n_0}} + \frac{1}{(1+r)^{n_0+1}} + \cdots + \frac{1}{(1+r)^{n_0+n-1}} = \sum_{k=n_0}^{n_0+n-1} \frac{1}{(1+r)^k}$$

ricordando che $n_0 = 13$ e $n_0 + n - 1 = 13 + 17 = 30$. Si tratta ancora della somma di una progressione geometrica, solo che non parte da $k = 0$. Sappiamo però che possiamo riscrivere la somma cambiando gli indici in modo analogo all'Esercizio 1.3.10: poiché

$$\left(\frac{1}{1+r}\right)^k = \left(\frac{1}{1+r}\right)^{n_0} \cdot \left(\frac{1}{1+r}\right)^{k-n_0},$$

ponendo $h = k - n_0$ si ha

$$\begin{aligned}
\sum_{k=n_0}^{n_0+n-1} \left(\frac{1}{1+r}\right)^k &= \sum_{h=0}^{n-1} \left(\frac{1}{1+r}\right)^{n_0} \left(\frac{1}{1+r}\right)^h \\
&= \left(\frac{1}{1+r}\right)^{n_0} \sum_{h=0}^{n-1} \left(\frac{1}{1+r}\right)^h \\
&= \left(\frac{1}{1+r}\right)^{n_0} \frac{\left(\frac{1}{1+r}\right)^n - 1}{\frac{1}{1+r} - 1} \\
&= \frac{1}{r} \left(\frac{1}{1+r}\right)^{n_0-1} \left(1 - \left(\frac{1}{1+r}\right)^n\right) \\
&= 10 \cdot \left(\frac{10}{11}\right)^{12} \left(1 - \left(\frac{10}{11}\right)^{18}\right)
\end{aligned}$$

dove nell'ultima uguaglianza abbiamo sostituito i valori $r = 0.1$, $n_0 = 13$ e $n = 18$. ■

Esercizio 1.3.17 Come l'Esercizio 1.3.15 ma con la rendita che raddoppia ogni anno.

Soluzione. In questo caso si tratta di calcolare una sommatoria in cui gli indici di partenza e di arrivo sono gli stessi dell'Esercizio 1.3.15 ma è diverso il termine generale. Infatti il primo incasso vale 1, il secondo $\frac{2}{1+r}$, il terzo $\frac{4}{(1+r)^2}$ e così via. Quindi il $k+1$-esimo incasso (che avviene esattamente tra k anni) vale $\frac{2^k}{(1+r)^k}$ (stesso ragionamento dell'Esercizio 1.3.15). Per cui si deve calcolare:

$$\begin{aligned}
1 + \frac{2}{1+r} + \frac{4}{(1+r)^2} + \cdots + \frac{2^{n-1}}{(1+r)^{n-1}} &= \sum_{k=0}^{n-1} \left(\frac{2}{1+r}\right)^k = \frac{\left(\frac{2}{1+r}\right)^n - 1}{\frac{2}{1+r} - 1} \\
&= \frac{1+r}{1-r} \left(\left(\frac{2}{1+r}\right)^n - 1\right) = \frac{11}{9} \left(\left(\frac{20}{11}\right)^{18} - 1\right)
\end{aligned}$$

dove nell'ultima uguaglianza abbiamo sostituito i valori $r = 0.1$ e $n = 18$. ■

Esercizio 1.3.18 [Roma 07/07/2000 n.2] Bubi si reca presso la Banca Bassotti[4] e sottoscrive il seguente contratto finanziario: Bubi paga oggi 1000 euro e riceverà in cambio, a partire da 25 anni da oggi (quando andrà in pensione), una rendita di 10 euro ogni mese, fino alla sua morte. Supponendo un tasso composto annuale uguale a r, e sapendo che Bubi oggi ha 40 anni, per quanti mesi dovrà vivere Bubi per rifarsi del prezzo pagato?

Soluzione. Dobbiamo calcolare innanzitutto il valore attuale di una rendita di 10 euro al mese per n mesi (quelli che restano da vivere a Bubi dopo la pensione). Occorre fare attenzione che qui la rendita è mensile e quindi conviene contare il tempo in mesi. Attenzione però che r è il tasso composto annuale. Quindi il valore di 1 euro dopo un mese è $(1+r)^{\frac{1}{12}}$. Ne segue che i valori attuali degli incassi mensili di Bubi dopo la pensione sono

$$\frac{10}{(1+r)^{25}},\ \frac{10}{(1+r)^{25+\frac{1}{12}}},\ \frac{10}{(1+r)^{25+\frac{2}{12}}},\dots,\ \frac{10}{(1+r)^{25+\frac{k}{12}}},\dots \text{finché morte non sopravvenga.}$$

Se Bubi vive esattamente n mesi dopo la pensione (e non riesce a incassare la mensilità relativa all'n-esimo mese) rendita[5]) allora l'ultimo incasso ha valore attuale

$$\frac{10}{(1+r)^{25+\frac{n-1}{12}}}$$

Indichiamo con $V_n(r)$ il valore della rendita nel caso che Bubi viva per n mesi dopo la pensione e quindi che Bubi proceda esattamente ad n incassi. Abbiamo

$$V_n(r)=\sum_{k=0}^{n-1}\frac{10}{(1+r)^{25+\frac{k}{12}}}=\frac{10}{(1+r)^{25}}\sum_{k=0}^{n-1}\frac{1}{\left((1+r)^{\frac{1}{12}}\right)^k}.$$

Si tratta della somma di una progressione geometrica $\sum_{k=0}^{n-1}q^k$ di ragione

$$q=\frac{1}{(1+r)^{\frac{1}{12}}}$$

e quindi, usando la formula (1.2), si ha

$$V_n(r)=\frac{10}{(1+r)^{25}}\cdot\frac{1-\left((1+r)^{-\frac{1}{12}}\right)^n}{1-(1+r)^{-\frac{1}{12}}}.$$

Perché Bubi si possa rifare del prezzo pagato occorre che

$$V_n(r)\geq 1000,$$

quindi Bubi deve vivere almeno $65\cdot 12+n_0$ anni dove n_0 è il primo numero naturale n tale che $V_n(r)\geq 1000$. Cerchiamo tale n_0. Si tratta di risolvere una disequazione esponenziale tipo $a\cdot b^x>c$, simile a quella dell'Esercizio 1.4.49. Rimandiamo a quell'esercizio per i metodi risolutivi: qui tracciamo la soluzione:

$$\begin{aligned}\frac{10}{(1+r)^{25}}\cdot\frac{1-\left((1+r)^{-\frac{1}{12}}\right)^{12n}}{1-(1+r)^{-\frac{1}{12}}} &\geq 1000\\ 1-\left((1+r)^{-\frac{1}{12}}\right)^{12n} &\geq 100\left(1-(1+r)^{-\frac{1}{12}}\right)(1+r)^{25}\\ (1+r)^{-n} &\leq 1-100\left(1-(1+r)^{-\frac{1}{12}}\right)(1+r)^{25}. \qquad (1.3)\end{aligned}$$

Ora, se il secondo membro è negativo la disuguaglianza è sempre falsa. Se invece è positivo allora

$$n\geq -\log_{1+r}\left(1-100\left(1-(1+r)^{-\frac{1}{12}}\right)(1+r)^{25}\right).$$

Per tassi di interesse plausibili il secondo membro di (1.3) è negativo (provate a fare i conti!), quindi Bubi non si potrà rifare del prezzo pagato neanche vivendo in eterno. ∎

[4] Per approfondimenti rimandiamo al testo: G. Cloza, *Banca Bassotti*, ed. Stampa Alternativa - Marcello Baraghini, 1998.

[5] Qualcuno potrebbe qui interpretare in maniera diversa, pensando che Bubi riesca ad incassare tale mensilità: cosa cambierebbe nei calcoli qui sotto?

Esercizi per casa

Esercizio 1.3.19 [Roma 18/01/2000 n.3] Calcolare il valore attuale di una rendita di 2 euro all'anno, a tasso composto r, composta da n incassi, di cui il primo esattamente tra 25 anni da oggi.

Esercizio 1.3.20 [Roma 14/03/2000 n.3] Bubi riceverà, a partire da 2 anni da oggi, 2.000 euro ogni anno per 35 anni. Trovate il valore attuale di tale rendita, supponendo un tasso annuale composto costante r.

Esercizio 1.3.21 [Roma 21/07/2000 n.2] Bubi si reca presso la Banca Bassotti e sottoscrive il seguente contratto finanziario: Bubi paga oggi 10 euro e riceverà in cambio, a partire da 10 anni da oggi, una rendita di 1 euro ogni mese, fino alla sua morte. Supponendo un tasso composto annuale uguale a r, calcolare il valore attuale di tale rendita supponendo che Bubi viva per altri 58 anni da oggi.

1.3.4 Induzione

Per dimostrare una proposizione con il metodo induttivo, bisogna compiere due passi:

1. verificare la proposizione per il primo istante n_0;
2. supposta vera la proposizione per un generico istante n, dimostrare vera la proposizione per l'istante successivo $n+1$.

Sembra difficile ma in realtà occorre solo far pratica con il meccanismo. Si veda [PSS] per un'utile e simpatica introduzione a questi ragionamenti.

Esercizi ben svolti

Esercizio 1.3.22 [L'Aquila 21/01/2000, n.B1] Dimostrare per induzione che

$$5^n \geq 3^n + 4^n, \qquad \forall n \geq 2.$$

Soluzione. La dimostrazione per induzione procede attraverso due passi.

1. Dobbiamo verificare la proposizione per il primo istante $n = 2$:

   $$5^2 \geq 3^2 + 4^2.$$

   Poiché $25 \geq 9 + 16$, la proposizione è vera per il primo istante.

2. Supponiamo (ipotesi induttiva) che sia vera per un generico $n \geq 2$, la disuguaglianza

   $$5^n \geq 3^n + 4^n$$

   e dimostriamo che è vera la disuguaglianza

   $$5^{n+1} \geq 3^{n+1} + 4^{n+1}.$$

   Un buon modo per eseguire il passo 2 (che si usa e funziona in molti esercizi di questo tipo) è il seguente:

   (a) partire dall'espressione al primo membro della disuguaglianza (ma si potrebbe partire anche dal secondo, a seconda dei casi) da dimostrare cercando di riscriverla in modo che vi compaia l'espressione analoga con n al posto di $n+1$;

   (b) utilizzare la disuguaglianza nota (l'ipotesi induttiva),

   (c) elaborare la disuguaglianza così ottenuta per ricavare la tesi. Solitamente, arrivati a questo punto, si guarda la tesi da dimostrare e ci chiediamo cosa manca per ottenerla. Individuata questa condizione, vedere se è soddisfatta svolgendo opportunamente i calcoli.

   Partendo da 5^{n+1} procediamo come indicato sopra:

   (a) prima riscrivendo $5^{n+1} = 5 \cdot 5^n$;

(b) poi utilizzando l'ipotesi induttiva

$$5 \cdot 5^n \geq 5(3^n + 4^n);$$

(c) ora sarebbe sufficiente verificare che

$$5(3^n + 4^n) \geq 3^{n+1} + 4^{n+1}.$$

Svolgendo i calcoli si ha

$$5(3^n + 4^n) = 5 \cdot 3^n + 5 \cdot 4^n \geq 3 \cdot 3^n + 4 \cdot 4^n = 3^{n+1} + 4^{n+1},$$

che è quanto si voleva dimostrare.

Essendo verificate entrambe le condizioni, la disuguaglianza risulta vera. ∎

Esercizio 1.3.23 [L'Aquila 28/01/1999, n.3] Dimostrare per induzione la seguente disuguaglianza:

$$3^n \geq 2^n \cdot n, \qquad \forall n \geq 1.$$

Soluzione. Scambiamo l'ordine dei passi della dimostrazione per induzione: il motivo sarà chiaro al termine del passo 2.

2. Supponiamo (ipotesi induttiva) che sia vera, per un generico $n \geq 1$, la disuguaglianza

$$3^n \geq 2^n \cdot n$$

e dimostriamo che è vera la disuguaglianza (tesi)

$$3^{n+1} \geq 2^{n+1} \cdot (n+1).$$

Procediamo come nell'Esercizio 1.3.22

- prima riscrivendo $3^{n+1} = 3 \cdot 3^n$,
- poi utilizzando l'ipotesi induttiva

$$3 \cdot 3^n \geq 3 \cdot 2^n \cdot n,$$

- ora sarebbe sufficiente verificare che

$$3 \cdot 2^n \cdot n \geq 2^{n+1} \cdot (n+1)$$

cioè, svolgendo i calcoli,

$$3n \geq 2(n+1) \qquad \Longleftrightarrow \qquad n \geq 2.$$

Quindi abbiamo dimostrato che se la proposizione è vera per un generico $n \geq 2$ allora è vera anche per $n+1$, cioè il passo 2 è dimostrato per ogni $n \geq 2$. Siamo quindi indotti a provare il passo 1 per $n = 2$.

1. Verifichiamo la disuguaglianza per $n = 2$:

$$3^2 \geq 2^2 \cdot 2.$$

Poiché si ha $9 \geq 8$ la proposizione è vera per il primo istante (del principio di induzione).

Tuttavia l'esercizio ci chiede di dimostrare che la disuguaglianza è vera anche per $n = 1$.

⚠ **Pericolo 1.3.6** Il principio di induzione, in questo caso, non ci dice nulla per il caso $n = 1$. Non possiamo concludere subito che la disuguaglianza è vera per ogni $n \geq 1$. In casi di questo tipo occorre fare un calcolo a parte.

Lo dimostriamo separatamente:

$$3^1 \geq 2^1 \cdot 1$$

cioè $3 \geq 2$ che è vera. ∎

Esercizi per casa

Esercizio 1.3.24 [L'Aquila 03/07/2000, n.B1] Dimostrare, per induzione, che

$$(n!)^2 \geq (2n)^n, \qquad \forall n \geq 10.$$

1.4 Equazioni e disequazioni in una variabile

1.4.1 Una parola di introduzione

Risolvere un'equazione o una disequazione può essere un compito molto facile oppure un compito difficilissimo se non impossibile. Anzi potremmo dire, euristicamente, che una gran parte dei problemi aperti della matematica moderna consiste nel risolvere opportune equazioni e disequazioni. Per questo sarà bene evitare fraintendimenti e incoraggiare un po' il lettore: in questa sezione intendiamo soltanto passare in rassegna alcune semplici *equazioni* e *disequazioni algebriche in una variabile* mostrando (o ricordando) quali sono i metodi standard per risolverle. Si tratta di equazioni e disequazioni che possono essere risolte anche al computer usando programmi simbolici: riteniamo comunque utile che il lettore prenda un minimo di dimestichezza con la risoluzione "a mano", anche perché queste competenze si riveleranno molto utili nel seguito. Nella Sezione 3.8 riparleremo di equazioni e disequazioni utilizzando metodi più avanzati.

Osservazione 1.4.1 A volte si usano come sinonimi i termini *equazione* ed *uguaglianza* (e analogamente disequazione e disuguaglianza). Vorremmo precisare che non si tratta di sinonimi anche se il loro significato può in certi casi sovrapporsi.

Per uguaglianza o disuguaglianza di solito si intende la *relazione* che intercorre fra due numeri, in genere reali, indipendentemente dalla loro rappresentazione o dal fatto che essi siano scritti con espressioni contenenti variabili incognite. Si parla di segno di uguaglianza ($=$) e di segni di disuguaglianza ($>,<,\geq,\leq,\neq$). Per equazione o disequazione di solito si intende invece una relazione di uguaglianza o disuguaglianza fra espressioni numeriche contenenti una o più incognite. Tali equazioni/disequazioni risulteranno vere o false a seconda dei valori assegnati all'incognita. Risolvere una equazione/disequazione significherà determinare i valori delle incognite per cui esse risultano vere.

La parte di teoria che viene usata per affrontare questi esercizi consiste principalmente nelle proprietà dei numeri reali e in alcune nozioni di base di teoria degli insiemi. Passiamo ad elencare alcune notazioni e indicazioni di base.

(i) Consideriamo equazioni e disequazioni algebriche in *una variabile reale* (cioè appartenente all'insieme $\mathbb{R}$ dei numeri reali) indicata di solito con x. Questo implicitamente significa che cercheremo le soluzioni dell'equazione/disequazione nell'insieme $\mathbb{R}$ dei numeri reali. L'equazione generica sarà di solito indicata come
$$\alpha(x) = \beta(x)$$
con $\alpha(x)$ e $\beta(x)$ opportune espressioni nella variabile x. Analogamente la disequazione generica verrà indicata con
$$\alpha(x) > \beta(x)$$
(o usando gli altri segni di disuguaglianza $<, \geq, \leq, \neq$).

(ii) Le espressioni algebriche presenti nelle equazioni/disequazioni considerate possono non avere senso per alcuni valori di $x \in \mathbb{R}$, ad esempio nella disequazione
$$\frac{1}{x} < 2$$
l'espressione $\frac{1}{x}$ non ha senso per $x = 0$. Chiameremo *campo di esistenza* (che abbrevieremo CE anche detto *insieme di definizione*) della equazione/disequazione il sottoinsieme di $\mathbb{R}$ in cui essa ha senso. Quindi per la disequazione sopra
$$CE = \mathbb{R} \setminus \{0\}.$$

Pericolo 1.4.2 La prima cosa da fare nel risolvere una equazione/disequazione sarà determinare il suo CE.

(iii) A volte viene richiesto di risolvere una equazione/disequazione *relativamente* ad un certo insieme dato A (ad esempio nell'Esercizio 1.4.85) che non necessariamente è contenuto nel CE. In tal caso non siamo interessati a risolvere l'equazione/disequazione su tutto il suo CE ma soltanto su $CE \cap A$[6]. Per brevità chiameremo spesso CER tale insieme. La prima cosa da fare nel risolvere tali equazioni/disequazioni sarà determinare il loro CER[7].

(iv) Quando chiediamo di risolvere una equazione/disequazione di fatto chiediamo di determinare il suo *insieme delle soluzioni*. Per insieme delle soluzioni di una equazione/disequazione intendiamo l'insieme $I \subseteq CE$ (o CER se siamo nel caso (iii)) formato dagli x per cui l'equazione/disequazione è soddisfatta. La risposta finale dell'esercizio sarà dunque sempre del tipo

$$I = \ldots .$$

A volte si usa dire *"la soluzione (dell'equazione/disequazione) è"* invece di *"l'insieme delle soluzioni è"*, ma ci pare si tratti solo di un innocuo abuso di linguaggio.

(v) Diciamo che due equazioni/disequazioni sono tra loro *equivalenti* se hanno lo stesso insieme di soluzioni. Per risolvere una equazione/disequazione generica del tipo

$$\alpha(x) = \beta(x)$$

(o disequazione analoga) spesso è utile trasformarla in un'altra equivalente nel senso detto sopra. I modi di farlo li vedremo in seguito.

(vi) Le disequazioni possono essere di tipo diverso a seconda del simbolo di disuguaglianza usato: $<,>,\leq,\geq,\neq$. Tuttavia le disequazioni con il simbolo $\neq$ si trattano di fatto come equazioni: infatti per trovare l'insieme delle soluzioni I_1 della disequazione

$$\alpha(x) \neq \beta(x)$$

basta trovare l'insieme delle soluzioni I_2 dell'analoga equazione

$$\alpha(x) = \beta(x)$$

(che ha lo stesso CE) ed osservare che

$$I_1 = CE \setminus I_2.$$

Per questo motivo non tratteremo qui disequazioni col simbolo $\neq$ e quando parleremo di disequazioni intenderemo soltanto quelle con i simboli $<, >, \leq, \geq$ tra i due membri.

1.4.2 Due parole sui metodi

I metodi di risoluzione per le semplici equazioni/disequazioni che vedremo sono abbastanza standard, anche se in certi casi (ne vedremo alcuni) un'occhio attento sa trovare astute scorciatoie che permettono di risparmiare tempo e calcoli. Divideremo queste equazioni/disequazioni in alcune sottofamiglie (una per ogni sottosezione) e cercheremo di presentare i metodi standard per ogni sottofamiglia. Per iniziare ricordiamo alcune proprietà che saranno utili per tutte le equazioni/disequazioni che tratteremo.

- **Equazioni/disequazioni e addizione.** Aggiungendo lo stesso numero (o la stessa espressione purché essa abbia senso nel CE della disequazione di partenza) a entrambi i membri si ottiene una equazione/disequazione equivalente alla precedente. Da questo segue il cosiddetto *principio del trasporto* che possiamo enunciare così:

[6]Ciò accade in molti esercizi applicativi (pensate al caso in cui x rappresenta un prezzo: non può essere negativo!) ma non solo: vedete ad esempio gli esercizi per determinare se una successione è monotona, Sezione 2.3.2 e gli esercizi per trovare monotonia, convessità, massimi e minimi di funzioni, Sezioni 3.6 e 3.7.

[7]Alcuni preferiscono ignorare A all'inizio, risolvere l'equazione/disequazione e poi, solo alla fine, intersecare l'insieme delle soluzioni trovato con A. Si può anche fare così: la scelta è questione di gusti.

"si può trasferire un termine da un membro all'altro di una equazione/disequazione cambiandone il segno; il risultato è un'equazione/disequazione equivalente alla prima."

Cioè, ad esempio

$$x^2 - 2 = -2x \iff x^2 + 2x - 2 = 0.$$

- **Equazioni/disequazioni e moltiplicazione.** Qui occorre distinguere fra equazioni e disequazioni.

  Equazioni: moltiplicando entrambi i membri di un'equazione per lo stesso numero *diverso da 0* (o per la stessa espressione purché questa abbia senso nel CE della equazione di partenza e sia diversa da 0 in CE) si ottiene un'equazione equivalente alla precedente. Cioè, ad esempio

$$x^2 - \frac{1}{3} = -2x \iff 3x^2 - 1 = -6x.$$

  Disequazioni: invece, moltiplicando una disequazione per lo stesso numero *strettamente maggiore di 0* (o la stessa espressione purché questa abbia senso sul CE della disequazione di partenza e sia strettamente maggiore di 0 in CE) a entrambi i membri si ottiene una disequazione equivalente alla precedente. Se invece tale numero (o espressione) è strettamente negativo, si ottiene una disequazione equivalente cambiando il senso della disequazione (scambiando cioè $<$ con $>$ e $\leq$ con $\geq$, o viceversa). Cioè, ad esempio

$$x^2 - \frac{1}{3} < -2x \iff 3x^2 - 1 < -6x, \qquad \text{abbiamo moltiplicato per } 3,$$

  mentre

$$x^2 - \frac{1}{3} < -2x \iff -3x^2 + 1 > 6x, \qquad \text{abbiamo moltiplicato per } -3.$$

⚠ **Pericolo 1.4.3** Occhio dunque al segno del fattore moltiplicativo! Ricordatevi che tutti ci cascano almeno una volta e molti (purtroppo) ci cascano spesso!

Osservazione 1.4.4 La sostanza di tutti i metodi per risolvere le equazioni/disequazioni che qui svolgiamo è la seguente:

"riscriviamo l'equazione/disequazione in modo equivalente ma più semplice applicando proprietà che collegano le operazioni elementari (somma, prodotto, elevamento a potenza, esponenziale, logaritmo) alle uguaglianze/disuguaglianze."

Per fare questo occorre sapere come tali operazioni si comportano rispetto alle uguaglianze/disuguaglianze. Sopra abbiamo parlato di somma e prodotto. Piú avanti parleremo di altre operazioni. In ogni caso:

⚠ **Pericolo 1.4.5** Pensate sempre a quale operazione state applicando e quale è la proprietà di cui essa gode rispetto alle uguaglianze/disuguaglianze: se non la trovate fermatevi, forse avete evitato un errore.

Osservazione 1.4.6 Tutte le equazioni/disequazioni che qui svolgiamo possono essere rappresentate in modo grafico nel piano cartesiano considerando le espressioni ai due membri come funzioni su un appropriato CE. Non ci occuperemo qui di tale interpretazione (che verrà adeguatamente ripresa nel Capitolo 3). Per ora vogliamo soltanto richiamare quei metodi elementari che serviranno da base per i successivi capitoli.

1.4.3 Equazioni e disequazioni polinomiali

Si tratta di equazioni e disequazioni del tipo $\alpha(x) = \beta(x)$ (o $\alpha(x) \leq \beta(x)$, eccetera) in cui sia α che β sono dei polinomi a coefficienti reali nella variabile x, cioè espressioni del tipo

$$p(x) = \sum_{k=0}^{n} a_k x^k = a_0 + a_1 x + \cdots + a_n x^n.$$

Il *grado del polinomio* è la potenza di x di grado massimo che appare nel polinomio con coefficiente non nullo. Nel caso di $p(x)$ scritto sopra, il grado è n se $a_n \neq 0$, altrimenti è minore di n. Data una equazione/disequazione polinomiale la prima cosa da fare in genere è scriverla nella cosiddetta *forma normale*, cioè portando tutto a primo membro

$$\alpha(x) - \beta(x) = 0.$$

A questo punto il *grado della equazione/disequazione* è il grado del polinomio

$$p(x) = \alpha(x) - \beta(x)$$

(che può essere diverso dal grado di ciascuno dei due polinomi α e β, come succede ad esempio nell'Esercizio 1.4.4). Le equazioni/disequazioni polinomiali si trattano in modo diverso a seconda del loro grado. Per quelle di primo e secondo grado esistono formule risolutive generali (cioè sempre applicabili) semplici e facilmente interpretabili graficamente. Per quelle di terzo e quarto grado esistono formule risolutive generali (cioè sempre applicabili) piuttosto complesse (non per nulla fanno uso dei numeri complessi) che è inutile conoscere. Se è necessario trovarne le soluzioni, si usano i metodi di approssimazione [PSS]. Per quelle di grado superiore al quarto non esistono formule risolutive generali. Notate: non è che non si conoscono, è che proprio non esistono! Lo ha dimostrato Abel (1802-1829) nel 1824, anche se qualche tempo prima (1799), ma con una dimostrazione meno soddisfacente, lo aveva fatto vedere Paolo Ruffini (1765-1822)[8]. Quindi tali equazioni/disequazioni possono essere studiate o con metodi di approssimazione oppure con procedimenti *ad hoc* che però funzionano solo in pochi e semplici casi (i nostri).

Nel seguito, facciamo alcuni esempi per ricordare come si risolvono le equazioni/disequazioni di primo e secondo grado e studiamo alcune equazioni/disequazioni di grado superiore che si possono risolvere in modo semplice.

Faccina 1.4.7 Ricordiamo che per le equazioni/disequazioni polinomiali si ha sempre $CE = \mathbb{R}$ poiché i polinomi hanno senso per ogni $x \in \mathbb{R}$. Ometteremo quindi di parlare di CE per queste equazioni/disequazioni.

Equazioni e disequazioni polinomiali di primo grado

Sono equazioni/disequazioni polinomiali che, ridotte in forma normale, sono del tipo $p(x) = 0$ (per le equazioni) con $p(x)$ polinomio di primo grado in x (cioè $p(x) = ax + b$ con a e b numeri reali ed $a \neq 0$). Il metodo risolutivo consiste nel lasciare a primo membro ax e portare a secondo membro b, ottenendo

$$ax = -b.$$

Essendo $a \neq 0$ (altrimenti non sarebbe una equazione/disequazione di primo grado) si divide per a.

Osservazione 1.4.8 Un modo utile per visualizzare la soluzione di tali equazioni/disequazioni è di pensare alla loro interpretazione grafica. Per esempio, risolvere l'equazione $ax + b = 0$ significa cercare le ascisse dei punti in cui la retta di equazione $y = ax + b$ interseca l'asse delle ascisse sul piano cartesiano. Analoga interpretazione si ha per le disequazioni.

Esercizi ben svolti

Esercizio 1.4.1 Risolvere l'equazione

$$-5x - 7 = -2 - x.$$

Soluzione. Con il principio del trasporto portiamo l'equazione nella forma $ax = b$ cioè:

$$-4x = 5.$$

[8] Queste informazioni vengono dal testo di A. Boyer: *Storia della Matematica*, Ed. Mondadori, 1997. La dicitura "dimostrazione meno soddisfacente" che noi abbiamo riportato pari pari, è molto diplomatica: potremmo interpretare che la dimostrazione fosse errata ma contenesse buone idee.

Dividiamo per -4 (che è diverso da 0) ed otteniamo

$$x = -\frac{5}{4}.$$

Quindi l'insieme delle soluzioni è $I = \{-\frac{5}{4}\}$ che rappresentiamo qui sotto.

Figura 1.4

■

Esercizio 1.4.2 Risolvere la disequazione

$$-4x - 7 > -2 - x.$$

Soluzione. Applicando il principio del trasporto riscriviamo la disequazione nella forma $ax > b$ cioè:

$$-3x > 5.$$

Dividiamo per -3 che è strettamente minore di 0 ed otteniamo (cambiando il verso della disequazione)

$$x < -\frac{5}{3}.$$

Quindi, l'insieme delle soluzioni è $I = \left(-\infty, -\frac{5}{3}\right)$ che rappresentiamo qui sotto.

Figura 1.5

■

Esercizio 1.4.3 Risolvere la disequazione

$$-4x - 7 > -2 - 4x$$

Soluzione. Con il principio del trasporto portiamo la disequazione nella forma $ax > b$ cioè:

$$0 \cdot x > 5 \quad \Longleftrightarrow \quad 0 > 5.$$

Quesa disequazione è degenere dato che non contiene più la variabile x. Poiché non è vero che $0 > 5$ ne segue $I = \emptyset$. Non lo rappresentiamo perché il vuoto ci fa paura. ■

Esercizio 1.4.4 Risolvere l'equazione

$$x^2 - 7 = (2x + 3)^2 - (3x + 1)(x - 5).$$

Soluzione. Portiamo l'equazione in forma normale svolgendo i prodotti e facendo le dovute semplificazioni:

$$\begin{aligned} x^2 - 7 = (2x+3)^2 - (3x+1)(x-5) \quad &\Longleftrightarrow \quad x^2 - 7 = 4x^2 + 12x + 9 - (3x^2 + x - 15x - 5) \\ &\Longleftrightarrow \quad x^2 - 7 = 4x^2 + 12x + 9 - 3x^2 - x + 15x + 5 \\ &\Longleftrightarrow \quad -7 = 26x + 14 \\ &\Longleftrightarrow \quad x = -\frac{21}{26}. \end{aligned}$$

Quindi l'equazione di partenza si riduce ad una di primo grado; l'insieme delle soluzioni è $I = \left\{-\frac{21}{26}\right\}$ e la sua rappresentazione è analoga a quella dell'Esercizio 1.4.1. ■

Equazioni e disequazioni polinomiali di secondo grado

Sono equazioni/disequazioni polinomiali che, ridotte in forma normale, sono del tipo $p(x) = 0$ con $p(x)$ polinomio di secondo grado in x cioè del tipo $p(x) = ax^2 + bx + c$ con a, b e c numeri reali ($a \neq 0$ altrimenti il grado non sarebbe 2). Le equazioni/disequazioni di secondo grado *dovrebbero* fare parte del bagaglio culturale di uno studente che esce dalle scuole medie superiori. Tuttavia un ripasso veloce sarà utile, anche per soffermarsi su alcune difficoltà che potrebbero insorgere. Iniziamo ricordando i passi da fare per risolvere le equazioni.

- Utilizzando il principio del trasporto, scriviamo l'equazione nella *forma normale*, cioè con tutti i termini al primo membro e 0 al secondo:

$$ax^2 + bx + c = 0.$$

- Calcoliamo il *discriminante*, definito come

$$\Delta = b^2 - 4ac.$$

Il segno di Δ ci fornisce utili informazioni sulle soluzioni.

Caso $\Delta > 0$. Vi sono due soluzioni distinte date dalla formula

$$x_1 = \frac{-b - \sqrt{\Delta}}{2a} \quad \text{e} \quad x_2 = \frac{-b + \sqrt{\Delta}}{2a}.$$

Quindi

$$I = \left\{ \frac{-b - \sqrt{\Delta}}{2a}, \frac{-b + \sqrt{\Delta}}{2a} \right\}.$$

Caso $\Delta = 0$. Vi è un'unica soluzione (qualcuno dice *due soluzioni coincidenti*, noi non ci sbilanciamo) data dalla formula

$$x_1 = -\frac{b}{2a}.$$

Quindi

$$I = \left\{ -\frac{b}{2a} \right\}.$$

Caso $\Delta < 0$. Non vi sono soluzioni reali (in realtà ce ne sono due ma sono *complesse*, oltre che complicate, e ve le risparmiamo). Quindi

$$I = \emptyset.$$

Più delicato il discorso sulle disequazioni. Innanzitutto è bene sin da ora dividere le disuguaglianze in due categorie:

- *disuguaglianze strette*, cioè quelle con il segno $>$ e $<$,
- *disuguaglianze larghe*, cioè quelle con il segno $\geq$ e $\leq$.

Nel caso di disuguaglianze larghe occorre notare che x risolve la disequazione

$$\alpha(x) \geq 0 \tag{1.4}$$

se e solo se tale x risolve o la disequazione stretta corrispondente

$$\alpha(x) > 0$$

(chiamiamo $I_{disequazione\ stretta}$ l'insieme di soluzioni di essa) o l'equazione corrispondente

$$\alpha(x) = 0$$

(chiamiamo $I_{equazione}$ l'insieme di soluzioni di essa). Quindi l'insieme delle soluzioni $I_{disequazione\ larga}$ della (1.4) è dato da:

$$I_{disequazione\ larga} = I_{disequazione\ stretta} \cup I_{equazione}.$$

Per la disequazione col segno $\leq$ vale un risultato analogo. Quindi per risolvere le disequazioni larghe basta saper risolvere le disequazioni strette e le equazioni.

⚠ **Pericolo 1.4.9** Spesso per risolvere le disequazioni larghe qualcuno usa il procedimento utilizzato per le disequazioni strette. Questo, in mani inesperte, può condurre ad errori seri[9].

Descriviamo celermente il metodo per il calcolo delle soluzioni di disequazioni strette.

- Come le equazioni anche le disequazioni vanno riscritte (utilizzando il principio del trasporto) nella *forma normale*

$$ax^2 + bx + c \clubsuit 0,$$

dove $\clubsuit$ rappresenta uno dei due simboli di disuguaglianza stretta. A meno di cambiare il segno a tutti i termini (moltiplicando per -1) e quindi invertendo il segno della disuguaglianza, possiamo sempre supporre $a > 0$.

- Calcoliamo il discriminante $\Delta = b^2 - 4ac$. Anche qui il segno di Δ fornisce utili informazioni sulle soluzioni, ma la faccenda è più complicata.

Caso $\Delta > 0$. Siano x_1 e x_2 le soluzioni dell'equazione

$$ax^2 + bx + c = 0$$

con $x_1 < x_2$. Ricordando che abbiamo supposto $a > 0$, si ha

– nel caso in cui $\clubsuit$ è $<$, l'insieme delle soluzioni è

$$I = (x_1, x_2) = \left(\frac{-b - \sqrt{\Delta}}{2a}, \frac{-b + \sqrt{\Delta}}{2a}\right)$$

ed in questo caso diremo che le soluzioni della disequazione sono "interne" all'intervallo individuato dalle soluzioni dell'equazione;

– nel caso in cui $\clubsuit$ è $>$, l'insieme delle soluzioni è

$$I = (-\infty, x_1) \cup (x_2, +\infty) = \left(-\infty, \frac{-b - \sqrt{\Delta}}{2a}\right) \cup \left(\frac{-b + \sqrt{\Delta}}{2a}, +\infty\right)$$

ed in questo caso diremo che le soluzioni della disequazione sono "esterne" all'intervallo individuato dalle soluzioni dell'equazione.

Caso $\Delta = 0$. Sia $x = -\frac{b}{2a}$ l'unica soluzione della equazione

$$ax^2 + bx + c = 0.$$

Ricordando che abbiamo supposto $a > 0$, si ha

– nel caso in cui $\clubsuit$ è $<$ l'insieme delle soluzioni è

$$I = \emptyset,$$

cioè la disuguaglianza stretta non ha soluzione;

– nel caso in cui $\clubsuit$ è $>$ l'insieme delle soluzioni è

$$I = \mathbb{R} \setminus \left\{-\frac{b}{2a}\right\}$$

cioè "tutti meno uno".

Caso $\Delta < 0$. In tal caso l'equazione

$$ax^2 + bx + c = 0$$

non ha alcuna soluzione. Ricordando (per la terza volta) che abbiamo supposto $a > 0$, si ha

– nel caso in cui $\clubsuit$ è $<$ l'insieme delle soluzioni è

$$I = \emptyset.$$

[9] La definizione di "errore serio" è lasciata all'intuizione del lettore.

– nel caso in cui ♣ è > l'insieme delle soluzioni è

$$I = \mathbb{R}.$$

Come si vede per trovare l'insieme della soluzioni della disequazione occorre comunque conoscere le soluzioni dell'equazione associata.

Osservazione 1.4.10 Quello sopra esposto è un semplice promemoria, forse troppo schematico: il modo migliore per capire bene come si risolvono tali equazioni/disequazioni è di pensare alla loro interpretazione grafica. Infatti risolvere graficamente l'equazione $ax^2 + bx + c = 0$ significa cercare le ascisse dei punti in cui la parabola di equazione $y = ax^2 + bx + c$ interseca l'asse delle ascisse sul piano cartesiano. Analoga interpretazione si ha per le disequazioni. Utilizzando questa interpretazione (e ricordando che il segno del coefficiente a del termine di secondo grado indica se la parabola è rivolta verso l'alto ($a > 0$) oppure verso il basso ($a < 0$)) è più semplice ricostruire come si trovano le soluzioni.

Esercizi ben svolti

Esercizio 1.4.5 Risolvere la disequazione

$$x^2 - 7 \geq (3x + 2)^2.$$

Soluzione. Portiamo la disequazione in forma normale svolgendo i prodotti e facendo le dovute semplificazioni:

$$\begin{aligned} x^2 - 7 \geq (3x+2)^2 &\iff x^2 - 7 \geq 9x^2 + 12x + 4 \\ &\iff -8x^2 - 12x - 11 \geq 0 \\ &\iff 8x^2 + 12x + 11 \leq 0 \end{aligned}$$

dove nell'ultimo passaggio abbiamo cambiato il segno a tutti i coefficienti (e quindi anche il verso della disequazione) per avere il coefficiente a positivo.[10] Il discriminante vale

$$\Delta = 12^2 - 4 \cdot 8 \cdot 11 = 144 - 352 = -208 < 0.$$

L'equazione associata non ha dunque soluzioni (cioè $I_{equazione} = \emptyset$) e la disequazione stretta neppure, in quanto il coefficiente di primo grado è positivo e il senso della disuguaglianza è < (cioè $I_{disequazione\ stretta} = \emptyset$). Quindi

$$I_{disequazione\ larga} = I_{equazione} \cup I_{disequazione\ stretta} = \emptyset.$$

Anche qui evitiamo di rappresentare il vuoto. ∎

Esercizio 1.4.6 Risolvere la disequazione

$$x^2 + 7 \geq (3x + 2)^2.$$

Soluzione. Portiamo la disequazione in forma normale svolgendo i prodotti e semplificando i calcoli:

$$\begin{aligned} x^2 + 7 \geq (3x+2)^2 &\iff x^2 + 7 \geq 9x^2 + 12x + 4 \\ &\iff -8x^2 - 12x + 3 \geq 0 \\ &\iff 8x^2 + 12x - 3 \leq 0. \end{aligned}$$

Il discriminante è

$$\Delta = 12^2 - 4 \cdot 8 \cdot (-3) = 144 + 96 = 240 > 0.$$

L'equazione associata ha dunque due soluzioni distinte

$$x_1 = \frac{-12 - \sqrt{240}}{16} = \frac{-3 - \sqrt{15}}{4}, \qquad x_2 = \frac{-12 + \sqrt{240}}{16} = \frac{-3 + \sqrt{15}}{4}.$$

[10]Questo cambio di segno non è necessario, tuttavia, forse per ragioni psicologiche che non approfondiamo, molti preferiscono evitare che il coefficiente del termine di secondo grado sia negativo e tra quei molti ci siamo anche noi.

Poiché la disequazione stretta ha il segno < siamo nel caso dell'intervallo interno e quindi

$$I_{disequazione\ larga} = I_{disequazione\ stretta} \cup I_{equazione} = [x_1, x_2] = \left[\frac{-3-\sqrt{15}}{4}, \frac{-3+\sqrt{15}}{4}\right]$$

che rappresentiamo qui sotto.

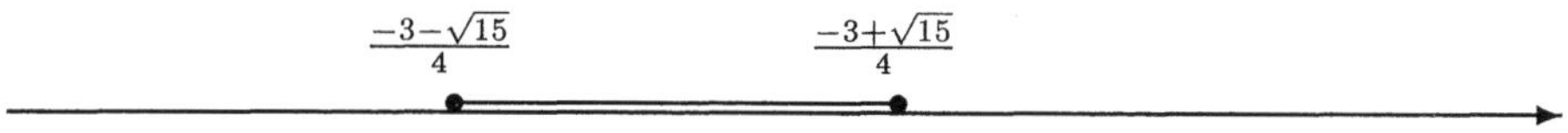

Figura 1.6

■

Esercizio 1.4.7 Risolvere la disequazione

$$x^2 + 7 \leq (3x+2)^2.$$

Soluzione. Come si può vedere, l'espressione è analoga a quella dell'esercizio precedente e quindi, dopo aver svolto i calcoli, si ottiene

$$8x^2 + 12x - 3 \geq 0$$

e l'equazione associata ha le due soluzioni distinte già viste nell'esercizio precedente

$$x_1 = \frac{-3-\sqrt{15}}{4}, \qquad x_1 = \frac{-3+\sqrt{15}}{4}.$$

Poiché il segno della disuguaglianza stretta è > si ha (caso degli intervalli esterni)

$$I_{disequazione\ larga} = I_{disequazione\ stretta} \cup I_{equazione} = \left(-\infty, \frac{-3-\sqrt{15}}{4}\right] \cup \left[\frac{-3+\sqrt{15}}{4}, +\infty\right)$$

che rappresentiamo qui sotto.

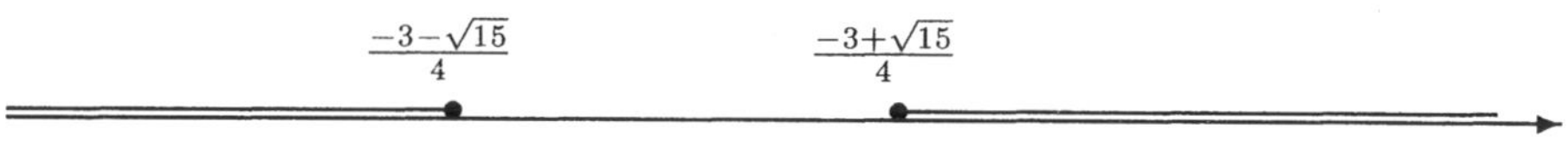

Figura 1.7

■

Esercizio 1.4.8 Risolvere la disequazione

$$(4x-7)^2 > -2.$$

Soluzione. Potremmo svolgere i conti come sopra. Il lettore è invitato a farli per esercitarsi. Tuttavia ...

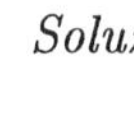

Faccina 1.4.11 ... la soluzione qui è immediata: basta osservare che il primo membro è un quadrato e quindi è sempre ≥ 0, mentre il secondo membro è < 0. Questo dice che la disuguaglianza è sempre soddisfatta, qualunque sia il valore di x.

Dunque $I = \mathbb{R}$.

■

Esercizio 1.4.9 Risolvere la disequazione

$$(4x-7)^2 > 0.$$

Soluzione. Potremmo svolgere i conti e anche questa volta il lettore è invitato a farli per esercitarsi. Tuttavia anche qui possiamo usare uno sporco trucco.

Faccina 1.4.12 Il primo membro è un quadrato e quindi è sempre ≥ 0 ed è $= 0$ se e solo se[11] $4x - 7 = 0$ cioè $x = \frac{7}{4}$. Questo dice che la disuguaglianza è soddisfatta per ogni valore di x escluso $\frac{7}{4}$.

Dunque

$$I = \mathbb{R} \setminus \left\{ \frac{7}{4} \right\}$$

("tutti meno uno") che rappresentiamo qui sotto.

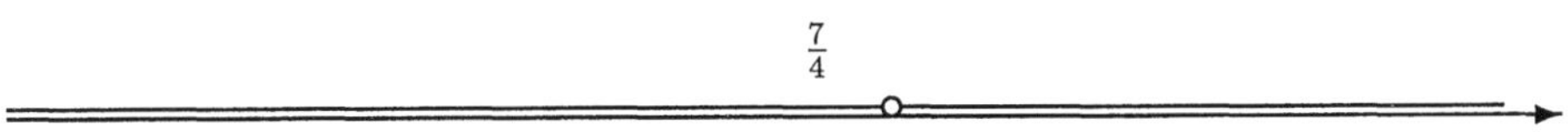

Figura 1.8

■

Equazioni e disequazioni polinomiali di grado superiore al secondo

Come abbiamo precedentemente detto queste equazioni/disequazioni non si possono risolvere con formule universali quando il grado è maggiore di 4. Presentiamo allora un tipo particolare di equazioni/disequazioni polinomiali che risolveremo usando la legge di annullamento del prodotto e/o la regola dei segni. Descriviamo sotto tale metodo che sarà utile anche nel seguito.

- Parliamo prima delle equazioni. Supponiamo che queste si presentino (o possono essere riscritte, leggete l'Osservazione 1.4.14 e la Faccina 1.4.15 qui sotto) nella forma

$$\alpha_1(x) \cdot \alpha_2(x) \cdot \ldots \cdot \alpha_n(x) = 0 \tag{1.5}$$

dove $\alpha_1(x), \ldots, \alpha_n(x)$ sono polinomi di grado al massimo 2. Per risolverle si usa la legge di annullamento del prodotto che dice:

"Dati n numeri reali $b_1, \ldots, b_n$ si ha

$$b_1 \cdot \ldots \cdot b_n = 0 \iff \textit{almeno uno di essi è nullo".}$$

Questo significa che un numero $x \in \mathbb{R}$ risolve l'equazione (1.5) se e solo se esso risolve almeno una delle equazioni

$$\alpha_i(x) = 0, \qquad i = 1, \ldots, n, \tag{1.6}$$

cioè significa che l'insieme I delle soluzioni di (1.5) è proprio l'unione degli insiemi I_i delle soluzioni delle n equazioni (1.6),

$$I = \bigcup_{i=1}^{n} I_i.$$

Quindi, operativamente, basta risolvere tutte le equazioni $\alpha_i(x) = 0$, $i = 1, \ldots, n$ e poi prendere l'unione dei loro insiemi di soluzioni.

- Parliamo ora delle disequazioni strette. Supponiamo che si presentino nella forma

$$\alpha_1(x) \cdot \alpha_2(x) \cdot \ldots \cdot \alpha_n(x) > 0, \tag{1.7}$$

dove $\alpha_1(x), \ldots, \alpha_n(x)$ sono polinomi di grado al massimo 2. Per risolverle si usa la regola dei segni che dice:

$$\begin{aligned} + \cdot + &= +, \\ + \cdot - &= -, \\ - \cdot + &= -, \\ - \cdot - &= +, \end{aligned}$$

o meglio:

[11] Occhio all'espressione!

"il segno di un prodotto di n numeri reali $b_1, \dots, b_n$ tutti diversi da zero dipende dal numero k di fattori negativi in esso presenti. Si ha infatti

$$\begin{aligned} k \text{ pari} &\iff b_1 \cdot \ldots \cdot b_n > 0, \\ k \text{ dispari} &\iff b_1 \cdot \ldots \cdot b_n < 0 \end{aligned}$$

(e non dimenticatevi che, nella saggezza popolare, anche 0 è pari!)".

Questo significa che un numero $x \in \mathbb{R}$ risolve la disequazione

$$\alpha_1(x) \cdot \alpha_2(x) \cdot \ldots \cdot \alpha_n(x) > 0$$

se e solo se

- x non annulla nessuno dei fattori $\alpha_i(x)$;
- $\alpha_i(x) < 0$ per un numero pari di indici $i \in \{1, \dots, n\}$ (quindi per gli altri vale la disuguaglianza $>$).

Per la disequazione opposta (cioè col segno $<$) occorre che il numero di fattori negativi sia dispari.

Vedremo negli esercizi come risolvere operativamente le disequazioni strette: l'idea di fondo è quella di risolvere innanzitutto tutte le singole disequazioni $\alpha_i(x) > 0$, $i = 1, \dots n$, (indipendentemente dal fatto che la disuguaglianza di partenza sia $<$ o $>$) poi tracciare tali risultati su un diagramma che permette di visualizzare graficamente la regola dei segni.

⚠ **Pericolo 1.4.13** Nel caso di disuguaglianze larghe (cioè $\geq$ o $\leq$) bisogna ragionare come esposto nel caso delle disequazioni di secondo grado. In altre parole

$$I_{\textit{disequazione larga}} = I_{\textit{disequazione stretta}} \cup I_{\textit{equazione}}.$$

Osservazione 1.4.14 Negli esercizi che seguono alcune equazioni/disequazioni non risultano scritte nella forma (1.5). Per riscriverle in tale forma occorre usare il principio del trasporto (facile) e/o qualche semplice formula di scomposizione di polinomi (difficile). Ad esempio useremo la somma o la differenza di cubi

$$\begin{aligned} a^3 + b^3 &= (a+b)(a^2 - ab + b^2), \\ a^3 - b^3 &= (a-b)(a^2 + ab + b^2), \end{aligned}$$

il raccoglimento a fattor comune

$$a + b = c\left(\frac{a}{c} + \frac{b}{c}\right)$$

(che vale anche per somme di più di due termini). Vi risparmiamo la ben nota (e spesso temuta) regola di Ruffini, anche perché non la useremo quasi mai.

☺ **Faccina 1.4.15** Mentre la somma di cubi poche volte ci sarà utile, il raccoglimento a fattor comune è un tipico "trucco" che serve a riscrivere espressioni di vario tipo in modo più semplicie da trattare (per farci calcoli, limiti e sevizie varie). Non sottovalutatelo quindi, anzi, abituatevi sin d'ora a capire bene come si usa e a riconoscerlo quando lo usate o lo vedete usare.

Esercizi ben svolti

Esercizio 1.4.10 Risolvere l'equazione

$$(4x - 7)(x^2 - x + 3)(x + 1) = 0.$$

Soluzione. Si tratta, come preannunciato, di risolvere tre equazioni, ognuna corrispondente ad un fattore del polinomio scritto a sinistra dell'uguale.

I fattore. $4x - 7 = 0 \iff x = \frac{7}{4} \iff I_1 = \{\frac{7}{4}\}.$

II fattore. $x^2 - x + 3 = 0$ non ha soluzione poiché $\Delta = 1 - 12 = -11 < 0$ e quindi $I_2 = \emptyset$

III fattore. $x + 1 = 0 \iff x = -1 \iff I_3 = \{-1\}$.

Quindi

$$I = I_1 \cup I_2 \cup I_3 = \left\{-1, \frac{7}{4}\right\}$$

che è rappresentato qui sotto.

Figura 1.9

■

Esercizio 1.4.11 Risolvere la disequazione

$$(3 - x^2)(x^2 - 1) < 0.$$

Soluzione. Come preannunciato risolviamo prima le disequazioni con il segno > per ogni singolo fattore (come vedete non ci interessiamo minimamente *per ora* al segno della disequazione proposta). Si ha

I fattore. $-x^2 + 3 > 0 \iff x \in \left(-\sqrt{3}, \sqrt{3}\right)$;

II fattore. $x^2 - 1 > 0 \iff x \in (-\infty, -1) \cup (1, +\infty)$.

Ora rappresentiamo graficamente il risultato di ogni signola disequazione disegnando una tabella. Per costruirla osserviamo prima che le soluzioni delle disequazioni strette qui sopra sono costituite da intervalli o unioni di intervalli. I punti di separazione di tali intervalli (che poi sono le soluzioni dell'equazione associata $(3 - x^2)(x^2 - 1) = 0$) sono quattro, tutti fra loro distinti, e dividono la retta reale in cinque regioni distinte.

- Dividiamo allora la tabella in tante righe quante sono le disequazioni (cioè 2) più una per il risultato finale (quindi 3 righe) e in tante colonne quanti sono gli intervalli trovati sopra (5). Per visualizzare meglio la situazione mettiamo in cima alle pareti divisorie il numero reale corrispondente.
- Nella colonna di sinistra scriviamo le due disequazioni che abbiamo risolto. Nella riga corrispondente ad ogni disequazione scriviamo, in ognuna delle 5 caselle, il segno del primo membro di tale disequazione. Tale segno è + nell'insieme delle soluzioni e − altrove.
- Nella terza riga scriviamo il risultato finale applicando in ogni intervallo–colonna la regola dei segni. La soluzione della disequazione stretta si trova prendendo le zone positive o negative a seconda del segno della disuguaglianza di partenza.

$-\sqrt{3}$ $\quad -1 \quad$ 1 $\quad \sqrt{3}$

Segno di ...					
$-x^2 + 3$	−	+	+	+	−
$x^2 - 1$	+	+	−	+	+
$(3 - x^2)(x^2 - 1)$	−	+	−	+	−

Nel nostro caso prendiamo gli intervalli in cui compare il segno − (in quanto la disuguaglianza era con <; se avessimo avuto una disuguaglianza iniziale con >, avremmo dovuto costruire la stessa tabella e considerare gli intervalli con il segno +). Quindi l'insieme delle soluzioni è

$$I = \left(-\infty, -\sqrt{3}\right) \cup (-1, +1) \cup \left(+\sqrt{3}, +\infty\right)$$

rappresentato graficamente in figura.

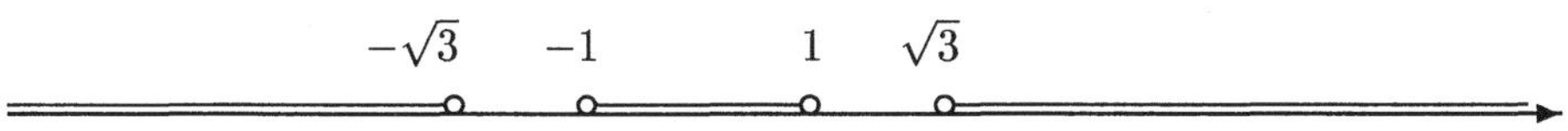

Figura 1.10

■

Esercizio 1.4.12 Risolvere la disequazione

$$(x-2)^2(x+2) \leq 0.$$

Soluzione. Essendo una disequazione larga, determiniamo prima le soluzioni dell'equazione associata (ci calcoliamo $I_{equazione}$), poi le soluzioni della disequazione stretta (e troviamo $I_{disequazione\ stretta}$) e infine mettiamo insieme le soluzioni.

- Risolviamo prima l'equazione

$$(x-2)^2(x+2) = 0,$$

  risolvendo le seguenti due equazioni:

  I fattore. $(x-2)^2 = 0 \iff x = 2 \iff I^1_{equazione} = \{2\}$,

  II fattore. $x + 2 = 0 \iff x = -2 \iff I^2_{equazione} = \{-2\}$.

  Quindi

$$I_{equazione} = I^1_{equazione} \cup I^2_{equazione} = \{-2, 2\}.$$

- Risolviamo ora la disequazione stretta

$$(x-2)^2(x+2) < 0.$$

  I fattore. $(x-2)^2 > 0 \iff x \in \mathbb{R} \setminus \{2\} = (-\infty, 2) \cup (2, +\infty)$,

  II fattore. $x + 2 > 0 \iff x > -2 \iff x \in (-2, +\infty)$.

  Costruiamo la solita tabella

Segno di ...		-2	2
$(x-2)^2$	+	+	+
$x+2$	−	+	+
$(x-2)^2(x+2)$	−	+	+

  Quindi

$$I_{disequazione\ stretta} = (-\infty, -2).$$

In conclusione

$$I_{disequazione\ larga} = I_{equazione} \cup I_{disequazione\ stretta} = \{-2, 2\} \cup (-\infty, -2) = (-\infty, -2] \cup \{2\}$$

la cui rappresentazione grafica è la seguente.

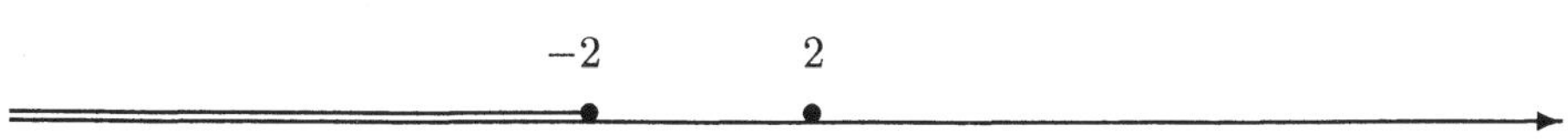

Figura 1.11

⚠ **Pericolo 1.4.16** Se provate a risolvere questo esercizio usando le disuguaglianze "larghe" senza la sufficiente attenzione potreste dimenticarvi del punto 2. Provare per credere. ■

Esercizio 1.4.13 Risolvere la disequazione

$$(x^3 - 7)(x + 3) \geq x + 3.$$

Soluzione. Cerchiamo di riscrivere la disequazione nella forma

$$\alpha_1(x) \cdot \ldots \cdot \alpha_n(x) \geq 0.$$

Applicando il principio del trasporto, otteniamo

$$(x^3 - 7)(x + 3) - (x + 3) \geq 0.$$

Raccogliendo a fattor comune $(x+3)$ (ci sareste arrivati? Forse stavolta no ma la prossima state all'erta: presto non potrete fare a meno di raccogliere a fattor comune ovunque necessiterà):

$$(x + 3)((x^3 - 7) - 1) \geq 0 \iff (x + 3)(x^3 - 8) \geq 0.$$

Ora applichiamo la scomposizione in fattori della somma di cubi ricavando

$$x^3 - 8 = (x - 2)(x^2 + 2x + 4)$$

da cui

$$(x + 3)(x^3 - 8) \geq 0 \iff (x + 3)(x - 2)(x^2 + 2x + 4) \geq 0.$$

La disequazione è finalmente scritta come volevamo e possiamo risolverla.

La soluzione dell'equazione è piuttosto semplice: infatti il fattore di secondo grado $x^2 + 2x + 4$ ha discriminante $\Delta = -12 < 0$ e quindi non si annulla mai. Gli altri due fattori si annullano chiaramente in -3 e 2 e quindi

$$I_{equazione} = \{-3, 2\}.$$

Per trovare $I_{disequazione\ stretta}$ osserviamo che il termine x^2+2x+4 ha segno sempre strettamente positivo (dato che $\Delta = -12 < 0$ e $a = 1 > 0$) e quindi posso trascurarlo in quanto non apporta alcun contributo al segno del polinomio a primo membro (provare per credere!). Quindi basta studiare la disequazione stretta

$$(x + 3)(x - 2) > 0$$

la cui soluzione è

$$I_{disequazione\ stretta} = (-\infty - 3) \cup (2, +\infty),$$

come si vede dalla tabella qui sotto:

Segno di		-3		2	
$x+3$	$-$		$+$		$+$
$x-2$	$-$		$-$		$+$
$(x+3)(x-2)$	$+$		$-$		$+$

Quindi

$$I_{disequazione\ larga} = I_{equazione} \cup I_{disequazione\ stretta} = (-\infty, -3] \cup [2, +\infty)$$

con la seguente rappresentazione grafica

Figura 1.12

1.4.4 Equazioni e disequazioni polinomiali fratte

Le equazioni/disequazioni polinomiali fratte si presentano nella forma

$$\frac{\alpha_1(x)}{\beta_1(x)} = \frac{\alpha_2(x)}{\beta_2(x)} \qquad \text{rispettivamente} \qquad \frac{\alpha_1(x)}{\beta_1(x)} < \frac{\alpha_2(x)}{\beta_2(x)}$$

(o con $\leq, >, \geq$ al posto di $<$) dove $\alpha_1, \alpha_2, \beta_1, \beta_2$ sono polinomi. Iniziamo dando alcune indicazioni.

(i) Il CE può essere più piccolo di $\mathbb{R}$ poiché i denominatori possono annullarsi per certi valori di x ed in tali valori le espressioni non hanno senso. Calcoliamo sempre il CE prima di tutto. Come? Trovando l'insieme dei punti in cui si annullano i denominatori β_1 e β_2: il CE sarà il complementare di questo insieme.

(ii) Tali equazioni e disequazioni vanno prima di tutto riscritte nella forma normale

$$\frac{p(x)}{q(x)} = 0 \qquad \text{rispettivamente} \qquad \frac{p(x)}{q(x)} < 0$$

(o con $\leq, >, \geq$ al posto di $<$) dove p, q sono polinomi ottenuti portando a minimo comun denominatore, e precisamente

$$\frac{p(x)}{q(x)} = \frac{\alpha_1(x)\beta_2(x) - \alpha_2(x)\beta_1(x)}{\beta_1(x)\beta_2(x)}.$$

(iii) Se riusciamo a riscrivere i polinomi $p(x)$ e $q(x)$ come prodotto di polinomi di grado al massimo 2 (questo, teoricamente, è sempre possibile) cioè

$$\frac{p(x)}{q(x)} = \frac{p_1(x) \cdot \ldots \cdot p_n(x)}{q_1(x) \cdot \ldots \cdot q_m(x)}$$

con grado di p_i e q_j ($i = 1, \ldots, n$ e $j = 1, \ldots, m$) al massimo uguale a 2, possiamo procedere nella seguente maniera:

Equazioni. Per risolvere l'equazione si osserva che

$$\frac{p(x)}{q(x)} = 0 \qquad \Longleftrightarrow \qquad p(x) = 0 \ \text{ e } \ x \in CE$$

e quindi si usa il metodo visto per le equazioni polinomiali intersecando poi l'insieme delle soluzioni trovate con il CE.

Disequazioni strette. Per risolvere le disequazioni strette si risolvono tutte le disequazioni $p_i(x) > 0$ e $q_j(x) > 0$ ($i = 1, \ldots, n$ e $j = 1, \ldots, m$) e poi si applica la regola dei segni costruendo la solita tabella (infatti la regola dei segni si applica anche ai quozienti purché i numeri per cui si divide siano non nulli).

Disequazioni larghe. Per le disequazioni larghe si ragiona come per il caso polinomiale mettendo insieme le soluzioni dell'equazione e della disequazione stretta.

⚠ **Pericolo 1.4.17** Vogliate rifuggire dalla tentazione di moltiplicare ambo i membri per il denominatore q *senza conoscerne il segno!* Alcuni ci hanno provato concludendo che la difficile disequazione fratta $\frac{p(x)}{q(x)} < 0$ diventava equivalente alla più facile disequazione polinomiale $p(x) < 0$. Mal gliene incolse!

Esercizi ben svolti

Esercizio 1.4.14 [Roma 22/02/1999 n.1-1] Risolvere la disequazione

$$\frac{1}{x^2}+\frac{x}{x+1}\geq 1.$$

Soluzione. I fattori a denominatore sono due, x^2 e $x+1$, che si annullano in 0 e -1 rispettivamente; infatti

$$\begin{aligned} x^2=0 &\quad\Longleftrightarrow\quad x=0,\\ x+1=0 &\quad\Longleftrightarrow\quad x=-1. \end{aligned}$$

Quindi

$$CE=\mathbb{R}\setminus\{-1,0\}.$$

Ora scriviamo la disequazione in forma normale: portiamo tutto a primo membro e sommiamo le frazioni tra loro (trovando prima il minimo comun denominatore: ricordate come si fa?)

⚠ **Pericolo 1.4.18** Anche il numero 1 che sta a destra va portato a sinistra! Purtroppo può sfuggire ad un occhio stanco o poco allenato!

$$\begin{aligned} \frac{1}{x^2}+\frac{x}{x+1}-1\geq 0 &\quad\Longleftrightarrow\quad \frac{1\cdot(x+1)+x\cdot x^2-x^2(x+1)}{x^2(x+1)}\geq 0\\ &\quad\Longleftrightarrow\quad \frac{x+1+x^3-x^3-x^2}{x^2(x+1)}\geq 0\\ &\quad\Longleftrightarrow\quad \frac{-x^2+x+1}{x^2(x+1)}\geq 0. \end{aligned}$$

Risolviamo l'equazione $-x^2+x+1=0$:

$$-x^2+x+1=0 \quad\Longleftrightarrow\quad x=\frac{1-\sqrt{5}}{2} \text{ oppure } x=\frac{1+\sqrt{5}}{2}.$$

Quindi

$$I_{equazione}=\left\{\frac{1-\sqrt{5}}{2},\frac{1+\sqrt{5}}{2}\right\}.$$

Risolviamo ora la disequazione stretta. Prima occupiamoci del segno dei singoli fattori.

I fattore. $-x^2+x+1>0 \quad\Longleftrightarrow\quad x\in\left(\frac{1-\sqrt{5}}{2},\frac{1+\sqrt{5}}{2}\right)$;

II fattore. $x^2>0 \quad\Longleftrightarrow\quad x\in\mathbb{R}\setminus\{0\}$;

III fattore. $x+1>0 \quad\Longleftrightarrow\quad x\in(-1,+\infty)$.

Ora costruiamo la solita tabella

		-1	$\frac{1-\sqrt{5}}{2}$	0	$\frac{1+\sqrt{5}}{2}$
Segno di …					
$-x^2+x+1$	$-$	$-$	$+$	$+$	$-$
x^2	$+$	$+$	$+$	$+$	$+$
$x+1$	$-$	$+$	$+$	$+$	$+$
$\frac{-x^2+x+1}{x^2(x+1)}$	$+$	$-$	$+$	$+$	$-$

Quindi

$$I_{disequazione\ stretta} = (-\infty, -1) \cup \left(\frac{1-\sqrt{5}}{2}, 0\right) \cup \left(0, \frac{1+\sqrt{5}}{2}\right)$$

e quindi

$$I_{disequazione\ larga} = I_{equazione} \cup I_{disequazione\ stretta} = (-\infty, -1) \cup \left[\frac{1-\sqrt{5}}{2}, 0\right) \cup \left(0, \frac{1+\sqrt{5}}{2}\right].$$

La rappresentazione grafica dell'insieme delle soluzioni è la seguente.

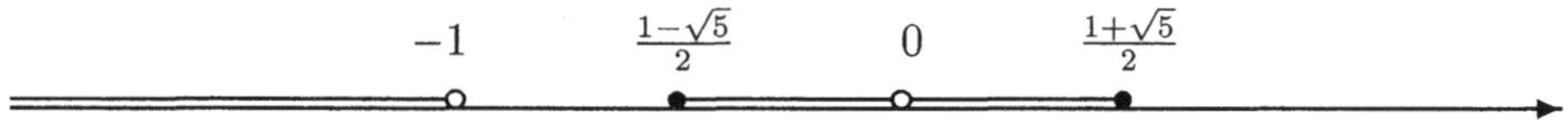

Figura 1.13

■

Esercizio 1.4.15 [Roma 28/04/1999 n.1-1] Risolvere la disequazione

$$\frac{(x-1)^2+7}{x+2} \leq 2.$$

Soluzione. Il fattore a denominatore è uno solo e si annulla in $x = -2$:

$$x + 2 = 0 \quad \Longleftrightarrow \quad x = -2;$$

quindi $CE = \mathbb{R} \setminus \{-2\}$. Ora riscriviamo la disequazione in forma normale: portiamo tutto a primo membro e sommiamo le frazioni tra loro:

$$\frac{(x-1)^2+7}{x+2} \leq 2 \quad \Longleftrightarrow \quad \frac{x^2-2x+8-2(x+2)}{x+2} \leq 0 \quad \Longleftrightarrow \quad \frac{(x-2)^2}{x+2} \leq 0.$$

Risolviamo prima l'equazione trovando

$$(x-2)^2 = 0 \quad \Longleftrightarrow \quad x = 2$$

cioè

$$I_{equazione} = \{2\}.$$

Risolviamo ora la disequazione stretta:

I fattore. $(x-2)^2 > 0 \quad \Longleftrightarrow \quad x \in \mathbb{R} \setminus \{2\} = (-\infty, 2) \cup (2, +\infty)$;

II fattore. $x + 2 > 0 \quad \Longleftrightarrow \quad x > -2 \quad \Longleftrightarrow \quad x \in (-2, +\infty)$.

La tabella diventa:

Segno di ...		-2	2
$(x-2)^2$	$+$	$+$	$+$
$x+2$	$-$	$+$	$+$
$\frac{(x-2)^2}{x+2}$	$-$	$+$	$+$

Quindi

$$I_{disequazione\ stretta} = (-\infty, -2)$$

e pertanto

$$I_{disequazione\ larga} = I_{equazione} \cup I_{disequazione\ stretta} = (-\infty, -2) \cup \{2\}$$

rappresentato nella seguente forma.

Figura 1.13

Riflettete sulle somiglianze con l'Esercizio 1.4.12. ∎

Esercizio 1.4.16 [Roma 20/12/1999 n.1-1 e Roma 18/01/2000 n.1-1] Risolvere la seguente disequazione

$$\frac{x-1}{x^2-1} < 2.$$

Soluzione. Troviamo il CE. Poiché

$$x^2 - 1 = 0 \qquad \Longleftrightarrow \qquad x \in \{-1, 1\}$$

si ha

$$CE = \mathbb{R} \setminus \{-1, 1\}.$$

Ora, per ogni $x \in CE$, abbiamo $x - 1 \neq 0$ e quindi possiamo semplificare la frazione, ottenendo

$$\begin{aligned} \frac{x-1}{x^2-1} < 2 \qquad & \Longleftrightarrow \qquad \frac{1}{x+1} < 2 \\ & \Longleftrightarrow \qquad \frac{1}{x+1} - 2 < 0 \\ & \Longleftrightarrow \qquad \frac{1-2(x+1)}{x+1} < 0 \\ & \Longleftrightarrow \qquad \frac{-2x-1}{x+1} < 0 \\ & \Longleftrightarrow \qquad \frac{2x+1}{x+1} > 0. \end{aligned}$$

Poiché

I fattore. $2x + 1 > 0 \quad \Longleftrightarrow \quad x > -\frac{1}{2}$,

II fattore. $x + 1 > 0 \quad \Longleftrightarrow \quad x > -1$,

si ha, usando la regola dei segni,

-1 $\qquad -\frac{1}{2}$

Segno di …			
$2x+1$	−	−	+
$x+1$	−	+	+
$\frac{2x+1}{x+1}$	+	−	+

Ricordandoci del CE (non ve lo sarete mica dimenticato?) otteniamo l'insieme delle soluzioni

$$I = (-\infty, -1) \cup \left(-\frac{1}{2}, 1\right) \cup (1, +\infty)$$

che è rappresentato nella seguente figura

Figura 1.14

Esercizi per casa

Esercizio 1.4.17 [Roma 14/03/2000 n.1-1] Risolvere la disequazione

$$\frac{x^2+1}{x^2-1} < 2.$$

Esercizio 1.4.18 [Roma 17/06/1999 n.1-1] Risolvere la disequazione

$$\frac{1}{x} + \frac{1-x}{x^2-1} \geq 0.$$

Esercizio 1.4.19 [Roma 01/07/1999 n. 2-1] Risolvere la disequazione

$$x - \frac{1}{x} > 1.$$

Esercizio 1.4.20 [Roma 21/09/1999 n.1-1] Risolvere la disequazione

$$x < -\frac{1}{x} + 2.$$

Esercizio 1.4.21 [L'Aquila 14/09/1999 n.A6] Risolvere la disequazione

$$\frac{x^2 - 13x + 30}{x-6} \leq 0.$$

1.4.5 Equazioni e disequazioni polinomiali con valori assoluti

Si tratta di equazioni/disequazioni polinomiali in cui compaiono espressioni in valore assoluto, ad esempio:

$$2x - |x^2 - 4| = |x+3| - x^2.$$

La definizione di *valore assoluto* o *modulo* di un numero reale e la sua interpretazione come distanza sono spiegate in [PSS]. Qui ricordiamo che, dato $z \in \mathbb{R}$, si definisce valore assoluto di z il numero

$$|z| = \begin{cases} z, & z \geq 0, \\ -z, & z < 0. \end{cases} \tag{1.8}$$

Giova ricordare le seguenti proprietà.

1) Per ogni $z \in \mathbb{R}$ si ha $|z| \geq 0$. Inoltre

$$|z| = 0 \iff z = 0.$$

2) Per ogni $z, w \in \mathbb{R}$ il valore assoluto del prodotto è uguale al prodotto dei valori assoluti cioè

$$|z \cdot w| = |z| \cdot |w|.$$

3) *Disuguaglianza triangolare:* per ogni $z, w \in \mathbb{R}$ il valore assoluto della somma è minore o uguale alla somma dei valori assoluti cioè
$$|z+w| \leq |z| + |w|.$$
Inoltre
$$|z+w| = |z| + |w| \iff z, w \text{ hanno lo stesso segno.}$$

4) Se indichiamo con $d(z,w)$ la distanza tra z e w (cioè la lunghezza del segmento che unisce z e w sull'asse reale) allora $|z| = d(0,z)$ cioè il valore assoluto di z rappresenta la distanza di z dall'origine e
$$|z-w| = |w-z| = d(z,w).$$

Dato che il valore assoluto $|z|$ ha sempre senso per ogni $z \in \mathbb{R}$, possiamo dire che il CE per le equazioni/disequazioni polinomiali con valore assoluto è sempre $\mathbb{R}$ e quindi non ne faremo cenno nella soluzione. Ovviamente può succedere che si pongano restrizioni dall'esterno per motivi applicativi e non. Un metodo abbastanza meccanico per risolvere tali equazioni/disequazioni consiste nello "spezzare" i valori assoluti.

- Per ogni valore assoluto che compare dobbiamo individuare l'insieme dove l'argomento è positivo o negativo. Si troveranno, per ogni valore assoluto, due sottoinsiemi di $\mathbb{R}$ e su ognuno di essi il valore assoluto in questione potrà essere eliminato utilizzando la formula (1.8).
- Dividiamo il CE in intervalli in cui il segno dei vari argomenti dei valori assoluti rimane costante. Chiamiamo queste regioni $A_1, \dots A_n$.
- Su ogni regione A_i risolviamo l'equazione/disequazione che otteniamo mettendo al posto dei valori assoluti il loro valore su A_i. Otterremo una equazione/disequazione polinomiale (diversa su ogni A_i) di cui determiniamo l'insieme J_i delle soluzioni. Tuttavia le soluzioni saranno accettabili solo se apparterranno anche ad A_i. Quindi l'insieme delle soluzioni della i–esima equazione/disequazione sarà
$$I_i = J_i \cap A_i.$$
- La soluzione finale dell'equazione/disequazione sarà
$$I = \bigcup_{i=1}^{n} I_i.$$

Questo metodo spesso può essere accorciato se si usano in modo astuto le proprietà del valore assoluto riassunte sopra. Ne vedremo alcuni casi.

Esercizi ben svolti

Esercizio 1.4.22 [Roma 18/01/2000 n.1-2] Risolvere la seguente disequazione
$$|x+1| < 1.$$

Soluzione. Per la formula (1.8), scegliendo $z = x+1$, possiamo scrivere
$$|x+1| = \begin{cases} x+1, & x \geq -1, \\ -x-1, & x < -1. \end{cases}$$

Possiamo quindi dividere $CE = \mathbb{R}$ in due regioni distinte $A_1 = (-\infty, -1)$ e $A_2 = [-1, +\infty)$ e su ognuna possiamo eliminare i valori assoluti. Risolveremo dunque su ciascuna regione A_i la disequazione che otteniamo e troveremo l'insieme delle soluzioni accettabili I_i. L'insieme globale delle soluzioni sarà allora $I = I_1 \cup I_2$.

- Su A_1 si ha
$$-x-1 < 1 \iff x > -2.$$
Quindi $J_1 = (-2, +\infty)$ e
$$I_1 = J_1 \cap A_1 = (-2, +\infty) \cap (-\infty, -1) = (-2, -1).$$

- Su A_2 si ha

$$x + 1 < 1 \iff x < 0.$$

Quindi $J_2 = (-\infty, 0)$ e

$$I_2 = J_2 \cap A_2 = (-\infty, 0) \cap [-1, +\infty) = [-1, 0).$$

Concludendo si ha

$$I = I_1 \cup I_2 = (-2, -1) \cup [-1, 0) = (-2, 0).$$

Possiamo interpretare questa disequazione in termini di distanza. Infatti l'espressione a primo membro $|x + 1|$ rappresenta la distanza tra x e -1 (proprietà 4). Dalla disequazione si capisce che vogliamo determinare tutti quei punti x della retta $\mathbb{R}$ per cui la distanza da -1 risulta inferiore a 1. Questo significa che l'insieme delle soluzioni sarà un intervallo con "centro" -1 e "raggio" 1: proprio la soluzione che abbiamo trovato.

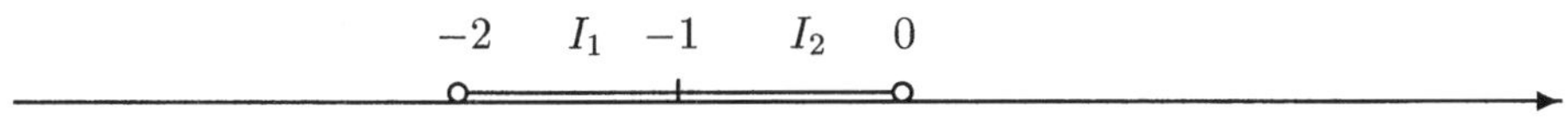

Figura 1.15

■

Esercizio 1.4.23 [Roma 18/01/2000 n.1-2] Risolvere la seguente disequazione

$$|x + 1| < -1.$$

Soluzione. Potete usare il metodo meccanico descritto nell'introduzione ed utilizzato nel precedente esercizio, ma non vi conviene.

Faccina 1.4.19 Infatti basta ricordare le proprietà del valore assoluto, in particolare la 1) secondo la quale il valore assoluto è sempre ≥ 0. Senza fare calcoli ne segue che, essendo $-1 < 0$, la disequazione non è mai soddisfatta e quindi $I = \emptyset$ (come fa una cosa positiva ad essere più piccola di una cosa negativa?) ■

Esercizio 1.4.24 Risolvere la seguente equazione

$$2|x + 4| = 1.$$

Soluzione. Questo esercizio è analogo all'Esercizio 1.4.22: basta osservare che

$$2|x + 4| = 1 \iff |x + 4| = \frac{1}{2}$$

e quindi dividere $CE = \mathbb{R}$ nelle due regioni distinte $A_1 = (-\infty, -4)$ e $A_2 = [-4, +\infty)$. Su ognuna di esse possiamo eliminare i valori assoluti.

- Su A_1 si ha

$$-x - 4 = \frac{1}{2} \iff x = -\frac{9}{2}$$

che appartiene ad A_1 e quindi $I_1 = \{-\frac{9}{2}\}$.

- Su A_2 si ha

$$x + 4 = \frac{1}{2} \iff x = -\frac{7}{2}$$

che appartiene ad A_2 e quindi $I_2 = \{-\frac{7}{2}\}$.

Concludendo si ha

$$I = I_1 \cup I_2 = \left\{ -\frac{9}{2}, -\frac{7}{2} \right\}.$$

Anche qui possiamo usare l'interpretazione del valore assoluto come distanza tra numeri esattamente come fatto nell'Esercizio 1.4.22 (il centro è -4 ed il raggio $\frac{1}{2}$).

Figura 1.16

∎

Esercizio 1.4.25 [Roma 12/10/1999 n.1-1] Risolvere la seguente disequazione

$$2x - 1 > |x - 3| + |x|.$$

Soluzione. Dalla formula (1.8) segue

$$|x| = \begin{cases} x, & x \geq 0, \\ -x, & x < 0 \end{cases}$$

e

$$|x - 3| = \begin{cases} x - 3, & x \geq 3, \\ -x + 3, & x < 3. \end{cases}$$

Allora possiamo dividere $CE = \mathbb{R}$ in tre regioni distinte:

$$A_1 = (-\infty, 0), \qquad A_2 = [0, 3), \qquad A_3 = [3, +\infty).$$

Su ognuna di esse possiamo togliere i valori assoluti.

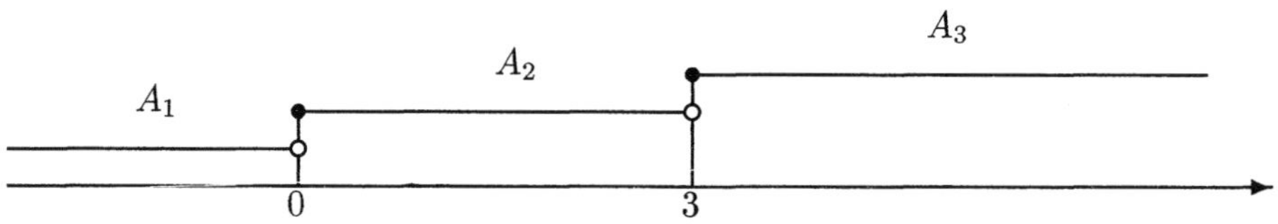

Figura 1.17

Risolveremo dunque su ciascuna regione A_i la disequazione ottenuta e determineremo un insieme delle soluzioni I_i. L'insieme globale delle soluzioni sarà

$$I = I_1 \cup I_2 \cup I_3.$$

- Su A_1 abbiamo

$$2x - 1 > |x - 3| + |x| \iff 2x - 1 > 3 - x - x \iff 4x > 4 \iff x > 1.$$

Quindi $J_1 = (1, +\infty)$ e

$$I_1 = J_1 \cap A_1 = (1, +\infty) \cap (-\infty, 0) = \emptyset.$$

- Su A_2 abbiamo

$$2x - 1 > |x - 3| + |x| \iff 2x - 1 > 3 - x + x \iff 2x > 4 \iff x > 2.$$

Quindi $J_2 = (2, +\infty)$ e

$$I_2 = J_2 \cap A_2 = (2, +\infty) \cap [0, 3) = (2, 3).$$

- Su A_3 abbiamo

$$2x-1>|x-3|+|x| \iff 2x-1>x-3+x \iff -1>-3$$

che è sempre verificata e quindi $J_3=\mathbb{R}$; allora

$$I_3=J_3\cap A_3=\mathbb{R}\cap[3,+\infty)=[3,+\infty).$$

Concludendo

$$I=I_1\cup I_2\cup I_3=(2,+\infty)$$

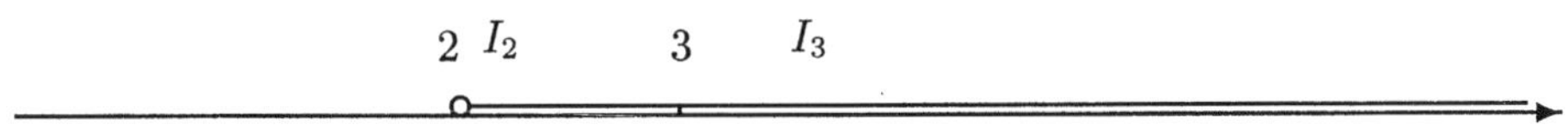

Figura 1.18

■

Esercizio 1.4.26 [Roma 20/12/1999 n.1-2] Risolvere la seguente disequazione

$$|x|-2<|x+1|.$$

Soluzione. Dalla (1.8) segue

$$|x|=\begin{cases} x, & x\geq 0,\\ -x, & x<0\end{cases}$$

e

$$|x+1|=\begin{cases} x+1, & x\geq -1,\\ -x-1, & x<-1.\end{cases}$$

Quindi possiamo dividere $CE=\mathbb{R}$ in tre regioni distinte

$$A_1=(-\infty,-1),\quad A_2=[-1,0),\quad A_3=[0,+\infty)$$

e su ognuna di esse possiamo togliere i valori assoluti.

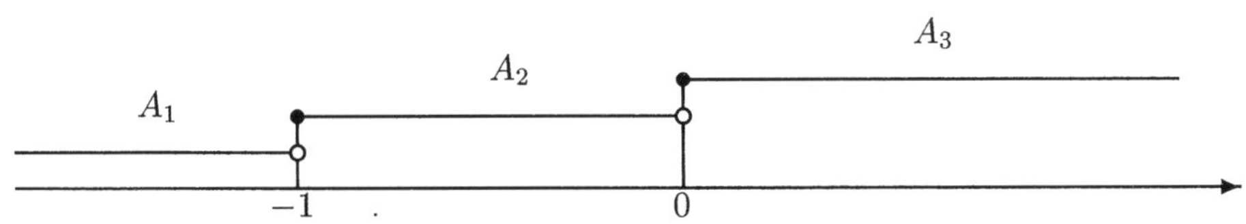

Figura 1.19

- Su A_1 si ha

$$-x-2<-x-1 \iff -2<-1$$

che è sempre vera e dunque

$$I_1=A_1=(-\infty,-1).$$

- Su A_2 si ha

$$-x-2<x+1 \iff 2x>-3 \iff x>-\frac{3}{2}$$

e quindi $J_2=\left(-\frac{3}{2},+\infty\right)$. Pertanto

$$I_2=J_2\cap A_2=\left(-\frac{3}{2},+\infty\right)\cap[-1,0)=[-1,0).$$

- Su A_3 si ha
$$x - 2 < x + 1 \iff -2 < 1$$
che è sempre vera e dunque
$$I_3 = A_3 = [0, +\infty).$$

Concludendo
$$I = I_1 \cup I_2 \cup I_3 = \mathbb{R}$$
e quindi la disequazione data è sempre soddisfatta. ∎

Esercizio 1.4.27 [L'Aquila 21/12/1999, n.A4] Calcolare le soluzioni della equazione
$$|x - 5| + |x - 1| = 100.$$

Soluzione. Iniziamo con lo "spezzare" i valori assoluti
$$|x - 5| = \begin{cases} x - 5, & x \geq 5, \\ 5 - x, & x < 5 \end{cases}$$
mentre
$$|x - 1| = \begin{cases} x - 1, & x \geq 1, \\ 1 - x, & x < 1. \end{cases}$$
Quindi dividiamo $CE = \mathbb{R}$ in tre regioni
$$A_1 = (-\infty, 1), \quad A_2 = [1, 5), \quad A_3 = [5, +\infty)$$
l'equazione diventa
$$\begin{cases} 5 - x + 1 - x &= 100 \quad \text{su } A_1, \\ 5 - x + x - 1 &= 100 \quad \text{su } A_2, \\ x - 5 + x - 1 &= 100 \quad \text{su } A_3. \end{cases}$$

- Su A_1 l'equazione $5 - x + 1 - x = 100$ ha come soluzione
$$x = -47 \in A_1,$$
quindi è accettata e $I_1 = \{-47\}$.
- Su A_2 l'equazione $5 - x + x - 1 = 100$ diventa
$$4 = 100$$
che è impossibile e $I_2 = \emptyset$.
- Su A_3 l'equazione $x - 5 + x - 1 = 100$ ha come soluzione
$$x = 53 \in A_3,$$
quindi è accettata e $I_3 = \{53\}$.

Perciò le soluzioni sono
$$I = I_1 \cup I_2 \cup I_3 = \{-47, 53\}.$$

Figura 1.20

∎

Esercizio 1.4.28 [Roma 15/07/1999 n.1] Risolvere la seguente equazione

$$|x^2 - x| = |x - 1|.$$

Soluzione. Per la proprietà 2) del valore assoluto si ha

$$|x^2 - x| = |x(x - 1)| = |x| \cdot |x - 1|$$

e quindi

$$|x| \cdot |x - 1| - |x - 1| = 0 \quad \Longleftrightarrow \quad |x - 1|(|x| - 1) = 0.$$

Grazie alla legge dell'annullamento del prodotto, abbiamo due fattori da analizzare.

I fattore. $|x - 1| = 0$; ma, per la proprietà 1, l'equazione equivale a $x - 1 = 0$ e quindi una soluzione è $x = 1$;

II fattore. $|x| - 1 = 0$ cioè $|x| = 1$ e, ragionando come nell'Esercizio 1.4.24, le soluzioni sono $x = \pm 1$.

Quindi $I = \{-1, +1\}$.

Figura 1.21

■

Esercizio 1.4.29 [Roma 22/02/1999 n.1-3] Risolvere la seguente disequazione

$$|x| \leq |x^2 + x|.$$

Soluzione. Si procede in maniera simile all'esercizio precedente usando la proprietà 2).

$$|x| \leq |x^2 + x| \quad \Longleftrightarrow \quad |x| \leq |x| \cdot |x + 1| \quad \Longleftrightarrow \quad |x|(|x + 1| - 1) \geq 0.$$

Nuovamente, secondo le nostre usanze, risolviamo prima l'equazione e poi la disequazione stretta, come fatto per le disequazioni polinomiali. Per l'equazione usiamo la legge di annullamento del prodotto ed otteniamo

$$|x|(|x + 1| - 1) = 0 \quad \Longleftrightarrow \quad |x| = 0 \text{ oppure } |x + 1| = 1.$$

Quindi, usando la proprietà 1) e ragionando come nell'Esercizio 1.4.24, otteniamo

$$I_{equazione} = \{0, -2\}.$$

Per la disequazione stretta si pone ogni fattore > 0.

I fattore. Per il primo fattore utilizziamo nuovamente la proprietà 1), ottenendo

$$|x| > 0 \quad \Longleftrightarrow \quad x \neq 0.$$

II fattore. Per il secondo fattore abbiamo

$$|x + 1| > 1$$

che si risolve come nell'Esercizio 1.4.22 e la cui soluzione è

$$x \in (-\infty, -2) \cup (0, +\infty).$$

Possiamo ora applicare la regola dei segni, ma si tratta di un caso ovvio perché uno dei fattore è sempre positivo tranne che nel punto 0: quindi conta sempre il segno del secondo fattore. Allora

$$I_{disequazione\ stretta} = (-\infty, -2) \cup (0, +\infty).$$

Finalmente siamo arrivati alla soluzione finale

$$I_{disequazione\ larga} = I_{equazione} \cup I_{disequazione\ stretta} = (-\infty, -2] \cup [0, +\infty).$$

L'insieme delle soluzioni è presentato nella figura sotto.

Figura 1.22

■

Esercizi per casa

Esercizio 1.4.30 [Roma 14/03/2000 n.1-2] Risolvere la disequazione

$$2\,|x+4| < 1.$$

Esercizio 1.4.31 [Roma 28/04/1999 n.1-4] Risolvere la disequazione

$$|x-5| \leq 7.$$

Esercizio 1.4.32 [Roma 22/02/1999 n.1-4] Risolvere la disequazione

$$|x+3| \leq 2.$$

Esercizio 1.4.33 [L'Aquila 04/02/2000, n.A4] Risolvere la equazione

$$|x-3| = x+6.$$

Esercizio 1.4.34 [L'Aquila 30/05/2000, n.A1] Risolvere l'equazione

$$|2x-20| + 2 = x.$$

Esercizio 1.4.35 [L'Aquila 16/02/2000, n.A3] Risolvere l'equazione

$$|x^2 - 100| = 4x + 40.$$

Esercizio 1.4.36 [Roma 17/06/1999 n.1-2] Risolvere la disequazione

$$|x - x^2| > 1.$$

1.4.6 Equazioni e disequazioni con radici quadrate

Queste equazioni/disequazioni contengono sostanzialmente, oltre a polinomi (o rapporti tra polinomi), anche radici quadrate di polinomi. La forma normale in cui si presentano le equazioni/disequazioni che studieremo (dopo un eventuale trasporto dei termini) è del tipo

$$\sqrt{\alpha(x)} = \beta(x)$$

(e analogamente per le disequazioni) dove α e β sono polinomi (di solito di grado 1 o 2). Il procedimento che indichiamo può essere adattato a risolvere (con un po' più di fatica) equazioni/disequazioni in cui compaiono più termini sotto radice, ad esempio

$$\sqrt{\alpha_1(x)} \pm \sqrt{\alpha_2(x)} = \beta(x)$$

(e analogamente per le disequazioni) o anche altre più generali (ma non ve le sottoporremo).

La presenza di radici quadrate crea due nuovi problemi.

Primo: il CE. Occorre essere sicuri che i radicandi siano ≥ 0. Questa condizione va posta all'inizio per trovare il CE.

⚠ **Pericolo 1.4.20** In generale, in presenza di una radice di indice pari (radice quadrata, quarta, eccetera), bisogna sempre imporre il radicando ≥ 0. Differentemente, le radici di indice dispari (radice terza, quinta, eccetera) sono definite su tutto $\mathbb{R}$.

Secondo (a volte tragico): Per risolvere tali equazioni/disequazioni, oltre ad usare i soliti metodi visti sopra, occorre fare una cosa in più: elevare al quadrato per eliminare le radici quadrate. Tuttavia questa operazione crea alcuni problemi che spesso portano studenti poco accorti (e non solo) a commettere ingenuità di vario tipo. L'idea di fondo che vogliamo usare è la seguente:

$$\begin{aligned} 0 \leq a = b &\quad\Longleftrightarrow\quad a^2 = b^2, \\ 0 \leq a < b &\quad\Longleftrightarrow\quad a^2 < b^2. \end{aligned}$$

Questo non è più vero in generale se almeno uno dei due numeri è negativo, come si vede dai seguenti due esempi:

$$\begin{aligned} -2 \neq 2 &\quad \text{ma} \quad (-2)^2 = 2^2, \\ -3 < 1 &\quad \text{ma} \quad (-3)^2 > 1^2. \end{aligned}$$

Osservazione 1.4.21 Per capire meglio quanto affermato sopra può essere utile considerare il grafico della funzione $f(x) = x^2$ e cercare di chiarire "graficamente" per quale motivo si possono elevare al quadrato ambo i membri di una disuguaglianza mantenendo inalterato il segno solo se ambo i membri sono positivi. Che cosa succede se tutti e due i membri sono negativi? La risposta sta nelle proprietà di monotonia della funzione $f(x) = x^2$.

Dai due punti sopra esposti segue che se dobbiamo risolvere un'equazione del tipo

$$\sqrt{\alpha(x)} = \beta(x)$$

con $\alpha(x)$ e $\beta(x)$ espressioni *sempre* ≥ 0 (cioè per ogni $x \in CE$), allora tale equazione è equivalente a

$$\alpha(x) = \beta^2(x)$$

(e analogamente per le disequazioni). In realtà il secondo punto ci dice che deve anche essere

$$\sqrt{\alpha(x)} \geq 0,$$

tuttavia questo è sicuramente verificato una volta che il radicando risulta ≥ 0. Infatti, la radice aritmetica di un numero, se esiste, è, per definizione, un numero ≥ 0.

⚠ **Pericolo 1.4.22** Attenzione a non confondere la radice aritmetica con la radice algebrica:

- la radice aritmetica è definita solo per numeri $x \geq 0$ ed è *l'unico numero* $y \geq 0$ tale che $y^2 = x$;
- invece la radice algebrica di un numero $x \in \mathbb{R}$ è *l'insieme* dei numeri $z \in \mathbb{R}$ tali che $z^2 = x$. La radice algebrica è quindi un insieme, vuoto per $x < 0$, con un elemento se $x = 0$, con due elementi se $x > 0$.

⚠ **Pericolo 1.4.23** Se le espressioni $\alpha(x)$ e $\beta(x)$ non sono entrambe ≥ 0 per ogni $x \in CE$ allora l'equivalenza sopra scritta non è vera in generale. Purtroppo abbiamo sperimentato che molti studenti elevano immediatamente al quadrato ambo i membri della equazione/disequazione senza controllare il segno di α e β. *Questo è un grave errore.* Un esempio semplicissimo:

$$\sqrt{x} = -1$$

è impossibile nel $CE = [0, +\infty)$; tuttavia se elevassimo (sbagliando) al quadrato ambo i membri dell'equazione, otterremmo $x = 1$.

Il pericolo sopra segnalato ci impone di fare attenzione ad elevare al quadrato. Non possiamo farlo (salvo casi particolari) per ogni $x \in CE$, ma possiamo farlo su quella parte del CE in cui $\beta(x) \geq 0$. E sull'altro pezzo del CE? Lì sarà tutto semplice, come spieghiamo qui sotto.

Metodo di risoluzione per equazioni/disequazioni del tipo

$$\sqrt{\alpha(x)} \spadesuit \beta(x)$$

(dove ♠ può essere = oppure < oppure >)

- Troviamo il CE risolvendo la disequazione $\alpha(x) \geq 0$.
- Spezziamo CE in due parti (eventualmente vuote):

$$\begin{aligned} CE_1 &= \{x : \beta(x) < 0\} \cap CE \\ CE_2 &= \{x : \beta(x) \geq 0\} \cap CE \end{aligned}$$

Caso CE_1. Su CE_1 controlliamo direttamente se l'equazione/disequazione è vera o falsa. Infatti su CE_1 avremo $\sqrt{\alpha(x)} \geq 0$ e $\beta(x) < 0$; quindi:

  – se ♠ è = oppure < l'equazione/disequazione è sempre falsa e $I_1 = \emptyset$,

  – se ♠ è > la disequazione è sempre vera e $I_1 = CE_1$.

Caso CE_2. Su CE_2 eleviamo al quadrato e risolviamo la equazione/disequazione ottenuta. Essa potrà avere soluzioni J_2 che non appartengono a CE_2 e noi considereremo accettabili solo quelle che stanno dentro CE_2. Otterremo così un insieme di soluzioni $I_2 = J_2 \cap CE_2$.

- L'insieme delle soluzioni sarà dunque

$$I = I_1 \cup I_2.$$

Esercizi ben svolti

Esercizio 1.4.37 [Roma 17/06/1999 n.1-4] Risolvere l'equazione

$$\sqrt{1-x^2} = x.$$

Soluzione. Per determinare il CE vediamo dove il radicando del primo membro è ≥ 0. Poiché

$$1 - x^2 \geq 0 \iff x \in [-1, 1]$$

si ha

$$CE = [-1, 1].$$

Ora, per proseguire, vorremmo poter elevare al quadrato. Ciò è possibile solo quando entrambi i membri sono ≥ 0. Il primo membro è sempre ≥ 0 poiché è una radice aritmetica (ricordate?). Il secondo membro è ≥ 0 quando $x \geq 0$. Quindi dividiamo CE in due parti:

$$\begin{aligned} CE_1 &= CE \cap (-\infty, 0) = [-1, 0) \\ CE_2 &= CE \cap [0, +\infty) = [0, 1]. \end{aligned}$$

Risolviamo separatamente su ciascuna regione CE_i ($i = 1, 2$) l'equazione, trovando un insieme di soluzioni I_i. L'insieme delle soluzioni dell'equazione di partenza sarà allora $I = I_1 \cup I_2$.

- Su CE_1 il primo membro dell'equazione è ≥ 0 ed il secondo < 0: l'equazione non è mai soddisfatta e quindi $I_1 = \emptyset$.
- Su CE_2, come detto sopra, è lecito elevare al quadrato ottenendo

$$1 - x^2 = x^2 \iff 1 - 2x^2 = 0 \iff x = -\frac{\sqrt{2}}{2} \quad \text{oppure} \quad x = \frac{\sqrt{2}}{2}.$$

  Poiché $-\frac{\sqrt{2}}{2} \notin CE_2$ mentre $\frac{\sqrt{2}}{2} \in CE_2$ abbiamo che

$$I_2 = \left\{ \frac{\sqrt{2}}{2} \right\}.$$

Concludendo l'insieme delle soluzioni è

$$I = I_1 \cup I_2 = I_2 = \left\{ \frac{\sqrt{2}}{2} \right\}.$$

Nella figura qui sotto trovate la rappresentazione del CE e di I.

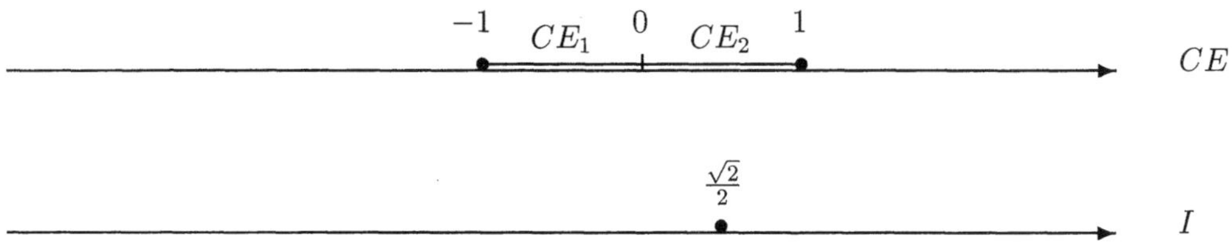

Figura 1.23

■

Esercizio 1.4.38 [Roma 18/01/2000 n.2-1] Risolvere la seguente disequazione

$$\sqrt{x^2 - 4} < x + 1.$$

Soluzione. Per trovare il CE studiamo dove il radicando è ≥ 0. Poiché

$$x^2 - 4 \geq 0 \quad \Longleftrightarrow \quad x \in (-\infty, -2] \cup [2, +\infty)$$

allora

$$CE = (-\infty, -2] \cup [2, +\infty).$$

Proseguiamo individuando per quali x è possibile elevare al quadrato. Dovendo essere il secondo membro ≥ 0, dividiamo CE in due parti:

$$\begin{aligned} CE_1 &= \{x + 1 < 0\} \cap CE = (-\infty, -2] \\ CE_2 &= \{x + 1 \geq 0\} \cap CE = [2, +\infty). \end{aligned}$$

Ragionando come nell'esercizio precedente risolveremo dunque su ciascuna regione CE_i $(i = 1, 2)$ la disequazione e troveremo un insieme delle soluzioni I_i. L'insieme delle soluzioni sarà allora $I = I_1 \cup I_2$.

- Su CE_1 si ha
$$\sqrt{x^2 - 4} < x + 1$$
ed essendo il primo membro ≥ 0 ed il secondo < 0, la disequazione non è mai soddisfatta. Quindi $I_1 = \emptyset$.

- Su CE_2 possiamo elevare al quadrato e togliere la radice quadrata ottenendo
$$x^2 - 4 < (x + 1)^2 \quad \Longleftrightarrow \quad x^2 - 4 < x^2 + 2x + 1 \quad \Longleftrightarrow \quad 2x > -5 \quad \Longleftrightarrow \quad x > -\frac{5}{2}.$$
Quindi
$$I_2 = \left(-\frac{5}{2}, +\infty \right) \cap CE_2 = [2, +\infty).$$

Concludendo

$$I = I_1 \cup I_2 = [2, +\infty)\,,$$

si veda la figura qui sotto.

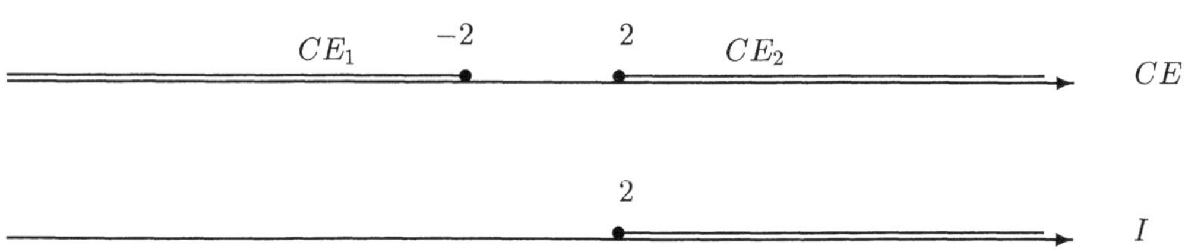

Figura 1.24

■

Esercizio 1.4.39 [Roma 14/03/2000 n.2-1] Risolvere la seguente disequazione

$$\sqrt{x^2 - x - 2} > x + 1.$$

Soluzione. Iniziamo con il CE ponendo

$$x^2 - x - 2 \geq 0.$$

Questa disequazione di secondo grado non ci dovrebbe più fare paura: la soluzione risulta

$$CE = (-\infty, -1] \cup [2, +\infty).$$

Per poter effettuare l'elevamento al quadrato, dividiamo il CE.

- La prima parte è CE_1 dove l'espressione al secondo membro è < 0. Poiché $x + 1 < 0$ se $x < -1$, si ha
$$CE_1 = (-\infty, -1) \cap CE = (-\infty, -1).$$
- La seconda parte è CE_2 dove l'espressione al secondo membro è ≥ 0. Poiché $x + 1 \geq 0$ se $x \geq -1$, si ha
$$CE_2 = [-1, +\infty) \cap CE = \{-1\} \cup [2, +\infty).$$

Passiamo ad analizzare la disequazione su i singoli insiemi CE_i $(i = 1, 2)$.

- Su CE_1 si ha il primo membro della disequazione ≥ 0 ed il secondo < 0, e quindi la disequazione è sempre soddisfatta, cioè $I_1 = CE_1$.
- Su CE_2 possiamo elevare al quadrato ottenendo
$$\begin{aligned} x^2 - x - 2 > (x+1)^2 \quad &\Longleftrightarrow \quad x^2 - x - 2 - (x^2 + 2x + 1) > 0 \\ &\Longleftrightarrow \quad -3x - 3 > 0 \\ &\Longleftrightarrow \quad x < -1. \end{aligned}$$
Quindi
$$I_2 = (-\infty, -1) \cap CE_2 = (-\infty, -1) \cap \big(\{-1\} \cup [2, +\infty)\big) = \emptyset.$$

Concludendo

$$I = I_1 \cup I_2 = I_1 = CE_1 = (-\infty, -1).$$

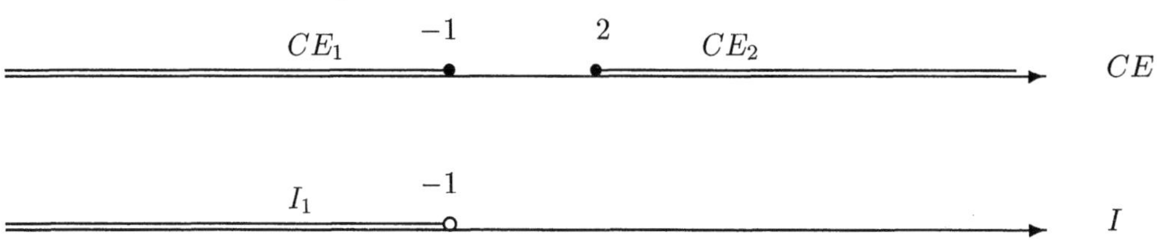

Figura 1.25

■

Esercizio 1.4.40 [Roma 28/04/1999 n.1-2] Risolvere la disequazione

$$\sqrt{x - 1} \geq x - 2.$$

Soluzione. Il CE si trova ponendo $x - 1 \geq 0$ e quindi

$$CE = [1, +\infty).$$

A questo punto, ragionando come nei precedenti esercizi, si individuano i seguenti sottoinsiemi di CE:

$$\begin{aligned} CE_1 &= \{x - 2 < 0\} \cap CE = [1, 2), \\ CE_2 &= \{x - 2 \geq 0\} \cap CE = [2, +\infty). \end{aligned}$$

Su CE_1 la disequazione è soddisfatta (il secondo membro della disequazione risulta essere < 0) e quindi

$$I_1 = CE_1 = [1, 2).$$

Su CE_2 eleviamo al quadrato (entrambi i membri della disequazione sono ≥ 0) ed otteniamo:

$$x - 1 \geq (x-2)^2 \quad \Longleftrightarrow \quad x^2 - 5x + 5 \leq 0 \quad \Longleftrightarrow \quad x \in \left[\frac{5-\sqrt{5}}{2}, \frac{5+\sqrt{5}}{2}\right].$$

Quindi, poiché $\frac{5-\sqrt{5}}{2} < 2 < \frac{5+\sqrt{5}}{2}$, si ha

$$I_2 = \left[\frac{5-\sqrt{5}}{2}, \frac{5+\sqrt{5}}{2}\right] \cap CE_2 = \left[2, \frac{5+\sqrt{5}}{2}\right].$$

In conclusione

$$I = I_1 \cup I_2 = \left[1, \frac{5+\sqrt{5}}{2}\right]$$

come si evince dalla figura sotto riportata.

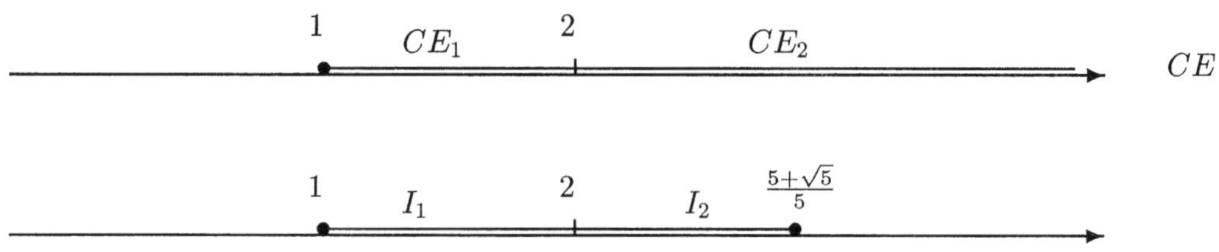

Figura 1.26

■

Esercizio 1.4.41 [L'Aquila 25/09/2000, n.A5] Calcolare le soluzioni della disequazione

$$\sqrt{x^2+4} \geq \sqrt{6x - x^2}.$$

Soluzione. Come sempre, la prima cosa da fare è determinare il CE della disequazione. Essendo in presenza di due radici quadrate, bisogna avere entrambi i radicandi ≥ 0: quindi il CE è intersezione dei CE dei singoli radicandi o, equivalentemente, è determinato dalle soluzioni del sistema

$$\begin{cases} x^2 + 4 \geq 0 \\ 6x - x^2 \geq 0. \end{cases}$$

La prima disequazione è sempre verificata (in quanto somma di due oggetti ≥ 0), la seconda disequazione ha come soluzione l'intervallo $[0, 6]$. Quindi $CE = [0, 6]$. Osserviamo che entrambi i membri della disequazione risultano ≥ 0 (in quanto radici algebriche); perciò possiamo elevare al quadrato ottenendo

$$\sqrt{x^2+4} \geq \sqrt{6x-x^2} \quad \Longleftrightarrow \quad x^2 + 4 \geq 6x - x^2 \quad \Longleftrightarrow \quad 2x^2 - 6x + 4 \geq 0 \quad \Longleftrightarrow \quad x^2 - 3x + 2 \geq 0.$$

L'insieme delle soluzioni della disequazione (di secondo grado) è

$$(-\infty, 1] \cup [2, +\infty)$$

e quindi

$$I = \Big((-\infty, 1] \cup [2, +\infty)\Big) \cap CE = [0, 1] \cup [2, 6]$$

che viene riportato in figura.

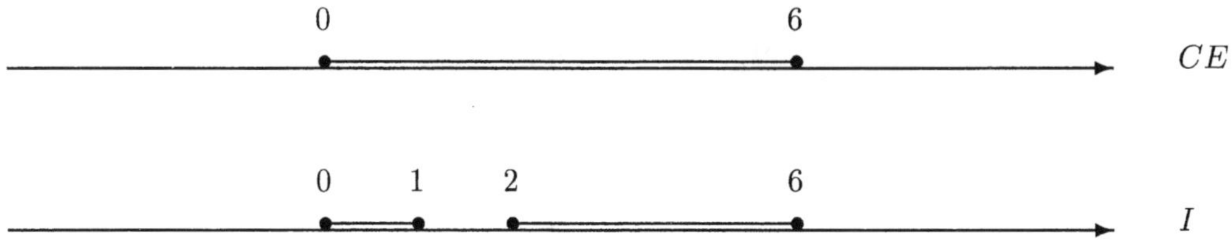

Figura 1.27

■

Esercizi per casa

Esercizio 1.4.42 [Roma 15/07/1999 n.1-2] Risolvere l'equazione

$$\sqrt{x+1} = x.$$

Esercizio 1.4.43 [Roma 12/10/1999 n.2-2] Risolvere la disequazione

$$2\sqrt{x} - 1 > 2x.$$

Esercizio 1.4.44 [Roma 22/02/1999 n.1-2] Risolvere la disequazione

$$\sqrt{x^2 - 1} \geq 1 - x.$$

Esercizio 1.4.45 [L'Aquila 16/02/2000, n.A4] Risolvere la disequazione

$$\sqrt{x^2 - 100} > x - 1.$$

Esercizio 1.4.46 [L'Aquila 01/06/2000, n.A5] Risolvere la disequazione

$$\sqrt{2x - 2} \geq x - 20.$$

Esercizio 1.4.47 [L'Aquila 13/07/1999, n.A2] Risolvere la disequazione

$$\sqrt{x^2 - 64} > x - 4.$$

Esercizio 1.4.48 [Roma 01/07/1999 n.1-1] Risolvere l'equazione

$$\sqrt{x^2 - 1} = 2x + 1.$$

1.4.7 Equazioni e disequazioni esponenziali e logaritmiche

Nelle equazioni/disequazioni che seguono compaiono espressioni che contengono la variabile x *o* ad esponente (equazioni/disequazioni esponenziali) *o* ad argomento di logaritmi (equazioni/disequazioni logaritmiche). Salvo casi degeneri (che non vi infliggeremo per ora) la variabile x non appare mai contemporaneamente fuori dall'esponenziale e dentro l'esponenziale né contemporaneamente fuori dal logaritmo e dentro il logaritmo. Se così non fosse avremmo equazioni e disequazioni cosiddette ***trascendenti*** che non sono quasi mai risolvibili esplicitamente (la parola quasi mai può essere ben spiegata ma lo faremo solo per i più curiosi che ce lo chiederanno!).

⚠ **Pericolo 1.4.24** Il CE non è un problema per le equazioni/disequazioni esponenziali che trattiamo (in quanto la base è sempre un numero positivo e quindi ogni esponente è permesso) mentre per le equazioni/disequazioni logaritmiche occorre che gli argomenti dei logaritmi siano > 0.

I metodi risolutivi che useremo richiedono di alcune proprietà delle operazioni esponenziali e logaritmiche che andiamo a richiamare.

Proprietà dell'esponenziale e del logaritmo

1. L'esponenziale e il logaritmo sono due operazioni una inversa dell'altra cosicché

$$\log_a a^b = b \quad \text{e} \quad a^{\log_a b} = b$$

ogni qualvolta cotali operazioni sono consentite (cioè la prima per $a > 0$ ma $a \neq 1$ e $b \in \mathbb{R}$ mentre la seconda per $a > 0$ ma $a \neq 1$ e $b > 0$).

2. Per quanto riguarda l'esponenziale si ha, per ogni $z, w \in \mathbb{R}$, $a > 0$

$$a^z \cdot a^w = a^{z+w}, \tag{1.9}$$
$$(a^z)^w = a^{zw}. \tag{1.10}$$

3. Per quanto riguada il logaritmo si ha, per ogni $z, w > 0$, per ogni $a > 0$ e $a \neq 1$

$$\log_a z + \log_a w = \log_a(zw), \tag{1.11}$$
$$\log_a z - \log_a w = \log_a \left(\frac{z}{w}\right), \tag{1.12}$$
$$\log_a (z^w) = w \log_a z. \tag{1.13}$$

Inoltre vale la seguente regola per il cambiamento di base:

$$\log_a z = \frac{\log_b z}{\log_b a}, \quad \forall a, b, z > 0 \text{ e } a, b \neq 1. \tag{1.14}$$

4. Se $a > 1$ allora

$$z < w \iff a^z < a^w, \tag{1.15}$$
$$0 < z < w \iff \log_a z < \log_a w. \tag{1.16}$$

5. Se $a \in (0, 1)$ allora

$$z < w \iff a^z > a^w, \tag{1.17}$$
$$0 < z < w \iff \log_a z > \log_a w. \tag{1.18}$$

6. Come immediata conseguenza delle proprietà 4 e 5 si ricava che, per ogni $a > 0$ e $a \neq 1$

$$z = w \iff a^z = a^w, \tag{1.19}$$
$$0 < z = w \iff \log_a z = \log_a w. \tag{1.20}$$

Osservazione 1.4.25 Le proprietà appena richiamate possono essere considerate come proprietà delle funzioni esponenziali e logaritmiche (più precisamente *invertibilità*, *monotonia* ed *iniettività*) e ciò può fornire in alcuni casi un'utile interpretazione grafica di tali equazioni/disequazioni. Non useremo questa interpretazione nel risolvere gli esercizi che seguono; la riprenderemo nel Capitolo 3.

Concludiamo con una notazione: da ora in poi il logaritmo in base e (detto comunemente *logaritmo naturale*) verrà indicato ln, cioè

$$\log_e x = \ln x.$$

Equazioni e disequazioni esponenziali

Nelle equazioni/disequazioni che seguono avremo sempre $CE = \mathbb{R}$ e quindi ometteremo di parlarne.

Esercizi ben svolti

Esercizio 1.4.49 [L'Aquila 13/07/1999, n.A6] Risolvere la disequazione

$$e^{5x} - 44 \geq 0.$$

Soluzione. Essendo il numero di Nepero $e > 1$, per la formula (1.16), abbiamo

$$e^{5x} \geq 44 \quad \Longleftrightarrow \quad \ln e^{5x} \geq \ln 44,$$

e quindi, ricordandoci che $\ln e^z = z$ anche quando z si chiama $5x$,

$$5x \geq \ln 44$$

che è una semplice disequazione di primo grado. Quindi l'insieme delle soluzioni è

$$I = \left[\frac{\ln 44}{5}, +\infty\right)$$

che rappresentiamo qui sotto.

Figura 1.28

Si può agire in altro modo: ricordando che per ogni $a > 0$ e $b \in \mathbb{R}$ si ha

$$a^b = e^{b \ln a},$$

la disequazione si può scrivere

$$e^{5x} \geq e^{\ln 44}.$$

Utilizzando la formula (1.15) si ha

$$5x \geq \ln 44$$

che conduce alla solita soluzione. ■

Esercizio 1.4.50 [L'Aquila 07/06/1999, n.A6] Calcolare le soluzioni dell'equazione

$$e^{2x} - 25e^x + 100 = 0.$$

Soluzione. Osserviamo che e^{2x} è il quadrato di e^x cioè $e^{2x} - (e^x)^2$. Effettuiamo ora un *cambio di variabilc.* Si tratta di un trucco diabolico che in tutti i campi della matematica si rivela utile. La sostanza è la seguente.

> *Definiamo una nuova variabile indipendente (sia essa t) descritta in funzione della vecchia variabile x. Quindi riscriviamo il nostro problema usando la nuova variabile al posto della vecchia. Se la variabile nuova è stata scelta in maniera appropriata, il nuovo problema si rivela più semplice.*

Si intuisce allora che il problema vero è la scelta della variabile nuova o meglio la sua dipendenza dalla vecchia.

Faccina 1.4.26 Non preoccupatevi. La scelta della nuova variabile dipende dalla struttura dell'esercizio in questione. A volte è semplice intuire il cambio di variabile giusto, altre volte no. Noi ci accontenteremo di mostrarvi alcuni cambi abbastanza usati senza addentrarci in casi troppo complessi. Suggeriamo comunque di provare ogni volta a trovare da soli il possibile cambio di variabile "buono". Solo così si affina l'intuito.

⚠ **Pericolo 1.4.27** Attenzione però: una volta risolta l'equazione/disequazione nella nuova variabile non abbiamo finito in quanto occorre tornare indietro e trovare a quali valori della vecchia variabile (x) corrispondono le soluzioni della nuova (t). Per fare questo occorre impostare altre equazioni/disequazioni, in genere più semplici.

Il procedimento è lungo da spiegarsi a parole ma in fondo non difficile. Vediamo come si agisce in questo caso. Poniamo $t = e^x$ ed otteniamo, nella nuova incognita t, l'equazione di secondo grado

$$t^2 - 25t + 100 = 0$$

le cui soluzioni sono $t = 5$ e $t = 20$ (possiamo scrivere $I_t = \{5, 20\}$). Poiché vogliamo determinare la x, ricordando la sostituzione fatta, si devono risolvere le due equazioni esponenziali

$$e^x = 5 \qquad \text{e} \qquad e^x = 20$$

che hanno come soluzioni, rispettivamente, $x = \ln 5$ e $x = \ln 20$ (è la definizione di logaritmo, ricordate?). Quindi $I = \{\ln 5, \ln 20\}$.

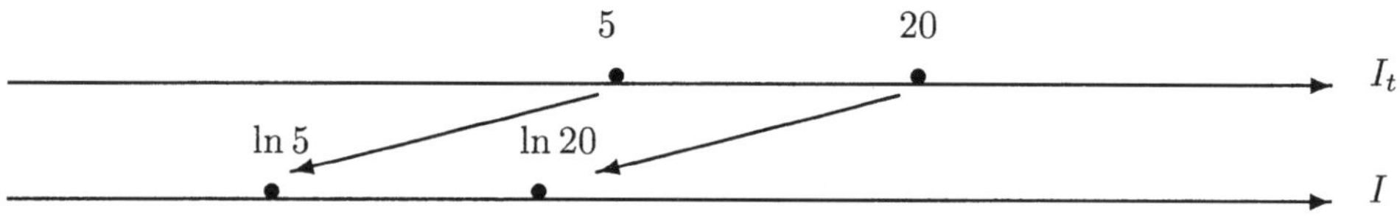

Figura 1.29

■

Esercizio 1.4.51 Calcolare le soluzioni della disequazione

$$e^{2x} - 25e^x + 100 > 0.$$

Soluzione. Come prima applichiamo il cambio di variabile $t = e^x$ ed otteniamo, nella nuova variabile t, la disequazione di secondo grado

$$t^2 - 25t + 100 > 0$$

il cui insieme di soluzioni è

$$I_t = (-\infty, 5) \cup (20, +\infty).$$

Ora torniamo indietro (qui è un po' più difficile rispetto al caso precedente). Ragioniamo nella seguente maniera. La disequazione è risolta per $t \in I_t$. Poiché $t = e^x$, deve essere $e^x \in I_t$, cioè

$$e^x < 5 \qquad \text{oppure} \qquad e^x > 20.$$

Ora, operando come nell'Esercizio 1.4.49, otteniamo

$$e^x < 5 \iff x < \ln 5 \qquad \text{e} \qquad e^x > 20 \iff x > \ln 20.$$

Quindi la soluzione è

$$I = (-\infty, \ln 5) \cup (\ln 20, +\infty)$$

rappresentata nella seguente figura.

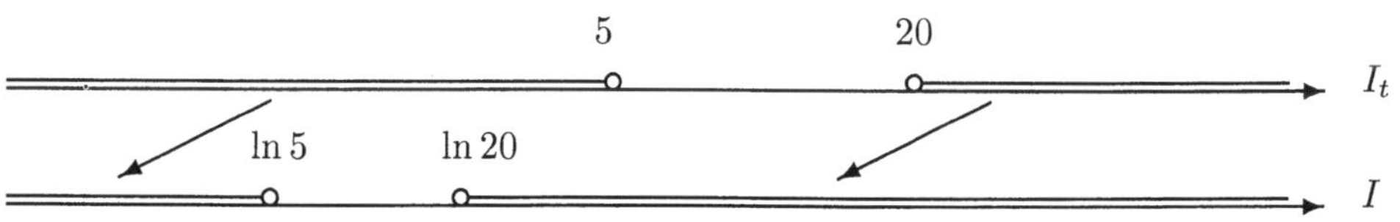

Figura 1.30

■

Esercizio 1.4.52 [L'Aquila 04/02/2000, n.A4] Calcolare le soluzioni dell'equazione esponenziale

$$(5^x - 1)(5^x + 1) = 3.$$

Soluzione. Si ragiona come nell'esercizio precedente. Posto $t = 5^x$, otteniamo l'equazione di secondo grado

$$(t-1)(t+1) = 3 \quad\Longleftrightarrow\quad t^2 - 1 = 3 \quad\Longleftrightarrow\quad t = \pm 2;$$

quindi

$$I_t = \{-2, 2\}.$$

Per trovare le soluzioni rispetto alla variabile x torniamo indietro risolvendo le equazioni

$$5^x = -2 \qquad \text{e} \qquad 5^x = 2.$$

La prima non ha soluzione (in quanto l'esponenziale è sempre positivo) mentre la seconda ha per soluzione $x = \frac{\ln 2}{\ln 5}$ (lo si vede ad esempio applicando la (1.14)). Quindi l'equazione ha un'unica soluzione e

$$I = \left\{\frac{\ln 2}{\ln 5}\right\}.$$

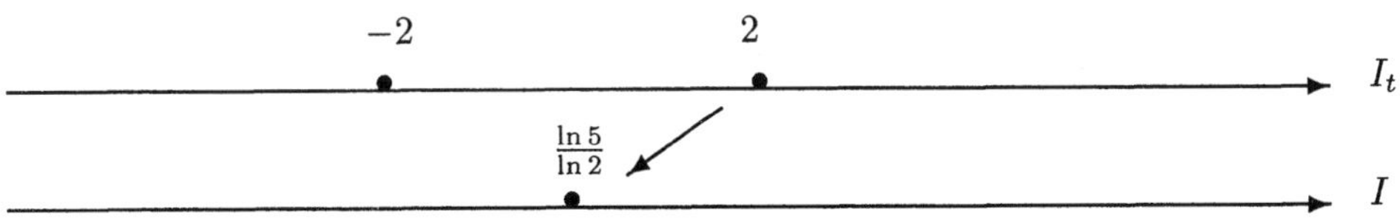

Figura 1.31

⚠ **Pericolo 1.4.28** Esempi di errori proposti da alcuni amici:

$$5^x = -2 \qquad\Longleftrightarrow\qquad x = \log_5(-2).$$

"#α∇∆!@"[12] Alla domanda *"Ma qual è il CE del logaritmo?"* risposta *"Giusto!*

$$x = \log_5(-2) = -\log_5 2.''$$

"(#α∇∆!@)²!!!!"[13] ■

Esercizio 1.4.53 Risolvere la seguente disequazione

$$2^{x-2} \geq 2^{3x-1}.$$

Soluzione. Poiché gli esponenziali a primo e secondo membro hanno la stessa base 2, utilizziamo la formula (1.15) passando ad una disuguaglianza tra gli esponenti. Otteniamo perciò

$$2^{x-2} \geq 2^{3x-1} \quad\Longleftrightarrow\quad x - 2 \geq 3x - 1 \quad\Longleftrightarrow\quad x \leq -\frac{1}{2}$$

e quindi la soluzione $I = \left(-\infty, -\frac{1}{2}\right]$.

Figura 1.32

■

[12]Non si traduce, ma si capisce lo stesso.

[13]È il quadrato della precedente esclamazione.

Esercizio 1.4.54 [Roma 14/03/2000 n.2-2] Risolvere la seguente disequazione

$$e^{x-2} \geq 2^x.$$

Soluzione. Ciò che a prima vista non piace di questa disequazione è la presenza di due esponenziali con base diversa. Infatti, se le due espressioni avessero avuto la stessa base, avremmo potuto ragionare come nell'esercizio precedente passando ad una disuguaglianza tra gli esponenti.

Faccina 1.4.29 Utilizzando un trucchetto possiamo ricondurci alla situazione dell'esercizio precedente. Poiché logaritmo ed esponenziale sono uno l'inverso dell'altro, grazie alla proprietà 1, possiamo scrivere

$$2 = e^{\ln 2}.$$

Quindi

$$2^x = \left(e^{\ln 2}\right)^x = e^{x \ln 2}.$$

Ragionando allora come nell'esercizio precedente si ha

$$e^{x-2} \geq 2^x \iff x - 2 \geq x \ln 2 \iff x(1 - \ln 2) \geq 2 \iff x \geq \frac{2}{1 - \ln 2};$$

quindi

$$I = \left[\frac{2}{1 - \ln 2}, +\infty\right)$$

rappresentato in figura.

Figura 1.32

■

Esercizio 1.4.55 [Roma 21/09/1999 n.2-1] Risolvere l'equazione

$$2^x = e^{x-2} \cdot 3^x.$$

Soluzione. Si usa qui la stessa filosofia dell'esercizio precedente. Infatti

$$2^x = e^{x \ln 2} \quad \text{e} \quad 3^x = e^{x \ln 3}.$$

Quindi l'equazione originale diventa

$$e^{x \ln 2} = e^{x-2} e^{x \ln 3} \iff x \ln 2 = x - 2 + x \ln 3 \iff x(1 + \ln 3 - \ln 2) = 2$$

per cui

$$I = \left\{\frac{2}{1 + \ln 3 - \ln 2}\right\}$$

che è la soluzione cercata. ■

Esercizio 1.4.56 [Roma 28/04/1999 n.1-5] Risolvere l'equazione

$$e^x - e^{x+2} = 2^x.$$

Soluzione. Prima di tutto riportiamo tutte le potenze ad un'unica base ricordando che

$$2^x = e^{x \ln 2}.$$

Tuttavia qui la situazione è leggermente più delicata rispetto all'esercizio precedente poiché compare la somma di potenze invece del prodotto.

☺ **Faccina 1.4.30** Possiamo però cavarcela come segue

$$e^x - e^{x+2} = e^{x \ln 2} \iff e^x(1 - e^2) = e^{x \ln 2} \iff 1 - e^2 = e^{x(\ln 2 - 1)}$$

dove nell'ultimo passaggio abbiamo diviso entrambi i membri dell'equazione per e^x. L'ultima equazione risulta impossibile poiché $1 - e^2 < 0 < e^{x(\ln 2-1)}$.

Quindi $I = \emptyset$. ■

Esercizio 1.4.57 [Roma 22/02/1999 n.1-5] Risolvere la disequazione

$$5^{2x+4} - 5^{2x+3} > 25^{x+1}.$$

Soluzione. Ragioniamo come nell'esercizio precedente. Prima riportiamoci alla stessa base 5 ricordando che

$$25^{x+1} = (5^2)^{x+1} = 5^{2x+2}.$$

Poi, raccogliendo a primo membro 5^{2x+3} e dividendo dopo entambi i membri per 5^{2x+2}, otteniamo

$$5^{2x+3}(5 - 1) > 5^{2x+2} \iff 5(5 - 1) > 1.$$

Quest'ultima disuguaglianza è sempre vera per cui $I = \mathbb{R}$. ■

Esercizi per casa

Esercizio 1.4.58 [L'Aquila 25/09/2000, n.A3] Calcolare le soluzioni dell'equazione

$$e^{6x} + 8e^{3x} - 20 = 0.$$

Esercizio 1.4.59 [Roma 01/07/1999 n.1-2] Risolvere l'equazione

$$3^{x-1} = 2^{x+2}.$$

Esercizio 1.4.60 [Roma 15/07/1999 n.2-2] Risolvere la disequazione

$$e^{x \ln 3} \leq 3^{x^2+1}.$$

Esercizio 1.4.61 [Roma 12/10/1999 n.2-1] Risolvere l'equazione

$$2^{x-1} = 3^x.$$

Esercizio 1.4.62 [L'Aquila 14/09/1999, n.A4] Calcolare le soluzioni dell'equazione

$$e^{40x} - 18e^{20x} - 40 = 0.$$

Esercizio 1.4.63 [L'Aquila 16/02/2000, n.A1] Calcolare le soluzioni dell'equazione

$$e^{4x} - 2e^{2x} - 3 = 0.$$

Esercizio 1.4.64 [L'Aquila 19/06/2000, n.A1] Calcolare le soluzioni dell'equazione

$$3^{3x+7} = 5^{x+5}.$$

Esercizio 1.4.65 [L'Aquila 19/06/2000, n.A5] Calcolare le soluzioni della disequazione

$$5^{10x+1} \geq 2.$$

Equazioni e disequazioni logaritmiche

Esercizi ben svolti

Esercizio 1.4.66 [L'Aquila 13/07/1999, n.A4] Calcolare le soluzioni dell'equazione

$$\ln(x+5) - \ln(11-x) = 0.$$

Soluzione. Possiamo procedere in diversi modi: in ogni caso la prima cosa da fare è determinare il CE dell'equazione. In altre parole, poiché il logaritmo è definito solamente quando l'argomento è > 0, dobbiamo risolvere il sistema

$$\begin{cases} x+5>0 \\ 11-x>0. \end{cases}$$

La prima disuguaglianza ha come soluzione $x > -5$ mentre la seconda ha come soluzione $x < 11$, quindi

$$CE = (-5, +\infty) \cap (-\infty, 11) = (-5, 11).$$

Il metodo più semplice per risolvere l'equazione è quello di ricordare la formula (1.20) e quindi

$$\ln(x+5) = \ln(11-x) \quad \Longleftrightarrow \quad x+5 = 11-x.$$

La soluzione dell'equazione è $x = 3$ che, appartenendo al CE, viene accettata, quindi $I = \{3\}$.

Un metodo, diciamo, "diverso" è quello di sfruttare la formula (1.12) ottenendo

$$\ln\left(\frac{x+5}{11-x}\right) = 0.$$

Poiché il logaritmo si annulla solamente quando l'argomento è 1, si ha

$$\frac{x+5}{11-x} = 1$$

che ci porta nuovamente alla soluzione $x = 3$.

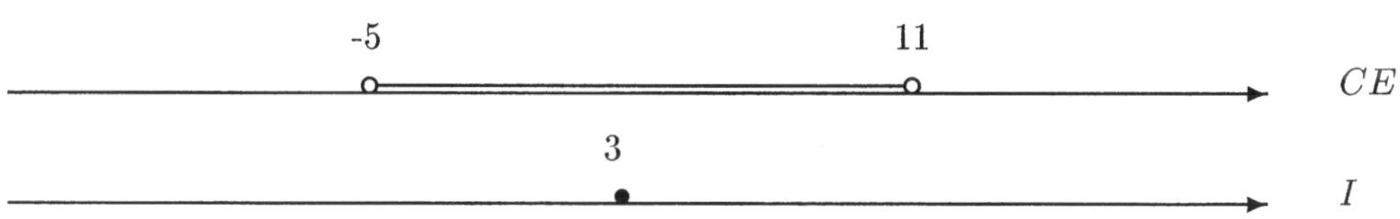

Figura 1.33

■

Esercizio 1.4.67 [L'Aquila 07/06/1999, n.A2] Risolvere la disequazione

$$\ln(5-x) \leq 51.$$

Soluzione. Il CE si determina imponendo che l'argomento del logaritmo $(5-x)$ sia > 0 e quindi

$$CE = (-\infty, 5).$$

Poi, per poter utilizzare lo stesso ragionamento dell'esercizio precedente, occorre soltanto riscrivere il secondo membro come un logaritmo naturale ed usare il fatto che il logaritmo in base e conserva l'ordine (formula (1.16)). Per definizione di logaritmo

$$51 = \ln e^{51},$$

e quindi

$$\ln(5-x) \leq 51 \quad \Longleftrightarrow \quad \ln(5-x) \leq \ln e^{51} \quad \Longleftrightarrow \quad 5-x \leq e^{51}$$

la cui soluzione è $[5-e^{51}, +\infty)$. Intersecando tale soluzione con il CE, otteniamo

$$I = [5-e^{51}, +\infty) \cap CE = [5-e^{51}, 5).$$

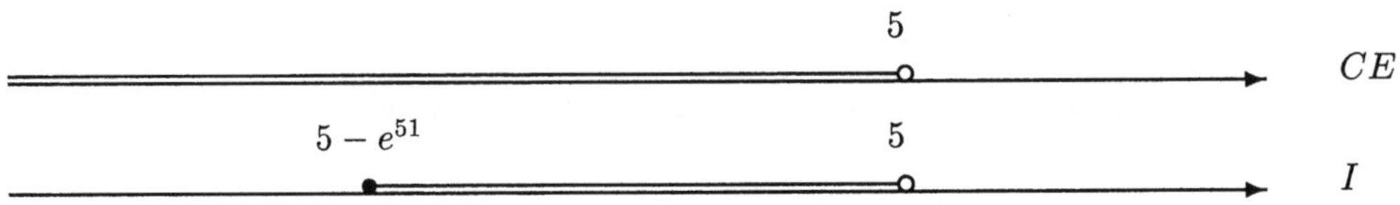

Figura 1.34

∎

Esercizio 1.4.68 [Roma 15/07/1999 n.2-1] Risolvere la disequazione

$$\ln(x-2) < \ln x - \ln(x-4).$$

Soluzione. Troviamo il CE ponendo > 0 tutti gli argomenti dei logaritmi:

$$\begin{cases} x-2>0 \\ x>0 \\ x-4>0. \end{cases}$$

La soluzione del sistema è $CE = (4, +\infty)$. Utilizzando la formula (1.12) sulla differenza tra logaritmi, si ha

$$\ln(x-2) < \ln\left(\frac{x}{x-4}\right)$$

e, grazie alla formula (1.16), si ha

$$x-2 < \frac{x}{x-4}.$$

Si tratta di una disequazione polinomiale fratta che si può risolvere con i metodi visti nella Sezione 1.4.4 avendo cura di prendere per buone solo le soluzioni che stanno nel CE della disequazione iniziale che è più piccolo del CE della disequazione fratta (che sarebbe $\mathbb{R} \setminus \{4\}$).

Faccina 1.4.31 In questo caso esiste una scorciatoia: poiché per colpa del CE abbiamo $x-4>0$, possiamo moltiplicare ambo i membri della disequazione per $x-4$ senza paura (altrimenti non avremmo potuto farlo, ricordate il Pericolo 1.4.17!) ottenendo:

$$(x-2)(x-4) < x \iff x^2-6x+8<x \iff x^2-7x+8<0.$$

Le soluzioni dell'equazione associata sono $x = \frac{7\pm\sqrt{17}}{2}$ e quindi la disequazione $x^2-7x+8<0$ è soddisfatta per

$$x \in \left(\frac{7-\sqrt{17}}{2}, \frac{7+\sqrt{17}}{2}\right).$$

Occorre però che $x \in CE$: quindi

$$I = \left(\frac{7-\sqrt{17}}{2}, \frac{7+\sqrt{17}}{2}\right) \cap CE = \left(4, \frac{7+\sqrt{17}}{2}\right).$$

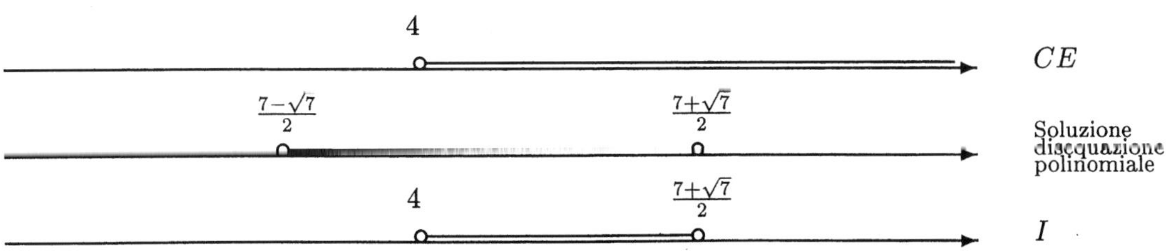

Figura 1.35

∎

Esercizio 1.4.69 [Roma 12/10/1999 n.1-2] Risolvere la disequazione

$$\ln\sqrt{1-x} \geq \ln(x-1).$$

Soluzione. Troviamo il CE ponendo > 0 tutti gli argomenti dei logaritmi e ≥ 0 il radicando:

$$\begin{cases} \sqrt{1-x} > 0 \\ 1-x \geq 0 \\ x-1 > 0. \end{cases}$$

Il sistema risulta impossibile; quindi

$$CE = \emptyset;$$

e la disequazione non ha senso. ∎

Esercizio 1.4.70 [Roma 18/01/2000 n.2-2] Risolvere la disequazione

$$\ln(x-2)^2 < \ln x.$$

Soluzione. Determiniamo CE ponendo gli argomenti dei logaritmi > 0. Poiché

$$\begin{aligned} (x-2)^2 > 0 \quad &\iff \quad x \neq 2, \\ x > 0 \quad &\iff \quad x \in (0,+\infty). \end{aligned}$$

segue che

$$CE = (0,+\infty) \setminus \{2\} = (0,2) \cup (2,+\infty).$$

A questo punto, per la formula (1.16) abbiamo

$$\ln(x-2)^2 < \ln x \iff (x-2)^2 < x \iff x^2 - 4x + 4 < x \iff x^2 - 5x + 4 < 0.$$

Quest'ultima disequazione è verificata per

$$x \in (-\infty, 1) \cup (4, +\infty);$$

sono tuttavia accettabili come soluzioni solo gli x appartenenti a CE; quindi

$$I = \Big((-\infty,1) \cup (4,+\infty)\Big) \cap CE = (0,1) \cup (4,+\infty).$$

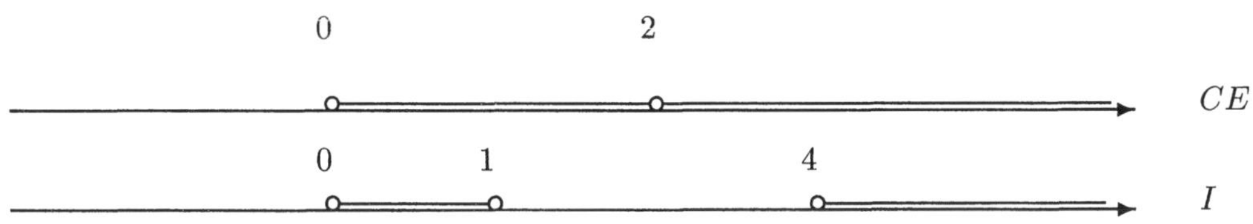

Figura 1.36

∎

Esercizio 1.4.71 [L'Aquila 21/12/1999, n.A4] Calcolare le soluzioni della equazione

$$1 - \log_2 x - \log_{11} x = 0$$

Soluzione. Determiniamo CE ponendo gli argomenti dei logaritmi > 0: poiché entrambi gli argomenti sono x si ha

$$CE = (0, +\infty).$$

Utilizzando la formula per il cambiamento di base (1.14) trasformiamo tutti i logaritmi in base e ottenendo

$$\frac{\ln x}{\ln 2} + \frac{\ln x}{\ln 11} = 1 \iff \frac{\ln 2 + \ln 11}{\ln 2 \ln 11} \ln x = 1 \iff \ln x = \frac{\ln 2 \ln 11}{\ln 2 + \ln 11}$$

da cui

$$I = \left\{ e^{\frac{\ln 2 \ln 11}{\ln 2 + \ln 11}} \right\}$$

che è la soluzione cercata. ∎

Esercizi per casa

Esercizio 1.4.72 [Roma 28/04/1999 n.1-6] Risolvere la disequazione

$$1 + \ln(x+1) - \ln(x^2 - 4) > 0.$$

Esercizio 1.4.73 [Roma 21/09/1999 n.2-2] Risolvere l'equazione

$$\ln(2x) = \ln 2 + 2\ln x.$$

Esercizio 1.4.74 [Roma 22/02/1999 n.1-6] Risolvere l'equazione

$$\ln(3x-1) + \ln(x+3) = 2\ln(\sqrt{3}x + 1).$$

Esercizio 1.4.75 [L'Aquila 28/09/1999, n.A4] Risolvere l'equazione

$$\ln 3 + \ln(x - 10) = \ln(x - 1).$$

Esercizio 1.4.76 [L'Aquila 21/01/2000, n.A4] Risolvere l'equazione

$$\log_2(x-1) - \log_2(x-10) = 1.$$

Esercizio 1.4.77 [L'Aquila 01/06/2000, n.A1] Risolvere l'equazione

$$\log_{15} x + \log_{15}(8 - x) = 1.$$

Esercizio 1.4.78 [L'Aquila 13/09/2000, n.A1] Risolvere l'equazione

$$\ln^2 x - 12\ln x + 20 = 0.$$

1.4.8 Altre equazioni e disequazioni

Raccogliamo qui altre equazioni/disequazioni che non ricadono direttamente nei tipi descritti nelle precedenti sezioni ma che si possono agevolmente (!?) risolvere applicando, con attenzione, i metodi descritti in precedenza: venite e vedrete!

Esercizi ben svolti

Esercizio 1.4.79 [L'Aquila 18/02/2000, n.A4] Risolvere la disequazione

$$(2^x - 5)(x^2 + 6) < 0.$$

Soluzione. Il CE è tutto $\mathbb{R}$. Questa disequazione è di quelle che abbiamo chiamato trascendenti poiché la variabile x compare sia alla base che all'esponente. La sua forma speciale ci consente di risolverla con la regola dei segni riducendosi a due disuguaglianze che sappiamo studiare.

I fattore. $2^x - 5 > 0 \iff x > \log_2 5$;

II fattore. $x^2 + 6 > 0 \iff x \in \mathbb{R}$.

Dato che il secondo fattore è sempre positivo ne segue che

$$(2^x - 5)(x^2 + 6) < 0 \iff x < \log_2 5 = \frac{\ln 5}{\ln 2}$$

e quindi

$$I = \left(-\infty, \frac{\ln 5}{\ln 2}\right).$$

Figura 1.37

■

Esercizio 1.4.80 [Roma 20/12/1999 n.1-3] Risolvere la disequazione

$$\sqrt{|x|-2} < x+1.$$

Soluzione. Iniziamo con il calcolo del CE: per trovarlo poniamo il radicando del primo membro ≥ 0, cioè

$$|x|-2 \geq 0 \iff |x| \geq 2.$$

Quindi

$$CE = (-\infty, -2] \cup [2, +\infty).$$

Ragionando come nelle disequazioni con radici quadrate, dobbiamo spezzare CE in due sottoinsiemi:

$$\begin{aligned} CE_1 &= \{x+1<0\} \cap CE = (-\infty, -2]. \\ CE_2 &= \{x+1 \geq 0\} \cap CE = [2, +\infty). \end{aligned}$$

Risolveremo dunque su ciascuna regione CE_i ($i = 1, 2$) la disequazione e troveremo un insieme delle soluzioni I_i. L'insieme delle soluzioni della disequazione iniziale sarà $I = I_1 \cup I_2$.

- Su CE_1 si ha
$$\sqrt{|x|-2} < x+1$$
ed essendo il primo membro ≥ 0 mentre il secondo < 0, la disequazione non è mai soddisfatta. Quindi
$$I_1 = \emptyset.$$
- Su CE_2 possiamo elevare al quadrato e togliere il valore assoluto (poiché su CE_2 si ha $x > 0$ e quindi $|x| = x$) ottenendo
$$x-2 < (x+1)^2 \iff x^2+x+3 > 0.$$
Essendo il discriminante negativo ($\Delta = -11 < 0$) e $a = 1 > 0$, la disequazione risulta verificata su tutto CE_2. Quindi
$$I_2 = CE_2 = [2, +\infty).$$

Unendo le soluzioni si ha

$$I = I_1 \cup I_2 = [2, +\infty).$$

L'insieme delle soluzioni è rappresentato nella seguente figura.

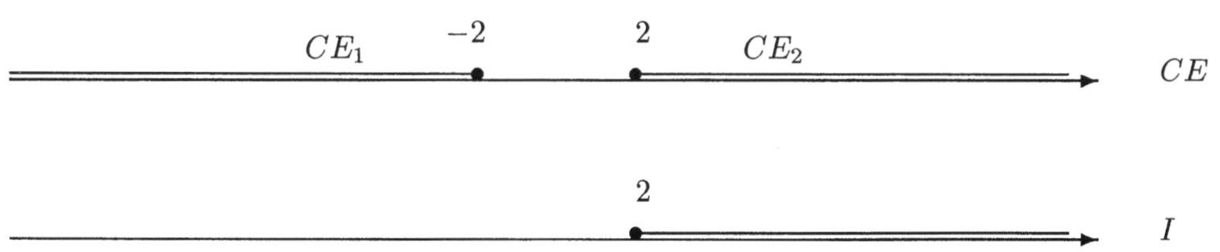

Figura 1.38

■

Esercizio 1.4.81 [Roma 21/09/1999 n.1-2] Risolvere la disequazione

$$\sqrt{|x-1|} \leq -|x-1|.$$

Soluzione. Il CE di questa disequazione è $\mathbb{R}$ in quanto occorre porre

$$|x-1| \geq 0$$

che è sempre verificata per la proprietà 1) del valore assoluto. Prima di intraprendere il metodo meccanico per risolvere la disequazione ...

Faccina 1.4.32 ... ci conviene ragionare. Ricordandoci della proprietà 1) del valore assoluto, ci accorgiamo che il membro a destra della disequazione

$$-|x-1|$$

è sempre ≤ 0 mentre quello a sinistra è sempre ≥ 0. Allora la disequazione può essere verificata solo se entrambi sono nulli. Poiché entrambi si annullano in $x = 1$ ne segue che $I = \{1\}$. ∎

Esercizio 1.4.82 [Roma 28/04/1999 n.1-3] Risolvere la disequazione

$$1 + \sqrt{|x|} > \sqrt{|x| + 1}.$$

Soluzione. Per la proprietà 1) del valore assoluto si ha $|x| \geq 0$ (e, a maggior ragione, $1 + |x| \geq 0$); quindi $CE = \mathbb{R}$. Il problema è la presenza di due radici. Come si fa in questo caso? Tipicamente si isola una delle due a primo membro (o entrambe) e poi, quando possibile, si eleva al quadrato. Se siamo stati accorti, rimane una sola radice che può essere eliminata con un ulteriore elevamento al quadrato. Nel nostro caso entrambi i membri della disequazione sono positivi e quindi è possibile elevare al quadrato senza dividere il CE. Ne segue (meditate bene su ogni passaggio)

$$\left(1 + \sqrt{|x|}\right)^2 > |x| + 1 \iff 1 + |x| + 2\sqrt{|x|} > |x| + 1 \iff 2\sqrt{|x|} > 0 \iff x \neq 0.$$

Quindi

$$I = \mathbb{R} \setminus \{0\}.$$

Più facile del previsto! Ma solamente perché tutto si semplificava: altrimenti avremmo dovuto elevare al quadrato una seconda volta. ∎

Esercizio 1.4.83 [Roma 17/06/1999 n.1-3] Risolvere la disequazione

$$\ln|x| \leq 1.$$

Soluzione. Troviamo il CE ponendo

$$|x| > 0 \iff x \neq 0$$

per cui $CE = \mathbb{R} \setminus \{0\}$. Riscrivendo $1 = \ln e$ ed utilizzando la formula (1.16), possiamo scrivere

$$\ln|x| \leq 1 \iff \ln|x| \leq \ln e \iff |x| \leq e.$$

Inoltre

$$|x| \leq e \iff x \in [-e, e]$$

per cui, intersecando tale insieme di soluzioni con il CE, otteniamo

$$I = [-e, e] \cap CE = [-e, e] \setminus \{0\} = [-e, 0) \cup (0, e].$$

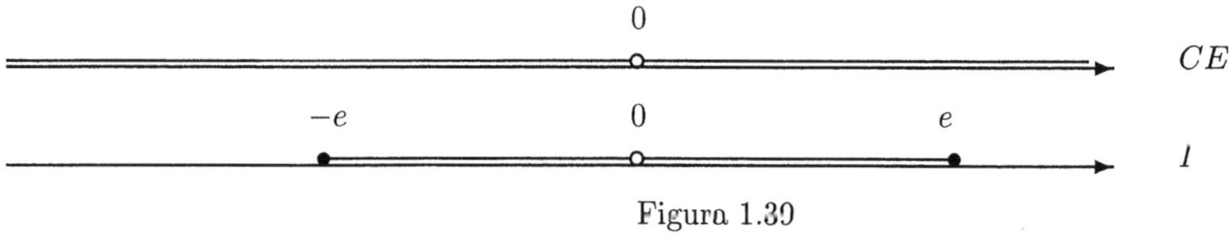

Figura 1.39

∎

Esercizio 1.4.84 [Roma 20/12/1999 n.1-4] Risolvere la disequazione

$$\ln(|x| - 2) < \ln x.$$

Soluzione. Iniziamo (come sempre) con il CE ponendo entrambi gli argomenti dei logaritmi > 0:

$$\begin{cases} |x| - 2 > 0 \\ x > 0. \end{cases}$$

La prima disequazione ha come soluzione

$$x \in (-\infty, -2) \cup (2, +\infty),$$

la seconda ha come soluzione

$$x \in (0, +\infty);$$

quindi

$$CE = \Big((-\infty, -2) \cup (2, +\infty)\Big) \cap (0, +\infty) = (2, +\infty).$$

A questo punto, grazie alla formula (1.16) possiamo riscrivere (togliendo il valore assoluto poiché sul CE abbiamo $|x| = x$)

$$\ln(|x| - 2) < \ln x \quad \Longleftrightarrow \quad x - 2 < x \quad \Longleftrightarrow \quad -2 < 0$$

che è sempre verificata su CE. Quindi

$$I = CE = (2, +\infty).$$

Figura 1.40

■

Esercizio 1.4.85 [Roma 10/10/2000 n.1] La Banca Bassotti entra in borsa. Due arditi speculatori (Pierino e Bubi) fanno la seguente scommessa (che alcuni buontemponi chiamerebbero *future*): sia x il valore (in euro) di una azione della B.B. tra 1 anno preciso (quindi $x \geq 0$). Se

$$\sqrt{|x^2 - 2|} > |x + 1|$$

allora Pierino pagherà a Bubi $x + 1$ euro. Viceversa sarà Bubi a pagare a Pierino $x + 1$ euro se avverrà

$$\sqrt{|x^2 - 2|} < |x + 1| - 1.$$

Se nessuno dei due casi si presenterà allora Bubi e Pierino resteranno fermi. Diteci per quali valori di x si presenterà ciascuno dei tre casi. (Sarebbe carino poi determinare la probabilità che questi casi avvengano in base al prezzo che hanno oggi le azioni della B.B. ed alla probabilità che esso salga o scenda: tuttavia questo è più difficile e lo lasciamo ai corsi di matematica finanziaria).

Soluzione. Si tratta in fondo di risolvere due disequazioni tra loro molto simili. In entrambi i casi l'incognita non può essere negativa, questo significa, ricordando la Sezione 1.4.1 al punto (iii), che studieremo tali disequazioni nel loro CER che calcoleremo come prima cosa.

I disequazione. Poiché $|x^2 - 2| \geq 0$ per ogni $x \in \mathbb{R}$ ne segue che il CE della disequazione è tutto $\mathbb{R}$. Poiché noi siamo interessati solo a valori non negativi di x studieremo tale disequazione per $x \in CER = \mathbb{R} \cap [0, +\infty) = [0, +\infty)$. Inoltre, dato che il secondo membro è ≥ 0 per ogni $x \in \mathbb{R}$, possiamo elevare al quadrato entrambi i membri ottenendo una disequazione equivalente:

$$\sqrt{|x^2 - 2|} > |x + 1| \quad \Longleftrightarrow \quad |x^2 - 2| > |x + 1|^2 \quad \Longleftrightarrow \quad |x^2 - 2| > x^2 + 2x + 1.$$

Sappiamo che

$$|x^2 - 2| = \begin{cases} x^2 - 2, & x \in (-\infty, -\sqrt{2}] \cup [\sqrt{2}, +\infty), \\ -x^2 + 2, & x \in (-\sqrt{2}, \sqrt{2}). \end{cases}$$

Intersecando tali insiemi con CER otteniamo i seguenti casi.

Caso $x \in A_1 = [\sqrt{2}, +\infty)$. In tal caso la disequazione diventa

$$x^2 - 2 > x^2 + 2x + 1 \iff 2x + 3 < 0 \iff x < -\frac{3}{2}.$$

Per cui, prendendo le soluzioni che stanno in A_1, abbiamo

$$I_1 = \left(-\infty, -\frac{3}{2}\right) \cap A_1 = \emptyset.$$

Caso $x \in A_2 = [0, \sqrt{2})$. In tal caso la disequazione diventa

$$-x^2 + 2 > x^2 + 2x + 1 \iff 2x^2 + 2x - 1 < 0$$

la cui soluzione è

$$x \in \left(\frac{-1-\sqrt{3}}{2}, \frac{-1+\sqrt{3}}{2}\right).$$

Intersecando tale insieme con A_2 abbiamo (notate che $\frac{-1-\sqrt{3}}{2} < 0$ mentre $\frac{-1+\sqrt{3}}{2} < \sqrt{2}$)

$$I_2 = \left(\frac{-1-\sqrt{3}}{2}, \frac{-1+\sqrt{3}}{2}\right) \cap A_2 = \left[0, \frac{-1+\sqrt{3}}{2}\right).$$

Quindi

$$I = I_1 \cup I_2 = \left[0, \frac{-1+\sqrt{3}}{2}\right).$$

II disequazione. Il CER è lo stesso. Notiamo prima di tutto che essendo $x \geq 0$ si ha

$$|x+1| - 1 = x + 1 - 1 = x,$$

per cui la disequazione diventa più carina: elevando al quadrato ambo i membri, ricaviamo

$$\sqrt{|x^2 - 2|} < x \iff |x^2 - 2| < x^2.$$

Ragionando come nel caso precedente, si presentano due casi:

Caso $x \in A_1 = [\sqrt{2}, +\infty)$. In tal caso la disequazione diventa

$$x^2 - 2 < x^2 \iff -2 < 0$$

che risulta essere sempre verificata; per cui, prendendo le soluzioni che stanno in A_1, abbiamo

$$I_1 = A_1 = [\sqrt{2}, +\infty).$$

Caso $x \in A_2 = [0, \sqrt{2})$. La disequazione diventa

$$-x^2 + 2 < x^2 \iff x^2 - 1 > 0$$

la cui soluzione è

$$(-\infty, -1) \cup (1, +\infty).$$

Intersecando tale insieme con A_2 otteniamo

$$I_2 = (1, \sqrt{2}).$$

Quindi

$$I = I_1 \cup I_2 = (1, \sqrt{2}) \cup [\sqrt{2}, +\infty) = (1, +\infty).$$

In conclusione

- per $x \in \left[0, \frac{-1+\sqrt{3}}{2}\right)$ paga Pierino,
- per $x > 1$ paga Bubi,
- per $x \in \left[\frac{-1+\sqrt{3}}{2}, 1\right]$ c'è nulla di fatto. ∎

Esercizi per casa

Esercizio 1.4.86 [L'Aquila 13/09/2000, n.A5] Calcolare le soluzioni della disequazione

$$\sqrt{x^2 - 100} \geq -|x - 2|.$$

Esercizio 1.4.87 [L'Aquila 03/07/2000, n.A5] Calcolare le soluzioni della disequazione

$$(10^x - 4^x)(x^2 - 1) \geq 0.$$

Esercizio 1.4.88 [Roma 01/07/1999 n. 2-2] Risolvere la disequazione

$$\ln(|x|^2 - 1) \leq 1.$$

1.5 *Soluzioni degli esercizi per casa*

1.5.1 *Insiemi*

Soluzione dell'Esercizio 1.2.4. Ragionando come nell'Esercizio 1.2.1, si arriva a scrivere:

$$A = A_1 \cap A_2 \cap A_3 = \left(\frac{1}{2}, 1\right) \cup \{4\}.$$

La difficoltà può venire dal fatto che qui si devono intersecare tre insiemi. Conviene allora trovare prima

$$A_1 \cap A_2 = \left(\frac{1}{2}, 1\right) \cup [2, 5]$$

utilizzando il procedimento dell'Esercizio 1.2.1 e poi intersecare il risultato ottenuto con A_3 utilizzando nuovamente lo stesso procedimento. ∎

Soluzione dell'Esercizio 1.2.5. Grazie al disegno risolviamo caso per caso:

Calcolo di $A \cup B$.

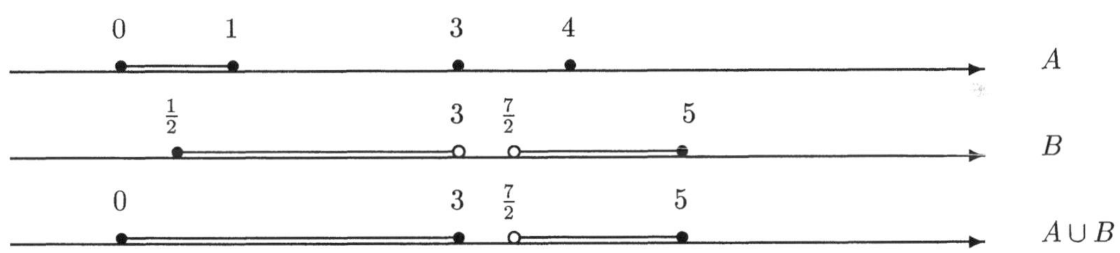

Figura 1.41

Quindi

$$A \cup B = [0, 3] \cup \left(\frac{7}{2}, 5\right].$$

Calcolo di $A \cap B$.

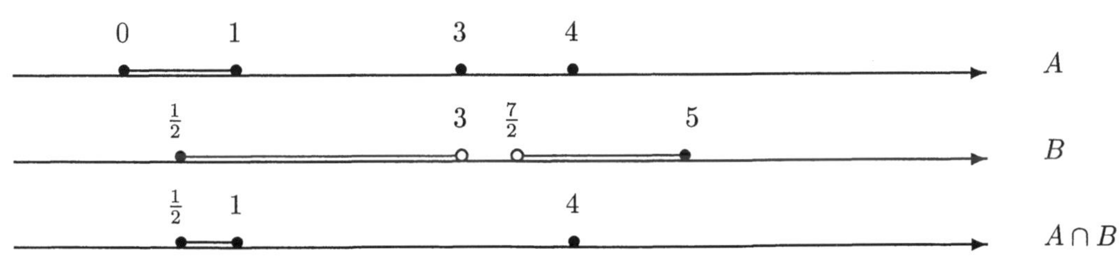

Figura 1.42

Quindi

$$A \cap B = \left[\frac{1}{2}, 1\right] \cup \{4\}.$$

Calcolo di $A \setminus B$.

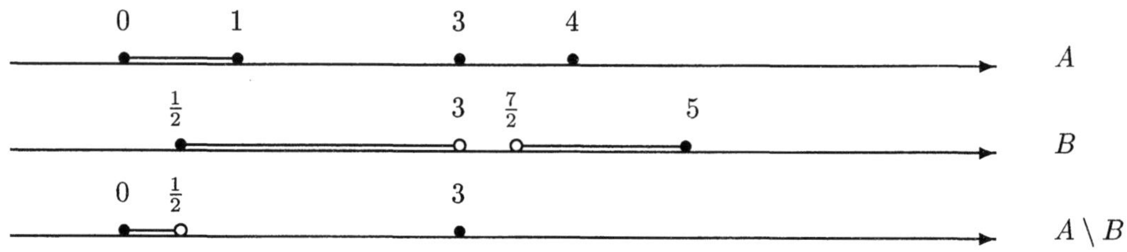

Figura 1.43

Quindi

$$A \setminus B = \left[0, \frac{1}{2}\right) \cup \{3\}.$$

Calcolo di $B \setminus A$.

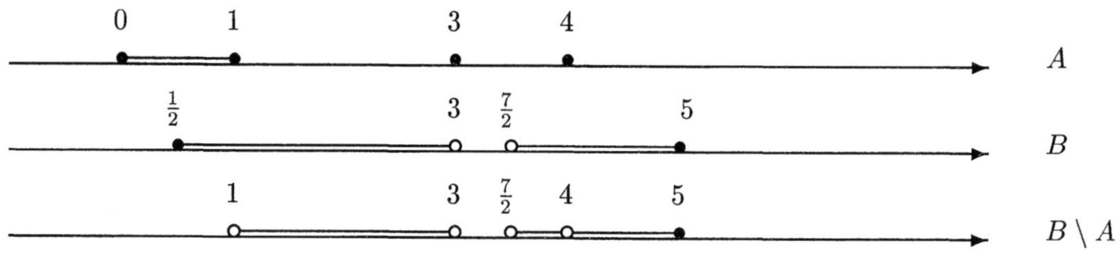

Figura 1.44

Quindi

$$B \setminus A = (1, 3) \cup \left(\frac{7}{2}, 4\right) \cup (4, 5].$$

Calcolo di $A^c = \mathbb{R} \setminus A$.

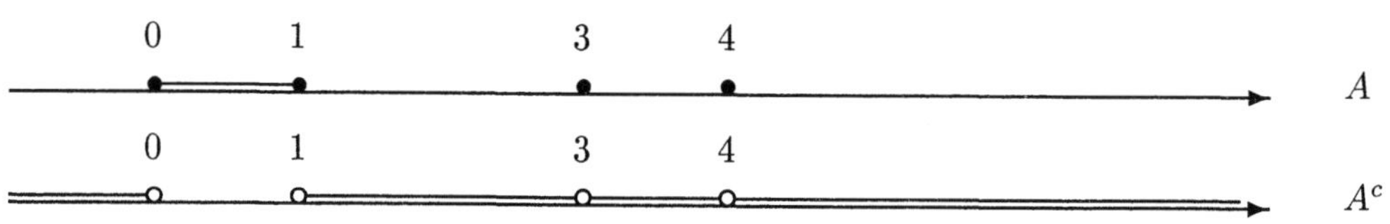

Figura 1.45

Quindi

$$A^c = (-\infty, 0) \cup (1, 3) \cup (3, 4) \cup (4 + \infty).$$

Calcolo di $B^c = \mathbb{R} \setminus B$.

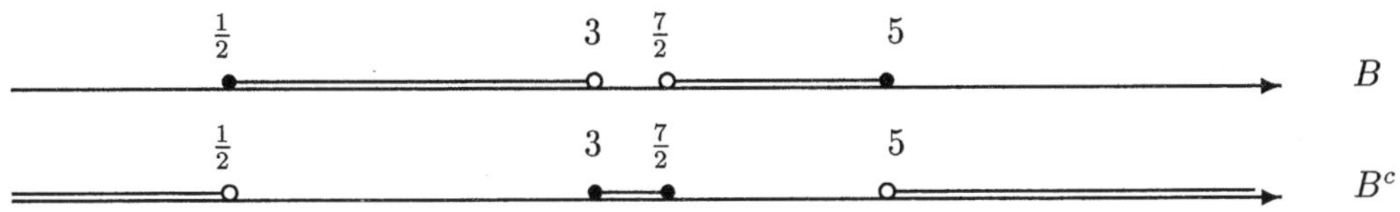

Figura 1.46

Quindi

$$B^c = \left(-\infty, \frac{1}{2}\right) \cup \left[3, \frac{7}{2}\right] \cup (5, +\infty).$$

Calcolo di $A \times B$. Questo è nuovo rispetto agli esercizi precedenti. Lo rappresentiamo graficamente su un piano in quanto si tratta di un insieme bidimensionale. Vediamo che $A \times B$ è formato da vari rettangoli (anche degeneri, cioè ridotti a segmenti) disegnati qui sotto.

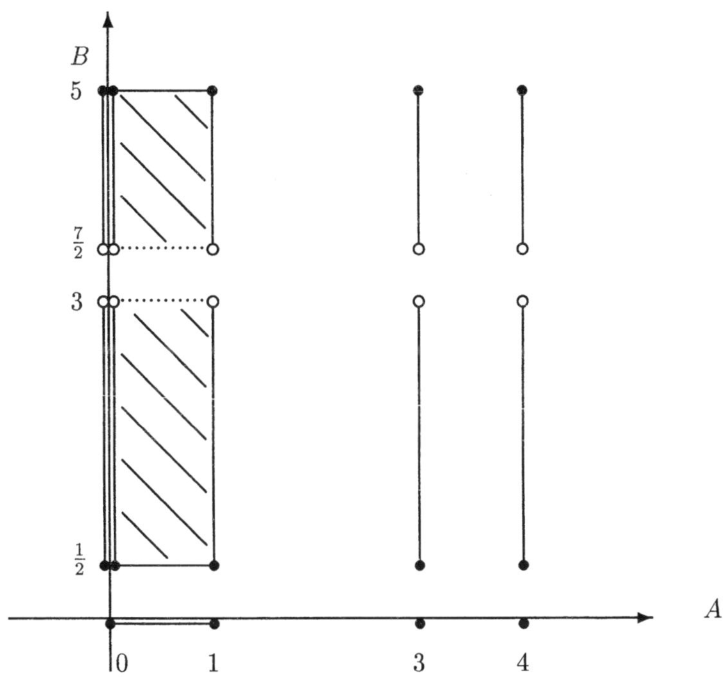

Figura 1.47

Scriviamo ora $A \times B$ come unione di rettangoli disgiunti (un po' come abbiamo fatto per gli insiemi unidimensionali quando li abbiamo scritti come unione di intervalli disgiunti)

$$\begin{aligned} A \times B \;\; = \;\; & \left\{[0,1] \times \left[\frac{1}{2}, 3\right)\right\} \cup \left\{[0,1] \times \left(\frac{7}{2}, 5\right]\right\} \cup \left\{\{3\} \times \left[\frac{1}{2}, 3\right)\right\} \cup \\ & \cup \left\{\{3\} \times \left(\frac{7}{2}, 5\right]\right\} \cup \left\{\{4\} \times \left[\frac{1}{2}, 3\right)\right\} \cup \left\{\{4\} \times \left(\frac{7}{2}, 5\right]\right\}. \end{aligned}$$

Proviamo a rifare le stesse con $A = \mathbb{N}$ e B l'insieme dei numeri pari; la cosa graficamente e algebricamente è più difficile trattandosi di insiemi infiniti. Pensiamo qui solo alla rappresentazione algebrica: in alcuni casi il risultato si esprime in modo compatto, ad esempio

$$\begin{aligned} A \cup B &= A, \\ A \cap B &= B, \\ A \setminus B &= \{ \text{ numeri dispari }, \} \\ B \setminus A &= \emptyset; \end{aligned}$$

in altri casi invece il risultato non si riesce ad esprimere in modo compatto e ci dobbiamo accontentare, ad esempio

$$\begin{aligned} A^c &= (-\infty, 0) \cup (0,1) \cup (1,2) \cup (2,3) \cup (3,4) \cup \ldots \cup (n, n+1) \cup \ldots \\ B^c &= (-\infty, 0) \cup (0,2) \cup (2,4) \cup (4,6) \cup (6,8) \cup \ldots \cup (2n, 2n+2) \cup \ldots \\ A \times B &= \{(0,0), (0,2), (0,4) \ldots\} \end{aligned}$$

Non è il massimo ma comunque può servire a inquadrare la situazione e a dare una rappresentazione grafica sommaria. ∎

Soluzione dell'Esercizio 1.2.6. Utilizzando lo stesso procedimento degli Esercizi 1.2.2 e 1.2.3 si ottiene

$$\begin{aligned} &\nexists \max A \text{ e } \sup A = +\infty, && \nexists \min A \text{ e } \inf A = -\infty; \\ &\nexists \max B \text{ e } \sup B = 1, && \nexists \min B \text{ e } \inf B = -\infty; \\ &\max C = \sup C = 1, && \nexists \min C \text{ e } \inf C = 0; \end{aligned}$$

in particolare nessuno degli insiemi considerati ha minimo. ∎

1.5.2 *Calcolo combinatorio, sommatorie, induzione*

Calcolo combinatorio

Soluzione dell'Esercizio 1.3.7. Occorre calcolare quante sono le possibili parti rimanenti delle password. Nel caso di password di 8 caratteri alfanumerici (che sono 36) si tratta delle disposizioni con ripetizione di 36 oggetti a gruppi di 3. Quindi 36^3. La probabilità sarà

$$\mathbb{P} = \frac{1000}{36^3} = \frac{2^3 \cdot 5^3}{2^6 \cdot 3^6} = \frac{5^3}{2^3 \cdot 3^6} = \frac{125}{5832} \approx 2.1433 \times 10^{-2}.$$

Nel caso di 10 caratteri, analogamente, si ha

$$\mathbb{P} = \frac{1000}{36^5} = \frac{2^3 \cdot 5^3}{2^{10} \cdot 3^{10}} = \frac{5^3}{2^7 \cdot 3^{10}} = \frac{125}{7558272} \approx 1.6538 \times 10^{-5}.$$

Come vedete in questo caso 2 caratteri in più aumentano molto la sicurezza. ∎

Soluzione dell'Esercizio 1.3.8. Ragioniamo come nell'Esercizio 1.3.4. I casi possibili sono 3^{13}; troviamo i casi favorevoli.

- Per indovinare esattamente k pronostici dobbiamo sbagliare esattamente $13-k$ partite e questo lo possiamo fare in
$$C_{13,13-k} = \binom{13}{13-k}$$
modi possibili. Inoltre ogni partita non azzeccata la possiamo sbagliare in due maniere diverse e quindi i casi favorevoli sono
$$C_{13,13-k} \cdot D^*_{2,13-k} = \binom{13}{13-k} \cdot 2^{13-k}$$
e la probabilità è
$$\mathbb{P} = \frac{13!}{(13-k)!k!} \cdot \frac{2^{13-k}}{3^{13}} = \left(\frac{2}{3}\right)^{13} \frac{13!}{2^k (13-k)!k!}.$$

- Quando possiamo dire di avere indovinato almeno k pronostici? Facile: se abbiamo indovinato k oppure $k+1$ oppure $k+2$ oppure ... oppure 13 risultati. Quindi i casi favorevoli sono

$$\sum_{h=k}^{13} C_{13,13-h} \cdot D^*_{2,13-h} = \sum_{h=k}^{13} \frac{13!2^{13-h}}{(13-h)!h!}$$

e la probabilità sarà

$$\mathbb{P} = \left(\frac{2}{3}\right)^{13} 13! \sum_{h=k}^{13} \frac{1}{2^h(13-h)!h!}.$$

- Questa volta si ragiona in modo simile al caso precedente: il numero di casi favorevoli è la somma

$$\sum_{h=0}^{k} C_{13,13-h} \cdot D^*_{2,13-h} = \sum_{h=k}^{13} \frac{13!2^{13-h}}{(13-h)!h!}$$

e la probabilità sarà

$$\mathbb{P} = \left(\frac{2}{3}\right)^{13} 13! \sum_{h=0}^{k} \frac{1}{2^h(13-h)!h!}.$$

Lasciamo all'appassionato giocatore i calcoli. ■

Soluzione dell'Esercizio 1.3.9. I casi favorevoli sono dati nella soluzione dell'Esercizio 1.3.5. Poiché il totale di numeri è $8 \cdot 10^7$ ne segue che la probabilità che un numero di Roma a caso sia chiamabile dalla cabina è:

$$\mathbb{P} = \frac{6 \cdot 8^7}{8 \cdot 10^7} = \frac{6}{8} \cdot \left(\frac{8}{10}\right)^7 = \frac{3}{4} \cdot \left(\frac{4}{5}\right)^7.$$

Com'è? Piccola o grande? ■

Sommatorie

Soluzione dell'Esercizio 1.3.13. Questo esercizio è simile all'Esercizio 1.3.10: anche qui occorre usare le proprietà delle sommatorie ma con un supplemento di attenzione in più dovuto al fatto che all'esponente l'indice k ha segno negativo ed è diviso per 3. Iniziamo a cambiare indice ($h = k - 2$) e troviamo che

$$\sum_{k=2}^{n} 2^{1-\frac{k}{3}} = \sum_{h=0}^{n-2} 2^{1-\frac{h+2}{3}} = \sum_{h=0}^{n-2} 2^{\frac{1}{3}-\frac{h}{3}}.$$

Ora possiamo raccogliere a fattor comune $2^{\frac{1}{3}}$ ottenendo così

$$\sum_{k=2}^{n} 2^{1-\frac{k}{3}} = 2^{\frac{1}{3}} \sum_{h=0}^{n-2} 2^{-\frac{h}{3}}.$$

Ci resta da calcolare la somma a secondo membro. Si tratta della somma di una progressione geometrica. Infatti il rapporto tra un termine dato $2^{-\frac{h}{3}}$ ed il successivo $2^{-\frac{h+1}{3}}$ è sempre costante ed uguale a $2^{-\frac{1}{3}}$. La cosa dovrebbe risultare più chiara scrivendo (tramite le proprietà delle potenze)

$$2^{-\frac{h}{3}} = \left(2^{-\frac{1}{3}}\right)^h;$$

quindi

$$\sum_{h=0}^{n-2} 2^{-\frac{h}{3}} = \sum_{h=0}^{n-2} \left(2^{-\frac{1}{3}}\right)^h = \frac{\left(2^{-\frac{1}{3}}\right)^{n-2+1} - 1}{2^{-\frac{1}{3}} - 1} = \frac{1 - \left(2^{-\frac{1}{3}}\right)^{n-1}}{1 - 2^{-\frac{1}{3}} - 1}$$

dove abbiamo cambiato di segno numeratore e denominatore per farli diventare entrambi positivi. Perciò

$$\sum_{k=2}^{n} 2^{1-\frac{k}{3}} = 2^{\frac{1}{3}} \frac{1-\left(2^{-\frac{1}{3}}\right)^{n-1}}{1-2^{-\frac{1}{3}}-1}$$

è il risultato cercato. ∎

Soluzione dell'Esercizio 1.3.14. Questo esercizio è molto simile all'Esercizio 1.3.11. Usando le proprietà delle sommatorie possiamo scrivere (ponendo per comodità $128 = n$)

$$\sum_{k=0}^{n} \left(3 - k + e^k\right) = \sum_{k=0}^{n} 3 - \sum_{k=0}^{n} k + \sum_{k=0}^{n} e^k.$$

Ora la prima sommatoria ha termini costanti e quindi vale 3 per il numero degli addendi che è $n + 1$ (riguardate Pericolo 1.3.4). La seconda sommatoria è la somma di una progressione aritmetica e vale $\frac{n(n+1)}{2}$. La terza sommatoria è la somma di una progressione geometrica di ragione e (numero di Nepero) e vale $\frac{e^{n+1}-1}{e-1}$. Quindi

$$\sum_{k=0}^{n} \left(3 - k + e^k\right) = 3(n+1) - \frac{n(n+1)}{2} + \frac{e^{n+1}-1}{e-1}$$

che è il risultato cercato. ∎

Calcolo di rendite

Soluzione dell'Esercizio 1.3.19. Ragionando come negli Esercizi 1.3.15 e 1.3.16 vediamo che si tratta di calcolare la somma

$$\sum_{k=25}^{n+24} \frac{2}{(1+r)^k}.$$

Notate che la somma si fa partendo da $k = 25$, poiché la rendita parte tra 25 anni. Notate inoltre che, essendo la rendita composta da n incassi, la somma si fa fino a $k = n+24$ in maniera da avere esattamente n termini. Usando il cambio di indice e le proprietà delle sommatorie (vedasi Esercizio 1.3.10), otteniamo

$$\sum_{k=25}^{n+24} \frac{2}{(1+r)^k} = \frac{2}{(1+r)^{25}} \sum_{k=25}^{n+24} \frac{1}{(1+r)^{k-25}} = \frac{2}{(1+r)^{25}} \sum_{h=0}^{n-1} \frac{1}{(1+r)^h} = \dots$$

(avendo posto il nuovo indice $h = k - 25$). Ora usiamo la formula (1.2)

$$\dots = \frac{2}{(1+r)^{25}} \frac{1-\left(\frac{1}{1+r}\right)^n}{1-\frac{1}{1+r}} = \frac{2}{(1+r)^{25}} \cdot \frac{1+r}{r} \left(1 - \left(\frac{1}{1+r}\right)^n\right)$$

che è il valore cercato. ∎

Soluzione dell'Esercizio 1.3.20. Anche qui ragioniamo come nell'Esercizi 1.3.15 e 1.3.16: si tratta di calcolare la somma

$$\sum_{k=2}^{36} \frac{2.000}{(1+r)^k}.$$

Notate che la somma si fa partendo da $k = 2$, poiché la rendita parte tra 2 anni. Notate inoltre che, trattandosi di una rendita di 35 incassi, la somma si fa fino a $k = 36$ in maniera da avere esattamente 35 termini. Usando il cambio di indice e le proprietà delle sommatorie (vedasi Esercizio 1.3.10) otteniamo

$$\sum_{k=2}^{36} \frac{2.000}{(1+r)^k} = \frac{2.000}{(1+r)^2} \sum_{k=2}^{36} \frac{1}{(1+r)^{k-2}} = \frac{2.000}{(1+r)^2} \sum_{h=0}^{34} \frac{1}{(1+r)^h} = \dots$$

(avendo posto il nuovo indice $h = k - 2$). Ora usiamo la formula (1.2)

$$\cdots = \frac{2.000}{(1+r)^2} \frac{1 - \left(\frac{1}{1+r}\right)^{35}}{1 - \frac{1}{1+r}} = \frac{2.000}{(1+r)^2} \cdot \frac{1+r}{r} \left(1 - \left(\frac{1}{1+r}\right)^{35}\right)$$

che è il valore cercato. ■

Soluzione dell'Esercizio 1.3.21. Occorre calcolare innanzitutto il valore di una rendita di 1 euro al mese per 48 anni cioè $48 \cdot 12 = 576$ mesi (quelli che restano da vivere a Bubi dopo la pensione). Si ha, ragionando come nell'Esercizio 1.3.18,

$$V_n(r) = \sum_{k=0}^{n-1} \frac{1}{(1+r)^{10+\frac{k}{12}}} = \frac{1}{(1+r)^{10}} \sum_{k=0}^{n-1} \frac{1}{\left((1+r)^{\frac{1}{12}}\right)^k}$$

dove $n = 576$ sono i mesi in cui Bubi godrà della rendita. Si tratta della somma di una progressione geometrica di ragione

$$q = \frac{1}{(1+r)^{\frac{1}{12}}}$$

e quindi, usando la formula (1.2), si ha

$$V_n(r) = \frac{1}{(1+r)^{10}} \cdot \frac{1 - \left((1+r)^{-\frac{1}{12}}\right)^{12n}}{1 - (1+r)^{-\frac{1}{12}}}$$

che è il valore attuale cercato. ■

Induzione

Soluzione dell'Esercizio 1.3.24. La dimostrazione per induzione procede attraverso due passi.

1. Dobbiamo verificare la proposizione per il primo istante $n = 10$:

$$(10!)^2 \geq 20^{10}.$$

   Con una calcolatrice tascabile otteniamo $(10!)^2 = 1{,}316818944 \cdot 10^{13}$ mentre $20^{10} = 1{,}024 \cdot 10^{13}$ da cui si deduce che la proposizione è vera per il primo istante. Si potrebbe anche fare il conto a mano con opportune semplificazioni ma ve lo risparmiamo.

2. Supponiamo (ipotesi induttiva) che sia vera per un generico $n \geq 10$, la disuguaglianza

$$(n!)^2 \geq (2n)^n$$

   e dimostriamo che è vera la disuguaglianza

$$((n+1)!)^2 \geq (2(n+1))^{n+1}.$$

   Procediamo attraverso una serie di minorazioni cercando di utilizzare, come al solito, l'ipotesi induttiva:

$$((n+1)!)^2 = (n+1)^2 \cdot (n!)^2 \geq (n+1)^2 (2n)^n.$$

   Se facciamo vedere che

$$(n+1)^2 \geq \frac{(2(n+1))^{n+1}}{(2n)^n}$$

abbiamo finito. Ma ciò segue svolgendo il secondo membro: infatti

$$\begin{aligned}\frac{(2(n+1))^{n+1}}{(2n)^n} &= \frac{2^{n+1}(n+1)^{n+1}}{2^n n^n} \\ &= 2\cdot\frac{(n+1)^{n+1}}{n^n} \\ &= 2(n+1)\cdot\frac{(n+1)^n}{n^n} \\ &= 2(n+1)\left(1+\frac{1}{n}\right)^n \\ &\le 2e(n+1)\le(n+1)^2\end{aligned}$$

e siamo a posto.

Essendo verificate entrambe le condizioni, la disuguaglianza risulta vera. ∎

1.5.3 *Equazioni e disequazioni*

Equazioni e disequazioni polinomiali fratte

Soluzione dell'Esercizio 1.4.17. Troviamo il CE. Poiché

$$x^2-1=0 \iff x\in\{-1,1\}$$

si ha

$$CE=\mathbb{R}\setminus\{-1,1\}=(-\infty,-1)\cup(-1,1)\cup(1,+\infty).$$

Ora, per ogni $x\in CE$ possiamo scrivere

$$\begin{aligned}\frac{x^2+1}{x^2-1}<2 &\iff \frac{x^2+1-2(x^2-1)}{x^2-1}<0 \\ &\iff \frac{-x^2+3}{x^2-1}<0.\end{aligned}$$

Poiché

$$\begin{aligned}-x^2+3>0 &\iff x\in\left(-\sqrt{3},\sqrt{3}\right) \\ x^2-1>0 &\iff x\in(-\infty,-1)\cup(1,+\infty)\end{aligned}$$

si ha, usando la regola dei segni

Segno di ...		$-\sqrt{3}$	-1	1	$\sqrt{3}$
$-x^2+3$	$-$	$+$	$+$	$+$	$-$
x^2-1	$+$	$+$	$-$	$+$	$+$
$\frac{-x^2+3}{x^2-1}$	$-$	$+$	$-$	$+$	$-$

e quindi l'insieme delle soluzioni è

$$I=\left(-\infty,-\sqrt{3}\right)\cup(-1,1)\cup\left(\sqrt{3},+\infty\right)$$

che non rappresentiamo per brevità. ∎

Soluzione dell'Esercizio 1.4.18. Innanzitutto, annullando i denominatori troviamo che

$$CE = \mathbb{R} \setminus \{-1, 0, 1\} = (-\infty, -1) \cup (-1, 0) \cup (0, 1) \cup (1, +\infty).$$

Poi svolgiamo i calcoli

$$\frac{1}{x} + \frac{1-x}{x^2-1} \geq 0 \iff \frac{1}{x} - \frac{1}{x+1} \geq 0 \iff \frac{x+1-x}{x(x+1)} \geq 0 \iff \frac{1}{x(x+1)} \geq 0.$$

L'insieme delle soluzioni dell'equazione associata è

$$I_{equazione} = \emptyset.$$

Essendo il numeratore $1 > 0$, per studiare il segno della frazione è sufficiente studiare il segno del denominatore:

$$x(x+1) > 0 \iff x \in (-\infty, -1) \cup (0, +\infty).$$

Quindi si ottiene

$$I = \big((-\infty, -1) \cup (0, +\infty)\big) \cap CE = (-\infty, -1) \cup (0, 1) \cup (1, +\infty)$$

la cui rappresentazione omettiamo. ∎.

Soluzione dell'Esercizio 1.4.19. Innanzitutto

$$CE = \mathbb{R} \setminus \{0\} = (-\infty, 0) \cup (0, +\infty).$$

Portando tutto a primo membro si ricava

$$x - \frac{1}{x} > 1 \iff \frac{x^2 - x - 1}{x} > 0.$$

Studiamo i segni del numeratore e del denominatore.

Numeratore. $x^2 - x - 1 > 0 \iff x \in \left(-\infty, \frac{1-\sqrt{5}}{2}\right) \cup \left(\frac{1+\sqrt{5}}{2}, +\infty\right).$

Denominatore. $x > 0 \iff x \in (0, +\infty).$

Con la regola dei segni e la solita tabella si ottiene

$$I = \left(\frac{1-\sqrt{5}}{2}, 0\right) \cup \left(\frac{1+\sqrt{5}}{2}, +\infty\right)$$

che è la soluzione cercata. ∎

Soluzione dell'Esercizio 1.4.20. Innanzitutto

$$CE = \mathbb{R} \setminus \{0\} = (-\infty, 0) \cup (0, +\infty).$$

Portando tutto a primo membro si ha

$$x - 2 + \frac{1}{x} < 0 \iff \frac{x^2 - 2x + 1}{x} < 0 \iff \frac{(x-1)^2}{x} < 0.$$

Risolvendola come al solito si trova

$$I = (-\infty, 0).$$

Il risultato si *dovrebbe* intuire facilmente, visto che il numeratore è sempre ≥ 0. ∎

Soluzione dell'Esercizio 1.4.21. Innanzitutto

$$CE = \mathbb{R} \setminus \{6\} = (-\infty, 6) \cup (6, +\infty).$$

Per quanto riguarda $I_{equazione}$ abbiamo

$$\frac{x^2 - 13x + 30}{x - 6} = 0 \iff x^2 - 13x + 30 = 0 \iff x \in \{3, 10\}.$$

Per quanto riguarda $I_{disequazione\ stretta}$ si studiano il segno del numeratore e del denominatore.

Numeratore. $x^2 - 13x + 30 > 0 \iff x \in (-\infty, 3) \cup (10, +\infty)$.

Denominatore. $x - 6 > 0 \iff x \in (6, +\infty)$.

Riportando in tabella, otteniamo

Segno di ...		3	6	10
$x^2 - 13x + 30$	$+$	$-$	$-$	$+$
$x - 6$	$-$	$-$	$+$	$+$
$\frac{x^2-13x+30}{x-6}$	$-$	$+$	$-$	$+$

da cui deduciamo

$$I_{disequazione\ stretta} = (-\infty, 3) \cup (6, 10).$$

Quindi

$$I_{disequazione\ larga} = I_{disequazione\ stretta} \cup I_{equazione} = (-\infty, 3] \cup (6, 10]$$

e siamo a posto. ■

Equazioni e disequazioni con valori assoluti

Soluzione dell'Esercizio 1.4.30. Risolviamo la disequazione in una maniera analoga a quella utilizzata per l'Esercizio 1.4.22. Scomponendo

$$|x + 4| = \begin{cases} x + 4, & x \geq -4, \\ -x - 4, & x < -4, \end{cases}$$

possiamo quindi dividere $CE = \mathbb{R}$ in due regioni distinte:

$$CE_1 = (-\infty, -4) \quad \text{e} \quad CE_2 = [-4, +\infty) :$$

su ognuna di esse possiamo togliere i valori assoluti.

- Su CE_1 si ha
$$-x - 4 < \frac{1}{2} \iff x \in J_1 = \left(-\frac{9}{2}, +\infty\right),$$
e quindi
$$I_1 = J_1 \cap CE_1 = \left(-\frac{9}{2}, -4\right).$$

- Su CE_2 si ha
$$x + 4 < \frac{1}{2} \iff x \in J_2 = \left(-\infty, -\frac{7}{2}\right),$$
e quindi
$$I_2 = J_2 \cap CE_2 = \left[-4, -\frac{7}{2}\right).$$

Si ha

$$I = I_1 \cup I_2 = \left(-\frac{9}{2}, -\frac{7}{2}\right)$$

che è il risultato finale. ■

Soluzione dell'Esercizio 1.4.31. Leggiamo bene il testo: dobbiamo determinare quei punti della retta reale la cui distanza da 5 risulta ≤ 7.

Figura 1.48

Come si vede dal disegno la risposta è $I = [-2, 12]$. ∎

Soluzione dell'Esercizio 1.4.32. Come nell'Esercizio 1.4.31, utilizziamo l'interpretazione geometrica del valore assoluto: dobbiamo determinare quei punti della retta la cui distanza da -3 risulta ≤ 2. Fate da voi il disegno e vedrete che l'insieme delle soluzioni è $I = [-5, -1]$. ∎

Soluzione dell'Esercizio 1.4.33. Risolviamo l'equazione in modo simile all'Esercizio 1.4.22 spezzando il valore assoluto:

$$|x-3| = \begin{cases} x-3, & x \geq 3, \\ -x+3, & x < 3. \end{cases}$$

Si individuano due regioni distinte:

$$A_1 = (-\infty, 3) \quad \text{e} \quad A_2 = [3, +\infty)$$

e su ognuna di esse possiamo togliere i valori assoluti.

- Su A_1 si ha
$$-x+3 = x+6 \iff x = -\frac{3}{2}$$
che, appartenendo a A_1, risulta accettabile; quindi $I_1 = \{-\frac{3}{2}\}$.
- Su A_2 si ha
$$x-3 = x+6 \iff -3 = -6$$
che risulta impossibile; quindi $I_2 = \emptyset$.

Concludendo si ha un unica soluzione

$$I = I_1 \cup I_2 = \left\{-\frac{3}{2}\right\}.$$

Osserviamo che tale disequazione si potrebbe facilmente graficamente interpretare come intersezione del grafico di due funzioni (vedete Capitolo 3). ∎

Soluzione dell'Esercizio 1.4.34. L'equazione ha la stessa forma di quella presentata nell'Esercizio 1.4.33: quindi

- si divide $CE = \mathbb{R}$ in due regioni distinte:
$$A_1 = (-\infty, 10) \quad \text{e} \quad A_2 = [10, +\infty);$$
- su A_1 si ha
$$-2x + 20 + 2 = x \iff x = \frac{22}{3} \in A_1$$
e quindi $I_1 = \{\frac{22}{3}\}$;
- su A_2 si ha
$$2x - 20 + 2 = x \iff x = 18 \in A_2$$
e quindi $I_2 = \{18\}$;
- in conclusione $I = I_1 \cup I_2 = \{\frac{22}{3}, 18\}$. ∎

Soluzione dell'Esercizio 1.4.35. Lo stesso precedimento dei precedenti due esercizi.

- si divide $CE = \mathbb{R}$ in due regioni distinte:
$$A_1 = (-\infty, -10] \cup [10, +\infty) \quad \text{e} \quad A_2 = (-10, 10);$$
- su A_1 si ha
$$x^2 - 100 = 4x + 40 \iff x^2 - 4x - 140 = 0 \iff x \in \{-10, 14\} \subseteq A_1$$
e quindi $I_1 = \{-10, 14\}$;
- su A_2 si ha
$$-x^2 + 100 = 4x + 40 \iff x^2 + 4x - 60 = 0 \iff x \in \{-10, 6\} \subseteq A_2$$
e quindi $I_2 = \{-10, 6\}$;
- in conclusione $I = I_1 \cup I_2 = \{-10, 6, 14\}$. ∎

Soluzione dell'Esercizio 1.4.36. Dal punto di vista geometrico, cerchiamo quelle x per cui la distanza del punto $x - x^2$ dall'origine sia > 1. Quindi vanno bene

- sia i punti con coordinata > 1, cioè verificanti la disequazione
$$x - x^2 > 1 \iff x^2 - x + 1 < 0$$
il cui $\Delta = 1 - 4 = -3 < 0$ e quindi $I_1 = \emptyset$;
- sia i punti con coordinata < -1, cioè verificanti la disequazione
$$x - x^2 < -1 \iff x^2 - x - 1 > 0$$
la cui soluzione è $I_2 = \left(-\infty, \frac{1-\sqrt{5}}{2}\right) \cup \left(\frac{1+\sqrt{5}}{2}, +\infty\right)$.

Concludendo si ha $I = I_1 \cup I_2 = I_2$. ∎

Equazioni e disequazioni con radici quadrate

Soluzione dell'Esercizio 1.4.42. Il CE si trova ponendo $x + 1 \geq 0$ e quindi risulta
$$CE = [-1, +\infty).$$
Necessariamente x deve risultare ≥ 0 (altrimenti coma fa una cosa ≥ 0, quella di sinistra nell'equazione, ad essere uguale ad una < 0, quella a destra nell'equazione?). Elevando al quadrato si ottiene
$$x + 1 = x^2 \iff x^2 - x - 1 = 0$$
le cui soluzioni sono
$$x_1 = \frac{1 + \sqrt{5}}{2} \geq 0 \quad \text{e} \quad x_2 = \frac{1 - \sqrt{5}}{2} < 0.$$
Quindi si accetta solamente la prima ottenendo $I = \left\{\frac{1+\sqrt{5}}{2}\right\}$. ∎

Soluzione dell'Esercizio 1.4.43. Innanzitutto $CE = [0, +\infty)$. Portando a destra il numero -1, isoliamo la radice nella disequazione
$$2\sqrt{x} > 2x + 1.$$
Poiché $2x + 1 > 0$ sul CE, possiamo elevare al quadrato senza pensieri ottenendo
$$4x > 4x^2 + 4x + 1 \iff 4x^2 + 1 < 0$$
che risulta impossibile; quindi $I = \emptyset$. ∎

Soluzione dell'Esercizio 1.4.44. Per il CE poniamo $x^2 - 1 \geq 0$ ottenendo
$$CE = (-\infty, -1] \cup [1, +\infty).$$
Quindi spezziamo il CE in due parti.

- Se $1 - x < 0$, cioè su
$$CE_1 = (1, +\infty)$$
la disequazione è sempre vera e quindi $I_1 = CE_1 = (1, +\infty)$.
- Se $1 - x \geq 0$, cioè su
$$CE_2 = (-\infty, -1] \cup \{1\}$$
possiamo elevare al quadrato ottenendo
$$x^2 - 1 \geq (1 - x)^2 \iff x^2 - 1 \geq x^2 - 2x + 1 \iff 2x - 2 \geq 0 \iff x \geq 1.$$
Quindi $I_2 = \{1\}$.

Mettendo insieme le soluzioni si ottiene $I = I_1 \cup I_2 = [1, +\infty)$. ∎

Soluzione dell'Esercizio 1.4.45. Per quanto riguarda il CE si ha
$$CE = (-\infty, -10] \cup [10, +\infty).$$
Inoltre:

- se $x - 1 < 0$, cioè su
$$CE_1 = (-\infty, -10]$$
la disequazione è sempre vera e quindi $I_1 = CE_1 = (-\infty, -10]$;
- se $x - 1 \geq 0$, cioè su
$$CE_2 = [10, +\infty)$$
possiamo elevare al quadrato ottenendo
$$x^2 - 100 > (x - 1)^2 \iff x^2 - 100 > x^2 - 2x + 1 \implies 2x - 101 > 0 \implies x > \frac{101}{2}$$
da cui segue $I_2 = \left(\frac{101}{2}, +\infty\right)$.

Mettendo assieme le soluzioni si ottiene
$$I = I_1 \cup I_2 = (-\infty, -10] \cup \left(\frac{101}{2}, +\infty\right)$$
che è la soluzione cercata. ∎

Soluzione dell'Esercizio 1.4.46. Innanzitutto $CE = [1, +\infty)$.

- Se $x - 20 < 0$, cioè su
$$CE_1 = [1, 20)$$
la disequazione è sempre vera e quindi $I_1 = CE_1 = [1, 20)$.
- Se $x - 20 \geq 0$, cioè su
$$CE_2 = [20, +\infty)$$
possiamo elevare al quadrato ottenendo
$$2x - 2 > (x - 20)^2 \iff 2x - 2 > x^2 - 40x + 400 \iff x^2 - 42x + 402 < 0;$$
le soluzioni della disequazione sono
$$J_2 = \left(21 - \sqrt{39}, 21 + \sqrt{39}\right)$$
e quindi
$$I_2 = J_2 \cap CE_2 = \left[20, 21 + \sqrt{39}\right).$$

Quindi $I = I_1 \cup I_2 = \left[1, 21 + \sqrt{39}\right)$. ∎

Soluzione dell'Esercizio 1.4.47. Ponendo l'argomento della radice ≥ 0, si ottiene

$$CE = (-\infty, -8] \cup [8, +\infty).$$

- Se il membro a destra è negativo (e siamo nel CE) cioè su

  $$CE_1 = (-\infty, -8]$$

  la disequazione è sempre vera e quindi

  $$I_1 = CE_1 = (-\infty, -8].$$

- Quando il membro a destra è positivo cioè su

  $$CE_2 = [8, +\infty]$$

  si ha

  $$x^2 - 64 > (x-4)^2 \iff x^2 - 64 > x^2 - 8x + 16 \iff 8x - 80 > 0 \iff x > 10.$$

  Quindi

  $$I_2 = (10, +\infty) \cap CE = (10, +\infty).$$

Concludendo $I = I_1 \cup I_2 = (-\infty, -8] \cup (10, +\infty)$. ∎

Soluzione dell'Esercizio 1.4.48. Per quanto riguarda il CE abbiamo

$$CE = (-\infty, -1] \cup [1, +\infty).$$

Come al solito dividiamo il CE in due parti.

- Se $2x + 1 < 0$, cioè su

  $$CE_1 = \left(-\infty, -\frac{1}{2}\right) \cap CE = (-\infty, -1]$$

  non ci sono soluzioni poiché i due membri hanno segno opposto e quindi $I_1 = \emptyset$.

- Se $2x + 1 \geq 0$, cioè su

  $$CE_2 = \left[-\frac{1}{2}, +\infty\right) \cap CE = [1, +\infty)$$

  eleviamo al quadrato ed otteniamo

  $$x^2 - 1 = (2x+1)^2 \iff x^2 - 1 = 4x^2 + 4x + 1 \iff 3x^2 + 4x + 2 = 0.$$

  Poiché $\Delta = 16 - 24 < 0$, allora non esistono soluzioni e $I_2 = \emptyset$.

Quindi $I = I_1 \cup I_2 = \emptyset \cup \emptyset = \emptyset$. ∎

Equazioni e disequazioni esponenziali

Soluzione dell'Esercizio 1.4.58. Vi ricordate dell'Esercizio 1.4.50? Qui si pone $e^{3x} = t$ ottenendo l'equazione di secondo grado

$$t^2 + 8t - 20 = 0$$

le cui soluzioni sono $t = 2$ e $t = -10$. Quindi si ha

- $e^{3x} = t = 2$ da cui si ricava $3x = \ln 2$ e quindi la soluzione $x = \frac{\ln 2}{3}$.
- $e^{3x} = t = -10$ risulta impossibile in quanto l'esponenziale è sempre positivo.

Quindi $I = \left\{\dfrac{\ln 2}{3}\right\}$. ∎

Soluzione dell'Esercizio 1.4.59. Risolviamo l'equazione ragionando come nell'Esercizio 1.4.54. Si ha

$$3^x \cdot \frac{1}{3} = 2^x \cdot 2^2 \iff \frac{3^x}{2^x} = 12 \iff \left(\frac{3}{2}\right)^x = 12 \iff x = \log_{\frac{3}{2}} 12$$

e quindi

$$I = \left\{\log_{\frac{3}{2}} 12\right\} = \left\{\frac{\ln 12}{\ln\left(\frac{3}{2}\right)}\right\} = \left\{\frac{\ln 3 + 2\ln 2}{\ln 3 - \ln 2}\right\};$$

scegliete voi la forma che più vi piace. ∎

Soluzione dell'Esercizio 1.4.60. Ragioniamo come nell'Esercizio 1.4.54. Poiché

$$e^{x \ln 3} = \left(e^{\ln 3}\right)^x = 3^x,$$

segue che la disequazione diventa

$$3^x \leq 3^{x^2+1} \iff x \leq x^2 + 1 \iff x^2 - x + 1 \geq 0$$

con $\Delta = 1 - 4 = -3 < 0$. Quindi $I = \mathbb{R}$. ∎

Soluzione dell'Esercizio 1.4.61. Ancora come nell'Esercizio 1.4.54. Dividendo per 2^x (che è sempre $\neq 0$), otteniamo

$$\left(\frac{3}{2}\right)^x = \frac{1}{2} \iff x = \log_{\frac{3}{2}}\left(\frac{1}{2}\right).$$

Se vogliamo scrivere il tutto in base e possiamo anche scrivere

$$\log_{\frac{3}{2}}\left(\frac{1}{2}\right) = \frac{\ln\left(\frac{1}{2}\right)}{\ln\left(\frac{3}{2}\right)} = \frac{-\ln 2}{\ln 3 - \ln 2}.$$

A voi la scelta. ∎

Soluzione dell'Esercizio 1.4.62. Per risolvere $e^{40x} - 18e^{20x} - 40 = 0$ si ragiona come nell'Esercizio 1.4.50 ponendo $e^{20x} = t$. Si ottiene l'equazione nella nuova incognita t

$$t^2 - 18t - 40 = 0$$

che ha soluzioni $t = 20$ e $t = -2$. Quindi

- $e^{20x} = -2$ che è impossibile,
- $e^{20x} = 20$ che dà la soluzione $x = \frac{\ln 20}{20}$.

Quindi $I = \left\{\dfrac{\ln 20}{20}\right\}$. ∎

Soluzione dell'Esercizio 1.4.63. Ragionando come nell'Esercizio 1.4.50 si pone $e^{2x} = t$. Si ottiene l'equazione

$$t^2 - 2t - 3 = 0$$

che ha soluzioni $t = 3$ e $t = -1$ da cui

- $e^{2x} = -1$ che è impossibile,
- $e^{2x} = 3$ che implica $x = \frac{\ln 3}{2}$.

Quindi $I = \left\{ \frac{\ln 3}{2} \right\}$. ∎

Soluzione dell'Esercizio 1.4.64. Ragionando come nell'Esercizio 1.4.54, si riscrivono i due membri in base e:

$$3^{3x+7} = e^{(3x+7)\ln 3} \qquad \text{e} \qquad 5^{x+5} = e^{(x+5)\ln 5}$$

e quindi

$$3^{3x+7} = 5^{x+5} \iff e^{(3x+7)\ln 3} = e^{(x+5)\ln 5} \iff (3x+7)\ln 3 = (x+5)\ln 5.$$

Isolando la x si ottiene $I = \left\{ \frac{-7\ln 3 + 5\ln 5}{3\ln 3 - \ln 5} \right\}$. ∎

Soluzione dell'Esercizio 1.4.65. Ragionando come nell'Esercizio 1.4.49, poiché $2 = 5^{\log_5 2}$ si ottiene

$$5^{10x+1} \geq 2 \iff 10x + 1 \geq \log_5 2 \iff x \geq \frac{\log_5 2 - 1}{10}.$$

Quindi $I = \left[\frac{\log_5 2 - 1}{10}, +\infty \right)$. ∎

Equazioni e disequazioni logaritmiche

Soluzione dell'Esercizio 1.4.72. Utilizziamo le stesse idee dell'Esercizio 1.4.68. Per calcolare il CE risolviamo il sistema

$$\begin{cases} x + 1 > 0 \\ x^2 - 4 > 0 \end{cases}$$

ottenendo $CE = (2, +\infty)$. Essendo $1 = \ln e$ ed usando la formula (1.16), si ha

$$\ln\left(\frac{e(x+1)}{x^2-4}\right) > 0 \iff \frac{e\,(x+1)}{x^2-4} > 1 \iff \frac{e(x+1) - x^2 + 4}{x^2 - 4} > 0$$

$$\iff \frac{-x^2 + ex + 4 + e}{x^2 - 4} > 0.$$

Sul CE il denominatore è > 0 e quindi basta studiare il segno del numeratore:

$$-x^2 + ex + 4 + e > 0.$$

Essendo le soluzioni dell'equazione associata

$$x_1 = \frac{e - \sqrt{e^2 + 4e + 16}}{2} \qquad \text{e} \qquad x_2 = \frac{e + \sqrt{e^2 + 4e + 16}}{2}$$

la disequazione si risolve per $x \in (x_1, x_2)$. Poiché $x_1 < 2 < x_2$ si ha $I = \left(2, \frac{e + \sqrt{e^2 + 4e + 16}}{2}\right)$. ∎

Soluzione dell'Esercizio 1.4.73. In maniera analoga all'Esercizio 1.4.68 si calcola il CE attraverso il sistema

$$\begin{cases} 2x > 0 \\ x > 0 \end{cases}$$

che implica $CE = (0, +\infty)$. Usando le varie proprietà del logaritmo otteniamo

$$\ln(2x) = \ln 2 + 2\ln x \iff \ln 2 + \ln x = \ln 2 + \ln x^2 \iff x = x^2.$$

Ne segue $I = \{1\}$ poiché la soluzione $x = 0$ non appartiene al CE. ∎

Soluzione dell'Esercizio 1.4.74. Troviamo il CE risolvendo il sistema

$$\begin{cases} 3x - 1 > 0 \\ x + 3 > 0 \\ \sqrt{3}x + 1 > 0 \end{cases}$$

la cui soluzione è $CE = \left(\frac{1}{3}, +\infty\right)$. Usando la (1.20), si ha

$$\begin{aligned} \ln\Big((3x-1)(x+3)\Big) = \ln(\sqrt{3}x+1)^2 \quad &\iff \quad (3x-1)(x+3) = (\sqrt{3}x+1)^2 \\ &\iff \quad 3x^2 + 8x - 3 = 3x^2 + 2\sqrt{3}x + 1 \\ &\iff \quad x = \frac{4}{8-2\sqrt{3}} = \frac{2}{13}(4+\sqrt{3}) \end{aligned}$$

che è accettabile poiché sta nel CE. Quindi $I = \left\{\frac{2}{13}\left(4+\sqrt{3}\right)\right\}$. ∎

Soluzione dell'Esercizio 1.4.75. Il $CE = (10, +\infty)$; inoltre, sfruttando la formula (1.11) otteniamo

$$\ln(3x - 30) = \ln(x - 1).$$

Ragionando come nell'Esercizio 1.4.66 si ricava

$$3x - 30 = x - 1$$

la cui unica soluzione è $x = \frac{29}{2} > 10$ e quindi accettabile. Dunque $I = \left\{\frac{29}{2}\right\}$. ∎

Soluzione dell'Esercizio 1.4.76. Facilmente $CE = (10, +\infty)$; inoltre, sfruttando la formula (1.11) otteniamo

$$\log_2\Big((x-1)(x-10)\Big) = 1.$$

Ragionando come nell'Esercizio 1.4.66 si ricava

$$(x-1)(x-10) = 2$$

la cui unica soluzione accettabile è $x = \frac{11+\sqrt{89}}{2} > 10$. Dunque $I = \left\{\frac{11+\sqrt{89}}{2}\right\}$. ∎

Soluzione dell'Esercizio 1.4.77. Innanzitutto il $CE = (0, 8)$; inoltre, sfruttando la formula (1.11) sulla somma di logaritmi, otteniamo

$$\log_{15}\Big(x(8-x)\Big) = 1.$$

Ragionando come nell'Esercizio 1.4.66 si ricava

$$x(8-x) = 15$$

le cui soluzioni sono $x = 3$ e $x = 5$, entrambe accettabili; quindi $I = \{3, 5\}$. ∎

Soluzione dell'Esercizio 1.4.78. Prima cosa $CE = (0, +\infty)$. A questo punto si ragiona come nell'Esercizio 1.4.50: la sostituzione da fare è $\ln x = t$ ed otteniamo l'equazione

$$t^2 - 12t + 20 = 0$$

le cui soluzioni sono $t = 2$ e $t = 10$. A questo punto determiniamo la x:

- $\ln x = 2$ implica $x = e^2$,
- $\ln x = 10$ implica $x = e^{10}$.

L'insieme delle soluzioni è $I = \{e^2, e^{10}\}$. ∎

Altre equazioni e disequazioni

Soluzione dell'Esercizio 1.4.86. L'esercizio è molto più semplice di quanto possa sembrare. Come sempre, partiamo con il calcolo del CE. Essendoci solamente un radicale, dobbiamo avere il radicando ≥ 0, cioè

$$x^2 - 100 \geq 0$$

che ha come soluzione

$$CE = (-\infty, -10] \cup [10, +\infty).$$

A questo punto si ragiona! Il membro a sinistra della disequazione ($\sqrt{x^2 - 100}$), una volta che esiste (e cioè per i punti del CE), è sempre ≥ 0; il membro a destra ($-|x-2|$), essendo l'opposto del valore assoluto, è sempre ≤ 0. In altre parole, quello a sinistra è il saldo di un non–debitore mentre quello a destra è il saldo di un non–creditore: fino a prova contraria un non–debitore stà sempre meglio di un non–creditore. Quindi la disugaglianza (quando esiste) è sempre verificata; l'insieme delle soluzioni è perciò

$$I = (-\infty, -10] \cup [10, +\infty),$$

cioè il CE. ∎

Soluzione dell'Esercizio 1.4.87. Per risolvere la disequazione si ragiona come nell'Esercizio 1.4.79. Ma occorre lavorare di più. Risolviamo prima l'uguaglianza con la legge di annullamento del prodotto

$$10^x - 4^x = 0 \iff x = 0, \text{ si usino le idee dell'Esercizio 1.4.53;}$$
$$x^2 - 1 = 0 \iff x = \pm 1.$$

Quindi $I_{equazione} = \{-1, 0, 1\}$. Risolviamo la disequazione stretta.

I fattore. $10^x - 4^x > 0 \iff 10^x > 4^x \iff x > 0$,

II fattore. $x^2 - 1 > 0 \iff x < -1$ oppure $x > 1$.

Usando la regola dei segni (costruendo la solita tabella) otteniamo che

$$I_{disequazione\ stretta} = (-1, 0) \cup (1, +\infty).$$

Infine

$$I_{disequazione\ larga} = I_{disequazione\ stretta} \cup I_{equazione} = [-1, 0] \cup [1, +\infty)$$

e abbiamo concluso. ∎

Soluzione dell'Esercizio 1.4.88. Si ragiona come nell'Esercizio 1.4.83. Troviamo prima il CE ponendo

$$|x|^2 - 1 > 0.$$

Osserviamo che $|x|^2 = x^2$ e quindi il valore assoluto si può togliere senza problemi. Quindi

$$CE = (-\infty, -1) \cup (1, +\infty).$$

Inoltre

$$\begin{aligned} \ln(x^2 - 1) \leq 1 &\iff x^2 - 1 \leq e \\ &\iff x^2 \leq 1 + e \\ &\iff x \in \left[-\sqrt{1+e}, \sqrt{1+e}\right] \end{aligned}$$

Quindi intersecando la soluzione trovata con il CE si ha $I = \left[-\sqrt{1+e}, -1\right) \cup \left(1, \sqrt{1+e}\right]$. ∎

Capitolo 2

Successioni e serie

2.1 Quali esercizi affronteremo in questo capitolo?

1. Dire se una successione data è (strettamente) monotona, limitata (superiormente e/o inferiormente). Dire se gode delle proprietà suddette almeno asintoticamente (o definitivamente).

2. Dire se una successione è regolare o no, convergente o divergente.

3. Calcolo di semplici limiti di successioni tramite:

   - riscritture varie (raccoglimento a fattor comune, razionalizzazione, moltiplicazione e divisione per uno stesso numero, ecc.);
   - riconduzione a limiti notevoli noti tramite il cosiddetto "principio di sostituzione", le proprietà dei simboli "o" e "$\sim$", i teoremi di confronto, i "criteri di Cesaro", ecc.

4. Determinare il termine generale di semplici successioni definite per ricorrenza (casi in cui i termini sono in progressione aritmetica o geometrica o in cui si può agevolmente usare il principio di induzione); studiare monotonia, convergenza, limiti di tali successioni.

5. Dire se una serie è regolare o no, convergente o divergente.

6. Calcolare la somma di semplici serie in casi speciali:

   - serie geometriche;
   - serie telescopiche.

7. Applicazione delle tecniche suddette ad alcuni semplici esempi guida (valore di rendite perpetue, valore di azioni, ecc.).

2.2 Richiami

Tutto quello che ci serve sapere sulle successioni e sulle serie è ben svolto in [PSS]. Richiameremo di volta in volta proprietà che ci saranno utili per svolgere determinati esercizi. Qui nel seguito ricordiamo solo alcune notazioni. Indicheremo con $a_n, b_n, c_n \dots$ i termini generali di successioni date mentre con $\{a_n\}_{n\in\mathbb{N}}, \{b_n\}_{n\in\mathbb{N}}, \{c_n\}_{n\in\mathbb{N}}$ le successioni corrispondenti. Tale notazione deriva dal fatto che possiamo pensare ad una successione come all'insieme di tutti i suoi termini generali, ognuno indicizzato da un numero naturale. A volte l'indice n sarà chiamato con altri nomi, tipo h, k, r, s ma senza aversene a male.

Data una successione $\{a_n\}_{n\in\mathbb{N}}$ indicheremo con

$$\sum_{n=1}^{\infty} a_n$$

la serie con termine generale a_n (qualcuno dice anche: "la serie costruita a partire dalla successione $\{a_n\}_{n\in\mathbb{N}}$"). La successione delle somme parziali $\{S_k\}_{k\in\mathbb{N}}$ associata alla serie $\sum_{n=1}^{\infty} a_n$ si definisce come:

$$S_k = \sum_{n=1}^{k} a_n.$$

La somma della serie, se esiste, è definita come il limite di S_k, e viene indicato con S o anche con il simbolo stesso della serie $\sum_{n=1}^{\infty} a_n$.

2.3 Successioni

2.3.1 Rappresentiamo una successione

Prima di iniziare questo paragrafo sulle successioni ricordiamo due semplici modi di rappresentarle graficamente che, a volte, ci possono tornare utili per inquadrare la situazione.

- *Primo metodo:* rappresentare la successione pensandola come sottoinsieme "indicizzato" di $\mathbb{R}$. In tal caso la rappresentiamo come abbiamo fatto per i sottoinsiemi di $\mathbb{R}$: tracciamo una retta (in genere orizzontale) che rappresenta $\mathbb{R}$ e poi ingrossiamo i punti della successione, magari scrivendo sopra il punto il nome del termine $a_1, \dots, a_n, \dots$.

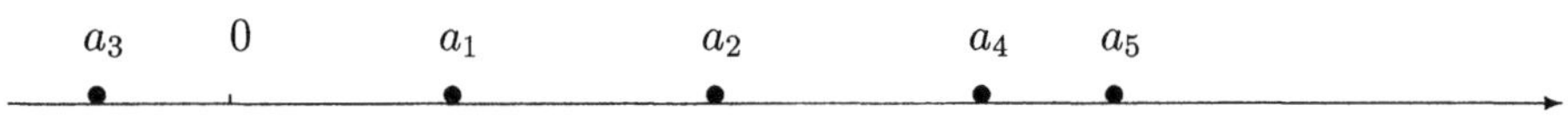

Figura 1.2

- *Secondo metodo:* rappresentare la successione pensandola come una funzione da $\mathbb{N}$ in $\mathbb{R}$ (vedasi Capitolo 3). In tal caso tracciamo un piano cartesiano e sull'asse delle ascisse i numeri di $\mathbb{N}$ mentre sull'asse delle ordinate mettiamo $\{a_n\}_{n\in\mathbb{N}}$. Ingrossiamo poi i punti del piano cartesiano di coordinate (n, a_n) (almeno alcuni).

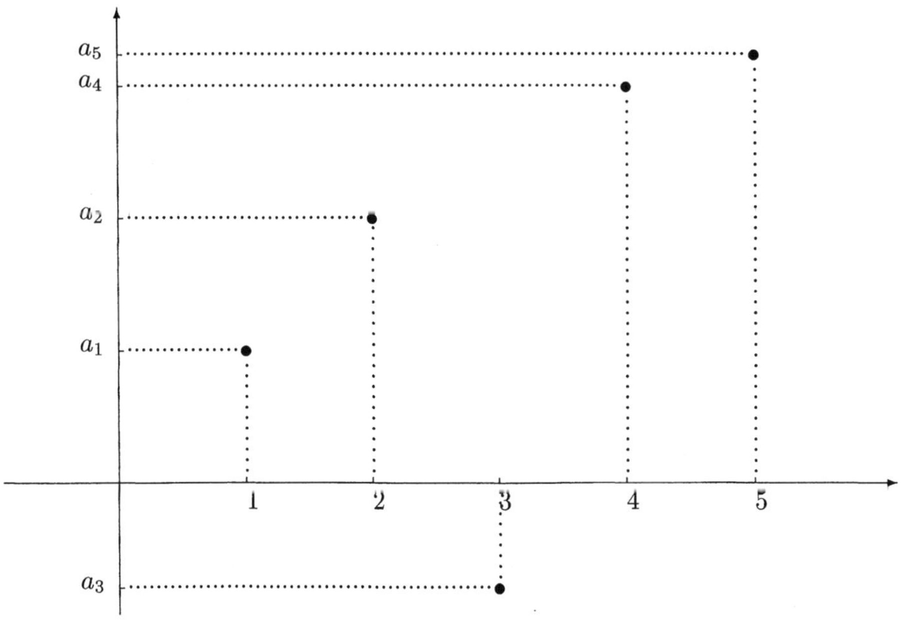

Figura 2.2

2.3.2 Monotonia e limitatezza di successioni date

Due righe sui concetti

Una successione $\{a_n\}_{n\in\mathbb{N}}$ è *crescente (decrescente) in senso stretto* se, per ogni $n \in \mathbb{N}$, si ha

$$a_{n+1} > a_n, \qquad (a_{n+1} < a_n).$$

Questo fatto si indica scrivendo $a_n \nearrow\nearrow$ ($a_n \searrow\searrow$). Le successioni che sono crescenti o decrescenti in senso stretto si dicono *strettamente monotone.* Definizioni analoghe (con le disuguaglianze larghe) valgono per i simboli $a_n \nearrow, a_n \searrow$ e non ve le ripetiamo. Vi ricordiamo però che qualcuno (compreso [PSS]) definisce la crescenza (decrescenza) stretta con la disuguaglianza

$$a_n > a_{n-1}, \qquad (a_n < a_{n-1}).$$

Non vi allarmate: si tratta esattamente dello stesso concetto! Diciamo poi che $\{a_n\}_{n\in\mathbb{N}}$ è *definitivamente crescente (decrescente) in senso stretto* se, *da un certo punto in poi,* si ha

$$a_{n+1} > a_n, \qquad (a_{n+1} < a_n).$$

La frase "da un certo punto in poi" si traduce più precisamente come segue:

"esiste un $n_0 \in \mathbb{N}$ tale che, per ogni $n \in \mathbb{N}$ con $n > n_0 \ldots$ "

oppure, utilizzando i simboli dei quantificatori:

$$\exists n_0 \in \mathbb{N} \ : \ \forall n \in \mathbb{N}, \ n > n_0 \ldots .$$

Pericolo 2.3.1 Non sottovalutate il bisogno di traduzioni precise di frasi tipo *"da un certo punto in poi"*: affina il cervello e aumenta la confidenza con la materia.

Notate che una successione può essere definitivamente monotona senza essere monotona: l'Esercizio 2.3.1-1 vi mostrerà un esempio di questo fatto.

Ricordiamo che una successione $\{a_n\}_{n\in\mathbb{N}}$ è *limitata superiormente (inferiormente)* se esiste un numero $A \in \mathbb{R}$ tale che $a_n \leq A$ ($a_n \geq A$) per ogni $n \in \mathbb{N}$. La successione $\{a_n\}_{n\in\mathbb{N}}$ si dice poi *limitata* se valgono entrambe le proprietà, cosa che si può elegantemente riassumere con la formula

$$\exists A \in \mathbb{R} \ : \ |a_n| \leq A, \quad \forall n \in \mathbb{N}.$$

A differenza di prima non si parla di successioni definitivamente limitate per il semplice motivo che se una successione è limitata da un certo punto in poi allora è anche limitata. Ciò vuol dire che definitivamente limitata e limitata sono concetti equivalenti e quindi ne basta uno solo.

Tre righe sui metodi

Per capire se una successione è monotona (definitivamente o no) conviene prima di tutto cercare di farsi un'idea di cosa può succedere. Il modo più ingenuo è quello di guardare i primi termini: alcune volte può fornire qualche piccola informazione ma spesso inganna (vedasi Esercizio 2.3.1-1). Più utile è invece capire qual è la parte dominante della successione con l'idea che il comportamento della parte dominante prima o poi prevale sugli altri. Andrebbe chiarito meglio cosa intendiamo per "parte dominante" e per "prevalere sugli altri" ma vi rimandiamo agli esercizi per non appesantirvi.

Fatto questo *è obbligatorio* (pena un'alta probabilità di fare errori) cercare di controllare se l'idea che ci siamo fatti è giusta. Ciò si fa risolvendo la disequazione $a_{n+1} > a_n$ (o altre analoghe) in cui la variabile è n.

Faccina 2.3.2 Gli $n \in \mathbb{N}$ per cui tale disuguaglianza è vera sono quelli per cui la successione cresce strettamente passando da un termine al suo successivo. Gli altri sono quelli per cui vale la disuguaglianza opposta e quindi in essi la successione decresce passando da un termine al suo successivo. Questo significa che una volta risolta tale disuguaglianza si ha comunque un'idea chiara della monotonia della successione.

Come vedete il noioso lavoro fatto sulle disequazioni comincia fin da subito a servirci. Attenzione al fatto che per tali disequazioni il CE (nel senso introdotto nella Sezione 1.4) sarebbe in genere molto più grande di $\mathbb{N}$ (si veda ad esempio l'Esercizio 2.3.1-1 in cui tale CE sarebbe $\mathbb{R}$). Tuttavia noi saremo interessati a conoscere solo per quali $n \in \mathbb{N}$ esse sono soddisfatte. Ciò significa che si agisce come ricordato nella Sezione 1.4.1 al punto (iii) (vedasi anche Esercizio 1.4.85).

Per capire se una successione è limitata anche qui conviene, prima di tutto, farsi un'idea della situazione. La cosa è solitamente semplice perché abbiamo a disposizione alcuni criteri per stabilire la limitatezza una volta che si conosce il comportamento asintotico della successione. Si tratta di fatti intuitivi, non del tutto ovvi da dimostrare, che possiamo enunciare come Teorema.

Teorema 2.3.3 *Data una successione $\{a_n\}_{n\in\mathbb{N}}$ valgono le seguenti cose.*

1. *Se $\{a_n\}_{n\in\mathbb{N}}$ converge allora $\{a_n\}_{n\in\mathbb{N}}$ è limitata.*
2. *Se $\{a_n\}_{n\in\mathbb{N}}$ diverge positivamente allora $\{a_n\}_{n\in\mathbb{N}}$ è limitata inferiormente ma non è limitata superiormente.*
3. *Se $\{a_n\}_{n\in\mathbb{N}}$ diverge negativamente allora $\{a_n\}_{n\in\mathbb{N}}$ è limitata superiormente ma non è limitata inferiormente.*
4. *Se $a_n \nearrow$ allora $\{a_n\}_{n\in\mathbb{N}}$ è limitata inferiormente.*
5. *Se $a_n \searrow$ allora $\{a_n\}_{n\in\mathbb{N}}$ è limitata superiormente.*

Se i criteri detti sopra non funzionano (o non li sappiamo usare) possiamo provare a ragionare *guardando bene* il termine generale per vedere se soddisfa alcune disuguaglianze semplici (ad esempio se è sempre positivo, la successione è di sicuro limitata inferiormente).

⚠ **Pericolo 2.3.4** Sappiamo che la frase "guardando bene" in genere solleva obiezioni del tipo "io guardo ma non ci vedo!", "io non l'avrei mai capito!!", "io non lo capirò mai!!!". Si tratta di una reazione comprensibile ma *drammaticamente sbagliata*!!!!. Il problema qui non è dannarsi l'anima perché non abbiamo capito ma capire (almeno provarci) perché all'autore è venuta in mente questa idea, ricostruendone il processo. Se lo fate scoprirete che, la maggior parte delle volte, siamo davanti ad idee del tutto naturali una volta che si è fatta un po' di pratica ($\Longleftrightarrow$ si sono risolti, da soli e non, un po' di esercizi). I casi veramente difficili sono molto pochi, meno di quanto immagini il lettore più spericolato.

☺ **Faccina 2.3.5** Il caso in questione si può analizzare così: quando si vuole capire se una successione è limitata è buona regola controllare se il termine generale soddisfa alcune disuguaglianze "banali" nel senso che sono diretta conseguenza della forma di tale termine generale. Disuguaglianze "banali" possono essere:[1]

- $a_n \geq 0$ se si tratta di un polinomio in n con tutti i segni positivi (tipo $n^2 + 3n + 5$), o di una frazione con numeratore e denominatore entrambi positivi, o di una potenza, o di un logaritmo naturale con l'argomento sempre maggiore di 1 (tipo $\ln(3 + n)$) ecc.. Questi casi sono abbastanza frequenti.
- $a_n \leq 0$ in casi analoghi ai precedenti, ma cambiati di segno.
- $a_n \leq 1$ se si tratta di una frazione con numeratore e denominatore entrambi positivi e con numeratore chiaramente più piccolo del denominatore.
- $a_n \geq A$ se $a_n = A +$ espressione positiva tipo quelle sopra.
- $a_n \leq A$ se $a_n = A -$ espressione positiva tipo quelle sopra.
- $a_n \geq \alpha^A$ se $a_n = \alpha^{A+\text{espressione positiva tipo quelle sopra}}$.
- $a_n \geq \log_\alpha A$ se $a_n = \log_\alpha [A +$ espressione positiva tipo quelle sopra$]$.
- variazioni sui temi visti sopra.

[1]Questo modo di fare si applica anche alle funzioni in una o più variabili.

Prima di chiudere ancora un paio di indicazioni.

Osservazione 2.3.6

1) Se la successione è definita per ricorrenza, l'esame della relazione per ricorrenza può permettere di dimostrare facilmente la monotonia e, a volte, anche le limitatezza (vedasi Esercizio 2.3.34).

2) Se la successione è data da un modello concreto, l'esame di esso può permettere di intuire più facilmente le proprietà della successione (purchè il modello sia ben formulato: attenzione!!). Si vedano gli Esercizi 2.5.2–2.5.7.

Esercizi ben svolti

Esercizio 2.3.1 Dire se le seguenti successioni sono monotone (almeno definitivamente) e/o limitate (superiormente e/o inferiormente):

1. $a_n = n^2 - 10n + 1$;
2. $a_n = \dfrac{n}{n+2}$;
3. $a_n = \dfrac{n^2-4}{n-2}$ con $n > 2$;
4. $a_n = \log_2 n$ con $n > 0$;
5. $a_n = \log_2 n^2 - \log_2 \left(1 + 2n^2\right)$ con $n > 0$.

Soluzione.

1. Proviamo innanzitutto a calcolare i primi termini di $\{a_n\}_{n\in\mathbb{N}}$: magari ci capiamo qualcosa (ma non facciamoci soverchie illusioni!):

$$\begin{array}{llll} a_0 = 1, & a_1 = -8, & a_2 = -15, & a_3 = -20, \\ a_4 = -23, & a_5 = -24, & a_6 = -23, & a_7 = -20 \end{array}$$

I primi 5 termini scendono e poi risalgono: quindi $\{a_n\}_{n\in\mathbb{N}}$ non è monotona, se mai potrà esserlo definitivamente.

Se una monotonia c'è definitivamente, ci aspettiamo che sia $\nearrow\nearrow$ perché il termine n^2 dovrebbe essere, per n grande, quello che conta di più. Cercando di essere più precisi possiamo dire che il termine generale della successione è dato dalla somma di tre pezzi. Di questi tre quello che ne determina il comportamento asintotico (cioè il limite) è il primo (si veda l'Esercizio 2.3.5-1). Ci possiamo aspettare dunque che esso determini anche una eventuale monotonia "definitivamente". Vediamo un po'; risolviamo rispetto a n la disequazione:

$$\begin{aligned} a_{n+1} > a_n \quad &\Longleftrightarrow \quad (n+1)^2 - 10(n+1) + 1 > n^2 - 10n + 1 \\ &\Longleftrightarrow \quad n^2 + 2n + 1 - 10n - 10 + 1 > n^2 - 10n + 1 \\ &\Longleftrightarrow \quad 2n - 9 > 0 \quad \Longleftrightarrow \quad n > \frac{9}{2} \end{aligned}$$

Dunque

$$I = \left(\frac{9}{2}, +\infty\right) \cap \mathbb{N} = \{n \in \mathbb{N} \ : \ n \geq 5\}$$

e quindi la successione è definitivamente $\nearrow\nearrow$.

Per la limitatezza si verifica facilmente (si veda l'Esercizio 2.3.5-1) che

$$\lim_{n\to+\infty} a_n = +\infty$$

e quindi, grazie al Teorema 2.3.3, $\{a_n\}_{n\in\mathbb{N}}$ è limitata inferiormente ma non è limitata superiormente. Il fatto che $\{a_n\}_{n\in\mathbb{N}}$ sia limitata inferiormente si può anche vedere così: dato che $a_n \nearrow\nearrow$ da $n = 5$ in poi (mentre prima decresce) ci immaginiamo che nella rappresentazione grafica (che vedete approssimativamente qui sotto) i suoi valori prima scendono fino a quando $n = 5$ (vedasi Faccina 2.3.2) e poi salgono sempre. Si capisce allora che per $n = 5$ la successione tocca il suo valore più basso (di fatto $a_5 = -24$ è il *minimo* dell'insieme dei valori della successione (vedasi Sezione 1.2) e viene chiamato minimo della successione).

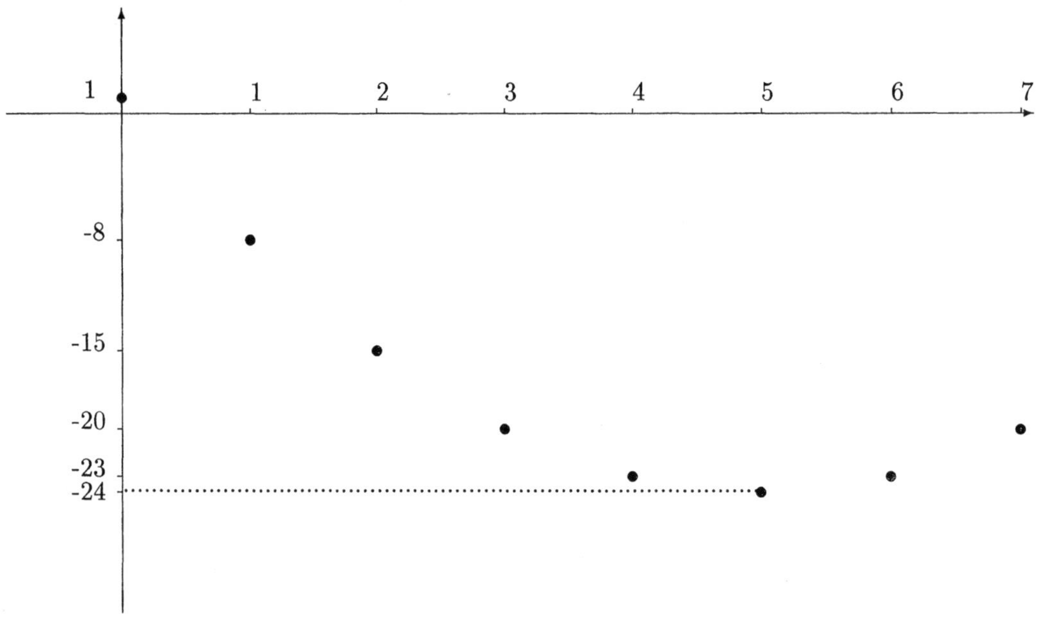

Figura 2.3

2. Proviamo anche qui a guardare i primi termini che magari si capisce qualcosa:

$$a_0 = 0, \qquad a_1 = \frac{1}{3}, \qquad a_2 = \frac{1}{2}, \qquad a_3 = \frac{3}{5}, \quad \dots$$

I primi 4 termini crescono strettamente. Proviamo poi a farci un'idea cercando il termine asintoticamente dominante. Qui non c'è una somma come prima ma una frazione il cui limite è 1 (vedasi Esercizio 2.3.5). Non ci pare semplice come per l'esempio sopra. Una strada però molto utile è descritta qui sotto

Faccina 2.3.7 Scriviamo

$$a_n = \frac{n}{n+2} = \frac{n+2-2}{n+2} = 1 - \frac{2}{n+2}. \tag{2.1}$$

Ora il termine $\frac{2}{n+2} \searrow\searrow$, quindi $-\frac{2}{n+2} \nearrow\nearrow$ ed anche $1 - \frac{2}{n+2} \nearrow\nearrow$. Quindi ci aspettiamo che $a_n \nearrow\nearrow$. Tra l'altro il ragionamento che abbiamo fatto sopra non solo aiuta a farsi un'idea di come vanno le cose, ma fornisce sostanzialmente una dimostrazione formale del fatto che $a_n \nearrow\nearrow$.

Come abbiamo ragionato per arrivare all'utile riscrittura (2.1)? Proviamo a chiarirlo poiché si tratta di un trucchetto ricorrente. Noi (*MC* e *FG*) sapevamo dall'inizio le seguenti cose.

(i) Quando $a_n \nearrow$ e a_n è sempre positiva o sempre negativa allora $\frac{1}{a_n} \searrow$ (e viceversa); in particolare ciò è utile quando studiamo una successione del tipo $\frac{1}{a_n}$ in cui a_n è (ad esempio) crescente e positiva, tipo $a_n = n + 2$. In tal caso $\frac{1}{a_n}$ risulta essere decrescente e positiva.

(ii) Se cambiamo il segno ad una successione la monotonia si inverte mentre se aggiungiamo una costante ad una successione allora la monotonia resta inalterata. Così $-\frac{1}{n+2}$ risulta essere crescente (e negativa) e $1 - \frac{1}{n+2}$ risulta essere crescente.

Quindi abbiamo detto:

MC: Abbiamo di fronte un termine generale scritto come una frazione con numeratore e denominatore entrambi dipendenti da n.

FG: Già! E pensare che se il numeratore non contenesse n saremmo a cavallo: ragioneremmo come nei punti (i)–(ii) appena accennati.

MC: Beh, magari potremmo cercare di riscrivere il termine generale in una forma del tipo

$$a_n = \alpha + \frac{\beta}{n+2}.$$

FG: Hai ragione! In questa forma sarebbe chiaro come vanno le cose, sempre ragionando come nei punti (i)–(ii).

MC: E allora facciamolo! Occorre che al numeratore venga fuori un pezzo come il denominatore, ma questo è facile: basta aggiungere e togliere 2:

$$\frac{n}{n+2} = \frac{n+2-2}{n+2} = 1 - \frac{2}{n+2}.$$

FG: Questa è una bella scorciatoia che va bene per questo caso. In altri casi non è così semplice. Ad esempio se avessi $\frac{3n-1}{n+2}$ e volessi trasformarlo come sopra dovrei scrivere:

$$\frac{3n-1}{n+2} = \frac{3n+6-7}{n+2} = \frac{3(n+2)-7}{n+2} = 3 - \frac{7}{n+2}.$$

MC: Hai ragione! Per essere onesti dovremmo anche dire al lettore che questo modo di riscrivere il termine generale di una successione si può usare quando tale termine generale è della forma $\frac{p(n)}{q(n)}$ dove $p(n)$ e $q(n)$ sono polinomi nella variabile n. Il metodo di riscrittura che abbiamo mostrato è solo un caso particolare di quello usato per calcolare l'integrale indefinito delle funzioni razionali fratte (Capitolo 4).

Se non vediamo la strada appena esposta (ma consigliamo caldamente ai lettori di cercarla: per le obiezioni si vedano Pericolo 2.3.4 e Faccina 2.3.5) occorre provare la monotonia di $\{a_n\}_{n\in\mathbb{N}}$ utilizzando la definizione formale. Questa volta lo facciamo noi. Scriviamo esplicitamente la disequazione $a_n > a_{n-1}$ e cerchiamo di risolverla rispetto a n. Interpreteremo i risultati alla luce della Faccina 2.3.2.

$$\begin{aligned} a_n > a_{n-1} \quad &\Longleftrightarrow \quad \frac{n}{n+2} > \frac{n-1}{n+1} \\ &\Longleftrightarrow \quad n(n+1) > (n-1)(n+2) \\ &\Longleftrightarrow \quad n^2+n > n^2+n-2 \\ &\Longleftrightarrow \quad 0 > -2 \end{aligned}$$

Dato che quest'ultima disuguaglianza è sempre verificata per ogni $n > 0$ ne segue che $a_n \nearrow\!\nearrow$. Per quanto riguarda la limitatezza possiamo osservare che, grazie all'Esercizio 2.3.5-2,

$$\lim_{n\to+\infty} \frac{n}{n+2} = 1$$

e quindi, per il Teorema 2.3.3, $\{a_n\}_{n\in\mathbb{N}}$ è limitata. Possiamo ragionare anche così, memori della Faccina 2.3.5: *guardando meglio* il termine generale a_n vediamo che il numeratore è sempre > 0 e minore del denominatore. Scopriamo quindi che

- $a_n \geq 0$ per ogni $n \implies \{a_n\}_{n\in\mathbb{N}}$ limitata inferiormente con 0 suo minorante.
- $a_n < 1$ per ogni $n \implies \{a_n\}_{n\in\mathbb{N}}$ limitata superiormente con 1 suo maggiorante.

Quindi $\{a_n\}_{n\in\mathbb{N}}$ è limitata.

3. Riscriviamo il termine a_n osservando che $n^2 - 4 = (n+2)(n-2)$ (prodotto notevole, vedasi Osservazione 1.4.14); quindi

$$a_n = \frac{(n+2)(n-2)}{n-2} = n+2$$

(la semplificazione si può fare per $n > 2$; per $n = 2$ non si potrebbe, ma noi abbiamo preso $n > 2$). Quindi è chiaro che $a_n \nearrow\!\nearrow$ e che a_n diverge a $+\infty$ (vedasi Esercizio 2.3.5-2). Dal Teorema 2.3.3 segue che $\{a_n\}_{n\in\mathbb{N}}$ è limitata inferiormente ma non è limitata superiormente.

4. Si intuisce facilmente (per esempio dai primi termini o dalle proprietà dei logaritmi) che $a_n \nearrow\nearrow$. Proviamo a dimostrarlo ragionando come per le disequazioni logaritmiche nella Sezione 1.4.7.

$$a_{n+1} > a_n \quad \Longleftrightarrow \quad \log_2(n+1) > \log_2 n \quad \Longleftrightarrow \quad n+1 > n \quad \Longleftrightarrow \quad 1 > 0$$

che è vera per ogni $n \in \mathbb{N}$. Per la limitatezza osserviamo che, grazie all'Esercizio 2.3.5-3,

$$\lim_{n\to+\infty} \log_2 n = +\infty$$

e quindi, per il Teorema 2.3.3, $\{a_n\}_{n\in\mathbb{N}}$ è limitata inferiormente ma non superiormente.

5. Qui intuire cosa succede è difficile a prima vista ...

Faccina 2.3.8 ... ma possiamo cercare di "manipolare" un po' il termine generale riscrivendolo in una forma migliore. La stessa idea usata per la frazione nella seconda successione di questo esercizio con l'aggiunta delle proprietà dei logaritmi:

$$a_n = \log_2 n^2 - \log_2(1+2n^2) = \log_2\left(\frac{n^2}{1+2n^2}\right) = -\log_2\left(\frac{1+2n^2}{n^2}\right) = -\log_2\left(2+\frac{1}{n^2}\right).$$

Domanda: come ci è venuto in mente di fare così?

Risposta: beh, siamo partiti dall'idea di scrivere a_n in una forma più "trattabile", cioè più semplice per fare i conti e studiarne le proprietà. Conoscendo le proprietà dei logaritmi abbiamo fatto il primo passaggio che permette di avere a_n in una forma più compatta. Poi abbiamo "capovolto" l'argomento di $\log_2$ ricordando che

$$\log_2 x = -\log_2\left(\frac{1}{x}\right).$$

Perché? Perché è immediato (ragionando come alla Faccina 2.3.7) vedere che la frazione $\frac{1+2n^2}{n^2} = 2+\frac{1}{n^2}$ è decrescente rispetto a n mentre è meno facile verificare che $\frac{n^2}{1+2n^2}$ è crescente.

Come si può capire (si spera) dalla discussione, la "manipolazione" o "riscrittura" di un termine generale di una successione a_n è una procedura che in molti casi si può rivelare utile ma che non rientra in canoni precisi. Di volta in volta occorre decidere se e come riscrivere il termine a_n e con quali obiettivi. Poi occorre avere una buona dimestichezza con l'algebra di base (potenze, frazioni, logaritmi, ecc.). Infine occorre fare un po' di pratica anche perché gli esempi che trattiamo si somigliano abbastanza.

Dunque:

$$a_n = -\log_2\left(2+\frac{1}{n^2}\right) = \log_{\frac{1}{2}}\left(2+\frac{1}{n^2}\right)$$

e poichè $2+\frac{1}{n^2} \searrow\searrow$ segue (grazie alle proprietà dei logaritmi in base < 1, vedasi Sezione 1.4.7) che $\log_{\frac{1}{2}}\left(2+\frac{1}{n^2}\right) \nearrow\nearrow$. Proviamo nuovamente ad applicare la definizione:

$$\begin{aligned} a_{n+1} > a_n \quad &\Longleftrightarrow \quad -\log_2\left(2+\frac{1}{(n+1)^2}\right) > -\log_2\left(2+\frac{1}{n^2}\right) \\ &\Longleftrightarrow \quad \log_2\left(2+\frac{1}{n^2}\right) > \log_2\left(2+\frac{1}{(n+1)^2}\right) \\ &\Longleftrightarrow \quad 2+\frac{1}{n^2} > 2+\frac{1}{(n+1)^2} \\ &\Longleftrightarrow \quad \frac{1}{n^2} > \frac{1}{(n+1)^2} \\ &\Longleftrightarrow \quad n^2 < (n+1)^2 \\ &\Longleftrightarrow \quad 0 < 2n+1 \end{aligned}$$

che risulta vera per ogni $n \in \mathbb{N}$. Per la limitatezza ragioniamo in modo diretto. Poiché $a_n \nearrow\nearrow$ segue che $\{a_n\}_{n\in\mathbb{N}}$ è limitata inferiormente in quanto $a_n \geq a_1$. Inoltre $a_n < 0$, in quanto

$$2 + \frac{1}{n^2} > 2 \quad \Longleftrightarrow \quad \log_{\frac{1}{2}}\left(2 + \frac{1}{n^2}\right) < \log_{\frac{1}{2}} 2 = -1, \qquad \forall n \geq 1.$$

Quindi $\{a_n\}_{n\in\mathbb{N}}$ è limitata.

■

Esercizio 2.3.2 [Roma 22/09/2000, n.3-1] Dire se la seguente successione (al variare del parametro $\alpha \in \mathbb{R}$) è monotona (almeno definitivamente) e/o limitata (superiormente e/o inferiormente):

$$a_n = \frac{\alpha^n}{n!}.$$

Soluzione. Questo esercizio si affronta come il precedente anche se la presenza del parametro ci crea però qualche problema. Occorre ragionare in modo diverso a seconda di dove vive α.

- Se $\alpha = 0$ allora $a_n = 0$ per ogni $n \in \mathbb{N}$: la successione è costante ed è quindi monotona non strettamente (caso degenere) ed è anche limitata.

- Se $\alpha > 0$ proviamo a vedere se è strettamente crescente (in realtà se cercassimo di farci un idea vedremmo che il denominatore è dominante rispetto al numeratore e quindi ci aspetteremmo che la successione decresca: ma per una volta vogliamo provare l'ebbrezza di andare alla cieca):

$$a_{n+1} > a_n \quad \Longleftrightarrow \quad \frac{\alpha^{n+1}}{(n+1)!} > \frac{\alpha^n}{n!} \quad \Longleftrightarrow \quad \frac{\alpha^{n+1}}{(n+1)!} \cdot \frac{n!}{\alpha^n} > 1.$$

  Ora, osservando che $(n+1)! = (n+1) \cdot n!$ e che $\alpha > 0$, possiamo semplificare ottenendo:

$$a_{n+1} > a_n \quad \Longleftrightarrow \quad \frac{\alpha}{n+1} > 1 \quad \Longleftrightarrow \quad n < \alpha - 1.$$

  Poiché α è un numero fissato, questa disequazione è definitivamente falsa (basta scegliere $n \geq \alpha - 1$) e quindi $a_n \searrow\searrow$ definitivamente (ricordate la Faccina 2.3.2). In particolare, se $\alpha \in (0, 1]$, allora $a_n \searrow\searrow$ per ogni $n \in \mathbb{N}$. Quindi

  - $a_n \searrow\searrow$ se $\alpha \in (0, 1]$;
  - $a_n \searrow\searrow$ definitivamente se $\alpha > 1$.

  Per quanto riguarda la limitatezza sappiamo (o sapremo?) dall'Esercizio 2.3.14 che

$$\lim_{n\to+\infty} a_n = 0$$

  e quindi $\{a_n\}_{n\in\mathbb{N}}$ è limitata.

- Se $\alpha < 0$ la successione è oscillante, nel senso che i termini associati a n pari sono > 0 mentre quelli associati a n dispari sono < 0. Questo si può intuire scrivendo i primi termini ma si riesce a capire facilmente scrivendo:

$$\frac{\alpha^n}{n!} = \frac{(-1)^n(-\alpha)^n}{n!} = (-1)^n \frac{|\alpha|^n}{n!}.$$

  È quindi chiaro che $\{a_n\}_{n\in\mathbb{N}}$ non è monotona, neanche definitivamente. È limitata? Ovviamente si perché convergente (Esercizio 2.3.14). ■

Esercizi per casa

Esercizio 2.3.3 Dire se le seguenti successioni sono monotone (almeno definitivamente) e/o limitate (superiormente e/o inferiormente):

1. $a_n = n^2 - 10$;
2. $a_n = \dfrac{n^2}{n + 2n^3}$ con $n > 0$;
3. $a_n = \ln(1 - n + n^2)$ con $n > 0$.

2.3.3 Limiti di successioni

Per quanto riguarda la definizione di limite di successioni si veda [PSS]. Una premessa ci pare d'obbligo: il calcolo di un limite è un problema che può essere molto semplice oppure molto difficile e non vi sono regole fisse facilmente applicabili a tutti i casi. Occorre ogni volta adocchiare l'esercizio e capire quale metodo si attaglia meglio ad esso. Questo spesso crea grosse difficoltà ai lettori: suggeriamo però di non perdersi d'animo.

Per riuscire ad affrontare con successo gli esercizi che seguono occorre sostanzialmente avere chiare alcune chiavi di lettura e fare un po' di pratica. Nelle prossime due pagine proveremo a delinearvi queste chiavi di lettura, limitatamente al tipo di esercizi presenti in questo testo.

Le "armi"

Iniziamo a ricordare quali sono le "armi" a nostra disposizione, anche se decideremo di volta in volta come e dove usarle. Se non altro andando per tentativi riusciremo prima o poi a risolvere l'esercizio.

(1) La prima cosa dà tenere presente è che ci sono alcune successioni (che potremmo chiamare *"successioni notevoli"*) che costituiscono i "mattoni" con i quali costruiamo tutte le successioni che considereremo (anche negli esempi applicativi). Di tali successioni e di alcune semplici "combinazioni" di esse conosciamo i limiti (che chiamiamo *"limiti notevoli"*).

(i) Sappiamo che

$$q^n \quad (q>1), \qquad n^\alpha \quad (\alpha>0), \qquad \log_a n \quad (a>1),$$

sono infiniti.

(ii) Sappiamo anche che

$$q^n \quad (q\in(0,1)), \qquad n^\alpha \quad (\alpha<0),$$

sono infinitesimi.

(iii) Nepero[2] ci insegna che

$$\lim_{n\to+\infty}\left(1+\frac{\delta}{n}\right)^n = e^\delta, \qquad \forall\delta\in\mathbb{R}.$$

(iv) Confronti canonici fra infinitesimi:

$$\lim_{n\to+\infty} n\left(e^{\frac{1}{n}}-1\right)=1, \tag{2.2}$$

$$\lim_{n\to+\infty} n\ln\left(1+\frac{1}{n}\right)=1. \tag{2.3}$$

(v) Confronti canonici fra infiniti:

$$\lim_{n\to+\infty}\frac{q^n}{n^\alpha}=+\infty, \qquad \forall q>1, \alpha>0,$$
$$\lim_{n\to+\infty}\frac{n^\alpha}{(\log_a n)^\beta}=+\infty, \qquad \forall\alpha>0,\ \beta>0,\ a>1.$$

(2) Ora ricordiamo alcune regole per "confrontare" e "combinare" insieme limiti noti.

(i) *Limiti e operazioni algebriche* $(+,-,\cdot,/)$, *limiti e potenze.*

Teorema 2.3.9 *Siano* $\{a_n\}_{n\in\mathbb{N}}$ *e* $\{b_n\}_{n\in\mathbb{N}}$ *due successioni tali che*

$$\lim_{n\to+\infty} a_n = A \quad e \quad \lim_{n\to+\infty} b_n = B$$

[2] Italianizzazione del cognome Napier, matematico che ha dato il nome al numero e.

con $A, B \in [-\infty, +\infty]$*; allora*

$$\begin{aligned}
\lim_{n\to+\infty} a_n \pm b_n &= A \pm B, \\
\lim_{n\to+\infty} a_n \cdot b_n &= A \cdot B, \\
\lim_{n\to+\infty} \frac{a_n}{b_n} &= \frac{A}{B},
\end{aligned}$$

con le seguenti regole per i casi in cui compaiono i simboli $\pm\infty$ *(qui* α *è un numero reale)*

$$\begin{aligned}
(\pm\infty) + (\pm\infty) &= \pm\infty, \\
\alpha \pm \infty &= \pm\infty, \\
(\pm\infty)\cdot(\pm\infty) &= +\infty, \\
(\pm\infty)\cdot(\mp\infty) &= -\infty, \\
\alpha\cdot(\pm\infty) &= \begin{cases} \pm\infty & se\ \alpha > 0, \\ \mp\infty & se\ \alpha < 0, \end{cases} \\
\frac{\alpha}{\pm\infty} &= 0, \\
\frac{\pm\infty}{\alpha} &= \begin{cases} \pm\infty & se\ \alpha > 0, \\ \mp\infty & se\ \alpha < 0, \end{cases} \\
\frac{\alpha}{0^+} &= \begin{cases} +\infty & se\ \alpha > 0, \\ -\infty & se\ \alpha < 0, \end{cases} \\
\frac{\alpha}{0^-} &= \begin{cases} -\infty & se\ \alpha > 0, \\ +\infty & se\ \alpha < 0. \end{cases}
\end{aligned}$$

Vanno perciò esclusi i seguenti casi:

$$+\infty - \infty, \qquad 0\cdot(\pm\infty), \qquad \frac{0}{0}, \qquad \frac{\pm\infty}{\pm\infty}, \qquad \frac{\alpha}{0} \text{ se } \alpha \neq 0.$$

che sono forme indeterminate (FI). Per FI intendiamo espressioni che, a seconda delle successioni $\{a_n\}_{n\in\mathbb{N}}$ e $\{b_n\}_{n\in\mathbb{N}}$, forniscono risultati diversi. Tali casi vanno valutati volta per volta (e qui sta il difficile). Per essere più precisi diciamo che le prime quattro FI possono dare qualunque risultato (limite finito o infinito o addirittura inesistente) mentre l'ultima merita un discorso a parte. Non è cattiva come le altre in quanto può dare solo tre risultati (li elenchiamo per il caso $\alpha > 0$ in quanto il caso $\alpha < 0$ è analogo):

- $+\infty$ se la successione a denominatore è definitivamente positiva,
- $-\infty$ se la successione a denominatore è definitivamente negativa,
- non esiste se la successione a denominatore non è definitivamente positiva o negativa.

Ciò che quindi occorre fare in questo caso è soltanto studiare il segno della successione a denominatore. A questo punto aggiungiamo (ci pare il momento migliore) due parole sui limiti e le potenze. Ricordiamo che valgono le seguenti regole di calcolo

$$0^{+\infty} = 0, \qquad (+\infty)^{+\infty} = +\infty, \qquad (+\infty)^{-\infty} = 0, \qquad +\infty^A = \begin{cases} +\infty & \text{se } A > 0, \\ 0 & \text{se } A < 0. \end{cases}$$

mentre $1^{+\infty}, 1^{-\infty}, (\pm\infty)^0$ e 0^0 sono FI (ripensate alla formula $a^b = e^{b\ln a}$).

(ii) *Limiti e disuguaglianze.*

Teorema 2.3.10 (del confronto) *Siano* $\{a_n\}_{n\in\mathbb{N}}$ *e* $\{b_n\}_{n\in\mathbb{N}}$ *due successioni per cui definitivamente vale la disuguaglianza*

$$a_n \leq b_n;$$

- *se*

$$\lim_{n\to+\infty} a_n = +\infty$$

allora

$$\lim_{n\to+\infty} b_n = +\infty;$$

- *se*
$$\lim_{n\to+\infty} b_n = -\infty$$
allora
$$\lim_{n\to+\infty} a_n = -\infty.$$

Teorema 2.3.11 (dei due carabinieri) *Siano* $\{a_n\}_{n\in\mathbb{N}}, \{b_n\}_{n\in\mathbb{N}}$ *e* $\{c_n\}_{n\in\mathbb{N}}$ *tre successioni per cui definitivamente*
$$a_n \leq b_n \leq c_n.$$
Se
$$\lim_{n\to+\infty} a_n = \lim_{n\to+\infty} c_n = l$$
allora
$$\lim_{n\to+\infty} b_n = l.$$
In particolare,
$$\lim_{n\to+\infty} a_n = 0 \iff \lim_{n\to+\infty} |a_n| = 0.$$

(iii) *Principio di sostituzione.* Si tratta di una versione semplificata del Teorema 3.4.9 concernente il limite di una composizione di funzioni (che è la base del cosiddetto metodo del *cambio di variabile*) e che vedremo nel Capitolo 3.

Teorema 2.3.12 *Siano* $\{a_n\}_{n\in\mathbb{N}}$ *e* $\{x_n\}_{n\in\mathbb{N}}$ *due successioni tali che*
$$\lim_{n\to+\infty} a_n = l \quad e \quad \lim_{n\to+\infty} x_n = +\infty.$$
Allora la successione ottenuta sostituendo x_n *al posto di* n *nell'espressione* a_n *ha lo stesso limite della successione* $\{a_n\}_{n\in\mathbb{N}}$. *Sia inoltre* $\{y_n\}_{n\in\mathbb{N}}$ *tale che*
$$\lim_{n\to+\infty} y_n = L$$
allora

- *se* $L \in \mathbb{R}$
$$\lim_{n\to+\infty} q^{y_n} = q^L;$$
- *se* $\alpha \in \mathbb{R}$ *e* $L > 0$
$$\lim_{n\to+\infty} y_n^\alpha = L^\alpha,$$
$$\lim_{n\to+\infty} \log_b y_n = \log_b L;$$
- *se* $\alpha \in \mathbb{N}$ *e* $L \in \mathbb{R}$
$$\lim_{n\to+\infty} y_n^\alpha = L^\alpha.$$

(iv) *Criterio del rapporto.*

Teorema 2.3.13 (Criterio del rapporto) *Sia* $\{a_n\}_{n\in\mathbb{N}}$ *una successione con* $a_n > 0$ *definitivamente tale che*
$$\lim_{n\to+\infty} \frac{a_{n+1}}{a_n} = L.$$

- *Se* $L > 1$ *allora*
$$\lim_{n\to+\infty} a_n = +\infty,$$
- *se* $0 \leq L < 1$ *allora*
$$\lim_{n\to+\infty} a_n = 0.$$

(v) *Proprieta del simbolo* $\sim$. Sappiamo che se $a_n \sim b_n$ possiamo sostituire a_n con b_n (e viceversa) nel limite di un prodotto o di un quoziente *(non di una somma né di una differenza)*. In simboli, se $a_n \sim a'_n$ e $b_n \sim b'_n$ allora

$$\begin{aligned}\lim_{n\to+\infty} a_n \cdot b_n &= \lim_{n\to+\infty} a'_n \cdot b'_n,\\ \lim_{n\to+\infty} \frac{a_n}{b_n} &= \lim_{n\to+\infty} \frac{a'_n}{b'_n}.\end{aligned}$$

(vi) *Monotonia.* Ogni successione definitivamente monotona è regolare (cioè ammette limite) ma non vale il viceversa: una successione non definitivamente monotona può essere regolare come ad esempio la successione

$$a_n = \frac{(-1)^n}{n}.$$

(vii) *Un criterio di Cesaro*[3].

Teorema 2.3.14 *Se $\{a_n\}_{n\in\mathbb{N}}$ è una successione di termini positivi e*

$$\lim_{n\to+\infty} \frac{a_{n+1}}{a_n} = L$$

allora

$$\lim_{n\to+\infty} \sqrt[n]{a_n} = L.$$

In realtà esistono anche altre armi ma non ne avremo bisogno.

Come usare le "armi"

Vediamo ora di tracciare alcuni punti fermi sul modo di usare le armi sopra descritte. Il resto sarà lasciato alla fantasia che, una volta ben guidata, saprà cogliere il nocciolo di ogni singolo problema.

(A) *Sostituzione.* Come ricordato sopra, avremo spesso a che fare con successioni che sono ottenute "combinando" (con le operazioni algebriche o con sostituzioni) le successioni canoniche di cui sappiamo il comportamento. Di conseguenza in tali casi è utile sostituire ad ogni singolo "mattone canonico" il limite che conosciamo. Se, con le regole viste sopra, non si ottiene una FI abbiamo finito, altrimenti occorre cercare di applicare una delle armi sopra ricordate.

(B) *Riscrittura.* Se abbiamo di fronte una FI possiamo cercare di applicare in qualche modo una delle armi note. In alcuni casi la cosa è ovvia (ad esempio quando la successione coincide con una di quelle notevoli del punto (1)). In altri casi, *riscrivendo in maniera opportuna il termine generale*, si può ottenere una forma più trattabile. Descriveremo alcuni metodi di riscrittura nei singoli esercizi.

A volte sarà richiesto di dire se la successione è regolare/irregolare oppure convergente/divergente. Chiaramente il calcolo del limite, se esiste, risponde a queste domande; a volte però (vedasi tipicamente le successioni definite per ricorrenza, Sezione 2.3.4) il calcolo del limite è proibitivo mentre risulta semplice capire (ad esempio tramite lo studio della monotonia) se la successione è regolare/irregolare oppure convergente/divergente.

Esercizi ben svolti

Verifica di un limite

Un esercizio di verifica di un limite è d'obbligo, ma non più di uno.

Esercizio 2.3.4 Verificare formalmente che vale il seguente limite:

$$\lim_{n\to+\infty} n^2 - 10n + 1 = +\infty.$$

[3]Matematico di fine '800, dedito tra l'altro alle successioni.

Soluzione. La definizione di limite applicata a questo caso recita:

$$\forall M > 0 \text{ (grande)} \quad \exists n_0 \text{ (grande)} \ : \forall n \geq n_0, \quad a_n > M.$$

Per verificare la proposizione dobbiamo sostanzialmente risolvere una disequazione parametrica. Infatti la definizione sopra si può leggere come segue:

> *"Qualunque sia $M > 0$ (grande) l'insieme delle soluzioni della disequazione $a_n > M$ contiene una semiretta positiva di numeri naturali, cioè un insieme del tipo $[n_0, +\infty) \cap \mathbb{N}$ per qualche n_0 (dipendente da M)."*

Sia dunque $M > 0$ fissato e risolviamo la disequazione:

$$a_n > M \quad \Longleftrightarrow \quad n^2 - 10n + 1 > M \quad \Longleftrightarrow \quad n^2 - 10n + 1 - M > 0.$$

È una disequazione di secondo grado di cui troviamo le soluzioni dell'equazione associata

$$x_{1,2} = \frac{10 \pm \sqrt{96 + 4M}}{2} = 5 \pm \sqrt{24 + M}.$$

La soluzione della disequazione risulta:

$$I = \left(-\infty, 5 - \sqrt{24 + M}\right) \cup \left(5 + \sqrt{24 + M}, +\infty\right).$$

Quindi è vero che, qualunque sia $M > 0$, esiste un $n_0 \in \mathbb{N}$ tale che

$$I \supseteq [n_0, +\infty) \cap \mathbb{N}$$

(si sceglie $n_0 > 5 + \sqrt{24 + M}$). ∎

Calcolo di limiti

Qualche esercizio di solo calcolo di limiti e annessi.

Esercizio 2.3.5 Dire se le seguenti successioni sono regolari ed in caso affermativo calcolarne il limite:

1. $a_n = n^2 - 10n + 1$,
2. $a_n = \sqrt{n^2 - 10n + 1}$,
3. $a_n = \dfrac{n}{n+2}$,
4. $a_n = \dfrac{n^2 - 4}{n - 2}$,
5. $a_n = \log_2 n$,
6. $a_n = \log_2 n^2 - \log_2 (1 + 2n^2)$.

Soluzione.

1. Sostituiamo usando le regole al punto (2)-(i) di questa sezione:

$$\lim_{n \to +\infty} a_n = (+\infty)^2 - 10 \cdot (+\infty) + 1 = +\infty - \infty.$$

Si tratta del *limite di un polinomio* che dà origine ad un caso facilmente trattabile di FI. Il metodo standard da applicare in questi casi è di riscrivere il polinomio raccogliendo a fattor comune la potenza di grado più alto: applicando nuovamente la sostituzione si arriva alla conclusione. Infatti si ha

$$a_n = n^2 \left(1 - \frac{10}{n} + \frac{1}{n^2}\right)$$

da cui

$$\lim_{n \to +\infty} a_n = (+\infty)^2 \left(1 - \frac{10}{+\infty} + \frac{1}{+\infty}\right) = +\infty \cdot (1 - 0 + 0) = +\infty.$$

Quindi $\{a_n\}_{n \in \mathbb{N}}$ diverge a $+\infty$.

2. Se sostituiamo usando le regole al punto (2)-(i) di questa sezione otteniamo

$$\lim_{n\to+\infty} a_n = \sqrt{+\infty - \infty}$$

che è una FI Tuttavia usando il principio di sostituzione al punto (2)-(iii) di questa sezione e l'esercizio precedente si ricava

$$\lim_{n\to+\infty} a_n = \sqrt{+\infty} = +\infty.$$

3. Sostituiamo usando le regole al punto (2)-(i) di questa sezione:

$$\lim_{n\to+\infty} a_n = \frac{+\infty}{+\infty+2} = \frac{+\infty}{+\infty}$$

che è una FI. Si tratta del ***limite di un rapporto di polinomi*** che dà ancora origine ad un caso facilmente trattabile di FI. Il metodo standard da applicare in questi casi è di riscrivere la frazione raccogliendo a fattor comune la potenza di grado più alto sia a numeratore che a denominatore: applicando nuovamente la sostituzione si arriva alla conclusione. Infatti si ha:

$$a_n = \frac{n}{n\left(1+\frac{2}{n}\right)} = \frac{1}{1+\frac{2}{n}}.$$

da cui

$$\lim_{n\to+\infty} a_n = \frac{1}{1+\frac{2}{+\infty}} = \frac{1}{1+0} = 1.$$

Nota: Sapevamo già che la successione $\{a_n\}_{n\in\mathbb{N}}$ era convergente in quanto monotona e limitata (Esercizio 2.3.1-2).

4. Sostituendo come al solito otteniamo la FI

$$\lim_{n\to+\infty} a_n = \frac{+\infty}{+\infty}.$$

Potremmo raccogliere n^2 a numeratore e n al denominatore (provate!) ma è più conveniente semplificare come nell'Esercizio 2.3.1-3. Si ottiene

$$\lim_{n\to+\infty} a_n = \lim_{n\to+\infty} \frac{(n-2)(n+2)}{n-2} = \lim_{n\to+\infty} (n+2) = +\infty.$$

5. È una successione canonica che diverge a $+\infty$ (vedasi al punto (1)-(i) di questa sezione).

6. Sostituiamo usando le regole al punto (2)-(i) di questa sezione ed il principio di sostituzione (punto (2)-(iii)):

$$\lim_{n\to+\infty} a_n = \log_2(+\infty) - \log_2(+\infty) = +\infty - \infty.$$

Per risolvere questa FI possiamo riscrivere a_n come nell'Esercizio 2.3.1-5 ottenendo

$$a_n = -\log_2\left(2+\frac{1}{n^2}\right).$$

Se ora riapplichiamo le regole del punto (2)-(i) di questa sezione all'argomento del logaritmo si ottiene

$$\lim_{n\to+\infty}\left(2+\frac{1}{n^2}\right) = 2 + \frac{1}{+\infty} = 2$$

e quindi, per il principio di sostituzione al punto (2)-(iii),

$$\lim_{n\to+\infty} a_n = -\log_2 2 = -1$$

e ce l'abbiamo fatta. ∎

Esercizio 2.3.6 Siano $a_n = n^2 e^{\delta n}$ e $b_n = (n-1)^2 e^{\delta n}$ con $\delta > 0$ due successioni. Calcolare

$$\lim_{n\to+\infty} \frac{a_n}{b_n} \quad \text{e} \quad \lim_{n\to+\infty} (a_n - b_n).$$

Soluzione. È chiaro che

$$\lim_{n\to+\infty} a_n = +\infty \quad \text{e} \quad \lim_{n\to+\infty} b_n = +\infty$$

ed inoltre

$$\lim_{n\to+\infty} \frac{a_n}{b_n} = \lim_{n\to+\infty} \frac{n^2 e^{\delta n}}{(n-1)^2 e^{\delta n}} = \lim_{n\to+\infty} \frac{n^2}{n^2\left(1-\frac{1}{n}\right)^2} = 1.$$

Quindi $a_n \sim b_n$; inoltre

$$\begin{aligned}\lim_{n\to+\infty} (a_n - b_n) &= \lim_{n\to+\infty} n^2 e^{\delta n} - (n-1)^2 e^{\delta n} \\ &= \lim_{n\to+\infty} e^{\delta n}\left(n^2 - (n-1)^2\right) \\ &= \lim_{n\to+\infty} (2n-1)e^{\delta n} = +\infty.\end{aligned}$$

Abbiamo trovato un caso in cui $a_n \sim b_n$ ma il limite della differenza è $+\infty$. ∎

Esercizio 2.3.7 [L'Aquila 01/06/2000, n.A6] Calcolare

$$\lim_{n\to+\infty} \frac{e^{-n} + \sqrt{3n^2 - n}}{n - 20\ln n}.$$

Soluzione. Sostituiamo ottenendo

$$\lim_{n\to+\infty} \frac{e^{-n} + \sqrt{3n^2 - n}}{n - 20\ln n} = \frac{0 + (+\infty - \infty)^{\frac{1}{2}}}{+\infty - \infty}.$$

Come si vede compaiono varie FI. Ci pare una tattica saggia, in casi come questi, cercare di capire cosa succede (cioè quali sono, se ci sono, i termini dominanti) usando i limiti notevoli noti, in particolare le gerarchie tra infiniti.

Numeratore: il termine e^{-n} tende a zero e quindi non ci interessa (ci potrebbe interessare solo se anche l'altro addendo al numeratore tendesse a 0, cosa che non succede). Il termine $\sqrt{3n^2 - n}$ invece, ragionando come nell'Esercizio 2.3.5, tende a $+\infty$ in quanto sotto radice si trova un polinomio con termine dominante $3n^2$.

Denominatore: troviamo due infiniti in competizione (n e $20\ln n$) che sappiamo confrontare grazie alle note gerarchie tra infiniti al punto (1)-(v). Infatti si ha

$$\lim_{n\to+\infty} \frac{20\ln n}{n} = 0 \quad \text{cioè} \quad 20\ln n = o(n).$$

Quanto abbiamo constatato ci fa concludere che

$$e^{-n} + \sqrt{3n^2 - n} \sim \sqrt{3n^2 - n}, \qquad \text{e} \qquad n - 20\ln n \sim n.$$

Questo, insieme al punto (2)-(v)., ci dice che (se il limite esiste)

$$\lim_{n\to+\infty} \frac{e^{-n} + \sqrt{3n^2 - n}}{n - 20\ln n} = \lim_{n\to+\infty} \frac{\sqrt{3n^2 - n}}{n}.$$

Beh, a questo punto non ci resta che ragionare come nel caso dei limiti di rapporti di polinomi. Si tratta allora di raccogliere a numeratore e a denominatore la potenza di grado massimo, con l'accordo che un polinomio sotto radice quadrata ha grado dimezzato:

- a numeratore raccogliamo n dato che il grado del polinomio sotto radice è 2;

- a denominatore n si è "auto"-raccolto.

Quindi

$$\lim_{n\to+\infty} \frac{\sqrt{3n^2-n}}{n} = \lim_{n\to+\infty} \frac{n\sqrt{3-\frac{1}{n}}}{n} = \lim_{n\to+\infty} \sqrt{3-\frac{1}{n}} = \sqrt{3}.$$

Per chi avesse qualche dubbio sul raccoglimento fatto a numeratore ricordiamo che:

$$\sqrt{3n^2-n} = \sqrt{n^2\left(3-\frac{1}{n}\right)} = \sqrt{n^2}\sqrt{3-\frac{1}{n}} = n\sqrt{3-\frac{1}{n}},$$

sperando di aver dissipato ogni dubbio. ■

Esercizio 2.3.8 Mostrare che

$$n^2 = o(n!).$$

Sia poi $a_n = \binom{n}{2}$ con $n \geq 2$; trovare $\lim_{n\to+\infty} a_n$ e dire se $a_n \sim b_n = n^2$.

Soluzione. Vi sono due domande. Iniziamo a rispondere alla prima. Dato che

$$n! = n(n-1)(n-2)\cdot\ldots\cdot 3\cdot 2\cdot 1,$$

otteniamo, per n abbastanza grande,

$$\frac{n!}{n^2} = \frac{n(n-1)(n-2)\cdot\ldots\cdot 3\cdot 2\cdot 1}{n^2} = \left(1-\frac{1}{n}\right)\cdot(n-2)\cdot\ldots\cdot 3\cdot 2\cdot 1.$$

Ne segue quindi che

$$\frac{n!}{n^2} \geq \left(1-\frac{1}{n}\right)(n-2).$$

Grazie al Teorema del confronto, poiché

$$\lim_{n\to+\infty} \left(1-\frac{1}{n}\right)(n-2) = +\infty,$$

si ha

$$\lim_{n\to+\infty} \frac{n!}{n^2} = +\infty$$

e quindi $n^2 = o(n!)$.

Faccina 2.3.15 Quando si ragiona con termini generali contenenti espressioni con il fattoriale è spesso utile

- scrivere il fattoriale come prodotto, come abbiamo fatto sopra;
- provare a semplificarne alcuni termini;
- applicare il Teorema del confronto prendendo solo alcuni dei termini rimasti dal prodotto.

Si vedano anche i due esercizi che seguono.

Passiamo alla seconda domanda. Riscrivendo il generico termine a_n, si ha

$$a_n = \binom{n}{2} = \frac{n!}{2!(n-2)!} = \frac{n(n-1)}{2}$$

che risulta essere infinita. Per rispondere alla domanda dobbiamo calcolare

$$\lim_{n\to+\infty} \frac{a_n}{b_n} = \lim_{n\to+\infty} \frac{n(n-1)}{2n^2} = \frac{+\infty}{+\infty}.$$

Riscrivendo con il solito metodo usato per i rapporti di polinomi si ottiene

$$\lim_{n\to+\infty}\frac{a_n}{b_n}=\lim_{n\to+\infty}\frac{n^2\left(1-\frac{1}{n}\right)}{n^2\cdot 2}=\frac{1}{2}.$$

Questo significa che a_n e b_n sono infiniti dello stesso ordine ma non che $a_n \sim b_n$ in quanto dovremmo avere

$$\lim_{n\to+\infty}\frac{a_n}{b_n}=1.$$

Si ha invece $a_n \sim \frac{1}{2}b_n$. ∎

Esercizio 2.3.9 Mostrare che, fissato $h \in \mathbb{N}$ qualunque, si ha

$$n^h = o(n!).$$

Sia poi $k \in \mathbb{N}$ fissato e consideriamo la successione (definita per $n \geq k$)

$$a_n = \binom{n}{k}.$$

Mostrare che

$$\lim_{n\to+\infty} a_n = +\infty$$

e che $a_n \sim b_n$ dove

$$b_n = \frac{n^k}{k!}.$$

Soluzione. Anche qui vi sono due domande e iniziamo dalla prima. Si ragiona come nell'esercizio precedente:

$$\begin{aligned}\frac{n!}{n^h} &= \frac{n(n-1)(n-2)\cdot\ldots\cdot(n-h+1)(n-h)(n-h-1)\cdot\ldots\cdot 3\cdot 2\cdot 1}{n^h}\\ &= \left(1-\frac{1}{n}\right)\left(1-\frac{2}{n}\right)\cdot\ldots\cdot\left(1-\frac{h-1}{n}\right)(n-h)(n-h-1)\cdot\ldots\cdot 3\cdot 2\cdot 1.\end{aligned}$$

Ne segue che

$$\frac{n!}{n^h}\geq\left(1-\frac{1}{n}\right)\left(1-\frac{2}{n}\right)\cdot\ldots\cdot\left(1-\frac{h-1}{n}\right)(n-h)$$

e poiché

$$\lim_{n\to+\infty}\left(1-\frac{1}{n}\right)\left(1-\frac{2}{n}\right)\cdot\ldots\cdot\left(1-\frac{h-1}{n}\right)(n-h)=+\infty,$$

per il Criterio del confronto

$$\lim_{n\to+\infty}\frac{n!}{n^h}=+\infty$$

e quindi $n^h = o(n!)$.

Siamo alla seconda domanda. Anche qui ragioniamo come nell'esercizio precedente:

$$a_n=\binom{n}{k}=\frac{n!}{k!(n-k)!}=\frac{n\cdot\ldots\cdot(n-k+1)}{k!}.$$

Per dire se $a_n \sim b_n$ calcoliamo

$$\lim_{n\to+\infty}\frac{a_n}{b_n}=\lim_{n\to+\infty}\frac{n(n-1)\cdot\ldots\cdot(n-k+1)}{n^k}=\frac{+\infty}{+\infty}.$$

Riscrivendo con il solito metodo usato per i rapporti di polinomi otteniamo

$$\lim_{n\to+\infty}\frac{a_n}{b_n}=\lim_{n\to+\infty}\frac{n^k\left(1-\frac{1}{n}\right)\cdot\ldots\cdot\left(1-\frac{k-1}{n}\right)}{n^k}=1;$$

quindi è vero che $a_n \sim b_n$. ∎

Esercizio 2.3.10 [L'Aquila 21/12/1999, n.A2] Calcolare

$$\lim_{n\to+\infty} \frac{n! - n^{10}}{n^n}.$$

Soluzione. Abbiamo la *FI*

$$\frac{+\infty - \infty}{+\infty}.$$

Ragionando come nell'esercizio precedente scopriamo che a numeratore $n^{10} = o(n!)$ e quindi, usando il punto (2)-(v), otteniamo

$$\lim_{n\to+\infty} \frac{n! - n^{10}}{n^n} = \lim_{n\to+\infty} \frac{n!}{n^n}.$$

A questo punto possiamo riscrivere la frazione nella seguente forma

$$\frac{n!}{n^n} = \frac{n(n-1)(n-2)\cdot\ldots\cdot 3\cdot 2\cdot 1}{n^n} = \frac{n}{n}\cdot\frac{n-1}{n}\cdot\frac{n-2}{n}\cdot\ldots\cdot\frac{3}{n}\cdot\frac{2}{n}\cdot\frac{1}{n}.$$

Tutte le frazioni qui sopra sono minori di 1 e dunque

$$\frac{n!}{n^n} \le \frac{1}{n}.$$

Ovviamente $\frac{n!}{n^n} > 0$ (riguardo a tale ovvietà si ricordi la Faccina 2.3.5); ne segue che possiamo applicare il Teorema dei carabinieri (vedasi punto (2)-(ii): i carabinieri sono $b_n = 0$ e $c_n = \frac{1}{n}$) concludendo che

$$\lim_{n\to+\infty} \frac{n! - n^{10}}{n^n} = \lim_{n\to+\infty} \frac{n!}{n^n} = 0$$

e quindi il denominatore è più forte. ∎

Esercizio 2.3.11 [L'Aquila 28/09/1999, n.A5] Calcolare

$$\lim_{n\to+\infty} \sqrt[11]{n^n - 2^{100n}}.$$

Soluzione. Osserviamo innanzitutto che

$$\sqrt[11]{n^n - 2^{100n}} = \left(n^n - 2^{100n}\right)^{\frac{1}{11}}.$$

In questa forma possiamo applicare il principio di sostituzione al punto (2)-(iii) che ci dice che ci basta calcolare

$$\lim_{n\to+\infty} \left(n^n - 2^{100n}\right) = +\infty - \infty;$$

se questo limite esistesse e valesse L allora il risultato cercato sarebbe $L^{\frac{1}{11}}$ (con le regole al punto (2)-(i) nel caso fosse un infinito). Se il limite non esistesse, nemmeno quello di partenza esisterebbe.

Faccina 2.3.16 Come vedete il principio di sostituzione torna utile in casi come questi per togliere l'orpello della potenza $\frac{1}{11}$. Se tale potenza dipendesse da n allora non potremmo ragionare così (come si può vedere nel prossimo esercizio).

Faccina 2.3.17 Per *FI* di questo tipo (quando non siamo in presenza di polinomi) è spesso utile ragionare nella seguente maniera.

- Cercare di capire (tramite le note gerarchie tra infiniti) quale sia l'infinito di ordine superiore.
- Se uno dei due è chiaramente di ordine superiore allora basta raccoglierlo a fattor comune. Se la successione fosse del tipo $a_n - b_n$ con a_n infinito di ordine superiore, allora avremmo una scrittura del tipo

  $$a_n - b_n = a_n\left(1 - \frac{b_n}{a_n}\right)$$

  ed il limite finale risultebbe

  $$+\infty(1-0) = +\infty.$$

- Il problema sorge quando $a_n \sim b_n$; in tal caso, mettendo in evidenza a_n, otterremmo una FI del tipo $(\pm\infty) \cdot 0$. Allora ... non è possibile dare una ricetta universale: dipenderà da caso a caso.

Nel nostro caso è (che fortuna!) "abbastanza chiaro" che $2^{100n} = o(n^n)$; infatti

$$\lim_{n\to+\infty} \frac{2^{100n}}{n^n} = \lim_{n\to+\infty} \frac{\left(2^{100}\right)^n}{n^n} = \lim_{n\to+\infty} \left(\frac{2^{100}}{n}\right)^n = 0^{+\infty} = 0.$$

Quindi, raccogliendo n^n, si ottiene

$$\lim_{n\to+\infty} \left(n^n - 2^{100n}\right) = \lim_{n\to+\infty} n^n \left(1 - \frac{2^{100n}}{n^n}\right) = (+\infty) \cdot (1-0) = +\infty$$

come ci si aspettava. ∎

Esercizio 2.3.12 [L'Aquila 16/04/1999, n.4] Calcolare il limite della successione

$$\lim_{n\to+\infty} \left(e^{\frac{11}{3n}} - 1\right) \sqrt[n]{n!}.$$

Soluzione. Ricordiamo il limite notevole (2.2) ed osserviamo che, moltiplicando e dividendo la successione per $\frac{3n}{11}$, otteniamo

$$\lim_{n\to+\infty} \left(e^{\frac{11}{3n}} - 1\right) \sqrt[n]{n!} = \lim_{n\to+\infty} \frac{11}{3n} \cdot \frac{3n}{11} \cdot \left(e^{\frac{11}{3n}} - 1\right) \cdot \sqrt[n]{n!} = \frac{11}{3} \cdot \lim_{n\to+\infty} \frac{3n}{11} \left(e^{\frac{11}{3n}} - 1\right) \cdot \lim_{n\to+\infty} \frac{\sqrt[n]{n!}}{n}.$$

Il primo limite, poiché $\frac{11}{3n}$ è un infinitesimo, risulta 1 (per il limite notevole premesso e per il principio di sotituzione al punto (2)-(iii)). Quindi ci siamo ricondotti a determinare il limite

$$\lim_{n\to+\infty} \frac{\sqrt[n]{n!}}{n} = \lim_{n\to+\infty} \sqrt[n]{\frac{n!}{n^n}}.$$

A questo punto invochiamo il criterio di Cesaro al punto (2)-(vii) con

$$a_n = \frac{n!}{n^n}$$

strettamente positiva. Inoltre

$$\begin{aligned}
\lim_{n\to+\infty} \frac{a_{n+1}}{a_n} &= \lim_{n\to+\infty} \frac{\frac{(n+1)!}{(n+1)^{n+1}}}{\frac{n!}{n^n}} \\
&= \lim_{n\to+\infty} \frac{(n+1)!}{n!} \cdot \frac{n^n}{(n+1)^{n+1}} \\
&= \lim_{n\to+\infty} \frac{n^n}{(n+1)^n} \\
&= \lim_{n\to+\infty} \frac{1}{\left(1+\frac{1}{n}\right)^n} = \frac{1}{e}
\end{aligned}$$

dove abbiamo utilizzato il limite notevole al punto (1)-(iii) che definisce il numero di Nepero e. Quindi

$$\lim_{n\to+\infty} \sqrt[n]{\frac{n!}{n^n}} = \frac{1}{e}$$

e perciò

$$\lim_{n\to+\infty} \left(e^{\frac{11}{3n}} - 1\right) \sqrt[n]{n!} = \frac{11}{3e}$$

che conclude la nostra fatica. ∎

Esercizio 2.3.13 [L'Aquila 28/09/1999, n.B1] Calcolare

$$\lim_{n\to+\infty} \sqrt[3n]{\binom{2n}{n}}.$$

Soluzione. È opportuno riscrivere la successione nella seguente forma

$$\sqrt[3n]{\binom{2n}{n}} = \binom{2n}{n}^{\frac{1}{3n}} = \left[\binom{2n}{n}^{\frac{1}{n}}\right]^{\frac{1}{3}}.$$

Quindi, per il principio di sostituzione al punto (2)-(iii), ci basta calcolare il limite di

$$\lim_{n\to+\infty} \binom{2n}{n}^{\frac{1}{n}}$$

e per questo utilizziamo il criterio di Cesaro al punto (2)-(vii) (come nel precedente esercizio). Nel nostro caso abbiamo

$$a_n = \binom{2n}{n}$$

che è sempre strettamente positiva. Inoltre

$$\lim_{n\to+\infty} \frac{a_{n+1}}{a_n} = \lim_{n\to+\infty} \frac{\binom{2n+2}{n+1}}{\binom{2n}{n}} = \lim_{n\to+\infty} \frac{(2n+2)!}{[(n+1)!]^2} \cdot \frac{(n!)^2}{(2n)!} = \lim_{n\to+\infty} \frac{(2n+1)(2n+2)}{(n+1)^2} = 4.$$

Quindi

$$\lim_{n\to+\infty} \sqrt[n]{\binom{2n}{n}} = 4$$

da cui segue

$$\lim_{n\to+\infty} \sqrt[3n]{\binom{2n}{n}} = \sqrt[3]{4}$$

che è il limite cercato. ∎

Calcolo del limite di una successione dipendente da un parametro

Esercizio 2.3.14 [Roma 22/09/2000, n.3-2] Dire se la seguente successione, al variare del parametro $\alpha \in \mathbb{R}$, è regolare ed in caso affermativo calcolarne il limite:

$$a_n = \frac{\alpha^n}{n!}.$$

Soluzione. La presenza del parametro ci crea qualche problema: occorre ragionare in modo diverso a seconda di α (vi ricordate dell'Esercizio 2.3.2?).

- Se $\alpha = 0$ allora $a_n \equiv 0$ e quindi

$$\lim_{n\to+\infty} a_n = 0.$$

- Se $\alpha \in (0,1)$ allora

$$\lim_{n\to+\infty} a_n = \frac{0}{+\infty} = 0.$$

- Se $\alpha = 1$ allora

$$\lim_{n\to+\infty} a_n = \lim_{n\to+\infty} \frac{1}{n!} = \frac{1}{+\infty} = 0.$$

- Se $\alpha > 1$ allora
$$\lim_{n\to+\infty} a_n = \frac{+\infty}{+\infty}.$$
Questa *FI* si risolve usando il criterio del rapporto al punto (2)-(v). Infatti
$$\lim_{n\to+\infty} \frac{a_{n+1}}{a_n} = \lim_{n\to+\infty} \frac{\alpha^{n+1}}{(n+1)!} \cdot \frac{n!}{\alpha^n} = \lim_{n\to+\infty} \frac{\alpha}{n+1} = \frac{\alpha}{+\infty+1} = 0 < 1,$$
e quindi
$$\lim_{n\to+\infty} a_n = 0.$$

- Se $\alpha < 0$ sappiamo che a_n ha segno $+$ quando n è pari e segno $-$ quando n è dispari e *non è* definitivamente monotona. Tuttavia
$$|a_n| = \frac{|\alpha|^n}{n!}$$
e, per la prima parte dell'esercizio, $|a_n|$ è infinitesima. Dal criterio del confronto al punto (2)-(ii) deduciamo che anche a_n è infinitesima.

Quindi, per ogni $\alpha \in \mathbb{R}$, si ha
$$\lim_{n\to+\infty} \frac{\alpha^n}{n!} = 0.$$
In questo caso il limite è sempre lo stesso anche se il parametro varia.

Ordinare liste di infiniti e infinitesimi

Esercizio 2.3.15 [Roma 18/01/2000, n.7] Ordinare i seguenti infiniti in ordine crescente (motivare adeguatamente la risposta):
$$a_n = n^2 - 9n, \quad b_n = n^{2-\frac{1}{100}}, \quad c_n = e^{n^2}, \quad d_n = e^n.$$

Soluzione. Sappiamo che le potenze sono infiniti di ordine inferiore agli esponenziali (punto (1)-(v)). Resta quindi da confrontare a_n con b_n e c_n con d_n. Per la prima coppia, facendo il limite del rapporto e raccogliendo a fattor comune n^2 a denominatore, si ha
$$\lim_{n\to+\infty} \frac{a_n}{b_n} = \lim_{n\to+\infty} \frac{n^2-9n}{n^{2-\frac{1}{100}}} = \lim_{n\to+\infty} \frac{n^2\left(1-\frac{9}{n}\right)}{n^2 \cdot n^{-\frac{1}{100}}} = \lim_{n\to+\infty} n^{\frac{1}{100}}\left(1-\frac{9}{n}\right) = +\infty$$
e quindi $b_n = o(a_n)$. Per la seconda coppia abbiamo
$$\lim_{n\to+\infty} \frac{c_n}{d_n} = \lim_{n\to+\infty} \frac{e^{n^2}}{e^n} = \lim_{n\to+\infty} e^{n^2-n} = \lim_{n\to+\infty} e^{n^2\left(1-\frac{1}{n}\right)} = +\infty.$$
e quindi $d_n = o(c_n)$. Nell'ordine si ha b_n, a_n, d_n, c_n. ■

Limiti e monotonia oggi sposi

Esercizio 2.3.16 [Roma 14/03/2000, n.6] Dire, giustificando bene la risposta, se la successione di termine generale
$$u_n = \frac{1}{n^2 - 8n + 1}$$
è monotona (almeno definitivamente) e calcolarne il limite.

Soluzione. Sembrerebbe un esercizio facile. E lo è: solamente dobbiamo prestare un po' di attenzione. Iniziamo dal trabocchetto.

⚠ **Pericolo 2.3.18** Per controllare la monotonia basta risolvere la disequazione

$$\begin{aligned} a_{n+1} > a_n \quad &\Longleftrightarrow \quad \frac{1}{(n+1)^2 - 8(n+1) + 1} > \frac{1}{n^2 - 8n + 1} \\ &\Longleftrightarrow \quad (n+1)^2 - 8(n+1) + 1 < n^2 - 8n + 1, \end{aligned}$$

NO! nell'ultimo passaggio è stato commesso un grave errore! In generale non è vera l'equivalenza

$$\frac{1}{a} > \frac{1}{b} \quad \Longleftrightarrow \quad a < b. \tag{2.4}$$

Infatti

$$\frac{1}{3} > \frac{1}{-4} \quad \not\Longleftrightarrow \quad 3 < -4:$$

la prima disuguaglianza è ovviamente vera mentre la seconda è ovviamente falsa. In realtà la (2.4) è vera se e solo se a e b hanno lo stesso segno:

$$\begin{aligned} \frac{1}{2} > \frac{1}{5} \quad &\Longleftrightarrow \quad 2 < 5, \\ \frac{1}{-10} > \frac{1}{-3} \quad &\Longleftrightarrow \quad -10 < -3. \end{aligned}$$

Quindi dobbiamo iniziare con lo studio del segno del denominatore risolvendo la disequazione

$$x^2 - 8x + 1 > 0.$$

È una semplice disequazione di secondo grado con soluzione

$$I = (-\infty, 4 - \sqrt{15}) \cup (4 + \sqrt{15}, +\infty).$$

Poiché $0 < 4 - \sqrt{15} < 1$ e $7 < 4 + \sqrt{15} < 8$, avremo

- per ogni $n \in \mathbb{N}$ con $1 \leq n \leq 7$ il termine $a_n < 0$,
- per ogni $n \in \mathbb{N}$ con $n = 0$ oppure $n \geq 8$ il termine $a_n > 0$.

Che cosa possiamo dedurre?

1. La successione non può essere decrescente in quanto i termini $a_1, \ldots, a_7$ sono negativi mentre i successivi sono positivi. Tuttavia potrebbe essere definitivamente descrescente.
2. La successione non può essere crescente in quanto i termini $a_0 = 1 > 0$ mentre $a_1, \ldots, a_7$ sono negativi. Tuttavia potrebbe essere definitivamente crescente.

Ora possiamo analizzare la monotonia per $n \geq 8$ e, sotto questa ulteriore ipotesi, il passaggio incriminato diventa ben giustificato. Allora andiamo avanti: sviluppando i calcoli si ha

$$a_{n+1} > a_n \quad \Longleftrightarrow \quad n^2 + 2n + 1 - 8n - 8 + 1 < n^2 - 8n + 1 \quad \Longleftrightarrow \quad n < \frac{7}{2}.$$

Poiché stiamo guardando per $n \geq 8$ ne deriva che $a_n \searrow\searrow$ definitivamente. Per questo motivo essa ammette limite (punto (2)-(vi)) che vale 0. Infatti possiamo scrivere

$$a_n = \frac{1}{n^2 - 8n + 1} = \frac{1}{n^2\left(1 - \frac{8}{n} + \frac{1}{n^2}\right)}$$

e sostituendo si ha

$$\lim_{n \to +\infty} a_n = \frac{1}{+\infty} = 0$$

per cui la successione è infinitesima come ci si aspettava. ■

Esercizio 2.3.17 [Roma 07/07/2000, n.1] Dire, giustificando bene la risposta, se la successione di termine generale

$$a_n = (-1)^n \frac{1}{n+1}$$

è monotona (almeno definitivamente) e calcolarne il limite. Dire anche se la successione $b_n = a_n^{-1}$ ha limite. E $c_n = a_n^{-2}$?

Soluzione. Per controllare la monotonia, risolviamo la seguente disequazione:

$$\begin{aligned} a_{n+1} > a_n \quad &\iff \quad (-1)^{n+1}\frac{1}{n+2} > (-1)^n \frac{1}{n+1} \\ &\iff \quad \begin{cases} -\frac{1}{n+2} > \frac{1}{n+1} & \text{se } n \text{ è pari} \\ \\ \frac{1}{n+2} > -\frac{1}{n+1} & \text{se } n \text{ è dispari} \end{cases} \\ &\iff \quad n \text{ è dispari.} \end{aligned}$$

Ne segue che per n dispari vale $a_{n+1} > a_n$ mentre per n pari vale $a_{n+1} < a_n$. Quindi la successione è oscillante e non monotona. Tuttavia tale successione ha limite 0 (e quindi è infinitesima) poiché

$$-\frac{1}{n+1} \leq a_n \leq \frac{1}{n+1}.$$

Quindi $\{a_n\}_{n\in\mathbb{N}}$ è stretta fra due successioni infinitesime e, per il Teorema dei carabinieri al punto (2)-(ii), è infinitesima. Infine si ha

$$b_n = (-1)^n(n+1) \quad \text{e} \quad c_n = (n+1)^2;$$

ne segue che $\{b_n\}_{n\in\mathbb{N}}$ è oscillante e irregolare (tende a $+\infty$ sui pari e a $-\infty$ sui dispari), mentre $\{c_n\}_{n\in\mathbb{N}}$ tende a $+\infty$. ∎

Esercizi per casa

Esercizio 2.3.18 Dire se le seguenti successioni hanno limite e in caso positivo determinarlo:

1. $a_n = n^2 - 10$;
2. $a_n = \dfrac{n^2}{n+2n^3}$;
3. $a_n = \ln(1-n+n^2)$;
4. $a_n = e^{1-n+n^2}$.

Esercizio 2.3.19 [Roma 14/03/2000, n.7] Ordinare i seguenti infiniti in ordine crescente

$$a_n = n^3 - 8n, \quad b_n = n^{2,8} + n^2, \quad c_n = n^3 + e^{2\ln n}, \quad d_n = e^{n-1}.$$

Esercizio 2.3.20 [L'Aquila 25/09/2000, n.A6] Calcolare

$$\lim_{n\to+\infty} \sqrt[n]{5^n + 4n^2}.$$

Esercizio 2.3.21 [L'Aquila 13/09/2000, n.A6] Calcolare

$$\lim_{n\to+\infty} \frac{\ln(5^n - 4n)}{n}.$$

Esercizio 2.3.22 [L'Aquila 18/02/2000, n.A6] Calcolare

$$\lim_{n\to+\infty} \frac{n! + n^6}{(2n)!}.$$

Esercizio 2.3.23 [L'Aquila 18/02/2000, n.B3] Calcolare il seguente limite

$$\lim_{n\to+\infty}(2n+3)\left(\ln(5n+n^2)-2\ln n\right).$$

Esercizio 2.3.24 [L'Aquila 16/02/2000, n.A5] Calcolare

$$\lim_{n\to+\infty}\frac{\sqrt{2n+\sqrt{2n+1}}}{\sqrt{31n+\sqrt{31n+1}}}.$$

Esercizio 2.3.25 [L'Aquila 16/02/2000, n.A6] Calcolare

$$\lim_{n\to+\infty}\frac{e^{-n}+2\sqrt{n^2+31n}}{n-\ln n}.$$

Esercizio 2.3.26 [L'Aquila 21/01/2000, n.A5] Calcolare

$$\lim_{n\to+\infty}\frac{\sqrt{3n+1}+\ln n}{\sqrt{2n+1}-\ln n}.$$

Esercizio 2.3.27 [L'Aquila 03/07/2000, n.A6] Calcolare

$$\lim_{n\to+\infty}\frac{\sin n-10n}{\cos n+4n}.$$

Esercizio 2.3.28 [Roma 18/01/2000, n.6] Dire, giustificando bene la risposta, se la successione di termine generale

$$a_n=n^2-9n$$

è monotona (almeno definitivamente) e calcolarne il limite.

Esercizio 2.3.29 [Roma 21/07/2000, n.1] Dire, giustificando bene la risposta, se la successione di termine generale

$$a_n=\frac{1}{-n^2+n}$$

è monotona (almeno definitivamente) e calcolarne il limite. Dire anche se la successione

$$b_n=\frac{(-1)^n}{a_n}$$

ha limite.

Esercizio 2.3.30 Calcolare, al variare del parametro $\alpha\in\mathbb{R}$, il limite

$$a_n=\frac{(n+1)^2}{n^\alpha\ln n}.$$

2.3.4 Successioni definite per ricorrenza

Spesso, specialmente nei modelli applicati, non si conosce il termine generale di una successione ma una relazione di ricorrenza, cioè una relazione che permette di calcolare il termine a_{n+1} una volta noto a_n (a volte si presentano casi più complicati che non indaghiamo). In ogni caso possiamo comunque dire molte cose sulla successione $\{a_n\}_{n\in\mathbb{N}}$: addirittura, a volte, se ne riesce a calcolare il termine generale. I casi in cui noi (c'è chi sa fare di meglio!) sappiamo calcolare il termine generale sono sostanzialmente due:

- per la *successione aritmetica* cioè quando $a_{n+1}-a_n=\alpha$ con $\alpha\in\mathbb{R}$ costante indipendente da $n\in\mathbb{N}$. In tal caso

$$a_n=a_0+n\alpha; \tag{2.5}$$

- la *successione geometrica*, quando $\frac{a_{n+1}}{a_n}=\alpha$ con $\alpha\in\mathbb{R}$ costante indipendente da $n\in\mathbb{N}$. In tal caso

$$a_n=a_0\alpha^n. \tag{2.6}$$

Lavoreremo prima su questi casi e poi butteremo lì qualche idea su quelli più generali.

Esercizi ben svolti

Successioni geometriche e aritmetiche: alcuni esempi di applicazione

Esercizio 2.3.31 [Roma 14/03/2000, n.8] Sia $a_0 = C$ il capitale a disposizione di Bubi oggi. Bubi lo investe in un fondo della Banca Bassotti che garantisce un tasso di interesse composto costante del 2% annuo ($r = 0.02$). Detto a_n il valore tra n anni del capitale versato oggi da Bubi (cioè il montante), scrivere la relazione che lega a_{n+1} ad a_n e ricavarne il valore esplicito di a_n. Trovare infine il limite di $2^{-n}a_n$.

Soluzione. Si tratta di un regime di capitalizzazione composta a tasso costante; si ha quindi

$$a_{n+1} = a_n(1 + r).$$

Ciò implica che la successione è geometrica di ragione $1 + r$ (poiché per ogni $n \in \mathbb{N}$ si ha $\frac{a_{n+1}}{a_n} = 1 + r$). Quindi, dalla (2.6)

$$a_n = (1 + r)^n a_0 = C(1 + r)^n.$$

Tale successione è strettamente crescente ed ha come limite $+\infty$. Infine, dato che $\frac{1+r}{2} < 1$,

$$\lim_{n\to+\infty} a_n 2^{-n} = \lim_{n\to+\infty} \frac{C(1+r)^n}{2^n} = \lim_{n\to+\infty} C\left(\frac{1+r}{2}\right)^n = 0$$

quindi la successione $\{2^{-n}a_n\}_{n\in\mathbb{N}}$ è infinitesima. ∎

Esercizio 2.3.32 [Roma 23/06/2000, n.3] Sia K_0 il capitale di una ditta al tempo 0. Supponiamo che da tale momento in poi ogni mese la ditta guadagni una percentuale fissa a del capitale e spenda per costi di gestione un'altra percentuale b del capitale. Quanto sarà il capitale della ditta K_n dopo n mesi? Si consideri la successione K_n e si dica se tale successione è monotona e se ammette limite. Calcolare tale limite (occhio: esso dipenderà dai dati!)

Soluzione. Scriviamo in formule ciò che dice il testo ed elaboriamolo. Si ha

$$K_{n+1} = aK_n - bK_n = (a - b)\,K_n.$$

Quindi salvo casi degeneri (cioè $K_0 = 0$ oppure $a = b$: in tali casi la successione è nulla a parte al massimo il primo elemento) la successione è geometrica di ragione $a - b$. Quindi, dalla (2.6),

$$K_n = (a - b)^n\,K_0.$$

Le proprietà di tale successione dipendono dal valore di $a - b$:

$$\begin{aligned}
a - b > 1 &\implies K_n \nearrow\!\nearrow \text{ ed il limite è } +\infty,\\
a - b = 1 &\implies K_n = K_0 \text{ ed il limite è } K_0,\\
0 < a - b < 1 &\implies K_n \searrow\!\searrow \text{ ed il limite è } 0,\\
a - b = 0 &\implies K_n = 0, \text{ ed il limite è } 0,\\
-1 < a - b < 0 &\implies K_n \text{ è oscillante ed il limite è } 0,\\
a - b \le -1 &\implies K_n \text{ è oscillante ed il limite non esiste.}
\end{aligned}$$

Dato che realisticamente deve essere $K_n \geq 0$ per ogni n allora i casi realisticamente interessanti sono i primi 4. ∎

Esercizio 2.3.33 [Roma 21/07/2000, n.3] Sia A il numero di clienti di una ditta di servizi (ad esempio una azienda telefonica) al tempo 0. Supponiamo che a causa del fallimento di un competitore ogni settimana la ditta acquisti clienti in modo che, detta a_n la quota di clienti alla n-esima settimana si abbia

$$a_{n+1} = a_n + 2\alpha$$

con $\alpha > 0$ parametro positivo. Trovare il valore di a_n in funzione di n. Inoltre dire dopo quante settimane i clienti raddoppiano.

Soluzione. Poiché $a_{n+1} - a_n = 2\alpha$ si ha che a_n è una successione aritmetica e quindi, dalla (2.5),

$$a_n = a_0 + 2n\alpha = A + 2n\alpha.$$

Essendo $\alpha > 0$ si ha $a_n \nearrow\nearrow$ e

$$\lim_{n\to+\infty} a_n = +\infty.$$

I clienti raddoppiano quando $a_n \geq 2A$ e quindi al primo n_0 per cui

$$A + 2n\alpha \geq 2A \iff 2n\alpha \geq A \iff n \geq \frac{A}{2\alpha}$$

che dipende chiaramente dai dati. ∎

Successioni definite per ricorrenza: esempi di altri casi

Esercizio 2.3.34 Date le successioni seguenti definite per ricorrenza, dire se sono monotone:

1. $a_{n+1} = 3a_n + 1$ con $a_0 = 1$;
2. $a_{n+1} = a_n^2 + 3 + a_n$ con $a_0 = -1$;
3. $a_{n+1} = \frac{1}{a_n}$ con $a_0 = 1$ oppure $a_0 = 2$.

Dire anche se possono avere limite finito ed eventualmente calcolarlo.

Soluzione.

1. Calcoliamo i primi termini della successione

$$a_0 = 1, \quad a_1 = 4, \quad a_2 = 13, \quad a_3 = 40, \quad a_4 = 121, \quad \ldots$$

I primi termini sono dunque positivi e crescono. Proviamo a vedere se la successione è monotona risolvendo la disequazione

$$a_{n+1} > a_n.$$

A differenza degli esercizi della Sezione 2.3.2, questa equazione non diventa un'equazione nella variabile n in quanto non conosciamo l'espressione del termine generale ma solamente come si esprime a_{n+1} in funzione di a_n: questo ci può servire. Prima di tutto risolviamo la disequazione rispetto ad a_n.

$$a_{n+1} > a_n \iff 3a_n + 1 > a_n \iff 2a_n + 1 > 0 \iff a_n > -\frac{1}{2}.$$

Dunque il calcolo appena fatto ci dice che quando $a_n > -\frac{1}{2}$ la successione cresce (cioè $a_{n+1} > a_n$) mentre quando $a_n < -\frac{1}{2}$ la successione decresce (cioè $a_{n+1} < a_n$). Poiché la successione parte da $a_0 = 1$, inizia subito a crescere. Potrà poi decrescere a un certo punto? La risposta intuitiva dovrebbe essere no: infatti la successione decresce quando $a_n < -\frac{1}{2}$; ma se parte da 1 e poi cresce, non potrà mai scendere sotto tale livello. Quindi la successione resta crescente per ogni $n \in \mathbb{N}$.

Il ragionamento che abbiamo fatto sopra è un po' informale, euristico. Un ragionamento formalmente preciso per dimostrare che effettivamente $a_n \nearrow\nearrow$ si fa per induzione (ricordate come si svolgono tali dimostrazioni? Controllate la Sezione 1.3.4).

- Sappiamo che a_n è strettamente crescente per $n = 0$, cioè vale la disuguaglianza $a_1 > a_0$ che è verificata in quanto
$$a_1 = 3a_0 + 1 = 4 > 1 = a_0.$$
- Supponiamo (ipotesi induttiva) che la successione sia crescente in n cioè valga la disuguaglianza $a_{n+1} > a_n$.

- Dimostriamo allora che la successione è crescente per $n+1$, cioè che $a_{n+2} > a_{n+1}$. Come? Scriviamo la disuguaglianza da dimostrare e cerchiamo di riscriverla in modo da poter usare l'ipotesi induttiva. Ci pare abbastanza intuitivo riscriverla esplicitando i due membri a_{n+2} e a_{n+1} tramite la formula per ricorrenza

$$a_{n+2} > a_{n+1} \quad \Longleftrightarrow \quad 3a_{n+1} + 1 > 3a_n + 1.$$

Detto questo semplifichiamo l'espressione ed abbiamo

$$a_{n+2} > a_{n+1} \quad \Longleftrightarrow \quad a_{n+1} > a_n$$

che risulta vera grazie all'ipotesi induttiva.

Osserviamo che è stato fondamentale qui il fatto che $a_0 = 1 > 0$. Se avessimo avuto $a_0 < -1$ allora la dimostrazione sopra non funzionava (mancava la disuguaglianza iniziale). In tale caso in effetti si può dimostrare per induzione (provateci!) che $a_n \searrow\searrow$.

Per quanto riguarda la seconda domanda innanzitutto sappiamo che $\{a_n\}_{n\in\mathbb{N}}$ è regolare grazie al punto (2)-(vi). Il problema sarà sapere se il limite (che chiamiamo L) è finito o infinito. In questo però ci è ancora di aiuto la formula per ricorrenza. Infatti

$$\lim_{n\to+\infty} a_n = L \quad \Longleftrightarrow \quad \lim_{n\to+\infty} a_{n+1} = L.$$

La cosa ci pare intuitiva ma chi volesse cimentarsi può provare a dimostrarla formalmente usando la definizione di limite. Dalla formula per ricorrenza si ha allora che l'eventuale limite finito L deve verificare la seguente equazione

$$a_{n+1} = 3a_n + 1 \quad \Longleftrightarrow \quad L = 3L + 1 \quad \Longleftrightarrow \quad 2L + 1 = 0 \quad \Longleftrightarrow \quad L = -\frac{1}{2}.$$

Poiché $a_n \nearrow\nearrow$ e $a_0 = 1$ ne segue che $L = -\frac{1}{2}$ non può essere il limite. Ma $\{a_n\}_{n\in\mathbb{N}}$ è regolare e quindi l'unica possibilità rimasta è

$$\lim_{n\to+\infty} a_n = +\infty.$$

Osservate infine che (ragionando come sopra), se avessimo avuto $a_0 = -\frac{1}{2}$ allora $a_n \equiv -\frac{1}{2}$ mentre, se fosse stato $a_0 = -2$ avremmo avuto

$$\lim_{n\to+\infty} a_n = -\infty.$$

Siamo arrivati quindi a stabilire la monotonia ed il limite di $\{a_n\}_{n\in\mathbb{N}}$ sulla base della sola formula per ricorrenza. Purtroppo i ragionamenti usati in questo caso non si possono replicare per tutte le successioni definite per ricorrenza. Lo studio delle successioni definite per ricorrenza in casi molto generali ricade nella cosiddetta teoria dei *sistemi dinamici discreti* di cui trovate un cenno in [PSS]. In particolare, per la nostra successione è anche possibile dare una espressione esplicita del termine generale:

$$a_n = \left(a_0 + \frac{1}{2}\right)3^n - \frac{1}{2}.$$

Ciò è però impossibile nella stragrande maggioranza dei casi ed è questo il motivo per cui sono stati introdotti ed affinati metodi, come quelli visti in questo esercizio, che permettono di studiare le proprietà di tali successioni senza conoscerne esplicitamente il termine generale.

2. Proviamo a ragionare come nell'esercizio precedente. Ci risparmiamo il calcolo dei primi termini che serve a poco (controllate). Poiché

$$a_{n+1} > a_n \quad \Longleftrightarrow \quad a_n^2 + a_n + 3 > a_n \quad \Longleftrightarrow \quad a_n^2 + 3 > 0$$

risulta sempre vera segue che $a_n \nearrow\nearrow$ (tra l'altro, stavolta, indipendentemente dal valore di a_0). In particolare $\{a_n\}_{n\in\mathbb{N}}$ è regolare. Se ci fosse un limite finito L avremmo

$$L^2 + L + 3 = L \quad \Longleftrightarrow \quad L^2 + 3 = 0$$

che risulta impossibile. Essendo $\{a_n\}_{n\in\mathbb{N}}$ regolare non rimane che

$$\lim_{n\to+\infty} a_n = +\infty.$$

Notate che in questo caso monotonia e limite sono indipendenti dal valore iniziale e che non abbiamo avuto bisogno di ricorrere al ragionamento per induzione.

3. Questo caso è più difficile. Calcoliamo i primi termini con entrambi i punti di partenza.

   - Nel primo caso abbiamo

   $$a_0 = 1, \quad a_1 = \frac{1}{a_0} = 1, \quad a_2 = \frac{1}{a_1} = 1, \quad a_3 = \frac{1}{a_2} = 1, \quad \ldots$$

   Viene il sospetto che il termine generale di tale successione sia sempre uguale a 1. Ciò in effetti è vero e vi sfidiamo a dimostrarlo per induzione (con un procedimento analogo a quello visto precedentemente).

   - Nel secondo caso invece

   $$a_0 = 2, \quad a_1 = \frac{1}{a_0} = \frac{1}{2}, \quad a_2 = \frac{1}{a_1} = 2, \quad a_3 = \frac{1}{a_2} = \frac{1}{2}, \quad \ldots$$

   Anche qui viene il sospetto che la successione sia oscillante tra i valori 2 e $\frac{1}{2}$ (già che ci siete, fate anche questo per induzione).

Notate che a questo punto non abbiamo bisogno di fare altre indagini. In questo caso quindi il calcolo dei primi termini ci ha aiutato a intuire come andavano le cose e l'induzione ci ha permesso di confermare la fondatezza dei nostri sospetti.

Se avessimo voluto ragionare per la monotonia come nei casi precedenti, avremmo la disequazione

$$a_{n+1} > a_n \quad \Longleftrightarrow \quad a_n^{-1} - a_n > 0 \quad \Longleftrightarrow \quad \frac{1-a_n^2}{a_n} > 0 \quad \Longleftrightarrow \quad a_n \in (-\infty, -1) \cup (0, 1)$$

che non risulta semplice da commentare. Per il limite avremmo che se

$$\lim_{n\to+\infty} a_n = L \in \mathbb{R}$$

allora, dalla formula di ricorrenza,

$$L = \frac{1}{L} \quad \Longleftrightarrow \quad L^2 = 1 \quad \Longleftrightarrow L = \pm 1.$$

I commenti sono lasciati al lettore intraprendente. ∎

Esercizi per casa

Esercizio 2.3.35 [Roma 18/01/2000, n.8] Sia A la quantità di clienti potenziali per una ditta. Supponiamo che ogni settimana la ditta conquisti nuovi clienti in modo che, detta a_n la quota di clienti non ancora conquistati alla n–esima settimana, si abbia

$$a_{n+1} = a_n - \frac{a_n}{3} = \frac{2}{3}a_n.$$

Calcolare il termine generale della successione (supponendo $a_0 = A$) e dire se, ad un certo istante, i clienti vengono effettivamente conquistati tutti.

Esercizio 2.3.36 [Roma 07/07/2000, n.3] Sia $A > 0$ il numero di clienti di una ditta di servizi (ad esempio un azienda telefonica) al tempo $n = 0$. Supponiamo che a causa dell'entrata di un nuovo competitore ogni settimana la ditta perda clienti in modo che, detta a_n la quota di clienti alla n–esima settimana, si abbia ($\alpha \in (0,1)$ parametro)

$$a_{n+1} = a_n - \alpha a_n.$$

Trovare il valore di a_n in funzione di n e calcolare il limite di $\{a_n\}_{n\in\mathbb{N}}$. Inoltre dire dopo quante settimane i clienti si dimezzano.

Esercizio 2.3.37 [Roma 10/10/2000, n.3] I guadagni di un'azienda alla settimana $(n+1)$–esima dipendono da quelli alla settimana n–esima tramite la seguente relazione di ricorrenza

$$a_{n+1} = a_n\left(10 + a_n\right), \qquad a_0 = 2.$$

Dire se tale successione è monotona e se può avere limite finito.
Facoltativo: fare lo stesso nel caso in cui

$$a_{n+1} = a_n\left(10 - a_n\right), \qquad a_0 = 0.$$

2.4 Serie

Gli esercizi che vi propineremo sulle serie vertono soprattutto sulla seguente domanda:

"Data una serie

$$\sum_{n=1}^{+\infty} a_n$$

(eventualmente dipendente da uno o più parametri), determinarne il carattere (cioè dire se converge, diverge o è irregolare). Nel caso sia convergente determinarne, se possibile, la somma."

Dato che il carattere di una serie (rispettivamente la sua somma) coincide con il carattere (rispettivamente il limite) della successione delle somme parziali

$$S_k = \sum_{n=1}^{k} a_n,$$

il problema somiglia molto a quello di scoprire il carattere ed il limite di una successione. La difficoltà consiste nel fatto che noi non conosciamo, salvo casi particolari, il termine generale della successione $\{S_k\}_{k\in\mathbb{N}}$. Conosciamo $\{a_n\}_{n\in\mathbb{N}}$ e quindi per $\{S_k\}_{k\in\mathbb{N}}$ abbiamo a disposizione solo una relazione di ricorrenza del tipo

$$S_{k+1} = S_k + a_{k+1}.$$

Ne segue che la armi a disposizione e il modo di usarle sono leggermente diverse da quelle viste nella sezione sui limiti. Esse si basano sullo studio del termine generale della somma a_n e cercano di trarre da esso informazioni sul comportamento di $\{S_k\}_{k\in\mathbb{N}}$.

Le "armi"

Iniziamo a ricordare quali sono le "armi" a nostra disposizione.

(1) Ci sono alcune serie (che potremmo chiamare "serie notevoli") di cui conosciamo il carattere (e a volte anche la somma) e che costituiscono punti di riferimento con i quali confrontare le altre serie che ci capitano a tiro.

(i) *Serie geometrica* di ragione $q \in \mathbb{R}$:

$$\sum_{n=0}^{+\infty} q^n = \begin{cases} +\infty, & q \geq 1, \\ \frac{1}{1-q}, & q \in (-1,1), \\ \text{irregolare}, & q \leq 1. \end{cases}$$

(ii) *Serie telescopiche*:

$$\sum_{n=1}^{+\infty} (a_n - a_{n+1}).$$

In tal caso

$$S_k = (a_1 - a_2) + (a_2 - a_3) + \ldots + (a_{k-1} - a_k) + (a_k - a_{k+1}) = a_1 - a_{k+1}$$

per cui siamo in grado di determinare il termine generale di $\{S_k\}_{k\in\mathbb{N}}$. Il carattere e la somma si possono determinare utilizzando le armi sulle successioni (non è detto che sia sempre possibile). Casi particolari importanti sono

- la *serie di Mengoli*[4]

$$\sum_{n=1}^{+\infty} \frac{1}{n(n+1)} = \sum_{n=1}^{+\infty} \left(\frac{1}{n} - \frac{1}{n+1} \right) = 1;$$

- la serie

$$\sum_{n=1}^{+\infty} \ln\left(\frac{n+1}{n}\right) = \sum_{n=1}^{+\infty} \big(\ln(n+1) - \ln n \big) = +\infty.$$

(iii) *Serie armonica generalizzata* di ordine $\alpha > 0$:

$$\sum_{n=1}^{+\infty} \frac{1}{n^\alpha} = \begin{cases} +\infty, & \alpha \in (0,1], \\ \text{converge (ma la somma ve la risparmiamo)}, & \alpha > 1. \end{cases}$$

(2) Il primo controllo da fare quando si vuole determinare il carattere di una serie è fornito dal seguente risultato.

Teorema 2.4.1 (Condizione necessaria per la convergenza) *Se la serie $\sum_{n=1}^{+\infty} a_n$ converge allora il suo termine generale deve essere infinitesimo, cioè*

$$\lim_{n\to+\infty} a_n = 0.$$

(3) Le serie a termini positivi (o definitivamente positivi) sono sempre regolari (in quanto le successioni delle somme parziali $\{S_k\}_{k\in\mathbb{N}}$ sono monotone crescenti, almeno definitivamente) e per sapere se convergono o divergono esistono i seguenti criteri (ma non solo).

Teorema 2.4.2 (Criterio del confronto e del confronto asintotico) *Siano*

$$\sum_{n=1}^{+\infty} a_n \quad e \quad \sum_{n=1}^{+\infty} b_n$$

due serie a termini definitivamente positivi.

- *Se $a_n \leq b_n$ definitivamente allora*
  - *la convergenza di $\sum_{n=1}^{+\infty} b_n$ implica la convergenza di $\sum_{n=1}^{+\infty} a_n$;*
  - *la divergenza di $\sum_{n=1}^{+\infty} a_n$ implica la divergenza di $\sum_{n=1}^{+\infty} b_n$.*
- *Se*

$$\lim_{n\to+\infty} \frac{a_n}{b_n} = L \in \mathbb{R} \setminus \{0\}$$

allora le due serie hanno lo stesso comportamento.

Teorema 2.4.3 (Criterio del rapporto) *Sia*

$$\sum_{n=1}^{+\infty} a_n$$

una serie a termini positivi tale che

$$\lim_{n\to+\infty} \frac{a_{n+1}}{a_n} = L;$$

- *se $L > 1$ allora la serie diverge,*
- *se $0 \leq L < 1$ allora la serie converge,*
- *se $L = 1$ niente si può dire sul carattere della serie.*

[4]In ricordo di Mengoli Pietro, matematico del 1600.

Teorema 2.4.4 (Criterio della radice) *Sia*

$$\sum_{n=1}^{+\infty} a_n$$

una serie a termini definitivamente positivi tale che

$$\lim_{n\to+\infty} \sqrt[n]{a_n} = L;$$

- *se $L > 1$ allora la serie diverge,*
- *se $0 \leq L < 1$ allora la serie converge,*
- *se $L = 1$ niente si può dire sul carattere della serie.*

Notate che per le serie a termini negativi (o definitivamente negativi) valgono esattamente gli stessi teoremi, cambiando il segno.

(4) Per le serie a segno alterno, cioè del tipo

$$\sum_{n=1}^{+\infty} (-1)^n a_n$$

con $a_n \geq 0$ per ogni $n \in \mathbb{N}$, abbiamo il seguente criterio.

Teorema 2.4.5 (Criterio di Leibniz) *Sia*

$$\sum_{n=1}^{+\infty} (-1)^n a_n$$

una serie a segno alterno con la successione $\{a_n\}_{n\in\mathbb{N}}$ definitivamente positiva, infinitesima e decrescente. Allora la serie converge.

In realtà esistono anche altre armi ma non ne avremo bisogno.

Come usare le "armi"

Vediamo ora di tracciare alcuni punti fermi sul modo di usare le armi sopra descritte. Si tratta di farsi le domande giuste.

(A) *Il termine generale è infinitesimo?* Se non lo è, la serie diverge o è irregolare e di solito non ci serve sapere altro. Se lo è, si va avanti. Questo serve a scremare una serie di serie (perdonate il gioco di parole) senza perdere tempo.

(B) *Il segno del termine generale è positivo* (o *negativo*) almeno definitivamente? Se lo è, usiamo l'armamentario a disposizione per le serie a termini positivi (o negativi, che è lo stesso). Se non lo è siamo nei guai, a meno che non sia una serie a segni alterni, nel qual caso abbiamo l'arma (4).

(C) *Riscrittura.* Se abbiamo di fronte un termine generale che ci pare intrattabile possiamo cercare di riscriverlo (consiglio già dato in altre occasioni).

Esercizi ben svolti

Carattere di serie dato

Esercizio 2.4.1 [Roma 14/03/2000, n.10] Determinare il carattere delle serie

$$\sum_{n=1}^{+\infty} \frac{n^2}{1+2n^3}, \qquad \sum_{n=1}^{+\infty} \frac{2^n}{n+2^n}, \qquad \sum_{n=0}^{+\infty} \frac{4^n}{9^{n-2}}.$$

Soluzione. Osserviamo subito che tutte e tre le serie sono a termini positivi e quindi regolari (punto (3) di questa sezione).

1. La prima ha termine generale infinitesimo dato che

$$\lim_{n\to+\infty} a_n = \lim_{n\to+\infty} \frac{n^2}{1+2n^3} = \lim_{n\to+\infty} \frac{n^2}{n^3\left(\frac{1}{n^3}+2\right)}$$
$$= \lim_{n\to+\infty} \frac{1}{n\left(\frac{1}{n^3}+2\right)} = 0$$

(sitratta del solito metodo per calcolare il limite di un rapporto di polinomi, vedasi Esercizio 2.3.5-3).

Vale quindi la condizione necessaria per la convergenza (punto (2) di questa sezione). Ora possiamo usare il criterio del confronto asintotico con la serie armonica di ordine 1 (punto (1)-(iii) di questa sezione):

$$\frac{a_n}{\frac{1}{n}} = n \cdot \frac{n^2}{1+2n^3} = \frac{n^3}{1+2n^3} = \frac{n^3}{n^3\left(\frac{1}{n^3}+2\right)} = \frac{1}{2+\frac{1}{n^3}}.$$

Ne segue che

$$\lim_{n\to+\infty} \frac{a_n}{\frac{1}{n}} = \lim_{n\to+\infty} \frac{1}{2+\frac{1}{n^3}} = \frac{1}{2} \neq 0$$

e quindi la serie si comporta come la serie armonica di ordine 1, cioè diverge.

Faccina 2.4.6 Dopo aver controllato che la serie propinataci ha i termini positivi e il termine generale infinitesimo, come si fa a scegliere il metodo migliore per studiarne il carattere? E se si vuole usare il criterio del confronto (asintotico e non), con quale serie confrontare quella propinata? Non c'è, come al solito, una risposta univoca ma alcune chiavi di lettura:

- serie come quella sopra con frazioni algebriche (cioè denominatore e numeratore con potenze e radici) e termine generale infinitesimo si prestano bene ad essere confrontate con la serie armonica generalizzata; l'esponente α della serie generalizzata da usare si sceglie prendendo la differenza tra il grado del denominatore e quello del numeratore.
- serie con soli esponenziali come la terza di questo esercizio possono essere confrontate con quelle geometriche (o sono geometriche esse stesse);
- serie con polinomi ed esponenziali o fattoriali come la terza dell'esercizio seguente spesso si prestano ad essere indagate con il criterio del rapporto.

2. La seconda ha il termine generale non infinitesimo poiché

$$\lim_{n\to+\infty} \frac{2^n}{n+2^n} = \lim_{n\to+\infty} \frac{2^n}{2^n\left(\frac{n}{2^n}+1\right)} = 1$$

e quindi diverge (punto (2) di questa sezione). Ricordiamoci che questa serie è sicuramente regolare in quanto ha il termine generale positivo.

3. La terza è una serie geometrica (punto (1)-(i) di questa sezione) per cui

$$S_N = \sum_{n=0}^{N} \frac{4^n}{9^{n-2}} = 81 \sum_{n=0}^{N} \left(\frac{4}{9}\right)^n = 81 \frac{1-\left(\frac{4}{9}\right)^{N+1}}{1-\frac{4}{9}} = \frac{729}{5}\left(1-\left(\frac{4}{9}\right)^{N+1}\right).$$

Chiaramente S_N converge a $\frac{729}{5}$ che risulta essere il limite della serie. ∎

Esercizio 2.4.2 [Roma 18/01/2000, n.10] Determinare il carattere e, ove possibile, la somma delle serie

$$\sum_{n=0}^{+\infty} \frac{2^n}{3^{n+2}}, \qquad \sum_{n=1}^{+\infty} \frac{n}{n+2}, \qquad \sum_{n=1}^{+\infty} \frac{n^3}{3^n}.$$

Soluzione. Tutte e tre le serie sono a termini positivi e quindi regolari (punto (3) di questa sezione).

1. La prima è una serie geometrica (punto (1)-(i) di questa sezione). Per vederlo basta riscrivere il termine generale
$$\frac{2^n}{3^{n+2}} = \frac{1}{9}\left(\frac{2}{3}\right)^n.$$
Quindi le somme parziali sono
$$S_N = \sum_{n=0}^{N} \frac{2^n}{3^{n+2}} = \frac{1}{9}\sum_{n=0}^{N}\left(\frac{2}{3}\right)^n = \frac{1}{9}\cdot\frac{1-\left(\frac{2}{3}\right)^{N+1}}{1-\frac{2}{3}} = \frac{1}{3}\left(1-\left(\frac{2}{3}\right)^{N+1}\right).$$
Chiaramente S_N converge a $\frac{1}{3}$ e quindi la serie è convergente ed ha per somma $\frac{1}{3}$.

2. La seconda ha il termine generale non infinitesimo poiché
$$\lim_{n\to+\infty} \frac{n}{n+2} = \lim_{n\to+\infty} \frac{n}{n\left(1+\frac{2}{n}\right)} = \lim_{n\to+\infty} \frac{1}{1+\frac{2}{n}} = 1$$
e quindi diverge (ricordiamoci che è sicuramente regolare in quanto ha il termine generale positivo) grazie al punto (2) di questa sezione.

3. Ricordando la Faccina 2.4.6 la terza serie si può studiare con il criterio del rapporto (Teorema 2.4.3):
$$\frac{a_{n+1}}{a_n} = \frac{(n+1)^3}{3^{n+1}}\cdot\frac{3^n}{n^3} = \frac{1}{3}\cdot\frac{(n+1)^3}{n^3} = \frac{1}{3}\cdot\frac{n^3\left(1+\frac{1}{n}\right)^3}{n^3} = \frac{1}{3}\left(1+\frac{1}{n}\right)^3.$$
Ne segue che
$$\lim_{n\to+\infty}\frac{a_{n+1}}{a_n} = \lim_{n\to+\infty}\frac{1}{3}\left(1+\frac{1}{n}\right)^3 = \frac{1}{3} < 1$$
e quindi la serie converge. ∎

Esercizio 2.4.3 Determinare il carattere delle serie
$$\sum_{n=1}^{+\infty}(-1)^n\frac{n+1}{n^2+1}.$$

Soluzione. Il termine generico della serie è
$$(-1)^n\frac{n+1}{n^2+1}$$
che risulta di segno alterno; infatti

- se n è dispari si ha $(-1)^n = -1$ e quindi
$$(-1)^n\frac{n+1}{n^2+1} = -\frac{n+1}{n^2+1} < 0,$$
- se n è pari si ha $(-1)^n = 1$ e quindi
$$(-1)^n\frac{n+1}{n^2+1} = \frac{n+1}{n^2+1} > 0.$$

Proviamo a vedere se possiamo applicare il criterio di Leibniz (Teorema 2.4.5). Dobbiamo far vedere due cose.

- La successione $a_n = \frac{n+1}{n^2+1}$ deve essere infinitesima. E lo è; infatti
$$\lim_{n\to+\infty}\frac{n+1}{n^2+1} = \lim_{n\to+\infty}\frac{n\left(1+\frac{1}{n}\right)}{n^2\left(1+\frac{1}{n^2}\right)} = \lim_{n\to+\infty}\frac{1}{n}\cdot\frac{1+\frac{1}{n}}{1+\frac{1}{n^2}} = 0.$$

- La successione $a_n = \frac{n+1}{n^2+1}$ deve essere monotona decrescente. E lo è; infatti

$$\begin{aligned} a_{n+1} < a_n &\iff \frac{(n+1)+1}{(n+1)^2+1} < \frac{n+1}{n^2+1} \\ &\iff \frac{n+2}{n^2+2n+2} < \frac{n+1}{n^2+1} \\ &\iff (n+2)(n^2+1) < (n+1)(n^2+2n+2) \\ &\iff n^3+2n^2+n+2 < n^3+3n^2+4n+2 \\ &\iff n^2+3n > 0 \end{aligned}$$

che risulta verificata, per ogni $n \in \mathbb{N}$.

Poiché le condizioni del Teorema 2.4.5 sono verificate, possiamo concludere che la serie converge. ∎

Carattere di serie con parametri

Esercizio 2.4.4 [L'Aquila 16/02/2000, n.B1] Determinare il carattere e, ove possibile, la somma della serie

$$\sum_{n=1}^{+\infty} \left(\sqrt{x-1}-1\right)^n$$

al variare del parametro x.

Soluzione. Non ci dobbiamo spaventare: è semplicemente una serie geometrica di ragione $\sqrt{x-1}-1$ di cui sappiamo tutto:

- diverge se $\sqrt{x-1}-1 \geq 1$;
- converge se $-1 < \sqrt{x-1}-1 < 1$;
- è irregolare se $\sqrt{x-1}-1 \leq -1$.

Per capire per quali valori del parametro la serie convergeo diverge o è irregolare sarà perciò sufficiente risolvere le tre disequazioni qua sopra. In realtà esse sono collegate fra loro: è sufficiente allora risolvere le due disequazioni qua sotto e poi collegarle a quelle sopra con un po' di accortezza. Tracciamo velocemente il procedimento.

$$\sqrt{x-1}-1 \quad < \quad 1, \tag{2.7}$$

$$\sqrt{x-1}-1 \quad > \quad -1. \tag{2.8}$$

Disequazione (2.7). Trasportando -1 a destra si ottiene

$$\sqrt{x-1} < 2.$$

Innanzitutto il CE che è individuato dalla disequazione $x-1 \geq 0$ e quindi

$$CE = [1, +\infty).$$

Essendo ambo i membri ≥ 0 si possono elevare al quadrato ottenendo

$$\sqrt{x-1} < 2 \iff x-1 < 4 \iff x < 5.$$

Tenendo conto del CE abbiamo che l'insieme delle soluzioni della disequazione (2.7) è

$$I_1 = [1, +\infty) \cap (-\infty, 5) = [1, 5).$$

Ovviamente l'insieme delle soluzioni della disequazione inversa

$$\sqrt{x-1}-1 \geq 1$$

sarà

$$I_1^c = [5, +\infty).$$

Disequazione (2.8). Trasportando -1 a destra si ottiene

$$\sqrt{x-1} > 0.$$

Il CE è lo stesso del caso precedente; inoltre, elevando al quadrato ambo i membri (poiché sono ≥ 0), si ottiene

$$\sqrt{x-1} > 0 \iff x-1>0 \iff x>1.$$

Quindi l'insieme delle soluzioni della disequazione (2.8) è

$$I_2 = [1,+\infty) \cap (1,+\infty) = (1,+\infty).$$

Ovviamente l'insieme delle soluzioni della disequazione inversa

$$\sqrt{x-1} - 1 \leq -1.$$

sarà

$$I_2^c = \{1\}.$$

A questo punto siamo in grado di dare la risposta all'esercizio:

- la serie geometrica diverge se $\sqrt{x-1} - 1 \geq 1$ cioè se $x \in I_1^c = [5,+\infty)$;
- la serie geometrica converge se $-1 < \sqrt{x-1} - 1 < -1$ cioè se $x \in I_1 \cap I_2 = (1,5)$;
- la serie geometrica è irregolare se $\sqrt{x-1} - 1 \leq -1$ cioè se $x \in I_2^c = \{1\}$;
- la serie geometrica non esiste se $x \notin CE$ cioè se $x \in (-\infty, 1)$.

Occhio a non dimenticare quest'ultimo punto! ∎

Esercizi per casa

Esercizio 2.4.5 [Roma 13/12/2000, n.9] Determinare il carattere delle serie

$$\sum_{n=1}^{+\infty} \frac{(-1)^n}{n+2}; \quad \sum_{n=1}^{+\infty} \frac{1}{2n^2-n}; \quad \sum_{n=1}^{+\infty} \frac{n!}{n^n}.$$

Esercizio 2.4.6 [Roma 13/12/2000, n.10] Dire se la serie

$$\sum_{n=0}^{+\infty} (-1)^n \frac{2^{n+3}}{5^n}$$

converge e trovarne la somma.

Esercizio 2.4.7 [L'Aquila 13/09/2000, n.B2] Determinare per quali valori del parametro reale x converge la serie

$$\sum_{n=1}^{\infty} \left(\frac{1}{n}\right)^{\frac{x^2-2x-2}{x-2}}.$$

2.5 Altri esercizi

Esercizio 2.5.1 [Roma 10/10/2000, n.2] Dite se la successione di termine generale

$$u_n = \ln\left(\frac{n}{n+1}\right) = \ln n - \ln(n+1), \qquad n \geq 3$$

è monotona e, nel caso sia convergente, calcolarne il limite. Quindi indagate il carattere della serie

$$\sum_{n=3}^{+\infty} \ln\left(\frac{n}{n+1}\right).$$

Se ce la fate, calcolatene anche la somma.

Soluzione. La successione $\{a_n\}_{n\in\mathbb{N}}$ ha come serie associata una serie telescopica (vedasi il punto (1)-(ii) della Sezione 2.4). Per quanto riguarda la monotonia e la convergenza della successione possiamo riscrivere a_n nella seguente maniera:

$$a_n = \ln\left(\frac{n+1-1}{n+1}\right) = \ln\left(1 - \frac{1}{n+1}\right).$$

A questo punto si osserva che $1 - \frac{1}{n+1}$ è strettamente crescente e quindi lo è anche $\{a_n\}_{n\in\mathbb{N}}$ per le proprietà dei logaritmi. Ne segue che $\{a_n\}_{n\in\mathbb{N}}$ è regolare. Sostituendo si trova che

$$\lim_{n\to+\infty} \ln\left(1 - \frac{1}{n+1}\right) = \ln 1 = 0.$$

(Se non ci fosse venuto in mente di riscrivere così a_n, avremmo potuto ragionare con il metodo standard usato nell'Esercizio 2.3.1; tuttavia, se provate, vedrete che è più faticoso). Passando alla serie possiamo dire che la condizione necessaria per la convergenza è soddisfatta e che si tratta di una serie a termini negativi in quanto l'argomento del logaritmo è < 1 (ricordiamo che le serie a termini negativi si trattano come le serie a termini positivi!). Inoltre, dato che

$$a_n = \ln n - \ln(n+1)$$

si tratta di una serie telescopica già vista al punto (1)-(ii) della Sezione 2.4). La successione delle somme parziali vale

$$\begin{aligned} S_k &= \sum_{n=3}^{k} (\ln n - \ln(n+1)) \\ &= (\ln 3 - \ln 4) + (\ln 4 - \ln 5) + (\ln 5 - \ln 6) + \ldots + (\ln(k-1) - \ln k) + (\ln k - \ln(k+1)) \\ &= \ln 3 - \ln(k+1). \end{aligned}$$

Quindi

$$\lim_{k\to+\infty} S_k = -\infty$$

e la serie diverge negativamente. Se non ci fossimo accorti che la serie in esame era telescopica, avremmo comunque scoperto la sua divergenza usando il criterio del confronto asintotico con la serie armonica di ordine 1 (cambiata di segno così da avere i termini negativi). ∎

Esercizio 2.5.2 Sia a_n il valore attuale di una rendita di 4 euro l'anno con tasso composto annuale r, costituita da n incassi e che inizia esattamente tra 4 anni. Scrivere esplicitamente a_n e studiarne monotonia, limitatezza e comportamento asintotico con $r \in (0,1)$.

Soluzione. Come negli esercizi della Sezione 1.3.3 si ricava che

$$a_1 = \frac{4}{(1+r)^4}, \quad a_2 = \frac{4}{(1+r)^4} + \frac{4}{(1+r)^5}, \quad a_3 = \frac{4}{(1+r)^4} + \frac{4}{(1+r)^5} + \frac{4}{(1+r)^6}$$

e

$$a_n = \sum_{k=0}^{n-1} \frac{4}{(1+r)^{k+4}}$$

(notate che abbiamo fatto partire la successione da $n = 1$ in quanto il caso di $n = 0$ incassi non ci interessa). Si ha quindi

$$a_n = \sum_{k=0}^{n-1} \frac{4}{(1+r)^{k+4}} = \frac{4}{(1+r)^4} \sum_{k=0}^{n-1} \left(\frac{1}{1+r}\right)^k = \frac{4}{(1+r)^4} \cdot \frac{(1+r)^{-n} - 1}{(1+r)^{-1} - 1} = \frac{4}{r(1+r)^3}\left(1 - (1+r)^{-n}\right).$$

Si ha allora

$$a_n = c(r)\left(1 - (1+r)^{-n}\right)$$

dove abbiamo posto

$$c(r) = \frac{4}{r(1+r)^3}.$$

Studiamone ora le proprietà.

Faccina 2.5.1 Il fatto che la successione sia strettamente crescente è ovvio se si pensa al suo significato economico. Il valore totale di una rendita non può che aumentare ad ogni scadenza visto che si riscuotono somme di denaro positive! Non trascurate quindi di pensare al significato economico degli oggetti che trovate: vi potrebbe fornire aiuti a volte insospettati.

Facciamo comunque le cose formalmente.

- $a_n \nearrow\nearrow$, infatti si ha:

$$\begin{aligned} a_{n+1} > a_n &\iff c(r)\left(1-(1+r)^{-(n+1)}\right) > c(r)\left(1-(1+r)^{-n}\right) \\ &\iff (1+r)^{-n-1} < (1+r)^{-n} \\ &\iff (1+r)^{-1} < 1 \end{aligned}$$

  che risulta vero per ogni $n \in \mathbb{N}$.

- Poiché $(1+r)^{-n}$ è infinitesimo, si ha

$$\lim_{n\to+\infty} a_n = c(r),$$

  cioè la rendita perpetua ha comunque un valore finito (ve lo aspettavate?).

- Poiché $(1+r)^{-n} \in (0,1)$ per ogni $n \in \mathbb{N}$ si ha $0 < a_n < c(r)$ per ogni n e quindi a_n è limitata (vedasi in proposito la Faccina 2.3.5). ∎

Esercizio 2.5.3 Come per l'esercizio precedente ma nel caso che la rendita sia indicizzata e cresca ogni anno a tasso αr con $\alpha \in (0,2)$.

Soluzione. Ragionando come nell'esercizio precedente:

$$\begin{aligned} a_n &= \frac{4}{(1+r)^4} + \frac{4(1+\alpha r)}{(1+r)^5} + \frac{4(1+\alpha r)^2}{(1+r)^6} + \ldots + \frac{4(1+\alpha r)^{n-1}}{(1+r)^{n-1+4}} \\ &= \sum_{k=0}^{n-1} \frac{4(1+\alpha r)^k}{(1+r)^{k+4}} \\ &= \frac{4}{(1+r)^4}\sum_{k=0}^{n-1}\left(\frac{1+\alpha r}{1+r}\right)^k . \end{aligned}$$

Se poi $\alpha \neq 1$, continuando i calcoli,

$$a_n = \frac{4}{(1+r)^4}\cdot\frac{\left(\frac{1+\alpha r}{1+r}\right)^n - 1}{\frac{1+\alpha r}{1+r} - 1} = \frac{4}{(1+r)^4}\cdot\frac{1+r}{(\alpha-1)r}\cdot\left[\left(1+(\alpha-1)\frac{r}{1+r}\right)^n - 1\right].$$

Se invece $\alpha = 1$ si ha

$$a_n = \frac{4}{(1+r)^4}\sum_{k=0}^{n-1}\left(\frac{1+r}{1+r}\right)^k = \frac{4}{(1+r)^4}\sum_{k=0}^{n-1} 1 = \frac{4n}{(1+r)^4}.$$

A questo punto dividiamo lo studio in 3 casi, a seconda dei valori del parametro.

Caso $\alpha \in (0,1)$. Significa che la rendita cresce a tasso minore del tasso di interesse r. Semplificando e mettendo in evidenza -1 all'interno della parentesi si ha

$$a_n = \frac{4}{r(1+r)^3(1-\alpha)}\left[1-\left(1-(1-\alpha)\frac{r}{1+r}\right)^n\right].$$

È chiaro, se si pensa al significato economico, che comunque $a_n > 0$ e $a_n \nearrow\nearrow$ (provate da soli a dimostrarlo formalmente come visto nell'esercizio precedente). Inoltre, essendo

$$1 - (1-\alpha)\frac{r}{1+r} = \frac{1+\alpha r}{1+r} < 1$$

si ha che

$$\lim_{n\to+\infty}\left(1-(1-\alpha)\frac{r}{1+r}\right)^n = 0$$

e quindi

$$\lim_{n\to+\infty} a_n = \frac{4}{r(1+r)^3(1-\alpha)} = \frac{c(r)}{1-\alpha}$$

dove $c(r)$ è la costante introdotta nell'esercizio precedente. Poiché $\frac{1}{1-\alpha} > 1$ la rendita perpetua ha in questo caso un valore finito, ma maggiore che nel caso $\alpha = 0$ (rendita costante). In particolare segue che la sucessione $\{a_n\}_{n\in\mathbb{N}}$ è limitata.

Caso $\alpha = 1$**.** La rendita cresce allo stesso tasso r. Dato che

$$a_n = \frac{4n}{(1+r)^4}$$

si ha, ragionando come nell' Esercizio 1.3.15,

- $a_n > 0$,
- $a_n \nearrow\nearrow$,
- a_n diverge positivamente ed in particolare $\{a_n\}_{n\in\mathbb{N}}$ non è superiormente limitata.

Caso $\alpha > 1$**.** La rendita cresce a tasso più alto di r. Si ha, come nel caso $\alpha \in (0,1)$,

$$a_n = \frac{4}{r(1+r)^3(\alpha-1)}\left[\left(\frac{1+\alpha r}{1+r}\right)^n - 1\right]$$

e ancora (ovviamente)

- $a_n > 0$,
- $a_n \nearrow\nearrow$.

Inoltre, poiché $\frac{1+\alpha r}{1+r} > 1$ si ha che

$$\lim_{n\to+\infty} a_n = +\infty$$

e quindi $\{a_n\}_{n\in\mathbb{N}}$ non è limitata. ∎

Esercizio 2.5.4 Si consideri ora una rendita annuale di α euro che ogni anno cresce di β euro, nel senso che:

- il primo anno incasso α euro;
- il secondo anno incasso $\alpha + \beta$ euro;
- l'n–esimo anno incasso $\alpha + (n-1)\beta$ euro.

Sia a_n il valore attuale di tale rendita (sempre a tasso composto annuale r) nell'ipotesi che inizi da oggi e che duri per n anni (esattamente n incassi). Scrivere a_n e studiarne monotonia, limitatezza e comportamento asintotico al variare dei parametri $\alpha > 0$ e $\beta > 0$.

Soluzione. Ragionando come nell'Esercizio 2.5.2 si ha:

$$a_n = \alpha + \frac{\alpha+\beta}{1+r} + \frac{\alpha+2\beta}{(1+r)^2} + \ldots + \frac{\alpha+(n-1)\beta}{(1+r)^{n-1}} = \sum_{k=0}^{n-1} \frac{\alpha+k\beta}{(1+r)^k}$$

e, usando le proprietà delle sommatorie,

$$a_n = \alpha \sum_{k=0}^{n-1} (1+r)^{-k} + \beta \sum_{k=0}^{n-1} \frac{k}{(1+r)^k} = \alpha \left(\frac{1+r}{r}\right)\left(1-(1+r)^{-n}\right) + \beta \sum_{k=0}^{n-1} \frac{k}{(1+r)^k}.$$

Per semplicità indichiamo

$$\begin{aligned} b_n &= \alpha \left(\frac{1+r}{r}\right)\left(1-(1+r)^{-n}\right), \\ c_n &= \beta \sum_{k=0}^{n-1} \frac{k}{(1+r)^k}, \end{aligned}$$

e dunque

$$a_n = b_n + c_n.$$

Sebbene non sappiamo scrivere un'espressione sintetica del termine c_n, possiamo comunque analizzare le proprietà di $\{a_n\}_{n\in\mathbb{N}}$. Innanzitutto, trattandosi di una rendita, è chiaro che, come negli esercizi precedenti,

- $a_n \nearrow\nearrow$,
- $a_n > 0$ e quindi è limitata inferiormente.

Per quanto riguarda il comportamento asintotico sappiamo che a_n è una successione regolare; dobbiamo capire se converge o diverge, e, se converge, calcolarne il limite. La cosa qui è più difficile di prima a causa della presenza di $\{c_n\}_{n\in\mathbb{N}}$.

Faccina 2.5.2 Come si può fare? Conviene studiare separatamente $\{b_n\}_{n\in\mathbb{N}}$ e $\{c_n\}_{n\in\mathbb{N}}$ e poi usare i teoremi sui limiti di somme (qui non potrà uscir fuori una FI del tipo $+\infty - \infty$ in quanto b_n e c_n sono entrambe > 0).

Per quanto riguarda $\{b_n\}_{n\in\mathbb{N}}$, come fatto nell'esercizio precedente,

$$\lim_{n\to+\infty} b_n = \alpha\left(1+\frac{1}{r}\right).$$

Invece

$$\lim_{n\to+\infty} c_n = \sum_{k=0}^{+\infty} \frac{\beta k}{(1+r)^k}.$$

Di quest'ultima serie determiniamo il carattere usando il criterio del rapporto (Teorema 2.4.3) dato che si tratta chiaramente di una serie a termini positivi. Il termine generale della serie è $d_k = \frac{\beta k}{(1+r)^k}$ e quindi

$$\lim_{k\to+\infty} \frac{d_{k+1}}{d_k} = \lim_{k\to+\infty} \frac{\beta(k+1)}{(1+r)^{k+1}} \cdot \frac{(1+r)^k}{\beta k} = \lim_{k\to+\infty} \frac{k+1}{k(1+r)} = \frac{1}{1+r} < 1.$$

Quindi la serie (e perciò anche la successione $\{c_n\}_{n\in\mathbb{N}}$) converge. A maggior ragione converge la successione $\{a_n\}_{n\in\mathbb{N}}$ in quanto somma di successioni convergenti e

$$\lim_{n\to+\infty} a_n = \alpha\left(1+\frac{1}{r}\right) + \beta \sum_{k=0}^{+\infty} \frac{k}{(1+r)^k}.$$

Questo in particolare dice che $\{a_n\}_{n\in\mathbb{N}}$ è limitata. Il calcolo del limite di $\{c_n\}_{n\in\mathbb{N}}$ richiede strumenti matematici più avanzati. Tuttavia, una volta noto che la successione $\{c_n\}_{n\in\mathbb{N}}$ converge, si può calcolare un valore approssimato del suo limite tramite il computer (per i curiosi, il valore esatto è $\frac{\beta}{r} + \frac{\beta}{r^2}$). ∎

Esercizi per casa

Esercizio 2.5.5 [Roma 18/01/2000, n.9] Chiamiamo a_n il valore (a tasso di interesse composto annuale fisso r) di una rendita annuale che dura n anni (n incassi) a partire da oggi, che il primo anno vale x euro e poi cresce ogni anno a tasso $g < r$. Calcolare a_n e poi trovare il limite di a_n.
Facoltativo: cosa si può dire nel caso in cui la rendita cresce aumentando ogni anno di y euro?

Esercizio 2.5.6 [Roma 14/03/2000, n.9] Chiamiamo a_n il valore (a tasso di interesse composto annuale costante r) di una rendita che dura n anni a partire da oggi, che il primo anno vale x euro e poi cresce ogni anno a tasso $g > r$ (quindi vale $x(1+g)$ il secondo anno, $x(1+g)^2$ il terzo, e così via). Calcolare a_n e poi trovare il limite di a_n.

Esercizio 2.5.7 [Roma 23/06/2000, n.1] Calcolare il valore a_n di una rendita di 1 euro ogni 6 mesi, a tasso composto annuale r, per un periodo di n anni (quindi $2n$ incassi) a partire da oggi. Dire se la successione $\{a_n\}_{n\in\mathbb{N}}$ è monotona e se ammette limite. Cosa cambia se la rendita inizia esattamente tra 25?

Esercizio 2.5.8 [Roma 22/09/2000, n.1] Calcolare il valore a_n tra n mesi (non anni!) di un capitale di C euro investiti oggi da Bubi a tasso composto annuale r nella Banca Bassotti. Trovare qual è il primo valore di n per cui tale capitale sarà maggiore di 100 euro. Trovate anche il primo valore di n per cui tale capitale sarà triplicato.

2.6 *Soluzioni degli esercizi per casa*

2.6.1 *Successioni*

Monotonia e limitatezza di successioni date

Soluzione dell'Esercizio 2.3.3.

1. Facciamo vedere che $a_n \nearrow\nearrow$:
$$a_{n+1} > a_n \iff (n+1)^2 - 10 > n^2 - 10 \iff 2n+1 > 0.$$
Essendo $n \in \mathbb{N}$, la disuguaglianza è verificata. Quindi $\{a_n\}_{n\in\mathbb{N}}$ è strettamente crescente e perciò inferiormente limitata. Poiché
$$\lim_{n\to+\infty} a_n = +\infty$$
la successione risulta superiormente illimitata.

2. Innanzitutto semplifichiamo
$$a_n = \frac{n^2}{n+2n^3} = \frac{n}{1+2n^2}$$
e studiamo la monotonia della successione
$$b_n = a_n^{-1} = \frac{1}{a_n} = \frac{1+2n^2}{n} = \frac{1}{n} + 2n.$$
Dalla Faccina 2.3.7 ricaviamo che se $b_n \nearrow\nearrow$ allora $a_n \searrow\searrow$:
$$b_{n+1} > b_n \iff 2(n+1) + \frac{1}{n+1} > 2n + \frac{1}{n} \iff 2 + \frac{1}{n+1} > \frac{1}{n}.$$
Essendo il membro a sinistra > 2 mentre quello di destra < 1, la disuguaglianza è verificata. Quindi $\{a_n\}_{n\in\mathbb{N}}$ è strettamente descrescente e perciò superiormente limitata. Inoltre, essendo $a_n > 0$ allora $\{a_n\}_{n\in\mathbb{N}}$ è anche inferiormente limitata. Osserviamo infine che
$$\begin{aligned} \max_{n\in\mathbb{N}} a_n &= a_1 = \frac{1}{3}, \\ \inf_{n\in\mathbb{N}} a_n &= \lim_{n\to+\infty} a_n = 0 \end{aligned}$$
(ovviamente 0 non è il minimo della successione in quanto tale valore non è raggiunto).

3. Per le proprietà del logaritmo, la monotonia di $\{a_n\}_{n\in\mathbb{N}}$ equivale alla monotonia dell'argomento

$$b_n = n^2 - n + 1$$

che dimostriamo essere crescente; infatti

$$b_{n+1} > b_n \iff (n+1)^2 - (n+1) + 1 > n^2 - n + 1 \iff 2n > 0$$

risulta sempre verificata. Quindi $\{a_n\}_{n\in\mathbb{N}}$ risulta sempre crescente e perciò inferiormente limitata con

$$\inf_{n\in\mathbb{N}} a_n = \min_{n\in\mathbb{N}} a_n = a_1 = \ln 1 = 0.$$

Questo afferma che

$$\ln(1 - n + n^2) \geq 0, \qquad \forall n \in \mathbb{N}.$$

Inoltre, poiché

$$\lim_{n\to+\infty} \ln(1 - n + n^2) = +\infty$$

segue che $\{a_n\}_{n\in\mathbb{N}}$ è superiormente illimitata. ∎

Limiti di successioni

Soluzione dell'Esercizio 2.3.18. Tutte le successioni hanno limite in quanto monotone (almeno definitivamente): per le prime tre vedasi Esercizio 2.3.3. I limiti si trovano con i metodi visti all'Esercizio 2.3.5.

$$\lim_{n\to+\infty} n^2 - 10 = +\infty; \qquad \lim_{n\to+\infty} \frac{n^2}{n + 2n^3} = 0$$

$$\lim_{n\to+\infty} \ln(1 - n + n^2) = +\infty \qquad \lim_{n\to+\infty} e^{1-n+n^2} = +\infty$$

e siamo a posto. ∎

Soluzione dell'Esercizio 2.3.19. Osserviamo che nei primi tre infiniti il termine preponderante è una potenza (anche nel terzo: infatti $c_n = n^3 + e^{2\ln n} = n^3 + n^2$) mentre il quarto è un esponenziale. Quindi d_n è il piu veloce di tutti. Per confrontare le prime tre basta guardare il termine di grado massimo in ogni successione. Ne segue che (si vede facendo il limite del rapporto)

$$b_n = o(a_n) \quad \text{e} \quad c_n \sim a_n.$$

Infatti

$$\lim_{n\to+\infty} \frac{b_n}{a_n} = \lim_{n\to+\infty} \frac{n^{2,8} + n^2}{n^3 - 8n} = \lim_{n\to+\infty} \frac{n^{2,8}\left(1 + \frac{1}{n^{0,8}}\right)}{n^3\left(1 - \frac{8}{n^2}\right)} = 0$$

mentre

$$\lim_{n\to+\infty} \frac{c_n}{a_n} = \lim_{n\to+\infty} \frac{n^3 + n^2}{n^3 - 8n} = \lim_{n\to+\infty} \frac{n^3\left(1 + \frac{1}{n}\right)}{n^3\left(1 - \frac{8}{n^2}\right)} = 1.$$

Nell'ordine quindi si ha b_n, $a_n \sim c_n$, d_n. ∎

Soluzione dell'Esercizio 2.3.20. Poiché 5^n è un infinito di ordine superiore a $4n^2$ (punto (1)-(v)), si ha

$$\sqrt[n]{5^n + 4n^2} \sim \sqrt[n]{5^n} = 5.$$

Già fatto? Si! ∎

Soluzione dell'Esercizio 2.3.21. Ragioniamo utilizzando gli ordini di infinito. Poiché $4n = o(5^n)$ (punto (1)-(v)), ne segue che per n molto grande (n tende a $+\infty$), si ha

$$\frac{\ln(5^n - 4n)}{n} \sim \frac{\ln 5^n}{n} = \frac{n \ln 5}{n} = \ln 5$$

che è il limite richiesto. Oppure, mettendo in evidenza 5^n, otteniamo

$$\begin{aligned}\lim_{n\to+\infty}\frac{\ln(5^n-4n)}{n} &= \lim_{n\to+\infty}\frac{\ln\left(5^n\left(1-\frac{4n}{5^n}\right)\right)}{n}\\ &= \lim_{n\to+\infty}\frac{\ln 5^n+\ln\left(1-\frac{4n}{5^n}\right)}{n}\\ &= \lim_{n\to+\infty}\frac{n\ln 5}{n}+\lim_{n\to+\infty}\frac{\ln\left(1-\frac{4n}{5^n}\right)}{n}\\ &= \ln 5+\lim_{n\to+\infty}\frac{\ln\left(1-\frac{4n}{5^n}\right)}{-\frac{4n}{5^n}}\cdot\left(-\frac{4}{5^n}\right)\\ &= \ln 5+1\cdot 0=\ln 5,\end{aligned}$$

dove alla fine abbiamo usato il limite notevole (2.3). ∎

Soluzione dell'Esercizio 2.3.22. Innanzitutto si ha la *FI*

$$\frac{+\infty+\infty}{+\infty}.$$

Inoltre $n!$ è un infinito di ordine superiore rispetto n^6. Quindi

$$\frac{n!+n^6}{(2n)!}=\frac{n!}{(2n)!}\left(1+\frac{n^6}{n!}\right).$$

Per quanto riguarda il primo fattore si ha

$$\begin{aligned}\lim_{n\to+\infty}\frac{n!}{(2n)!} &= \lim_{n\to+\infty}\frac{n!}{(2n)\cdot(2n-1)\cdot\ldots\cdot(n+1)\cdot n!}\\ &= \lim_{n\to+\infty}\frac{1}{(2n)\cdot(2n-1)\cdot\ldots\cdot(n+1)}=0\end{aligned}$$

e quindi

$$\lim_{n\to+\infty}\frac{n!+n^6}{(2n)!}=\lim_{n\to+\infty}\frac{n!}{(2n)!}\cdot\lim_{n\to+\infty}\left(1+\frac{n^6}{n!}\right)=0\cdot(1+0)=0;$$

la successione è infinitesima. ∎

Soluzione dell'Esercizio 2.3.23. Abbiamo la *FI*

$$+\infty(+\infty-\infty).$$

Riscrivendo la successione

$$\begin{aligned}(2n+3)\left(\ln(5n+n^2)-2\ln n\right) &= (2n+3)\left(\ln(5n+n^2)-\ln n^2\right)\\ &= (2n+3)\ln\left(\frac{5n+n^2}{n^2}\right)\\ &= (2n+3)\ln\left(1+\frac{5}{n}\right),\end{aligned}$$

moltiplicando e dividendo per $\frac{5}{n}$, possiamo utilizzare il criterio di sostituzione ed il limite notevole (2.3), ottenendo

$$\lim_{n\to+\infty}(2n+3)\left(\ln(5n+n^2)-2\ln n\right)=\lim_{n\to+\infty}\frac{2n+3}{\frac{n}{5}}\lim_{n\to+\infty}\frac{n}{5}\ln\left(1+\frac{5}{n}\right)=10$$

che è il limite cercato. ∎

Soluzione dell'Esercizio 2.3.24. Poiché

$$\frac{\sqrt{2n+\sqrt{2n+1}}}{\sqrt{31n+\sqrt{31n+1}}}=\sqrt{\frac{2n+\sqrt{2n+1}}{31n+\sqrt{31n+1}}},$$

per il principio di sostituzione ci basta calcolare

$$\lim_{n\to+\infty} \frac{2n+\sqrt{2n+1}}{31n+\sqrt{31n+1}}.$$

- Al numeratore l'infinito di ordine superiore è $2n$ e quindi

$$2n+\sqrt{2n+1} = 2n\left(1+\frac{\sqrt{2n+1}}{2n}\right) = 2n\left(1+\sqrt{\frac{1}{2n}+\frac{1}{4n^2}}\right).$$

- Al denominatore l'infinito di ordine superiore è $31n$ e quindi

$$31n+\sqrt{31n+1} = 31n\left(1+\frac{\sqrt{31n+1}}{31n}\right) = 31n\left(1+\sqrt{\frac{1}{31n}+\frac{1}{961n^2}}\right).$$

Quindi

$$\lim_{n\to+\infty} \frac{2n+\sqrt{2n+1}}{31n+\sqrt{31n+1}} = \lim_{n\to+\infty} \frac{2n}{31n}\cdot\frac{1+\sqrt{\frac{1}{2n}+\frac{1}{4n^2}}}{1+\sqrt{\frac{1}{31n}+\frac{1}{961n^2}}} = \frac{2}{31}.$$

Ricordandoci della radice quadrata iniziale otteniamo che il limite richiesto è $\sqrt{\frac{2}{31}}$. ∎

Soluzione dell'Esercizio 2.3.25. Per ogni commento rimandiamo all'Esercizio 2.3.7 in quanto è del tutto simile. Velocemente i calcoli:

$$\lim_{n\to+\infty} \frac{e^{-n}+2\sqrt{n^2+31n}}{n-\ln n} = \lim_{n\to+\infty} \frac{n\left(\frac{1}{ne^n}+2\sqrt{1+\frac{31}{n}}\right)}{n\left(1-\frac{\ln n}{n}\right)} = 2$$

che è il limite cercato. ∎

Soluzione dell'Esercizio 2.3.26. Utilizzando gli ordini di infinito si ha

$$\begin{aligned}\sqrt{3n+1}+\ln n &\sim \sqrt{3n},\\ \sqrt{2n+1}-\ln n &\sim \sqrt{2n};\end{aligned}$$

quindi

$$\lim_{n\to+\infty} \frac{\sqrt{3n+1}+\ln n}{\sqrt{2n+1}-\ln n} = \lim_{n\to+\infty} \frac{\sqrt{3n}}{\sqrt{2n}} = \sqrt{\frac{3}{2}}$$

che è il limite cercato. ∎

Soluzione dell'Esercizio 2.3.27. Poiché $\sin n$ e $\cos n$ sono limitate e comprese tra -1 e 1, si ha

$$\begin{aligned}-1-10n \leq\ & \sin n - 10n \leq 1-10n,\\ -1+4n \leq\ & \cos n + 4n \leq 1+4n,\end{aligned}$$

e quindi

$$\alpha_n = \frac{-1-10n}{-1+4n} \leq \frac{\sin n - 10n}{\cos n + 4n} \leq \frac{1-10n}{+1+4n} = \beta_n.$$

Poiché

$$\lim_{n\to+\infty} \alpha_n = \lim_{n\to+\infty} \beta_n = -\frac{10}{4} = -\frac{5}{2},$$

per il Teorema dei carabinieri al punto (2)-(ii) si ricava che

$$\lim_{n\to+\infty} \frac{\sin n - 10n}{\cos n + 4n} = -\frac{5}{2}$$

che è il limite cercato. ∎

Soluzione dell'Esercizio 2.3.28. Per la monotonia risolviamo la disequazione

$$\begin{aligned} a_{n+1} > a_n \quad &\Longleftrightarrow \quad (n+1)^2 - 9(n+1) > n^2 - 9n \\ &\Longleftrightarrow \quad n^2 + 2n + 1 - 9n - 9 > n^2 - 9n \\ &\Longleftrightarrow \quad n > 4. \end{aligned}$$

Quindi la successione è strettamente crescente da $n = 5$ in poi. Per questo motivo essa ammette limite e

$$\lim_{n\to+\infty} a_n = \lim_{n\to+\infty} n^2 \left(1 - \frac{9}{n}\right) = +\infty$$

che conclude l'esercizio. ■

Soluzione dell'Esercizio 2.3.29. Proviamo a vedere se la successione

$$\alpha_n = a_n^{-1} = -n^2 + n$$

è crescente:

$$\alpha_{n+1} > \alpha_n \quad \Longleftrightarrow \quad -(n+1)^2 + (n+1) > -n^2 + n \quad \Longleftrightarrow \quad -2n > 0.$$

Essendo l'ultima disequazione sempre falsa, ne segue che la successione $\{\alpha_n\}_{n\in\mathbb{N}}$ è decrescente e quindi $\{a_n\}_{n\in\mathbb{N}}$ è crescente (e perciò regolare). Per quanto riguarda il limite si ha

$$\lim_{n\to+\infty} a_n = \lim_{n\to+\infty} \frac{1}{n^2\left(-1 + \frac{1}{n}\right)} = 0.$$

Si osserva inoltre che

$$\lim_{n\to+\infty} \alpha_n = \lim_{n\to+\infty} \frac{1}{a_n} = \lim_{n\to+\infty} n^2 \left(-1 + \frac{1}{n}\right) = -\infty$$

e quindi non esiste il limite della successione $\{b_n\}_{n\in\mathbb{N}}$. Infatti, essendo $b_n = (-1)^n \alpha_n$ si ha che $\{b_n\}_{n\in\mathbb{N}}$ è oscillante e irregolare (tende a $-\infty$ quando n è pari e tende a $+\infty$ quando n è dispari). ■

Soluzione dell'Esercizio 2.3.30. Si osserva che

$$\frac{(n+1)^2}{n^\alpha \ln n} = \frac{(n+1)^2}{n^2} \cdot \frac{n^{2-\alpha}}{\ln n}.$$

La prima frazione è indipendente da α e tende a 1. La seconda si comporta in modo diverso a seconda del valore di α. Calcoliamo il limite della seconda frazione al variare di $\alpha \in \mathbb{R}$.

- Per $\alpha < 2$ utilizziamo l'inverso del limite notevole ubicato all'arma (1)-(v) della Sezione 2.3.3 ottenendo che
$$\lim_{n\to+\infty} \frac{n^{2-\alpha}}{\ln n} = +\infty.$$
- Per $\alpha = 2$ si ha
$$\lim_{n\to+\infty} \frac{1}{\ln n} = 0.$$
- Per $\alpha > 2$ si ha
$$\lim_{n\to+\infty} \frac{n^{2-\alpha}}{\ln n} = \frac{0}{+\infty} = 0.$$

Quindi il limite cercato vale $+\infty$ per $\alpha < 2$, e vale 0 per $\alpha \geq 2$. ■

Successioni definite per ricorrenza

Soluzione dell'Esercizio 2.3.35. La successione è geometrica di ragione $\frac{2}{3}$ in quanto

$$\frac{a_{n+1}}{a_n} = \frac{2}{3}.$$

Quindi

$$a_n = \left(\frac{2}{3}\right)^n A.$$

è strettamente decrescente ed ha come limite 0. Questo significa che all'infinito i clienti potenziali saranno tutti conquistati. In realtà, quando avremo $a_n < 1$, vorrà dire che non è rimasto più nemmeno un cliente potenziale residuo (i clienti non possono essere tagliati a metà o peggio!) e quindi la ditta arriverà in un tempo finito a conquistare tutti i clienti potenziali. Questo avverrà quando

$$\left(\frac{2}{3}\right)^n A < 1 \iff n > \log_{\frac{2}{3}} \frac{1}{A} \iff n > \frac{\ln \frac{1}{A}}{\ln \frac{2}{3}} = \frac{\ln A}{\ln 3 - \ln 2}$$

che può essere calcolato a partire dai dati. ∎

Soluzione dell'Esercizio 2.3.36. La successione $\{a_n\}_{n\in\mathbb{N}}$ è geometrica di ragione $1-\alpha \in (0,1)$ e quindi

$$a_n = A(1-\alpha)^n.$$

Essendo $0 < 1-\alpha < 1$ la successione è decrescente con

$$\lim_{n\to+\infty} a_n = 0.$$

I clienti si dimezzano quando $a_n \leq \frac{A}{2}$, cioè quando

$$A(1-\alpha)^n \leq \frac{A}{2} \iff (1-\alpha)^n \leq \frac{1}{2} \iff \ln(1-\alpha)^n \leq \ln\left(\frac{1}{2}\right) \iff n \geq -\frac{\ln 2}{\ln(1-\alpha)}$$

(notate che l'ultima diseguaglianza cambia di senso poiché $\ln(1-\alpha) < 0$). ∎

Soluzione dell'Esercizio 2.3.37. Per la monotonia dobbiamo avere

$$a_{n+1} > a_n \iff a_n(10+a_n) > a_n \iff 10a_n + a_n^2 > a_n \iff 9a_n + a_n^2 > 0.$$

Raccogliendo si ricava

$$a_{n+1} > a_n \iff a_n(9+a_n) > 0 \iff a_n \in (-\infty,-9) \cup (0,+\infty).$$

Ciò vuol dire che se il termine generale $a_n \in (-\infty,-9) \cup (0,+\infty)$ (ricordate la Faccina 2.3.2) allora la successione è crescente. Ciò è sicuramente vero poiché la successione parte da $a_0 = 2$ e subito cresce, quindi in particolare, non diventa mai negativa (pensate al significato economico della relazione di ricorrenza). Quindi $a_n \nearrow\nearrow$ è regolare (andrebbe verificato utilizzando il Principio di induzione). Se il suo limite fosse L finito allora, passando al limite la relazione di ricorrenza, avremmo

$$L = L(10+L) \iff L = 0 \quad \text{oppure} \quad L = -9$$

ma nessuno di questi due valori è possibile poiché $a_n > a_0 = 2$ (in quanto strettamente crescente). Quindi deve essere per forza $L = +\infty$.

Caso Facoltativo. Siamo fortunati! Poiché $a_0 = 0$, ne segue che $a_1 = 0$ e di seguito $a_n = 0$ per ogni n (provate a dimostrarlo per induzione). Quindi la successione è costante e ha limite 0. Diciamo che siamo fortunati poiché altrimenti la successione è piuttosto bizzosa. Se fosse per esempio $a_0 = 2$, per la monotonia avremmo

$$\begin{aligned} a_{n+1} > a_n &\iff a_n(10-a_n) > a_n \\ &\iff 10a_n - a_n^2 > a_n \\ &\iff 9a_n - a_n^2 > 0 \\ &\iff a_n \in (0,9). \end{aligned}$$

Ciò vuol dire che la successione è strettamente crescente se $a_n \in (0,9)$ sempre. Ma questo non è vero: basta guardare i primi termini. ∎

2.6.2 *Serie*

Soluzione dell'Esercizio 2.4.5.

1. La prima serie è a segno alterno ed applichiamo il criterio di Leibniz come nell'Esercizio 2.4.3: poiché il termine $a_n = \frac{1}{n+2}$ è sempre > 0, decrescente ed ha limite zero possiamo concludere che la serie converge.

2. La seconda serie, ricordando la Faccina 2.4.6 si può agevolmente confrontare con una serie armonica generalizzata: dato che al denominatore il termine che "guida" è $2n^2$ dovrebbe essere naturale confrontarla con
$$\sum_{n=1}^{+\infty} \frac{1}{n^2}$$
che sappiamo convergere. Applicando il criterio del confronto asintotico (Teorema 2.4.2) abbiamo
$$\lim_{n\to+\infty} \frac{\dfrac{1}{2n^2-n}}{\dfrac{1}{n^2}} = \lim_{n\to+\infty} \frac{n^2}{2n^2-n} = \frac{1}{2}.$$
Quindi le due serie hanno lo stesso carattere e perciò la nostra serie converge.

3. La terza serie, ricordando la Faccina 2.4.6 si può studiare con il criterio del rapporto:
$$\frac{a_{n+1}}{a_n} = \frac{(n+1)!}{(n+1)^{n+1}} \cdot \frac{n^n}{n!} = \frac{n^n}{(n+1)^n} = \left(\frac{n}{n+1}\right)^n = \left(1 - \frac{1}{n+1}\right)^n.$$
Ne segue che
$$\lim_{n\to+\infty} \frac{a_{n+1}}{a_n} = \lim_{n\to+\infty} \left(1 - \frac{1}{n+1}\right)^n = e > 1$$
e quindi la serie diverge. ∎

Soluzione dell'Esercizio 2.4.6. Si tratta di una serie geometrica infatti
$$(-1)^n \frac{2^{n+3}}{5^n} = 2^3 \frac{(-2)^n}{5^n} = 2^3 \left(-\frac{2}{5}\right)^n.$$
Quindi, applicando la nota formula (1.2), troviamo che le somme parziali sono
$$S_N = \sum_{n=0}^{N} 2^3 \left(-\frac{2}{5}\right)^n = 8 \sum_{n=0}^{N} \left(-\frac{2}{5}\right)^n = 8 \frac{1 - \left(-\frac{2}{5}\right)^{N+1}}{1 + \frac{2}{5}} = \frac{40}{7} \left(1 - \left(-\frac{2}{5}\right)^{N+1}\right);$$
la serie converge e la sua somma vale
$$S = \lim_{N\to+\infty} S_N = \frac{40}{7}.$$
Notate che a questa serire si può applicare il criterio di Leibniz, ottenendo che è convergente ma senza trovarne la somma. ∎

Soluzione dell'Esercizio 2.4.7. La serie è armonica generalizzata di esponente
$$\frac{x^2 - 2x - 2}{x - 2},$$
quindi convergerà se e solo se l'esponente risulta maggiore di 1 cioè
$$\frac{x^2 - 2x - 2}{x - 2} > 1; \qquad (2.9)$$

in caso contrario la serie diverge. Andiamo a risolvere la disequazione (2.9). Dopo aver trasportato 1 a sinistra ed aver fatto il minimo comune multiplo, otteniamo

$$\frac{x^2-3x}{x-2} > 0,$$

la cui soluzione è dato dall'insieme

$$I = (0,2) \cup (3,+\infty).$$

Quindi, ricapitolando:

- la serie converge se $x \in (0,2) \cup (3,+\infty)$;
- la serie diverge se $x \in (-\infty,0] \cup (2,3]$;
- la serie non esiste se $x \notin CE$ cioè se $x = 2$. ∎

2.6.3 *Altri esercizi*

Soluzione dell'Esercizio 2.5.5. Ragioniamo come negli esercizi della Sezione 1.3.3 (usando che $r > g$)

$$a_n = \sum_{k=0}^{n-1} \frac{x(1+g)^k}{(1+r)^k} = x\sum_{k=0}^{n-1}\left(\frac{1+g}{1+r}\right)^k = x\frac{1-\left(\frac{1+g}{1+r}\right)^n}{1-\frac{1+g}{1+r}} = x\frac{1+r}{r-g}\left(1-\left(\frac{1+g}{1+r}\right)^n\right).$$

Quindi $\{a_n\}_{n\in\mathbb{N}}$ è strettamente crescente ed ha limite

$$\lim_{n\to+\infty} a_n = \lim_{n\to+\infty} x\frac{1+r}{r-g}\left(1-\left(\frac{1+g}{1+r}\right)^n\right) = x\frac{1+r}{r-g}$$

(basta sostituire e usare il fatto che $\frac{1+g}{1+r} < 1$). Quindi la rendita perpetua (concetto usato per esempio per valutare le azioni in base ai dividendi che ci si aspetta di ricevere) vale $x\frac{1+r}{r-g}$.

Faccina 2.6.1 Il fatto che la successione sia strettamente crescente è ovvio se si pensa al suo significato economico. Il valore totale di una rendita non può che aumentare ad ogni scadenza visto che si riscuotono somme di denaro positive! Vi ripetiamo di non trascurare quindi di pensare al significato economico degli enti che trovate: vi potrebbe fornire aiuti a volte insospettati.

Per il caso facoltativo si ha

$$a_n = \sum_{k=0}^{n-1}\frac{x+ky}{(1+r)^k} = \sum_{k=0}^{n-1}\frac{x}{(1+r)^k} + \sum_{k=0}^{n-1}\frac{ky}{(1+r)^k} = x\frac{1+r}{r}\left(1-\left(\frac{1}{1+r}\right)^n\right) + y\sum_{k=0}^{n-1}\frac{k}{(1+r)^k}$$

quindi, per i teoremi sui limiti (limite della somma è la somma dei limiti se tale somma non è $+\infty - \infty$)

$$\lim_{n\to+\infty} a_n = \lim_{n\to+\infty} x\frac{1+r}{r}\left(1-\left(\frac{1}{1+r}\right)^n\right) + y\lim_{n\to+\infty}\sum_{k=0}^{n-1}\frac{k}{(1+r)^k} = x\frac{1+r}{r} + y\sum_{k=0}^{+\infty}\frac{k}{(1+r)^k}$$

dove la somma della serie nell'ultimo termine è finita in quanto la serie converge (si provi con il criterio del rapporto) ma non si può calcolare con metodi elementari. Si veda in proposito l'Esercizio 2.5.4 ∎

Soluzione dell'Esercizio 2.5.6. Si ragiona come nell'esercizio precedente (usando però stavolta che $r > g$)

$$a_n = \sum_{k=0}^{n-1}\frac{x(1+g)^k}{(1+r)^k} = x\sum_{k=0}^{n-1}\left(\frac{1+g}{1+r}\right)^k = x\frac{\left(\frac{1+g}{1+r}\right)^n - 1}{\frac{1+g}{1+r}-1} = x\frac{1+r}{g-r}\left(\left(\frac{1+g}{1+r}\right)^n - 1\right).$$

Quindi $\{a_n\}_{n\in\mathbb{N}}$ è strettamente crescente e

$$\lim_{n\to+\infty} a_n = \lim_{n\to+\infty} x\frac{1+r}{r-g}\left(\left(\frac{1+g}{1+r}\right)^n - 1\right) = +\infty$$

(basta sostituire e usare il fatto che $\frac{1+g}{1+r} > 1$). Quindi la rendita perpetua ha valore infinito. Come interpretereste questo risultato? ∎

Soluzione dell'Esercizio 2.5.7. Si tratta prima di tutto di dire quanto vale a_n. Poiché la rendita ha scadenza semestrale ($\frac{1}{2}$ di anno) e r è il tasso composto annuale, si ha che il valore della prima rata è 1, della seconda è $\frac{1}{(1+r)^{\frac{1}{2}}}$, della terza è $\frac{1}{1+r}$, ..., della k–esima rata è $\frac{1}{(1+r)^{\frac{k-1}{2}}}$. Per valutare a_n occorre allora calcolare la somma

$$\sum_{k=1}^{2n} \frac{1}{(1+r)^{\frac{k-1}{2}}}$$

che, cambiando indice ($h = k-1$), vedasi Esercizio 1.3.10, è uguale a

$$\sum_{h=0}^{2n-1} \frac{1}{(1+r)^{\frac{h}{2}}}.$$

Si tratta della somma di una progressione geometrica e quindi

$$a_n = \sum_{h=0}^{2n-1} \frac{1}{(1+r)^{\frac{h}{2}}} = \sum_{h=0}^{2n-1} \left(\frac{1}{(1+r)^{\frac{1}{2}}}\right)^h = \frac{\left(\frac{1}{(1+r)^{\frac{1}{2}}}\right)^{2n} - 1}{\frac{1}{(1+r)^{\frac{1}{2}}} - 1}.$$

La successione $\{a_n\}_{n\in\mathbb{N}}$ è strettamente crescente perché a_{n+1} è uguale ad a_n più il valore della $(n+1)$–esima rata che è positivo. Perciò $\{a_n\}_{n\in\mathbb{N}}$ è regolare e

$$\lim_{n\to+\infty} a_n = \lim_{n\to+\infty} \frac{\left(\frac{1}{(1+r)^{\frac{1}{2}}}\right)^{2n} - 1}{\frac{1}{(1+r)^{\frac{1}{2}}} - 1} = \frac{1}{1 - \frac{1}{(1+r)^{\frac{1}{2}}}} = \frac{(1+r)^{\frac{1}{2}}}{(1+r)^{\frac{1}{2}} - 1}.$$

Notate che $\{a_n\}_{n\in\mathbb{N}}$ può essere interpretata come la successione delle somme parziali della serie a termini positivi

$$\sum_{h=0}^{+\infty} \frac{1}{(1+r)^{\frac{h}{2}}}.$$

Se la rendita inizia tra 25 anni occorre far partire la somma da 50.

$$a_n = \sum_{h=50}^{2n+49} \frac{1}{(1+r)^{\frac{h}{2}}} = \frac{1}{(1+r)^{25}} \sum_{h=50}^{2n+49} \frac{1}{(1+r)^{\frac{h}{2}-25}} = \frac{1}{(1+r)^{25}} \sum_{p=0}^{2n-1} \frac{1}{(1+r)^{\frac{p}{2}}}$$

avendo posto il nuovo indice $p = h - 25$. Ragionando come prima si ha

$$a_n = \frac{1}{(1+r)^{25}} \sum_{p=0}^{2n-1} \left(\frac{1}{(1+r)^{\frac{1}{2}}}\right)^p = \frac{1}{(1+r)^{25}} \frac{\left(\frac{1}{(1+r)^{\frac{1}{2}}}\right)^{2n} - 1}{\frac{1}{(1+r)^{\frac{1}{2}}} - 1}$$

che conclude l'esercizio. ∎

Soluzione dell'Esercizio 2.5.8. Come sappiamo dalla formula per il tasso composto, C euro investiti per k anni a tasso composto annuale r valgono esattamente

$$b_k = C(1+r)^k.$$

Nel calcolo di a_n però stiamo contando il tempo in mesi. Quindi, dato che 1 mese è $\frac{1}{12}$ di anno si ha

$$a_1 = C(1+r)^{\frac{1}{12}},\ a_2 = C(1+r)^{\frac{2}{12}}, \dots, a_{12} = C(1+r), \dots, a_n = C(1+r)^{\frac{n}{12}}, \dots$$

(notiamo per inciso che a_n è il termine generale di una successione monotona divergente a $+\infty$). A questo punto per rispondere alle due richieste si tratta di risolvere due disequazioni:

$$a_n > 100 \qquad \text{e} \qquad a_n > 3C.$$

Iniziamo dalla prima.

$$a_n > 100 \iff C(1+r)^{\frac{n}{12}} > 100 \iff n > 12\log_{(1+r)}\left(\frac{100}{C}\right) = \frac{12\ln\left(\frac{100}{C}\right)}{\ln(1+r)}.$$

Il primo valore di n per cui $a_n > 100$ è quindi

$$\left\lfloor \frac{12\ln\left(\frac{100}{C}\right)}{\ln(1+r)} \right\rfloor + 1$$

dove con $\lfloor x \rfloor$ indica la parte intera (inferiore) di un numero reale, cioè il più grande numero naturale minore o uguale a x. La seconda disequazione è analoga:

$$a_n > 3C \iff C(1+r)^{\frac{n}{12}} > 3C \iff n > 12\log_{(1+r)} 3 = \frac{12\ln 3}{\ln(1+r)}.$$

Il primo valore di n per cui $a_n > 3C$ è quindi

$$\left\lfloor \frac{12\ln 3}{\ln(1+r)} \right\rfloor + 1.$$

Notate che questo secondo valore non dipende da C. ∎

Capitolo 3

Funzioni di una variabile

3.1 Quali esercizi affronteremo in questo capitolo?

1. Determinare il Campo di Esistenza (CE) di una legge data. Conoscere alcune semplici proprietà topologiche di dominio e codominio di una funzione.
2. Saper fare la composizione di due o più funzioni; saper invertire funzioni semplici.
3. Calcolo di semplici limiti tramite:
   - riscritture varie (raccoglimento a fattor comune, razionalizzazione, moltiplicazione e divisione per uno stesso numero, ecc.);
   - riconduzione a limiti notevoli noti tramite cambio di variabile e/o riscritture varie;
   - Teorema di Bernoulli–de l'Hôpital, formula di Taylor.
4. Derivate:
   - saper dire se una data funzione è continua e/o derivabile in un dato punto usando i teoremi noti oppure le definizioni;
   - saper calcolare la derivata in un punto (o le derivate destra e sinistra) tramite la definizione;
   - calcolare le derivate tramite le regole di derivazione di somma, prodotto, composizione, inversa;
   - saper scrivere il polinomio di Taylor (almeno fino al secondo ordine).
5. In casi semplici (tipicamente legati a modelli economici: costi da minimizzare, profitti da massimizzare, funzioni di domanda, duration, utilità, ecc.) data una funzione $f : A \longrightarrow \mathbb{R}$:
   - trovare punti di massimo e minimo locali e globali, estremo superiore e inferiore (calcolandosi i limiti nei punti notevoli e studiando il segno della derivata, oppure usando il Teorema di Weierstrass e le condizioni necessarie);
   - mostrare che esistono punti in cui la funzione si annulla (o assume valori prefissati, o ha punti fissi) e calcolarne il numero (usando i teoremi di esistenza e unicità degli zeri, calcolandosi i limiti nei punti notevoli e studiando il segno della derivata);
   - determinare gli intervalli in cui la funzione è monotona (studiando il segno della derivata prima), concava o convessa (studiando il segno della derivata seconda);
   - trovare eventuali asintoti verticali e orizzontali.

3.2 Richiami

Rimandiamo come al solito a [PSS] chi fosse tormentato dal dubbio di non sapere che cosa sia una funzione. Ricordiamo, giusto per dare un assaggio, che una funzione è data da una legge, un dominio e un insieme di arrivo e si indica con

$$f : A \longrightarrow B$$

con A dominio e B insieme di arrivo. La lettera f indica la funzione ma spesso la si usa per indicare la sola legge (occhio a non confondere tra funzione e legge: una funzione è data da una legge, da un dominio e da un insieme di arrivo, la legge è quindi una delle componenti della funzione). Il campo di esistenza di una legge f (cioè il più grande dominio su cui possiamo definire una funzione con tale legge) lo indichiamo con $CE(f)$.

Nel seguito diamo un breve elenco dei concetti fondamentali che useremo e che possono essere tutti trovati in [PSS].

1. Definizione di funzione e annessi (legge, campo di esistenza, dominio, insieme di arrivo, codominio).
2. Operazioni tra funzioni, in particolare la composizione. Ricordiamo che $f \circ g$ ("f composto g") indica la composizione di f e g.
3. Proprietà di base: iniettività, invertibilità e funzione inversa, monotonia, limitatezza, convessità/concavità, massimi e minimi, proprietà locali.
4. Funzioni elementari: lineari, quadratiche, potenze, esponenziali, logaritmiche, trigonometriche, valore assoluto.
5. Limite (destro e sinistro) e concetti collegati: asintoti, continuità e proprietà delle funzioni continue (Teorema degli zeri e Teorema di Weierstrass), infiniti e infinitesimi.
6. Derivata e differenziale, derivate elementari e regole per il calcolo delle derivate.
7. Relazioni fra monotonia e derivata prima, Teorema del valor medio, condizioni necessarie e sufficienti di ottimalità del primo ordine.
8. Formula di Taylor, condizioni di ottimalità del secondo ordine, regola di Bernoulli–de l'Hôpital per il calcolo dei limiti.
9. Relazioni tra convessità/concavità e derivata seconda.

Prima di buttarci sugli esercizi vogliamo dire due parole riguardo le funzioni con cui avremo a che fare (e che vanno per la maggiore nelle semplici applicazioni che noi tratteremo). Tipicamente[1] le nostre funzioni saranno costruite a partire da alcune funzioni "fondamentali" (le cosiddette funzioni elementari citate al punto 4). Le funzioni elementari saranno un po' i mattoncini con i quali costruiremo tutte le funzioni con cui avremo a che fare. I modi in cui combineremo questi mattoncini saranno:

(a) tramite le operazioni algebriche di somma, differenza, prodotto, quoziente;

(b) tramite l'operazione di composizione;

(c) tramite l'*incollamento* di funzioni.

Per quanto riguarda la composizione di funzioni si veda la Sezione 3.3.3; invece parliamo subito del cosiddetto "incollamento".

Funzioni definite "a pezzi"

Diciamo che una funzione è definita "a pezzi" (o "a tratti") se è definita da più di una legge in modo che leggi diverse si riferiscano ad insiemi diversi (e disgiunti). Ad esempio

$$f(x) = \begin{cases} x^2 - 1, & x \leq 1, \\ x + 2, & x > 1, \end{cases}$$

è una funzione definita "a pezzi" poiché sull'insieme $(-\infty, 1]$ è definita dalla legge $f_1(x) = x^2 - 1$ mentre sull'insieme $(1, +\infty)$ è definita dalla legge $f_2(x) = x + 2$. A volte si dice che abbiamo "incollato" le due leggi. Altri esempi

$$g(x) = \begin{cases} e^{\frac{1}{x-1}}, & x \leq 2, \\ x + 2, & x \in (2, 3), \\ \ln(x - 4), & x \geq 3, \end{cases}$$

[1] In analogia a quanto già visto per le successioni nel Capitolo 2.

$$h(x) = \begin{cases} e^{\frac{1}{x-1}}, & x \leq 1, \\ x+2, & x \in (2,3), \\ \ln(x-4), & x \geq 5. \end{cases}$$

⚠ **Pericolo 3.2.1** Attenzione: non è detto che le singole leggi siano sempre ben definite sull'insieme indicato (è il caso di g e h qui sopra). Occorrerà poi trovare il CE come vedremo nella Sezione 3.3.1, Esercizio 3.3.6.

Attenzione inoltre: l'unione dei sottoinsiemi su cui sono definite le diverse leggi può non essere tutto $\mathbb{R}$ (è il caso dell'ultima funzione h).

Attenzione infine: funzioni di questo tipo possono dare origine, nei punti di "incollamento", a punti di discontinuità e di non derivabilità (vedremo esempi nella Sezione 3.5).

Le funzioni definite "a pezzi" sono molto comuni anche nella pratica economica; ad esempio

- la funzione che fornisce l'Irpef in funzione dell'imponibile (vedasi Esercizio 3.9.9);
- la funzione che fornisce il prezzo di una telefonata in funzione della durata di essa (fornitene una in base alle tariffe da voi pagate).

Potremmo dire per dare un'idea rozza ma forse utile, che tutte le volte che incontriamo un fenomeno economico descritto a "fasce" (fasce di reddito, fasce orarie, ecc.) lì ci sta una funzione definita "a pezzi".

3.3 Esercizi di verifica delle principali idee e definizioni

Sono esercizi di verifica delle principali idee e definizioni: funzione, legge, campo di esistenza, codominio, composizione, invertibilità, monotonia. Ricorderemo per comodità alcuni di questi concetti commentando o introducendo gli esercizi.

3.3.1 Trovare i campi di esistenza

Data una legge f su $\mathbb{R}$ chiamiamo campo di esistenza (o dominio naturale) l'insieme degli $x \in \mathbb{R}$ per cui tale legge è ben definita; lo indichiamo con $CE(f)$ o semplicemente con CE quando è chiaro a quale legge ci riferiamo. Possiamo anche dire che tale insieme è il dominio più grande possibile su cui si può considerare tale legge. A volte, per abuso di linguaggio, si usa dire "CE di una funzione". L'espressione non è esatta[2] ma noi la lasceremo passare, a patto di non dimenticarci che si tratta di un abuso di linguaggio.

Metodi

Per trovare il CE di una legge occorre ragionare più o meno come abbiamo fatto nel Capitolo 1 per determinare i CE di equazioni e disequazioni.

Cerchiamo di essere precisi. Quando noi scriviamo una legge usiamo come "mattoni" le funzioni elementari elencate al punto 4 della Sezione 3.2 e le mettiamo insieme usando le operazioni di somma, differenza, prodotto, quoziente e composizione. Nel fare questo può succedere che per alcuni valori della variabile indipendente (di solito indicata con x) tale legge non sia definita. Ciò può essere dovuto a tre motivi:

1. non si può dividere per 0;
2. non si può fare la radice quadrata (o, più in generale, di indice pari o irrazionale) di un numero negativo (< 0);
3. non si può fare il logaritmo di un numero non positivo (≤ 0).

Tutto il resto è sempre possibile fare[3]. Vorrà dire allora che per calcolare il CE di una legge si tratterà di impostare alcuni sistemi di equazioni e/o disequazioni e poi risolverli. In base alle esigenze sopra ricordate occorrerà porre

[2] Quando parliamo di funzione vuol dire che il dominio è già deciso a priori.

[3] Ma *"cum grano salis"* in quanto i tre punti qui citati possono saltar fuori anche dove un'occhio disattento non li scorge!

1. i denominatori $\neq 0$;

2. gli argomenti delle radici quadrate (e delle potenze positive razionali con denominatore pari o irrazionali) ≥ 0;

3. gli argomenti dei logaritmi > 0.

⚠ **Pericolo 3.3.1** Attenzione: gli argomenti delle potenze *negative* razionali con denominatore pari o irrazionali vanno posti > 0 (per dirla un po' alla buona è come se contenessero contemporaneamente una potenza positiva e un denominatore); invece gli argomenti di potenze negative "buone" (relativi oppure razionali con denominatore dispari) vanno posti $\neq 0$ (sempre per dirla un po' alla buona è come se contenessero un denominatore).

⚠ **Pericolo 3.3.2** Se ci capita una legge in cui l'esponente e la base contengono entrambi l'incognita x del tipo $a(x)^{b(x)}$, come ad esempio $(x-2)^{3x}$, per trovare il CE *riscriveremo sempre* l'espressione come $e^{b(x)\ln a(x)}$ (nell'esempio $e^{3x\ln(x-2)}$) e poi porremo l'argomento del logaritmo naturale > 0 (oltre ad altre disequazioni che possono dipendere dalla particolare forma di $a(x)$ e $b(x)$). Nel caso dell'esempio occorreva porre $x - 2 > 0$[4]. Si veda in merito l'Esercizio 3.3.8.

Poiché gli esercizi seguenti sono sostanzialmente dei sistemi di equazioni e disequazioni, nelle soluzioni saremo stringati quando si tratterà di risolvere equazioni e disequazioni dei tipi già affrontati al Capitolo 1 mentre ci dilungheremo nell'impostazione dei sistemi. Inoltre non rappresenteremo i CE trovati: per la rappresentazione di insiemi sulla retta reale si veda il Capitolo 1.

Osservazione 3.3.3 Cosa vuol dire "risolvere un sistema di equazioni/disequazioni"? Lo chiariamo una volta per tutte a costo di essere pedanti (molte volte agli esami ci siamo pentiti di aver dato certe cose per scontate). Ebbene il significato di tale frase è il seguente:

> *trovare i valori della variabile indipendente (mettiamo che si chiami x) che soddisfano tutte le equazioni/disequazioni contemporaneamente.*

Operativamente:

- un sistema è costituito da due o più equazioni/disequazioni. Ognuna di esse ha il suo insieme di soluzioni;

- l'insieme delle soluzioni del sistema deve essere allora formato dall'*intersezione degli insiemi di soluzioni di tutte le singole equazioni/disequazioni che lo compongono.*

Prendiamo come esempio il sistema di disequazioni

$$\begin{cases} x > 0 \\ 1 - x > 0. \end{cases}$$

Tale sistema è costituito da due disequazioni, una con insieme delle soluzioni $I_1 = [0, +\infty)$ e l'altra con insieme delle soluzioni $I_2 = (-\infty, 1)$. Ne segue che l'insieme delle soluzioni del sistema è

$$I = [0, +\infty) \cap (-\infty, 1) = [0, 1).$$

Concludiamo ricordando che, a volte, come nell'Esercizio 3.3.5, sarà richiesto di determinare il CE di una funzione *relativamente* ad un insieme dato. Si veda in merito il testo di tale esercizio. Questo sarà utile per determinare il CE di funzioni definite "a pezzi" e in alcuni esempi applicati.

[4]Siamo coscienti di dire una cosa parzialmente falsa, anche se a fin di bene: in realtà la legge dell'esempio è ben definita anche per $x = 1$ e per tutti gli interi ≤ 0; tuttavia l'insieme dei numeri ≤ 2 per cui è definita è matematicamente "brutto" e la funzione definita su di esso poco interessante per le applicazioni che qui consideriamo. Per questo adotteremo sempre nel seguito, la convenzione che, per trovare il CE di leggi tipo $a(x)^{b(x)}$ si agisce come detto sopra.

Esercizi ben svolti

Esercizio 3.3.1 [L'Aquila 16/04/1999, n.1] Calcolare il CE della funzione

$$f(x) = \ln(5-x) + \sqrt{\frac{x^2-9}{x+7}}.$$

Soluzione. Dobbiamo imporre le seguenti condizioni:

- $x + 7 \neq 0$, in quanto denominatore di una frazione;
- $\frac{x^2-9}{x+7} \geq 0$, in quanto radicando di una radice quadrata;
- $5 - x > 0$, in quanto argomento di un logaritmo.

Dobbiamo perciò risolvere il seguente sistema

$$\begin{cases} x+7 \neq 0 \\ \frac{x^2-9}{x+7} \geq 0 \\ 5-x > 0. \end{cases}$$

La prima disuguaglianza ha come soluzione $\mathbb{R} \setminus \{7\}$, la terza $(-\infty, 5)$ mentre, per studiare la seconda disuguaglianza, agiamo come visto nella Sezione 1.4.4. Studiando prima l'equazione si ottiene

$$I_{equazione} = \{-3, +3\}$$

mentre per la disequazione stretta, studiando separatamente i segni del numeratore e del denominatore (vedasi Sezione 1.4.4) si ha

$$x^2 - 9 > 0 \iff x < -3 \quad \text{oppure} \quad x > 3,$$
$$x + 7 > 0 \iff x > -7.$$

Riportando in tabella, otteniamo

Segno di ...	$(-\infty,-7)$	$(-7,-3)$	$(-3,3)$	$(3,+\infty)$
x^2-9	+	+	−	+
$x+7$	−	+	+	+
$\frac{x^2-9}{x+7}$	−	+	−	+

da cui deduciamo che la soluzione della seconda disuguaglianza è

$$I_{equazione} \cup I_{disequazionestretta} = (-7, -3] \cup [3, +\infty).$$

A questo punto, intersecando le soluzioni delle tre disuguaglianze, otteniamo

$$CE(f) = \Big(\mathbb{R} \setminus \{7\}\Big) \cap (-\infty, 5) \cap \Big((-7, -3] \cup [3, +\infty)\Big)$$

cioè, riscrivendolo come unione di intervalli:

$$CE(f) = (-7, -3] \cup [3, 5)$$

(vedasi in proposito l'Esercizio 1.2.1). ∎

Esercizio 3.3.2 [L'Aquila 07/06/1999, n.2] Calcolare il CE della funzione

$$f(x) = \sqrt{51 - \ln(5-x)}.$$

Soluzione. In questo caso imponiamo

- $51 - \ln(5-x) \geq 0$, in quanto radicando di una radice quadrata;
- $5 - x > 0$, in quanto argomento di un logaritmo.

Dobbiamo perciò risolvere il seguente sistema

$$\begin{cases} 5 - x > 0 \\ \ln(5-x) \leq 51. \end{cases}$$

La prima disequazione ha come soluzione $I_1 = (-\infty, 5)$ che, tra l'altro è il CE della seconda disequazione. Resta solo da studiare la seconda disequazione che è stata già risolta nell'Esercizio 1.4.67 della Sezione 1.4.7. Per variare la risolviamo qui usando ciò che sappiamo sulle funzioni: ricordiamo che la funzione esponenziale (di base e) è una funzione crescente e quindi, applicandola ad entrambi i membri della disuguaglianza, mantiene lo stesso segno di disuguaglianza, cioè

$$\ln(5-x) \leq 51 \iff e^{\ln(5-x)} \leq e^{51} \iff 5 - x \leq e^{51}$$

da cui deduciamo che la soluzione della seconda disuguaglianza è

$$I_2 = [5 - e^{51}, +\infty).$$

A questo punto, intersecando I_1 e I_2, otteniamo che $CE(f) = [5 - e^{51}, 5)$. ∎

Esercizio 3.3.3 [L'Aquila 13/07/1999, n.A2] Calcolare il CE della funzione

$$f(x) = \ln(4 - x + \sqrt{x^2 - 64}).$$

Soluzione. In questo caso abbiamo

- $x^2 - 64 \geq 0$, in quanto radicando di una radice quadrata;
- $4 - x + \sqrt{x^2 - 64} > 0$, in quanto argomento di un logaritmo.

La prima disequazione $x^2 - 64 \geq 0$ ha per soluzione $I_1 = (-\infty, -8] \cup [8, +\infty)$ che è anche il CE delle seconda equazione. Quindi risolviamo la seconda equazione: il suo insieme delle soluzioni I_2 sarà per forza contenuto in I_1 e sarà quindi lui stesso il CE della funzione considerata. Tale disequazione è risolta nell'Esercizio 1.4.47 e ha come soluzione $I_2 = (-\infty, -8] \cup (10, +\infty)$ che è il $CE(f)$ cercato. ∎

Esercizio 3.3.4 [Roma 30/05/2000 n.1 (recupero)] Trovare il CE della legge

$$f(x) = \big(2 - \ln\big((1-x)(x+3)\big)\big)^{-\frac{1}{3}}.$$

Soluzione. Occorre porre $\neq 0$ l'argomento della potenza (vedasi Pericolo 3.3.1) e > 0 l'argomento del logaritmo. Si ottiene quindi il sistema

$$\begin{cases} (1-x)(x+3) > 0 \\ 2 - \ln\big((1-x)(x+3)\big) \neq 0. \end{cases}$$

La prima disequazione è risolta per $x \in I_1 = (-3, 1)$ (si tratta di una semplice disequazione di secondo grado). La seconda ha $CE = I_1$ ed è risolta per gli x tali che

$$\ln\big(1-x)(x+3)\big) \neq 2 \iff (1-x)(x+3) \neq e^2 \iff x^2 + 2x + e^2 - 3 \neq 0$$

che è sempre soddisfatta per $x \in I_1 = (-3, 1)$. Quindi $I_2 = I_1$ e $CE(f) = I_1 \cap I_2 = I_2 = (-3, 1)$. ∎

Esercizio 3.3.5 Determinare il CE della legge

$$f(x) = e^{\frac{1}{x-1}}$$

relativamente all'insieme $[0, +\infty)$.

Soluzione. Che cosa significa l'espressione *"relativamente all'insieme"*? Significa che comunque noi siamo interessati alla legge solo per $x \in [0, +\infty)$ e quindi vogliamo sapere per quali x appartenenti a questo insieme la legge è ben definita. Si tratta di una situazione tipica nei modelli economici. Pensiamo ad esempio alla funzione profitto $\Pi(p)$ usata in vari esercizi di questo capitolo per descrivere ad esempio i guadagni attesi in funzione del prezzo praticato. Tale funzione può avere senso anche per prezzi p negativi (vedasi Esercizio 3.7.20) ma noi siamo interessati solo a prezzi ≥ 0. Quindi ci interessa vedere il CE della legge considerata solo relativamente all'insieme $[0, +\infty)$ (si veda a proposito il punto (iii) della Sezione 1.4.1).

Operativamente che cosa facciamo? Semplice: troviamo il $CE(f)$ della legge considerata (esattamente come negli esercizi precedenti) e poi ne prendiamo l'intersezione con l'insieme che ci interessa. Per evitare confusione chiameremo con $CER(f)$ il risultato di tale intersezione[5] per indicare che si tratta del campo di esistenza relativamente ad un certo insieme dato a priori. Nel nostro caso si ha

$$CE(f) = \mathbb{R} \setminus \{1\}$$

e

$$CER(f) = CE(f) \cap [0, +\infty) = [0, +\infty) \setminus \{1\} = [0, 1) \cup (1, +\infty).$$

Notate che qui $CER(f)$ risulta più piccolo di $CE(f)$. ■

Esercizio 3.3.6 Determinare il CE delle seguenti funzioni definite "a pezzi"

$$f(x) = \begin{cases} x^2 - 1, & x \leq 1, \\ x + 2, & x > 1; \end{cases}$$

$$g(x) = \begin{cases} e^{\frac{1}{x-1}}, & x \leq 2, \\ x + 2, & 2 < x < 3, \\ \ln(x - 4), & x \geq 3; \end{cases}$$

$$h(x) = \begin{cases} e^{\frac{1}{x-1}}, & x \leq 1, \\ x + 2, & 2 < x < 3, \\ \ln(x - 4), & x \geq 5. \end{cases}$$

Soluzione. Per calcolare il CE di funzioni definite "a pezzi" occorre calcolare il CE di ciascuna legge relativamente all'insieme su cui è definita (cioè il CER, usando la notazione dell'esercizio precedente); quindi si fa l'unione dei CER così trovati. Nel nostro caso si ha quanto segue (non vi facciamo i calcoli che sono molto semplici)[6].

1. Per f chiaramente $CER_1(f) = (-\infty, 1]$ e $CER_2(f) = (1, +\infty)$ e quindi

$$CE(f) = CER_1(f) \cup CER_2(f) = \mathbb{R}.$$

2. Per g si ha $CER_1(g) = (-\infty, 1) \cup (1, 2]$, $CER_2(g) = (2, 3)$ e $CER_3(g) = (4, +\infty)$ e quindi

$$CE(g) = CER_1(g) \cup CER_2(g) \cup CER_3(g) = (-\infty, 1) \cup (1, 3) \cup (4, +\infty).$$

3. Per h si ha $CER_1(h) = (-\infty, 1)$, $CER_2(h) = (2, 3)$ e $CER_3(h) = [5, +\infty)$ e quindi

$$CE(h) = CER_1(h) \cup CER_2(h) \cup CER_3(h) = (-\infty, 1) \cup (2, 3) \cup [5, +\infty).$$

Notate che la g e la h sono definite tramite le stesse leggi ma i loro CE sono diversi. ■

Esercizio 3.3.7 [L'Aquila 01/06/2000 n.B2] Determinare il CE della funzione

$$f(x) = \ln(x^2 - 2\ln x).$$

[5] L'acronimo sta per Campo di Esistenza Relativo.

[6] Ricordatevi che per trovare i CER si deve agire come nell'esercizio precedente: è un po' noioso ma non difficile.

Soluzione. Occorre porre > 0 gli argomenti dei logaritmi ottenendo il sistema

$$\begin{cases} x > 0 \\ x^2 - 2\ln x > 0. \end{cases}$$

Mentre la prima disuguaglianza è ovvia, la seconda non lo è affatto, anzi non è possibile risolverla esplicitamente perché si tratta di una disequazione *trascendente*[7] che, salvo casi fortunati non si può risolvere. E allora? Resta ancora un metodo da provare: usare i teoremi sull'esistenza degli zeri (Sezione 3.8 a cui rimandiamo per approfondimenti); qui li applichiamo velocemente. Si tratta di fare uno studio sommario della funzione

$$g(x) = x^2 - 2\ln x.$$

Il $CE(g) = (0, +\infty)$ e la funzione è derivabile su tutto $CE(g)$ con derivata

$$g'(x) = 2x - \frac{2}{x}$$

che risulta > 0 per $x \in (1, +\infty)$ e < 0 per $x \in (0, 1)$. Ne segue che $x = 1$ è l'unico punto di minimo globale. Poiché $g(1) = 1 > 0$ si ha $g(x) > 0$ per ogni $x > 0$. Quindi la seconda disuguaglianza è sempre soddisfatta e $CE(f) = (0, +\infty)$. ∎

Esercizio 3.3.8 Calcolare il CE della funzione

$$f(x) = (3 - x^2)^{\sqrt{x-1}}.$$

Soluzione. Seguiamo i dettami del Pericolo 3.3.2 e scriviamo

$$f(x) = e^{\sqrt{x-1}\ln(3-x^2)}.$$

A questo punto ragioniamo come al solito. Occorre porre

$$\begin{cases} 3 - x^2 > 0 \\ x - 1 \geq 0 \end{cases}$$

ottenendo, con calcoli che non vi facciamo per questa volta, $CE(f) = [1, \sqrt{3})$. ∎

Esercizi per casa

Esercizio 3.3.9 [L'Aquila 25/09/2000 n.A2] Calcolare il CE della funzione

$$f(x) = \frac{\sqrt{3-x} + \sqrt{x-1}}{\sqrt{x-2}}.$$

Esercizio 3.3.10 [L'Aquila 13/09/2000 n.A2] Calcolare il CE della funzione

$$f(x) = \frac{x-3}{\ln(x-2)}.$$

Esercizio 3.3.11 [Roma 18/04/2000 n.1] Trovare il CE della legge

$$f(x) = \ln\left(1 - \sqrt{(x-3)(4-x)}\right).$$

Esercizio 3.3.12 [L'Aquila 25/06/1999, n.A2] Calcolare il CE della funzione

$$f(x) = \sqrt[4]{\frac{x^2 - 10x + 16}{4 - x}}.$$

[7] Di quelle cioè con l'incognita dentro e fuori da un logaritmo o un esponenziale.

Esercizio 3.3.13 [L'Aquila 28/09/1999, n.A2] Calcolare il CE della funzione

$$f(x) = \frac{\ln x - 3}{x - 1}.$$

Esercizio 3.3.14 [L'Aquila 21/12/1999, n.A5] Calcolare il CE della funzione

$$f(x) = \sqrt{\ln(100 - x) - 2}.$$

Esercizio 3.3.15 [L'Aquila 21/01/2000, n.A2] Calcolare il CE della funzione

$$f(x) = \frac{\sqrt{x}}{\log_2(x - 100)}.$$

Esercizio 3.3.16 [L'Aquila 04/02/2000, n.A2] Calcolare il CE della funzione

$$f(x) = \sqrt{1 - \log_2(x - 10)}.$$

Esercizio 3.3.17 [L'Aquila 18/02/2000 n.A2] Calcolare il CE della funzione

$$f(x) = \frac{\ln(x - 2)}{\ln(6 - x)}.$$

Esercizio 3.3.18 [L'Aquila 16/02/2000 n.A2] Calcolare il CE della funzione

$$f(x) = \sqrt{-\frac{\ln(x - 2)}{\ln(6 - x)}}.$$

Esercizio 3.3.19 [L'Aquila 30/05/2000 n.A2] Calcolare il CE della funzione

$$f(x) = \sqrt{x - 1} + \ln(10 - x).$$

Esercizio 3.3.20 [L'Aquila 01/06/2000 n.A2] Calcolare il CE della funzione

$$f(x) = \frac{\sqrt{x}}{x^2 + 7x + 30}.$$

Esercizio 3.3.21 [L'Aquila 19/06/2000 n.A2] Calcolare il CE della funzione

$$f(x) = \frac{\sqrt[3]{3^x - 5^x}}{\sqrt{x^2 - 2x + 1}}.$$

Esercizio 3.3.22 [L'Aquila 03/07/2000 n.A2] Calcolare il CE della funzione

$$f(x) = \frac{\ln(10 - \operatorname{sen} x) + \ln(10 - \cos x)}{\sqrt{4 - x^2}}.$$

Esercizio 3.3.23 Trovare il CE delle seguenti leggi:

1. $f_1(x) = \log_2 \sqrt{|x^2 - 1|}$,
2. $f_2(x) = \left(1 - \sqrt{(x-2)(x-1)}\right)^{-\frac{2}{3}}$,
3. $f_3(x) = \frac{1}{\sqrt{\log_2(x-1)}}$,
4. $f_4(x) = \log_{\frac{1}{2}}(x - \sqrt{x} + 1)$.

Campi di esistenza di funzioni dipendenti da parametro

La presenza di parametri nella legge implica che il CE può variare al variare del parametro. Abbiamo notato che i parametri destano reazioni di sconforto nei lettori/studenti: tuttavia i modelli economici sono pieni di parametri ... noi ve ne offriamo solo un piccolo assaggio.

Esercizi ben svolti

Esercizio 3.3.24 Calcolare, al variare di $k \in \mathbb{R}$, il CE della funzione

$$f(x) = x - (k^2 + 1)\sqrt{x} + 1.$$

Soluzione. Qui la funzione dipende da un parametro $k \in \mathbb{R}$. Ciò significa che il $CE(f)$ *potrebbe*[8] dipendere da tale parametro. In realtà, poiché $k^2 + 1 \neq 0$ qualunque sia $k \in \mathbb{R}$, il termine $\sqrt{x}$ compare sempre e quindi occorre sempre porre $x \geq 0$. Quindi il $CE(f) = [0, +\infty)$ e *non dipende da* k. ∎

Esercizio 3.3.25 Calcolare, al variare di $k \in \mathbb{R}$, il CE della funzione

$$f(x) = (k - x)^{\frac{3}{2}} + 2^x.$$

Soluzione. Anche qui la funzione dipende da un parametro $k \in \mathbb{R}$ e quindi, nuovamente, il $CE(f)$ *potrebbe* dipendere da tale parametro. Occorre porre

$$k - x \geq 0 \quad \Longleftrightarrow \quad x \leq k$$

da cui $CE(f) = (-\infty, k]$ che *dipende* da k. ∎

Esercizio 3.3.26 Calcolare, al variare di $k \in \mathbb{R}$, il CE della funzione

$$f(x) = \left(1 - \sqrt{(x-2)(x-1)}\right)^k.$$

Soluzione. Qui ci sono vari casi da analizzare di cui diamo solo l'impostazione e la soluzione.

- Per k naturale oppure razionale positivo con denominatore dispari occorre risolvere l'equazione

$$(x-2)(x-1) \geq 0 \quad \Longleftrightarrow \quad CE(f) = (-\infty, 1] \cup [2, +\infty).$$

- Per k negativo intero o razionale con denominatore dispari occorre risolvere il sistema (vedasi Esercizio 3.3.23-2)

$$\begin{cases} (x-2)(x-1) \geq 0 \\ 1 - \sqrt{(x-2)(x-1)} \neq 0 \end{cases} \quad \Longleftrightarrow \quad CE(f) = \Big((-\infty, 1] \cup [2, +\infty)\Big) \setminus \left\{\frac{3-\sqrt{5}}{2}, \frac{3+\sqrt{5}}{2}\right\}.$$

- Per k positivo irrazionale o razionale con denominatore pari occorre risolvere il sistema

$$\begin{cases} (x-2)(x-1) \geq 0 \\ 1 - \sqrt{(x-2)(x-1)} \geq 0 \end{cases} \quad \Longleftrightarrow \quad CE(f) = \left(-\infty, \frac{3-\sqrt{5}}{2}\right] \cup \left[\frac{3+\sqrt{5}}{2}, +\infty\right).$$

- Per k negativo irrazionale o razionale con denominatore pari occorre risolvere il sistema

$$\begin{cases} (x-2)(x-1) \geq 0 \\ 1 - \sqrt{(x-2)(x-1)} > 0 \end{cases} \quad \Longleftrightarrow \quad CE(f) = \left(-\infty, \frac{3-\sqrt{5}}{2}\right) \cup \left(\frac{3+\sqrt{5}}{2}, +\infty\right).$$

Anche qui il CE *dipende* da k. ∎

Esercizi per casa

Esercizio 3.3.27 Calcolare, al variare di $k \in \mathbb{R}$, il CE della funzione

$$f(x) = 1 - k\sqrt{x} + (k-1)\ln(1-x).$$

[8] Non è detto a priori.

3.3.2 Utili proprietà topologiche dei sottoinsiemi di $\mathbb{R}$

Alcune nozioni di topologia[9] sono indispensabili per lavorare con le funzioni. Una giustificazione intuitiva di questo fatto sta nella definizione di funzione: una funzione è data da una legge, un insieme di partenza e uno di arrivo. Fanno parte integrante di una funzione anche l'insieme di partenza (dominio) e quello di arrivo. Per lavorare con le funzioni occorre quindi lavorare congiuntamente con legge e insiemi[10]. La topologia ci fornisce alcune nozioni di base per questo lavoro che si ritrovano in [PSS]. Quelle che ci interessano e che qui useremo sono: intorno, distanza, punto di frontiera, punto di accumulazione, punto isolato, punto interno ed esterno; insieme aperto, chiuso, limitato (inferiormente e superiormente), compatto; massimo e minimo, estremo superiore e inferiore di un insieme (questi ultimi li abbiamo usati anche all'inizio del Capitolo 1).

Ricordiamo per completezza alcune di queste definizioni. Non vi spaventate se le trovate difficilmente maneggiabili: negli esercizi vi forniremo semplici criteri per poterci lavorare[11].

Intorno. Dato $x_0 \in \mathbb{R}$, un intervallo aperto del tipo $(x_0 - \varepsilon, x_0 + \varepsilon)$ con $\varepsilon > 0$ si dice *intorno di centro* x_0 *e ampiezza* ε e spesso lo si indica con $I(x_0, \varepsilon)$. Se $x_0 = +\infty$ chiamiamo intorni di $+\infty$ tutte le semirette del tipo $(a, +\infty)$ con $a \in \mathbb{R}$; se $x_0 = -\infty$ chiamiamo intorni di $-\infty$ tutte le semirette del tipo $(-\infty, b)$ con $b \in \mathbb{R}$.

Distanza. Dati due punti x_1 e x_2 in $\mathbb{R}$ chiamiamo *distanza* fra essi (indicata spesso con il simbolo $d(x_1, x_2)$) il numero $|x_1 - x_2|$ che geometricamente è la lunghezza del segmento di retta che unisce x_1 e x_2. La distanza di un punto x da 0 vale $|x|$ e viene chiamata a volte *norma* di x.

Punto di frontiera. Un punto $x_0 \in \mathbb{R}$ si dice *punto di frontiera* di un insieme A se in ogni intorno di x_0 vi sono sia punti di A che punti del complementare. L'insieme dei punti di frontiera di A si chiama *frontiera di A* e si indica con $\operatorname{fr} A$.

Punto di accumulazione. Un punto $x_0 \in \mathbb{R}$ si dice *punto di accumulazione* di un insieme A se in ogni intorno di x_0 vi sono infiniti punti di A. L'insieme dei punti di accumulazione di A si chiama *derivato di A* e si indica con A'.

Punto isolato. Un punto $x_0 \in \mathbb{R}$ si dice *punto isolato* di un insieme A se $x_0 \in A$ ed esiste un intorno di x_0 che contiene, oltre a x_0, solo punti del complementare.

Punto interno. Un punto $x_0 \in \mathbb{R}$ si dice *punto interno* di un insieme A se esiste un intorno di x_0 che è tutto contenuto in A. L'insieme dei punti interni di A si chiama *parte interna di A* e si indica con $\operatorname{int} A$.

Punto esterno. Un punto $x_0 \in \mathbb{R}$ si dice *punto esterno* di un insieme A se esiste un intorno di x_0 che è tutto contenuto nel complementare di A. L'insieme dei punti di esterni di A si chiama *parte esterna di A* e si indica con $\operatorname{est} A$.

Insieme aperto. Un insieme A si dice *aperto* se ogni punto di A è interno ad A, cioè se $A = \operatorname{int} A$.

Insieme chiuso. Un insieme A si dice *chiuso* se ogni punto di frontiera di A appartiene ad A (il che equivale a dire che il suo complementare è aperto) cioè se $\operatorname{fr} A \subseteq A$.

Insieme limitato. Un insieme A si dice *limitato inferiormente* se esiste $a \in \mathbb{R}$ tale che $A \subseteq (a, +\infty)$; *limitato superiormente* se esiste $b \in \mathbb{R}$ tale che $A \subseteq (-\infty, b)$; *limitato* se esistono $a, b \in \mathbb{R}$ tali che $A \subseteq (a, b)$.

Insieme compatto. Un insieme A si dice *compatto* se è chiuso e limitato.

Ricordiamo dove sono utilizzate alcune di queste nozioni[12]:

---

[9] Branca della matematica che letteralmente significa più o meno "studio dei luoghi", cioè degli oggetti geometrici da un punto di vista astratto. Nel nostro caso gli oggetti geometrici che consideriamo sono i sottoinsiemi di $\mathbb{R}$.

[10] In particolare ci interesseranno il dominio e il codominio.

[11] Per essere onesti queste definizioni sono casi particolari di concetti molto più generali usati in topologia: quindi se spulciate su altri libri potreste trovare definizioni diverse semplicemente perché più generali di queste.

[12] In realtà i concetti di punto di accumulazione e di punto di frontiera che useremo sono leggermente diversi da quelli introdotti sopra perché includono la possibilità (che ci farà comodo) di avere anche $\pm\infty$ come punti di accumulazione e di frontiera. Vedasi le Sezioni 3.4 e 3.7.

- *punto di accumulazione:* per definire i limiti;
- *insieme compatto:* per il Teorema di Weierstrass (che ci fornisce una condizione che garantisce esistenza di massimi e minimi);
- *punto interno:* per definire le derivate e quindi le condizioni necessarie di massimo e minimo.
- *punto di frontiera e punto isolato:* per decidere in quali punti fare i limiti destri e sinistri e quando si effettua uno studio sommario di una funzione per determinarne massimi, minimi ed estremi inferiori e superiori.

Esercizi ben svolti

Esercizio 3.3.28 Dati i seguenti sottoinsiemi di $\mathbb{R}$

$$A = (2,3) \cup (3,+\infty), \qquad B = [1,4), \qquad C = [1,3] \setminus \{2\}, \qquad D = [1,4] \cup [7,11]$$

dire se sono aperti, chiusi, limitati, compatti. Determinare inoltre i loro punti interni, di frontiera e di accumulazione.

Soluzione. Sappiamo che esercizi come questo sono un po' noiosi. Tuttavia, visto che ci serviranno in seguito, vediamo di risolverlo per bene. Due parole sul metodo.

Dato un insieme $E \subseteq \mathbb{R}$ conviene innanzitutto trovare $\sup E$ ed $\inf E$ (per questo vedete i primi esercizi del Capitolo 1); poi passiamo alla determinazione dei suoi punti interni e di frontiera. Come?

Se E è un intervallo la risposta è semplicissima: i punti di frontiera sono gli estremi finiti dell'intervallo[13]. Quindi la frontiera di $[1,3)$ sono i punti 1 e 3, mentre la frontiera di $(2,+\infty)$ è costituita dal solo punto 2; infine la frontiera dell'intervallo degenere $[4,4] = \{4\}$ è costituita dal solo punto 4. Se poi E è l'unione di un numero finito di intervalli allora la frontiera è l'unione delle frontiere. Allora

$$\text{fr}\, A = \{2,3\}, \qquad \text{fr}\, B = \{1,4\}, \qquad \text{fr}\, C = \{1,2,3\}, \qquad \text{fr}\, D = \{1,4,7,11\}.$$

Per i punti interni vale una regola analoga: se E è un intervallo i punti interni sono tutti e soli quelli strettamente compresi fra i due estremi. Se E è l'unione di un numero finito di intervalli allora la sua parte interna è l'unione delle parti interne dei singoli intervalli. Quindi

$$\text{int}\, A = (2,3) \cup (3,+\infty) = A, \qquad \text{int}\, B = (1,4), \qquad \text{int}\, C = (1,2) \cup (2,3), \qquad \text{int}\, D = (1,4) \cup (7,11).$$

Fatto questo il più è fatto poiché a questo punto basta usare alcune semplici regolette[14].

- Un insieme E è aperto se e solo se tutti i suoi punti sono interni, cioè se e solo se $\text{int}\, E = E$. Quindi solo A è aperto.
- Un insieme E è chiuso se e solo se contiene tutti i suoi punti di frontiera cioè se e solo se $\text{fr}\, E \subseteq E$. Quindi solo D è chiuso.
- Un insieme E è limitato se e solo se $\sup E$ e $\inf E$ sono finiti. Quindi solo A non è limitato.
- Tutti punti interni sono punti di accumulazione: i punti di frontiera sono di accumulazione salvo nel caso che provengano da intervalli degeneri (cioè l'insieme $\{3\}$ non ha nessun punto di accumulazione). Perciò

$$A' = [2,+\infty), \qquad B' = [1,4], \qquad C' = [1,3], \qquad D' = [1,4] \cup [7,11].$$

Ce l'abbiamo fatta! ■

Esercizi per casa

Esercizio 3.3.29 Dati i CE degli esercizi della Sezione 3.3.1, dire per ciascuno di essi se è aperto, chiuso, limitato, compatto. Dire inoltre quali sono, per ciascuno, i punti interni, di frontiera e di accumulazione[15].

[13] Questo discende dalla definizione di punto di frontiera, invitiamo i lettori a dimostrarlo per divertirsi un po'.

[14] Che discendono direttamente dalle definizioni.

[15] Non cercate la soluzione di questo esercizio in fondo al capitolo: non c'è! Lo abbiamo messo qui per incentivarvi a fare pratica. Per vedere se avete agito bene confrontate il procedimento da voi seguito con quello dell'esercizio precedente.

3.3.3 Composizione di funzioni

"Pillole di saggezza" sulla composizione

Senza addentrarci nel significato dell'operazione di composizione di funzioni, ricordiamo che se $f : A \longrightarrow B$ e $g : B \longrightarrow C$ sono due funzioni, allora si può definire $g \circ f : A \longrightarrow C$ nel modo noto:

$$g \circ f(x) = g(f(x)), \qquad \forall x \in A.$$

Ad esempio se

$$\begin{aligned} f : [0, +\infty) \longrightarrow \mathbb{R} &\quad \text{con} \quad f(x) = \sqrt{x} \\ g : \mathbb{R} \longrightarrow \mathbb{R} &\quad \text{con} \quad g(x) = 1 - x^2 \end{aligned}$$

allora

$$g \circ f : [0, +\infty) \longrightarrow \mathbb{R} \quad \text{con} \quad g \circ f(x) = 1 - x.$$

Più in generale se abbiamo $f : A \longrightarrow B_0$ e $g : B \longrightarrow C$ possiamo ancora definire la composizione $g \circ f : A \longrightarrow C$ a patto che $f(A) \subseteq B$. Nel caso in cui non si abbia $f(A) \subseteq B$, per poter definire la composizione, si deve restringere l'insieme di partenza A considerando come dominio $A_0 \subseteq A$ dove

$$A_0 = \{x \in A \ : \ f(x) \in B\}. \tag{3.1}$$

Per gli $x \in A_0$ ha ora senso fare $g(f(x))$ e quindi definire la funzione composta $g \circ f : A_0 \longrightarrow C$. Ad esempio se

$$\begin{aligned} f : \mathbb{R} \longrightarrow \mathbb{R} &\quad \text{con} \quad f(x) = x - 1 \\ g : [0, +\infty) \longrightarrow \mathbb{R} &\quad \text{con} \quad g(x) = \sqrt{x} \end{aligned}$$

allora

$$A_0 = \{x \in \mathbb{R} \ : \ f(x) \in [0, +\infty)\} = \{x \in \mathbb{R} \ : \ x - 1 \geq 0\} = [1, +\infty)$$

e quindi

$$g \circ f : [1, +\infty) \longrightarrow \mathbb{R} \quad \text{con} \quad g \circ f(x) = \sqrt{x - 1}.$$

Faccina 3.3.4 Negli esercizi ci verrà chiesto di determinare la composizione $g \circ f$ e il suo CE. Per fare ciò, si può agire come segue.

(i) Se A e B sono i rispettivi CE delle leggi di f e g, conviene calcolare subito la legge $g \circ f$ tramite sostituzione: cioè prendendo l'espressione della legge $g(x)$ e sostituendo al posto di x l'espressione di $f(x)$. Poi si trova il CE della legge così determinata con i metodi visti alla Sezione 3.3.1.

(ii) Se f e/o g non sono definite sul loro CE ma su un dominio più piccolo, allora anche $g \circ f$ sarà in genere definita su un dominio più piccolo del suo CE. Per trovarlo si può usare la regola che $g \circ f$ è definita su A_0 dato da (3.1). Si veda in proposito l'Esercizio 3.3.31.

Esercizi ben svolti

Esercizio 3.3.30 [Roma 18/04/2000 n.2] Trovate $f \circ g$ e $g \circ f$ (dicendo anche dove sono definite) per

$$f(x) = \ln |x + 1| \quad \text{e} \quad g(x) = x^{\frac{1}{2}}$$

definite sul loro CE.

Soluzione. Iniziamo determinando i CE:

$$CE(f) = \mathbb{R} \setminus \{-1\} \qquad \text{e} \qquad CE(g) = [0, +\infty).$$

Adesso mettiamo in pratica le "pillole di saggezza" (segnatamente la Faccina 3.3.4) iniziando da $f \circ g$. Troviamo prima la legge e poi il CE:

$$f \circ g(x) = f(g(x)) = \ln |g(x) + 1| = \ln \left| x^{\frac{1}{2}} + 1 \right|$$

che ha senso quando

$$\begin{cases} x \geq 0 \\ \left|x^{\frac{1}{2}} + 1\right| > 0 \end{cases}$$

cioè per $x \geq 0$ (provate!): quindi $CE(f \circ g) = [0, +\infty)$. Inoltre

$$g \circ f(x) = g(f(x)) = f(x)^{\frac{1}{2}} = (\ln|x+1|)^{\frac{1}{2}}$$

che ha senso quando

$$\begin{cases} |x+1| > 0 \\ \ln|x+1| \geq 0 \end{cases}$$

cioè per $|x+1| \geq 1$ che implica $x \leq -2$ oppure $x \geq 0$. Quindi $CE(g \circ f) = (-\infty, -2] \cup [0, +\infty)$. ■

Esercizio 3.3.31 Siano

$$C : [0, +\infty) \longrightarrow \mathbb{R} \quad \text{con} \quad C(q) = aq^2 + bq + c$$

(a, b, c parametri positivi) la funzione che determina il costo C di produzione di un bene data la quantità q di prodotto e

$$q : (0, +\infty) \longrightarrow \mathbb{R} \quad \text{con} \quad q(p) = \frac{H}{p^\alpha} - K$$

la funzione di domanda che individua la quantità domandata per la produzione dato il prezzo p di vendita[16]. Supponiamo che la quantità prodotta e la quantità domandata siano uguali e troviamoci i costi in funzione del prezzo.

Soluzione. Si tratta di fare la composizione $C \circ q$ facendo attenzione che i domini non coincidono con i CE (vedasi Faccina 3.3.4, punto (ii)). Troviamo innanzitutto la legge di $C \circ q$:

$$C \circ q(p) = a(q(p))^2 + bq(p) + c = a\left(\frac{H}{p^\alpha} - K\right)^2 + b\left(\frac{H}{p^\alpha} - K\right) + c = a\frac{H^2}{p^{2\alpha}} + (b - 2aK)\frac{H}{p^\alpha} + \left(aK^2 - bK + c\right).$$

Il $CE(C \circ q) = \mathbb{R} \setminus \{0\}$ ma le funzioni C e q sono considerate in un insieme più ristretto del loro CE: quindi la loro composizione è definita su un insieme più ristretto:

$$A_0 = \{p \in (0, +\infty) \ : \ q(p) \in [0, +\infty)\} = \left\{p > 0 \ : \ \frac{H}{p^\alpha} - K \geq 0\right\}.$$

Questo significa che l'insieme A_0 è proprio l'insieme delle soluzioni del sistema

$$\begin{cases} p > 0 \\ \frac{H}{p^\alpha} - K \geq 0 \end{cases}$$

Per risolverlo basta trovare le soluzioni p della seconda disequazione che siano anche > 0. Moltiplicando ambo i membri per p^α ...

⚠ **Pericolo 3.3.5** ... e lo possiamo fare perché sappiamo che $p > 0 \Rightarrow p^\alpha > 0$, altrimenti commetteremmo un grave errore (provate a risolvere la disequazione senza sapere $p > 0$), ...

... otteniamo

$$\frac{H}{p^\alpha} - K \geq 0 \iff H \geq Kp^\alpha \iff \frac{H}{K} \geq p^\alpha \iff \left(\frac{H}{K}\right)^{\frac{1}{\alpha}} \geq p.$$

Ne segue quindi che

$$A_0 = \left(0, \left(\frac{H}{K}\right)^{\frac{1}{\alpha}}\right].$$

è il dominio cercato. ■

[16]Qui q indica prima una variabile indipendente e poi una funzione. La cosa, molto comune nei modelli economici, può creare qualche confusione, abituati come siamo, nel linguagio matematico, a distinguere le variabili dalle funzioni. Tuttavia, a patto di prestare la dovuta attenzione al significato matematico nascosto, questo modo di indicare le cose ha un vantaggio: si usa lo stesso nome per entità che hanno lo stesso significato economico, anche se matematicamente diverse. Si tratta di punti di vista diversi e complementari, ognuno con vantaggi e svantaggi: a nostro avviso è utile imparare a destreggiarsi con entrambi i modi di indicare le cose.

Esercizio 3.3.32 Date f e g crescenti, è vero che $f \circ g$ è crescente? E se sono entrambe decrescenti?

Soluzione. Valgono le seguenti cose:

- f e g crescenti $\Longrightarrow f \circ g$ crescente;
- f e g decrescenti $\Longrightarrow f \circ g$ crescente;
- f e g una crescente e l'altra decrescente $\Longrightarrow f \circ g$ decrescente.

In conclusione abbiamo un specie di regola dei segni dove la crescenza fa da segno + e la decrescenza fa da segno −.

Mostriamo in sintesi la seconda implicazione e lasciamo al lettore cimentarsi con le altre. Siano f e g decrescenti sul loro dominio e $f \circ g$ ben definita su $A \subseteq \mathbb{R}$. Se $x_1, x_2 \in A$ con $x_1 < x_2$, essendo g decrescente si ha, ricordando la Definizione 3.3.8[17],

$$g(x_1) \geq g(x_2).$$

Chiamiamo per comodità

$$y_1 = g(x_1) \qquad \text{e} \qquad y_2 = g(x_2).$$

Si ha che $y_1 \geq y_2$ e, essendo f decrescente,

$$f(y_1) \leq f(y_2)$$

cioè

$$f \circ g(x_1) \leq f \circ g(x_2)$$

che per definizione significa che $f \circ g$ è crescente. ■

Esercizi per casa

Esercizio 3.3.33 [Roma 30/05/2000 n.2 (recupero)] Trovate $f \circ g$ e $g \circ f$ (dicendo anche dove sono definite) per

$$f(x) = |x+1|^{2-x} \qquad \text{e} \qquad g(x) = 3x^2.$$

Esercizio 3.3.34 Date le seguenti funzioni f e g definite sui loro campi di esistenza, trovate $f \circ g$ e $g \circ f$, eventualmente restringendo i domini:

1. $f(x) = x^2$ e $g(x) = x^3$,
2. $f(x) = \log_3 x$ e $g(x) = x^3$,
3. $f(x) = 2^x - 1$ e $g(x) = x^2 - 1$,
4. $f(x) = \frac{1}{x}$ e $g(x) = \frac{1}{|x|}$,
5. $f(x) = \frac{1}{x^2}$ e $g(x) = \frac{1}{\sqrt{x}}$.

Esercizio 3.3.35 Sia

$$u : [0, +\infty) \longrightarrow \mathbb{R} \quad \text{con} \quad u(c) = \frac{c^{1-\sigma} - 1}{1 - \sigma}$$

(σ parametro positivo e minore di 1) l'utilità data dal consumo di una quantità $c \geq 0$. Supponiamo che la quantità consumata c sia funzione del prezzo del bene di consumo p nel seguente modo

$$c : [0, +\infty) \longrightarrow \mathbb{R} \quad \text{con} \quad c(p) = e^{-Ap}.$$

Trovate la composizione $u \circ c$ e il suo dominio.

[17] Attenzione che questa definizione è più avanti nel testo!

3.3.4 Funzioni invertibili e loro inverse

Data una funzione siamo interessati ora a sapere se sia o no invertibile e (nel caso lo sia) a calcolarne l'inversa. Ricordiamo innanzitutto cosa significa "invertibile".

Definizione 3.3.6 *Una funzione* $f : A \longrightarrow \mathbb{R}$ *con* $A \subseteq \mathbb{R}$ *si dice* invertibile *(o* iniettiva*) se*

$$\forall y \in B,\ \exists! x \in A \ :\ f(x) = y. \tag{3.2}$$

In tal caso si può definire la funzione inversa[18]

$$f^{-1} : f(A) \longrightarrow \mathbb{R} \quad \textit{tale che} \quad f^{-1} \circ f = Id_A \quad e \quad f \circ f^{-1} = Id_{f(A)}.$$

Osservazione 3.3.7 Un'osservazione di carattere logico: la definizione di invertibilità vista sopra si può riscrivere così

$$\forall x_1, x_2 \in A \quad \text{con} \quad x_1 \neq x_2 \quad \Longrightarrow \quad f(x_1) \neq f(x_2).$$

Ora forniamo qualche idea per scoprire se una funzione f è invertibile e per trovarne l'inversa. In sintesi i problemi da risolvere sono tre:

(i) dire se la funzione f è invertibile (se non lo è magari trovare un dominio su cui lo è);

(ii) trovare la legge della funzione inversa f^{-1};

(iii) trovare il dominio dell'inversa che coincide con il codominio di f.

Notiamo che il secondo e il terzo punto possono anche essere svolti in ordine inverso senza problemi. Approfondiamo i tre punti.

(i) Per quanto riguarda il primo, ci aiuta il legame esistente fra invertibilità e stretta monotonia.

Definizione 3.3.8 *La funzione* $f : A \longrightarrow \mathbb{R}$ *con* $A \subseteq \mathbb{R}$ *è* strettamente crescente *(*crescente*) se*

$$\forall x_1, x_2 \in A \ \textit{con}\ x_1 < x_2 \Longrightarrow f(x_1) < f(x_2) \quad (\text{rispettivamente} f(x_1) \leq f(x_2)).$$

Viceversa f è strettamente decrescente *(*decrescente*) se*

$$\forall x_1, x_2 \in A \ \textit{con}\ x_1 < x_2 \Longrightarrow f(x_1) > f(x_2) \quad (\text{rispettivamente} f(x_1) \geq f(x_2)).$$

Diciamo che f è strettamente monotona *se è strettamente crescente o strettamente decrescente, mentre diciamo che è* monotona *se è crescente o decrescente.*

Il legame sospirato è il seguente.

Teorema 3.3.9 *Se f è strettamente monotona* $\Longrightarrow$ *f è invertibile.*

Osservazione 3.3.10 Il viceversa non è vero in generale. Tuttavia ricordiamo, per completezza, il seguente risultato.

Teorema 3.3.11 *Se* $f : (a, b) \longrightarrow \mathbb{R}$ *è invertibile e continua* $\Longrightarrow$ *f è strettamente monotona.*

Faccina 3.3.12 In sostanza, per vedere se una funzione f è invertibile, opereremo nella seguente maniera.

(a) se f è continua su un intervallo allora l'invertibilità equivale alla stretta monotona (grazie ai Teoremi 3.3.9 e 3.3.11) e per questo è sufficiente studiare il segno della derivata prima quando esiste (vedasi Sezione 3.6.1 per approfondimenti)

(b) Se f non è continua oppure non è definita su un intervallo vale ancora il Teorema 3.3.9. Attenzione che non si può usare a priori il metodo (a). Una possibilità (ma non l'unica) è di usare direttamente la Definizione 3.3.6 (vedasi Esercizio 3.3.36).

[18]Ricordiamo che il simbolo Id_E, con E sottoinsieme di $\mathbb{R}$, indica la funzione identità su E, cioè la funzione $Id_E : E \longrightarrow \mathbb{R}$ di legge $Id_E(x) = x$ per ogni $x \in E$.

(ii) Veniamo al secondo punto: trovare la forma di f^{-1}. Qui si tratta più semplicemente di risolvere (esplicitando rispetto a x) l'equazione
$$f(x) = y.$$
In sostanza si tratta di un'equazione parametrica che ha come incognita x e come parametro y. Raramente la cosa è fattibile ma noi non infieriremo inutilmente: solo casi semplici vi verranno propinati al fine di acquisire un minimo di familiarità con l'idea.

(iii) Infine il terzo punto: trovare il dominio di f^{-1} e quindi il codominio di f. Qui possiamo distinguere due casi.

(a) *Caso facile* (e più comune per noi): f è strettamente monotona[19], continua e $A = (a, b)$ (o analogo semiaperto o chiuso) è un intervallo. In tal caso il codominio $f(A)$ è dato dall'intervallo (chiuso o aperto o semiaperto a seconda di come è A) di estremi $f(a)$ e $f(b)$. Se gli estremi di A non sono compresi o sono infiniti allora $f(a)$ e $f(b)$ vengono sostituiti dai rispettivi limiti.

(b) *Caso meno facile* (e anche meno comune per noi): f è strettamente monotona e continua su due o più intervalli disgiunti $A_1, A_2, \ldots$: si trovano allora $f(A_1), f(A_2), \ldots$ come nel punto precedente e quindi $f(A)$ ne è l'unione.

Esercizi ben svolti

Esercizio 3.3.36 Dire se le seguenti funzioni sono invertibili e, in caso positivo, calcolarne l'inversa:

1. $f_1 : (0, +\infty) \longrightarrow \mathbb{R}$ con $f_1(x) = x^2$;
2. $f_2 : (1, +\infty) \longrightarrow \mathbb{R}$ con $f_2(x) = (x-2)^2$.

Soluzione. Comportiamoci secondo i consigli ricevuti nel preambolo.

1. Prima di tutto controlliamo se f_1 è invertibile. Grazie al Teorema 3.3.9 sappiamo che la stretta monotonia è una condizione sufficiente per l'invertibilità: calcoliamo quindi la derivata (dove esiste) e studiamone il segno ricordando che se f' è > 0 su un intervallo, escluso al più un numero finito di punti, allora f è strettamente crescente su tale intervallo (Teorema 3.6.1). Nel nostro caso $f_1'(x) = 2x > 0$ su $(0, +\infty)$ e quindi f_1 è strettamente crescente su $(0, +\infty)$ e perciò invertibile.

   Calcoliamo ora il dominio dell'inversa. Dato che f_1 è crescente, utilizzando il punto (iii)-(a) qui sopra si ha
   $$f_1((0, +\infty)) = \left(f_1(0), \lim_{x \to +\infty} f_1(x) \right) = (0, +\infty).$$
   Per calcolarne la legge risolviamo, esplicitando rispetto a x, l'equazione
   $$x^2 = y \quad \text{con} \quad x \in (0, +\infty) \text{ e } y \in (0, +\infty).$$
   Tale equazione, con le limitazioni considerate, ha un'unica soluzione $x = \sqrt{y}$. Quindi
   $$f_1^{-1} : (0, +\infty) \longrightarrow (0, +\infty) \quad \text{con} \quad f_1^{-1}(y) = \sqrt{y}$$
   e il grafico si trova in Figura 3.1.

   Faccina 3.3.13 Notate che il grafico della funzione inversa risulta essere il simmetrico del grafico della funzione di partenza rispetto alla bisettrice del primo e terzo quadrante. Si tratta di un utile metodo geometrico per vedere l'andamento della funzione inversa (anche se non la si sa calcolare esplicitamente) una volta noto l'andamento della funzione di partenza.

2. La funzione f_2 è derivabile su $(1, +\infty)$ e $f_2'(x) = 2(x-2)$. Poiché
   $$2(x-2) > 0 \quad \Longleftrightarrow \quad x > 2$$
   si ha f_2 non monotona su $(1, +\infty)$. In effetti non è nemmeno invertibile (la cosa segue anche dall'Osservazione 3.3.10: pensateci un attimo!): infatti $f_2\left(\frac{3}{2}\right) = f_2\left(\frac{5}{2}\right) = \frac{1}{4}$ e quindi la (3.2) non è soddisfatta. Potremmo restringere la f_2 al dominio $(2, +\infty)$ e avremmo allora una funzione invertibile. Provate a calcolarne l'inversa se avete 5 minuti liberi. ∎

[19] Basterebbe anche solo monotona.

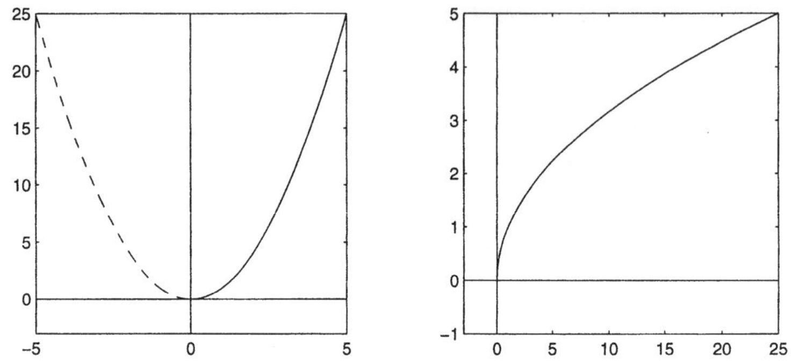

Figura 3.1: x^2 e la sua inversa

Esercizio 3.3.37 [Roma 28/04/1999, n.3] Data la funzione

$$f : \left[-\frac{\pi}{2}, 0\right] \longrightarrow \mathbb{R} \quad \text{con} \quad f(x) = \operatorname{sen} x,$$

dire se f è iniettiva e/o surgettiva. Fare lo stesso per

$$g : [0, \pi] \setminus \left\{\frac{\pi}{2}\right\} \longrightarrow \mathbb{R} \quad \text{con} \quad g(x) = \operatorname{tg} x.$$

Soluzione. Ricordiamo che una funzione è surgettiva se l'insieme di arrivo coincide con il codominio. Per gli esempi che trattiamo tale concetto non risulta particolarmente utile per cui lo abbiamo fin qui trascurato. In questo esempio (grazie al punto (iii)-(a) di questa sezione) si può calcolare agevolmente il codominio di f poiché tale funzione è monotona crescente (la sua derivata è $f'(x) = \cos x \geq 0$ su $\left[-\frac{\pi}{2}, 0\right]$). In tale caso il codominio è dato dall'intervallo di estremi i valori di f agli estremi del suo dominio:

$$f\left(\left[-\frac{\pi}{2}, 0\right]\right) = \left[f\left(-\frac{\pi}{2}\right), f(0)\right] = [-1, 0] \subseteq \mathbb{R}.$$

Quindi f non è surgettiva. Inoltre, poiché $f'(x) = \cos x > 0$ su $\left[-\frac{\pi}{2}, 0\right]$ esclusi al più gli estremi, si conclude (vedasi Esercizio 3.3.36) che f è iniettiva (invertibile). La sua inversa in tale intervallo (in realtà anche nell'intervallo più grosso $\left[-\frac{\pi}{2}, \frac{\pi}{2}\right]$) viene chiamata arcsen x[20] (vedasi Figura 3.2).

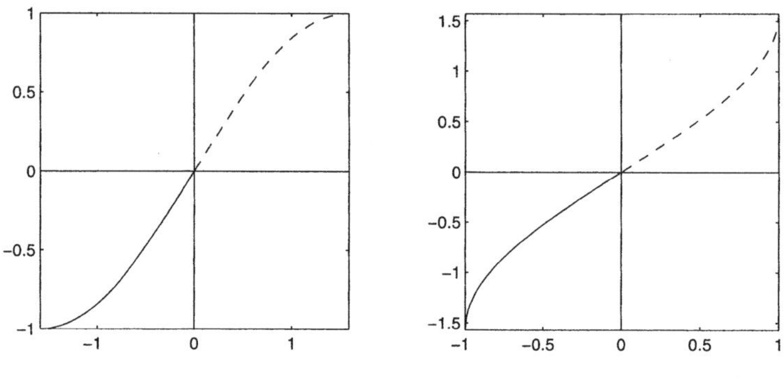

Figura 3.2: $\operatorname{sen} x$ e la sua inversa

Per vedere se g è surgettiva, calcoliamone il codominio usando il punto (iii)-(b) di questa sezione. Infatti g è definita sull'unione dei due intervalli disgiunti $\left[0, \frac{\pi}{2}\right)$ e $\left(\frac{\pi}{2}, \pi\right]$ e su ognuno di essi è strettamente monotona in quanto la sua derivata vale

$$\operatorname{D} \operatorname{tg} x = \operatorname{D} \frac{\operatorname{sen} x}{\cos x} = \frac{\cos^2 x + \operatorname{sen}^2 x}{\cos^2 x} = 1 + \operatorname{tg}^2 x > 0.$$

⚠ **Pericolo 3.3.14** Il fatto che g sia monotona su ciascun intervallo *non implica* che sia globalmente monotona. Si veda in merito anche l'Esercizio 3.7.11.

[20]Leggasi "arcoseno di x", cioè l'arco il cui seno è x.

Quindi

$$g\left(\left[0,\frac{\pi}{2}\right)\right)=\left[g(0),\lim_{x\to\frac{\pi}{2}^-}g(x)\right)=[0,+\infty)\quad\text{e}\quad g\left(\left(\frac{\pi}{2},\pi\right]\right)=\left(\lim_{x\to\frac{\pi}{2}^+}g(x),g(\pi)\right]=(-\infty,0]$$

ed infine

$$g\left(\left[0,\frac{\pi}{2}\right)\cup\left(\frac{\pi}{2},\pi\right]\right)=g\left(\left[0,\frac{\pi}{2}\right)\right)\cup g\left(\left(\frac{\pi}{2},\pi\right]\right)=[0,+\infty)\cup(-\infty,0]=\mathbb{R}$$

che ci assicura la surgettività di g.

Per quanto riguarda l'iniettività non possiamo usare il Teorema 3.3.9 perché g non è globalmente monotona. Tuttavia possiamo cercare di ragionare usando la definizione chiedendoci se è vero che, dato un qualsiasi y nel codominio di g esiste un solo x nel dominio di g tale che $g(x)=y$. Cioè vogliamo vedere se, dato $y\in\mathbb{R}$, l'equazione $\operatorname{tg}x=y$ ha una sola soluzione in $\left[0,\frac{\pi}{2}\right)\cup\left(\frac{\pi}{2},\pi\right]$. Graficamente equivale ad affermare che una qualunque retta orizzontale interseca il grafico di g in uno e un solo punto. Questo è falso, anche se per un pelo. Infatti

$$g(0)=g(\pi)=0.$$

Se restringiamo g al dominio $\left[0,\frac{\pi}{2}\right)\cup\left(\frac{\pi}{2},\pi\right)$ allora diventa invertibile ed il suo grafico, insieme a quello della sua inversa lo vedete in Figura 3.3.

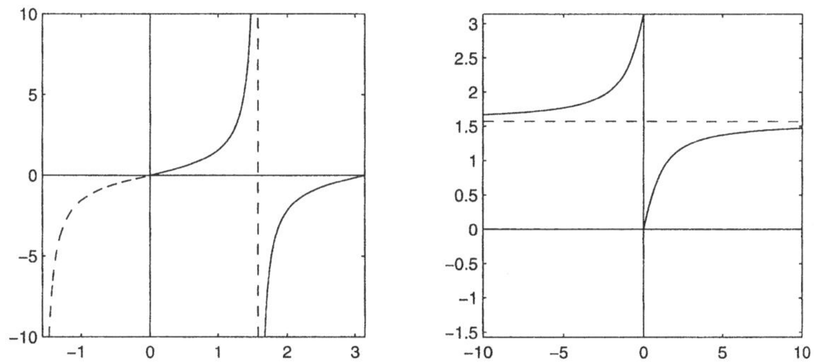

Figura 3.3: $\operatorname{tg}x$ e la sua inversa

Notate che la funzione inversa qui trovata è uguale, per $x>0$, alla funzione $\operatorname{arctg}x$[21]. ∎

Esercizio 3.3.38 [Roma 21/09/1999 n.3] Data la funzione

$$f:[0,+\infty)\longrightarrow\mathbb{R}\quad\text{con}\quad f(x)=x^\alpha$$

dipendente dal parametro $\alpha>0$, dire se è invertibile e trovarne l'inversa.

Soluzione. In questo esercizio è presente un parametro che non crea problemi. Infatti, ragionando come nell'Esercizio 3.3.36, f è derivabile su $[0,+\infty)$ (escluso al più il punto 0) e la derivata è sempre >0 (escluso al più nel punto 0): quindi f è invertibile. La monotonia garantisce che

$$f([0,+\infty))=\left[f(0),\lim_{x\to+\infty}f(x)\right)=[0,+\infty).$$

Calcoliamo l'inversa

$$y=x^\alpha\quad\Longleftrightarrow\quad x=y^{\frac{1}{\alpha}}$$

e quindi

$$f^{-1}:[0,+\infty)\longrightarrow\mathbb{R}\quad\text{con}\quad f^{-1}(y)=y^{\frac{1}{\alpha}}.$$

Vi invitiamo a fare una rappresentazione grafica di f e della sua inversa per vari valori di α. ∎

[21] Cioè la funzione "arcotangente di x" che è l'inversa della funzione $\operatorname{tg}x$ quando il dominio è $\left(-\frac{\pi}{2},\frac{\pi}{2}\right)$.

Esercizi per casa

Esercizio 3.3.39 Dire se le seguenti funzioni sono invertibili e, in caso positivo, calcolarne l'inversa:

1. $f:(-1,+\infty) \longrightarrow \mathbb{R}$ con $f(x) = 1 - \ln(x+1)$;
2. $g: \mathbb{R} \longrightarrow \mathbb{R}$ con $g(x) = 2^{2x}$.

Esercizio 3.3.40 [Roma 12/10/1999 n.3] Dire se la funzione $f(x) = ax + b$ è invertibile per qualche $a, b \in \mathbb{R}$. Qual è l'inversa?

3.3.5 Esercizi misti per casa

Esercizio 3.3.41 [Roma 28/04/1999, n.2] Date le funzioni:

$$f(x) = x^{-3} + 1 \quad \text{e} \quad g(x) = \left|x^{\frac{1}{2}} + x\ln x\right| + 2$$

definite sul loro CE, trovate $f \circ g$ e $g \circ f$ ed i loro CE. Dire se f è iniettiva e/o surgettiva (su $\mathbb{R}$). Spiegare perché.

Esercizio 3.3.42 [Roma 17/06/1999, n.2] Dire se la funzione $f(x) = \sqrt{1-x}$ è monotona e iniettiva.

Esercizio 3.3.43 [Roma 01/07/1999, n.3] Sia $f : [0,1] \longrightarrow \mathbb{R}$: cosa significa "$f$ crescente"? Sia $g : A \longrightarrow \mathbb{R}$: quando ha senso $f \circ g$? E $g \circ f$? Se g è decrescente e f crescente, cosa si può dire di $f \circ g$? Fare un esempio.

Esercizio 3.3.44 [Roma 15/07/1999 n.3] Dire per quali valori di $a > 0$ la funzione $f(x) = a^x$ definita su $CE(f)$ è crescente, decrescente, e per quali iniettiva. Qual è il suo codominio?

Esercizio 3.3.45 [Roma 22/02/1999 n.2] Trovare il CE della legge

$$f(x) = \ln\left(\sqrt{|x-1|} + \sqrt{|x+1|}\right).$$

Dire se f, ristretta a $[1,+\infty)$, è iniettiva e/o surgettiva. In caso di risposta negativa dire come è possibile renderla iniettiva.

3.4 Limiti

Ancora limiti! Ebbene sì e, purtroppo, anche più complessi di quelli presentati nel Capitolo 2. Infatti se per le successioni l'unico limite che aveva senso era quello per n tendente a $+\infty$ (cioè ci interessava sapere qual era il valore assunto dalla successione quando n diventava un numero "molto grande"), per le funzioni ci interesserà anche conoscere il limite per x tendente ad un punto $x_0 \in \mathbb{R}$ che scriveremo

$$\lim_{x \to x_0} f(x).$$

Iniziamo con qualche richiamo di teoria.

3.4.1 Definizione e dintorni

Per una più dettagliata spiegazione rimandiamo come al solito a [PSS]; noi ci limiteremo a riassumere i concetti essenziali. Innanzitutto rispondiamo alla seguente domanda:

> *"Cosa significa fare il limite di una funzione per x tendente a $x_0 \in \overline{\mathbb{R}}$[22]?"*

Una prima risposta, priva di qualsiasi rigore matematico, potrebbe essere la seguente:

> *"Significa vedere se la funzione f, nelle vicinanze del punto x_0, assume, all'incirca, un determinato valore (che può essere anche $\pm\infty$)."*

[22] Per nostra comodità chiameremo nel seguito $\overline{\mathbb{R}}$ l'insieme $\mathbb{R} \cup \{\pm\infty\}$.

Ma allora il primo problema che si pone è quello di determinare quali sono i punti in cui ha senso cercare il limite: saranno quelli che hanno vicino a sè infiniti punti del $CE(f)$ (sennò come faremmo a calcolare il valore di f vicino a x_0?).

Definizione 3.4.1 *Sia $A \subseteq \mathbb{R}$ un insieme. Un punto $x_0 \in \overline{\mathbb{R}}$ si dice* punto di accumulazione *per A (relativamente a $\overline{\mathbb{R}}$) se esiste una successione $\{x_n\}_{n\in\mathbb{N}}$ costituita (almeno definitivamente) da elementi di A diversi da x_0 (cioè $x_n \in A$ e $x_n \neq x_0$ definitivamente) tale che*

$$\lim_{n\to+\infty} x_n = x_0.$$

L'insieme costituito da tutti i punti di accumulazione di A (relativamente a $\overline{\mathbb{R}}$) prende il nome di insieme derivato[23] di *A (relativamente a $\overline{\mathbb{R}}$) e si indica con $\overline{A}'$.*

Per non appesantire la notazione, nel seguito indicheremo con A' invece che con $\overline{A}'$ l'insieme derivato di A relativamente a $\overline{\mathbb{R}}$. Non vi saranno problemi di confusione con l'insieme derivato "normale" definito nella Sezione 3.3.2: qui useremo sempre il derivato relativo a $\overline{\mathbb{R}}$.

Notate che:

- x_0 può essere anche infinito. Ad esempio se $A = (0, +\infty)$ allora $+\infty \in A'$ poiché la successione $x_n = n$ soddisfa la richiesta[24];
- in generale A' non è un sottoinsieme di A né A è un sottoinsieme di A'. Ad esempio se $A = (0, 1)$ allora $A' = [0, 1]$: infatti per $x_0 \in [0, 1)$ basta scegliere $x_n = x_0 + \frac{1}{n}$ mentre per $x_0 = 1$ scegliamo $x_n = x_0 - \frac{1}{n}$. Viceversa se $A = \{1\}$ allora $A' = \emptyset$. E se $A = \mathbb{N}$? Allora $A' = \{+\infty\}$, meditate al caso delle successioni!
- si può anche dire che un punto è di accumulazione se in ogni intorno di x_0 si trovano punti di A diversi da x_0 stesso[25];
- in soldoni si può dire che un punto è di accumulazione se mi posso avvicinare indefinitamente a tale punto "camminando" sull'insieme A.

La definizione di limite che ora proponiamo (così come quella presentata in [PSS] e in molti altri testi, ma non tutti), fa uso del limite di successioni.

Definizione 3.4.2 *Siano $f : A \longrightarrow \mathbb{R}$, con $A \subseteq \mathbb{R}$, e $x_0 \in A'$. Diremo che esiste il* limite *per x che tende a x_0 e tale limite è uguale a $L \in \overline{\mathbb{R}}$, scrivendo*

$$\lim_{x\to x_0} f(x) = L,$$

se, per ogni successione $\{x_n\}_{n\in\mathbb{N}} \subseteq A$, con $x_n \neq x_0$ definitivamente e tale che

$$\lim_{n\to+\infty} x_n = x_0$$

si ha

$$\lim_{n\to+\infty} f(x_n) = L.$$

Se ci interessiamo solamente a quanto avviene poco prima (oppure poco dopo) il punto x_0, dobbiamo utilizzare una piccola variazione sul tema introducendo il concetto di punto di accumulazione destro e sinistro e quello di limite destro e sinistro.

Definizione 3.4.3

[23] L'analogia non vi inganni: non c'è collegamento diretto tra insieme derivato e derivata di una funzione.

[24] Questo non succede con la definizione standard di punto di accumulazione che trovate nella Sezione 3.3.2. Qui abbiamo dato la definizione modificata (appunto relativamente a $\overline{\mathbb{R}}$) perchè ci fa comodo che anche $\pm\infty$ possano essere punti di accumulazione. Useremo nel seguito sempre questa definizione ricordando che l'unica differenza con la definizione standard è che in A' ci possono stare anche $\pm\infty$.

[25] La dimostrazione non è ovvia, ma provarci può essere istruttivo.

- *Un punto* $x_0 \in \overline{\mathbb{R}}$ *si dice* punto di accumulazione a destra *per* A *(relativamente a* $\overline{\mathbb{R}}$*) se esiste una successione* $\{x_n\}_{n\in\mathbb{N}}$ *costituita (almeno definitivamente) da elementi di* A *maggiori di* x_0*, cioè* $x_n \in A$ *e* $x_n > x_0$*, tale che*

$$\lim_{n\to+\infty} x_n = x_0.$$

L'insieme costituito da tutti i punti di accumulazione a destra (relativamente a $\overline{\mathbb{R}}$*) si indica con* A'_+*. In maniera analoga si definisce un* punto di accumulazione a sinistra *per* A *(relativamente a* $\overline{\mathbb{R}}$*) dove la successione è composta da elementi di* A *minori di* x_0*. L'insieme costituito da tutti i punti di accumulazione a sinistra (relativamente a* $\overline{\mathbb{R}}$*) si indica con* A'_-*.*

- *Siano* $f : A \longrightarrow \mathbb{R}$*, con* $A \subseteq \mathbb{R}$*, e* $x_0 \in A'_+$*. Diremo che esiste il* limite per x che tende a x_0 da destra *e tale limite è uguale a* $M \in \overline{\mathbb{R}}$*, scrivendo*

$$\lim_{x\to x_0^+} f(x) = M,$$

se, per ogni successione $\{x_n\}_{n\in\mathbb{N}} \subseteq A$ *con* $x_n > x_0$ *e tale che*

$$\lim_{n\to+\infty} x_n = x_0,$$

si ha

$$\lim_{n\to+\infty} f(x_n) = M.$$

Mutatis mutandis[26] *si definisce il* limite da sinistra *che scriveremo*

$$\lim_{x\to x_0^-} f(x) = N.$$

Ebbene, come è logico aspettarsi, il limite di una funzione esiste se e solo se esistono sia il limite sinistro sia il limite destro e sono uguali, cioè vale il seguente risultato.

Teorema 3.4.4 *Siano* $f : A \longrightarrow \mathbb{R}$*, con* $A \subseteq \mathbb{R}$*, e* $x_0 \in A'_+ \cap A'_-$*; allora esiste*

$$\lim_{x\to x_0} f(x) = L$$

se e solo se esistono

$$\lim_{x\to x_0^+} f(x) = M \qquad e \qquad \lim_{x\to x_0^-} f(x) = N$$

ed inoltre $M = N = L$*.*

Osservazione 3.4.5 Abbiamo ipotizzato qui che $x_0 \in A'_+ \cap A'_-$, cioè che si possano fare sia il limite destro che quello sinistro. Se non è possibile fare uno dei due (ad esempio se $A = (0,1)$ e $x_0 = 0$: in tal caso non si può fare il limite a sinistra) allora il limite coincide (se esiste) con l'altro. Proviamo a spiegare il motivo sostanziale di questo fatto: il limite a noi interessa come valore a cui si "avvicina" la funzione quando ci avviciniamo a x_0 "camminando" su A. Se, ad esempio, noi siamo interessati alla funzione solo per valori a destra di x_0 (e ciò si riflette nel fatto che A "sta a destra" di x_0), allora per noi l'unico limite interessante è quello a destra (anche se quello a sinistra avesse senso, a noi non interessa) e quindi lo "promuoviamo" a limite *tout court*. In questo fatto si evidenzia come il limite dipenda non solo dalla legge ma anche dal dominio della funzione. Ad esempio: la funzione definita a pezzi

$$f(x) = \begin{cases} 2x, & x \le 0, \\ 1+x, & x > 0, \end{cases}$$

ammette limite in $x = 0$ se considerata sul dominio $(-\infty, 0]$. Non ammette limite in $x = 0$ se considerata sul dominio $\mathbb{R}$. Ricordiamoci questo fatto perchè ritornerà in seguito: vedasi l'Osservazione 3.5.2 e l'Esercizio 3.7.8.

---

[26] Uno degli autori (di cui non facciamo il nome) sfoggia la sua cultura in latino!

Faccina 3.4.6 Una buona notizia. Le funzioni con le quali avremo a che fare (che, come osservato all'inizio del presente capitolo, sono tutte costruite a partire dai "mattoncini" delle funzioni elementari) possiedono sempre, in ogni punto di accumulazione destro (sinistro), il limite destro (sinistro). Ne segue che il limite in un punto di accumulazione x_0 non esiste solo quando $x_0 \in A'_+ \cap A'_-$ e i limiti destro e sinistro sono diversi.

Ricordiamo infine un paio di notazioni che useremo. Se

$$\lim_{x \to x_0} f(x) = L$$

e $f(x) \geq L$ ($\leq L$) in un intorno di x_0 allora scriveremo

$$\lim_{x \to x_0} f(x) = L^+ \quad (L^-).$$

Spesse volte infine, quando sia chiaramente sottinteso nel testo il punto in cui si fa il limite, scriveremo $f(x) \to L$ invece di $\lim_{x \to x_0} f(x) = L$.

Avvisiamo che d'ora in poi tutti i teoremi e metodi che ricorderemo possono essere enunciati anche solo per limite destro (sinistro). Non lo diremo per non gravare ulteriormente sul nostro già non brillante stile linguistico.

3.4.2 Le "armi"

Come abbiamo fatto per le successioni procediamo ora a ricordare quali sono le "armi" a nostra disposizione. Decideremo di volta in volta come e dove usarle.

Notiamo che la definizione di limite che abbiamo dato ci permette di mutuare molti dei risultati determinati per i limiti di successioni effettuando solo poche variazioni. Alcune "armi" saranno perciò molto simili. Inoltre alcune armi utili per le successioni, come i criteri di Cesaro, qui non si usano; viceversa compaiono nuove armi raffinate come il Teorema di Bernoulli–de l'Hôpital e il polinomio di Taylor.

1. Innanzitutto conosciamo i limiti per le funzioni elementari (i mattoncini che useremo per costruire tutte le altre funzioni):

   (i) funzioni costanti ($a \in \mathbb{R}$ fissato)

$$\begin{aligned} \lim_{x \to x_0} a &= a, \quad \forall x_0 \in \mathbb{R}, \\ \lim_{x \to \pm\infty} a &= a; \end{aligned}$$

   (ii) funzione valore assoluto

$$\begin{aligned} \lim_{x \to x_0} |x| &= |x_0|, \quad \forall x_0 \in \mathbb{R}, \\ \lim_{x \to \pm\infty} |x| &= +\infty; \end{aligned}$$

   (iii) funzioni potenza positiva ($\alpha > 0$ fissato)

$$\begin{aligned} \lim_{x \to x_0} x^\alpha &= x_0^\alpha, \quad \forall x_0 \in [0, +\infty), \\ \lim_{x \to +\infty} x^\alpha &= +\infty; \end{aligned}$$

   (iv) funzioni potenza negativa ($\alpha < 0$ fissato)

$$\begin{aligned} \lim_{x \to x_0} x^\alpha &= x_0^\alpha, \quad \forall x_0 \in (0, +\infty), \\ \lim_{x \to 0^+} x^\alpha &= +\infty, \\ \lim_{x \to +\infty} x^\alpha &= 0; \end{aligned}$$

(v) funzioni esponenziali ($a > 0$ fissato)

$$\lim_{x\to x_0} a^x = a^{x_0}, \quad \forall x_0 \in \mathbb{R},$$

$$\lim_{x\to -\infty} a^x = \begin{cases} 0, & \text{se } a > 1, \\ 1, & \text{se } a = 1, \\ +\infty, & \text{se } a < 1, \end{cases}$$

$$\lim_{x\to +\infty} a^x = \begin{cases} +\infty, & \text{se } a > 1, \\ 1, & \text{se } a = 1, \\ 0, & \text{se } a < 1; \end{cases}$$

(vi) funzioni logaritmiche ($a > 0$, $a \neq 1$, fissato)

$$\lim_{x\to x_0} \log_a x = \log_a x_0, \quad \forall x_0 \in (0,+\infty),$$

$$\lim_{x\to 0^+} \log_a x = \begin{cases} -\infty, & \text{se } a > 1, \\ +\infty, & \text{se } a < 1, \end{cases}$$

$$\lim_{x\to +\infty} \log_a x = \begin{cases} +\infty, & \text{se } a > 1, \\ -\infty, & \text{se } a < 1. \end{cases}$$

(vii) funzioni trigonometriche

$$\lim_{x\to x_0} \operatorname{sen} x = \operatorname{sen} x_0, \quad \forall x_0 \in \mathbb{R},$$

$$\lim_{x\to x_0} \cos x = \cos x_0, \quad \forall x_0 \in \mathbb{R},$$

$$\lim_{x\to x_0} \operatorname{tg} x = \operatorname{tg} x_0, \quad \forall x_0 \in \mathbb{R} \setminus \left\{ \frac{k\pi}{2} : k \in \mathbb{Z} \right\}.$$

Inoltre conosciamo alcuni limiti di "speciali" combinazioni di funzioni elementari (tipicamente frutto di confronti tra infiniti e infinitesimi "canonici") che vengono chiamati limiti notevoli.

$$\lim_{x\to \pm\infty} \left(1 + \frac{\delta}{x}\right)^x = e^\delta, \quad \forall \delta \in \mathbb{R}, \tag{3.3}$$

$$\lim_{x\to 0} \frac{a^x - 1}{x} = \ln a, \tag{3.4}$$

$$\lim_{x\to 0} \frac{\log_a(1+x)}{x} = \frac{1}{\ln a}, \tag{3.5}$$

$$\lim_{x\to +\infty} \frac{e^{\alpha x}}{x^\beta} = +\infty, \quad \forall \alpha, \beta > 0, \tag{3.6}$$

$$\lim_{x\to +\infty} \frac{(\ln x)^\alpha}{x^\beta} = 0, \quad \forall \alpha, \beta > 0, \tag{3.7}$$

$$\lim_{x\to 0} \frac{\operatorname{sen} x}{x} = 1, \tag{3.8}$$

$$\lim_{x\to 0} \frac{1 - \cos x}{x^2} = \frac{1}{2}. \tag{3.9}$$

(2) Ora ricordiamo alcune regole per "confrontare" e "combinare" insieme limiti noti.

(i) *Limiti e operazioni algebriche* $(+, -, \cdot, /)$. Prendiamo due funzioni f e g e un punto $x_0 \in \overline{\mathbb{R}}$ punto di accumulazione per i domini di f e g. Supponiamo che[27]

$$\lim_{x\to x_0} f(x) = L \quad \text{e} \quad \lim_{x\to x_0} g(x) = M$$

[27] Il tutto vale anche se tendiamo a x_0 solo da sinistra o da destra.

con $L, M \in \overline{\mathbb{R}}$; allora

$$\begin{aligned}\lim_{x \to x_0} f(x) \pm g(x) &= L \pm M, \\ \lim_{x \to x_0} f(x) \cdot g(x) &= L \cdot M, \\ \lim_{x \to x_0} \frac{f(x)}{g(x)} &= \frac{L}{M},\end{aligned}$$

con le stesse regole di calcolo introdotte per i limiti di successioni cui rimandiamo (Sezione 2.3.3, punto (2)-(i)). Una piccola attenzione merita il caso $\frac{\alpha}{0}$: come nel caso dei limiti di successioni, può fornire solo tre risultati (li elenchiamo per il caso $\alpha > 0$):

- $+\infty$ se la funzione a denominatore è positiva in un intorno di x_0,
- $-\infty$ se la funzione a denominatore è negativa in un intorno di x_0,
- non esiste se non vale nessuno dei due casi precedenti.

Ciò che quindi occorre fare in questo caso è soltanto studiare il segno del denominatore e consigliamo di farlo separando limite destro e sinistro[28].

(ii) *Limiti e disuguaglianze*[29]

Teorema 3.4.7 (del confronto) *Siano $f : A \longrightarrow \mathbb{R}$ e $g : B \longrightarrow \mathbb{R}$ due funzioni e $x_0 \in \overline{\mathbb{R}}$ con $x_0 \in A' \cap B'$;*

- *se esiste un intorno $I(x_0, r)$ contenuto in $A \cap B$, tale che $f(x) \leq g(x)$ per ogni $x \in I(x_0, r)$ e*
$$\lim_{x \to x_0} f(x) = +\infty$$
allora
$$\lim_{x \to x_0} g(x) = +\infty;$$
- *se esiste un intorno $I(x_0, r)$ contenuto in $A \cap B$, tale che $f(x) \leq g(x)$ per ogni $x \in I(x_0, r)$ e*
$$\lim_{x \to x_0} f(x) = -\infty$$
allora
$$\lim_{x \to x_0} g(x) = -\infty.$$

Teorema 3.4.8 (dei due carabinieri) *Siano $f : A \longrightarrow \mathbb{R}$, $g : B \longrightarrow \mathbb{R}$ e $h : C \longrightarrow \mathbb{R}$ tre funzioni e $x_0 \in \overline{\mathbb{R}}$ con $x_0 \in A' \cap B' \cap C'$; se esiste un intorno $I(x_0, r)$ contenuto in $A \cap B \cap C$, tale che*

$$f(x) \leq g(x) \leq h(x), \qquad \forall x \in I(x_0, r)$$

e

$$\lim_{x \to x_0} f(x) = \lim_{x \to x_0} h(x) = L \in \overline{\mathbb{R}}$$

allora

$$\lim_{x \to x_0} g(x) = L.$$

In particolare

$$\lim_{x \to x_0} f(x) = 0 \iff \lim_{x \to x_0} |f(x)| = 0.$$

(iii) *Limite di una composizione di funzioni*[30] (che è la base del cosiddetto metodo del *cambio di variabile*).

[28] ... dato che nei nostri esempi sappiamo che limite destro e sinistro esistono sempre.
[29] Gli enunciati che diamo qui possono essere formulati anche per i limiti destro e sinistro.
[30] L'enunciato che diamo può essere formulato anche per i limiti destro e sinistro.

Teorema 3.4.9 *Siano $f : A \longrightarrow \mathbb{R}$, $g : B \longrightarrow \mathbb{R}$ e $x_0 \in A'$. Supponiamo che la funzione composta $g \circ f$ sia definita in un intorno di x_0[31]. Supponiamo ora che*

$$\lim_{x\to x_0} f(x) = L \in \overline{\mathbb{R}}, \qquad \lim_{y\to L} g(y) = M \in \overline{\mathbb{R}};$$

allora esiste anche il limite

$$\lim_{x\to x_0} g \circ f(x) = M.$$

Questo teorema è molto utile perché permette di calcolare il limite di semplici funzioni composte semplicemente sostituendo (è infatti la versione "hard" del cosiddetto "principio di sostituzione" usato per le successioni), ma anche perché fornisce la base per il metodo del *cambio di variabile*. Esso consiste nel ricondurre il limite di una funzione ad un limite noto (tipicamente uno dei limiti notevoli elencati al punto (1)) rispetto ad una nuova variabile nel seguente modo:

- si sceglie una nuova variabile funzione di x (usualmente y ma altri nomi sono ammessi) in modo opportuno[32];
- si trova a cosa tende y quando $x \to x_0$, cosa in genere semplice ma da non trascurare: chiamiamo y_0 tale limite;
- si sostituisce y nell'espressione del limite e si calcola il nuovo limite, che, se abbiamo agito bene, dovrebbe essere più semplice. Ad esempio

$$\lim_{x\to+\infty} \frac{e^{\frac{1}{x+2}} - 1}{\frac{1}{x+2}}$$

si calcola ponendo $y = \frac{1}{x+2}$, notando che

$$x \to +\infty \quad \Longrightarrow \quad y \to 0.$$

Quindi riscrivendo il limite rispetto a y otteniamo il limite notevole (3.4)

$$\lim_{y\to 0^+} \frac{e^y - 1}{y} = 1.$$

Si veda la soluzione dell'Esercizio 1.4.50 per il metodo del cambio di variabile nel caso delle equazioni/disequazioni.

(iv) *Uso del simbolo $\sim$.* Sappiamo che, nelle stesse ipotesi del punto (i), se $f(x) \sim g(x)$ posso sostituire $f(x)$ con $g(x)$ (e viceversa) nel limite di un *prodotto o di un quoziente (non di una somma né di una differenza)*. In simboli, se $f(x) \sim f_1(x)$ e $g(x) \sim g_1(x)$ ne segue

$$\lim_{x\to x_0} f(x)g(x) = \lim_{x\to x_0} f_1(x)g_1(x) \quad \text{e} \quad \lim_{x\to x_0} \frac{f(x)}{g(x)} = \lim_{x\to x_0} \frac{f_1(x)}{g_1(x)}.$$

(v) *Teorema di Bernoulli–de l'Hôpital.* Senza richiamare l'enunciato preciso che trovate su [PSS] ricordiamo che tale teorema permette di ricondurre il calcolo del limite di un rapporto di funzioni $\frac{f}{g}$ (quando esso dia luogo ad una FI) al calcolo del limite del rapporto $\frac{f'}{g'}$. Per alcuni limiti è molto efficace ma l'esperienza ci insegna che molti lettori alle prime armi tendono ad abusarne e ad usarlo meccanicamente anche quando le condizioni non sono verificate: attenzione quindi!

(vi) *Polinomio di Taylor.* Se una funzione è "abbastanza liscia" vicino ad un punto $x_0 \in \mathbb{R}$ essa può essere scritta come somma di un opportuno polinomio di grado n[33] (il cosiddetto polinomio di Taylor) e di un resto che è un infintesimo di ordine superiore a $(x - x_0)^n$ per $x \to x_0$. Questa scrittura si rivela molto utile per risolvere alcuni limiti complessi. La useremo in pochi casi, principalmente nella Sezione 3.4.5.

[31] È il minimo che serve per poter fare il limite della funzione composta.

[32] Qui sta il difficile: la scelta deve essere fatta in modo da ricondursi ad un limite noto. Vale anche qui quanto detto nel Pericolo 2.3.4: mai perdersi d'animo!

[33] n può essere scelto dall'utente.

Come usare le "armi"

Per usare tutte le armi sopra descritte occorre comportarsi sostanzialmente come spiegato nella analoga sezione per le successioni: i punti fermi sono (A) e (B) alla Sezione 2.3.3 nella sottosezioncina intitolata: "Come usare le "armi" ".

3.4.3 Limiti facili

Abbiamo diviso gli esercizi sui limiti in tre parti: facili, così così, difficilotti. In realtà è molto difficile stabilire una gerarchia precisa di difficoltà. Il criterio di suddivisione che abbiamo usato si basa principalmente sui metodi che si possono usare per calcolare tali limiti.

- I limiti facili si possono risolvere soltanto sostituendo (punto (A) di "come usare le armi") e usando qualche forma standard di riscrittura.
- I limiti così così hanno bisogno di saper usare *anche* il cambio di variabile.
- I limiti difficilotti hanno bisogno di saper usare *anche* il Teorema di Bernoulli–de l'Hôpital e il poliniomio di Taylor. Tra essi abbiamo inserito anche limiti di funzioni dipendenti da parametri e limiti con funzioni trigonometriche.

Per essere ancora più precisi osserviamo che molti esercizi possono essere risolti in modi diversi e egualmente corretti per cui la classificazione da noi fatta è forzatamente soggettiva. Nel risolvere gli *esercizi ben svolti* cercheremo di indicare le possibili vie alternative di soluzione.

Esercizi ben svolti

Esercizio 3.4.1 [L'Aquila 07/06/1999, n.A1] Calcolare

$$\lim_{x\to+\infty} \frac{5^{-x}+31}{\sqrt[5]{\ln x}}.$$

Soluzione. Iniziamo sostituendo. Poiché

$$\lim_{x\to+\infty} 5^{-x} = \lim_{x\to+\infty} \frac{1}{5^x} = \frac{1}{+\infty} = 0,$$

il limite del numeratore è

$$\lim_{x\to+\infty} \left(5^{-x}+31\right) = 0+31 = 31.$$

Ricordando il Teorema sul limite della composizione 3.4.9, possiamo portare il limite sotto il segno di radice ottenendo

$$\lim_{x\to+\infty} \sqrt[5]{\ln x} = \sqrt[5]{\lim_{x\to+\infty} \ln x} = \sqrt[5]{+\infty} = +\infty.$$

Quindi la sostituzione ci porta al risultato

$$\lim_{x\to+\infty} \frac{5^{-x}+31}{\sqrt[5]{\ln x}} = \frac{31}{+\infty} = 0.$$

Esercizio 3.4.2 Calcolare

$$\lim_{x\to+\infty} \frac{3x^4+1}{3x+2-11x^3+3x^2} \quad \text{e} \quad \lim_{x\to1} \frac{3x^2-1-2x}{x^2-2x+1}.$$

Soluzione. Sostituendo, entrambi i limiti assumono una FI (il primo $\frac{+\infty+1}{+\infty+2-\infty+\infty}$, il secondo $\frac{0}{0}$). Si tratta di due tipici casi di limite di rapporto di polinomi che si risolvono con opportune riscritture.

Il primo limite è molto simile ad un caso incontrato nel Capitolo 2 (Esercizio 2.3.5, punti 3 e 4) e si risolve con la stessa idea raccogliendo a numeratore e a denominatore la potenza di grado massimo e poi semplificando opportunamente. Cioè:

$$\lim_{x\to+\infty} \frac{3x^4+1}{3x+2-11x^3+3x^2} = \lim_{x\to+\infty} \frac{x^4\left(3+\frac{1}{x^4}\right)}{x^3\left(\frac{3}{x^2}+\frac{2}{x^3}-11+\frac{3}{x}\right)} = \lim_{x\to+\infty} \frac{x\left(3+\frac{1}{x^4}\right)}{\frac{3}{x^2}+\frac{2}{x^3}-11+\frac{3}{x}}.$$

Ora possiamo sostituire ottenendo

$$\lim_{x\to+\infty} \frac{x\left(3+\frac{1}{x^4}\right)}{\frac{3}{x^2}+\frac{2}{x^3}-11+\frac{3}{x}} = \frac{(+\infty)3}{-11} = -\infty.$$

La logica che sta dietro a questo metodo è quella di mettere in evidenza l'infinito più forte tra quelli in competizione.

Il secondo limite si risolve invece scomponendo il numeratore e il denominatore in fattori e poi semplificando opportunamente. Cioè:

$$\lim_{x\to 1} \frac{3x^2-1-2x}{x^2-2x+1} = \lim_{x\to 1} \frac{(3x+1)(x-1)}{(x-1)^2} = \lim_{x\to 1} \frac{3x+1}{x-1}.$$

Sostituendo si ottiene

$$\lim_{x\to 1} \frac{3x+1}{x-1} = \frac{4}{0}.$$

Si tratta ancora di una FI ma meno cattiva. In questo caso sappiamo che ciò che conta è il segno del denominatore in un intorno di $x_0 = 1$. Secondo il consiglio dato nell'arma (2)-(i) calcoliamoci separatamente i limiti destro e sinistro ottenendo:

$$\lim_{x\to 1^+} \frac{3x+1}{x-1} = \frac{4}{0^+} = +\infty \qquad \text{e} \qquad \lim_{x\to 1^-} \frac{3x+1}{x-1} = \frac{4}{0^-} = -\infty.$$

Il limite cercato quindi non esiste.

La logica che sta dietro questo metodo è quella di individuare (tramite la scomposizione) i fattori polinomiali che si annullano al numeratore e al denominatore così da poterli semplificare togliendo l'indeterminazione $\frac{0}{0}$. ∎

Esercizio 3.4.3 [L'Aquila 14/09/1999, n.A2] Calcolare

$$\lim_{x\to+\infty} \frac{\sqrt{3x+1}}{\sqrt{3x+2}+\sqrt{11x+3}}.$$

Soluzione. Innanzitutto osserviamo che il limite assume la forma indeterminata $\frac{+\infty}{+\infty}$. Risolviamo l'esercizio inizialmente in maniera "intuitiva". Quando x tende a $+\infty$, si ha

$$3x+1 \sim 3x, \quad \text{e} \quad 3x+2 \sim 3x \quad \text{e} \quad 11x+3 \sim 11x$$

Quindi

$$\lim_{x\to+\infty} \frac{\sqrt{3x+1}}{\sqrt{3x+2}+\sqrt{11x+3}} = \lim_{x\to+\infty} \frac{\sqrt{3x}}{\sqrt{3x}+\sqrt{11x}} = \lim_{x\to+\infty} \frac{\sqrt{3}\sqrt{x}}{(\sqrt{3}+\sqrt{11})\sqrt{x}} = \frac{\sqrt{3}}{\sqrt{3}+\sqrt{11}}.$$

Questo tipo di soluzione ***potrebbe*** essere ben giustificato con l'uso delle proprietà del simbolo $\sim$. Tuttavia la cosa richiede un certo lavoro (provateci!). Risolviamo ora l'esercizio in maniera "rigorosa" con lo stesso metodo di riscrittura usato per il primo limite dell'esercizio precedente. Mettiamo in evidenza x (cioè la potenza di grado massimo) sotto le tre radici

$$\lim_{x\to+\infty} \frac{\sqrt{3x+1}}{\sqrt{3x+2}+\sqrt{11x+3}} = \lim_{x\to+\infty} \frac{\sqrt{x\left(3+\frac{1}{x}\right)}}{\sqrt{x\left(3+\frac{2}{x}\right)}+\sqrt{x\left(11+\frac{3}{x}\right)}},$$

e portando fuori $\sqrt{x}$ e semplificando

$$\lim_{x\to+\infty} \frac{\sqrt{3x+1}}{\sqrt{3x+2}+\sqrt{11x+3}} = \lim_{x\to+\infty} \frac{\sqrt{3+\frac{1}{x}}}{\sqrt{3+\frac{2}{x}}+\sqrt{11+\frac{3}{x}}} = \frac{\sqrt{3}}{\sqrt{3}+\sqrt{11}}.$$

Morale: possiamo dire che di fronte ad una FI del tipo $\frac{\infty}{\infty}$ un metodo spesso utile consiste nel raccogliere, a numeratore e denominatore, l'infinito più "forte" e poi semplificare e sostituire. Vedremo altre variazioni sul tema.

Pericolo 3.4.10 In questo caso il Teorema di Bernoulli–de L'Hôpital non ci sarebbe stato di grande aiuto; infatti avremmo avuto

$$\begin{aligned}\lim_{x\to+\infty}\frac{\sqrt{3x+1}}{\sqrt{3x+2}+\sqrt{11x+3}} &= \lim_{x\to+\infty}\frac{\frac{3}{2\sqrt{3x+1}}}{\frac{3}{2\sqrt{3x+2}}+\frac{11}{2\sqrt{11x+3}}}\\ &= \lim_{x\to+\infty}\frac{3\sqrt{3x+2}\sqrt{11x+3}}{(11\sqrt{3x+2}+3\sqrt{11x+2})\sqrt{3x+1}}\end{aligned}$$

che risulta "molto" più difficile rispetto all'esercizio iniziale.

Esercizio 3.4.4 [Roma 30/05/2000 n.3 (recupero)] Calcolare (se esistono) i seguenti limiti

$$\begin{aligned}(1)\qquad &\lim_{x\to-\infty}\sqrt{x^2+x-2}+x+3;\\ (2)\qquad &\lim_{x\to+\infty}\ln(e^x+x^2)-x.\end{aligned}$$

Soluzione. Anche in questo caso i due limiti si presentano come forme indeterminate dopo la sostituzione. Analizziamoli singolarmente.

1. Sostituendo si trova la FI

$$\lim_{x\to-\infty}\sqrt{x^2+x-2}+x+3=+\infty-\infty;$$

sentiamo cosa hanno da dire *MC* e *FG*.

FG: Osservo che i due infiniti che qui sono in "competizione" sono entrambi dello stesso ordine: entrambi, per $x\to+\infty$, si comportano come $f(x)=x$ (lo si può vedere facendo il limite del rapporto di ciascuno con x).

MC: In questo caso non è chiaro cosa ci si può aspettare. Se avessimo ad esempio

$$\lim_{x\to-\infty}\sqrt{-x-2}+x+3$$

si capisce che è più forte il secondo termine e quindi ci aspetteremmo che il limite sia $-\infty$. Per mostrarlo basterebbe raccogliere x. Analogamente se avessimo

$$\lim_{x\to-\infty}\sqrt{x^4+x-2}+x+3,$$

avremmo come risultato $+\infty$. Ma nel nostro caso, cosa facciamo?

In casi come il nostro conviene di solito razionalizzare.[34]

Faccina 3.4.11 Quando si ha a che fare con un limite di una funzione che contiene un'espressione del tipo

$$\sqrt{\alpha(x)}-\beta(x)$$

può essere utile *razionalizzare*, cioè moltiplicare "sopra e sotto" per l'espressione

$$\sqrt{\alpha(x)}+\beta(x).$$

In certi casi infatti questa riscrittura fa sparire l'indeterminazione oppure la trasforma in una più semplice da trattare. Questo succede in particolare in casi come il nostro.

[34]Termine usato di solito alla scuola media per indicare il procedimento che trasforma una frazione con una radice al denominatore, tipo $\frac{3}{3-\sqrt{2}}$ in una frazione con il denominatore in $\mathbb{N}$ moltiplicando sopra e sotto per la stessa, opportuna, quantità (qui si ottiene $\frac{3(3+\sqrt{2})}{7}$). In questo contesto razionalizzare significa un'altra cosa, analoga, ma con obiettivo diverso: eliminare la FI.

Moltiplichiamo allora numeratore e denominatore (il denominatore qui vale 1) per

$$\sqrt{x^2+x-2}-(x+3).$$

Svolgiamo i calcoli:

$$\sqrt{x^2+x-2}+x+3=\frac{(x^2+x-2)-(x+3)^2}{\sqrt{x^2+x-2}-(x+3)}=\frac{-5x-11}{\sqrt{x^2+x-2}-(x+3)}.$$

Quindi, raccogliendo a numeratore e denominatore una x, otteniamo

$$\lim_{x\to-\infty}\sqrt{x^2+x-2}+x+3=\lim_{x\to-\infty}\frac{x\left(-5-\frac{11}{x}\right)}{x\left(-\sqrt{1+\frac{1}{x}-\frac{2}{x^2}}-1-\frac{3}{x}\right)}=\frac{5}{2}.$$

⚠ **Pericolo 3.4.12** E quel segno – davanti alla radice al denominatore?! È un punto delicato[35]. Essendo il limite per $x\to-\infty$, significa che stiamo valutando la funzione nei punti x negativi. Poiché la radice quadrata, quando esiste, è *sempre* un numero positivo, dobbiamo portar fuori $-x$. Poiché in generale vale

$$\sqrt{x^2}=|x|$$

e x è negativa, si ha

$$\sqrt{x^2}=-x.$$

2. Guardiamo bene[36]. Dato che $x=\ln e^x$, deduciamo che

$$\ln(e^x+x^2)-x=\ln(e^x+x^2)-\ln e^x=\ln\left(\frac{e^x+x^2}{e^x}\right)=\ln\left(1+\frac{x^2}{e^x}\right).$$

Ora, dal limite notevole (3.6) invertito, si ha

$$\lim_{x\to+\infty}\frac{x^\beta}{e^{\alpha x}}=0;$$

per cui, sostituendo,

$$\lim_{x\to+\infty}\ln(e^x+x^2)-x=\lim_{x\to+\infty}\ln\left(1+\frac{x^2}{e^x}\right)=\ln 1=0.$$

Il "trucchetto" che abbiamo usato per riscrivere questo limite può risultare utile quando vi sono limiti di questo tipo. Non dimenticatevelo. ∎

Esercizio 3.4.5 [Roma 18/04/2000 n.3] Calcolare (se esistono) i seguenti limiti

$$(1)\quad \lim_{x\to+\infty}x\left(\frac{2}{3}\right)^x;$$

$$(2)\quad \lim_{x\to+\infty}xe^x-3^x.$$

Soluzione. I due limiti si presentano come forme indeterminate: ragioniamoci un po'.

1. Osserviamo che, essendo $a^x=e^{x\ln a}$, per ogni base $a>0$, si ha

$$\left(\frac{2}{3}\right)^x=e^{x\ln\left(\frac{2}{3}\right)}.$$

Essendo $\ln\left(\frac{2}{3}\right)$ negativo, si ottiene

$$\lim_{x\to+\infty}xe^{x\ln\left(\frac{2}{3}\right)}=\lim_{x\to+\infty}\frac{x}{e^{-x\ln\left(\frac{2}{3}\right)}}$$

[35]Intendiamo dire che in sede di esame una buona metà degli studenti qui commette un errore.
[36]Vedasi il Pericolo 2.3.4.

che è un limite notevole. Infatti ricordiamo che, per ogni $\alpha, \beta > 0$ da (3.6) si ha

$$\lim_{x\to+\infty} \frac{x^\beta}{e^{\alpha x}} = 0;$$

questo si applica al nostro caso ponendo $\alpha = -\ln\left(\frac{2}{3}\right)$ e $\beta = 1$ ottenendo come limite 0.

2. Il limite è una FI del tipo $+\infty - \infty$ dove l'infinito di ordine superiore è 3^x. Ci attendiamo perciò come risultato $-\infty$. Proviamo a mettere in evidenza 3^x, ottenendo

$$\lim_{x\to+\infty} (xe^x - 3^x) = \lim_{x\to+\infty} 3^x \left(x\left(\frac{e}{3}\right)^x - 1\right).$$

Ora, ragionando come nel precedente limite (ed usando il fatto che $e < 3$), abbiamo

$$\lim_{x\to+\infty} x\left(\frac{e}{3}\right)^x = 0,$$

e quindi, sostituendo, il limite risulta $-\infty$. ■

Esercizio 3.4.6 [Roma 23/06/2000 n.4] Calcolare (se esistono) i seguenti limiti

$$(1) \quad \lim_{x\to+\infty} \frac{e^{x-3}}{x^2 - 1 + e^x};$$

$$(2) \quad \lim_{x\to-\infty} (\sqrt{-x-2} + x + 3).$$

Soluzione. Ovviamente forme indeterminate!

1. Nel primo limite (FI del tipo $\frac{+\infty}{+\infty}$) basta raccogliere a numeratore e denominatore e^x (che è il termine "più forte" sia al numeratore che al denominatore) ottenendo:

$$\lim_{x\to+\infty} \frac{e^{x-3}}{x^2 - 1 + e^x} = \lim_{x\to+\infty} \frac{e^{-3}}{\frac{x^2}{e^x} - \frac{1}{e^x} + 1} \cdot \frac{e^x}{e^x} = \lim_{x\to+\infty} \frac{e^{-3}}{\frac{x^2}{e^x} - \frac{1}{e^x} + 1}.$$

Basta ora ricordarsi del limite notevole (3.6) capovolto ottenendo

$$\lim_{x\to+\infty} \frac{e^{-3}}{\frac{x^2}{e^x} - \frac{1}{e^x} + 1} = \frac{e^{-3}}{0 - 0 + 1} = e^{-3}.$$

2. Ricorda molto l'Esercizio 3.4.4. Sostituendo, si trova la FI

$$\lim_{x\to-\infty} \sqrt{-x-2} + x + 3 = +\infty - \infty.$$

Osserviamo che i due infiniti che qui sono "in competizione" non sono entrambi dello stesso ordine: il primo, per $x \to -\infty$, si comporta come $f(x) = x^{\frac{1}{2}}$, il secondo come $g(x) = x$. In questo caso è chiaro cosa ci si può aspettare: "vince" il secondo termine ed il limite dovrebbe risultare $-\infty$. Per mostrarlo basta raccogliere x (cioè il termine che va all'infinito più velocemente) ottenendo

$$\lim_{x\to-\infty} \sqrt{-x-2}+x+3 = \lim_{x\to-\infty} x\left(\frac{\sqrt{-x-2}}{x} + 1 + \frac{3}{x}\right) = \lim_{x\to-\infty} x\left(-\sqrt{-\frac{1}{x} - \frac{2}{x^2}} + 1 + \frac{3}{x}\right) = -\infty.$$

⚠ **Pericolo 3.4.13** Occhio! Ricordate la chiacchierata finale nell'Esercizio 3.4.4 e il Pericolo 3.4.12? Poiché $x < 0$, si ha

$$\sqrt{x^2 + x - 2} = -x\sqrt{1 + \frac{1}{x} - \frac{2}{x^2}}$$

in quanto la radice quadrata, una volta che esiste, è sempre positiva. ■

Esercizi per casa

Esercizio 3.4.7 Calcolare (se esistono) i seguenti limiti

$$(1) \quad \lim_{x\to 2} \frac{2x^2-5x+2}{3x^2-5x-2};$$

$$(2) \quad \lim_{x\to -\infty} \frac{2x^2-5x+2}{3x^2-5x-2};$$

$$(3) \quad \lim_{x\to -\infty} \frac{2x^4-5x+2}{3x^2-5x-2}.$$

Esercizio 3.4.8 Calcolare

$$\lim_{x\to 0} \frac{\sqrt{1+2x}-1}{x}$$

Esercizio 3.4.9 [Roma 15/07/1999 n.8] Calcolare

$$\lim_{x\to -\infty} \sqrt{x^2+x+1}+x.$$

Esercizio 3.4.10 [Roma 10/10/2000 n.4] Calcolare (se esiste) il limite

$$\lim_{p\to -\infty} \sqrt{p^2-2}+p+3.$$

Esercizio 3.4.11 [Roma 12/10/1999 n.6] Calcolare

$$\lim_{x\to +\infty} \ln(1+e^x)-x.$$

Esercizio 3.4.12 [Roma 22/09/2000 n.B4] Calcolare (se esistono) i seguenti limiti

$$(1) \quad \lim_{x\to +\infty} \frac{e^{2x}-x}{x^2-1+e^x};$$

$$(2) \quad \lim_{x\to -\infty} \sqrt{|x-2|}+x+3;$$

3.4.4 Limiti così così

Esercizi ben svolti

Esercizio 3.4.13 [Roma 08/06/1999, n.3] Dire se esiste

$$\lim_{x\to 0} \frac{e^{x^2}-1}{x^3}$$

e, nel caso affermativo, calcolarlo.

Soluzione. Sostituendo si trova una FI del tipo $\frac{0}{0}$ ed osserviamo che

$$\frac{e^{x^2}-1}{x^3} = \frac{e^{x^2}-1}{x^2} \cdot \frac{1}{x}.$$

Analizzando il primo fattore ci viene in mente[37] il limite notevole

$$\lim_{t\to 0} \frac{e^t-1}{t} = 1$$

cui ci riconduciamo attraverso il cambio di variabile $x^2 = t$. Per il secondo osserviamo che abbiamo una forma $\frac{1}{0}$ e quindi (vedasi arma (2)-(i)) ci conviene calcolare separatamente il limite destro e quello sinistro ottenendo

$$\lim_{x\to 0^+} \frac{1}{x} = +\infty \qquad \text{e} \qquad \lim_{x\to 0^-} \frac{1}{x} = -\infty.$$

[37] È di solito così che si individuano i cambi di variabile giusti.

Quindi, ricordando che il limite del prodotto è il prodotto dei limiti (se questi esistono), abbiamo

$$\lim_{x\to 0^+} \frac{e^{x^2}-1}{x^3} = \lim_{x\to 0^+} \frac{e^{x^2}-1}{x^2} \cdot \lim_{x\to 0^+} \frac{1}{x} = 1 \cdot (+\infty) = +\infty,$$
$$\lim_{x\to 0^-} \frac{e^{x^2}-1}{x^3} = \lim_{x\to 0^-} \frac{e^{x^2}-1}{x^2} \cdot \lim_{x\to 0^-} \frac{1}{x} = 1 \cdot (-\infty) = -\infty.$$

Essendo il limite sinistro diverso da quello destro, il limite richiesto non esiste. ∎

Esercizio 3.4.14 [Roma 30/05/2000 n.3 (recupero)] Calcolare (se esiste) il seguente limite

$$\lim_{x\to 1} \frac{e^{-2(x^2-1)}-1}{x^2-1}.$$

Soluzione. Il limite si presenta nella FI del tipo $\frac{0}{0}$. Occorre ricordarsi del limite notevole (3.4) e ricondursi ad esso sostituendo $t = -2(x^2-1)$, osservando che per $x \to 1$ si ha $t \to 0$. Si ottiene

$$\lim_{x\to 1} \frac{e^{-2(x^2-1)}-1}{x^2-1} = \lim_{t\to 0} \frac{e^t-1}{\frac{t}{-2}} = \lim_{t\to 0} \frac{e^t-1}{t} \cdot (-2) = 1 \cdot (-2) = -2.$$

Questa volta il limite esiste. ∎

Esercizio 3.4.15 [Roma 10/10/2000 n.B4] Calcolare (se esistono) i limiti

$$(1) \quad \lim_{x\to+\infty} \frac{e^{-2x^{-1}}-1}{x^{-1}};$$
$$(2) \quad \lim_{x\to+\infty} \frac{e^{-2x^{-1}}-1}{e^{x^{-1}}-1};$$
$$(3) \quad \lim_{x\to+\infty} \frac{(e^{-2x^{-1}}-1)^{\frac{1}{2}}}{e^{x^{-1}}-1}.$$

Soluzione. Tutti i limiti si presentano come forme indeterminate alla sostituzione.

1. È una FI del tipo $\frac{0}{0}$ e possiamo ricondurci al limite notevole (3.4) ragionando nella seguente maniera:

$$\frac{e^{-2x^{-1}}-1}{x^{-1}} = \frac{e^{-\frac{2}{x}}-1}{-\frac{2}{x}} \cdot (-2),$$

   e poi facciamo il cambio di variabile $t = -\frac{2}{x}$. Quindi

$$\lim_{x\to+\infty} \frac{e^{-2x^{-1}}-1}{x^{-1}} = -2.$$

2. Per quanto riguarda il secondo limite (che si presenta nella FI del tipo $\frac{0}{0}$) possiamo ricondurci al limite notevole (3.4) ragionando nella seguente maniera

$$\frac{e^{-2x^{-1}}-1}{e^{x^{-1}}-1} = \frac{e^{-\frac{2}{x}}-1}{e^{\frac{1}{x}}-1} = \frac{e^{-\frac{2}{x}}-1}{-\frac{2}{x}} \cdot \frac{-\frac{2}{x}}{\frac{1}{x}} \cdot \frac{\frac{1}{x}}{e^{\frac{1}{x}}-1}.$$

   A questo punto facciamo il solito cambio di variabile nella prima e nella terza frazione (ponendo nella prima $t = -\frac{2}{x}$ e nella terza $t = \frac{1}{x}$), ottendo che entrambe tendono a 1. Semplificando la frazione di mezzo otteniamo alla fine che

$$\lim_{x\to+\infty} \frac{e^{-2x^{-1}}-1}{e^{x^{-1}}-1} = -2.$$

3. Veniamo all'ultimo limite. Mai fare le cose in maniera meccanica!

MC: Esercizio analogo al precedente.

FG: Beh, non proprio. Cosa faresti?

MC: Prima di tutto eliminerei tutti quegli esponenti negativi che mi danno fastidio e riscriverei

$$\lim_{x\to+\infty} \frac{(e^{-2x^{-1}}-1)^{\frac{1}{2}}}{e^{x^{-1}}-1} = \lim_{x\to+\infty} \frac{\sqrt{e^{-\frac{2}{x}}-1}}{e^{\frac{1}{x}}-1}.$$

FG: Poi?

MC: Porrei $t = \frac{1}{x} \dots$

FG: Stai risolvendo il limite in maniera meccanica. Controlla prima il CE della funzione di cui vogliamo fare il limite.

MC: Innanzitutto $x \neq 0$ altrimenti la frazione $\frac{1}{x}$ non ha significato. Poi il denominatore $e^{\frac{1}{x}} - 1$ deve essere diverso da zero, quindi l'esponente di e diverso da zero e lo è sempre.

FG: Bravo. E per quanto riguarda il numeratore?

MC: Essendoci una radice quadrata, dobbiamo avere il radicando non negativo, cioè

$$e^{-\frac{2}{x}} - 1 \geq 0.$$

FG: Ok, risolvilo.

MC: Stai diventando troppo autoritario![38] Vediamo: la disequazione diventa

$$e^{-\frac{2}{x}} \geq 1$$

che, utilizzando la monotonia dell'esponenziale, equivale a

$$-\frac{2}{x} \geq 0.$$

La soluzione è $x < 0$.

FG: Quindi?

MC: Accidempolina! $CE(f) = (-\infty, 0)$ e $+\infty$ non è un punto di accumulazione per il $CE(f)$. Quindi il limite non ha senso.

FG: Giustissimo: non è possibile sostituire alla x numeri "molto positivi", anzi non è proprio possibile sostituire alla x numeri non negativi.

MC: Quindi la risposta è: il limite è privo di significato. Ve l'aspettavate? ∎

Esercizio 3.4.16 [L'Aquila 16/04/1999 n.2] Calcolare il seguente limite

$$\lim_{x\to0} \frac{3^x + 11^x + 23^x - 3}{x}.$$

Soluzione. Questo esercizio si può risolvere in maniera elementare senza l'utilizzo né del Teorema di Bernoulli–de L'Hôpital né tantomeno[39] del polinomio di Taylor, ma solamente utilizzando il limite notevole (3.4), dove $a > 0$ è fissato. Per ricondurci a tale limite notevole operiamo nella seguente maniera:

$$\begin{aligned}\lim_{x\to0} \frac{3^x + 11^x + 23^x - 3}{x} &= \lim_{x\to0} \frac{3^x + 11^x + 23^x - 1 - 1 - 1}{x} \\ &= \lim_{x\to0} \frac{3^x - 1}{x} + \lim_{x\to0} \frac{11^x - 1}{x} + \lim_{x\to0} \frac{23^x - 1}{x} \\ &= \ln 3 + \ln 11 + \ln 23 = \ln 759.\end{aligned}$$

[38] Prime avvisaglie dello stato di tensione che è sorto tra i due autori, oramai spossati dalla forzata convivenza.

[39] E tanto meglio, qualcuno penserà.

Se proprio avessimo voluto utilizzare il Teorema di Bernoulli–de L'Hôpital avremmo potuto risolvere l'esercizio più facilmente

$$\lim_{x\to 0}\frac{3^x+11^x+23^x-3}{x}=\lim_{x\to 0}\frac{3^x\ln 3+11^x\ln 11+23^x\ln 23}{1}=\ln 759.$$

In questo caso si faceva prima con Bernoulli–de L'Hôpital. ∎

Esercizio 3.4.17 [L'Aquila 13/07/1999 n.B1] Calcolare il seguente limite

$$\lim_{x\to 0}\log_{2x^2+3x+1}(7x+1).$$

Soluzione. Dopo avere dato un'occhiata al CE per evitare problemi come quelli dell'esercizio precedente (ve lo lasciamo per esercizio) la prima cosa da fare è ricordarsi (e quindi applicare) la formula del cambiamento di base per logaritmi: se $a,b>0$ con $a,b\neq 1$, allora

$$\log_a x=\frac{\log_b x}{\log_b a},\qquad \forall x>0.$$

Nel nostro caso, passando alla base e, otteniamo

$$\lim_{x\to 0}\log_{2x^2+3x+1}(7x+1)=\lim_{x\to 0}\frac{\ln(7x+1)}{\ln(2x^2+3x+1)}$$

che porta alla FI del tipo $\frac{0}{0}$. Potremmo applicare il Teorema di Bernoulli–de L'Hôpital, oppure, come faremo, il limite notevole (3.5). Infatti, moltiplicando e dividendo per gli infinitesimi $7x$ e $2x^2+3x$, ricaviamo

$$\begin{aligned}\lim_{x\to 0}\frac{\ln(7x+1)}{\ln(2x^2+3x+1)} &= \lim_{x\to 0}\left(\frac{\ln(7x+1)}{7x}\cdot\frac{7x}{2x^2+3x}\cdot\frac{2x^2+3x}{\ln(2x^2+3x+1)}\right)\\ &= \lim_{x\to 0}\frac{\ln(7x+1)}{7x}\cdot\lim_{x\to 0}\frac{7}{2x+3}\cdot\lim_{x\to 0}\frac{2x^2+3x}{\ln(2x^2+3x+1)}=\frac{7}{3}.\end{aligned}$$

Provate a vedere che succedeva applicando il Teorema di Bernoulli–de L'Hôpital. ∎

Esercizi per casa

Esercizio 3.4.18 [L'Aquila 25/06/1999, n.A1] Calcolare

$$\lim_{x\to-\infty}\frac{9x+40^x}{2x-\ln|x|}.$$

Esercizio 3.4.19 [Roma 18/04/2000 n.3] Calcolare (se esiste) il seguente limite

$$\lim_{x\to 0}\frac{\ln(1+x+x^2)}{x+x^2}.$$

Esercizio 3.4.20 [Roma 23/06/2000 n.4] Calcolare (se esiste) il seguente limite

$$\lim_{x\to+\infty}\left(xe^{\frac{1}{x-3}}-x\right).$$

Esercizio 3.4.21 [L'Aquila 25/09/2000 n.B1] Calcolare

$$\lim_{x\to 0}\frac{\ln(e^x-2x^2)-x}{x^2}.$$

Esercizio 3.4.22 [Roma 22/09/2000 n.B4] Calcolare (se esiste) il limite

$$\lim_{x\to 0}\frac{e^{x^2}-1}{x^2-1+e^x}.$$

3.4.5 Limiti difficilotti

Prima di partire coi limiti difficilotti vi proponiamo i polinomi di Taylor delle principali funzioni elementari con il resto di Peano, usando la convenzione che $\omega(t)$ indica una funzione continua di t con $\omega(t) \to 0$ quando $t \to 0$:

$$\begin{aligned} e^t &= 1 + t + \frac{t^2}{2!} + \cdots + \frac{t^n}{n!} + t^n\omega(t), \\ \ln(t+1) &= t - \frac{t^2}{2} + \frac{t^3}{3} - \cdots + (-1)^{n-1}\frac{t^n}{n} + t^n\omega(t), \\ \operatorname{sen} t &= t - \frac{t^3}{3!} + \frac{t^5}{5!} - \cdots + (-1)^n\frac{t^{2n+1}}{(2n+1)!} + t^{2n+1}\omega(t), \\ \cos t &= 1 - \frac{t^2}{2!} + \frac{t^4}{4!} - \cdots + (-1)^n\frac{t^{2n}}{(2n)!} + t^{2n}\omega(t). \end{aligned}$$

Notiamo che di solito i testi come il [PSS] scrivono il resto di tali polinomi di Taylor in modo diverso, pur se equivalente: invece di $t^n\omega(t)$ essi scrivono $o(t^n)$ (la cosiddetta "notazione di Landau"). Noi utilizziamo gli ω perché così ci sembra più agevole poi fare le semplificazioni. Quando ci saranno nello stesso esercizio più ω con significato diverso li indicizzeremo ($\omega_1, \omega_2, \omega_{Pietro}, \omega_{Antonio}$, ecc.). Vedasi ad esempio l'Esercizio 3.4.26.

Esercizi ben svolti

Esercizio 3.4.23 [Roma 30/05/2000 n.4 (recupero)] Calcolare al variare dei parametri $p \geq 0$ e $\sigma > 0$

$$\lim_{c\to+\infty} \left(c^{1-\sigma} - pc\right).$$

Facoltativo: calcolare inoltre

$$\lim_{c\to+\infty} (u(c) - pc)$$

per $p > 0$ e $u(c)$ funzione derivabile con

$$\lim_{c\to+\infty} u(c) = +\infty \qquad \text{e} \qquad \lim_{c\to+\infty} u'(c) = 0.$$

Soluzione. Occorre dividere in più casi a seconda dei valori dei parametri p e σ.

⚠ **Pericolo 3.4.14** Con quale criterio individuiamo i vari casi? Abbiamo visto molti incauti risolvere l'esercizio per due valori presi a caso (uno era troppo poco!) senza altre discussioni. Altre volte abbiamo visto studenti che a priori dividevano i tre casi: parametri positivi, negativi, nulli. Questo modo di agire è certo meglio del precedente ma ancora rischia di portare a errori. In realtà occorre dividere i casi a seconda dei possibili risultati e ciò dipende dal singolo esercizio, non ci sta una regola precisa. Conviene iniziare a risolvere l'esercizio e poi individuare "in corso d'opera" i vari casi.

In questo caso il risultato cambia a seconda del segno di p e di $1 - \sigma$ come si può facilmente vedere. Quindi si studiano 6 casi!

Caso $p = 0$ e $\sigma \in (0, 1)$. Sostituendo si ha

$$\lim_{c\to+\infty} \left(c^{1-\sigma} - pc\right) = \lim_{c\to+\infty} c^{1-\sigma} = +\infty$$

in quanto l'esponente di c è positivo.

Caso $p = 0$ e $\sigma = 1$. Sostituendo si ha direttamente

$$\lim_{c\to+\infty} \left(c^{1-\sigma} - pc\right) = \lim_{c\to+\infty} 1 = 1.$$

Caso $p = 0$ e $\sigma > 1$. Sostituendo si ha

$$\lim_{c\to+\infty} \left(c^{1-\sigma} - pc\right) = \lim_{c\to+\infty} c^{1-\sigma} = 0$$

in quanto l'esponente di c è negativo.

Caso $p > 0$ e $\sigma \in (0,1)$. Sostituendo si ha la FI

$$\lim_{c\to+\infty} \left(c^{1-\sigma} - pc\right) = +\infty - \infty;$$

raccogliendo c a fattor comune si ottiene

$$\lim_{c\to+\infty} \left(c^{1-\sigma} - pc\right) = \lim_{c\to+\infty} c\left(c^{-\sigma} - p\right) = +\infty\,(0-p) = -\infty.$$

Caso $p > 0$ e $\sigma = 1$. Sostituendo si ha

$$\lim_{c\to+\infty} \left(c^{1-\sigma} - pc\right) = \lim_{c\to+\infty} (1 - pc) = -\infty$$

Caso $p > 0$ e $\sigma > 1$. Sostituendo si ha

$$\lim_{c\to+\infty} \left(c^{1-\sigma} - pc\right) = 0 - \infty = -\infty.$$

Passiamo ora alla domanda facoltativa. Sostituendo otteniamo la FI

$$\lim_{c\to+\infty} (u(c) - pc) = +\infty - \infty.$$

Proviamo a mettere in evidenza c come abbiamo fatto in alcuni punti della parte precedente dell'esercizio; ricaviamo

$$\lim_{c\to+\infty} c\left(\frac{u(c)}{c} - p\right)$$

e limitiamoci, per ora, a calcolare

$$\lim_{c\to+\infty} \frac{u(c)}{c}.$$

Essendo una FI del tipo $\frac{+\infty}{+\infty}$ ed essendo, per ipotesi, u derivabile, possiamo cercare di applicare il Teorema di Bernoulli–de L'Hôpital, ottenendo

$$\lim_{c\to+\infty} \frac{u(c)}{c} = \lim_{c\to+\infty} \frac{u'(c)}{1} = 0.$$

Quindi

$$\lim_{c\to+\infty} c\left(\frac{u(c)}{c} - p\right) = +\infty(0-p) = -\infty$$

che conclude l'esercizio. ∎

Esercizio 3.4.24 [L'Aquila 31/05/1999 n.2] Calcolare il seguente limite

$$\lim_{x\to0} \frac{e^{7x} - e^{2x} - 5x}{17x^2}.$$

Soluzione. Sostituiamo al posto della variabile x il valore 0 ottenendo

$$\lim_{x\to0} \frac{e^{7x} - e^{2x} - 5x}{17x^2} = \frac{0}{0}$$

che risulta essere una FI. A questo punto, essendo le funzioni al numeratore ed al denominatore derivabili, possiamo applicare il Teorema di Bernoulli–de L'Hôpital, ottenendo

$$\lim_{x\to0} \frac{e^{7x} - e^{2x} - 5x}{17x^2} = \lim_{x\to0} \frac{7e^{7x} - 2e^{2x} - 5}{34x} = \frac{0}{0}.$$

Ancora una FI: possiamo procedere in due diverse maniere.

- Applichiamo una seconda volta il Teorema di Bernoulli–de L'Hôpital, ottenendo

$$\lim_{x\to 0}\frac{7e^{7x}-2e^{2x}-5}{34x}=\lim_{x\to 0}\frac{49e^{7x}-4e^{2x}}{34}=\frac{45}{34}.$$

- Ricordandoci il limite notevole (3.4), scriviamo

$$\begin{aligned}\lim_{x\to 0}\frac{7e^{7x}-2e^{2x}-5}{34x} &= \lim_{x\to 0}\frac{7e^{7x}-7-2e^{2x}+2}{34x}\\ &= \lim_{x\to 0}\frac{7}{34}\cdot\frac{e^{7x}-1}{x}-\lim_{x\to 0}\frac{2}{34}\cdot\frac{e^{2x}-1}{x}\\ &= \frac{49}{34}\lim_{x\to 0}\frac{e^{7x}-1}{7x}-\frac{4}{34}\lim_{x\to 0}\frac{e^{2x}-1}{2x}\\ &= \frac{49}{34}-\frac{4}{34}=\frac{45}{34}.\end{aligned}$$

Faccina 3.4.15 Invece di applicare immediatamente il Teorema di Bernoulli–de L'Hôpital, potevamo sfruttare il polinomio di Taylor applicato alla funzione esponenziale ed arrestato al secondo ordine:

$$e^t=1+t+\frac{t^2}{2}+t^2\omega(t),$$

dove

$$\lim_{t\to 0}\omega(t)=0.$$

Scegliendo $t=7x$, otteniamo

$$e^{7x}=1+7x+\frac{49x^2}{2}+49x^2\omega(7x),$$

mentre, per $t=2x$, abbiamo

$$e^{2x}=1+2x+\frac{4x^2}{2}+4x^2\omega(2x).$$

Sostituendo tali espressioni nella frazione, ricaviamo

$$\begin{aligned}\lim_{x\to 0}\frac{e^{7x}-e^{2x}-5x}{17x^2} &= \lim_{x\to 0}\frac{\left(1+7x+\frac{49x^2}{2}+49x^2\omega(7x)\right)-\left(1+2x+\frac{4x^2}{2}+4x^2\omega(2x)\right)-5x}{17x^2}\\ &= \lim_{x\to 0}\frac{\frac{45x^2}{2}+49x^2\omega(7x)-4x^2\omega(2x)}{17x^2}\\ &= \lim_{x\to 0}\left(\frac{45}{34}+\frac{49}{17}\omega(7x)-\frac{4}{17}\omega(2x)\right)=\frac{45}{34}\end{aligned}$$

Quest'ultimo metodo è di solito preferito dagli esperti perché permette di farsi un'idea chiara dell'ordine di infinitesimo di numeratore e denominatore. ■

Esercizio 3.4.25 [L'Aquila 16/02/2000 n.B3] Calcolare il seguente limite

$$\lim_{x\to 0}\frac{2\,\mathrm{tg}\,x-\mathrm{sen}\,(2x)}{x^3}.$$

Soluzione. Usiamo qui il Teorema di Bernoulli–de L'Hôpital (verificate prima l'applicabilità del teorema). Derivando numeratore e denominatore abbiamo la FI:

$$\lim_{x\to 0}\frac{2(1+\mathrm{tg}^2 x)-2\cos(2x)}{3x^2}=\frac{0}{0}.$$

Derivando una seconda otteniamo una seconda FI:

$$\lim_{x\to 0}\frac{4\,\mathrm{tg}\,x(1+\mathrm{tg}^2 x)+4\sin(2x)}{6x}=\frac{0}{0}.$$

Derivando un'ultima volta:

$$\lim_{x\to 0^+} \frac{4(1+\operatorname{tg}^2 x) + 12\operatorname{tg}^2 x(1+\operatorname{tg}^2 x) + 8\cos(2x)}{6} = \frac{4+8}{6} = 2.$$

Possiamo anche ragionare riscrivendo la funzione con un po' di formule trigonometriche e poi usando il limite notevole trigonometrico (3.8). Infatti, utilizzando che $\operatorname{tg} x = \frac{\operatorname{sen} x}{\cos x}$ e $\operatorname{sen}(2x) = 2\operatorname{sen} x \cos x$, si ha

$$\frac{2\operatorname{tg} x - \operatorname{sen}(2x)}{x^3} = \frac{2\frac{\operatorname{sen} x}{\cos x} - 2\operatorname{sen} x\cos x}{x^3} = \dots$$

raccogliendo $2\operatorname{sen} x$ a numeratore

$$\dots = \frac{2\operatorname{sen} x\left(\frac{1}{\cos x} - \cos x\right)}{x^3} = \dots$$

isolando $\frac{\operatorname{sen} x}{x}$ che ci piace (grazie a (3.8))

$$\dots = 2\frac{\operatorname{sen} x}{x}\cdot\frac{\frac{1}{\cos x} - \cos x}{x^2} = 2\frac{\operatorname{sen} x}{x}\cdot\frac{\frac{1}{\cos x}\left(1-\cos^2 x\right)}{x^2} = 2\frac{\operatorname{sen} x}{x}\cdot\frac{1}{\cos x}\cdot\frac{1-\cos^2 x}{x^2}.$$

A questo punto ricordiamo che $1 - \cos^2 x = \operatorname{sen}^2 x$ ed otteniamo

$$\frac{2\operatorname{tg} x - \operatorname{sen}(2x)}{x^3} = 2\left(\frac{\operatorname{sen} x}{x}\right)^3 \frac{1}{\cos x}. \tag{3.10}$$

Grazie al limite notevole (3.8) e al Teorema sul limite della composizione 3.4.9 si ha

$$\lim_{x\to 0}\left(\frac{\operatorname{sen} x}{x}\right)^3 = 1^3 = 1$$

per cui sostituendo nella (3.10) il limite vale 2. ∎

Esercizio 3.4.26 [L'Aquila 19/06/2000 n.B3] Calcolare

$$\lim_{x\to 0} \frac{\cos\sqrt{x} - e^{\frac{x}{2}} + \operatorname{sen} x}{\ln(1+7x^2)}.$$

Soluzione. Classico esercizio che è bene risolvere utilizzando il polinomio di Taylor (provate ad applicare il Teorema di Bernoulli–de L'Hôpital, se avete il coraggio!). Tuttavia, prima di iniziare i calcoli, semplifichiamo il denominatore ricorrendo al limite notevole (3.5). Infatti, moltiplicando e dividendo il denominatore per l'infinitesimo $7x^2$, (e usando il cambio di variabile $y = 7x^2$ per ricondursi al limite notevole (3.5) capovolto) otteniamo

$$\begin{aligned}
\lim_{x\to 0} \frac{\cos\sqrt{x} - e^{\frac{x}{2}} + \operatorname{sen} x}{\ln(1+7x^2)} &= \lim_{x\to 0} \frac{\cos\sqrt{x} - e^{\frac{x}{2}} + \operatorname{sen} x}{7x^2\cdot\frac{\ln(1+7x^2)}{7x^2}} \\
&= \lim_{x\to 0} \frac{\cos\sqrt{x} - e^{\frac{x}{2}} + \operatorname{sen} x}{7x^2}\cdot\lim_{x\to 0}\frac{7x^2}{\ln(1+7x^2)} \\
&= \lim_{x\to 0} \frac{\cos\sqrt{x} - e^{\frac{x}{2}} + \operatorname{sen} x}{7x^2}.
\end{aligned}$$

Occorre ora sviluppare il numeratore. Ma a quale grado terminiamo lo sviluppo di Taylor?

MC: Abbiamo che il denominatore è un infinitesimo di ordine 2 rispetto a x. Quindi ci interesserà sapere se il numeratore tende a 0 con velocità superiore oppure inferiore a 2 rispetto a x.

FG: Giusto. Se il numeratore è un infinitesimo di ordine superiore a 2, allora il limite è 0. Se invece ha esattamente ordine di infinitesimo 2, basterà fare una semplificazione ed il risultato dipenderà dal rapporto dei coefficienti. Se infine è un infinitesimo di ordine inferiore a 2, il limite viene, per così dire ∞.

MC: Si, per così dire, nel senso che dovremmo calcolare sia il limite sinistro sia il limite destro per determinarne l'eventuale segno.

FG: Quindi è sufficiente sostituire ai tre addendi i loro sviluppi arrestati al secondo ordine.

MC: Ni! Perché nel nostro caso siamo in presenza di $\cos\sqrt{x}$.

FG: Giusto, che sbadato, non l'avevo visto. Quindi lo sviluppo del coseno si deve arrestare al quarto ordine perché se vado a sostituire al posto di t la variabile $\sqrt{x}$, il grado si dimezza.

MC: Esatto, procediamo.

Ricordando i polinomi di Taylor delle funzioni e^t, $\operatorname{sen} t$ e $\cos t$ il numeratore diventa

$$\begin{aligned}\cos\sqrt{x} - e^{\frac{x}{2}} + \operatorname{sen} x &= \left(1 - \frac{(\sqrt{x})^2}{2!} + \frac{(\sqrt{x})^4}{4!} + (\sqrt{x})^4\omega_c(\sqrt{x})\right) + \\ &\quad - \left(1 + \left(\frac{x}{2}\right) + \frac{\left(\frac{x}{2}\right)^2}{2!} + \left(\frac{x}{2}\right)^2\omega_e\left(\frac{x}{2}\right)\right) + (x + x^2\omega_s(x)) \\ &= 1 - \frac{x}{2} + \frac{x^2}{24} - 1 - \frac{x}{2} - \frac{x^2}{8} + x + x^2\omega(x) \\ &= -\frac{1}{12}x^2 + x^2\omega(x)\end{aligned}$$

dove

$$\omega(x) = \omega_c(\sqrt{x}) + \frac{1}{4}\omega_e\left(\frac{x}{2}\right) + \omega_s(x).$$

Quindi

$$\lim_{x\to 0}\frac{\cos\sqrt{x} - e^{\frac{x}{2}} + \operatorname{sen} x}{\ln(1+7x^2)} = \lim_{x\to 0}\frac{-\frac{1}{12}x^2 + x^2\omega(x)}{7x^2} = \lim_{x\to 0} -\frac{1}{84} + \frac{1}{7}\omega(x) = -\frac{1}{84}$$

che è il risultato cercato. ■

Esercizio 3.4.27 [L'Aquila 30/05/2000 n.B1] Calcolare

$$\lim_{x\to 0}\frac{x\ln(1+x^2) - \operatorname{sen} x^3}{x^2\ln(1+x^3)}.$$

Soluzione. È un classico esercizio da polinomio di Taylor. Rifacciamoci al procedimento dell'Esercizio 3.4.26. La prima cosa da fare è semplificare il denominatore utilizzando il limite notevole (3.5). Infatti, moltiplicando e dividendo per l'infinitesimo x^3, otteniamo

$$\lim_{x\to 0}\frac{x\ln(1+x^2) - \operatorname{sen} x^3}{x^2\ln(1+x^3)} = \lim_{x\to 0}\frac{x\ln(1+x^2) - \operatorname{sen} x^3}{x^5}\cdot\lim_{x\to 0}\frac{x^3}{\ln(1+x^3)} = \lim_{x\to 0}\frac{x\ln(1+x^2) - \operatorname{sen} x^3}{x^5}.$$

Quindi dobbiamo confrontare il numeratore con un infinitesimo di ordine 5. Controlliamo allora fino a quale ordine dobbiamo sviluppare con Taylor le funzioni a numeratore.

- Per quanto riguarda $\ln(1+x^2)$ è sufficiente arrestare lo sviluppo al quarto ordine (essendo moltiplicato per x che offre il contributo di 1); inoltre, poiché l'argomento è $1+x^2$, è sufficiente utilizzare lo sviluppo di $\ln(1+t)$ arrestato al secondo grado:

  $$\ln(1+t) = t - \frac{1}{2}t^2 + t^2\omega_l(t),$$

  da cui

  $$x\ln(1+x^2) = x\left(x^2 - \frac{(x^2)^2}{2} + (x^2)^2\omega_l(x^2)\right) = x^3 - \frac{x^5}{2} + x^5\omega_l(x^2).$$

- Ancora più semplice l'operazione su $\operatorname{sen}(x^3)$: essendo l'argomento un infinitesimo di grado 3, è sufficiente arrestare lo sviluppo al primo grado:

$$\operatorname{sen} t = t + t^2\omega_s(t),$$

ottenendo

$$\operatorname{sen}(x^3) = (x^3) + x^6\omega_s(x^3).$$

Faccina 3.4.16 Perché abbiamo messo $t^2\omega_s(t)$ invece di $t\omega_s(t)$ nello sviluppo di $\operatorname{sen} t$? Semplicemente per il fatto che nel polinomio di Taylor della funzione $\operatorname{sen} t$ il monomio di grado 2 non c'è mentre quello successivo è $-\frac{t^3}{3!}$.

Quindi, effettuando la sostituzione all'interno del limite, abbiamo

$$\begin{aligned}
\lim_{x\to 0} \frac{x\ln(1+x^2) - \operatorname{sen} x^3}{x^5} &= \lim_{x\to 0} \frac{x^3 - \frac{x^5}{2} + x^5\omega_l(x^2) - x^3 - x^6\omega_s(x^3)}{x^5} \\
&= \lim_{x\to 0} \frac{-\frac{x^5}{2} + x^5\omega_l(x^2) - x^6\omega_s(x^3)}{x^5} \\
&= \lim_{x\to 0} -\frac{1}{2} + \omega_l(x^2) - x\omega_s(x^3) = -\frac{1}{2}
\end{aligned}$$

che conclude l'esercizio. ■

Esercizi per casa

Esercizio 3.4.28 [Roma 18/04/2000 n.4] Calcolare il seguente limite al variare del parametro $p \in \mathbb{R}$,

$$\lim_{c\to+\infty} (\ln c - pc).$$

Esercizio 3.4.29 [L'Aquila 07/06/1999 n.B1] Calcolare il seguente limite

$$\lim_{x\to 0} \frac{e^{7x} - e^{2x} + \ln(1-5x)}{x\ln(1+11x)}.$$

Esercizio 3.4.30 [L'Aquila 04/02/2000 n.B3] Calcolare

$$\lim_{x\to 1} \frac{\ln x - \ln\ln(ex)}{\ln^2 x}.$$

Esercizio 3.4.31 Calcolare (se esistono) i seguenti limiti

$$\begin{aligned}
&(1) \quad \lim_{x\to 1} \frac{\operatorname{sen}(x-1)}{x-1}, \\
&(2) \quad \lim_{x\to 0} \frac{\operatorname{sen} x}{x^2 - x}, \\
&(3) \quad \lim_{x\to 0} \frac{\operatorname{sen} x(1-\cos x)}{x^3}, \\
&(4) \quad \lim_{x\to+\infty} \frac{\cos x \operatorname{sen} x}{x}.
\end{aligned}$$

3.4.6 Asintoti

La parola *asintoto* ha origine greca e significa "che non si incontra": essa rappresenta (nel nostro caso) una retta (se esiste) cui la funzione si avvicina man mano che l'incognita tende ad un determinato punto che può essere anche $\pm\infty$. Si parla di *asintoto verticale* (cioè retta parallela all'asse delle ordinate), *asintoto orizzontale* (retta parallela all'asse delle ascisse) e *asintoto obliquo* (retta non parallela agli assi). Li definiamo ora con precisione fissando una funzione $f : A \longrightarrow \mathbb{R}$.

Asintoto verticale. Supponiamo che $x_0 \in A' \cap \mathbb{R}$ e

$$\lim_{x \to x_0^+} f(x) = \pm\infty$$

(il simbolo $\pm\infty$ con il doppio segno davanti, significa che non siamo interessati minimamente al fatto che sia + oppure −). Questo significa che il grafico della funzione tende ad assumere l'aspetto di una retta verticale (per la precisione della retta $x = x_0$) man mano che x si avvicina a x_0 da destra: in tal caso la retta $x = x_0$ prende il nome di *asintoto verticale destro*. Se avessimo

$$\lim_{x \to x_0^-} f(x) = \pm\infty$$

la retta $x = x_0$ si chiamerebbe *asintoto verticale sinistro*. Se la retta $x = x_0$ fosse asintoto verticale destro e sinistro prenderebbe semplicemente il nome di asintoto verticale (qualcuno direbbe *bilatero*).

⚠ **Pericolo 3.4.17** L'esistenza dell'asintoto verticale $x = x_0$ non implica che

$$\lim_{x \to x_0} f(x) = \pm\infty,$$

in quanto i limiti destro e sinistro potrebbero aver segni opposti. In tal caso il limite non esisterebbe.

Asintoto orizzontale. Supponiamo che $+\infty \in A'$ e che

$$\lim_{x \to +\infty} f(x) = l_+ \in \mathbb{R}$$

Questo significa che il grafico della funzione tende ad assumere l'aspetto di una retta orizzontale (per la precisione della retta $y = l_+$) man mano che x tende a $+\infty$: per questo motivo la retta $y = l_+$ prende il nome di *asintoto orizzontale destro* (o a $+\infty$). Analogamente se $-\infty \in A'$ e

$$\lim_{x \to -\infty} f(x) = l_-$$

la retta $y = l_-$ si chiama *asintoto orizzontale sinistro* (o a $-\infty$). Se $l_- = l_+ = l$ la retta $y = l$ si chiama semplicemente asintoto orizzontale (qualcuno direbbe *bilatero*).

Asintoto obliquo. Supponiamo nuovamente che $+\infty \in A'$ ma, a differenza del caso precedente, sia

$$\lim_{x \to +\infty} f(x) = \pm\infty.$$

Questo significa che il grafico della funzione tende a crescere (o decrescere) a dismisura: se esiste una retta di equazione $y = mx + q$ tale che

$$\lim_{x \to +\infty} f(x) - (mx + q) = 0,$$

allora tale retta è *asintoto obliquo destro* (o a $+\infty$). Analogamente si definisce l'*asintoto obliquo sinistro* (o a $-\infty$).

Metodi per trovare gli asintoti

Asintoti verticali. Occorre calcolare i limiti nei punti di frontiera del dominio e nei punti di discontinuità (su questi si veda la Sezione 3.5). Dove ci sta un limite infinito, lì ci sta un asintoto verticale.

Asintoti orizzontali. Si calcolano, se hanno senso, i limiti a $+\infty$ e $-\infty$. Se sono finiti essi definiscono degli asintoti orizzontali.

Asintoti obliqui. A differenza degli asintoti verticali e orizzontali, la procedura richiede un po' di lavoro. Delineiamo quella per l'asintoto obliquo destro (per il sinistro è analoga).

- Si calcola, se ha senso, il limite

$$\lim_{x \to +\infty} f(x).$$

Se è infinito si va avanti, altrimenti non esiste alcun asintoto obliquo.

- Si calcola il limite
$$\lim_{x\to+\infty} \frac{f(x)}{x}.$$
Se è un numero reale $m \neq 0$ si va avanti, altrimenti non esiste alcun asintoto obliquo.
- Si calcola, se ha senso, il limite
$$\lim_{x\to+\infty} f(x) - mx.$$
Se è un numero reale q allora la retta di equazione $y = mx + q$ è asintoto obliquo destro, altrimenti non esiste alcun asintoto obliquo.

Esercizi ben svolti

Esercizio 3.4.32 [Roma 08/06/1999, n.5] Trovare gli asintoti della funzione

$$f(x) = \frac{e^x - 1}{2 - e^x}.$$

Soluzione. Iniziamo con il calcolo del $CE(f)$: non è difficile verificare che

$$CE(f) = \mathbb{R} \setminus \{\ln 2\}.$$

Dato che f è continua (vedasi Sezione 3.5) l'unico ed eventuale asintoto verticale potrebbe essere la retta $x = \ln 2$; controlliamolo:

$$\lim_{x\to\ln 2^+} f(x) = \frac{1}{0^-} = -\infty \qquad \text{e} \qquad \lim_{x\to\ln 2^-} f(x) = \frac{1}{0^+} = +\infty.$$

Quindi la retta $x = \ln 2$ è asintoto verticale pur avendo i limiti destro e sinistro diversi. Passiamo ad analizzare gli asintoti a $\pm\infty$.

$$\lim_{x\to+\infty} \frac{e^x - 1}{2 - e^x} = \lim_{x\to+\infty} \frac{e^x\left(1 - \frac{1}{e^x}\right)}{e^x\left(-1 + \frac{2}{e^x}\right)} = -1$$

e quindi $y = -1$ è asintoto orizzontale destro;

$$\lim_{x\to-\infty} \frac{e^x - 1}{2 - e^x} = \frac{0 - 1}{2 - 0} = -\frac{1}{2}$$

implica che $y = -\frac{1}{2}$ è asintoto verticale sinistro. Come si vede i due asintoti sono diversi (Figura 3.4). ■

Esercizio 3.4.33 [Roma 17/06/1999, n.6] Trovare gli asintoti della funzione

$$f(x) = \frac{\operatorname{sen} x}{x}.$$

Soluzione. Innanzitutto $CE(f) = \mathbb{R} \setminus \{0\}$ e la funzione è continua su di esso con

$$\lim_{x\to 0} f(x) = 1.$$

Quindi non esiste asintoto verticale in $x = 0$. Passiamo a controllare gli asintoti per $x = \pm\infty$. Poiché

$$\lim_{x\to\pm\infty} \frac{\operatorname{sen} x}{x} = 0$$

(si usa il Teorema dei carabinieri 3.4.8 usando come gendarmi le funzioni $-\frac{1}{x}$ e $\frac{1}{x}$, vedasi Esercizio 3.4.31) si ha che la retta $y = 0$ risulta essere asintoto orizzontale (Figura 3.5). ■

Esercizio 3.4.34 Dire se la funzione

$$f(x) = x + \ln x$$

ha asintoto obliquo a $+\infty$.

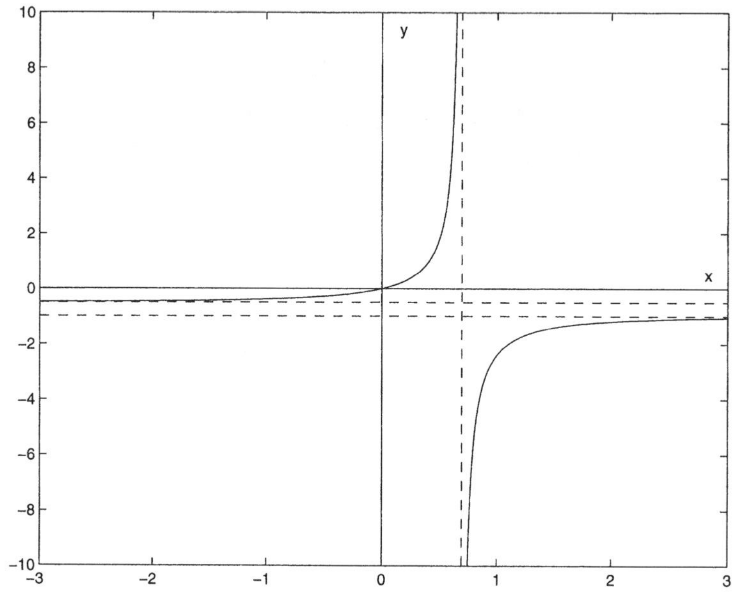

Figura 3.4: grafico di $f(x) = \frac{e^x-1}{2-e^x}$

Soluzione. Controlliamo usando il metodo suggerito:

$$\lim_{x\to+\infty} x + \ln x = +\infty$$

ed il primo punto è ok. Poi, grazie al limite notevole (3.7),

$$\lim_{x\to+\infty} \frac{x+\ln x}{x} = \lim_{x\to+\infty} 1 + \frac{\ln x}{x} = 1$$

ed anche il secondo punto è ok con $m = 1$ coefficiente angolare dell'*eventuale* asintoto obliquo. Infine

$$\lim_{x\to+\infty} x + \ln x - x = \lim_{x\to+\infty} \ln x = +\infty$$

e il terzo punto *non* è ok. Quindi non esiste asintoto obliquo. Si tratta di un tipico caso in cui la procedura per trovare l'asintoto obliquo si ferma ad un pelo dal successo. ∎

Esercizi per casa

Esercizio 3.4.35 Trovare gli asintoti della funzione

$$f(x) = e^x - \frac{x^2+1}{x}.$$

Esercizio 3.4.36 Trovare gli asintoti della funzione

$$f(x) = \frac{\sqrt{x^4-1}}{x}.$$

3.5 Continuità e derivabilità

3.5.1 Due paginette di teoria ed esempi

La classe delle funzioni continue è, forse, la più importante classe di funzioni in matematica, tanto importante che viene spesso "snobbata", cioè le sue proprietà (che sono notevoli) vengono considerate ovvie e naturali per qualsiasi funzione. Non è così anche se in quasi tutti i modelli elementari che si incontrano nei corsi di Matematica in Facoltà di Economia si usano solo funzioni continue.

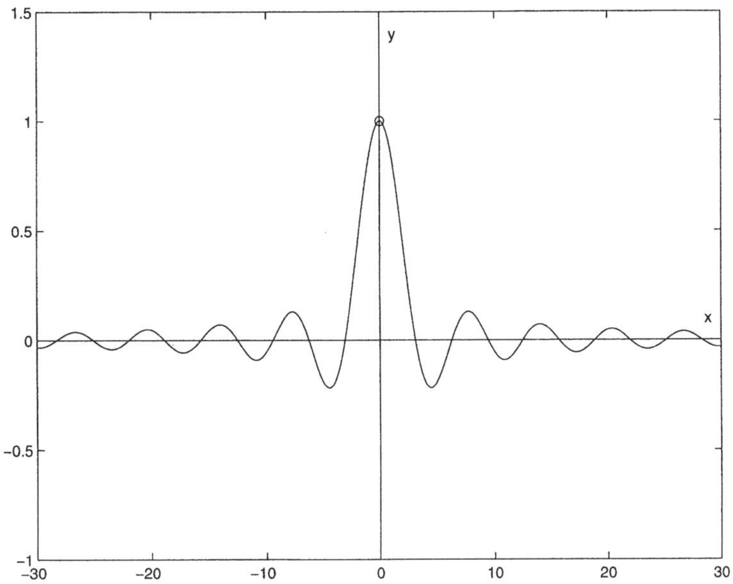

Figura 3.5: grafico di $f(x) = \frac{\operatorname{sen} x}{x}$

Iniziamo col ricordare una definizione rozza ma efficace: una funzione si dirà *continua* se a "piccole" variazioni della variabile indipendente corrispondono "piccole" variazioni della variabile dipendente, oppure, equivalentemente ma dal punto di vista geometrico, se nel disegnarne il grafico non si stacca mai la penna dal foglio (o il gesso dalla lavagna). Formalmente questo si esprime nella seguente maniera.

Definizione 3.5.1 *Una funzione $f : A \longrightarrow \mathbb{R}$, con $A \subset \mathbb{R}$, si dice* continua *in $x_0 \in A \cap A'$, se esiste*

$$\lim_{x \to x_0} f(x) = f(x_0).$$

Inoltre, se $x_0 \in A$ è un punto isolato (e quindi non è di accumulazione), allora, per convenzione, la funzione è continua. Se infine vale soltanto

$$\lim_{x \to x_0^+} f(x) = f(x_0) \qquad \left(\lim_{x \to x_0^-} f(x) = f(x_0) \right),$$

diciamo che la funzione è continua a destra *(*sinistra*).*

Osservazione 3.5.2 Ricordando quanto detto nell'Osservazione 3.4.5 notiamo che la continuità di una funzione in un punto dipende dal dominio. Rivediamo l'esempio proposto in tale osservazione alla luce della definizione di continuità. La funzione definita "a pezzi"

$$f(x) = \begin{cases} 2x, & x \leq 0, \\ 1 + x, & x > 0, \end{cases}$$

risulta continua in $x = 0$ se considerata sul dominio $(-\infty, 0]$[40]. Non risulta continua in $x = 0$ se considerata sul dominio $\mathbb{R}$ (risulta "soltanto" continua a destra). Si veda l'Esercizio 3.7.8 per un'esempio di utilizzo di questa osservazione.

L'altra classe importante di funzioni con cui avremo a che fare è quella delle funzioni derivabili. Ancora una volta iniziamo con una definizione rozza ma efficace: se il grafico di una funzione continua risulta "ben arrotondato[41] e privo di spigoli" diremo che la funzione è *derivabile*. Formalmente abbiamo la seguente definizione.

[40] Poiché in questo caso il limite destro coincide con il limite, stando a quanto asserito nell'Osservazione 3.4.5.

[41] In inglese si usa spesso la parola "smooth", cioè liscio.

Definizione 3.5.3 *La funzione* $f : A \longrightarrow \mathbb{R}$*, con* $A \subseteq \mathbb{R}$*, si dice* derivabile *in* $x_0 \in \operatorname{int} A$ *se esiste finito*[42]

$$\lim_{x \to x_0} \frac{f(x) - f(x_0)}{x - x_0} = L.$$

In tal caso si dice che L *è la* derivata *di* f *in* x_0 *e si indica* $L = f'(x_0)$[43]*. Infine, se esiste finito "soltanto"*

$$\lim_{x \to x_0^+} \frac{f(x) - f(x_0)}{x - x_0} = L^+ \qquad \left(\lim_{x \to x_0^-} \frac{f(x) - f(x_0)}{x - x_0} = L^- \right)$$

diciamo che la funzione è derivabile a destra *(*sinistra*). La derivata destra (sinistra) si indica con* $f'(x_0^+)$ $(f'(x_0^-))$*.*

Osservazione 3.5.4 La derivata in punto si definisce soltanto se tale punto è interno. Se un punto è di frontiera possiamo al massimo avere la derivata destra o sinistra. Quindi, a differenza di quanto accade per la definizione di continuità (vedasi Osservazione 3.5.2) se in un punto di frontiera esiste finito il limite destro (sinistro) del rapporto incrementale *non* diciamo che la funzione è ivi derivabile ma solo che è derivabile a destra (sinistra). A nostro avviso[44] il motivo di questa differenza sta in sostanza nel diverso uso che si fa delle due nozioni quando si trattano problemi concreti (o meno).

Avvisiamo che d'ora in poi tutti i teoremi che ricorderemo possono essere enunciati anche solo per continuità a destra (sinistra) e per derivabilità a destra (sinistra). Non lo diremo per non appesantire ulteriormente gli enunciati che già non brillano per leggerezza.

Partiamo dal legame esistente fra le due definizioni.

Teorema 3.5.5 *Se* $f : A \longrightarrow \mathbb{R}$ *è derivabile in* $x_0 \in \operatorname{int} A$ *allora è anche continua in* x_0*.*

In questa sezione gli esercizi chiederanno di verificare se una data funzione è continua e/o derivabile in un punto o nel suo dominio e di calcolarne la derivata. Ricordiamo qui alcuni teoremi che ci saranno utili per affrontare questo tipo di esercizi[45]. Si tratta di due teoremi che assicurano la continuità e la derivabilità di funzioni costruite a partire da funzioni elementari, che sono poi quelle che noi incontreremo.

Teorema 3.5.6

(i) Tutte le funzioni elementari (costante, potenza, logaritmo, esponenziale, valore assoluto, trigonometriche) sono continue in ogni punto del CE*.*

(ii) Somma, differenza, prodotto, quoziente (se ben definito) di funzioni continue in un punto x_0 *risulta continua in* x_0*.*

(iii) Siano $f : A \longrightarrow \mathbb{R}$ *e* $g : B \longrightarrow \mathbb{R}$ *due funzioni tali che la composizione* $g \circ f$ *è ben definita in* x_0*. Se* f *è continua in* x_0 *e* g *è continua in* $f(x_0)$*, allora la composizione* $g \circ f$ *risulta anch'essa continua in* x_0*.*

Indicheremo nel seguito questo teorema con l'acronimo TC.

Teorema 3.5.7

(i) Tutte le funzioni elementari (costante, potenza, logaritmo, esponenziale, valore assoluto, trigonometriche) sono derivabili in ogni punto del CE *ad eccezione delle funzioni* $f(x) = |x|$ *e* $f(x) = x^\alpha$ *(con* $\alpha \in (0,1)$*) che non sono derivabili*[46] *nel solo punto* $x_0 = 0$*.*

(ii) Somma, differenza, prodotto, quoziente (se ben definito) di funzioni derivabili in un punto x_0 *risulta derivabile in* x_0*.*

[42]Per amor di completezza ricordiamo che il rapporto di cui si fa qui il limite si chiama *rapporto incrementale*.

[43]Esistono in commercio altri simboli per indicare la derivata; i più comuni sono quello introdotto da Leibniz $\frac{df}{dx}(x_0)$ e $Df(x_0)$.

[44]Qui facciamo solo una nostra ipotesi: non sappiamo se sia confortata dalla storia! Ci perdonino gli storici se usciamo dal seminato.

[45]E anche molti altri!

[46]Per essere precisi $f(x) = x^\alpha$ non è derivabile a destra in 0.

(iii) *Siano $f : A \longrightarrow \mathbb{R}$ e $g : B \longrightarrow \mathbb{R}$ due funzioni tali che la composizione $g \circ f$ è ben definita in x_0. Se f è derivabile in x_0 e g è derivabile in $f(x_0)$, allora la composizione $g \circ f$ risulta anch'essa derivabile in x_0.*

Indicheremo nel seguito questo teorema con l'acronimo TD.

Faccina 3.5.8 Osserviamo che TC (e TD) forniscono solo una condizione sufficiente per la continuità (e la derivabilità). Quindi, in pratica, quando troviamo una funzione che soddisfa le ipotesi di TC (o TD) siamo sicuri che è continua (o derivabile) nel punto (o nei punti) considerato. Quando però troviamo una funzione che non soddisfa tali ipotesi nel punto considerato non possiamo dire nulla a priori: potrebbe essere ivi continua (derivabile) oppure no. Occorre in tal caso fare un'indagine diretta usando le definizioni (cioè calcolando i limiti). Si vedano in merito gli esercizi della Sezione 3.5.2.

Osservazione 3.5.9 Per verificare se una funzione è derivabile in un punto si può calcolare il limite del suo rapporto incrementale, ma si può usare anche il seguente risultato.

Teorema 3.5.10 *Sia f continua in un punto x_0 e derivabile in un intorno di x_0 escluso al più x_0; allora f è derivabile in x_0 se e solo se esiste finito*

$$\lim_{x \to x_0} f'(x) = L.$$

In tal caso $L = f'(x_0)$.

In pratica, se sappiamo che f è continua in x_0 e derivabile in un intorno di x_0 escluso x_0 (cosa comune in molti esercizi che vedremo) allora, per vedere se è derivabile in x_0 possiamo calcolare il limite della derivata prima in x_0. Se esso esiste finito la funzione è derivabile in x_0, altrimenti non lo è[47].

Osservazione 3.5.11 Una volta che una funzione è derivabile in un certo insieme A si definisce la *funzione derivata* di f che è una nuova funzione f' che ha come dominio A. Se A è proprio l'insieme di *tutti* i punti del $CE(f)$ in cui f è derivabile, allora $A = CE(f')$. Tale funzione può essere a sua volta derivabile in qualche punto. Si definisce così la *derivata seconda* di f (che si indica con f'') che risulta importante come vedremo nella Sezione 3.6.2. Iterando il procedimento si definiscono le derivate successive (terza, quarta, ecc.): per una trattazione sulle derivate e le loro proprietà, incluse le derivate successive, rimandiamo a [PSS].

Facciamo ora qualche esempio, introdotto da una doverosa osservazione.

Osservazione 3.5.12 Grazie ai TC e TD, combinando tra loro funzioni elementari attraverso somma, prodotto, composizione, quoziente, e chi più ne ha più ne metta, otteniamo quasi sempre[48] funzioni continue e derivabili. Per ottenere esempi di funzioni discontinue allora ricorreremo alle funzioni definite "a pezzi" (cioè con leggi diverse su insiemi diversi, vedasi l'ultima parte della Sezione 3.2) che sono molto comuni nella realtà economica. Per ottenere invece esempi di funzioni non derivabili ricorreremo o alle funzioni definite "a pezzi" oppure alle funzioni in cui compaiono dei valori assoluti o delle radici.

Esempio 3.5.13 (Continuità)

1. *Discontinuità eliminabile.* È il caso in cui esiste il limite finito ma è diverso dal valore della funzione:

$$f : [-1, 1] \longrightarrow \mathbb{R}$$

definita

$$f(x) = \begin{cases} x, & x \in [-1, 0), \\ 1, & x = 0, \\ 0, & x \in (0, 1]. \end{cases}$$

In tal caso

$$\lim_{x \to 0} f(x) = 0 \neq 1 = f(0).$$

[47] In realtà il risultato vale solo con il "se". Il "solo se" vale se ipotizziamo che la nostra funzione abbia derivata che ammette limiti destro e sinistro in x_0. Questo è sempre verificato per le funzioni con cui avremo a che fare. Ci perdonino i matematici questa piccola bugia.

[48] Salvo i casi nominati sopra.

2. *Discontinuità di salto finito.* È il caso in cui esistono finiti limite destro e sinistro ma sono diversi. Qualunque sia il valore della funzione in x_0 abbiamo discòntinuità:
$$f : [-1, 1] \longrightarrow \mathbb{R}$$
definita
$$f(x) = \begin{cases} x, & x \in [-1, 0), \\ 1, & x \in [0, 1], \end{cases}$$
qui vale continuità a destra. Provate a fare un esempio in cui c'è continuità a sinistra e uno in cui non c'è nessuna delle due.

3. *Discontinuità di salto infinito.* È il caso in cui esistono limite destro e sinistro e almeno uno dei due è infinito:
$$f : [-1, 1] \longrightarrow \mathbb{R}$$
definita
$$f(x) = \begin{cases} \frac{1}{x}, & x \in [-1, 0), \\ x, & x \in [0, 1]. \end{cases}$$
In tal caso
$$\lim_{x \to 0^-} f(x) = -\infty \qquad \text{e} \qquad \lim_{x \to 0^+} f(x) = 0$$
ed abbiamo continuità a destra.

Pericolo 3.5.14 Fate attenzione alla seguente funzione:
$$f : \mathbb{R} \setminus \{0\} \longrightarrow \mathbb{R}$$
definita
$$f(x) = \frac{1}{x}.$$
Questa è una funzione continua! Infatti è continua in tutti i punti del $CE(f)$[49].

Esempio 3.5.15 (Derivabilità)

1. *Punto di continuità e di non derivabilità.* La funzione
$$f : [-1, 1] \longrightarrow \mathbb{R}$$
definita
$$f(x) = \begin{cases} x, & x \in [-1, 0), \\ 2x, & x \in [0, 1], \end{cases}$$
risulta continua in $x = 0$ ma non è derivabile.

2. *Punto in cui non vale la condizione sufficiente del TD (iii) ma la funzione è ugualmente derivabile.* La funzione
$$f : [-1, 1] \longrightarrow \mathbb{R}$$
definita
$$f(x) = |x|^{\frac{3}{2}}$$
risulta derivabile nell'origine sebbene la funzione $|x|$ non lo sia.

3. *Punto in cui il limite del rapporto incrementale è infinito.* Basta considerare la funzione
$$f : [-1, 1] \longrightarrow \mathbb{R}$$
definita come
$$f(x) = |x|^{\frac{1}{3}}.$$
e calcolare il limite del rapporto incrementale nell'origine.

[49]Se mai possiamo dire che, prolungando tale funzione (cioè allargandone il dominio) al punto $x_0 = 0$, otterremmo comunque una funzione discontinua. Sembrano un po' questioni di lana caprina, ma è importante pesare bene le parole, soprattutto quando si parla di matematica.

3.5.2 Verifica della continuità

Verificare la continuità di una funzione f in un determinato punto x_0 (ovviamente appartenente al $CE(f)$ e anche di accumulazione per esso) consiste nel calcolare il limite di f nel punto x_0 e nel verificare che tale limite coincide con $f(x_0)$. Tuttavia, ricordando il TC il problema si pone solamente quando siamo in presenza di funzioni definite a pezzi ed in particolare in quei punti in cui l'espressione della funzione cambia. Sarà proprio in tali punti che dovremo operare nella maniera esposta.

Esercizi ben svolti

Esercizio 3.5.1 [L'Aquila 16/04/1999 n.3] Determinare per quali valori dei parametri h, k la funzione

$$f(x) = \begin{cases} \dfrac{\ln(h^2x+1)}{2x}, & x > 0, \\ 7, & x = 0, \\ \dfrac{3^{kx}-1}{x}, & x < 0, \end{cases}$$

risulta continua su tutto $\mathbb{R}$.

Soluzione. Se vi calcolate $CE(f)$ operando come nell'Esercizio 3.3.6 vedrete con allegria che $CE(f) = \mathbb{R}$. La funzione f è definita a pezzi: per $x > 0$ ha legge

$$\frac{\ln(h^2x+1)}{2x}$$

che risulta continua per TC, mentre, per $x < 0$, ha legge

$$\frac{3^{kx}-1}{x}$$

che risulta anch'essa continua (sempre per TC). L'unico problema sussiste nel punto $x = 0$ dove $f(0) = 7$. Ricordiamo che f è continua in 0 se e solo se

$$\lim_{x\to 0} f(x) = f(0) = 7,$$

quindi bisogna determinare i parametri h e k in maniera tale che, se possibile,

$$\lim_{x\to 0^+} f(x) = 7, \tag{3.11}$$

$$\lim_{x\to 0^-} f(x) = 7. \tag{3.12}$$

Iniziamo con il limite destro. Se $h = 0$ si ha che $f(x) = 0$ per ogni $x > 0$ e quindi

$$\lim_{x\to 0^+} f(x) = 0,$$

il che significa che per $h = 0$ f è sempre discontinua. Invece, per $h \neq 0$, moltiplicando e dividendo per h^2, otteniamo

$$\lim_{x\to 0^+} f(x) = \lim_{x\to 0^+} \frac{h^2}{2} \cdot \frac{\ln(h^2x+1)}{h^2x} = \frac{h^2}{2}$$

dove abbiamo utilizzato il limite notevole (3.5) con il cambio di variabile $y = h^2x$. Allora (3.11) è verificata se e solo se $\frac{h^2}{2} = 7$, cioè $h = \pm\sqrt{14}$. Per quanto riguarda (3.12), utilizzando il limite notevole (3.4) otteniamo

$$\lim_{x\to 0^-} f(x) = \lim_{x\to 0^+} \frac{3^{kx}-1}{x} = \lim_{x\to 0^+} \frac{(3^k)^x-1}{x} = \ln 3^k = k\ln 3.$$

Perció (3.12) è verificata se e solo se $k\ln 3 = 7$ che ha come soluzione $k = \frac{7}{\ln 3}$. Quindi si deve avere

$$h = \pm\sqrt{14} \quad \text{e} \quad k = \frac{7}{\ln 3}$$

affinché f sia continua,. ∎

Esercizio 3.5.2 [L'Aquila 16/02/2000 n.B2] Determinare per quali valori dei parametri a, b e c, la funzione

$$f(x) = \begin{cases} \dfrac{\operatorname{sen}(ax)}{\ln(x+1)}, & x > 0, \\ b^2, & x = 0, \\ \dfrac{e^x - c}{x}, & x < 0, \end{cases}$$

risulta continua su tutto $\mathbb{R}$.

Soluzione. Se vi calcolate $CE(f)$ operando come nell'Esercizio 3.3.6 vedrete che $CE(f) = \mathbb{R}$. Poi il TC dice che f è continua fuori dall'origine. L'unico problema resta proprio l'origine. Dobbiamo determinare per quali valori dei parametri a, b e c si ha

$$\lim_{x \to 0^+} f(x) = f(0) = \lim_{x \to 0^-} f(x). \tag{3.13}$$

Partiamo dal primo limite, sostituendo:

$$\lim_{x \to 0^+} f(x) = \lim_{x \to 0^+} \frac{\operatorname{sen}(ax)}{\ln(x+1)} = \frac{0}{0}.$$

Siamo in presenza di una FI che risolviamo con Bernoulli–de L'Hôpital:

$$\lim_{x \to 0^+} f(x) = \lim_{x \to 0^+} \frac{a\cos(ax)}{\frac{1}{x+1}} = a.$$

Passiamo al limite sinistro:

$$\lim_{x \to 0^-} f(x) = \lim_{x \to 0^-} \frac{e^x - c}{x} = \frac{1-c}{0^-}.$$

Cosa succede? Ragionamoci un po'! Se il numeratore è positivo (e questo avviene quando $c < 1$) otteniamo come limite $-\infty$, mentre quando è negativo (e questo avviene quando $c > 1$) il limite è $+\infty$. Cosa succede invece quando $c = 1$, cioè quando il numeratore è nullo? Siamo in presenza di una FI del tipo $\frac{0}{0}$ che proviene dal limite notevole (3.4) che sappiamo fare 1. Quindi, ricapitolando

$$\lim_{x \to 0^+} f(x) = \lim_{x \to 0^+} \frac{e^x - c}{x} = \begin{cases} -\infty, & c < 1, \\ 1, & c = 1, \\ +\infty, & c > 1. \end{cases}$$

Affinché valga l'equazione (3.13), necessariamente dovrà essere $c = 1$ (il limite deve essere finito) ed inoltre

$$\begin{cases} a = b^2 \\ 1 = b^2. \end{cases}$$

Quindi si ha continuità in due casi:

- quando $a = 1$, $b = 1$ e $c = 1$,
- e quando $a = 1$, $b = -1$ e $c = 1$. ■

Esercizi per casa

Esercizio 3.5.3 Dire per quali valori di $\alpha \in \mathbb{R}$ la funzione

$$f(x) = \begin{cases} 1 + \alpha x^2, & x \leq 1, \\ 3x + 2, & x > 1, \end{cases}$$

è continua su $CE(f)$.

Esercizio 3.5.4 Dire per quali valori di $\alpha \in \mathbb{R}$ la funzione

$$f(x) = \begin{cases} \alpha e^{x-1}, & x \leq 1, \\ 3x + 2\alpha, & x > 1, \end{cases}$$

è continua su $CE(f)$.

3.5.3 Un po' di calcolo di derivate

Dopo aver visto la definizione di derivata passiamo ad esporre i principali strumenti di calcolo. Attraverso i limiti notevoli, siamo in grado di determinare la seguente tabella (da imparare a memoria) delle derivate delle funzioni elementari (in cui abbiamo inserito per completezza anche le derivate delle funzioni trigonometriche inverse):

f	x^n	a^x	$\log_a x$	$\operatorname{sen} x$	$\cos x$	$\operatorname{tg} x$	$\operatorname{arcsen} x$	$\arccos x$	$\operatorname{arctg} x$
$\mathrm{D}f$	nx^{n-1}	$a^x \ln a$	$\frac{1}{x \ln a}$	$\cos x$	$-\operatorname{sen} x$	$1 + \operatorname{tg}^2 x$	$\frac{1}{\sqrt{1-x^2}}$	$-\frac{1}{\sqrt{1-x^2}}$	$\frac{1}{1+x^2}$

Altri risultati essenziali per il calcolo derivata sono elencati di seguito.

- Se f e g sono derivabili nel punto x_0, allora anche la funzione somma $f + g$ è derivabile in x_0 e

$$\mathrm{D}(f+g)(x_0) = \mathrm{D}f(x_0) + \mathrm{D}g(x_0). \tag{3.14}$$

- Se f è derivabile in x_0 e $a \in \mathbb{R}$, allora anche la funzione af è derivabile in x_0 e

$$\mathrm{D}(af)(x_0) = a\mathrm{D}f(x_0). \tag{3.15}$$

- Se f e g sono derivabili in x_0, allora anche la funzione prodotto $f \cdot g$ è derivabile in x_0 e

$$\mathrm{D}(f \cdot g)(x_0) = g(x_0)\mathrm{D}f(x_0) + f(x_0)\mathrm{D}g(x_0). \tag{3.16}$$

- Se f e g sono derivabili in x_0 e $g(x_0) \neq 0$, allora anche la funzione rapporto $\frac{f}{g}$ è derivabile in x_0 e

$$\mathrm{D}\left(\frac{f}{g}\right)(x_0) = \frac{g(x_0)\mathrm{D}f(x_0) - f(x_0)\mathrm{D}g(x_0)}{g^2(x_0)}. \tag{3.17}$$

- Se f è derivabile in x_0 e g è derivabile in $y_0 = f(x_0)$, allora anche la funzione composta $g \circ f$ è derivabile in x_0 e

$$\mathrm{D}(g \circ f)(x_0) = \mathrm{D}g(f(x_0)) \cdot \mathrm{D}f(x_0). \tag{3.18}$$

- Se f è derivabile in x_0 ed invertibile con $Df(x_0) \neq 0$ allora anche la funzione inversa f^{-1} è derivabile in $y_0 = f(x_0)$ e

$$\mathrm{D}f^{-1}(y_0) = \frac{1}{\mathrm{D}f(x_0)}. \tag{3.19}$$

⚠ **Pericolo 3.5.16** Gli esercizi di calcolo delle derivate proposti qui sotto si risolvono tutti usando queste formule. Si tratta di esercizi semplici ma è utile non sottovalutarli, poiché sono spesso fonte di errori. Un paio di suggerimenti:

- valutare bene quali formule applicare, e sincerarsi che siano applicabili;
- non fare un unico calcolo ma spezzettarlo facendo i calcoli ausiliari a parte.

Esercizi ben svolti

Esercizio 3.5.5 [L'Aquila 07/06/1999, n.A5] Calcolare la derivata della funzione

$$f(x) = \ln(51x + 5^x).$$

Soluzione. La funzione f è composizione di due funzioni

$$f(x) = f_2(f_1(x))$$

dove

$$f_1(x) = 51x + 5^x \qquad \text{e} \qquad f_2(x) = \ln x,$$

e le cui derivate sono

$$\mathrm{D}f_1(x) = 51 + 5^x \ln 5 \qquad \text{e} \qquad \mathrm{D}f_2(x) = \frac{1}{x}.$$

Allora si ottiene

$$\mathrm{D}f(x) = \frac{1}{51x + 5^x}(51 + 5^x \ln 5)$$

utilizzando la formuletta (3.18) sulla derivata della composizione di due funzioni. ■

Esercizio 3.5.6 [L'Aquila 21/01/2000, n.A1] Calcolare la derivata della funzione

$$f(x) = (x - 1)^{x-10}.$$

Soluzione. La prima cosa da fare è trasformare la funzione f in una funzione esponenziale (cioè con base costante, meglio se la base è e). Per fare questo si usa la formula $a^b = e^{b \ln a}$ (per $a > 0$) ottenendo

$$f(x) = e^{(x-10)\ln(x-1)}.$$

Quindi la derivata di f è

$$\mathrm{D}f(x) = e^{(x-10)\ln(x-1)} \left(\ln(x - 1) + \frac{x - 10}{x - 1} \right)$$

utilizzando anche qui la formuletta (3.18) sulla derivata della composizione di due funzioni. ■

Esercizi per casa

Esercizio 3.5.7 [L'Aquila 25/06/1999, n.A5] Calcolare la derivata della funzione

$$f(x) = \ln\left(e^{x^2} + 3x + 44\right).$$

Esercizio 3.5.8 [L'Aquila 14/09/1999, n.A5] Calcolare la derivata della funzione

$$f(x) = e^{3x^2+5x+6} \ln x.$$

Esercizio 3.5.9 [L'Aquila 18/02/2000 n.A5] Determinare la derivata di

$$f(x) = \frac{e^{2x}}{\ln(6x + 1)}.$$

3.5.4 Verifica della derivabilità (e quindi anche della continuità)

Vale lo stesso discorso fatto nella Sezione 3.5.2 a cui rimandiamo. Una sola osservazione: le funzioni valore assoluto e radice non sono derivabili ovunque; non dimentichiamocelo!

Esercizi ben svolti

Esercizio 3.5.10 [Roma 17/06/1999, n.8] Dire se è continua e derivabile su $CE(f)$ la funzione

$$f(x) = \begin{cases} e^{-\frac{1}{x^2}}, & x \neq 0, \\ 0, & x = 0. \end{cases}$$

Esiste $f''(0)$?

Soluzione. Il $CE(f) = \mathbb{R}$ e, grazie a TC e TD è continua e derivabile su di esso escluso *forse* $x = 0$. Partiamo dallo studio della continuità con l'analisi del limite:

$$\lim_{x \to 0} f(x) = \lim_{x \to 0} e^{-\frac{1}{x^2}} = e^{-\frac{1}{0^+}} = e^{-\infty} = 0 = f(0),$$

quindi f è continua in $x = 0$. Passiamo alla derivabilità calcolandoci il limite del rapporto incrementale:

$$\lim_{x \to 0} \frac{f(x) - f(0)}{x - 0} = \lim_{x \to 0} \frac{e^{-\frac{1}{x^2}}}{x} = \lim_{x \to 0} \frac{\frac{1}{x}}{e^{\frac{1}{x^2}}}.$$

L'ultimo passaggio lo abbiamo fatto perché in questa forma è più semplice ricondursi al limite notevole (3.6)[50]. Consideriamo separatamente sia il limite sinistro che il limite destro. Nel primo caso effettuiamo il cambiamento di variabile $t = -\frac{1}{x}$, nel secondo caso $t = \frac{1}{x}$. Allora

$$\lim_{x \to 0^-} \frac{\frac{1}{x}}{e^{\frac{1}{x^2}}} = \lim_{t \to +\infty} -\frac{t}{e^{t^2}} = 0 \quad \text{e} \quad \lim_{x \to 0^+} \frac{\frac{1}{x}}{e^{\frac{1}{x^2}}} = \lim_{t \to +\infty} \frac{t}{e^{t^2}} = 0.$$

Quindi esiste $f'(0) = 0$ mentre, per amore della precisione, ricordiamo che

$$f'(x) = \frac{2}{x^3} e^{-\frac{1}{x^2}}$$

nei punti diversi dall'origine. Per vedere se esiste $f''(0)$ usiamo la definizione di derivata seconda e svolgiamo i seguenti calcoli:

$$\lim_{x \to 0} \frac{f'(x) - f'(0)}{x - 0} = \lim_{x \to 0} \frac{\frac{2}{x^3} e^{-\frac{1}{x^2}}}{x} = \lim_{x \to 0} \frac{2e^{-\frac{1}{x^2}}}{x^4}.$$

Effettuando il cambiamento di variabile $t = \frac{1}{x^2}$ otteniamo

$$f''(0) = \lim_{t \to +\infty} 2t^2 e^{-t} = \lim_{t \to +\infty} 2\frac{t^2}{e^t} = 0$$

per il ben noto limite notevole (3.6). Quindi esiste $f''(0) = 0$[51]. ∎

Esercizio 3.5.11 [Roma 30/05/2000 n.7 (recupero)] Dire per quali valori del parametro α la seguente funzione è continua sul dominio $(0, +\infty)$

$$f(x) = \begin{cases} 1000 + \alpha x^2, & x \in (0, 1], \\ \alpha(x - 1)e^{(1-x)^{-1}}, & x > 1. \end{cases}$$

Facoltativo: dire poi se per tale valore di α essa risulta anche derivabile. In caso negativo trovare la derivata destra e sinistra.

Soluzione. Chiaramente, grazie a TC e TD, f è continua e derivabile in ogni $x > 0$ escluso $x = 1$. In tale punto abbiamo

$$\begin{aligned} \lim_{x \to 1^-} f(x) &= \lim_{x \to 1^-} 1000 + \alpha x^2 = 1000 + \alpha = f(1), \\ \lim_{x \to 1^+} f(x) &= \lim_{x \to 1^+} \alpha(x - 1)e^{(1-x)^{-1}} = 0. \end{aligned}$$

[50] Si tratta di una "regola intuitiva" da tenere presente: se in un limite con esponenziale e polinomio l'esponente tende a $-\infty$ l'inversione, come quella qui usata, in genere aiuta.

[51] Per i curiosi: la f risulta infinite volte derivabile in 0 e ivi la sua derivata n–esima vale sempre 0.

Faccina 3.5.17 Non abbiate paura a fare il secondo limite! Basta sostituire: non si tratta di una *FI*.

Occorre quindi che $1000+\alpha=0$ cioè $\alpha=-1000$. Per quanto riguarda la derivabilità in $x=1$ basta fare i limiti del rapporto incrementale a destra e sinistra di 1. A sinistra si osserva che il limite del rapporto incrementale coincide con il limite della derivata[52] che si calcola più facilmente e vale

$$\lim_{x\to 1^-} 2\alpha x = 2\alpha = -2000.$$

Mentre a sinistra si ottiene, facendo il limite del rapporto incrementale,

$$\lim_{x\to 1^+} \frac{f(x)-f(1)}{x-1} = \lim_{x\to 1^+} e^{(1-x)^{-1}} = 0$$

e quindi f non è derivabile in $x=1$. ■

Esercizio 3.5.12 [Roma 01/07/1999, n.6] Dire se la funzione

$$f(x)=\begin{cases} ax+b, & x\le 0,\\ \left(\frac{1}{x}\right)^{-x}, & x>0,\end{cases}$$

è continua (derivabile) su $CE(f)$ per qualche valore di a e b.

Soluzione. Osserviamo che

$$\left(\frac{1}{x}\right)^{-x} = x^x = e^{x\ln x}$$

e quindi

$$f(x)=\begin{cases} ax+b, & x\le 0,\\ e^{x\ln x}, & x>0.\end{cases}$$

Il $CE(f)=\mathbb{R}$ e la funzione risulta continua e derivabile in tutti i punti diversi dall'origine (per TC e TD). Analizziamo la continuità valutandone sia il limite destro che il limite sinistro nell'origine:

$$\begin{aligned}\lim_{x\to 0^-} f(x) &= \lim_{x\to 0^-} ax+b = b = f(0),\\ \lim_{x\to 0^+} f(x) &= \lim_{x\to 0^+} e^{x\ln x} = 1.\end{aligned}$$

L'esponente nel secondo limite è piuttosto ricorrente e quindi ci soffermiamo a calcolarlo in diverse maniere:

- Facendo la sostituzione $t=\frac{1}{x}$; in tal caso si ottiene

$$\lim_{x\to 0^+} x\ln x = \lim_{t\to+\infty} \frac{1}{t}\ln\left(\frac{1}{t}\right) = \lim_{t\to+\infty} \frac{\ln 1-\ln t}{t} = \lim_{t\to+\infty} -\frac{\ln t}{t} = 0$$

  per il limite notevole.

- Utilizzando il Teorema di Bernoulli–de L'Hôpital; infatti

$$\lim_{x\to 0^+} x\ln x = \lim_{x\to 0^+} \frac{\ln x}{\frac{1}{x}} = \lim_{x\to 0^+} \frac{\frac{1}{x}}{-\frac{1}{x^2}} = \lim_{x\to 0^+} -\frac{x^2}{x} = 0.$$

Quindi f è continua in $x=0$ se $b=1$. Passiamo alla derivabilità. Per quanto riguarda la derivata destra si ha

$$\lim_{x\to 0^+} \frac{f(x)-f(0)}{x-0} = \lim_{x\to 0^+} \frac{e^{x\ln x}-1}{x} = \lim_{x\to 0^+} \frac{e^{x\ln x}-1}{x\ln x}\cdot \ln x = 1\cdot(-\infty) = -\infty.$$

Quindi, non esistendo la derivata destra, non esiste $f'(0)$ indipendentemente dal valore di a. ■

[52] Ricordiamo il Teorema 3.5.10.

Esercizi per casa

Esercizio 3.5.13 Dire se la funzione

$$f(x) = \begin{cases} \dfrac{x^2 \ln x}{\ln x - 1}, & x \neq 0, \\ 0, & x = 0, \end{cases}$$

è continua e derivabile in $x = 0$.

Esercizio 3.5.14 [Roma 08/06/1999, n.4] Dire se la funzione

$$f(x) = \begin{cases} x^\alpha, & x \in (0, 1], \\ \alpha x + \beta, & x > 1, \end{cases}$$

è continua e derivabile su $CE(f)$ per qualche valore di $\alpha > 0$ e $\beta \in \mathbb{R}$. Quali?

Esercizio 3.5.15 [Roma 18/04/2000 n.7] Dire per quali valori del parametro k la seguente funzione di domanda è continua

$$q(p) = \begin{cases} 1000 - p^2, & p \in (0, 10), \\ ke^{-p}, & p \geq 10. \end{cases}$$

Facoltativo: dire poi se per tale valore di k essa risulta anche derivabile.

Esercizio 3.5.16 [L'Aquila 14/09/1999, n.B2] Determinare per quali valori dei parametri h e k la funzione

$$f(x) = \begin{cases} \dfrac{e^{kx} - 4x - 1}{x}, & x > 0, \\ x^2 + hx + 6, & x \leq 0, \end{cases}$$

è continua su tutto $\mathbb{R}$ e quando è derivabile su tutto $\mathbb{R}$.

3.5.5 Teorema del valor medio, formula di Taylor ed esercizi annessi

Dedichiamo questa sezione ad alcuni esercizi collegati a due importanti risultati teorici sulle funzioni derivabili.

Teorema 3.5.18 (del valore medio o di Lagrange) *Sia $f : [a, b] \longrightarrow \mathbb{R}$ continua su $[a, b]$ e derivabile su (a, b). Allora esiste $x_0 \in (a, b)$ per cui*

$$f'(x_0) = \frac{f(b) - f(a)}{b - a}. \tag{3.20}$$

Il significato geometrico risulta abbastanza immediato: poiché il rapporto incrementale

$$\frac{f(b) - f(a)}{b - a}$$

rappresenta il coefficiente angolare della retta passante per i punti $(a, f(a))$ e $(b, f(b))$ mentre $f'(x_0)$ rappresenta il coefficiente angolare della retta tangente alla funzione nel punto $(x_0, f(x_0))$, il Teorema di Lagrange afferma che, sotto opportune ipotesi, esiste sempre una retta tangente alla funzione parallela alla retta passante per $(a, f(a))$ e $(b, f(b))$. Un caso particolare si ha quando $f(a) = f(b)$; in tal caso l'equazione (3.20) diventa

$$f'(x_0) = 0$$

e tale risultato è noto al grande pubblico come *Teorema di Rolle*.

Proseguiamo con il secondo risultato: le proprietà di approssimazione del *polinomio di Taylor*. Se $f : (a, b) \longrightarrow \mathbb{R}$ è derivabile in $x_0 \in (a, b)$, abbiamo che

$$\lim_{x \to x_0} \frac{f(x) - f(x_0) - f'(x_0)(x - x_0)}{x - x_0} = 0.$$

In altre parole la retta

$$y = f(x_0) - f'(x_0)(x - x_0) \tag{3.21}$$

approssima il grafico della funzione f nelle vicinanze del punto $(x_0, f(x_0))$ con un errore (che si usa chiamare *resto*)

$$R_1(x, x_0) = f(x) - f(x_0) - f'(x_0)(x - x_0)$$

che risulta essere un infinitesimo di ordine superiore a 1 (rispetto a $(x - x_0)$) per x tendente a x_0. Inoltre tale approssimazione è unica, cioè, se f è derivabile in x_0, allora la retta passante per $(x_0, f(x_0))$ che approssima il grafico della funzione f a meno di un infinitesimo è del tipo (3.21).

Il polinomio di Taylor è un polinomio costruito allo scopo di estendere tale risultato. Infatti il polinomio di Taylor di grado n per f in x_0 (che indicheremo con $P_n(x, x_0)$) è il polinomio di grado n che "meglio approssima" il grafico di f in un intorno di $(x_0, f(x_0))$. Per essere più precisi si dimostra il seguente risultato.

Teorema 3.5.19 (di Taylor) *Sia $f : A \longrightarrow \mathbb{R}$ derivabile n volte in $x_0 \in \operatorname{int} A$. Allora esiste un unico polinomio $P_n(x, x_0)$ di grado n tale che che*

$$\lim_{x \to x_0} \frac{f(x) - P_n(x, x_0)}{(x - x_0)^n} = 0. \tag{3.22}$$

Tale polinomio è

$$\begin{aligned} P_n(x, x_0) &= \sum_{k=0}^{n} \frac{f^{(k)}(x_0)}{k!}(x - x_0)^k \\ &= f(x_0) + f'(x_0)(x - x_0) + \frac{f''(x_0)}{2!}(x - x_0)^2 + \cdots + \frac{f^{(n)}(x_0)}{n!}(x - x_0)^n. \end{aligned} \tag{3.23}$$

L'espressione (3.23) prende il nome di *polinomio di Taylor* ed il limite (3.22) afferma che esisterà un infinitesimo $\omega(x - x_0)$ per cui

$$f(x) = P_n(x, x_0) + (x - x_0)^n \omega(x - x_0).$$

Il resto $R_n(x, x_0) = (x - x_0)^n \omega(x - x_0)$ (detto *resto di Peano*) ci fornisce l'informazione dell'errore che commettiamo nell'approssimare la funzione f con il polinomio P_n in un intorno del punto x_0 ed il limite (3.22) afferma che questo resto è sempre più trascurabile quanto più ci avviciniamo a x_0: in particolare esso tende a diventare zero più velocemente di quanto ci tenda $(x - x_0)^n$. Se in particolare viene scelto $x_0 = 0$ il polinomio di Taylor viene solitamente denominato come *polinomio di MacLaurin* e la formula diventa

$$f(x) = f(0) + f'(0)x + \frac{f''(0)}{2!}x^2 + \cdots + \frac{f^{(n)}(0)}{n!}x^n + x^n \omega(x).$$

Se in particolare la funzione f risulta essere $n + 1$ volte derivabile, allora siamo anche in grado di scrivere il resto di Peano in una forma più utile per i calcoli, chiamata solitamente resto di Lagrange[53].

Teorema 3.5.20 (Resto di Lagrange) *Sia $f : (a, b) \longrightarrow \mathbb{R}$ derivabile $n + 1$ volte in (a, b); allora per ogni $x \in (a, b) \setminus \{x_0\}$ esiste z compreso tra x e x_0 per cui*

$$R_n(x, x_0) = \frac{f^{(n+1)}(z)}{(n + 1)!}(x - x_0)^{(n+1)}.$$

Esercizi ben svolti

Esercizio 3.5.17 Data la funzione

$$f(x) = \frac{(x - 2)|x + 1|}{x + 4}$$

dire se esiste $x_0 \in \mathbb{R}$ tale che

$$\frac{f(3) - f(-3)}{6} = f'(x_0). \tag{3.24}$$

Commentare il risultato alla luce del Teorema di Lagrange (detto anche Teorema del valor medio).

[53] Il nome faccia notare l'analogia del teorema che segue con il Teorema del valor medio.

Soluzione. Innanzitutto $CE(f) = \mathbb{R} \setminus \{-4\}$. Grazie a TC e TD la funzione è sempre continua ed è sicuramente derivabile in tutti i punti del $CE(f)$ escluso al più $x = -1$. Cerchiamo subito di vedere se, per caso, f sia derivabile in $x = 1$.

Perché? Perché se ciò fosse vero saremmo a posto: basterebbe applicare il Teorema di Lagrange 3.5.18 all'intervallo $[-3, 3]$ per ottenere che esiste almeno un punto $x_0 \in (-3, 3)$ in cui vale (3.24).

Per vedere se esiste $f'(-1)$ utilizziamo la definizione, calcolandoci il limite del rapporto incrementale sia destro che sinistro:

$$\begin{aligned}
\lim_{x\to-1^+} \frac{f(x) - f(-1)}{x+1} &= \lim_{x\to-1^+} \frac{(x-2)(x+1)}{(x+1)(x+4)} = -1, \\
\lim_{x\to-1^-} \frac{f(x) - f(-1)}{x+1} &= \lim_{x\to-1^-} -\frac{(x-2)(x+1)}{(x+1)(x+4)} = 1;
\end{aligned}$$

quindi la funzione non è derivabile in $x = -1$. È un vero peccato, altrimenti l'esercizio era concluso. Siamo quindi costretti ad svolgere il calcolo direttamente. Iniziamo con la valutazione del rapporto incrementale:

$$\frac{f(3) - f(-3)}{3 - (-3)} = \frac{\frac{4}{7} + 10}{6} = \frac{37}{21}.$$

Passiamo a calcolare la derivata di f dividendo in due casi.

Caso $x < -1$. In questo caso la funzione assume la forma

$$f(x) = -\frac{(x-2)(x+1)}{x+4} = -\frac{x^2 - x - 2}{x+4},$$

e la sua derivata risulta

$$f'(x) = -\frac{x^2 + 8x - 2}{(x+4)^2}.$$

Caso $x > -1$. In questo caso la funzione assume la forma

$$f(x) = \frac{(x-2)(x+1)}{x+4} = \frac{x^2 - x - 2}{x+4},$$

e la sua derivata risulta

$$f'(x) = \frac{x^2 + 8x - 2}{(x+4)^2}$$

che è simile alla precedente a meno (e non è poco) del segno.

Dobbiamo ora controllare se almeno uno dei seguenti due sistemi ha soluzione

$$\begin{cases} -\dfrac{x^2 + 8x - 2}{(x+4)^2} = \dfrac{37}{21} \\[2ex] x < -1 \end{cases} \qquad \text{e} \qquad \begin{cases} \dfrac{x^2 + 8x - 2}{(x+4)^2} = \dfrac{37}{21} \\[2ex] x > -1. \end{cases}$$

Lasciamo a voi l'onore (oppure l'onere?) del calcolo e vediamo di usare una scorciatoia. Proviamo cioè ad usare il *Teorema dei valori intermedi* (detto anche *Teorema di Darboux*) che dice che una funzione continua su un intervallo assume tutti i valori tra il suo estremo inferiore e il suo estremo superiore (si veda la Sezione 3.8.2, Teorema 3.8.4). Vediamo come usarlo: la funzione $f'(x)$ risulta continua per $x < -4$ ed abbiamo

$$\lim_{x\to-4^-} f'(x) = +\infty \quad \text{e} \quad \lim_{x\to-\infty} f'(x) = -1.$$

Quindi

$$\sup_{x\in(-\infty,-4)} f'(x) = +\infty \quad \text{e} \quad \inf_{x\in(-\infty,-4)} f'(x) \leq -1.$$

Ne segue che f' assume tutti i valori tra -1 e $+\infty$ e quindi anche $\frac{37}{21}$. Questo metodo non ci permette di determinare il punto (o i punti) x_0; tuttavia ci dice che ne esiste almeno uno, che è proprio quello che volevamo sapere. ■

Esercizio 3.5.18 [Roma 08/06/1999, n.6] Trovare il polinomio di Taylor di grado $n = 2$ per la funzione

$$f(x) = \ln(1 + x^2)$$

nel punto $x = 2$. Spiegare le proprietà di tale polinomio.

Soluzione. Si tratta di fare i calcoli e di applicare la formula (3.23); prima però verifichiamo che siano soddisfatte le ipotesi. La funzione è derivabile due volte con continuità nel punto $x = 2$ e quindi siamo a posto. Calcoliamo tali derivate:

$$f'(x) = \frac{2x}{1 + x^2} \qquad \text{e} \qquad f''(x) = \frac{2(1 + x^2) - 2x(2x)}{(1 + x^2)^2} = \frac{2(1 - x^2)}{(1 + x^2)^2}.$$

Ora passiamo a valutare il valore di f, f' e f'' nel punto $x = 2$:

$$f(2) = \ln 5 \qquad \text{e} \qquad f'(2) = \frac{4}{5} \qquad \text{e} \qquad f''(2) = -\frac{6}{25},$$

e quindi

$$P_2(x, 2) = \ln 5 + \frac{4}{5}(x - 2) - \frac{3}{25}(x - 2)^2.$$

La proprietà caratteristica di tale polinomio di Taylor è che

$$\lim_{x \to 2} \frac{f(x) - P_2(x, 2)}{(x - 2)^2} = 0$$

come spiegato all'inizio della presente sezione. ∎

Esercizi per casa

Esercizio 3.5.19 Data la funzione

$$f(x) = \frac{x^2 - 1}{x^2 + |x + 3|}$$

dire, senza calcolare la derivata, se esiste almeno un punto $x_0 \in \mathbb{R}$ tale che $f'(x_0) = 0$.

Esercizio 3.5.20 Scrivere il polinomio di Taylor in $x_0 = 0$ fino all'ordine 2 per le funzioni

$$f_1(x) = e^{x^2} \qquad \text{e} \qquad f_2(x) = x^3 \qquad \text{e} \qquad f_3(x) = \sqrt{1 + x}.$$

3.6 Derivate, monotonia e convessità

Usando le derivate possiamo studiare monotonia e convessità di funzioni risolvendo delle disequazioni. Vediamo nel seguito qualche esercizio in proposito. Questi esercizi ci permettono di "allenarci" ad esercizi più complessi (che vedremo nelle prossime sezioni) in cui occorre studiare più a fondo le caratteristiche di funzioni date.

3.6.1 Derivata prima e monotonia

Ricordiamo innanzitutto il seguente risultato.

Teorema 3.6.1 *Sia $f : [a, b] \longrightarrow \mathbb{R}$ continua su $[a, b]$ e derivabile su (a, b) escluso al più un numero finito di punti. Allora*

- *f è crescente in (a, b) se e solo se*

$$f'(x) \geq 0, \quad \forall x \in (a, b) \quad \textit{in cui esiste } f'(x);$$

- *f è decrescente in* (a, b) *se e solo se*

$$f'(x) \leq 0, \quad \forall x \in (a, b) \quad \text{in cui esiste } f'(x).$$

Inoltre

- *Se* $f'(x) > 0$ *per ogni* $x \in (a, b)$ *escluso al più un numero finito, allora* f *è strettamente crescente in* (a, b).

- *Se* $f'(x) < 0$ *per ogni* $x \in (a, b)$ *escluso al più un numero finito, allora* f *è strettamente decrescente in* (a, b).

In sostanza per determinare la monotonia di una funzione è sufficiente conoscere il segno della derivata prima della funzione[54]. Notate che abbiamo bisogno comunque di sapere che la funzione è continua su *ogni punto di* $[a, b]$, mentre si può permettere di non essere derivabile in qualche punto.

⚠ **Pericolo 3.6.2** Attenzione! Se in un esercizio vi si chiede di determinare gli intervalli di monotonia di una funzione, non limitatevi a guardare il segno della derivata ma ricordatevi sempre di determinare precedentemente il CE della funzione: si evitano di fare errori seri. Un esempio: un amico vi chiede di determinare quando la funzione $f(x) = \ln x$ è decrescente (sebbene sia noto al grande pubblico che $\ln x$ è sempre crescente!). Voi calcolate immediatamente la derivata

$$f'(x) = \frac{1}{x}$$

ed imponete che sia non positiva

$$f'(x) = \frac{1}{x} \leq 0.$$

La soluzione di questa disequazione è l'insieme $(-\infty, 0)$. Ma la funzione non è definita in tale insieme! Non fareste una bella figura col vostro amico ... Ecco che il calcolo del CE qui si rivela importante.

Esercizi ben svolti

Esercizio 3.6.1 [L'Aquila 25/06/1999 n.A6] Determinare l'insieme massimale di crescita della funzione

$$f(x) = 4x - 3 \ln x + 11.$$

Soluzione. Innanzitutto una spiegazione: per insieme massimale di crescita intendiamo l'insieme più grande possibile[55] su cui f è crescente. Grazie al Teorema 3.6.1, se la funzione in esame è derivabile, tale insieme non è altro che l'insieme su cui $f' \geq 0$. Quindi partiamo. Ricordando il Pericolo 3.6.2 troviamo prima $CE(f)$: essendoci la funzione logaritmo dobbiamo imporre che il suo argomento sia > 0 e quindi $CE(f) = (0, +\infty)$.

Osserviamo che la funzione è derivabile grazie ai soliti TC e TD, calcoliamone la derivata e imponiamo che sia ≥ 0. Si ha

$$f'(x) = 4 - \frac{3}{x} = \frac{4x - 3}{x} \geq 0.$$

Dobbiamo quindi risolvere tale disequazione relativamente al $CE(f)$. Essendo il denominatore sempre positivo (per merito del $CE(f)$!), è sufficiente analizzare la positività del numeratore ottenendo che l'insieme cercato è

$$I = \left[\frac{3}{4}, +\infty\right).$$

[54] Attenzione che degli ultimi due punti di questo teorema non vale il viceversa; comunque la cosa non ci preoccupa perché noi non ne avremo bisogno.

[55] Detta così la definizione è un po' rozza anche se non ci pare utile per i nostri scopi addentrarci in definizioni più formali.

⚠ **Pericolo 3.6.3** Informiamo che molte persone, in questo esercizio di esame, hanno commesso l'errore spiegato al Pericolo 3.6.2 determinando un insieme I sbagliato:

$$(-\infty, 0) \cup \left[\frac{3}{4}, +\infty\right);$$

da ciò è nato il Pericolo 3.6.2. ∎

Esercizio 3.6.2 [L'Aquila 13/07/1999 n.B2] Determinare per quali valori del parametro k la funzione

$$f(x) = (x+3)e^x - kx$$

è crescente su tutto $\mathbb{R}$.

Soluzione. Essendo la funzione f derivabile su tutto $CE(f) = \mathbb{R}$, l'esercizio richiede di determinare per quali valori di k la derivata di f risulta essere positiva su tutto $\mathbb{R}$, cioè

$$f'(x) = (x+4)e^x - k \geq 0, \quad \forall x \in \mathbb{R}.$$

Posto

$$g(x) = (x+4)e^x,$$

risolvere l'esercizio significa quindi determinare per quali valori di k si ha

$$k \leq g(x), \quad \forall x \in \mathbb{R}.$$

Ovviamente la risposta sarà quando

$$k \leq \inf_{\mathbb{R}} g. \tag{3.25}$$

Per questo motivo il nostro obiettivo sarà quello di determinare l'estremo inferiore di g e per poter fare ciò studieremo, in maniera essenziale, il grafico di g applicando il metodo (A) pubblicizzato nella Sezione 3.7.3. Innanzitutto

$$\lim_{x \to +\infty} (x+4)e^x = +\infty \qquad \text{e} \qquad \lim_{x \to -\infty} (x+4)e^x = \lim_{x \to -\infty} \frac{x+4}{e^{-x}} = \lim_{x \to -\infty} \frac{1}{-e^{-x}} = 0$$

avendo utilizzato il Teorema di Bernoulli–de L'Hôpital.

☺ **Faccina 3.6.4** Ricordiamo che in generale se $p(x)$ è un polinomio di qualsiasi grado, si ha

$$\lim_{x \to -\infty} p(x)e^{ax} = 0$$

per ogni $a > 0$. Ciò segue dal limite notevole (3.6).

Ritorniamo alla nostra funzione, osservando che $g(x) = 0$ se e solo se $x = -4$ e

$$g(x) \begin{cases} > 0, & x > -4, \\ < 0, & x < -4. \end{cases}$$

Determiniamo ora gli eventuali punti di massimo e di minimo, calcolando i punti stazionari. La derivata di g è

$$g'(x) = e^x + (x+4)e^x = (x+5)e^x$$

e $g'(x) = 0$ ha come unica soluzione $x = -5$. Poiché

		−5
segno di g'	−	+
monotonia di g	↘	↗

Il punto stazionario di ascissa $x = -5$ è un punto di minimo globale. Il valore di tale minimo è $g(-5) = -e^{-5}$ e quindi

$$\inf_{\mathbb{R}} g = \min_{\mathbb{R}} g = g(-5) = -\frac{1}{e^5}.$$

Il grafico di g è rappresentato in Figura 3.6. Ricordando la (3.25) la soluzione dell'esercizio risulta essere: $k \leq -\frac{1}{e^5}$. ∎

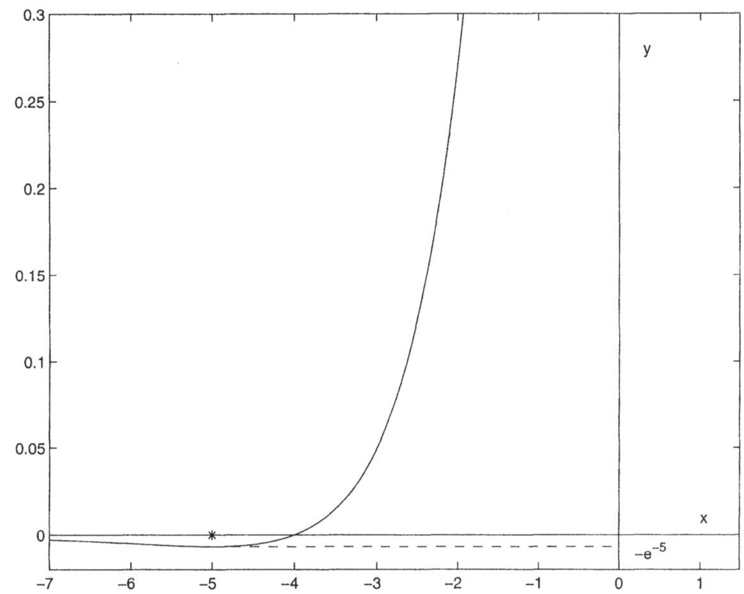

Figura 3.6: grafico di $f(x) = (x+4)e^x$

Esercizio 3.6.3 [L'Aquila 03/07/2000 n.B2] Dimostrare che la funzione

$$f(x) = x^3 + 3x^2 - 3x(4\ln x - 1).$$

è sempre crescente.

Soluzione. Basta far vedere che la derivata della funzione è sempre non negativa su $CE(f) = (0, +\infty)$, cioè

$$f'(x) = 3x^2 + 6x - 3(4\ln x - 1) - 3x \cdot \frac{4}{x} = 3(x^2 + 2x - 4\ln x - 3) \geq 0, \quad \forall x > 0.$$

Tuttavia la disequazione

$$x^2 + 2x - 4\ln x - 3 \geq 0$$

non si può risolvere algebricamente. Per i nostri scopi comunque basta far vedere che su $CE(f)$ la funzione

$$g(x) = x^2 + 2x - 4\ln x - 3$$

ha tutto il suo grafico sopra l'asse delle ascisse cioè che

$$\inf_{CE(f)} g \geq 0.$$

Come nell'esercizio precedente facciamo un veloce studio qualitativo del grafico di g ispirandoci al metodo (A) pubblicizzato nella Sezione 3.7.3. Innanzitutto vi invitiamo a controllare che $CE(g) = CE(f) = (0, +\infty)$; poi passiamo a determinare i limiti nei punti di accumulazione di $(0, +\infty)$ ed in cui la funzione non è definita:

$$\lim_{x \to 0^+} g(x) = +\infty \quad \text{e} \quad \lim_{x \to +\infty} g(x) = +\infty.$$

Determiniamo la monotonia di g. La derivata di g è

$$g'(x) = 2x + 2 - \frac{4}{x} = \frac{2x^2 + 2x - 4}{x}.$$

I punti stazionari si ottengono risolvendo l'equazione

$$\frac{2x^2 + 2x - 4}{x} = 0$$

e sono $x = 1$ e $x = -2$: quest'ultimo viene scartato in quanto non appartiene al $CE(g)$. L'unico punto stazionario è $x_0 = 1$ che è punto di minimo globale. Lo possiamo accertare studiando il segno di g': è facile vedere che

	0	1
segno di g'	$-$	$+$
monotonia di g	$\searrow$	$\nearrow$

Il valore di minimo di g è $g(1) = 0$ e quindi abbiamo vinto! I grafici delle funzioni f e g sono in Figura 3.7 e Figura 3.8. ∎

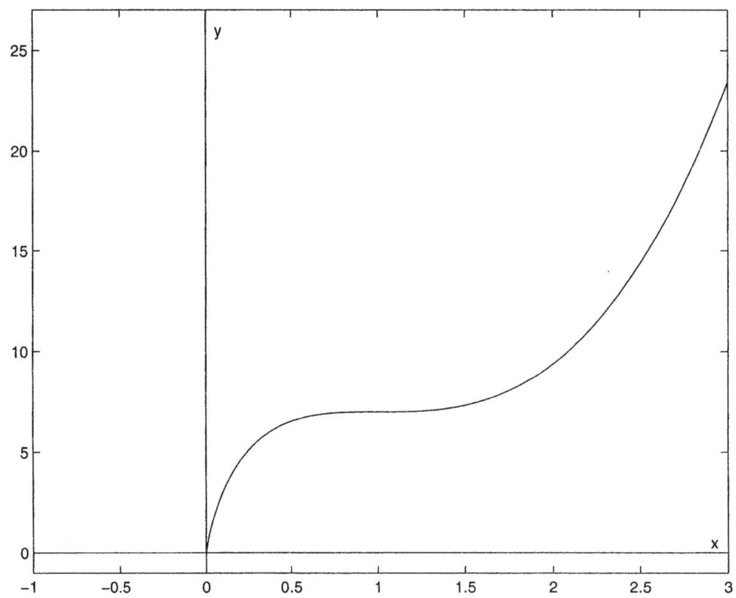

Figura 3.7: grafico di $f(x) = x^3 + 3x^2 - 3x(4 \ln x - 1)$

Esercizio 3.6.4 [L'Aquila 28/09/1999 n.B2] Verificare che per ogni $a > b \geq 1$ si ha

$$\ln a - \ln b < a - b.$$

Soluzione. Si tratta di un tipico esercizio in cui, a prima vista non si capisce che c'entri la monotonia. Invece c'entra eccome! Il problema è quello di riformularlo in modo adeguato.

Portando $\ln a$ a destra nella disuguaglianza e b a sinistra, dobbiamo verificare che

$$a - \ln a > b - \ln b, \qquad \forall a > b \geq 1.$$

L'esercizio equivale a dimostrare che la funzione

$$f(x) = x - \ln x$$

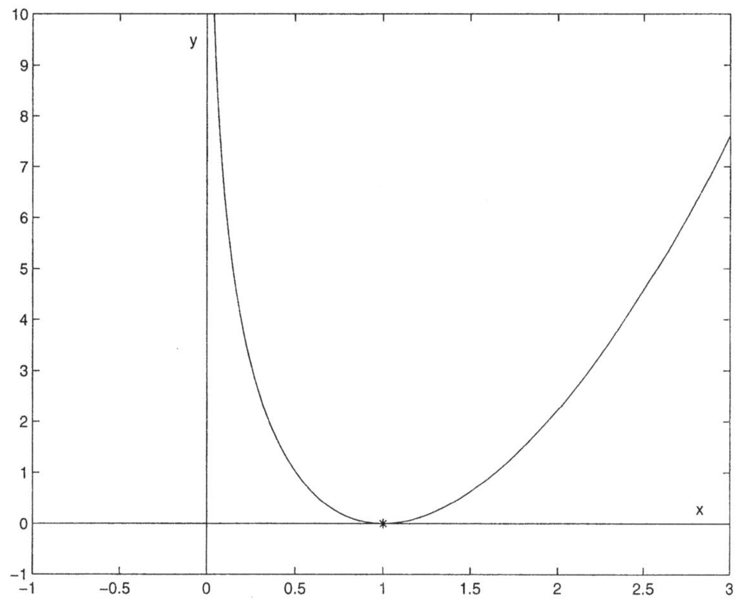

Figura 3.8: grafico di $g(x) = x^2 + 2x - 4\ln x - 3$

è crescente sulla semiretta $(1, +\infty)$, cioè, essendo f derivabile, che

$$f'(x) = 1 - \frac{1}{x} = \frac{x-1}{x} \geq 0, \qquad \forall x \geq 1.$$

Questo è banalmente verificato in quanto per $x \geq 1$ sia il numeratore che il denominatore sono non negativi. ∎

Esercizi per casa

Esercizio 3.6.5 [L'Aquila 14/09/1999 n.A1] Determinare l'insieme massimale di decrescita per la funzione

$$f(x) = 2x^3 + 24x^2 + 90x + 10.$$

Esercizio 3.6.6 [L'Aquila 04/02/2000 n.A1] Determinare l'insieme massimale di crescita per la funzione

$$f(x) = e^{2x}(x-3).$$

Esercizio 3.6.7 [L'Aquila 13/09/2000 n.A4] Determinare l'insieme massimale in cui risulta crescente la funzione

$$f(x) = \ln(20 - x) + \ln(x - 10).$$

Esercizio 3.6.8 [L'Aquila 19/06/2000 n.A4] Determinare l'insieme massimale di decrescita della funzione

$$f(x) = \frac{e^x}{x^2 + 2x - 2}.$$

Esercizio 3.6.9 [L'Aquila 30/05/2000 n.A4] Determinare gli intervalli di crescita della funzione

$$f(x) = e^{x^2+x+10}.$$

3.6.2 Derivata seconda, convessità e concavità

Iniziamo con le definizioni.

Definizione 3.6.5 *Una funzione $f : A \longrightarrow \mathbb{R}$, con $A \subseteq \mathbb{R}$ intervallo, si dice*

- convessa *se, per ogni* $x_1, x_2 \in A$ *e per ogni* $t \in [0,1]$ *si ha*

$$f(tx_1 + (1-t)x_2) \leq tf(x_1) + (1-t)f(x_2);$$

- concava *se, per ogni* $x_1, x_2 \in A$ *e per ogni* $t \in [0,1]$ *si ha*

$$f(tx_1 + (1-t)x_2) \geq tf(x_1) + (1-t)f(x_2).$$

- strettamente convessa *se, per ogni* $x_1, x_2 \in A$ *con* $x_1 \neq x_2$ *e per ogni* $t \in (0,1)$ *si ha*

$$f(tx_1 + (1-t)x_2) < tf(x_1) + (1-t)f(x_2);$$

- strettamente concava *se, per ogni* $x_1, x_2 \in A$ *con* $x_1 \neq x_2$ *e per ogni* $t \in (0,1)$ *si ha*

$$f(tx_1 + (1-t)x_2) > tf(x_1) + (1-t)f(x_2).$$

Per quanto riguarda i risultati riguardanti convessità e concavità di funzioni si veda [PSS]; qui ricordiamo l'indispensabile per fare i conti. Innanzitutto il seguente risultato.

Teorema 3.6.6 *Sia* $f : [a,b] \longrightarrow \mathbb{R}$ *derivabile due volte su* (a,b). *Allora*

- *f è convessa in (a,b) se e solo se*

$$f''(x) \geq 0, \quad \forall x \in (a,b);$$

- *f è concava in (a,b) se e solo se*

$$f''(x) \leq 0, \quad \forall x \in (a,b).$$

Inoltre

- *Se $f''(x) > 0$ per ogni $x \in (a,b)$ escluso al più un numero finito, allora f è strettamente convessa in (a,b).*
- *Se $f''(x) < 0$ per ogni $x \in (a,b)$ escluso al più un numero finito, allora f è strettamente concava in (a,b).*

In sostanza per determinare la convessità o la concavità di una funzione è sufficiente conoscere il segno della derivata seconda della funzione[56].

Notate che qui noi chiediamo che la funzione sia derivabile due volte su tutto l'intervallo (a,b), cosa piuttosto forte, che quasi mai si applica, ad esempio, alle funzioni definite a pezzi. Esiste allora un'altro criterio che qui enunciamo e che useremo, ad esempio, nell'Esercizio 3.9.4.

Teorema 3.6.7 *Sia* $f : [a,b] \longrightarrow \mathbb{R}$ *continua su* $[a,b]$ *e derivabile su* (a,b) *escluso al più un numero finito di punti. Allora*

- *f è convessa in (a,b) se e solo se $f' \nearrow$ dove esiste;*
- *f è concava in (a,b) se e solo se $f' \searrow$ dove esiste.*

Inoltre

- *se $f' \nearrow\nearrow$ dove esiste allora f è strettamente convessa in (a,b);*
- *se $f' \searrow\searrow$ dove esiste allora f è strettamente concava in (a,b).*

⚠ **Pericolo 3.6.8** Attenzione! Vale anche per gli esercizi di questa sezioncina quanto detto al Pericolo 3.6.2! Non dimentichiamoci del CE.

[56] Attenzione che degli ultimi due punti di questo teorema non vale il viceversa; comunque la cosa non ci preoccupa perché noi non ne avremo bisogno.

Esercizi ben svolti

Esercizio 3.6.10 [L'Aquila 31/05/1999 n.3] Determinare l'insieme massimale su cui la funzione

$$f(x) = -x^2 + 12(x-3)\ln(x-3) - 34x$$

risulta convessa.

Soluzione. Innanzitutto una spiegazione (simile a quella data per la monotonia): per insieme massimale di convessità intendiamo l'insieme più grande possibile su cui f è convessa. Grazie al Teorema 3.6.6, se la funzione in esame è derivabile due volte, tale insieme non è altro che l'insieme su cui $f'' \geq 0$. Quindi partiamo. Ricordando il Pericolo 3.6.8 troviamo prima $CE(f) = (3, +\infty)$ dato che $x-3$ è l'argomento del logaritmo e quindi deve risultare strettamente positivo. Notiamo ora che la funzione è derivabile due volte grazie ai soliti TC e TD. Quindi calcoliamone la derivata seconda e imponiamo che sia ≥ 0. Si ha

$$\begin{aligned} f'(x) &= -2x + 12\ln(x-3) + 12\frac{x-3}{x-3} - 34 = -2x + 12\ln(x-3) - 22, \\ f''(x) &= -2 + \frac{12}{x-3} = \frac{-2x+18}{x-3}. \end{aligned}$$

Poiché, causa $CE(f)$, $x-3>0$, affinché la frazione risulti positiva è sufficiente richiedere il numeratore positivo, cioè

$$-2x + 18 \geq 0$$

che ha come soluzione $x \leq 9$. Quindi l'insieme massimale è $(3, 9]$[57]. ∎

Esercizio 3.6.11 [L'Aquila 25/09/2000 n.A4] Determinare l'insieme massimale di concavità della funzione

$$f(x) = \ln(30-x) - \ln(x-10).$$

Soluzione. Il $CE(f)$ è determinato dalle soluzioni del sistema

$$\begin{cases} 30 - x > 0 \\ x - 10 > 0 \end{cases}$$

e risulta $CE(f) = (10, 30)$. Per la concavità dobbiamo calcolarci la derivata seconda:

$$\begin{aligned} f'(x) &= -\frac{1}{30-x} - \frac{1}{x-10} = \frac{1}{x-30} - \frac{1}{x-10}, \\ f''(x) &= -\frac{1}{(x-30)^2} + \frac{1}{(x-10)^2} = \frac{-40x+800}{(x-30)^2(x-10)^2}. \end{aligned}$$

La funzione è concava se e solo se $f'' \leq 0$: quindi dobbiamo risolvere la disuguaglianza

$$\frac{-40x+800}{(x-30)^2(x-10)^2} \leq 0.$$

Il denominatore è sempre positivo all'interno del $CE(f)$ e quindi basterà avere $x \geq 20$ che, intersecato con il $CE(f)$, fornisce la soluzione $I = [20, 30)$. ∎

Esercizio 3.6.12 [Roma 21/09/1999 n.8] Dire se la funzione

$$f(x) = x^3 + \ln|x|$$

è concava su $A = [-4, -1]$.

[57] Vi siete ricordati del $CE(f)$?

Soluzione. Sull'insieme A la funzione f ha la seguente espressione (essendo x sempre negativo)

$$f(x) = x^3 + \ln(-x)$$

e le sue derivate sono

$$f'(x) = 3x^2 + \frac{-1}{-x} = 3x^2 + \frac{1}{x} \qquad \text{e} \qquad f''(x) = 6x - \frac{1}{x^2}.$$

Non c'è bisogno di stare a perdere tanto tempo a fare calcoli: si osserva che il primo addendo $6x$ è negativo su A mentre il secondo $-\frac{1}{x^2}$ è sempre negativo (ovviamente escluso il caso $x = 0$ dove la funzione non è definita). La somma di due cose negative è negativa e quindi f'' risulta negativa su A e f è perciò concava su A.

Questo è un tipico caso in cui una data disequazione viene risolta *relativamente* ad un dato insieme invece che sul suo CE (risultando tra l'altro più semplice), vedasi Esercizio 1.4.85 in proposito. ∎

Esercizi per casa

Esercizio 3.6.13 [L'Aquila 28/09/1999, n.A1] Determinare l'insieme massimale di convessità per la funzione

$$f(x) = -x^3 + 2x^2 + 5x + 5.$$

Esercizio 3.6.14 [L'Aquila 18/02/2000 n.A1] Determinare l'insieme massimale di convessità per la funzione

$$f(x) = e^{2x} - 6x^2 + 2x + 6.$$

Esercizio 3.6.15 [L'Aquila 13/07/1999 n.A1] Determinare l'insieme massimale di convessità per la funzione

$$f(x) = x^2 + 13x - 5(x - 3)\ln(x - 3).$$

Esercizio 3.6.16 [L'Aquila 04/06/2000 n.A4] Determinare l'insieme massimale di concavità della funzione

$$f(x) = 4\ln(x - 2) + \frac{x^2}{2} + 2x.$$

Esercizio 3.6.17 [L'Aquila 03/07/2000 n.A4] Determinare l'insieme massimale di convessità della funzione

$$f(x) = x^4 + 4x^3 - 90x^2 + 10x.$$

Esercizio 3.6.18 [L'Aquila 01/06/2000 n.A4] Determinare l'insieme massimale di concavità della funzione

$$f(x) = 9\ln(x - 3) + \frac{x^2}{2} + 3x.$$

Esercizio 3.6.19 [Roma 20/12/1999 n.5] Dire se la funzione

$$f(x) = \ln x + \frac{1}{2}x^2$$

è concava su $(0, 1)$. Giustificare la risposta.

3.7 Problemi di massimo e minimo

Saper risolvere semplici problemi di massimo e minimo rappresenta uno dei principali obiettivi del primo corso di Matematica in facoltà di Economia. Quindi rimbocchiamoci le maniche e vediamo cosa siamo in grado di fare.

3.7.1 La teoria che ci serve

Iniziamo con alcune definizioni e teoremi che useremo negli esercizi proposti.

Definizione 3.7.1 *Data una funzione* $f : A \longrightarrow \mathbb{R}$, *con* $A \subseteq \mathbb{R}$, *un punto* $x_0 \in A$ *si dice*

- punto di minimo globale (o assoluto) *per* f *se*

$$f(x) \geq f(x_0), \quad \forall x \in A; \tag{3.26}$$

il valore $f(x_0)$ *si dice* minimo globale *di* f *su* A *e si scrive* $\min_A f$ *oppure* $\min_{x\in A} f(x)$*;*

- punto di massimo globale (o assoluto) *per* f *se*

$$f(x) \leq f(x_0), \quad \forall x \in A; \tag{3.27}$$

il valore $f(x_0)$ *si dice* massimo globale *di* f *su* A *e si scrive* $\max_A f$ *oppure* $\max_{x\in A} f(x)$.

Se le condizioni (3.26) e (3.27) sono verificate solamente per x "vicini" ad x_0, allora i punti di minimo e/o massimo si dicono *locali (o relativi)*. La definizione esatta è la seguente:

Definizione 3.7.2 *Data una funzione* $f : A \longrightarrow \mathbb{R}$, *con* $A \subseteq \mathbb{R}$, *un punto* $x_0 \in A$ *si dice*

- punto di minimo locale (o relativo) *per* f *se esiste un intorno* $I(x_0, r)$ *di* x_0 *tale che*[58]

$$f(x) \geq f(x_0), \quad \forall x \in A \cap I(x_0, r); \tag{3.28}$$

il valore $f(x_0)$ *si dice* minimo locale *di* f *su* A*;*

- punto di massimo locale (o relativo) *per* f *se esiste un intorno* $I(x_0, r)$ *di* x_0 *tale che*

$$f(x) \leq f(x_0), \quad \forall x \in A \cap I(x_0, r); \tag{3.29}$$

il valore $f(x_0)$ *si dice* massimo locale *di* f *su* A.

Osservazione 3.7.3 Osserviamo di passaggio che

- se x_0 è punto di minimo (massimo) globale allora è anche di minimo (massimo) locale. Non vale il viceversa;
- vi possono essere molti, anche infiniti, punti di minimo (massimo) globale; il minimo (massimo) globale invece, se c'è, è unico.
- il minimo (massimo) globale coincide con il minimo (massimo) del codominio $f(A)$, quando esiste. Quando il minimo (massimo) non esiste, si può comunque determinare l'estremo inferiore (superiore) di $f(A)$. Esso esiste sempre ed è importante per molti esercizi applicativi: lo indichiamo con

$$\inf f(A) = \inf_A f = \inf_{x\in A} f(x), \qquad \left(\sup f(A) = \sup_A f = \sup_{x\in A} f(x)\right);$$

- il massimo e il minimo globale di una funzione vengono detti, con una sola parola, *estremali globali*. Analogamente si parla di *estremali locali* e di *punti estremali locali o globali*[59].

Per determinare i punti di minimo e/o massimo abbiamo bisogno di alcuni teoremi che ci suggeriscono dei metodi. Possiamo *rozzamente*[60] dividere tali teoremi in tre categorie:

(i) teoremi di esistenza;

(ii) condizioni necessarie;

(iii) condizioni sufficienti (che in alcuni casi sono anche necessarie).

[58] Potremmo anche dire: se esiste $r > 0$ per cui le condizioni sono verificate per ogni $x \in A$ con $|x - x_0| < r$.

[59] Qualcuno usa la parola estremi in vece di estremali.

[60] Nel senso che non si tratta di una classificazione precisa ma solo fatta per fissare le idee.

In soldoni possiamo dire che:

(i) i teoremi di esistenza ci assicurano che quello che cerchiamo esiste. In molti casi non sono indispensabili perché riusciamo a trovare direttamente il punto o i punti di minimo (massimo), ma a volte ci possono semplificare la vita come vedremo al metodo (B) nella Sezione 3.7.3. Altre volte (e sono la maggioranza dei casi che capitano nelle applicazioni realistiche) non sapremo calcolare esplicitamente i punti di minimo (massimo): se però sappiamo che ne esiste almeno uno possiamo applicare dei metodi di approssimazione numerica.

(ii) Le condizioni necessarie ci fanno individuare i punti che sono "candidati" a diventare punti di massimo o di minimo ma che potrebbero anche non esserlo. Ci aiutano quindi a restringere la ricerca a pochi punti. Inizialmente ogni punto di A è un possibile "candidato". Le condizioni necessarie restringono notevolmente la rosa dei "candidati"[61].

(iii) Le condizioni sufficienti invece ci danno la sicurezza che un punto è di massimo o minimo e in genere vengono usate sui "candidati" che hanno superato il primo esame delle condizioni necessarie[62]. Se però non sono verificate non sappiamo nulla. A meno che siano anche necessarie, nel qual caso ci danno una risposta completa.

La procedura che va per la maggiore è la seguente: individuare i punti "candidati" con le condizioni necessarie; in seguito decidere tra essi quali sono effettivamente estremali con le condizioni sufficienti.

(i) Partiamo con la prima famiglia di teoremi. Ricordiamo per primo il Teorema di esistenza di Weierstrass.

Teorema 3.7.4 (di Weierstrass) *Sia $f : A \longrightarrow \mathbb{R}$ continua con A compatto (ad esempio $A = [a, b]$, intervallo chiuso e limitato). Allora la funzione ammette massimo e minimo globale su A.*

Vi sono due altri teoremi utili a questo proposito.

Teorema 3.7.5 *Sia $f : A \longrightarrow \mathbb{R}$ continua con A chiuso ma non limitato (ad esempio $A = [a, +\infty)$ oppure $A = \mathbb{R}$) tale che*

$$\lim_{x \to +\infty} f(x) = +\infty \ \ (-\infty) \qquad \lim_{x \to -\infty} f(x) = +\infty \ \ (-\infty)$$

(quando abbiano senso). Allora la funzione ammette minimo (massimo) globale su A.

Notiamo che di quest'ultimo teorema qui sopra ne esiste una versione anche per il caso in cui A non sia chiuso: basta in sostanza chiedere che i limiti agli estremi finiti siano $+\infty$ (o $-\infty$). Evitiamo di formalizzarlo per brevità.

Teorema 3.7.6 *Sia $f : A \longrightarrow \mathbb{R}$ continua e strettamente convessa (strettamente concava) su A. Allora, se f ammette minimo (massimo) globale su A, esso è unico.*

(ii) Eccoci ora alla seconda famiglia con un solo membro ma importante; una condizione necessaria che ci permette di buttare via una grande quantità di punti: il Teorema di Fermat.

Teorema 3.7.7 (di Fermat) *Sia $f : A \longrightarrow \mathbb{R}$ derivabile su A. Se $x_0 \in \operatorname{int} A$ è un punto di minimo (o massimo) locale per f allora*

$$f'(x_0) = 0. \tag{3.30}$$

Il Teorema di Fermat afferma che gli unici punti candidati ad essere punti *interni* di minimo o massimo locale per funzioni derivabili sono quelli che annullano la derivata; tali punti si dicono *punti stazionari* (o punti critici). Ovviamente restano fuori i punti di frontiera che stanno anche in A e i punti di non derivabilità. Anche essi devono essere messi fra i condidati per l'ultima fase "elettorale".

[61]Potremmo vedere le condizioni necessarie come elezioni primarie (o del primo turno) tra i punti di A per ricoprire l'importante carica di minimo (massimo)! Con la differenza che, sapendo un po' di matematica, si sa già chi vince!

[62]Il primo turno, insomma!

(iii) Qui c'è più affollamento.

- Test di riconoscimento per punti stazionari, per punti di frontiera che stanno anche in A (e in cui f sia continua) e per punti di continuità ma non di derivabilità.

Teorema 3.7.8 *Sia $f : A \longrightarrow \mathbb{R}$ continua su A e derivabile su A escluso al più un numero finito di punti. Sia $x_0 \in A$ un punto stazionario, oppure un punto di frontiera, oppure un punto di non derivabilità; allora x_0 è un punto di minimo locale se*[63] *esiste $r > 0$ tale che*

$$f'(x) \leq 0, \quad \forall x \in A \cap (x_0 - r, x_0) \quad e \quad f'(x) \geq 0, \quad \forall x \in A \cap (x_0, x_0 + r). \tag{3.31}$$

Analogamente x_0 è un punto di massimo locale se esiste r tale che

$$f'(x) \geq 0, \quad \forall x \in A \cap (x_0 - r, x_0) \quad e \quad f'(x) \leq 0, \quad \forall x \in A \cap (x_0, x_0 + r). \tag{3.32}$$

Se le condizioni sopra valgono su tutto A invece che su un intorno allora i punti sono estremali globali.

- Test di riconoscimento per punti di non continuità.

Teorema 3.7.9 *Sia $f : A \longrightarrow \mathbb{R}$ continua e derivabile su A escluso al più un mumero finito di punti. Sia $x_0 \in A$ un punto di non continuità; allora x_0 è un punto di minimo locale se*[64] *è verificata una delle seguenti condizioni:*

* $\lim_{x \to x_0^-} f(x) > f(x_0)$ *e* $\lim_{x \to x_0^+} f(x) > f(x_0)$;
* $\lim_{x \to x_0^-} f(x) = f(x_0)$, $\lim_{x \to x_0^+} f(x) > f(x_0)$ *ed esiste $r > 0$ tale che*

$$f'(x) \leq 0, \quad \forall x \in A \cap (x_0 - r, x_0);$$

* $\lim_{x \to x_0^-} f(x) > f(x_0)$, $\lim_{x \to x_0^+} f(x) = f(x_0)$ *ed esiste $r > 0$ tale che*

$$f'(x) \geq 0, \quad \forall x \in A \cap (x_0 - r, x_0).$$

Analogamente x_0 è un punto di massimo locale se è verificata una delle seguenti condizioni:

* $\lim_{x \to x_0^-} f(x) < f(x_0)$ *e* $\lim_{x \to x_0^+} f(x) < f(x_0)$;
* $\lim_{x \to x_0^-} f(x) = f(x_0)$, $\lim_{x \to x_0^+} f(x) < f(x_0)$ *ed esiste $r > 0$ tale che*

$$f'(x) \geq 0, \quad \forall x \in A \cap (x_0 - r, x_0);$$

* $\lim_{x \to x_0^-} f(x) < f(x_0)$, $\lim_{x \to x_0^+} f(x) = f(x_0)$ *ed esiste $r > 0$ tale che*

$$f'(x) \leq 0, \quad \forall x \in A \cap (x_0 - r, x_0).$$

Se le condizioni sopra valgono su tutto A invece che su un intorno allora i punti sono estremali globali.

- Test di riconoscimento per punti stazionari in cui esiste la derivata seconda.

Teorema 3.7.10 *Sia $f : A \longrightarrow \mathbb{R}$ continua su A. Sia $x_0 \in \operatorname{int} A$ un punto stazionario in cui esiste $f''(x_0)$. Allora x_0 è un punto di minimo (massimo) locale se*

$$f''(x_0) > 0 \quad (f''(x_0) < 0).$$

Osservazione 3.7.11 Se risultasse $f''(x_0) = 0$ possiamo ricorrere alle derivate succesive (se esistono). Se la prima derivata successiva in x_0 non nulla è di ordine dispari, allora il punto non è estremale. Se invece essa è di ordine pari il punto è estremale ed è di minimo locale se essa è positiva, di massimo locale se essa è negativa.

[63] In generale non vale il "solo se". Tuttavia nei casi che noi affrontiamo vale anche il "solo se", quindi tale condizione è anche necessaria. Idem il massimo.

[64] In generale non vale il "solo se". Tuttavia nei casi che noi affrontiamo vale anche il "solo se", quindi tale condizione è anche necessaria. Idem per il massimo.

Questo teorema sopra (e l'osservazione che lo segue) possono tornare utili in alcuni casi (tipicamente parametrici) in cui il calcolo di $f''(x_0)$ e lo studio del suo segno siano più semplici dello studio del segno di f' in un intorno di x_0 (vedasi Esercizio 3.7.2).

– Infine convessità, concavità e punti stazionari (vedasi Esercizio 3.7.15).

Teorema 3.7.12 *Sia $f : A \longrightarrow \mathbb{R}$ continua su A e convessa (concava) su A . Sia $x_0 \in A$ un punto stazionario. Allora x_0 è un punto di minimo (massimo) globale. Se poi f è strettamente convessa (concava) tale punto è unico.*

3.7.2 Gli obiettivi più comuni

Negli esercizi più vicini alle applicazioni economiche di solito si chiede di trovare il massimo (o il minimo) di una funzione data (profitto, costo, utilità o altro). In questo caso è sottinteso che si parla di massimo (o minimo) globale e che ci interessa conoscere non solo il valore di tale massimo (minimo) ma anche (e soprattutto[65]) il valore del punto di massimo. Dato poi che non sempre esistono massimi e minimi globali sarà sempre opportuno accertarsi se effettivamente esistono. E se non esistono sarà interessante almeno conoscere l'estremo superiore o inferiore.

3.7.3 Metodi

Come al solito, anche per determinare il massimo e minimo di una funzione $f : A \longrightarrow \mathbb{R}$ non ci sono metodi puramente meccanici. Esistono alcuni strumenti a disposizione (quali i teoremi di esistenza, i limiti, le derivate, ecc.) ma occorre poi, a seconda del problema particolare che ci troviamo ad affrontare, scegliere la strategia più efficace ed efficiente. Come è nostra abitudine, diamo nel seguito una breve panoramica dei metodi che useremo. Essi sono sostanzialmente tre[66].

(A) *Studio sommario della funzione.* Lo dividiamo per convenienza in 3 punti, chiamando come al solito per brevità TC e TD i teoremi (vedasi sezione 3.5.1) che assicurano la continuità e la derivabilità delle funzioni elementari e delle loro "combinazioni" (somma prodotto, composizione, ecc.).

   (1) Dire in quali punti di A la funzione f è sicuramente continua grazie ai TC. Calcolare i limiti negli altri punti di A e nei punti di fr A (i cosiddetti "limiti agli estremi"). Ricordiamo che un punto è di frontiera per A se in ogni suo intorno ci stanno punti di A e punti di A^C. Inoltre se A è superiormente (risp. inferiormente) illimitato allora anche $+\infty$ (risp. $-\infty$) è punto di frontiera per A[67].

   (2) Dire in quali punti di A la f è sicuramente derivabile grazie ai TD (anche questi saranno in genere tutti i punti di A tranne al più un numero finito). Calcolare la derivata in tali punti. Studiare poi il segno della derivata, dove essa esiste. Trovare cioè in quale zona essa è > 0, in quale zona è < 0, in quale zona è $= 0$. Dedurre il diagramma di monotonia di f.

   (3) Dedurre dai punti precedenti un grafico approssimativo (*cioè dal quale siano chiari i limiti agli estremi e la monotonia*) e in base ad esso:

      (a) individuare tra i punti candidati di max/min locale (cioè i punti in cui $f' = 0$, i punti in cui non esiste f', i punti di frontiera di A appartenenti ad A) quali sono effettivamente di max/min locale (grazie ai test di riconoscimento per punti stazionari o a una verifica diretta della definizione, vedasi Esercizio 3.7.3 in merito);

      (b) calcolare i valori nei punti di max/min locale, confrontarli con i limiti al punto 1, deducendo l'esistenza di punti di max/min globale e calcolare infine estremo superiore e inferiore di f su A.

[65]Se stiamo massimizzando un profitto, il massimo ci dice quanto al massimo potremo guadagnare, il punto di massimo ci dice come fare ad ottenere tale guadagno massimo!

[66]Poi in ogni singolo esercizio, a seconda delle richieste, potremo anche applicare entrambi i metodi o solo una parte di essi.

[67]Nella definizione data alla Sezione 3.3.2 non avevamo "dato il permesso" a $+\infty$ e $-\infty$ di essere punti di frontiera. Lo facciamo qui per comodità, intendendo che consideriamo i punti di frontiera relativamente a $\overline{\mathbb{R}}$, un po' come avevamo fatto per i punti di accumulazione nella Sezione 3.4.1. D'ora in poi ci riferiremo sempre a questa definizione, salvo esplicita indicazione contraria.

(B) Se dobbiamo determinare soltanto gli estremali globali e valgono le ipotesi del Teorema di Weierstrass allora sappiamo già che massimo e minimo esistono. Sappiamo anche che vanno cercati tra i punti in cui $f' = 0$, i punti in cui non esiste f', i punti di frontiera finiti di A. In quasi tutti gli esempi che considereremo tali punti candidati sono in numero finito. Basterà allora trovare tali punti (ragionando come ai punti (A1) e (A2) ma senza bisogno di studiare il segno di f') e poi confrontare i valori in essi assunti da f. Il punto (o i punti) col valore più grande sarà punto (saranno punti) di massimo globale; analogamente per il minimo globale.

(C) Se cerchiamo solo il massimo (minimo) globale e la funzione f è concava (convessa)[68] su A allora si può usare il Teorema 3.7.12 per dedurne che ogni punto stazionario è punto di massimo (minimo) globale (eventualmente unico in caso di stretta concavità/convessità). Quindi si cercano prima di tutto i punti candidati come al metodo (B) poi si calcola la derivata seconda e si vede se è applicabile il Teorema 3.7.12. Questo vale solo per il massimo (minimo). Occorre poi capire se gli altri (eventuali) punti candidati (i punti in cui non esiste f', i punti di frontiera di A appartenenti ad A) sono anch'essi di massimo (minimo). Ciò si fa confrontando i valori assunti in tali punti.

Il primo metodo dà più informazioni sulla funzione mentre il secondo e il terzo, se applicabili, sono più veloci. Chiaramente se il testo dell'esercizio chiede (come l'Esercizio 3.7.4 qui sotto) anche i punti di massimo e minimo locale allora occorre usare il metodo (A) comunque. Vedasi ad esempio l'Esercizio 3.7.4 per il metodo (A), l'Esercizio 3.7.5 per il metodo (B), l'Esercizio 3.7.15 per il metodo (C).

3.7.4 Massimi e minimi senza economia

Esercizi ben svolti

Esercizio 3.7.1 [L'Aquila 13/07/1999, n. A5] Calcolare i punti stazionari della funzione

$$f(x) = (x+5)e^{2x}.$$

Soluzione. Qui in realtà si vogliono conoscere solo i punti stazionari. Quindi dobbiamo soltanto vedere dove f è definita e derivabile (risposta facile: su tutto $\mathbb{R}$), trovarne la derivata e risolvere l'equazione $f'(x) = 0$. Essa diventa

$$f'(x) = e^{2x} + 2(x+5)e^{2x} = (2x+11)e^{2x} = 0.$$

Il prodotto di due fattori è zero se e solo se uno dei due fattori è zero. Essendo e^{2x} sempre positivo, l'unica possibilità è che il primo fattore sia nullo cioè $2x + 11 = 0$. L'unico punto stazionario[69] è allora $x = -\frac{11}{2}$. ∎

Esercizio 3.7.2 Dire per quali valori di $\alpha \in \mathbb{R}$ la funzione

$$f(x) = \frac{\alpha}{3}\left(x^3 - 3\left(1 + \frac{\alpha}{2}\right)x^2 + 6\alpha x\right)$$

ha un punto di minimo locale in $x = 2$.

Soluzione. Si tratta di un classico esercizio che si risolve applicando il Teorema 3.7.10 in quanto applicare altri test sarebbe più difficile perché ci obbligherebbe a risolvere difficili disequazioni parametriche (provate per credere). Il $CE(f) = \mathbb{R}$ e f è ivi continua e derivabile grazie a TC e TD. Quindi il punto $x = 2$ per essere di minimo locale deve necessariamente essere un punto stazionario. La derivata prima di f è

$$f'(x) = \alpha(x^2 - (2+\alpha)x + 2\alpha) = \alpha(x-2)(x-\alpha)$$

i cui punti stazionari sono $x = 2$ e $x = \alpha$. Calcoliamo ora la derivata seconda

$$f''(x) = \alpha(2x - 2 - \alpha)$$

e valutiamola in $x = 2$

$$f''(2) = 3\alpha(2 - \alpha).$$

[68] Cosa che si controlla tramite lo studio del segno della derivata seconda, come noto dal Teorema 3.6.6.

[69] Che è punto di minimo globale.

Affinché il punto stazionario $x = 2$ sia punto di minimo locale è sufficiente che

$$\alpha(2-\alpha) > 0 \quad \Longleftrightarrow \quad \alpha \in (0,2).$$

Se invece fosse

$$\alpha(2-\alpha) < 0 \quad \Longleftrightarrow \quad \alpha \in (-\infty,0) \cup (2,+\infty)$$

allora il punto sarebbe di massimo locale. Rimangono da esaminare i casi $\alpha = 0$ e $\alpha = 2$ che analizziamo svolgendo un'indagine diretta.

Caso $\alpha = 0$. La funzione f diventa nulla ovunque e quindi possiamo ancora dire che il punto $x = 2$ risulta punto di minimo locale anche se si tratta di un caso degenere.

Caso $\alpha = 2$. Studiamo il segno di f' affidandoci al Teorema 3.7.8. Dato che $f'(x) = 2(x-2)^2 \geq 0$ per ogni x ne segue che il punto $x = 2$ non è un punto estremale locale. Notiamo che in questo caso, ricordando l'Osservazione 3.7.11, avremmo potuto calcolare la derivata terza. Poiché $f'''(x) = 2\alpha = 4$ per $\alpha = 2$ abbiamo che il punto $x = 2$ non è estremale. ∎

Esercizio 3.7.3 Verificare, a partire dalla sola definizione, che la funzione

$$f(x) = x^2 - x + 1$$

ha un punto di minimo locale in $x_0 = \frac{1}{2}$.

Soluzione. Dobbiamo vedere se esiste un intorno di $x_0 = \frac{1}{2}$ tale che $f(x) \geq f(x_0)$ per ogni x in tale intorno. Come si fa? Occorre fare una cosa simile alla verifica di un limite (vedasi Esercizio 2.3.4). Risolviamo la disequazione $f(x) \geq f(x_0)$ e poi vediamo se l'insieme delle soluzioni che troviamo contiene oppure no un intorno di x_0. Si tratta di un metodo applicabile solo poche volte, ma può tornare utile; eseguiamolo:

$$x^2 - x + 1 \geq \left(\frac{1}{2}\right)^2 - \frac{1}{2} + 1 = \frac{3}{4}$$

il cui insieme di soluzioni è $I = \mathbb{R}$. Quindi siamo a posto: addirittura abbiamo mostrato che il punto x_0 è di minimo globale su $\mathbb{R}$. ∎

Esercizio 3.7.4 Trovare i punti di massimo e minimo locale delle seguenti funzioni (nel caso in cui il dominio non sia specificato, considerarle sul loro CE):

$$f_1(x) = x^x,$$

$$f_2(x) = \begin{cases} x^2, & x \geq 1, \\ 2 - x^2, & x \in [0,1), \\ \sqrt{x^2+1}, & x < 0. \end{cases}$$

Dire inoltre se tali funzioni ammettono minimo e/o massimo globale ed in caso positivo dire quali sono i corrispondenti punti di massimo e/o minimo globale. Determinare infine l'estremo superiore ed inferiore.

Soluzione. La domanda qui ci obbliga ad usare il metodo (A) cioè a fare quello che a volte viene chiamato "studio sommario" del grafico di una funzione.

(i) Secondo l'indicazione data nel Pericolo 3.3.2 riscriviamo tale funzione

$$f_1(x) = x^x = \left(e^{\ln x}\right)^x = e^{x \ln x}$$

e passiamo allo studio sommario dividendolo come suggerito.

(1) Grazie a TC la funzione f_1 è continua su $CE(f_1) = (0,+\infty)$. Calcoliamo dunque i limiti alla frontiera di CE:

$$\lim_{x\to 0^+} e^{x \ln x} = 1 \qquad \text{e} \qquad \lim_{x\to+\infty} e^{x \ln x} = +\infty$$

avendo utilizzato per il primo limite il risultato dell'Esercizio 3.5.12. In Figura 3.9 sono rappresentati graficamente i limiti.

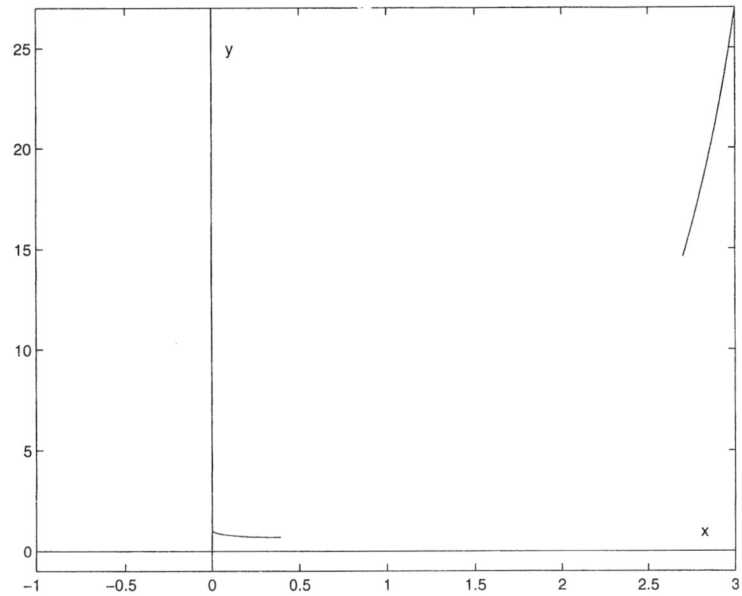

Figura 3.9: rappresentazione dei limiti di $f(x) = x^x$

(2) Grazie a TD la funzione f_1 è derivabile su CE con derivata

$$f_1'(x) = e^{x \ln x}\left(\ln x + x \cdot \frac{1}{x}\right) = e^{x \ln x}(\ln x + 1).$$

Studiamo ora il segno di f_1' risolvendo la disequazione $f_1'(x) > 0$. Dato che $e^{x \ln x} > 0$, si ha

$$e^{x \ln x}(\ln x + 1) > 0 \iff \ln x + 1 > 0 \iff \ln x > -1 \iff x > e^{-1}.$$

Analogamente si trova che

$$f_1'(x) < 0 \iff x \in (0, e^{-1}) \quad \text{e} \quad f_1'(x) = 0 \iff x = e^{-1}$$

ottendo la seguente tabella:

	0	e^{-1}
segno di f_1'	$-$	$+$
monotonia di f_1	↘	↗

(3) L'unico punto stazionario è $x_0 = e^{-1}$. Il diagramma mostra chiaramente che è un punto di minimo locale. Inoltre i limiti agli estremi (che valgono 1 e $+\infty$) sono maggiori di $f_1\left(e^{-1}\right) = \left(\frac{1}{e}\right)^{\frac{1}{e}}$ e quindi x_0 è anche punto di minimo globale. Quindi

$$\inf_{(0,+\infty)} f_1 = \min_{(0,+\infty)} f_1 = f_1\left(e^{-1}\right) = \left(\frac{1}{e}\right)^{\frac{1}{e}} \quad \text{e} \quad \sup_{(0,+\infty)} f_1 = +\infty.$$

Il grafico di f_1 è in Figura 3.10.

(ii) Osserviamo che[70] $CE(f_2) = \mathbb{R}$ e studiamo sommariamente il grafico di f_2.

[70] Ricordiamoci l'Esercizio 3.3.6.

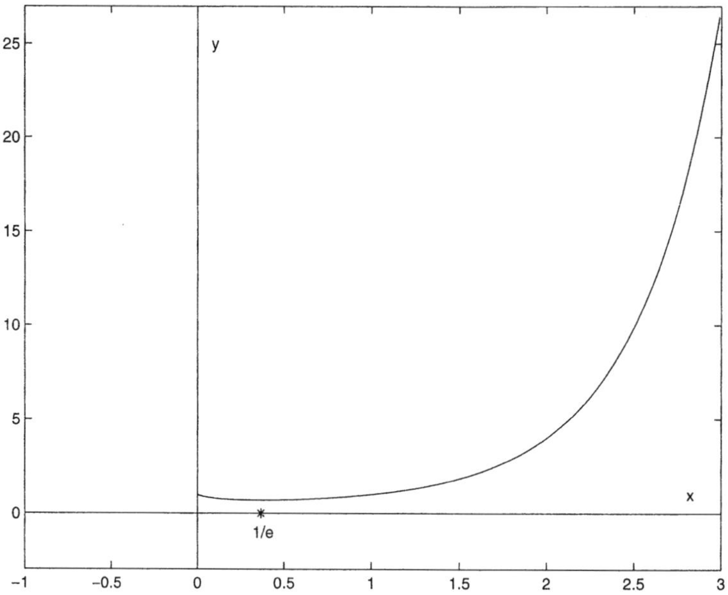

Figura 3.10: grafico di $f(x) = x^x$

(1) Grazie a TC la funzione f_2 è continua su $\mathbb{R}\setminus\{0,1\}$. Nei punti di "contatto" 0 e 1 non sappiamo se si ha continuità e quindi in essi occorre calcolare i limiti destro e sinistro (vedasi Sezione 3.5.2). Calcoliamo dunque i limiti in $+\infty, -\infty, 0$ e 1. Sostituendo si ha

$$\lim_{x\to-\infty} f_2(x) = \lim_{x\to-\infty} \sqrt{x^2+1} = +\infty \qquad \lim_{x\to0^-} f_2(x) = \lim_{x\to0^-} \sqrt{x^2+1} = 1$$
$$\lim_{x\to0^+} f_2(x) = \lim_{x\to0^+} 2 - x^2 = 2 = f(0) \qquad \lim_{x\to1^-} f_2(x) = \lim_{x\to1^-} 2 - x^2 = 1$$
$$\lim_{x\to1^+} f_2(x) = \lim_{x\to1^+} x^2 = 1 = f(1) \qquad \lim_{x\to+\infty} f_2(x) = \lim_{x\to+\infty} x^2 = +\infty$$

Ne segue in particolare che f_2 è continua in $x = 1$ e discontinua in $x = 0$ (qui è continua a destra). In Figura 3.11 sono rappresentati graficamente i limiti.

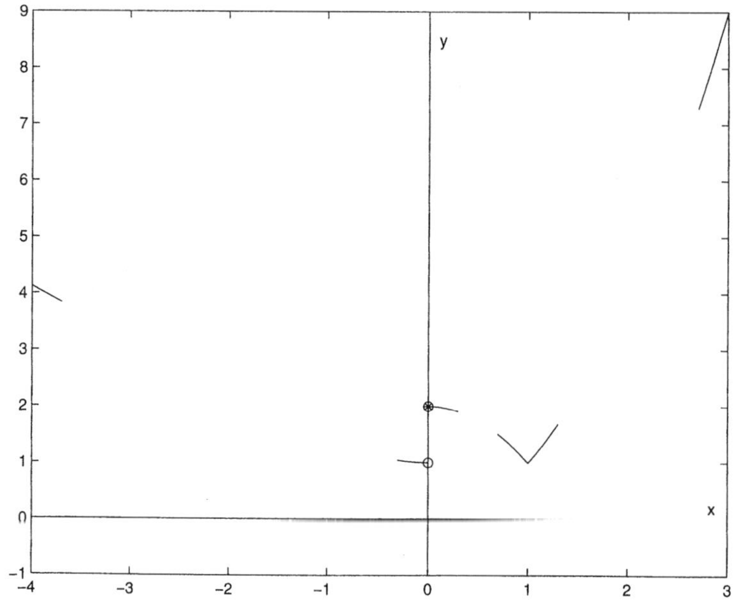

Figura 3.11: rappresentazione dei limiti di $f_2(x)$

(2) Grazie ai TD la funzione f_2 è derivabile su $\mathbb{R} \setminus \{0,1\}$ con derivata

$$f_2'(x) = \begin{cases} 2x, & x > 1, \\ -2x, & x \in (0,1), \\ (x^2+1)^{-\frac{1}{2}}x, & x < 0. \end{cases}$$

Studiamo ora il segno di f_2' risolvendo la disequazione

$$f_2'(x) > 0 \iff x > 1.$$

Analogamente

$$f_2'(x) < 0 \iff x \in (-\infty,0) \cup (0,1).$$

Infine f_2' non si annulla su $\mathbb{R} \setminus \{0,1\}$ ed abbiamo la seguente tabella

		0	1
segno di f'	$-$	$-$	$+$
monotonia di f	$\searrow$	$\searrow$	$\nearrow$

(3) I punti candidati ad essere di massimo e di minimo sono $x_0 = 0$ e $x_1 = 1$. Il diagramma mostra chiaramente che x_1, essendo un punto di continuità, è un punto di minimo locale (si applica il Teorema 3.7.8) con $f_2(1) = 1$. Invece x_0 è un punto di discontinuità e quindi per capire che cosa succede in esso occorre usare il Teorema 3.7.9: dall'indagine si ricava che x_0 è punto di massimo locale con $f(0) = 2$. Inoltre i limiti agli estremi $\pm\infty$ valgono entrambi $+\infty$ e quindi

$$\inf_{\mathbb{R}} f_2 = \min_{\mathbb{R}} f_2 = f_2(1) = 1 \qquad \text{e} \qquad \sup_{\mathbb{R}} f_2 = +\infty.$$

Il grafico di f_2 è in Figura 3.12. ■

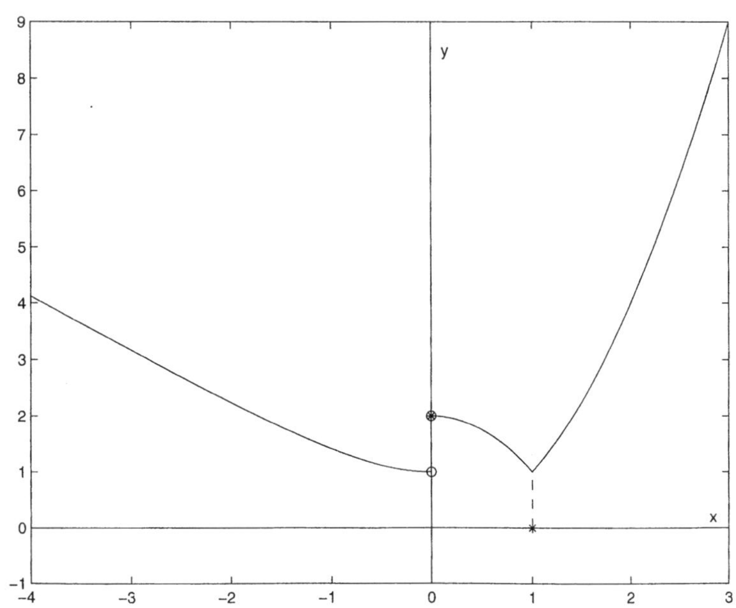

Figura 3.12: grafico di $f_2(x)$

Esercizio 3.7.5 [Roma 17/06/1999 n.5] Trovare sup, inf, max e min (globali) di

$$f(x) = \frac{1}{x} - \frac{1}{x-1}$$

su $CE(f)$. Ripetere la stessa cosa su $[-1,2]$ e su $[2,3]$.

Soluzione. Questo esercizio ci chiede di determinare "soltanto" massimi e minimi globali (oltre a sup e inf) e quindi ci lascia più spazio di manovra rispetto al precedente. Osserviamo innanzitutto che $CE(f) = \mathbb{R} \setminus \{0,1\}$ e che possiamo scrivere

$$f(x) = \frac{1}{x} - \frac{1}{x-1} = -\frac{1}{x(x-1)}.$$

Il $CE(f)$ non è compatto e quindi non possiamo applicare il Teorema di Weierstrass. Facciamo allora uno studio sommario iniziando dai limiti agli estremi:

$$\lim_{x\to+\infty} f(x) = \frac{-1}{+\infty} = 0 \qquad \lim_{x\to-\infty} f(x) = \frac{-1}{+\infty} = 0$$

$$\lim_{x\to0^+} f(x) = \frac{-1}{0^-} = +\infty \qquad \lim_{x\to0^-} f(x) = \frac{-1}{0^+} = -\infty$$

$$\lim_{x\to1^+} f(x) = \frac{-1}{0^+} = -\infty \qquad \lim_{x\to1^-} f(x) = \frac{-1}{0^-} = +\infty.$$

Da questi limiti si ricava

$$\sup_{CE(f)} f = +\infty \qquad \text{e} \qquad \inf_{CE(f)} f = -\infty$$

e quindi non esiste ne il massimo ne il minimo di f. Non abbiamo bisogno di fare altri calcoli! Il grafico di f è in Figura 3.13.

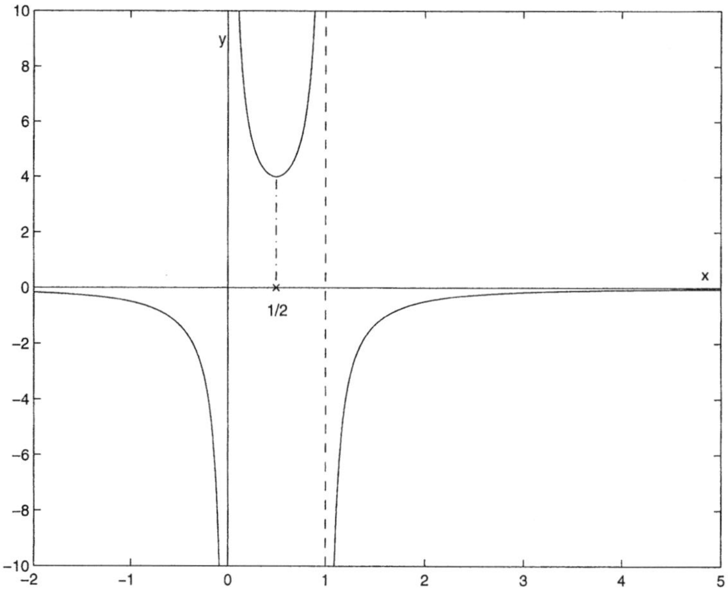

Figura 3.13: grafico di $f(x) = \frac{1}{x} - \frac{1}{x-1}$

Vediamo invece gli altri due casi in cui si considera la funzione su un dominio più piccolo.

- Su $[-1,2]$ la f non è sempre ben definita: infatti

  $$CER(f) = [-1,2] \cap CE(f) = [-1,0) \cup (0,1) \cup (1,2].$$

  Utilizzando i limiti precedentemente calcolati e ragionando come al punto precedente si ricava che

  $$\sup_{CER(f)} f = +\infty, \qquad \inf_{CER(f)} f = -\infty$$

  e non esistono ne massimo ne minimo.

- Su $[2,3]$ invece f è sempre ben definita e continua e quindi, essendo $[2,3]$ compatto, si applica il Teorema di Weierstrass. Quindi esistono $\max_{[2,3]} f$ e $\min_{[2,3]} f$ e per trovarli usiamo il metodo (B) della Sezione 3.7.3. Essendo f derivabile si ha

$$f'(x) = \frac{2x-1}{x^2(x-1)^2}.$$

Senza troppe difficoltà, risolvendo l'equazione $f'(x) = 0$ relativamente all'insieme $[2,3]$ (vedasi Esercizio 3.3.5) si trova che

$$f'(x) \neq 0, \qquad \forall x \in [2,3].$$

Quindi gli unici punti candidati sono 2 e 3. Calcolando i valori di f in essi si ottiene che

$$\min_{[2,3]} f = f(2) = -\frac{1}{2} \quad \text{e} \quad \max_{[2,3]} f = f(3) = -\frac{1}{6}.$$

Notate che, usando il metodo (A) avremmo scoperto che $f \nearrow\!\nearrow$ su $[2,3]$ e saremmo arrivati alla stessa conclusione per altra via. ∎

Esercizio 3.7.6 [Roma 15/07/1999 n.7] Trovare max e min locali e globali e sup ed inf della funzione

$$f(x) = \begin{cases} 2-x, & x \leq 1, \\ \dfrac{\ln x}{x-1}, & x > 1, \end{cases}$$

prima su $CE(f)$ e poi su su $[0,2]$. (Date per noto che $f'(x) < 0$ per $x > 1$).

Soluzione. Questo esercizio è diverso dal precedente perché chiede anche massimi e minimi locali. Siamo allora costretti ad usare il metodo (A). Innnanzitutto $CE(f) = \mathbb{R}$ e f è continua e derivabile in $\mathbb{R} \setminus \{1\}$ grazie a TC e TD. In $x = 1$ la funzione è ben definita ma non sappiamo se è continua. Calcoliamo i limiti agli estremi: per sostituzione si trova che

$$\lim_{x\to-\infty} f(x) = +\infty \quad \text{e} \quad \lim_{x\to 1^-} f(x) = 1.$$

Invece

$$\lim_{x\to 1^+} f(x) = \lim_{x\to 1^+} \frac{\ln x}{x-1} = \frac{0}{0}$$

è una FI che si risolve ponendo $t = x - 1$ ed ottenendo

$$\lim_{x\to 1^+} f(x) = \lim_{t\to 0^+} \frac{\ln(1+t)}{t} = 1.$$

Troviamo così che f è continua anche in $x = 1$ e quindi su tutto $CE(f)$. Infine, usando il teorema di Bernoulli–de l'Hopital si ottiene

$$\lim_{x\to+\infty} f(x) = 0.$$

Per $x \neq 1$ la funzione f è derivabile e

$$f'(x) = \begin{cases} -1, & x < 1, \\ \dfrac{1 - \frac{1}{x} - \ln x}{(x-1)^2}, & x > 1. \end{cases}$$

Sfruttando il suggerimento si trova che $f \searrow\!\searrow$ su $CE(f)$. Essendo anche continua su $CE(f)$ si ha

$$\sup_{\mathbb{R}} f = \lim_{x\to-\infty} f(x) = +\infty \quad \text{e} \quad \inf_{\mathbb{R}} f = \lim_{x\to+\infty} f(x) = 0.$$

Inoltre non esistono estremali locali (e, a fortiori, globali) di f su $CE(f)$ (Figura 3.14).

Invece, sul dominio $[0,2]$, grazie al suggerimento, la funzione è strettamente decrescente. Ne segue che gli estremi dell'intervallo sono punti estremali e

$$\max_{[0,2]} f = f(0) = 2 \quad \text{e} \quad \min_{[0,2]} f = f(2) = \ln 2.$$

Quindi qui esistono estremali globali: la cosa segue anche dal Teorema di Weierstrass. ∎

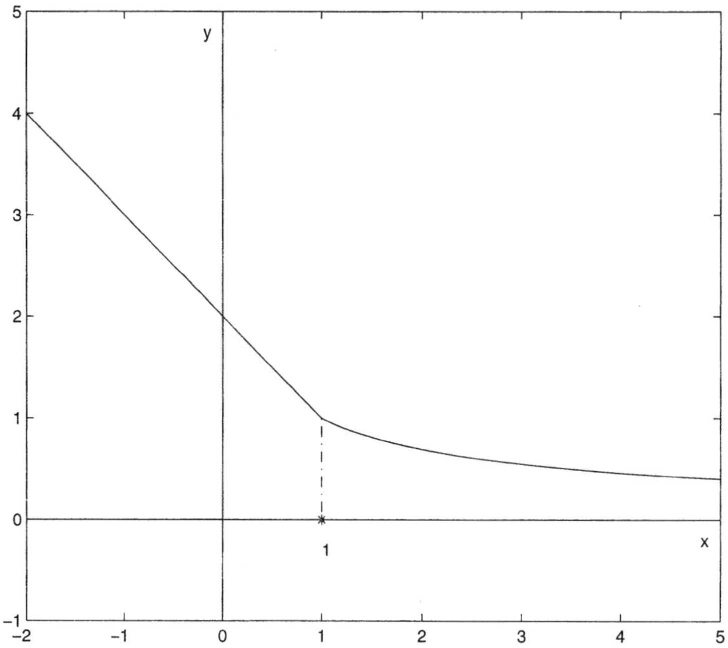

Figura 3.14: grafico di $f(x)$

Esercizio 3.7.7 [Roma 21/09/1999 n.6] Trovare max, min, sup ed inf di

$$f(x) = \begin{cases} x-1, & x<1, \\ 2^{\frac{1}{x-1}}, & x>1, \end{cases}$$

prima su $CE(f)$ e poi su $[-1,2]$.

Soluzione. L'esercizio è molto simile al precedente, con la semplificazione che non si chiedono i massimi e minimi locali ma solo quelli globali. Ragionando come nell'Esercizio 3.3.6 (si noti che f non è definita in $x=1$) si ha $CE(f)=\mathbb{R}\setminus\{1\}$. Grazie a TC, la funzione è continua su $CE(f)$ ed i limiti agli estremi sono

$$\lim_{x\to-\infty} f(x) = \lim_{x\to-\infty}(x-1) = -\infty \qquad \lim_{x\to+\infty} f(x) = \lim_{x\to+\infty} 2^{\frac{1}{x-1}} = 2^{\frac{1}{+\infty}} = 1$$

$$\lim_{x\to1^-} f(x) = \lim_{x\to1^-}(x-1) = 0 \qquad \lim_{x\to1^+} f(x) = \lim_{x\to1^+} 2^{\frac{1}{x-1}} = 2^{\frac{1}{0^+}} = +\infty.$$

Ne segue immediatamente che f non ha estremali globali su $CE(f)$ e gli estremi inferiore e superiore sono rispettivamente $-\infty$ e $+\infty$ (Figura 3.15).

Per la seconda risposta osserviamo che $CER(f)=[-1,2]\setminus\{1\}$ non è compatto (quindi niente Teorema di Weierstrass) ed inoltre, essendo

$$\sup_{CER(f)} f = \lim_{x\to1^+} f(x) = +\infty,$$

non esiste massimo globale di f sul $CER(f)$. Per quanto riguarda il minimo uno studio veloce della derivata (che non vi svolgiamo per brevità[71]) ci dice che

$$f(x) \begin{cases} \nearrow & x\in(-1,1), \\ \searrow & x\in(1,2). \end{cases}$$

Quindi i candidati punti di minimo possono essere soltanto i due estremi -1 oppure 2. Confrontando i valori assunti da f in essi

$$f(-1)=-2 \quad \text{e} \quad f(2)=2 \qquad \Longrightarrow \qquad \min_{CER(f)} f = f(-1).$$

[71] Vi ricordiamo solo che per $x>1$ si ha $f'(x) = -2^{\frac{1}{x-1}}\frac{\ln 2}{(x-1)^2}$.

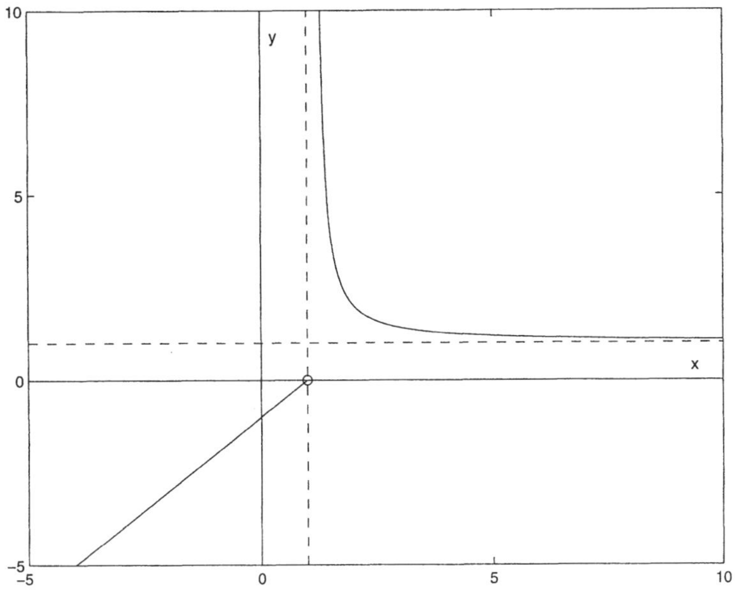

Figura 3.15: grafico di $f(x)$

Quindi -1 è l'unico punto di minimo globale. ∎

Esercizio 3.7.8 [Roma 15/02/2000 n.3] Trovare massimi e minimi locali e globali (se esistono) e sup ed inf della funzione

$$f(x) = \begin{cases} 2x - e^{\frac{1}{x}}, & x < 0, \\ 0, & x = 0, \\ 1 + x \ln x, & x > 0, \end{cases}$$

prima su $CE(f)$, poi sull'intervallo $[-1, 0]$ ed infine sull'intervallo $[0, 1]$.

Soluzione. Senza difficoltà (ricordate l'Esercizio 3.3.6) troviamo che $CE(f) = \mathbb{R}$ e che f è sicuramente continua e derivabile su $\mathbb{R} \setminus \{0\}$ grazie a TC e TD. I limiti agli estremi sono:

$$\lim_{x \to 0^-} f(x) = 0 \quad \text{e} \quad \lim_{x \to 0^+} f(x) = 1$$

che implicano la discontinuità di f in $x = 0$[72] mentre

$$\lim_{x \to -\infty} f(x) = -\infty \quad \text{e} \quad \lim_{x \to +\infty} f(x) = +\infty.$$

La derivata vale

$$f'(x) = \begin{cases} 2 + \frac{e^{\frac{1}{x}}}{x^2}, & x < 0, \\ 1 + \ln x, & x > 0, \end{cases}$$

e quindi

		0	$\frac{1}{e}$
segno di f'	$+$	$-$	$+$
monotonia di f	↗	↘	↗

[72]Per la precisione continua solo a sinistra.

Applicando il Teorema 3.7.9 otteniamo che $x = 0$ non è punto estremale locale. Invece, grazie al Teorema 3.7.8, otteniamo che $x = \frac{1}{e}$ è punto di minimo locale e non vi sono altri punti candidati. Ricordando i limiti agli estremi abbiamo infine:

$$\sup_{\mathbb{R}} f = +\infty \quad \text{e} \quad \inf_{\mathbb{R}} f = -\infty$$

e quindi non esistono massimi e minimi (Figura 3.16).

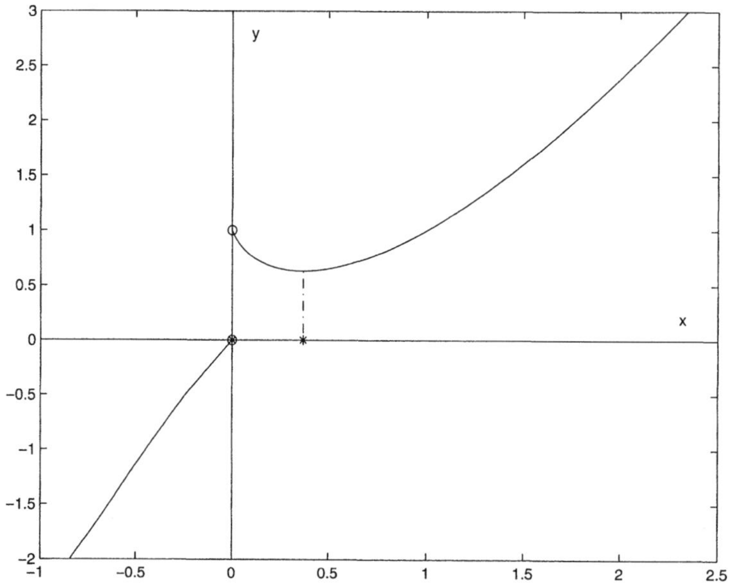

Figura 3.16: grafico di $f(x)$

Su $[-1, 0]$ vale il Teorema di Weierstrass in quanto f è continua grazie alla sua continuità sinistra che, rispetto a $[-1, 0]$ diventa continuità *tout court* (vedasi Osservazioni 3.5.2 e 3.4.5). Essendo f crescente si ha che $x = -1$ è punto di minimo globale con minimo $f(-1) = -2 - \frac{1}{e}$ e $x = 0$ è punto di massimo globale con massimo $f(0) = 0$.

Su $[0, 1]$ invece non vale il Teorema di Weierstrass poiché f non è continua. I punti candidati sono:

- $x = 0$, che risulta essere punto di minimo locale grazie al Teorema 3.7.9 (*che qui dà un responso diverso da prima, attenzione!*);
- $x = \frac{1}{e}$, che risulta essere punto di minimo locale grazie al Teorema 3.7.8 (*che qui dà un responso uguale a prima!*);
- $x = 1$, che risulta essere punto di massimo locale grazie al Teorema 3.7.8.

Ora confrontiamo i valori assunti da f in tali punti con i limiti agli estremi (qui l'unico limite che ci riguarda è quello in 0^+ che vale 1). Dato che $f(0) = 0$, $f(e^{-1}) = 1 - e^{-1}$, $f(1) = 1$, otteniamo che

- $x = 0$ è punto di minimo globale,
- $x = 1$ è punto di massimo globale (il valore assunto è proprio uguale al limite in 0^+). ■

Esercizio 3.7.9 [L'Aquila 25/09/2000 n.B2] Verificare che

$$\ln(1 + x) \geq x - \frac{x^2}{2}, \qquad \forall x \geq 0.$$

Soluzione. La richiesta di questo esercizio è molto diversa da quelle degli altri esercizi di questa sezione ma si usa lo stesso metodo. In sostanza viene chiesto di verificare che la disequazione data *relativamente* all'insieme $[0, +\infty)$ è sempre soddisfatta. La prima cosa da fare, come abbiamo imparato studiando le disequazioni nel Capitolo 1 è di cercare il CE della disequazione relativo all'insieme dato $[0, +\infty)$: ovviamente si ha $CER = [0, +\infty)$. Ora, portando tutto a destra, la richiesta equivale a verificare che vale

$$\frac{x^2}{2} - x + \ln(1 + x) \geq 0, \qquad \forall x \geq 0;$$

in altre parole, posto

$$f(x) = \frac{x^2}{2} - x + \ln(1 + x),$$

dobbiamo far vedere che il grafico della funzione f è posto tutto al di sopra del semiasse positivo delle ascisse per $x \geq 0$. Questo significa che dobbiamo far vedere che

$$\inf_{[0,+\infty)} f \geq 0.$$

Usiamo il metodo (A) visto che non si può usare il Teorema di Weierstrass poiché l'insieme $[0, +\infty)$ non è compatto. La funzione f risulta continua in $[0, +\infty)$ grazie a TC e derivabile in $(0, +\infty)$ grazie a TD. Passiamo a calcolare il limite della funzione nell'unico estremo che ci serve, cioè $+\infty$ (sappiamo già che il limite per $x \to 0^+$ vale $f(0) = 0$):

$$\lim_{x \to +\infty} f(x) = \lim_{x \to +\infty} \left(\frac{x^2}{2} - x + \ln(1 + x) \right) = +\infty.$$

Terminiamo con lo studio della derivata prima:

$$f'(x) = x - 1 + \frac{1}{1 + x} = \frac{x^2}{1 + x} \geq 0, \qquad \forall x \in (0, +\infty)$$

in quanto il numeratore è un quadrato (e quindi sempre non negativo), mentre il denominatore (in quanto coincide con l'argomento del logaritmo presente nella funzione obiettivo) è positivo. Allora f è sempre crescente in $[0, +\infty)$ grazie al Teorema 3.6.1 e quindi assume minimo globale in $x = 0$. Tale minimo vale 0. Perciò

$$\inf_{[0,+\infty)} f = \min_{[0,+\infty)} f(x) = f(0) = 0 \geq 0.$$

e la disuguaglianza è quindi sempre verificata per $x \geq 0$ (il grafico è in Figura 3.17). ■

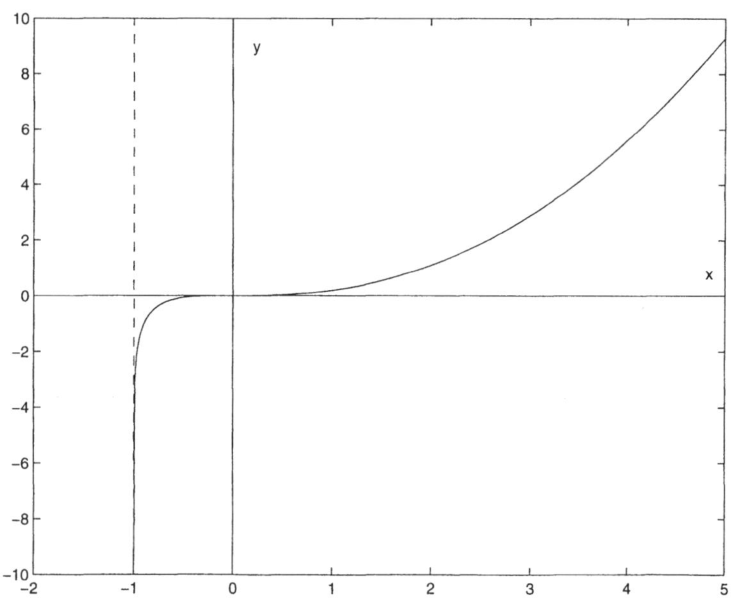

Figura 3.17: grafico di $f(x) = \frac{x^2}{2} - x + \ln(1 + x)$

Esercizi per casa

Esercizio 3.7.10 [L'Aquila 21/12/1999, n. A1] Calcolare i punti stazionari della funzione

$$f(x) = (x^2 - 2x + 2)e^x - 10x^3.$$

Esercizio 3.7.11 [Roma 01/07/1999 n.8] Trovare max e min locali e globali, sup e inf di

$$h(x) = \begin{cases} 2 + (1-x)^{-1}, & x \leq 0, \\ e^{-\frac{1}{x}}, & x > 0. \end{cases}$$

Ripetere l'esercizio su $[-1, 1]$.

Esercizio 3.7.12 [Roma 12/10/1999 n.7] Trovare $\max, \min, \sup$ ed $\inf$ di

$$f(x) = \begin{cases} 2x - e^x, & x \leq 0, \\ \ln x - x, & x > 0, \end{cases}$$

prima su $CE(f)$ e poi su $(-1, 1)$.

Esercizio 3.7.13 [Roma 20/12/1999 n.4] Trovare max e min locali e globali (se esistono) e sup ed inf della funzione

$$f(x) = \begin{cases} 2 + x(x-2), & x \leq 1, \\ e^x - x, & x > 1, \end{cases}$$

su $CE(f)$ prima e poi sull'intervallo $[2, 4]$.

Esercizio 3.7.14 [Roma 01/02/2000 n.2] Trovare max e min locali e globali (se esistono) e sup ed inf della funzione

$$f(x) = \begin{cases} \frac{1}{x}e^{-\frac{1}{x^2}}, & x < 0, \\ x^2 - 1, & x \geq 0, \end{cases}$$

su $CE(f)$.

3.7.5 Massimi e minimi con economia

Esercizi ben svolti

Esercizio 3.7.15 [Roma 18/04/2000 n.6] Un'azienda conosce la funzione di domanda di un certo bene (dove q è la quantità prodotta del bene in questione e p è il prezzo praticato) $q(p) = Ap^{-\alpha}$ ($A > 0$ e $\alpha > 1$) e la sua funzione di costo $C(q) = f + vq$ ($f, v > 0$). Dire se la funzione profitto

$$\Pi(q) = pq - C(q)$$

ammette massimo globale su $q \in [0, +\infty)$. In tal caso trovare il punto di massimo. (*Suggerimento:* occorre prima trovare p in funzione di q.)
Facoltativo: considerare il caso

$$C(q) = f + vq + aq^2$$

con $a > 0$ e dire se in tale caso esiste il massimo globale.

Soluzione. Il suggerimento ci dice in sostanza che dobbiamo prima di tutto determinare con precisione la funzione $\Pi(q)$. Per farlo occorre esplicitare p in funzione di q, o più formalmente, invertire la funzione di domanda. Si ha

$$q = Ap^{-\alpha} \iff p^{-\alpha} = \frac{q}{A} \iff p = \left(\frac{q}{A}\right)^{-\frac{1}{\alpha}}$$

quindi

$$\Pi(q) = pq - C(q) = \left(\frac{q}{A}\right)^{-\frac{1}{\alpha}} q - f - vq = A^{\frac{1}{\alpha}} q^{1-\frac{1}{\alpha}} - f - vq.$$

Notiamo ora che, data la richiesta dell'esercizio (si cerca solo il massimo) questo è un tipico caso in cui il metodo (C) può essere utile. Vediamo.

Osserviamo che Π è continua su $[0,+\infty)$ e derivabile su $(0,+\infty)$ grazie a TC e TD. Inoltre, ricordando che $\alpha > 1$, e quindi $1 > 1 - \frac{1}{\alpha} > 0$ si ha[73]

$$\lim_{q\to+\infty} \Pi(q) = -\infty$$

(tale limite si presenta nella FI $+\infty - \infty$ e si calcola osservando che si tratta di una somma di potenze il cui termine di grado massimo è $-vq$: raccogliendolo a fattor comune si trova la risposta). Infine

$$\begin{aligned} \Pi'(q) &= A^{\frac{1}{\alpha}}\left(1-\frac{1}{\alpha}\right)q^{-\frac{1}{\alpha}} - v, \\ \Pi''(q) &= A^{\frac{1}{\alpha}}\left(-\frac{1}{\alpha}\right)\left(1-\frac{1}{\alpha}\right)q^{-\frac{1}{\alpha}-1}. \end{aligned}$$

Dato che $\Pi''(q) < 0$, la funzione è concava e quindi, grazie al Teorema 3.7.12 i punti in cui si annulla $\Pi'(q)$ sono punti di massimo globale (anzi si ha stretta concavità e quindi il punto di massimo, se c'è, è unico). Dato che

$$\begin{aligned} \Pi'(q) = 0 &\iff A^{\frac{1}{\alpha}}\left(1-\frac{1}{\alpha}\right)q^{-\frac{1}{\alpha}} = v \\ &\iff q^{-\frac{1}{\alpha}} = vA^{-\frac{1}{\alpha}}\frac{\alpha}{\alpha-1} \\ &\iff q = \left(vA^{-\frac{1}{\alpha}}\frac{\alpha}{\alpha-1}\right)^{-\alpha} = A\left(\frac{\alpha-1}{\alpha v}\right)^{\alpha} > 0 \end{aligned}$$

tale valore di q è punto di massimo globale per Π. Il valore massimo si ottiene calcolando $\Pi\left(A\left(\frac{\alpha-1}{\alpha v}\right)^{\alpha}\right)$ che tralasciamo per non tediarvi.

Per quanto riguarda il caso facoltativo lo lasciamo agli arditi. Osserviamo soltanto che

- i limiti sono gli stessi;
- la funzione risulta ugualmente strettamente concava su $[0,+\infty)$;
- la derivata ammette un unico punto in cui si annulla (anche se non si riesce a calcolarlo). Questo si ricava dai teoremi di esistenza e unicità degli zeri (Sezione 3.8.2) sul modello dell'Esercizio 3.8.2 .

Quindi tale punto è l'unico punto di massimo globale. ∎

Esercizio 3.7.16 [Roma 18/04/2000 n.9] Una foresta di età t (in anni) vale $f(t) = te^{-3t}$. Dire quando tale valore è massimo e minimo per un'età t compresa fra 3 e 100 anni, cioè $t \in [3,100]$.
Facoltativo: lo stesso per $t \in [t_0, t_1]$ con $t_0 < t_1$.

Soluzione. Ci viene richiesto di considerare f nell'intervallo $[3,100]$ dove sappiamo che f è continua derivabile grazie a TC e TD. Inoltre, per il Teorema di Weierstrass, f ammette massimo e minimo su tale intervallo compatto. La derivata è

$$f'(t) = e^{-3t}(1-3t)$$

e l'unico punto stazionario è

$$f'(t) = 0 \iff t = \frac{1}{3} \notin (3,100).$$

Quindi i punti candidati sono soltanto gli estremi 3 e 100. Dato che $f(3) = 3e^{-9} > 100e^{-300} = f(100)$ si ha che 3 è punto di massimo globale mentre 100 è punto di minimo globale.

Nel caso facoltativo si ragiona allo stesso modo[74]: occorre vedere se $\frac{1}{3} \in [t_0, t_1]$. Se lo è allora anche lui è un candidato (e risulta essere punto di massimo globale, provate![75]), altrimenti no. Lasciamo ai volenterosi il compito di fare le varie casistiche a seconda dei valori di t_0 e t_1[76]. ∎

[73] non serve calcolare il limite in $q = 0$ poiché sappiamo già che Π è continua in $q = 0$.
[74] Diamo per scontato che $t \geq 0$ rappresentando un età.
[75] Si vede dal segno della derivata.
[76] In sostanza occorre considerare 3 casi: $t_1 \leq \frac{1}{3}$, $t_0 < \frac{1}{3} < t_1$, $t_0 \geq \frac{1}{3}$.

Esercizio 3.7.17 [Roma 30/05/2000 n.9 (recupero)] Un litro di vino di età t (in anni) vale

$$f(t) = h\sqrt{1+\frac{t}{a}}\left(\frac{1}{1+r}\right)^t$$

con $h, a > 0$ parametri e $r > 0$ tasso di interesse annuo composto. Dire se tale funzione assume valore massimo e minimo su $[0, +\infty)$. Posto $h = 1$, $a = 1$, $r = 10\% = 0.1$, trovarne i valori.

Soluzione. La funzione f è continua su $[0, +\infty)$ grazie a TC e derivabile su $(0, +\infty)$ grazie a TD (in 0 è derivabile a destra). Ricordando che $\frac{1}{1+r} < 1$, si ha

$$\lim_{t\to+\infty} f(t) = \lim_{t\to+\infty} \frac{h}{\sqrt{a}} \frac{\sqrt{a+t}}{(1+r)^t} = 0$$

grazie al limite notevole (3.6). La derivata è

$$\begin{aligned} f'(t) &= h\left(\frac{1}{2a}\left(1+\frac{t}{a}\right)^{-\frac{1}{2}}(1+r)^{-t} - \left(1+\frac{t}{a}\right)^{\frac{1}{2}}(1+r)^{-t}\ln(1+r)\right) \\ &= \frac{h}{2a}\left(1+\frac{t}{a}\right)^{-\frac{1}{2}}(1+r)^{-t}\left(1-2(a+t)\ln(1+r)\right). \end{aligned}$$

e l'unico punto stazionario è

$$f'(t) = 0 \iff 1-2(a+t)\ln(1+r) = 0 \iff t = \frac{1}{2\ln(1+r)} - a.$$

Chiamiamo per comodità, t_0 l'unico punto stazionario ed osserviamo che

$$t_0 > 0 \iff \frac{1}{2\ln(1+r)} > a \iff r \in \left(0, e^{\frac{1}{2a}} - 1\right).$$

Si presentano perciò due casi.

Caso $r \in \left(0, e^{\frac{1}{2a}} - 1\right)$**.** In tal caso abbiamo il seguente studio del segno di f':

		t_0
segno di f'	$+$	$-$
monotonia di f	$\nearrow$	$\searrow$

e quindi t_0 è punto di massimo globale con valore di massimo

$$f(t_0) = h\left(\frac{1}{2a\ln(1+r)}\right)^{\frac{1}{2}}(1+r)^{-\frac{1}{2\ln(1+r)}}(1+r)^{-a} = h(1+r)^a\left(2ae\ln(1+r)\right)^{-\frac{1}{2}}$$

(come abbiamo fatto l'ultimo passaggio? ricordatevi del cambio di bade per i logaritmi!). Non esiste il minimo globale in quanto il punto $t = 0$ è punto di minimo locale; infatti

$$f(0) = h > 0 = \lim_{t\to+\infty} f(t) = 0 = \inf_{[0,+\infty)} f.$$

Caso $r \in \left[e^{\frac{1}{2a}} - 1, +\infty\right)$**.** In tal caso f è $\searrow\searrow$ su $[0, +\infty)$ e quindi il punto di massimo globale è $t = 0$ mentre l'estremo inferiore si ottiene nuovamente per $t \to +\infty$.

Terminiamo con il caso particolare. Allora

$$\begin{aligned} t_0 &= \frac{a}{2\ln(1+r)} - a = \frac{1}{2\ln\left(\frac{11}{10}\right)} - 1 = \frac{1}{2\ln 11 - 2\ln 10} - 1, \\ f(t_0) &= h(1+r)^a\,(2ae\ln(1+r))^{-\frac{1}{2}} = \frac{11}{10}\,(2e\ln 11 - 2e\ln 10)^{-\frac{1}{2}}. \end{aligned}$$

e l'esercizio è concluso. ∎

Esercizio 3.7.18 [Roma 23/06/2000 n.5] Si consideri la seguente funzione (dipendente dal parametro $p > 0$) che rappresenta un utilità corretta da un termine di costo (p è un prezzo):

$$f(c) = \ln c - pc.$$

Dire se ammette punti di massimo e minimo globale e in caso affermativo calcolarli (occhio: essi dipenderanno dai dati!).
Facoltativo: Dire se esiste un punto di massimo globale per

$$f(c) = u(c) - pc$$

con $p > 0$ e $u(c)$ funzione crescente con

$$\lim_{c\to+\infty} u(c) = +\infty \qquad \text{e} \qquad \lim_{c\to+\infty} u'(c) = 0.$$

Soluzione. In assenza di specificazioni intendiamo la funzione definita su $CE(f) = (0, +\infty)$. I limiti sono

$$\lim_{c\to 0^+} f(c) = -\infty \qquad \text{e} \qquad \lim_{c\to+\infty} f(c) = \lim_{c\to+\infty} c\left(\frac{\ln c}{c} - p\right) = -\infty$$

dove abbiamo usato il limite notevole (3.7). La derivata prima di f vale

$$f'(c) = \frac{1}{c} - p$$

e quindi

$$f'(c) = 0 \iff \frac{1}{c} - p = 0 \iff c = \frac{1}{p}.$$

Dallo studio del segno della derivata prima

	0	$\frac{1}{p}$
segno di f'	+	−
monotonia di f	↗	↘

si ricava che $c_0 = \frac{1}{p}$ è l'unico punto di massimo globale di f ed inoltre non ci sono punti di minimo globale poiché

$$\inf_{(0,+\infty)} f = \lim_{c\to+\infty} f(c) = -\infty.$$

Per quanto riguarda la parte facoltativa si ragiona in modo analogo ma occorre faticare di più. In particolare non si trova esplicitamente il punto di massimo. Si trova però che esso esiste unico grazie ai teoremi sugli zeri (Sezione 3.8.2 ed Esercizio 3.8.2). ∎

Esercizio 3.7.19 [Roma 07/07/2000 n.4] Un'azienda conosce la funzione di domanda di un certo bene

$$q(p) = (p-3)^{-\frac{1}{2}}$$

dove q è la quantità prodotta del bene in questione e p è il prezzo praticato, e la sua funzione di costo

$$C(q) = 2 + 3q.$$

Dire se la funzione profitto

$$\Pi(p) = pq - C(q)$$

ammette massimo globale per $p \in CE(\Pi)$. In tal caso trovare il punto di massimo.

Soluzione. Notiamo prima di tutto che, diversamente dall'Esercizio 3.7.15, ci viene chiesto di esprimere il profitto come funzione di p. Tramite la composizione di funzioni possiamo scrivere

$$\Pi(p) = pq(p) - C(q(p)) = p(p-3)^{-\frac{1}{2}} - 2 - 3(p-3)^{-\frac{1}{2}}.$$

Il $CE(\Pi) = (3, +\infty)$ e Π è continua e derivabile su $CE(\Pi)$ grazie a TC e TD. Inoltre possiamo scrivere Π in una forma molto più semplice:

$$\Pi(p) = \frac{p}{\sqrt{p-3}} - 2 - \frac{3}{\sqrt{p-3}} = \frac{p-3}{\sqrt{p-3}} - 2 = \sqrt{p-3} - 2.$$

⚠ **Pericolo 3.7.13** Il $CE(\Pi)$ è sempre $(3, +\infty)$ e non $[3, +\infty)$. Meditate sul seguente esempio: se avete la funzione $g(x) = \frac{x}{x}$ dovete innanzitutto calcolare il $CE(g) = \mathbb{R} \setminus \{0\}$ e poi semplificare e non semplificare prima ottenendo $g(x) = 1$ e poi affermare che $CE(g) = \mathbb{R}$!

I limiti agli estremi sono

$$\lim_{p \to 3^+} \Pi(p) = -2 \qquad \text{e} \qquad \lim_{p \to +\infty} \Pi(p) = +\infty$$

da cui segue che Π non ammette massimo globale e

$$\sup_{CE(\Pi)} \Pi = \lim_{p \to +\infty} \Pi(p) = +\infty.$$

Chiaramente in questo caso è stato molto utile semplificare la forma della funzione per evitare calcoli lunghi. ■

Esercizi per casa

Esercizio 3.7.20 [Roma 30/05/2000 n.6 (recupero)] Un'azienda conosce la funzione di domanda di un certo bene (dove q è la quantità prodotta del bene in questione e p è il prezzo praticato) $q(p) = Ae^{-\alpha p}$ ($A > 0$, $\alpha > 0$) e la sua funzione di costo $C(q) = f + vq$ (f, v costanti positive). Dire se la funzione profitto

$$\Pi(q) = pq - C(q)$$

ammette massimo globale su $q \in [0, +\infty)$. In tal caso trovare il punto di massimo.
Facoltativo: considerare il caso $C(q) = f + vq + aq^2$ ($a > 0$) e dire se in tale caso esiste il massimo globale.

Esercizio 3.7.21 [Roma 22/09/2000 n.5] Si consideri la seguente funzione (dipendente dai parametri $A, B, C > 0$) che rappresenta un profitto in funzione del prezzo praticato:

$$f(p) = p \ln p - A - Bp - Cp^2.$$

Dire se ammette punti di massimo e minimo globale per qualche valore di tali parametri.

3.8 Ricerca degli zeri e dintorni

3.8.1 Una doverosa introduzione

Il problema della ricerca degli zeri è un'altro problema chiave nello studio delle funzioni di una variabile. Basta pensare, come esempio, alle seguenti cose:

- per determinare i punti stazionari di una funzione (e quindi anche per trovarne gli estremali) dobbiamo "cercare" gli zeri della derivata;
- il problema di trovare i punti di equilibrio in un sistema economico[77] si riduce sostanzialmente a "cercare" gli zeri di una opportuna funzione.

In buona sostanza il problema della ricerca degli zeri di una funzione $f : A \longrightarrow \mathbb{R}$ altro non è che il problema di risolvere l'equazione $f(x) = 0$ *relativamente all'insieme* A[78]. Ma come? Abbiamo già trattato le equazioni nel Capitolo 1! Verissimo, ma la differenza è che adesso noi possiamo e vogliamo usare armi più sofisticate[79] che ci permetteranno di trattare equazioni molto più difficili, che nel Capitolo 1 abbiamo semplicemente tralasciato. Non solo: riusciremo anche a trattare analoghe disequazioni e la presenza dei parametri ci farà meno paura.

Una precisazione però è d'obbligo. Usando le nuove armi non è possibile (salvo rari casi) scrivere esplicitamente le soluzioni[80] di tali equazioni e disequazioni. Tuttavia si riesce a:

(i) dire se e quante soluzioni vi sono (o meglio: come è strutturato l'insieme delle soluzioni[81])

(ii) calcolare un valore approssimato, con precisione piccola a piacere (al prezzo di molti calcoli: tanta precisione = tanti calcoli).

Notate che (i) + (ii) è proprio quanto serve nei problemi applicati. Gli esercizi che proponiamo qui vertono sulla parte (i). Per un'introduzione alla parte (ii) si veda [PSS].

3.8.2 I teoremi sugli zeri e il loro uso

Iniziamo ricordando i risultati che ci serviranno.

Teorema 3.8.1 *Sia $f : (a, b) \longrightarrow \mathbb{R}$ continua (con a, b anche infiniti) e supponiamo che esistano (anche infiniti)*

$$\lim_{x \to a^+} f(x) = f(a^+) \quad e \quad \lim_{x \to b^-} f(x) = f(b^-).$$

Se tali limiti hanno segno opposto (o, equivalentemente, se $f(a^+) \cdot f(b^-) < 0$) allora esiste almeno *un punto $x_0 \in (a, b)$ tale che $f(x_0) = 0$.*

Teorema 3.8.2 *Sia $f : (a, b) \longrightarrow \mathbb{R}$ strettamente monotona (con a, b anche infiniti). Allora esiste* al massimo *un punto $x_0 \in (a, b)$ tale che $f(x_0) = 0$. Se poi $f(a^+) \cdot f(b^-) > 0$ di sicuro non esiste alcun punto x_0 di questo tipo.*

Combinando insieme questi due risultati otteniamo il seguente che ci propone un metodo per stabilire se, ed eventualmente quanti, zeri ha una funzione.

Teorema 3.8.3 *Sia $f : A \longrightarrow \mathbb{R}$ e sia $(a, b) \subseteq A$ un intervallo su cui f è continua e strettamente monotona. Supponiamo che esistano (anche infiniti)*

$$\lim_{x \to a^+} f(x) = f(a^+) \quad e \quad \lim_{x \to b^-} f(x) = f(b^-);$$

allora

- *se $f(a^+) \cdot f(b^-) < 0$ esiste un solo $x_0 \in (a, b)$ tale che $f(x_0) = 0$,*

[77] Problema notoriamente *non* secondario nella teoria economica.

[78] Vedasi Sezione 1.4.1, punto (iii) ed Esercizio 1.4.85.

[79] Le potenti armi forniteci dal cosiddetto *calcolo infinitesimale*: limiti, derivate e teoremi su di essi.

[80] O meglio, l'insieme delle soluzioni.

[81] In sostanza di quanti intervalli è formato; in matematichese potremmo dire una frase ancora più carina: trovare il numero delle componenti connesse dell'insieme delle soluzioni.

- *se* $f(a^+) \cdot f(b^-) > 0$ *non esiste* $x_0 \in (a,b)$ *tale che* $f(x_0) = 0$.

In alcuni casi ci sarà utile anche il seguente risultato.

Teorema 3.8.4 (dei valori intermedi o di Darboux) *Sia* $f : (a,b) \longrightarrow \mathbb{R}$ *una funzione continua (con* a, b *eventualmente infiniti); allora* f *assume tutti i valori compresi tra* $\inf_{(a,b)} f$ *e* $\sup_{(a,b)} f$ *cioè per ogni* $y \in \left(\inf_{(a,b)} f, \sup_{(a,b)} f\right)$ *esiste* $x \in (a,b)$ *tale che*

$$f(x) = y.$$

Ovviamente se $\inf_{(a,b)} f$ *è raggiunto (e quindi è un minimo) allora esiste anche* $x \in (a,b)$ *tale che* $f(x) = \min_{(a,b)} f$. *Stesso dicasi per il massimo.*

Per risolvere il tipico esercizio

"Quante soluzioni ha l'equazione ... ?"

procederemo nella seguente maniera[82].

(a) Riscriviamo immediatamente (con semplici manipolazioni algebriche) l'equazione data come $f(x) = 0$ con f opportuna.

(b) Tramite lo studio delle derivate si individuano all'interno del $CE(f)$ (o il dominio, se specificato) alcuni intervalli aperti in cui f è continua e strettamente monotona e ammette limiti agli estremi.

(c) Verifichiamo su ogni intervallo di stretta monotonia (a,b) quanto vale $f(a^+) \cdot f(b^-)$ (che si trova o sostituendo, se a e/o b sono punti di continuità, o calcolando i limiti).

(d) Applichiamo il Teorema 3.8.3 su ogni singolo intervallo di stretta monotonia studiando inoltre, se ci sono, i casi (semplici ma non inclusi nel Teorema 3.8.3) in cui $f(a^+) \cdot f(b^-) = 0$[83].

(e) Essendo i nostri esercizi "semplici", resteranno fuori da tali intervalli o un numero finito di punti del $CE(f)$ (tipicamente i punti isolati che però appaiono solo in casi patologici in genere non interessanti per le nostre applicazioni) o interi intervalli in cui la f è costante. Per indagare questi casi basta sapere se tale costante è nulla. Se lo fosse occorre includere tutto l'intervallo in questione tra le soluzioni.

In sostanza si tratta di fare anche qui, come per trovare massimi e minimi, uno studio qualitativo del grafico di una funzione: l'obiettivo finale è però diverso e quindi sono un po' diversi anche i passi da fare. Nel caso in cui si voglia risolvere una disequazione conviene risolvere l'equazione associata con il metodo delineato sopra e poi valutare il segno della f dove non si annulla usandone il grafico della monotonia (vedasi Esercizio 3.8.2). Ovviamente arriveranno esercizi più elaborati magari con i parametri ma in sostanza si dovranno usare le stesse idee.

3.8.3 Ricerca degli zeri e dintorni senza parametri

Esercizi ben svolti

Esercizio 3.8.1 [Roma 08/06/1999 n.7] Enunciare il teorema sull'esistenza degli zeri di una funzione. Dare un esempio in cui una delle ipotesi non è soddisfatta, ma la tesi è vera ugualmente.

Soluzione. Si tratta di enunciare il Teorema 3.8.1. Vi mostriamo un possibile esempio in cui esiste almeno uno zero senza che sia vera l'ipotesi. In questo caso particolare prendiamo $f : \mathbb{R} \longrightarrow \mathbb{R}$ definita come

$$f(x) = (x-1)(x-2) = x^2 - 3x + 2.$$

Se prendiamo $a = 0$ e $b = 3$ allora abbiamo che

$$f(a) = 2 \quad \text{e} \quad f(b) = 2 \quad \Longrightarrow \quad f(a) \cdot f(b) > 0$$

e quindi una delle ipotesi non è soddisfatta. Tuttavia f si annulla in $x = 1$ e $x = 2$, entrambi elementi di (a,b). ∎

---

[82]Notate che questo procedimento si applica sia alla ricerca degli zeri di una funzione che alla ricerca dei suoi punti fissi.

[83]In tal caso almeno uno dei due $f(a^+)$ o $f(b^-)$ è nullo. Sia ad esempio $f(a^+) = 0$; allora se $a \in CE(f)$ (o dominio) o $f(a^+) = f(a)$ e in tal caso a è anch'esso una soluzione o $f(a^+) \neq f(a)$ e in tal caso a non è una soluzione.

Esercizio 3.8.2 [Roma 17/06/1999 n.7] Quante soluzioni ha l'equazione

$$x^3 - 3x = 25?$$

Dedurre poi informazioni sull'insieme delle soluzioni della disequazione $x^3 - 3x > 25$. Giustificare la risposta.

Soluzione. Si tratta di studiare l'equazione $x^3 - 3x - 25 = 0$ [84] che, introducendo la funzione $f : \mathbb{R} \longrightarrow \mathbb{R}$ definita

$$f(x) = x^3 - 3x - 25$$

equivale a determinare il numero di zeri di f. Usiamo il metodo delineato in Sezione 3.8.2. Il $CE(f) = \mathbb{R}$ ed i limiti agli estremi sono

$$\lim_{x \to -\infty} f(x) = -\infty \quad \text{e} \quad \lim_{x \to +\infty} f(x) = +\infty$$

e questo è sufficiente ad affermare che l'equazione ha almeno una soluzione (Teorema 3.8.1). Troviamo gli intervalli in cui f è strettamente monotona. Si ha

$$f'(x) = 3x^2 - 3 = 3(x^2 - 1)$$

da cui segue il diagramma di monotonia

		-1	1
segno di f'	$+$	$-$	$+$
monotonia di f	$\nearrow$	$\searrow$	$\nearrow$

Quindi gli intervalli in cui f è continua e strettamente monotona sono:

$$(-\infty, 1), \qquad (-1, 1), \qquad (1, +\infty).$$

Calcoliamo ora i valori negli estremi di tali intervalli (quelli a $\pm\infty$ li abbiamo già trovati):

$$f(-1) = -23 \qquad \text{e} \qquad f(1) = -27.$$

Ne segue che

$$f(-\infty) \cdot f(-1) > 0, \qquad f(-1) \cdot f(1) > 0, \qquad f(1) \cdot f(+\infty) < 0.$$

Applicando il Teorema 3.8.3 otteniamo l'esistenza di un unico zero x_0 di f che appartiene all'intervallo $(1, +\infty)$ (vedasi Figura 3.18).

Passiamo ora alla disequazione: la domanda è volutamente generica per vedere come ragiona chi svolge l'esercizio. Portando il 25 a sinistra possiamo interpretarla nella seguente maniera: l'insieme delle soluzioni è costituito dai punti (tutti e soli) in cui il grafico della f (quella di prima) è strettamente sopra l'asse delle x. Questo si deduce facilmente dalla discussione vista per l'equazione $f(x) = 0$, dal grafico e dall'andamento della monotonia di f: la funzione resta strettamente positiva per ogni $x > x_0$. L'insieme delle soluzioni I è dunque la semiretta $(x_0, +\infty)$. È il massimo delle informazioni che possiamo dedurre: ci manca di conoscere il valore di x_0 che però può essere calcolato in maniera approssimata[85]. ∎

Esercizio 3.8.3 Trovare gli zeri della funzione

$$f(x) = \sqrt[3]{x^3 - x + 1}.$$

[84] Essa si può risolvere in modo esplicito tramite le formule risolutive per equazioni di terzo grado che sono tuttavia molto complicate.

[85] Per i curiosi $x_0 \sim 3.26463$.

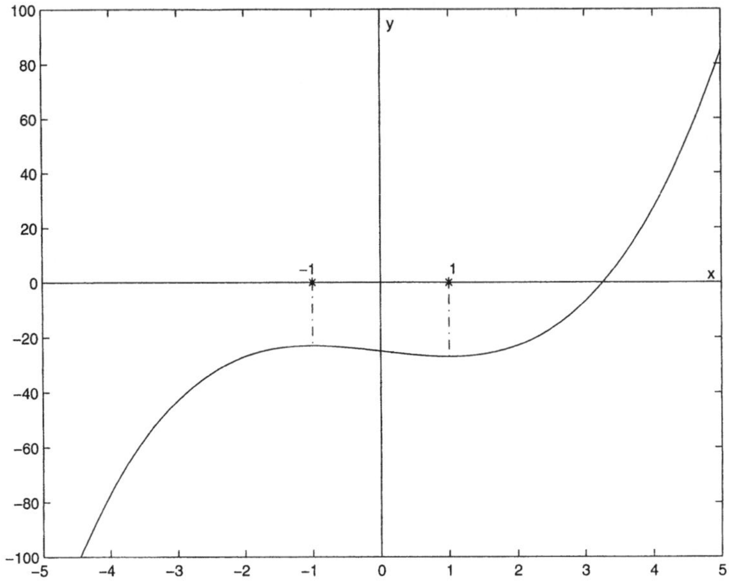

Figura 3.18: grafico di $f(x) = x^3 - 3x - 25$

Soluzione. Occorre studiare l'equazione $f(x) = 0$. Dato che l'equazione si presenta già nella forma "qualcosa $= 0$" potremmo essere tentati di studiare subito la funzione f secondo il metodo suggerito alla Sezione 3.8.2. Tuttavia conviene semplificarsi la vita ...

Faccina 3.8.5 ... osservando prima di tutto che

$$f(x) = 0 \iff \sqrt[3]{x^3 - x + 1} = 0 \iff x^3 - x + 1 = 0.$$

Quindi la disequazione considerata è equivalente ad una più semplice (nel senso che ha lo stesso insieme di soluzioni, ricordate il punto (v) della Sezione 1.4.1 e l'Osservazione 1.4.4): conviene quindi studiare quest'ultima equazione

A questo punto si applica il metodo già visto. Chiamiamo per comodità g la funzione $g(x) = x^3 - x + 1$ con $CE(g) = \mathbb{R}$. La sua derivata è $g'(x) = 3x^2 - 1$ e

		$-\frac{1}{\sqrt{3}}$	$\frac{1}{\sqrt{3}}$
segno di g'	$+$	$-$	$+$
monotonia di g	$\nearrow$	$\searrow$	$\nearrow$

Calcoliamo i valori nei punti di separazione e negli estremi:

$$g\left(-\frac{1}{\sqrt{3}}\right) = +\frac{2}{3\sqrt{3}} + 1 > 0 \quad \text{e} \quad g\left(\frac{1}{\sqrt{3}}\right) = -\frac{2}{3\sqrt{3}} + 1 > 0$$

mentre

$$\lim_{x \to -\infty} g(x) = -\infty \quad \text{e} \quad \lim_{x \to +\infty} g(x) = +\infty.$$

Ne segue che, applicando il Teorema 3.8.3 agli intervalli $\left(-\infty, -\frac{1}{\sqrt{3}}\right)$, $\left(-\frac{1}{\sqrt{3}}, +\frac{1}{\sqrt{3}}\right)$ e $\left(\frac{1}{\sqrt{3}}, +\infty\right)$ esiste un unico x_0 tale che $g(x_0) = 0$ ed inoltre $x_0 \in \left(-\infty, -\frac{1}{\sqrt{3}}\right)$[86]. Il grafico della funzione è presentato in Figura 3.19. ∎

[86] Per i soliti curiosi $x_0 \sim -1.32471$.

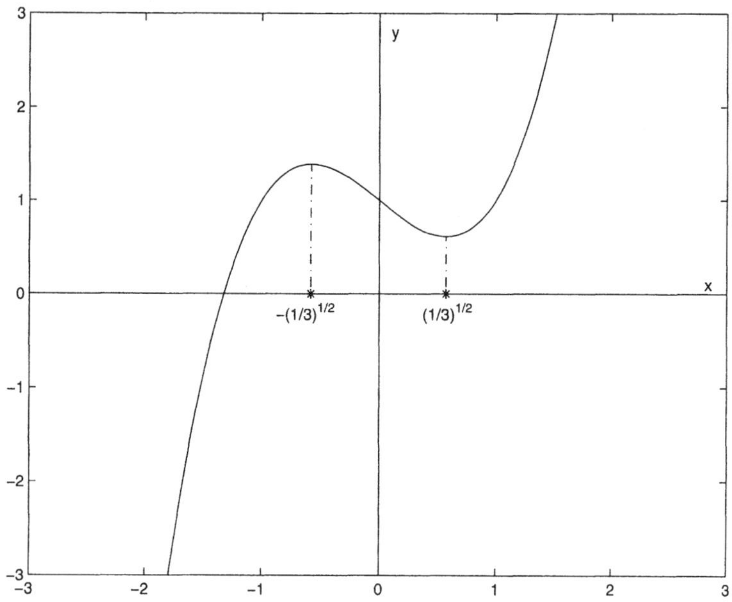

Figura 3.19: grafico di $g(x) = x^3 - x + 1$

Esercizio 3.8.4 [Roma 15/02/2000 n.4] Trovare quanti sono gli zeri e i punti fissi della funzione

$$f(x) = \ln x + 1 + 2x.$$

Facoltativo: trovare gli zeri della funzione

$$g(x) = x \ln x + x^2 - 1.$$

Soluzione. Ricordiamo che per trovare gli zeri occorre risolvere l'equazione

$$f(x) = 0$$

mentre per trovare i punti fissi occorre risolvere

$$f(x) = x \quad \text{cioè} \quad f(x) - x = 0.$$

Per la prima equazione, studiamoci il grafico di f come suggerito all'inizio della sezione. Innanzitutto $CE(f) = (0, +\infty)$ ed i limiti agli estremi sono:

$$\lim_{x \to 0^+} f(x) = -\infty \quad \text{e} \quad \lim_{x \to +\infty} f(x) = +\infty$$

(nel primo limite si sostituisce, nel secondo si raccoglie x e poi si usa il limite notevole (3.7)). Quindi passiamo alla derivata:

$$f'(x) = \frac{1}{x} + 2 > 0, \quad \forall x \in (0, +\infty).$$

Applicando il Teorema 3.8.3 si trova che vi è esattamente un unico zero di f che chiamiamo x_0 Il grafico di f è in Figura 3.20.

Similmente, per la seconda equazione ci studiamo il grafico di $F(x) = f(x) - x$. Innanzitutto $CE(F) = (0, +\infty)$ ed i limiti agli estremi sono gli stessi di prima:

$$\lim_{x \to 0^+} F(x) = -\infty \quad \text{e} \quad \lim_{x \to +\infty} F(x) = +\infty.$$

Anche la derivata cambia poco:

$$F'(x) = \frac{1}{x} + 1 > 0, \quad \forall x \in (0, +\infty).$$

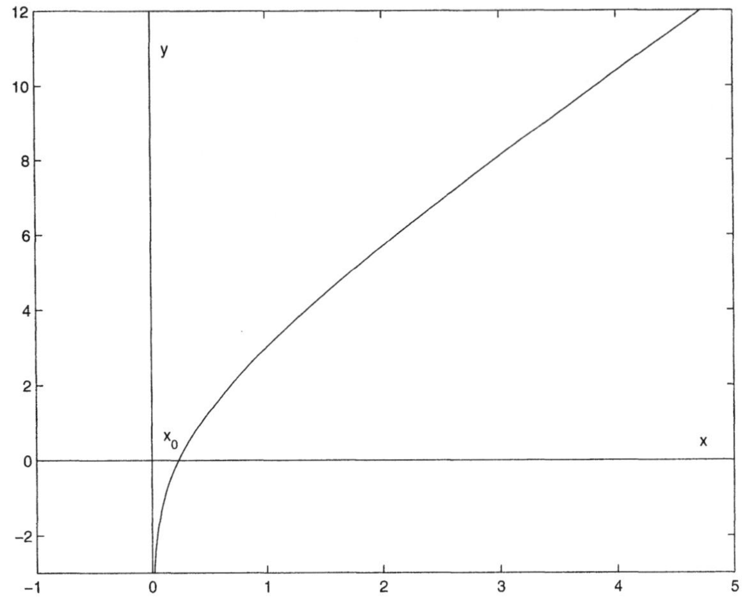

Figura 3.20: grafico di $f(x) = \ln x + 1 + 2x$

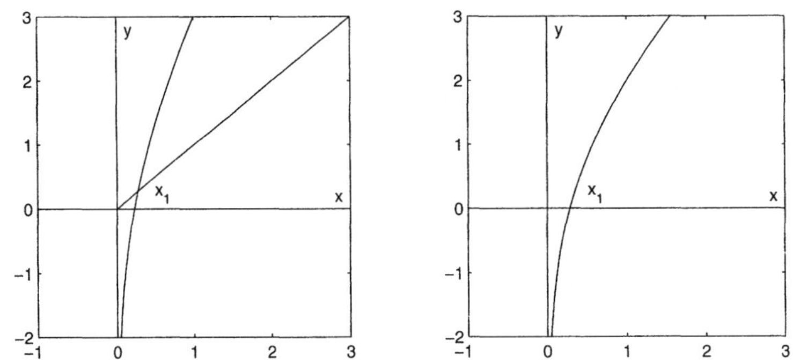

Figura 3.21: punto fisso di grafico di $f(x) = \ln x + 1 + 2x$

Applicando nuovamente il Teorema 3.8.3 si trova che vi è esattamente un unico zero di F (e quindi punto fisso di f) che chiamiamo x_1. In Figura 3.21 trovate l'interpretazione del punto fisso sia come intersezione tra il grafico di f e la bisettrice del primo e terzo quadrante, sia come zero della funzione F.

Per la parte facoltativa poniamo $g(x) = x \ln x + x^2 - 1$ con $CE(g) = (0, +\infty)$ e ripetiamo i passi fatti precedentemente:

$$\lim_{x \to 0^+} g(x) = -1 \quad \text{e} \quad \lim_{x \to +\infty} g(x) = +\infty$$

(nel primo limite si applica l'Esercizio 3.5.12, nel secondo si raccoglie x^2 e poi si usa il limite notevole (3.7)). Passiamo alla derivata

$$g'(x) = \ln x + 1 + 2x = f(x)$$

Toh, chi si rivede! La derivata g' coincide con la funzione f studiata precedentemente e quindi sappiamo determinarne il segno

		x_0
segno di g'	$-$	$+$
monotonia di g	$\searrow$	$\nearrow$

In altre parole x_0 è il punto di minimo (globale) di g. Sebbene non siamo in grado di determinare il valore $g(x_0)$ sappiamo che $g(x_0) < 0$ (la funzione g è decrescente nell'intervallo $(0, x_0)$; inoltre parte da -1 e quindi ...). Allora, utilizzando il Teorema 3.8.3 deduciamo che g ha esattamente uno zero in $(x_0, +\infty)$ (e questo si conosce, poichè si verifica facilmente che $g(1) = 0$: ma si tratta di un colpo di fortuna[87]). Il grafico di g è in Figura 3.22. ∎

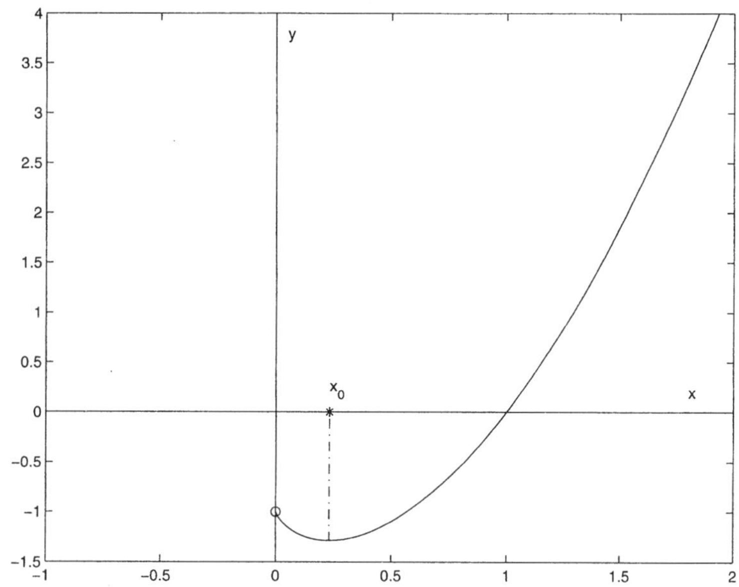

Figura 3.22: grafico di $g(x) = x \ln x + x^2 - 1$

Esercizi per casa

Esercizio 3.8.5 [Roma 15/07/1999, n.6] Trovare quante sono le soluzioni dell'equazione

$$x^x = e^{x-\frac{1}{2}}.$$

Esercizio 3.8.6 [Roma 21/09/1999 n.7] Dire se i grafici delle due funzioni

$$f(x) = \frac{1}{x} \qquad \text{e} \qquad g(x) = 4 \ln x$$

si incontrano in qualche punto $x > 0$.

Esercizio 3.8.7 [Roma 01/02/2000 n.1] Trovare quante sono le soluzioni dell'equazione

$$x^3 - 3x + 1 = 0.$$

Esercizio 3.8.8 [Roma 01/07/1999 n.7] Dire se la funzione

$$f(x) = \frac{1}{x} + \ln x$$

ha degli zeri e, in caso affermativo, quanti.

3.8.4 Ricerca degli zeri e dintorni con parametri

Questi esercizi sono più complessi di quelli della sezione precedente a causa della presenza dei parametri.

[87] Anche se ci fossimo accorti subito che $g(1) = 0$ non potevamo essere sicuri che fosse l'unico zero di g. Occorreva comunque fare i conti che abbiamo fatto.

Esercizi ben svolti

Esercizio 3.8.9 [L'Aquila 31/05/1999 n.1] Determinare il numero di soluzioni dell'equazione

$$x - 17ke^{-3x} - 5 = 0$$

al variare del parametro $k \in \mathbb{R}$.

Soluzione. Procediamo in vari modi usando sempre la teoria degli zeri ma applicata a funzioni diverse.

1° **METODO.** Mettiamo inizialmente in evidenza il parametro k ottenendo

$$17k = e^{3x}(x-5).$$

Quindi il numero delle soluzioni dell'equazione coincide con il numero di intersezioni della retta parallela all'asse delle ascisse $y = 17k$ con la funzione

$$f(x) = e^{3x}(x-5).$$

Per questo motivo studiamo, in maniera essenziale, il grafico della funzione f. Innanzitutto il $CE(f) = \mathbb{R}$ e

$$\lim_{x \to +\infty} f(x) = +\infty$$

mentre, usando il Teorema di Bernoulli–de L'Hôpital

$$\lim_{x \to -\infty} f(x) = \lim_{x \to -\infty} \frac{x-5}{e^{-3x}} = \lim_{x \to -\infty} -\frac{1}{3e^{-3x}} = 0.$$

Inoltre la funzione si annulla in $x = 5$ e

$$f(x) \begin{cases} > 0, & x > 5, \\ < 0, & x < 5. \end{cases}$$

Passiamo a studiare la monotonia di f. La derivata prima è

$$f'(x) = 3e^{3x}(x-5) + e^{3x} = e^{3x}(3x-14)$$

che si annulla per $x = \frac{14}{3}$ (unico punto stazionario). Dal segno della derivata prima si ricava

		$\frac{14}{3}$
segno di f'	$-$	$+$
monotonia di f	$\searrow$	$\nearrow$

Per questo motivo $x = \frac{14}{3}$ è punto di minimo ed il valore di minimo è $f\left(\frac{14}{3}\right) = -\frac{e^{14}}{3}$. Il grafico è in Figura 3.23.

Tracciando le varie rette parallele all'asse delle ascisse deduciamo, grazie al Teorema di Darboux:

- se $17k \geq 0$, cioè $k \in [0, +\infty)$, esiste un'unica soluzione;
- se $-\frac{e^{14}}{3} < 17k < 0$, cioè $k \in \left(-\frac{e^{14}}{51}, 0\right)$, esistono due soluzioni;
- se $17k = -\frac{e^{14}}{3}$, cioè $k = -\frac{e^{14}}{51}$, esiste un'unica soluzione;
- se $17k < -\frac{e^{14}}{3}$, cioè $k \in \left(-\infty, -\frac{e^{14}}{51}\right)$, non esistono soluzioni.

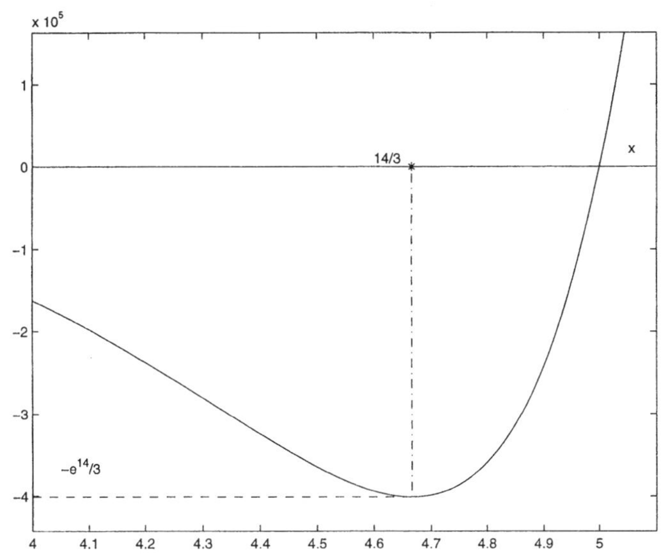

Figura 3.23: grafico di $f(x) = (x-5)e^{3x}$

2° **METODO.** Calcoliamo, al variare del parametro k, il numero di intersezioni della famiglia di funzioni

$$f_k(x) = x - 17ke^{-3x} - 5$$

con l'asse delle ascisse. Poiché la presenza del parametro k comporta l'esistenza o meno dell'addendo $-17e^{-3x}$ (che scompare per $k = 0$) è conveniente analizzare separatamente tre casi distinti: il caso $k = 0$ ed i casi $k > 0$ oppure $k < 0$.

Caso $k = 0$**.** Otteniamo $f_0(x) = x - 5$ che interseca l'asse delle x una sola volta (in $x = 5$).

Caso $k > 0$**.** Otteniamo

$$\lim_{x \to +\infty} f_k(x) = +\infty \quad \text{e} \quad \lim_{x \to -\infty} f_k(x) = -\infty$$

e quindi, per il Teorema 3.8.1, ricaviamo che esisterà sempre almeno un punto in cui $f_k(x) = 0$. Inoltre, poiché la derivata prima

$$f_k'(x) = 1 + 51ke^{-3x} > 0, \qquad \forall x \in \mathbb{R}$$

segue che la funzione è sempre crescente e quindi l'intersezione con l'asse delle ascisse è unica.

Caso $k < 0$**.** Otteniamo

$$\lim_{x \to +\infty} f_k(x) = +\infty \quad \text{e} \quad \lim_{x \to -\infty} f_k(x) = +\infty$$

mentre la derivata prima non è sempre positiva ma si annulla per $\overline{x} = \frac{\ln(-51k)}{3}$.

⚠ **Pericolo 3.8.6** Essendo $k < 0$ si ha $-51k > 0$ e quindi esiste $\ln(-51k)$!

Inoltre

		$\frac{\ln(-51k)}{3}$
segno di f'	$-$	$+$
monotonia di f	$\searrow$	$\nearrow$

Perciò $x_0 = \frac{\ln(-51k)}{3}$ è punto di minimo. Si presentano due casi:

- se $f_k(x_0) > 0$ allora la funzione è sempre positiva e quindi non interseca mai l'asse delle ascisse;
- se $f_k(x_0) < 0$ allora la funzione interseca due volte l'asse delle ascisse.

Calcoliamo il valore di minimo:

$$f_k(x_0) = \frac{\ln(-51k)}{3} - 17ke^{\ln(-51k)} - 5 = \frac{\ln(-51k) - 14}{3}.$$

Quindi

- $f_k(x_0) > 0$ se e solo se
$$\frac{\ln(-51k) - 14}{3} > 0$$
cioè $k < -\frac{e^{14}}{51}$;
- $f_k(x_0) < 0$ se e solo se
$$\frac{\ln(-51k) - 14}{3} < 0$$
cioè $k > -\frac{e^{14}}{51}$;

da cui

- 2 soluzioni per $k \in \left(-\frac{e^{14}}{51}, 0\right)$;
- 1 soluzione per $k = -\frac{e^{14}}{51}$;
- nessuna soluzione per $k < -\frac{e^{14}}{51}$.

In Figura 3.24 si ha l'andamento della funzione f_k al variare del parametro k.

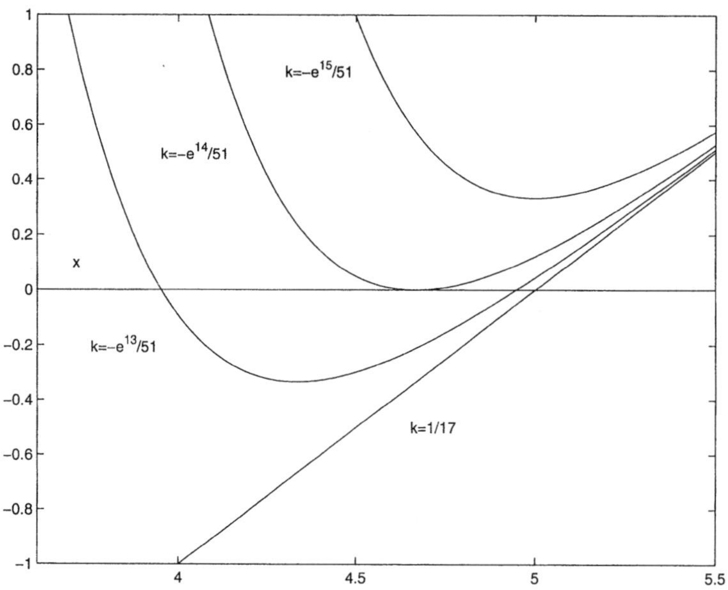

Figura 3.24: grafico di $f_k(x) = x - 17ke^{-3x} - 5$ al variare del parametro k

3° **METODO.** Più intuitivo, meno "contoso" e quindi, dal punto di vista numerico, più semplice[88]. Spostando a destra l'esponenziale, otteniamo l'equazione

$$x - 5 = 17ke^{-3x}.$$

Risolvere tale equazione equivale a risolvere il sistema

$$\begin{cases} y = x - 5 \\ y = 17ke^{-3x} \end{cases}$$

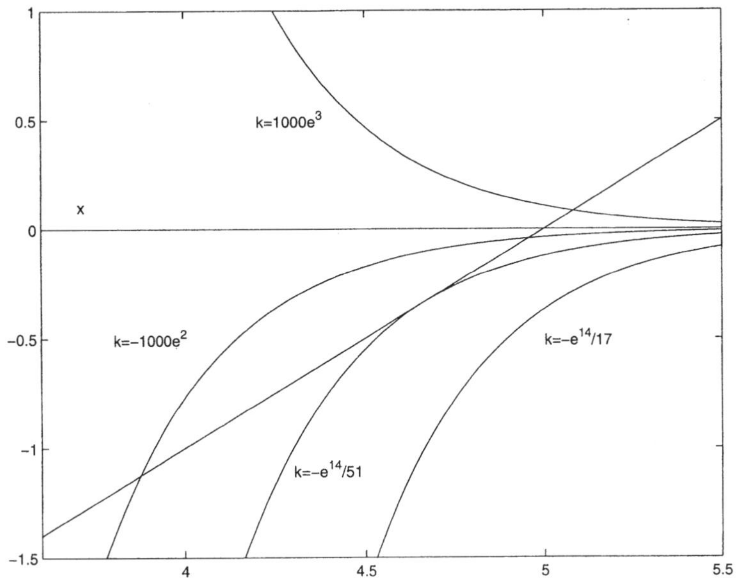

Figura 3.25: grafico di $y = x - 5$ e $y = 17ke^{-3x}$ al variare del parametro k

cioè a determinare le intersezione della retta $y = x - 5$ con il grafico della funzione esponenziale parametrica $y = 17ke^{-3x}$. Disegnamone i grafici (Figura 3.25).

Come si evince dal grafico, per $k \geq 0$ avremo sempre una sola soluzione, mentre, per $k < 0$, si presentano due casi separati da un terzo, $k = k_0$. In particolare ricaviamo

- 2 soluzioni per $k \in (k_0, 0)$;
- 1 soluzione per $k = k_0$;
- nessuna soluzione per $k < k_0$.

Rimane da determinare k_0 che coincide con quel parametro per cui la retta $y = x - 5$ risulta tangente alla funzione $y = 17ke^{-3x}$. Per essere tangente, la derivata di $17ke^{-3x}$ deve essere uguale alla derivata di $x - 5$, (cioè 1), quindi

$$-51ke^{-3x} = 1$$

che avviene per $x_0 = \frac{\ln(-51k)}{3}$ (*deja vu!*). Inoltre il punto di ascissa x_0 deve appartenere sia al grafico della funzione sia alla retta, cioè

$$\frac{\ln(-51k)}{3} - 5 = 17ke^{-3\frac{\ln(-51k)}{3}}.$$

Svolgendo i calcoli, otteniamo l'equazione

$$\ln(-51k) = 14$$

la cui soluzione è $k_0 = -\frac{e^{14}}{51}$. ∎

Esercizio 3.8.10 [L'Aquila 25/06/1999 n.B2] Determinare al variare del parametro k il numero delle soluzioni dell'equazione

$$k = x \ln^3 x.$$

Soluzione. Risolvere l'esercizio coincide con determinare il numero delle intersezioni della retta $y = k$ con la funzione

$$f(x) = x \ln^3 x.$$

[88] Qui non usiamo il metodo degli zeri in maniera espicita anche se, sotto sotto ...

Per questo motivo studiamo il grafico di f. Innanzitutto $CE(f) = (0, +\infty)$ ed i limiti valutati agli estremi del $CE(f)$ sono

$$\lim_{x \to +\infty} x \ln^3 x = +\infty \qquad \text{e} \qquad \lim_{x \to 0^+} x \ln^3 x = 0.$$

Prima di calcolare la derivata prima, osserviamo che la funzione si annulla per $x = 1$ e

$$f(x) \begin{cases} > 0, & x > 1, \\ < 0, & x \in (0, 1). \end{cases}$$

La derivata di f è

$$f'(x) = \ln^3 x + x \frac{3 \ln^2 x}{x} = \ln^2 x (\ln x + 3)$$

ed i punti stazionari sono

$$\ln^2 x (\ln x + 3) = 0 \iff \ln^2 x = 0 \text{ oppure } \ln x + 3 = 0 \iff x \in \{e^{-3}, 1\}.$$

Per quanto riguarda lo studio del segno della derivata prima

		e^{-3}	1
segno di f'	$-$	$+$	$+$
monotonia di f	$\searrow$	$\nearrow$	$\nearrow$

Allora il punto $x = 1$ non risulta essere un punto estremale[89] mentre $x = e^{-3}$ risulta essere un punto di minimo globale con valore di minimo $f(e^{-3}) = -27e^{-3}$.

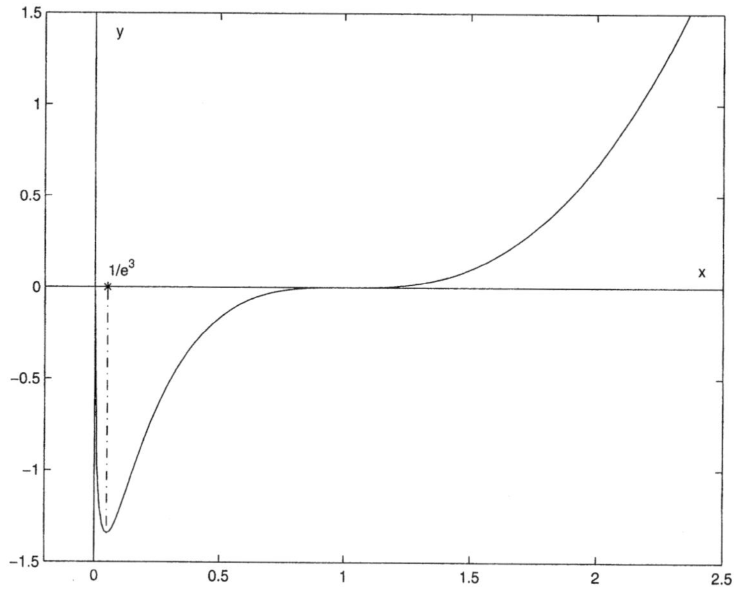

Figura 3.26: grafico di $f(x) = x \ln^3 x$

Dalla Figura 3.26 (quindi utilizzando i limiti agli estremi e il diagramma di monotonia) e dal Teorema di Darboux ricaviamo che:

- per $k \geq 0$ l'equazione ha una sola soluzione;
- per $k \in (-27e^{-3}, 0)$ l'equazione ha due soluzioni;

[89] Si tratta di un punto di flesso a tangente orizzontale.

- per $k = -27e^{-3}$ l'equazione ha una soluzione;
- per $k < -27e^{-3}$ l'equazione non ha soluzione. ∎

Esercizio 3.8.11 [L'Aquila 18/02/2000 n.B2] Studiare, al variare del parametro naturale $n \in \mathbb{N}$ con $n \geq 1$, il numero di soluzioni dell'equazione

$$x^n - nx + 1 = 0.$$

(Suggeriamo di analizzare separatamente i casi $n = 1$ e $n = 2$).

Soluzione. Utilizziamo il suggerimento.

Caso $n = 1$. L'equazione diventa

$$x^1 - x + 1 = 0 \quad \Longleftrightarrow \quad 1 = 0$$

che è evidentemente impossibile.

Caso $n = 2$. L'equazione diventa

$$x^2 - 2x + 1 = 0 \quad \Longleftrightarrow \quad (x-1)^2 = 0$$

che ha evidentemente una sola soluzione $x = 1$.

Caso $n \geq 3$. Utilizziamo il metodo 2 dell'Esercizio 3.8.9 studiando, cioè, il numero di intersezioni della famiglia di funzioni

$$f_n(x) = x^n - nx + 1$$

con l'asse delle ascisse. Innanzitutto $CE(f_n) = \mathbb{R}$ ed i limiti agli estremi ... Sorgono i primi problemi per $x \to -\infty$ che ci costringono ad analizzare separatamente i casi n pari e n dispari. Ma prima di esaminarli calcoliamoci le derivate:

$$f_n'(x) = nx^{n-1} - n \qquad \text{e} \qquad f_n''(x) = n(n-1)x^{n-2}.$$

A questo punto passiamo ai due casi.

Caso $n \geq 3$ e n pari. In tal caso i limiti sono

$$\lim_{x \to +\infty} f_n(x) = +\infty \qquad \text{e} \qquad \lim_{x \to -\infty} f_n(x) = +\infty$$

ed i punti stazionari sono

$$f_n'(x) = 0 \quad \Longleftrightarrow \quad nx^{n-1} - n = 0 \quad \Longleftrightarrow \quad x^{n-1} = 1 \quad \Longleftrightarrow \quad x = 1$$

(essendo n pari allora $n - 1$ è dispari e quindi l'equazione ha una sola soluzione $x_0 = 1$). Usiamo ora il metodo (C) della Sezione 3.7.3: dato che $f''(x) \geq 0$ ($n - 2$ è pari) segue che f è convessa e quindi il Teorema 3.7.12 ci dice che x_0 è punto di minimo globale ed il valore di minimo è

$$\min_{\mathbb{R}} f_n = f_n(1) = 1 - n + 1 = 2 - n < 0$$

(in quanto $n \geq 3$). Applicando il Teorema 3.8.3 agli intervalli di monotonia $(-\infty, 1)$ e $(1, +\infty)$ ricaviamo che la funzione f_n ha due zeri uno in $(-\infty, -1)$ e l'altro in $(1, +\infty)$[90].

Caso $n \geq 3$ e n dispari. In tal caso i limiti sono

$$\lim_{x \to +\infty} f_n(x) = +\infty \qquad \text{e} \qquad \lim_{x \to -\infty} f_n(x) = -\infty$$

mentre i punti stazionari sono

$$f_n'(x) = 0 \quad \Longleftrightarrow \quad nx^{n-1} - n = 0 \quad \Longleftrightarrow \quad x^{n-1} = 1 \quad \Longleftrightarrow \quad x = \pm 1$$

[90]Ad esempio, per $n = 4$ gli zeri sono circa 0.25099 e 1.49335 mentre per $n = 6$ sono circa 0.16667 e 1.39501.

(essendo n dispari allora $n-1$ è pari e quindi l'equazione ha due soluzioni $x_1 = -1$ e $x_2 = 1$). Sostituendo i punti stazionari nella derivata seconda ri ricava

$$f_n''(x_1) = -n(n-1) < 0 \qquad \text{e} \qquad f_n''(x_2) = n(n-1) > 0.$$

Quindi x_1 è punto di massimo locale e x_2 è punto di minimo locale. I valori sono

$$f_n(x_1) = (-1)^n + n + 1 = n > 0 \qquad \text{e} \qquad f_n(x_2) = (1)^n - n + 1 = 2 - n < 0.$$

Quindi, applicando il Teorema 3.8.3 agli intervalli di monotonia $(-\infty, -1)$, $(-1, 1)$ e $(1, +\infty)$ ricaviamo che la funzione f_n ha esattamente tre zeri, uno in ogni intervallo[91].

Ricapitolando

- per $n = 1$: nessuna soluzione,
- per $n = 2$: una soluzione,
- per $n \geq 3$ con n pari: due soluzioni,
- per $n \geq 3$ con n dispari: tre soluzioni. ∎

Esercizi per casa

Esercizio 3.8.12 [Roma 12/10/1999 n.8] Dire se i grafici delle due funzioni

$$f(x) = e^{2x} \qquad \text{e} \qquad g(x) = kx$$

si incontrano per qualche $k > 0$. Quali?

Esercizio 3.8.13 [L'Aquila 21/12/1999 n.B2] Determinare, al variare del parametro k, il numero di soluzioni dell'equazione

$$kx^3 - x^2 + k = 0.$$

Esercizio 3.8.14 [L'Aquila 04/02/2000 n.B2] Dal grafico della funzione

$$f(x) = x \ln x$$

dedurre, al variare del parametro k, il numero di soluzioni dell'equazione

$$\log_x k = x.$$

Esercizio 3.8.15 [L'Aquila 30/05/2000 n.B2] Determinare, al variare del parametro k, il numero di soluzioni dell'equazione

$$ke^x - x + 1 = 0.$$

3.8.5 Ricerca degli zeri e dintorni con economia

Esercizi ben svolti

Esercizio 3.8.16 [Roma 18/04/2000 n.8] Un titolo finanziario rende 50 Euro dopo 6 mesi e altri 60 dopo 1 anno. Se il tasso composto annuale è r scrivere il valore attuale $V(r)$ oggi del titolo. Dire poi se esiste un $r \geq 0$ tale che $V(r) = 100$. Lo stesso per $V(r) = 120$. (Suggerimento: usare i teoremi di esistenza degli zeri).

[91] Ad esempio, per $n = 5$ gli zeri sono circa -1.54165, 0.200064 e 1.44050.

Soluzione. Si ha (vedasi gli esercizi alla Sezione 1.3.3)

$$V(r) = \frac{50}{(1+r)^{\frac{1}{2}}} + \frac{60}{1+r}.$$

Quindi l'equazione $V(r) = 100$ equivale a scrivere $g(r) = 0$ dove

$$g(r) = V(r) - 100 = \frac{50}{(1+r)^{\frac{1}{2}}} + \frac{60}{1+r} - 100.$$

Usiamo ora i teoremi sugli zeri. Sappiamo che g è ben definita e continua per $r \geq 0$ e che

$$\lim_{r\to 0} g(r) = g(0) = 10 \qquad \text{e} \qquad \lim_{r\to +\infty} g(r) = -100;$$

inoltre g è derivabile per $r > 0$ e

$$g'(r) = -25(1+r)^{-\frac{3}{2}} - 60(1+r)^{-2} < 0$$

per ogni $r > 0$. Segue che g è $\searrow\searrow$ su $[0, +\infty)$. Dato che $g(0) \cdot g(+\infty) < 0$, applicando il Teorema 3.8.3 esiste un unico punto $r_0 > 0$ in cui $g(r) = 0$ cioè $V(r) = 100$. Se ripetessimo lo stesso procedimento per l'equazione $V(r) = 120$ avremmo che $g(0) \cdot g(+\infty) > 0$ e quindi in tal caso non esisterebbe nessun punto $r_0 \geq 0$ in cui $g(r) = 0$. ∎

Esercizi per casa

Esercizio 3.8.17 Se r è il tasso annuo di interesse composto (cioè tale che 1 euro investito in banca a tale tasso vale $(1+r)^t$ dopo t anni) allora il *tasso istantaneo equivalente* δ è definito dalla relazione $(1+r)^t = e^{\delta t}$, cioè

$$(1+r) = e^{\delta} \quad \Longleftrightarrow \quad \delta = \ln(1+r).$$

E' più grande δ oppure r?

Esercizio 3.8.18 [Roma 22/09/2000 n.6] Bubi deve comprarsi la casa e per pagarla ricorre al mutuo. Ha la scelta tra due mutui di 1000 euro: uno gli chiede 100 euro l'anno per 12 anni (12 rate), l'altro 110 euro l'anno per 11 anni (11 rate). In entrambi i casi i pagamenti iniziano esattamente tra un anno. Trovare il valore attuale dei due mutui a tasso annuale composto r. Dite se esiste un $r > 0$ per il quale i due valori si eguagliano.

Esercizio 3.8.19 [Roma 30/05/2000 n.8 (recupero)] Un titolo finanziario rende 100 Euro dopo 3 mesi e altri 100 dopo 1 anno. Se il tasso composto annuale è r scrivere il valore attuale $V(r)$ oggi del titolo. Dire poi se esiste un $r > -1$ tale che $V(r) = 150$.

3.9 Esercizi vari

Quelli che seguono sono esercizi che contengono domande articolate e che non ci sembravano adatti a stare in una particolare sezione di questo capitolo.

Esercizi ben svolti

Esercizio 3.9.1 [L'Aquila 07/06/1999 n.2] Determinare per quali valori del parametro k si ha

$$e^{5x} - kx \geq 0, \qquad \forall x \in \mathbb{R}.$$

Soluzione. Possiamo procedere in maniere diverse (e lo faremo).

1° **METODO.** Riscrivendo la disuguaglianza nella forma

$$e^{5x} \geq kx, \qquad \forall x \in \mathbb{R},$$

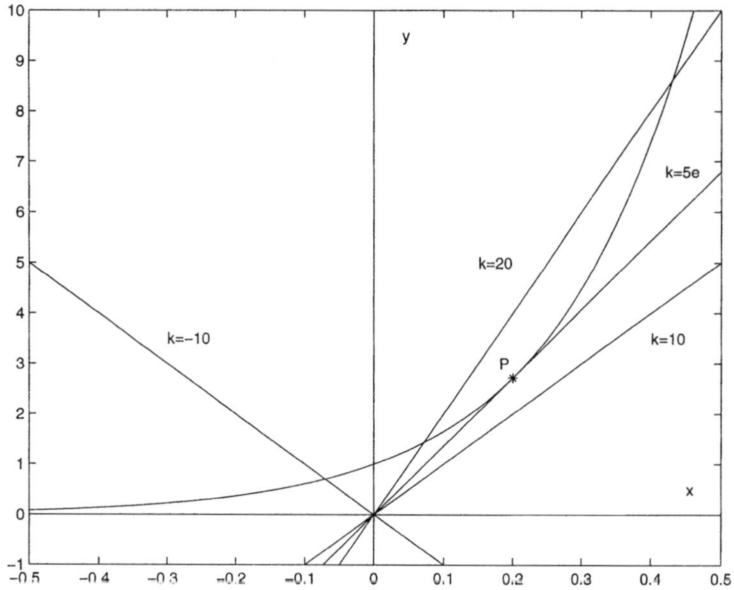

Figura 3.27: grafico di $y = e^{5x}$ e $y = kx$ al variare del parametro k

risolvere il problema equivale a determinare quali rette passanti per l'origine ($y = kx$) stanno sotto il grafico della funzione esponenziale

$$f(x) = e^{5x}.$$

Dalla Figura 3.27 si evince che il coefficiente angolare k della retta deve essere non negativo e non superiore a k_0 che è il coefficiente angolare della retta passante per l'origine e tangente a f.

In altre parole la soluzione sarà $k \in [0, k_0]$. Rimane da determinare k_0. Chiamiamo x_0 l'ascissa del punto di intersezione tra la funzione f e la retta $y = k_0 x$. Affinché tale retta risulti tangente a f nel punto di ascissa x_0, dovranno essere verificate le seguenti due condizioni:

1. la retta deve passare per il punto $P = (x_0, e^{5x_0})$ e quindi deve essere soddisfatta l'equazione

$$e^{5x_0} = k_0 x_0;$$

2. la derivata di f calcolata in x_0 (che rappresenta il coefficiente angolare della retta tangente al grafico di f nel punto P) deve essere uguale al coefficiente angolare di $y = k_0 x$, cioè

$$5e^{5x_0} = k_0.$$

Mettendo a sistema tali condizioni, otteniamo

$$\begin{cases} e^{5x_0} = k_0 x_0 \\ 5e^{5x_0} = k_0. \end{cases}$$

Sostituendo a k_0 nella prima uguaglianza il valore della seconda uguaglianza otteniamo

$$\begin{cases} e^{5x_0} = 5e^{5x_0} x_0 \\ 5e^{5x_0} = k_0. \end{cases}$$

Dividendo la prima uguaglianza per e^{5x_0} (che è diverso da zero!) abbiamo $x_0 = \frac{1}{5}$ che, sostituito nella seconda uguaglianza, permette di ottenere

$$k_0 = 5e^{5\frac{1}{5}} = 5e.$$

Quindi la soluzione è $k \in [0, 5e]$. Osserviamo che abbiamo anche determinato il punto di tangenza della retta alla funzione che risulta $P = (\frac{1}{5}, e)$.

2° **METODO.** Risolvere il problema equivale a determinare per quali valori del parametro $k \in \mathbb{R}$, la funzione

$$f_k(x) = e^{5x} - kx$$

è inferiormente limitata da zero. Innanzitutto osserviamo che la tesi è banalmente verificata per $k = 0$ in quanto $f_0(x) = e^{5x} > 0$ sempre. A questo punto facciamo un *veloce* studio della funzione f_k quando $k \neq 0$. Il $CE(f) = \mathbb{R}$ ed i limiti agli estremi sono

$$\begin{aligned} \lim_{x \to +\infty} f_k(x) &= \lim_{x \to +\infty} \left(e^{5x} - kx\right) = +\infty \\ \lim_{x \to -\infty} f_k(x) &= \lim_{x \to -\infty} \left(e^{5x} - kx\right) = 0 - k(-\infty) = \begin{cases} +\infty, & \text{se } k > 0, \\ -\infty, & \text{se } k < 0. \end{cases} \end{aligned}$$

Poiché vogliamo che f_k risulti sempre positiva, possiamo già escludere il caso $k < 0$. Ci limiteremo perciò ad analizzare il caso $k > 0$ calcolando il valore di minimo di f_k (che esiste per il Teorema 3.7.5). Essendo f_k derivabile su tutto $\mathbb{R}$, il punto di minimo dovrà essere ricercato tra i punti stazionari, cioè tra i punti che annullano la derivata prima:

$$f_k'(x) = 5e^{5x} - k = 0.$$

Dall'equazione otteniamo che l'unico punto stazionario (e quindi necessariamente punto di minimo) è quello di ascissa $x_0 = \frac{1}{5} \ln\left(\frac{k}{5}\right)$ (ricordiamoci che stiamo analizzando il caso $k > 0$ altrimenti $\ln\left(\frac{k}{5}\right)$ non avrebbe significato). Osserviamo inoltre che

$$f_k'(x) \begin{cases} > 0, & x > \frac{1}{5} \ln\left(\frac{k}{5}\right), \\ < 0, & x < \frac{1}{5} \ln\left(\frac{k}{5}\right), \end{cases}$$

confermando ulteriormente che x_0 è ascissa del punto di minimo. Il valore di minimo sarà

$$\min_{\mathbb{R}} f_k = f_k(x_0) = \frac{k}{5} - \frac{k}{5} \ln\left(\frac{k}{5}\right) = \frac{k}{5}\left(1 - \ln\left(\frac{k}{5}\right)\right).$$

Poiché lo scopo dell'esercizio era quello di determinare i valori di k per cui il minimo risultava non negativo, ci resta da risolvere la disuguaglianza

$$\frac{k}{5}\left(1 - \ln\left(\frac{k}{5}\right)\right) \geq 0 \iff 1 - \ln\left(\frac{k}{5}\right) \geq 0 \iff \ln\left(\frac{k}{5}\right) \leq 1 \iff \frac{k}{5} \leq e$$

dove, nel primo passaggio, abbiamo sfruttato il fatto che $k > 0$. La soluzione desiderata è $k \in [0, 5e]$. Concludiamo (esula dalla soluzione del problema) osservando che, per $k < 0$, la derivata di f_k risulta sempre positiva e quindi f_k sempre crescente. Il grafico di f_k, al variare del parametro k, è mostrato in Figura 3.28.

3° **METODO.** Perché un terzo metodo? Innanzitutto *melius abundare quam deficere*, dicevano i latini; inoltre, nella correzione dei compiti, è stato riscontrato che il procedimento che andiamo ad esporre è stato tra i più usati dagli studenti e, purtroppo, nella maggior parte dei casi in maniera errata. L'idea, per altro giustissima, è quella di mettere in evidenza k, cioè, dalla disuguaglianza

$$e^{5x} \geq kx$$

ricavare k dividendo per x. Questa operazione non deve essere fatta con faciloneria: quando dividiamo per x entrambi i membri di una disuguaglianza non solo bisogna sapere se x è uguale oppure diverso da zero ma anche se è positivo oppure negativo! Poiché per $x = 0$ la disuguaglianza è verificata per tutti i k si può supporre $x \neq 0$; a questo punto, dividendo per x ricaviamo che k deve verificare

$$\begin{aligned} \frac{e^{5x}}{x} &\geq k, \qquad \forall x > 0, \\ \frac{e^{5x}}{x} &\leq k, \qquad \forall x < 0. \end{aligned}$$

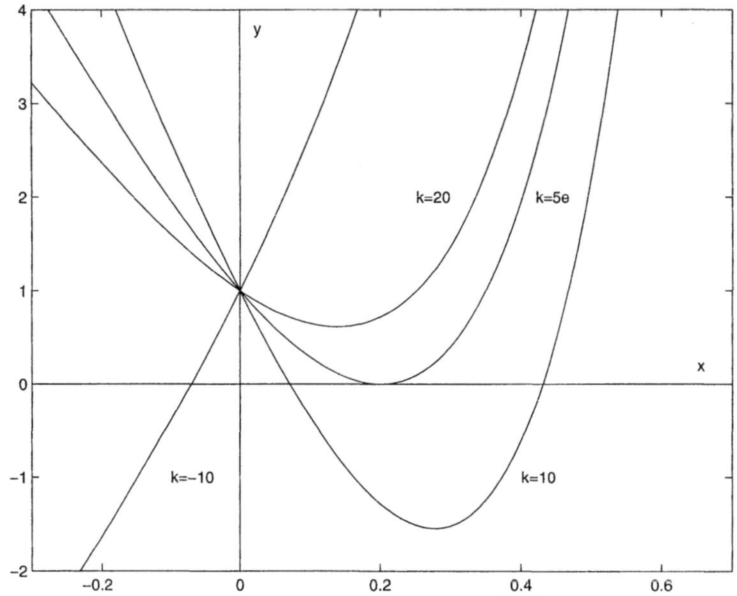

Figura 3.28: grafico di $f_k(x) = e^{5x} - kx$ al variare del parametro k

Posto

$$f(x) = \frac{e^{5x}}{x}$$

ne studiamo velocemente il grafico. Il $CE(f) = \mathbb{R} \setminus \{0\}$ ed inoltre

$$f(x) \begin{cases} > 0, & x > 0, \\ < 0, & x < 0. \end{cases}$$

Passiamo a studiare i limiti:

$$\lim_{x \to 0^+} \frac{e^{5x}}{x} = +\infty, \quad \lim_{x \to 0^-} \frac{e^{5x}}{x} = -\infty, \quad \lim_{x \to -\infty} \frac{e^{5x}}{x} = 0, \quad \lim_{x \to +\infty} \frac{e^{5x}}{x} = +\infty$$

dove nell'ultimo limite abbiamo utilizzato il limite notevole (3.6). Calcoliamo ora la derivata prima

$$f'(x) = \frac{5xe^{5x} - e^{5x}}{x^2} = \frac{e^{5x}}{x^2}(5x - 1)$$

che si annulla in $x = \frac{1}{5}$. Inoltre

		$\frac{1}{5}$	
segno di f'	$-$		$+$
monotonia di f	$\searrow$		$\nearrow$

allora $\frac{1}{5}$ risulta essere punto di minimo ed il valore di minimo (locale) è $f\left(\frac{1}{5}\right) = 5e$. Il grafico di f è in Figura 3.29

Poiché deve essere

$$\frac{e^{5x}}{x} \geq k, \qquad \forall x > 0,$$

si ha

$$k \leq \inf_{x \in (0,+\infty)} \frac{e^{5x}}{x} = 5e$$

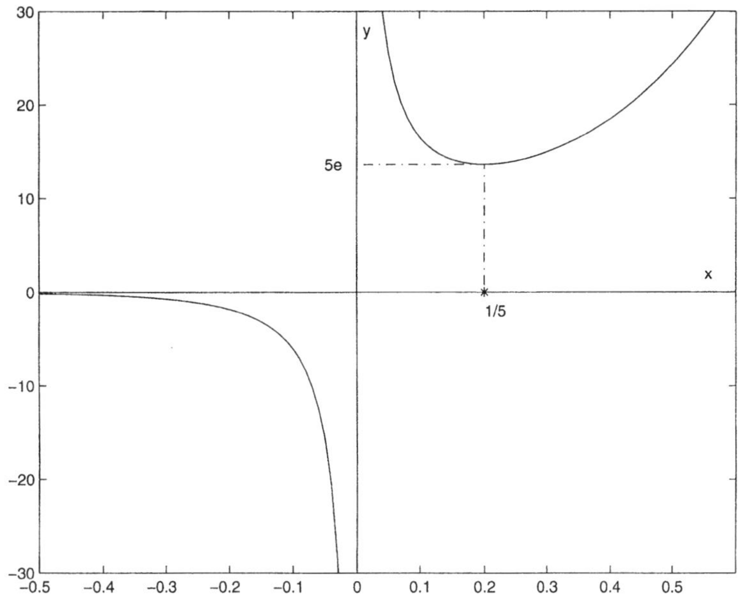

Figura 3.29: grafico di $f(x) = \frac{e^{5x}}{x}$

mentre da

$$\frac{e^{5x}}{x} \leq k, \qquad \forall x < 0$$

si ricava

$$k \geq \sup_{x \in (-\infty, 0)} \frac{e^{5x}}{x} = 0.$$

Quindi, nuovamente (meno male!) si ha $k \in [0, 5e]$.

⚠ **Pericolo 3.9.1** In tutti e tre i casi ci siamo limitati ad analizzare gli aspetti del grafico che a noi interessavano (non abbiamo studiato, ad esempio la convessità e quindi la derivata seconda). In altre parole ancora una volta il grafico di una funzione è risultato essere uno strumento atto a risolvere un problema e non, viceversa, il fine ultimo dell'esercizio. ∎

Esercizio 3.9.2 [Roma 10/10/2000 n.5] Si consideri la funzione $f(x) = e^x$ che modellizza il costo sociale dovuto all'inquinamento provocato da un'azienda chimica (la variabile x denota la quantità di sostanze tossiche disperse nell'ambiente). Le autorità locali impongono all'azienda di pagare $Kf(x)$ dove $K > 0$ è un parametro fissato. D'altra parte il profitto dell'azienda (senza contare la multa per l'inquinamento), dipende da x secondo la seguente funzione crescente (dipendente dal parametro $B > 0$)

$$g(x) = B + 3x.$$

Cosa farà l'azienda se vuole massimizzare il profitto finale (compresa la multa)? E quale valore di K dovrebbero fissare le autorità locali per essere sicuri che x stia sotto una certa soglia x_0?

Soluzione. Il profitto finale dell'azienda (dopo la multa) vale

$$\Pi(x) = g(x) - Kf(x) = B + 3x - Ke^x.$$

Il $CE(\Pi) = \mathbb{R}$ anche se a noi interessano solo quantità $x \geq 0$ e quindi prendiamo come dominio $CER(\Pi) = [0, +\infty)$. La funzione Π è continua su $[0, +\infty)$ e derivabile su $(0, +\infty)$ grazie a TC e TD. Calcoliamoci i limiti.

$$\lim_{x \to 0^+} \Pi(x) = B - K = \Pi(0) \qquad \text{e} \qquad \lim_{x \to +\infty} \Pi(x) = \lim_{x \to +\infty} B + x\left(3 - \frac{e^x}{x}\right) = -\infty$$

essendoci ricordati del limite notevole (3.6). La derivata è $\Pi'(x) = 3 - Ke^x$ e quindi

$$\Pi'(x) = 0 \iff 3 - Ke^x = 0 \iff e^x = \frac{3}{K} \iff x = \ln\left(\frac{3}{K}\right).$$

A questo punto occorre considerare due casi a seconda del valore di K.

Caso $\ln\left(\frac{3}{K}\right) \leq 0$ **cioè** $K \geq 3$ (quindi multa alta). Allora la Π' è sempre negativa, Π è strettamente decrescente e non vi sono punti di minimo locale mentre $x = 0$ è punto di massimo globale:

$$\max_{[0,+\infty)} \Pi = \Pi(0) = B - K \qquad \text{e} \qquad \inf_{[0,+\infty)} \Pi = \lim_{x\to+\infty} \Pi(x) = -\infty.$$

All'azienda conviene non inquinare per niente (il che non ci dispiace!).

Caso $\ln\left(\frac{3}{K}\right) > 0$ **cioè** $K < 3$ (quindi multa bassa). Allora $\ln\left(\frac{3}{K}\right)$ è punto di massimo globale e il valore del profitto massimo è

$$\Pi\left(\ln\frac{3}{K}\right) = B + 3\ln\left(\frac{3}{K}\right) - 3$$

mentre ancora

$$\inf_{[0,+\infty)} \Pi = \lim_{x\to+\infty} \Pi(x) = -\infty.$$

Possiamo finalmente rispondere alle domande.

- L'industria sceglierà di disperdere nell'ambiente la quantità $x = 0$ se $K \geq 3$ e la quantità $x = \ln\left(\frac{3}{K}\right)$ se $K \in (0, 3)$.
- Se x_0 è una soglia prefissata di inquinamento allora si ha

$$x \leq x_0 \iff \ln\left(\frac{3}{K}\right) \leq x_0 \iff \frac{3}{K} \leq e^{x_0} \iff K \geq 3e^{-x_0}$$

che ci dice come deve essere la multa per mantenere l'inquinamento sotto la soglia prefissata. ∎

Esercizio 3.9.3 [Roma 10/10/2000 n.6] Bubi vende la casa e ricava un gruzzolo x (che non riveliamo per non violare la sua privacy). Che fare di x? Bubi ha la scelta tra due investimenti: uno per cui consegna oggi x e riceverà fra 20 anni una rendita di 1000 euro l'anno per 15 anni, l'altro per cui consegna oggi x e riceverà fra 5 anni 10.000 euro: supponendo un tasso annuale composto $r > 0$ sempre costante date un consiglio a Bubi, possibilmente basato sul calcolo dei valori attuali di tali investimenti. Supponendo che il primo investimento sia equo trovate poi x.

Soluzione. Per dare un consiglio a Bubi occorre calcolare il valore attuale dei due investimenti. Tale valore dipenderà da r e quindi il nostro consiglio deve dipendere da r. Chiamando $V_1(r)$ e $V_2(r)$ i due valori attuali dovremo vedere per quali r si ha $V_1(r) \geq V_2(r)$ e viceversa. Dobbiamo quindi confrontare i grafici delle funzioni $V_1(r)$ e $V_2(r)$ o, più operativamente, dobbiamo studiare il segno della funzione $V_1(r) - V_2(r)$. Lo faremo sul modello dell'Esercizio 3.8.2, usando quindi i teoremi sulla ricerca degli zeri. Iniziamo calcolando i valori dei due mutui che, ricordando gli esercizi della Sezione 1.3.3, sono

$$\begin{aligned} V_1(r) &= \sum_{k=20}^{34} 1.000(1+r)^{-k} = \sum_{h=0}^{14} 1.000(1+r)^{-h-20} = 1.000(1+r)^{-20}\sum_{h=0}^{14}(1+r)^{-h} \\ &= 1.000(1+r)^{-20}\frac{1-(1+r)^{-15}}{1-(1+r)^{-1}} = 1.000(1+r)^{-19}r^{-1}\left(1-(1+r)^{-15}\right), \\ V_2(r) &= 10.000(1+r)^{-5}. \end{aligned}$$

Per fissare le idee cerchiamo quando il primo mutuo vale di più, cioè quando $V_1(r) - V_2(r) > 0$. Ciò accade quando

$$1.000(1+r)^{-19}r^{-1}\left(1-(1+r)^{-15}\right) - 10.000(1+r)^{-5} > 0$$

che, moltiplicando per $\frac{r(1+r)^{34}}{1000}$ (ricordando che $r>0$), diventa

$$(1+r)^{15}-1-10r(1+r)^{29}>0.$$

Chiamiamo

$$g(r)=(1+r)^{15}-1-10r(1+r)^{29}$$

ed applichiamo ad essa il Teorema 3.8.3 come abbiamo fatto nell'Esercizio 3.8.2. Abbiamo, calcolando i limiti (il primo si trova sostituendo mentre il secondo si calcola con i noti metodi per i polinomi (vedasi Esercizio 3.4.2)),

$$\lim_{r\to 0^+} g(r)=0 \qquad \text{e} \qquad \lim_{r\to +\infty} g(r)=-\infty.$$

La derivata è

$$\begin{aligned} g'(r) &= 15(1+r)^{14}-10(1+r)^{29}-290r(1+r)^{28} \\ &= 5(1+r)^{14}\left(3-2(1+r)^{15}-58r(1+r)^{14}\right) \\ &= 5(1+r)^{14}\left(3-2(1+r)^{14}(1+30r)\right). \end{aligned}$$

Ne segue che

$$g'(r)=0 \iff 3-2(1+r)^{14}(1+30r)=0.$$

È possibile dimostrare (non lo facciamo qui per brevità, ma si ragiona come nell'Esercizio 3.8.2) che la funzione $h(r)=3-2(1+r)^{14}(1+30r)$ ammette un unico zero $r_0>0$ e che $h(r)$ è >0 su $[0,r_0)$ e <0 su $(r_0,+\infty)$. Quindi g è dapprima $\nearrow\nearrow$ sull'intervallo $(0,r_0)$ e $\searrow\searrow$ su $(r_0,+\infty)$. Quindi applicando il Teorema 3.8.3 ai due intervalli di stretta monotonia di g segue che g ha un unico zero $r_1\in(r_0,+\infty)$. Ne segue che il primo investimento è più conveniente solo per tassi r bassi.

Riguardo la seconda domanda possiamo dire che il primo investimento è equo se il suo valore attuale coincide con la somma investita x. Quindi possiamo semplicemente dire che in tal caso $x=V_1(r)$. ∎

Esercizio 3.9.4 [Roma 18/04/2000 n.5] Fate un esempio di una funzione di utilità $u(c)$ definita per $c\in[0,+\infty)$ che sia affine a tratti, continua, crescente e concava.

Soluzione. Si tratta di formulare un esempio di funzione che risponda a determinate caratteristiche. È un tipo di esercizio che ci pare importante quando si lavora su modelli applicati: per fare un buon modello bisogna spesso individuare delle funzioni che rispondano a determinate caratteristiche. Tale compito è a volte proibitivo, ma non è ovviamente il nostro caso.

Vediamo di capire come procedere: la richiesta più forte[92] è che u sia affine a tratti. Ciò significa che possiamo suddividere $[0,+\infty)$ in un numero finito di intervalli disgiunti su ciascuno dei quali la u è una funzione affine (cioè, rozzamente, il cui grafico è un pezzo di retta). Per fissare le idee consideriamo solo due intervalli distinti: $[0,c_0]$ e $(c_0,+\infty)$ e definiamo quindi u come

$$u(c)=\begin{cases} a_1c+a_2, & c\in[0,c_0], \\ b_1c+b_2, & c\in(c_0,+\infty). \end{cases}$$

Ora vediamo di imporre opportune condizioni sui parametri a_1,a_2,b_1,b_2 affinché u sia continua, crescente e concava.

Continuità: grazie a TC la funzione u è continua su $[0,+\infty)\setminus\{c_0\}$. Quindi basta imporre che i limiti destro e sinistro nel punto c_0 siano uguali, cioè

$$\lim_{c\to c_0^-} u(c)=\lim_{c\to c_0^+} u(c)$$

che significa, sostituendo,

$$a_1c_0+a_2=b_1c_0+b_2. \tag{3.33}$$

[92] Nel senso che condiziona di più la struttura della funzione che cerchiamo.

Crescenza: grazie a TD la funzione u è derivabile su $(0,+\infty)\setminus\{c_0\}$ e la derivata vale

$$u'(c)=\begin{cases} a_1, & c\in(0,c_0),\\ b_1, & c\in(c_0,+\infty).\end{cases}$$

Dato che u è crescente se e solo se la derivata $u'\geq 0$, dove esiste (Teorema 3.6.1), si richiede

$$a_1>0,\qquad b_1>0. \tag{3.34}$$

Concavità: Qui dobbiamo stare attenti: non possiamo applicare il Teorema 3.6.6 perché esso richiede che la funzione sia derivabile due volte su *tutto* l'intervallo in cui si vuole "testare" la concavità. Usiamo allora l'altro criterio, il Teorema 3.6.7. Occorre che la derivata prima sia decrescente e quindi che

$$a_1>b_1. \tag{3.35}$$

Se le condizioni (3.33), (3.34), (3.35), sono soddisfatte, allora siamo a posto. Diamo qui un esempio numerico

$$u(c)=\begin{cases} 2c+1, & c\in[0,3],\\ c+4, & c\in(3,+\infty),\end{cases}$$

che soddisfa le richieste avanzate nel testo dell'esercizio. ∎

Esercizio 3.9.5 [Roma 23/06/2000 n.6] Un titolo finanziario rende 100 Euro dopo 3 mesi e altri 100 dopo 1 anno. Se il tasso composto annuale è r $(r\geq 0)$ scrivere il valore attuale $V(r)$ oggi del titolo. Dire se tale funzione è monotona e se ammette massimo e minimo globale. Supponiamo che r sia una funzione nota (resa pubblica dalla Banca Bassotti che decide di fare un operazione di *glasnost* verso i correntisti) di un certo parametro macroeconomico $z\geq 0$. Sia cioè $r(z)=\ln\left(1+z^2\right)$. Esprimere V come funzione di z. Qual è il dominio di V in tal caso?

Soluzione. Si ha, usando le idee viste nella Sezione 1.3.3,

$$V(r)=\frac{100}{(1+r)^{\frac14}}+\frac{100}{1+r}=100(1+r)^{-\frac14}+100(1+r)^{-1}.$$

Tale funzione è decrescente rispetto a r $(r\geq 0)$ per ragioni finanziarie intuitive. Lo si può dimostrare calcolandone la derivata

$$V'(r)=-25(1+r)^{-\frac54}-100(1+r)^{-2}$$

che è chiaramente sempre negativa per $r\geq 0$. Poiché tale funzione è $\searrow\searrow$ allora il massimo si ha per $r=0$ ed il minimo non esiste (l'estremo inferiore si ha per $r\to+\infty$ e vale 0).

Supponiamo ora che $r(z)=\ln\left(1+z^2\right)$ con $z\geq 0$: allora calcoliamo la composizione direttamente (seguendo i suggerimenti della Faccina 3.3.4):

$$V(r(z))=\frac{100}{(1+r(z))^{\frac14}}+\frac{100}{1+r(z)}=\frac{100}{(1+\ln(1+z^2))^{\frac14}}+\frac{100}{1+\ln(1+z^2)}.$$

Si può vedere facilmente che per ogni $z\geq 0$ l'espressione qui sopra di $V(r(z))$ ha senso e quindi il dominio di $V(r(z))$ è $[0,+\infty)$. ∎

Esercizio 3.9.6 [Roma 07/07/2000 n.5] Dire per quali valori dei parametri a e b la seguente funzione di domanda è continua e decrescente

$$q(p)=\begin{cases} 10-2p^2, & p\in[0,1),\\ 9-ap^b, & p\in[1,2),\\ a\ln p+b, & p\geq 2.\end{cases}$$

Dire poi se per tali valori di a e b essa risulta anche derivabile.

Soluzione. Una precisazione: alla fine si chiede per quali valori dei parametri la funzione q risulta derivabile: non è specificato in quali punti. In mancanza di ulteriori specificazioni noi intenderemo sempre "derivabile ove ha senso chiederselo", cioè in tutti i punti interni al $CE(q)$. Possiamo iniziare.

Il $CE(q) = [0, +\infty)$ ed è sicuramente continua se $CE(q) \setminus \{1, 2\}$ grazie a TC. Per vedere se q è continua nei punti 1 e 2 controlliamo (come visto negli esercizi della Sezione 3.5.2) se in tali punti i limiti destro e sinistro (che esistono in questo caso) coincidono con il valore della funzione:

$$\lim_{p\to 1^-} q(p) = \lim_{p\to 1^-} 10 - 2p^2 = 8 \qquad \text{e} \qquad \lim_{p\to 1^+} q(p) = \lim_{p\to 1^+} 9 - ap^b = 9 - a.$$

Poiché $q(1) = 9 - a$, per avere la continuità in $p = 1$ basta che

$$9 - a = 8 \iff a = 1.$$

Nel punto $p = 2$ si ha invece

$$\lim_{p\to 2^-} q(p) = \lim_{p\to 2^-} 9 - ap^b = 9 - a2^b \qquad \text{e} \qquad \lim_{p\to 2^+} q(p) = \lim_{p\to 2^+} a\ln p + b = a\ln 2 + b.$$

Poiché $q(2) = a\ln 2 + b$, per avere la continuità in $p = 2$ basta che

$$9 - a2^b = a\ln 2 + b.$$

Se imponiamo la continuità in entrambi i punti (e quindi entrambe le condizioni), allora si ha $a = 1$ e

$$9 - 2^b = \ln 2 + b \iff b + 2^b = 9 - \ln 2.$$

Si può dimostrare, applicando i teoremi sugli zeri alla funzione

$$g(b) = b + 2^b - 9 + \ln 2,$$

(si veda l'Esercizio 3.8.2) che esiste un unico un $b_0 \in \mathbb{R}$ tale che $b + 2^b = 9 - \ln 2$. Si può anche vedere facilmente che $b_0 \in (2, 3)$[93].

A questo punto vediamo se, posto $a = 1$ e $b = b_0$, la funzione q risulta derivabile all'interno del $CE(q)$. Per TD è derivabile su $(0, +\infty) \setminus \{1, 2\}$ e continua in 1 e 2. Per vedere se è ivi derivabile usiamo il Teorema 3.5.10 calcolando quindi i limiti della derivata sia a destra che a sinistra di 1 e 2. Ricordiamo che

$$q'(p) = \begin{cases} -4p, & 0 \le p < 1, \\ -abp^{b-1}, & p \in (1, 2), \\ \frac{a}{p}, & p > 2, \end{cases}$$

e quindi, per $a = 1$ e $b = b_0$,

$$\lim_{p\to 1^-} q'(p) = -4, \qquad \lim_{p\to 1^+} q'(p) = -b_0, \qquad \lim_{p\to 2^-} q'(p) = -b_0 2^{b_0 - 1}, \qquad \lim_{p\to 2^+} q'(p) = \frac{1}{2}.$$

Pertanto, essendo $b_0 \in (2, 3)$, la funzione q non è derivabile in tali punti.

Per quanto riguarda la monotonia: la q non è decrescente per tali valori. Infatti, essendo $a = 1$ è crescente su $(2, +\infty)$. ∎

Esercizio 3.9.7 [Roma 21/07/2000 n.6] Sia $\delta > 0$ il valore del tasso di interesse composto annuale continuo (cioè $e^{\delta t}$ è il valore di un euro messo in banca per t anni a tale tasso di interesse) e sia $r > 0$ il valore del tasso di interesse composto annuale (cioè $(1 + r)^t$ è il valore di un euro messo in banca per t anni a tale tasso di interesse). Nel caso in cui essi si equivalgono (cioè i valori detti sopra siano uguali) calcolare δ in funzione di r e r in funzione di δ. Si consideri ora un titolo che, acquistato oggi, fornisca dopo 6 mesi 18 euro e dopo 12 mesi 100 euro. Calcolarne il valore attuale $V(r)$ in funzione del tasso di interesse composto annuale r e poi calcolarlo anche in funzione di δ. Dire infine quali sono l'estremo inferiore e superiore di tale funzione.

[93] Pignolerie: $b_0 \sim 2.53022$.

Soluzione. Secondo quanto detto nel testo dell'esercizio, per avere l'equivalenza tra r e δ occorre che per ogni $t \geq 0$ si abbia

$$e^{\delta t} = (1+r)^t \quad \Longleftrightarrow \quad \left(e^{\delta}\right)^t = (1+r)^t \quad \Longleftrightarrow \quad e^{\delta} = 1+r.$$

Da questa condizione possiamo facilmente ricavare δ in funzione di r o viceversa. Si ottiene che

$$\delta = \ln(1+r)$$

e viceversa che

$$r = e^{\delta} - 1.$$

Queste due uguaglianze definiscono le funzioni $\delta : (0, +\infty) \longrightarrow \mathbb{R}$ e $r : (0, +\infty) \longrightarrow \mathbb{R}$ che sono una l'inversa dell'altra. Troviamo ora il valore attuale del titolo considerato in funzione di r. Con i metodi visti alla Sezione 1.3.3 si ha

$$V(r) = 18(1+r)^{-\frac{1}{2}} + 100(1+r)^{-1}.$$

Per esprimerlo in funzione di δ si utilizza il fatto che $r(\delta) = e^{\delta} - 1$ e si calcola la funzione composta $V(r(\delta))$ sostituendo

$$V(r(\delta)) = 18\left(e^{\delta}\right)^{-\frac{1}{2}} + 100\left(e^{\delta}\right)^{-1} = 18e^{-\frac{\delta}{2}} + 100e^{-\delta}.$$

Infine la $V(r)$ è $\searrow\searrow$: basta calcolarne la derivata per accorgersene

$$V'(r) = -9(1+r)^{-\frac{3}{2}} - 100(1+r)^{-2} < 0.$$

Quindi

$$\sup_{(0,+\infty)} V = \lim_{r \to 0^+} V(r) = 118 \qquad \text{e} \qquad \inf_{(0,+\infty)} V = \lim_{r \to +\infty} V(r) = 0.$$

Non vi sono punti estremali. ∎

Esercizi per casa

Esercizio 3.9.8 [Roma 08/06/1999 n. 1 e 2] Dire se la funzione

$$f(x) = \frac{2x}{\sqrt{1+x^2}}$$

è monotona su $CE(f)$. È iniettiva? Trovarne min, max (e relativi punti estremali) sup ed inf. Dire anche se è concava su $(0, +\infty)$.

Esercizio 3.9.9 [Roma 30/05/2000 n.5 (recupero)] Fate un esempio di una funzione $F(k)$ che esprima l'imposta in funzione del reddito, con le seguenti proprietà: F sia definita per $k \in [0, +\infty)$, F sia affine a tratti, continua, crescente e convessa.

Esercizio 3.9.10 [Roma 21/07/2000 n.5] Dire per quali valori del parametri a e b la seguente funzione di costo è continua e crescente:

$$C(q) = \begin{cases} 1 + q + aq^2, & q \in [0,1), \\ q^{a+b}, & q \in [1,3], \\ a + 2 + e^{-\frac{1}{q-3}}, & q > 3. \end{cases}$$

Dire poi se per qualche valore di a e b essa risulta derivabile nel punto $q = 1$.

Esercizio 3.9.11 [Roma 21/07/2000 n.4] Un'azienda conosce la funzione di domanda di un bene

$$q(p) = p^{-\frac{3}{2}}$$

dove q è la quantità prodotta del bene in questione e p è il prezzo praticato e la sua funzione di costo

$$C(q) = 2 + 2q^2.$$

Dire se la funzione profitto

$$\Pi(p) = pq - C(q)$$

considerata come funzione della variabile p ammette massimo globale per p nel $CE(\Pi)$. In tal caso trovare il punto di massimo. Inoltre calcolate l'elasticità della domanda e dite quanto vale nel punto di massimo.

3.10 *Soluzioni degli esercizi per casa*

3.10.1 *Esercizi di verifica delle principali idee e definizioni*

Trovare i campi di esistenza

Soluzione dell'Esercizio 3.3.9. I radicandi devono essere non negativi e non si può dividere per zero; quindi

$$\begin{cases} 3-x \geq 0 \\ x-1 \geq 0 \\ x-2 \geq 0 \\ x-2 \neq 0 \end{cases} \iff \begin{cases} x \leq 3 \\ x \geq 1 \\ x \geq 2 \\ x \neq 2 \end{cases}$$

la cui soluzione risulta essere $CE(f) = (2,3]$. ∎

Soluzione dell'Esercizio 3.3.10. In questo caso bisogna prestare attenzione a due cose:

- l'argomento del logaritmo deve essere positivo, e quindi $x - 2 > 0$;
- il divisore deve essere diverso da zero, cioè $\ln(x-2) \neq 0$.

Dalla prima disequazione si ricava $x > 2$; dalla seconda disuguaglianza si ottiene $x - 2 \neq 1$ cioè $x \neq 3$. Quindi $CE(f) = (2,3) \cup (3,+\infty)$. ∎

Soluzione dell'Esercizio 3.3.11. Occorre porre ≥ 0 l'argomento della radice quadrata e > 0 l'argomento del logaritmo. Si ha quindi il sistema

$$\begin{cases} (x-3)(4-x) \geq 0 \\ 1 - \sqrt{(x-3)(4-x)} > 0 \end{cases}$$

la cui risoluzione è completamente analoga a quella dell'Esercizio 3.3.3. La prima disequazione è risolta per $x \in I_1 = [3,4]$ mentre la seconda ha $CE = I_1$ ed è risolta per gli x tali che

$$\sqrt{(x-3)(4-x)} < 1$$

cioè (elevando al quadrato, cosa qui innocua[94]) per

$$(x-3)(4-x) < 1 \iff -x^2 + 7x - 13 < 0$$

che è sempre soddisfatta per $x \in [3,4]$. Quindi $CE(f) = [3,4]$. ∎

Soluzione dell'Esercizio 3.3.12. Il sistema da risolvere è

$$\begin{cases} \dfrac{x^2 - 10x + 16}{4-x} \geq 0 \\ 4 - x \neq 0 \end{cases}$$

Allora $CE(f) = (-\infty, 2] \cup (4, 8]$. ∎

Soluzione dell'Esercizio 3.3.13. Il sistema da risolvere è

$$\begin{cases} x > 0 \\ x - 1 \neq 0. \end{cases}$$

Allora $CE(f) = (0, +\infty) \setminus \{1\}$. ∎

Soluzione dell'Esercizio 3.3.14. Il $CE(f)$ è determinato dalle soluzioni del sistema

$$\begin{cases} 100 - x > 0 \\ \ln(100 - x) - 2 \geq 0 \end{cases}$$

[94]Provate a dire perché.

che sono $(-\infty, 100 - e^2]$. ■

Soluzione dell'Esercizio 3.3.15. Il sistema da risolvere è

$$\begin{cases} x \geq 0 \\ x - 100 > 0 \\ \log_2(x - 100) \neq 0. \end{cases}$$

Allora $CE(f) = (100, 101) \cup (101, +\infty)$. ■

Soluzione dell'Esercizio 3.3.16. Il sistema da risolvere è

$$\begin{cases} x - 10 > 0 \\ 1 - \log_2(x - 10) \geq 0 \end{cases}$$

e quindi $CE(f) = (10, 12]$. ■

Soluzione dell'Esercizio 3.3.17. Il sistema da risolvere è

$$\begin{cases} x - 2 > 0 \\ 6 - x > 0 \\ \ln(6 - x) \neq 0 \end{cases}$$

e $CE(f) = (2, 6) \setminus \{5\}$. ■

Soluzione dell'Esercizio 3.3.18. Il sistema da risolvere è

$$\begin{cases} x - 2 > 0 \\ 6 - x > 0 \\ \ln(6 - x) \neq 0 \\ -\dfrac{\ln(x - 2)}{\ln(6 - x)} \geq 0 \end{cases}$$

e $CE(f) = (2, 3] \cup (5, 6)$. ■

Soluzione dell'Esercizio 3.3.19. Il sistema da risolvere è

$$\begin{cases} x - 1 \geq 0 \\ 10 - x > 0 \end{cases}$$

la cui soluzione è $CE(f) = [1, 10)$. ■

Soluzione dell'Esercizio 3.3.20. Il sistema da risolvere è

$$\begin{cases} x \geq 0 \\ x^2 + 7x + 30 \neq 0. \end{cases}$$

e $CE(f) = [0, +\infty)$. ■

Soluzione dell'Esercizio 3.3.21. Il sistema da risolvere è

$$\begin{cases} x^2 - 2x + 1 \geq 0 \\ \sqrt{x^2 - 2x + 1} \neq 0 \end{cases}$$

che si riduce alla disequazione $x^2 - 2x + 1 > 0$; quindi $CE(f) = \mathbb{R} \setminus \{1\}$. Notate che il termine con radice cubica non crea problemi. ■

Soluzione dell'Esercizio 3.3.22. Il sistema da risolvere è

$$\begin{cases} 10 - \sin x > 0 \\ 10 - \cos x > 0 \\ 4 - x^2 \geq 0 \\ \sqrt{4 - x^2} \neq 0 \end{cases}$$

che si riduce alla disequazione $4 - x^2 > 0$ dato che seno e coseno sono sempre minori o uguali a 1. Quindi $CE(f) = (-2, 2)$. ∎

Soluzione dell'Esercizio 3.3.23. Impostiamo i sistemi di equazioni/disequazioni e poi indichiamo come risolverli.

1. Occorre risolvere il sistema
$$\begin{cases} |x^2 - 1| \geq 0 \\ \sqrt{|x^2 - 1|} > 0. \end{cases}$$
La prima disequazione è sempre verificata poiché $|z| \geq 0$ per ogni $z \in \mathbb{R}$; quindi resta soltanto la seconda. La radice aritmetica (quando ha senso) è sempre ≥ 0. Affinché sia > 0 basta che il suo argomento sia $\neq 0$ e quindi
$$\sqrt{|x^2 - 1|} > 0 \iff |x^2 - 1| \neq 0 \iff x^2 - 1 \neq 0 \iff x \neq \pm 1;$$
quindi il $CE(f_1) = \mathbb{R} \setminus \{-1, +1\}$.

2. Occorre risolvere il sistema
$$\begin{cases} (x-2)(x-1) \geq 0 \\ 1 - \sqrt{(x-2)(x-1)} \neq 0 \end{cases}$$
da cui segue che
$$\begin{aligned} CE(f_2) &= \Big((-\infty, 1] \cup [2, +\infty)\Big) \setminus \left\{\frac{3-\sqrt{5}}{2}, \frac{3+\sqrt{5}}{2}\right\} \\ &= \left(-\infty, \frac{3-\sqrt{5}}{2}\right) \cup \left(\frac{3-\sqrt{5}}{2}, 1\right] \cup \left[2, \frac{3+\sqrt{5}}{2}\right) \cup \left(\frac{3+\sqrt{5}}{2}, +\infty\right). \end{aligned}$$

3. Occorre risolvere il sistema
$$\begin{cases} x - 1 > 0 \\ \log_2(x-1) \geq 0 \\ \sqrt{\log_2(x-1)} \neq 0 \end{cases} \iff \begin{cases} x - 1 > 0 \\ \log_2(x-1) > 0 \end{cases} \iff \begin{cases} x > 1 \\ x - 1 > 1 \end{cases}$$
dove nell'ultimo passaggio abbiamo sfruttato le proprietà dei logaritmi (ricordiamo che $\log_2 1 = 0$ e che $\log_2 z$ è una funzione strettamente crescente). Ne segue che $CE(f_3) = (2, +\infty)$.

4. Occorre risolvere il sistema
$$\begin{cases} x \geq 0 \\ x - \sqrt{x} + 1 > 0. \end{cases}$$
Segue che $CE(f_4) = [0, +\infty)$. ∎

Soluzione dell'Esercizio 3.3.27. Per $k \neq 0$ e $k \neq 1$, si ha il sistema
$$\begin{cases} x \geq 0 \\ 1 - x > 0 \end{cases}$$
per cui, in tal caso, $CE(f) = [0, 1)$. Se invece $k = 0$ allora si ha
$$f(x) = 1 - \ln(1 - x)$$
e quindi $CE(f) = (-\infty, 1)$. Infine, se $k = 1$, si ha
$$f(x) = 1 - \sqrt{x}$$
e quindi $CE(f) = [0, +\infty)$. ∎

Composizione di funzioni

Soluzione dell'Esercizio 3.3.33. Prima di tutto osserviamo che $CE(f) = \mathbb{R} \setminus \{-1\}$[95] mentre $CE(g) = \mathbb{R}$; allora

$$\begin{aligned} f \circ g(x) &= f(g(x)) = |g(x) + 1|^{2-g(x)} = |3x^2 + 1|^{2-3x^2} \\ g \circ f(x) &= g(f(x)) = 3f(x)^2 = 3\left(|x+1|^{2-x}\right)^2 = 3|x+1|^{4-2x} \end{aligned}$$

e $CE(f \circ g) = CE(g) = \mathbb{R}$ mentre $CE(g \circ f) = CE(f) = \mathbb{R} \setminus \{-1\}$. ∎

Soluzione dell'Esercizio 3.3.34.

1. Questo primo esercizio tratta un caso semplice in cui i CE sono $\mathbb{R}$

$$\begin{aligned} f \circ g(x) &= f(g(x)) = f(x^3) = x^6, \\ g \circ f(x) &= g(f(x)) = g(x^2) = x^6. \end{aligned}$$

Il fatto che $f \circ g = g \circ f$ è una semplice coincidenza: in generale la composizione non è commutativa.

2. Qui le cose sono meno semplici in quanto

$$CE(f) = (0, +\infty) \quad \text{e} \quad CE(g) = \mathbb{R}$$

e $g(\mathbb{R}) = \mathbb{R} \not\subseteq CE(f) = (0, +\infty)$. Quindi, per definire $f \circ g$, dobbiamo restringerne il dominio. Dalla (3.1) e dalla Faccina 3.3.4 abbiamo

$$CE(f \circ g) = \{x \in \mathbb{R} \ : \ x^3 \in (0, +\infty)\} = (0, +\infty)$$

Allora $f \circ g : (0, +\infty) \longrightarrow \mathbb{R}$ e, grazie alle proprietà dei logaritmi,

$$f \circ g(x) = \log_3 x^3 = 3 \log_3 x.$$

Invece $f((0, +\infty)) \subset CE(g)$ e quindi $g \circ f : (0, +\infty) \longrightarrow \mathbb{R}$ con

$$g \circ f(x) = (\log_3 x)^3.$$

Notate che $g \circ f \neq f \circ g$ (ad esempio provate a calcolarne i valori in $x = 3$).

3. Velocemente:

$$f \circ g(x) = 2^{x^2-1} - 1$$

con $CE(f \circ g) = \mathbb{R}$, mentre

$$g \circ f(x) = (2^x - 1)^2 - 1$$

con $CE(g \circ f) = \mathbb{R}$.

4. Attenzione ai CE! Le risposte che diamo sono esatte!

$$f \circ g(x) = \frac{1}{\frac{1}{|x|}} = |x|$$

con $CE(f \circ g) = \mathbb{R} \setminus \{0\}$ mentre

$$g \circ f(x) = \frac{1}{\left|\frac{1}{x}\right|} = |x|$$

con $CE(g \circ f) = \mathbb{R} \setminus \{0\}$. Anche qui sono uguali $g \circ f$ e $f \circ g$.

[95] In questo caso abbiamo applicato la direttiva del Pericolo 3.3.2. Tuttavia, in questo caso, se non usiamo tale direttiva otteniamo che f ha senso anche per $x = 0$. Questo esempio rivela un piccolo difetto della convenzione che abbiamo adottato. Si tratta comunque di un difetto che non ci creerà problemi, come accennato al Pericolo 3.3.2 stesso.

5. Iniziamo con i CE:
$$CE(f) = \mathbb{R} \setminus \{0\} \quad \text{e} \quad CE(g) = (0, +\infty).$$
Quindi
$$\begin{aligned} CE(f \circ g) &= \{x \in CE(g) \ : \ g(x) \in CE(f)\} = \{x \in (0,+\infty) \ : \ x^{-\frac{1}{2}} \neq 0\} = (0, +\infty), \\ CE(g \circ f) &= \{x \in CE(f) \ : \ f(x) \in CE(g)\} = \{x \in \mathbb{R} \setminus \{0\} \ : \ x^{-2} > 0\} = \mathbb{R} \setminus \{0\}. \end{aligned}$$
Terminiamo con le leggi delle due funzioni:
$$f \circ g(x) = f\left(x^{-\frac{1}{2}}\right) = \left(x^{-\frac{1}{2}}\right)^{-2} = x \quad \text{e} \quad g \circ f(x) = g\left(x^{-2}\right) = \left(x^{-2}\right)^{-\frac{1}{2}} = |x|.$$
Notate che restringendo f su $(0, +\infty)$ allora $g = f^{-1}$ (vedasi Sezione 3.3.4). ∎

Soluzione dell'Esercizio 3.3.35. Si agisce come nell'Esercizio 3.3.31. Calcoliamo innanzitutto $u(c(p))$ sostituendo:
$$u(c(p)) = \frac{e^{-Ap(1-\sigma)} - 1}{1 - \sigma}.$$
Ora, poiché $c(p) \geq 0$ per ogni $p \geq 0$, ne segue che $u(c(p))$ ha sempre senso per $p \geq 0$ e quindi
$$u \circ c : [0, +\infty) \longrightarrow \mathbb{R}.$$
Finito. ∎

Funzioni invertibili e loro inverse

Soluzione dell'Esercizio 3.3.39.

1. La funzione f è derivabile su $(-1, +\infty)$ e
$$f'(x) = -\frac{1}{x+1} < 0, \qquad \forall x \in (-1, +\infty).$$
Quindi f è $\searrow\searrow$ e perciò invertibile. Calcoliamone l'inversa che è definita su $f((-1, +\infty)) = \mathbb{R}$
$$f(x) = y \quad \Longleftrightarrow \quad 1 - \ln(x+1) = y \quad \Longleftrightarrow \quad x + 1 = e^{1-y} \quad \Longleftrightarrow \quad x = e^{1-y} - 1.$$
La soluzione $x = e^{1-y} - 1$ è > -1 e quindi è accettabile per cui
$$f^{-1}(y) = e^{1-y} - 1.$$

2. La funzione g è derivabile su $\mathbb{R}$ con $g'(x) = 2^{2x+1} \ln 2 > 0$. Quindi g è invertibile con inversa definita su $g(\mathbb{R}) = (0, +\infty)$. Per calcolarne la forma risolviamo, esplicitando rispetto a x, l'equazione
$$g(x) = y \quad \Longleftrightarrow \quad 2^{2x} = y \quad \Longleftrightarrow \quad 2x = \log_2 y \quad \Longleftrightarrow \quad x = \frac{1}{2} \log_2 y.$$
Quindi $g^{-1}(y) = \frac{1}{2} \log_2 y$. ∎

Soluzione dell'Esercizio 3.3.40. La funzione $f(x) = ax + b$ è lineare ed è invertibile per ogni $a \neq 0$; in tal calcoliamo l'inversa
$$y = ax + b \quad \Longleftrightarrow \quad y - b = ax \quad \Longleftrightarrow \quad x = \frac{y - b}{a}.$$
Quindi l'inversa è definita su $\mathbb{R}$ e $f^{-1}(y) = \dfrac{y-b}{a}$. ∎

Esercizi misti

Soluzione dell'Esercizio 3.3.41. Si ha

$$CE(f) = \mathbb{R} \setminus \{0\} \quad \text{e} \quad CE(g) = (0, +\infty);$$

quindi

$$f \circ g(x) = 1 + \left(\left|x^{\frac{1}{2}} + x \ln x\right| + 2\right)^{-3}$$

con $CE(f \circ g) = (0, +\infty)$. Inoltre

$$g \circ f(x) = \left|\left(1 + x^{-3}\right)^{\frac{1}{2}} + \left(1 + x^{-3}\right) \ln\left(1 + x^{-3}\right)\right| + 2$$

con

$$CE(g \circ f) = \{x \in CE(f) \ : \ f(x) \in CE(g)\} = \{x \in \mathbb{R} \setminus \{0\} \ : \ 1 + x^{-3} \in (0, +\infty)\}.$$

Poiché

$$1 + x^{-3} > 0 \quad \Longleftrightarrow \quad x^{-3} > -1 \quad \Longleftrightarrow \quad x \in (-\infty, -1) \cup (0, +\infty)$$

si ha:

$$CE(g \circ f) = (-\infty, -1) \cup (0, +\infty).$$

Per quanto riguarda l'ultima domanda si ha che f è iniettiva (lo si vede calcolando la derivata che risulta sempre positiva) ma non è surgettiva (ad esempio $1 \notin f(\mathbb{R} \setminus \{0\})$). ■

Soluzione dell'Esercizio 3.3.42. Si ha $CE(f) = (-\infty, 1]$; inoltre f è strettamente decrescente su $CE(f)$ infatti

$$f'(x) = -\frac{1}{2}(1 - x)^{-\frac{1}{2}} < 0$$

e quindi f è iniettiva. ■

Soluzione dell'Esercizio 3.3.43. La trovate nella parte introduttiva delle Sezioni 3.3.3 e 3.3.4 e nell'Esercizio 3.3.32. L'esempio (conviene sempre prenderlo semplice) può essere: $g(x) = -x$ e $f(x) = x$, definite entrambe su $\mathbb{R}$. L loro composizione è chiaramente decrescente. ■

Soluzione dell'Esercizio 3.3.44. Si ha $CE(f) = \mathbb{R}$ e

$$f \begin{cases} \nearrow\nearrow & a \geq 1, \\ \searrow\searrow & a \in (0, 1). \end{cases}$$

Inoltre f è iniettiva per $a \neq 1$ e

$$f(\mathbb{R}) = \begin{cases} (0, +\infty) & \text{se } a \neq 1, \\ \{1\}, & \text{se } a = 1. \end{cases}$$

e l'esercizio è finito. ■

Soluzione dell'Esercizio 3.3.45. Si ha $CE(f) = \mathbb{R}$ in quanto le radici sono sempre ben definite e l'argomento del logaritmo è sempre > 0. La funzione è iniettiva in quanto strettamente crescente ma non surgettiva. Per esercizio: trovate $f([1, +\infty))$. ■

3.10.2 *Limiti*

Limiti facili

Soluzione dell'Esercizio 3.4.7. Si usano gli stessi metodi visti all'Esercizio 3.4.2. Qui diamo solo i risultati velocemente. Il primo risulta $\frac{3}{7}$, il secondo $\frac{2}{3}$, il terzo $+\infty$. ■

Soluzione dell'Esercizio 3.4.8. Se sostituiamo troviamo un FI del tipo $\frac{0}{0}$. Ricordando la Faccina 3.4.11 possiamo razionalizzare moltiplicando sopra e sotto per $\sqrt{1 + 2x} + 1$ (notate che qui la FI è diversa da quella dell'Esercizio 3.4.4-(2), ma il metodo funziona lo stesso). Si ha

$$\lim_{x \to 0} \frac{\sqrt{1 + 2x} - 1}{x} = \lim_{x \to 0} \frac{1 + 2x - 1}{x\left(\sqrt{1 + 2x} + 1\right)} = \lim_{x \to 0} \frac{2}{\left(\sqrt{1 + 2x} + 1\right)} = \frac{2}{+\infty} = 0$$

e siamo a posto. ∎

Soluzione dell'Esercizio 3.4.9. Abbiamo la *FI*

$$\lim_{x\to-\infty} \sqrt{x^2+x+1}+x = +\infty - \infty.$$

Razionalizziamo come nell'Esercizio 3.4.4-(1) moltiplicando numeratore e denominatore per $\sqrt{x^2+x+1}-x$ ottenendo

$$\lim_{x\to-\infty} \frac{1+x+x^2-x^2}{\sqrt{1+x+x^2}-x} = \lim_{x\to-\infty} \frac{x\left(\frac{1}{x}+1\right)}{x\left(-\sqrt{\frac{1}{x^2}+\frac{1}{x}+1}-1\right)} = -\frac{1}{2}$$

che conclude l'esercizio. ∎

Soluzione dell'Esercizio 3.4.10. Razionalizziamo in quanto abbiamo una *FI* del tipo $+\infty-\infty$ con infiniti dello stesso ordine come nell'Esercizio 3.4.4

$$\sqrt{p^2-2}+p+3 = \frac{p^2-2-(p+3)^2}{\sqrt{p^2-2}-p-3} = \frac{-6p-11}{\sqrt{p^2-2}-p-3}.$$

Raccogliendo p e ricordando che $p<0$ otteniamo

$$\sqrt{p^2-2}+p+3 = \frac{p\left(-6-\frac{11}{p}\right)}{p\left(-\sqrt{1-\frac{2}{p^2}}-1-\frac{3}{p}\right)} = \frac{-6-\frac{11}{p}}{-\sqrt{1-\frac{2}{p^2}}-1-\frac{3}{p}}$$

da cui segue, sostituendo

$$\lim_{p\to-\infty} \sqrt{p^2-2}+p+3 = \frac{-6}{-2} = 3$$

che conclude l'esercizio. ∎

Soluzione dell'Esercizio 3.4.11. È proprio simile all'Esercizio 3.4.4. Sostituendo abbiamo la *FI*

$$\lim_{x\to+\infty} \ln(1+e^x)-x = +\infty-\infty.$$

Poiché $x=\ln e^x$ si ha

$$\ln(1+e^x)-x = \ln(1+e^x)-\ln e^x = \ln\left(\frac{1+e^x}{e^x}\right) = \ln(1+e^{-x}),$$

per cui

$$\lim_{x\to+\infty} \ln(1+e^x)-x = \lim_{x\to+\infty} \ln(1+e^{-x}) = 0$$

e quindi la funzione consideratаè infinitesima a $+\infty$. ∎

Soluzione dell'Esercizio 3.4.12.

1. Nel primo limite (che si trova nella *FI* $\frac{\pm\infty}{+\infty}$) basta raccogliere a numeratore il fattore e^{2x} ed a denominatore il fattore e^x (che sono i termini "più forti") ottenendo:

$$\lim_{x\to+\infty} \frac{e^{2x}-x}{x^2-1+e^x} = \lim_{x\to+\infty} \frac{e^{2x}\left(1-\frac{x}{e^{2x}}\right)}{e^x\left(\frac{x^2}{e^x}-\frac{1}{e^x}+1\right)} = \lim_{x\to+\infty} e^x \frac{1-\frac{x}{e^{2x}}}{\frac{x^2}{e^x}-\frac{1}{e^x}+1}.$$

Grazie alle note gerarchie tra infiniti espresse nel limite notevole (3.4), le frazioni come $\frac{x}{e^{2x}}$ tendono a zero. Quindi

$$\lim_{x\to+\infty} \frac{1-\frac{x}{e^{2x}}}{\frac{x^2}{e^x}-\frac{1}{e^x}+1} = 1$$

ed il limite risulta $+\infty$.

2. Nel secondo limite ci liberiamo innanzitutto del valore assoluto; infatti, poiché $x \to -\infty$, segue che in un intorno di $-\infty$ (cioè quando prendiamo x "molto negativo"), si ha

$$|x-2| = 2-x$$

e quindi

$$\lim_{x\to-\infty} \sqrt{|x-2|}+x+3 = \lim_{x\to-\infty} \sqrt{-x+2}+x+3.$$

Sostituendo si trova la *FI*

$$\lim_{x\to-\infty} \sqrt{-x+2}+x+3 = +\infty-\infty.$$

Osserviamo che i due infiniti che qui sono "in competizione" non sono entrambi dello stesso ordine (il primo, per $x \to -\infty$ si comporta come $f(x) = x^{\frac{1}{2}}$, il secondo come $g(x) = x$). In questo caso è chiaro cosa ci si può aspettare: "vince" il secondo termine e quindi il limite dovrebbe essere $-\infty$. Per dimostrarlo basta raccogliere x ottenendo

$$\begin{aligned}\lim_{x\to-\infty} \sqrt{-x+2}+x+3 &= \lim_{x\to-\infty} x\left(\frac{\sqrt{-x+2}}{x}+1+\frac{3}{x}\right)\\ &= \lim_{x\to-\infty} x\left(-\sqrt{-\frac{1}{x}+\frac{2}{x^2}}+1+\frac{3}{x}\right) = -\infty.\end{aligned}$$

che conclude l'esercizio. ■

Limiti così così

Soluzione dell'Esercizio 3.4.18. Iniziamo con la sostituzione:

$$\frac{9\cdot(-\infty)+40^{-\infty}}{2\cdot(-\infty)-\ln|-\infty|} = \frac{-\infty+0}{-\infty-\infty} = \frac{-\infty}{-\infty}.$$

Siamo perciò in presenza di una *FI*. Intuiamo che al denominatore l'infinito di ordine superiore (cioè quello che arriva prima all'infinito) è $2x$ e quindi, per x vicino a $-\infty$. Mettiamo in evidenza l'infinito dominante sopra e sotto, ottenendo

$$\lim_{x\to-\infty} \frac{9x+40^x}{2x-\ln|x|} = \lim_{x\to-\infty} \frac{x\left(9+\frac{40^x}{x}\right)}{x\left(2-\frac{\ln|x|}{x}\right)} = \lim_{x\to-\infty} \frac{9+\frac{40^x}{x}}{2-\frac{\ln|x|}{x}}$$

Per concludere occorre mostrare che, come ci si aspetta[96]

$$\lim_{x\to-\infty} \frac{\ln|x|}{x} = 0.$$

Occorre fare un semplice cambio di variabile. Vediamo innanzitutto che per x "vicino" a $-\infty$ si ha $|x| = -x$ cosicché

$$\frac{\ln|x|}{x} = \frac{\ln(-x)}{x}.$$

Inoltre, ponendo $y = -x$ si ha che

$$x \to -\infty \Longrightarrow y \to +\infty$$

per cui

$$\lim_{x\to-\infty} \frac{\ln(-x)}{x} = \lim_{y\to+\infty} \frac{\ln y}{-y} = \lim_{y\to+\infty} -\frac{\ln y}{y} = 0.$$

dove, nell'ultimo passaggio, abbiamo utilizzato il limite notevole (3.7). ■

Soluzione dell'Esercizio 3.4.19. Il limite si presenta nella *FI* $\frac{0}{0}$. Basta ricordare il limite notevole (3.5) cui ci riconduciamo ponendo $t = x + x^2$, osservando che per $x \to 0$ anche $t \to 0$. Quindi

$$\lim_{x\to0} \frac{\ln(1+x+x^2)}{x+x^2} = \lim_{t\to0} \frac{\ln(1+t)}{t} = 1$$

[96] E ce lo aspettiamo grazie al limite notevole (3.7).

quindi tra numeratore e denominatore vale il simbolo $\sim$. ∎

Soluzione dell'Esercizio 3.4.20. Notiamo che si tratta di una FI del tipo $+\infty - \infty$ e che, raccogliendo x, otteniamo

$$xe^{\frac{1}{x-3}} - x = x\left(e^{\frac{1}{x-3}} - 1\right) = x \cdot \frac{e^{\frac{1}{x-3}} - 1}{\frac{1}{x-3}} \cdot \frac{1}{x-3} = \frac{e^{\frac{1}{x-3}} - 1}{\frac{1}{x-3}} \cdot \frac{x}{x-3}.$$

Basta ora ricordarsi del limite notevole (3.4) e ricondursi ad esso sostituendo $t = \frac{1}{x-3}$ osservando che per $x \to +\infty$ si ha $t \to 0$. Si ottiene allora

$$\lim_{x\to+\infty} \frac{e^{\frac{1}{x-3}} - 1}{\frac{1}{x-3}} \cdot \frac{x}{x-3} = \lim_{t\to 0} \frac{e^t - 1}{t} \cdot \lim_{x\to+\infty} \frac{x}{x-3} = 1 \cdot 1 = 1$$

che conclude l'esercizio. ∎

Soluzione dell'Esercizio 3.4.21. È una classica FI $\frac{0}{0}$ che si può risolvere applicando il Teorema di Bernoulli–de L'Hôpital e poi risistemando i termini:

$$\begin{aligned}
\lim_{x\to 0} \frac{\ln(e^x - 2x^2) - x}{x^2} &= \lim_{x\to 0} \frac{\frac{1}{e^x - 2x^2}(e^x - 4x) - 1}{2x} \\
&= \lim_{x\to 0} \frac{(e^x - 4x) - (e^x - 2x^2)}{2x(e^x - 2x^2)} \\
&= \lim_{x\to 0} \frac{2x^2 - 4x}{2x(e^x - 2x^2)} \\
&= \lim_{x\to 0} \frac{x - 2}{e^x - 2x^2} = -2.
\end{aligned}$$

Oppure, chi è allergico alle derivate e preferisce utilizzare i limiti notevoli, poteva ricordarsi del limite (3.5) ragionando nella seguente maniera (vedasi Esercizio 3.4.4-(2)):

$$\begin{aligned}
\lim_{x\to 0} \frac{\ln(e^x - 2x^2) - x}{x^2} &= \lim_{x\to 0} \frac{\ln(e^x - 2x^2) - \ln e^x}{x^2} \\
&= \lim_{x\to 0} \frac{\ln\left(\frac{e^x - 2x^2}{e^x}\right)}{x^2} \\
&= \lim_{x\to 0} \frac{\ln\left(1 - \frac{2x^2}{e^x}\right)}{-\frac{2x^2}{e^x}} \cdot \left(-\frac{2}{e^x}\right) = -2.
\end{aligned}$$

Cambiano i metodi ma non i risultati! ∎

Soluzione dell'Esercizio 3.4.22. Si presenta nella FI $\frac{0}{0}$ e ci riconduciamo al limite notevole (3.4). Infatti

$$\lim_{x\to 0} \frac{e^{x^2} - 1}{x^2 - 1 + e^x} = \lim_{x\to 0} \frac{e^{x^2} - 1}{x^2} \cdot \lim_{x\to 0} \frac{x^2}{x^2 - 1 + e^x}.$$

La prima frazione tende a 1 tramite il cambio di variabile $t = x^2$. La seconda tende a zero poiché il denominatore va all'infinito più velocemente del numeratore (l'esponenziale batte ogni polinomio, limite notevole 3.6). Quindi il limite finale è 0. ∎

Limiti difficilotti

Soluzione dell'Esercizio 3.4.28. Occorre dividere i casi a seconda del segno di p (ricordatevi l'Esercizio 3.4.23 ed il Pericolo 3.4.14).

Caso $p < 0$. Uno dei due casi facili: infatti, sostituendo, si ha

$$\lim_{c\to+\infty} (\ln c - pc) = +\infty + \infty = +\infty.$$

Caso $p = 0$. Il secondo caso facile: sostituendo si ha

$$\lim_{c\to+\infty}(\ln c - pc) = \lim_{c\to+\infty}\ln c = +\infty.$$

Caso $p > 0$. L'ultimo caso; questa volta sostituendo si ottiene

$$\lim_{c\to+\infty}(\ln c - pc) = +\infty - \infty$$

che è una FI. Raccogliendo c a fattor comune, ricaviamo

$$\lim_{c\to+\infty}(\ln c - pc) = \lim_{c\to+\infty} c\left(\frac{\ln c}{c} - p\right) = +\infty\cdot(-p) = -\infty,$$

dove si è usato il limite notevole (3.7) e poi si è sostituito. ■

Soluzione dell'Esercizio 3.4.29. Lasciamo al lettore il piacere di risolvere l'esercizio utilizzando il Teorema di Bernoulli–de L'Hôpital: ci concentreremo sull'utilizzo del polinomio di Taylor. Tuttavia è bene iniziare a semplificare i calcoli moltiplicando e dividendo il denominatore per $11x$ in maniera da poter utilizzare il limite notevole (3.5). Infatti si ha:

$$\begin{aligned}\lim_{x\to0}\frac{e^{7x}-e^{2x}+\ln(1-5x)}{x\ln(1+11x)} &= \lim_{x\to0}\frac{e^{7x}-e^{2x}+\ln(1-5x)}{11x^2\cdot\frac{\ln(1+11x)}{11x}}\\ &= \lim_{x\to0}\frac{e^{7x}-e^{2x}+\ln(1-5x)}{11x^2}\cdot\lim_{x\to0}\frac{11x}{\ln(1+11x)}\\ &= \lim_{x\to0}\frac{e^{7x}-e^{2x}+\ln(1-5x)}{11x^2}\end{aligned}$$

dove, nel secondo limite, abbiamo effettuato la sostituzione $t = 11x$. A denominatore ora abbiamo un infinitesimo di secondo grado: quindi, per poter applicare bene il polinomio di Taylor, ci accontentiamo di sviluppare tutti gli addendi del numeratore fino al secondo grado. Poiché

$$\begin{aligned}e^t &= 1+t+\frac{t^2}{2}+t^2\omega_e(t)\\ \ln(t+1) &= t-\frac{t^2}{2}+t^2\omega_l(t)\end{aligned}$$

abbiamo

$$\begin{aligned}e^{7x}-e^{2x}+\ln(1-5x) &= \left(1+(7x)+\frac{(7x)^2}{2}+(7x)^2\omega_e(7x)\right)-\left(1+(2x)+\frac{(2x)^2}{2}+(2x)^2\omega_e(2x)\right)+\\ &\qquad+\left((-5x)-\frac{(-5x)^2}{2}+(-5x)^2\omega_l(-5x)\right)\\ &= 1+7x+\frac{49x^2}{2}-1-2x-\frac{4x^2}{2}-5x-\frac{25x^2}{2}+x^2\omega(x)\\ &= 10x^2+x^2\omega(x)\end{aligned}$$

dove, per semplicità, abbiamo posto

$$\omega(x) = 49\omega_e(7x)-4\omega_e(2x)+25\omega_l(-5x).$$

Quindi

$$\lim_{x\to0}\frac{e^{7x}-e^{2x}+\ln(1-5x)}{x\ln(1+11x)} = \lim_{x\to0}\frac{e^{7x}-e^{2x}+\ln(1-5x)}{11x^2} = \lim_{x\to0}\frac{x^2(10+\omega(x))}{11x^2} = \frac{10}{11}$$

che è il limite cercato. ■

Soluzione dell'Esercizio 3.4.30. Classico esercizio da risolvere utilizzando il prodotto della ditta Bernoulli–de L'Hôpital. Infatti sostituendo otteniamo la *FI* $\frac{0}{0}$ ed essendo sia il numeratore che il denominatore derivabili, ricaviamo

$$\begin{aligned}\lim_{x\to 1}\frac{\ln x-\ln\ln(ex)}{\ln^2 x} &= \lim_{x\to 1}\frac{\frac{1}{x}-\frac{1}{\ln(ex)}\cdot\frac{e}{ex}}{2\frac{\ln x}{x}} = \lim_{x\to 1}\frac{\ln(ex)-1}{x\ln(ex)}\cdot\frac{x}{2\ln x}\\ &= \lim_{x\to 1}\frac{\ln e+\ln x-1}{2\ln(ex)\ln x} = \lim_{x\to 1}\frac{1}{2\ln(ex)} = \frac{1}{2}.\end{aligned}$$

Facendo dei "giochetti matematici", è addirittura possibile risolvere il limite utilizzando solamente il limite notevole (3.5): provate! ∎

Soluzione dell'Esercizio 3.4.31.

1. Il primo limite si risolve applicando il cambio di variabile $y = x - 1$ e riconducendosi così al limite notevole (3.8). Quindi
$$\lim_{x\to 1}\frac{\operatorname{sen}(x-1)}{x-1} = 1.$$

2. Il secondo limite si calcola riscrivendo
$$\frac{\operatorname{sen} x}{x^2-x} = \frac{\operatorname{sen} x}{x(x-1)} = \frac{\operatorname{sen} x}{x}\cdot\frac{1}{x-1}.$$
Sostituendo e applicando il limite notevole (3.8) ricaviamo che
$$\lim_{x\to 0}\frac{\operatorname{sen} x}{x^2-x} = -1.$$

3. Il terzo limite si calcola usando entrambi i limiti notevoli (3.8) ed (3.9). Riscrivendo si ha infatti
$$\frac{\operatorname{sen} x(1-\cos x)}{x^3} = \frac{\operatorname{sen} x}{x}\cdot\frac{1-\cos x}{x^2}$$
$$\lim_{x\to 0}\frac{\operatorname{sen} x(1-\cos x)}{x^3} = \lim_{x\to 0}\frac{\operatorname{sen} x}{x}\cdot\lim_{x\to 0}\frac{1-\cos x}{x^2} = 1\cdot\frac{1}{2} = \frac{1}{2}.$$

4. Per quanto riguarda il quarto limite occorre invece applicare il Teorema dei carabinieri 3.4.8. Infatti, analizzando la frazione $\frac{\cos x\operatorname{sen} x}{x}$ si intuisce che il numeratore è sempre limitato (sempre compreso tra -1 e 1) mentre il denominatore è un infinito: quindi all'infinito la frazione dovrebber tendere a 0. Tuttavia sostituendo direttamente non possiamo concludere niente poiché il limite
$$\lim_{x\to+\infty}\cos x\operatorname{sen} x$$
non esiste. È questo un tipico caso dove ci torna utile allora il Teorema dei carabinieri: infatti dalla disuguaglianza
$$-\frac{1}{x}\le\frac{\cos x\operatorname{sen} x}{x}\le\frac{1}{x}$$
facendo tendere a $x\to+\infty$ otteniamo
$$0 = \lim_{x\to+\infty}-\frac{1}{x}\le\lim_{x\to+\infty}\frac{\cos x\operatorname{sen} x}{x}\le\lim_{x\to+\infty}\frac{1}{x} = 0$$
dimostrando che la funzione è infinitesima. ∎

Asintoti

Soluzione dell'Esercizio 3.4.35. Il $CE(f) = \mathbb{R} \setminus \{0\}$ e

$$\lim_{x\to 0^+} f(x) = -\infty \qquad \text{e} \qquad \lim_{x\to 0^-} f(x) = +\infty.$$

Quindi la retta $x = 0$ risulta essere asintoto verticale. Passiamo a controllare gli asintoti per $x = \pm\infty$.

Caso $+\infty$. Per quanto riguarda il limite si ha

$$\lim_{x\to+\infty} f(x) = +\infty;$$

quindi non esiste asintoto orizzontale destro ma può esistere l'asintoto obliquo. Calcoliamocelo:

$$\lim_{x\to+\infty} \frac{f(x)}{x} = \lim_{x\to+\infty} \frac{e^x}{x} - \frac{x^2+1}{x^2} = +\infty;$$

quindi non esiste l'asintoto obliquo destro.

Caso $-\infty$. Anche in questo caso abbiamo

$$\lim_{x\to-\infty} f(x) = +\infty$$

e nuovamente non esiste asintoto orizzontale sinistro. Per quanto riguarda l'asintoto obliquo, abbiamo

$$\lim_{x\to-\infty} \frac{f(x)}{x} = \lim_{x\to-\infty} \frac{e^x}{x} - \frac{x^2+1}{x^2} = -1.$$

Quindi il coefficiente angolare dell'*eventuale* retta asintotica è $m = -1$. Passiamo a determinare q (se ci sta):

$$\lim_{x\to-\infty} f(x) - mx = \lim_{x\to-\infty} \left(e^x - \frac{x^2+1}{x} + x\right) = \lim_{x\to-\infty} \left(e^x - \frac{1}{x}\right) = 0.$$

Quindi l'asintoto obliquo sinistro esiste ed ha equazione $y = -x$ (Figura 3.30). ∎

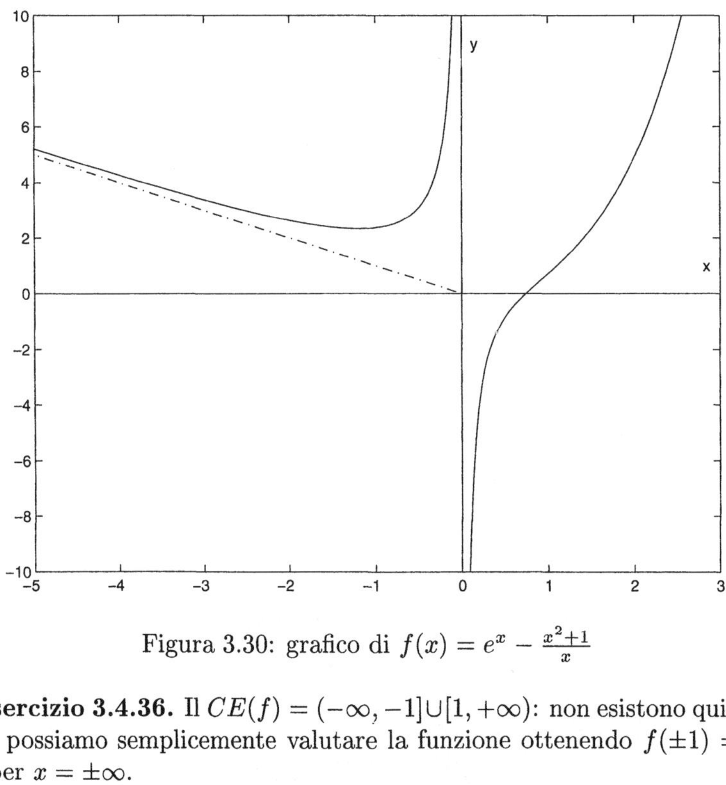

Figura 3.30: grafico di $f(x) = e^x - \frac{x^2+1}{x}$

Soluzione dell'Esercizio 3.4.36. Il $CE(f) = (-\infty, -1] \cup [1, +\infty)$: non esistono quindi asintoti verticali (nei punti $x = \pm 1$ possiamo semplicemente valutare la funzione ottenendo $f(\pm 1) = 0$). Passiamo agli eventuali asintoti per $x = \pm\infty$.

Caso $+\infty$. Per quanto riguarda il limite si ha

$$\lim_{x\to+\infty} f(x) = +\infty;$$

quindi non esiste asintoto orizzontale. Per quanto riguarda l'asintoto obliquo abbiamo:

$$\begin{aligned}
\lim_{x\to+\infty} \frac{f(x)}{x} &= \lim_{x\to+\infty} \frac{\sqrt{x^4-1}}{x^2} = 1,\\
\lim_{x\to+\infty} f(x) - mx &= \lim_{x\to+\infty} \frac{\sqrt{x^4-1}}{x} - x\\
&= \lim_{x\to+\infty} \frac{\sqrt{x^4-1}-x^2}{x}\\
&= \lim_{x\to+\infty} \frac{-1}{x(\sqrt{x^4-1}+x^2)} = 0
\end{aligned}$$

(nell'ultimo passaggio abbiamo razionalizzato) quindi l'asintoto obliquo destro è la retta $y = x$.

Caso $-\infty$. I calcoli sono analoghi ed otteniamo lo stesso asintoto obliquo (Figura 3.31). ■

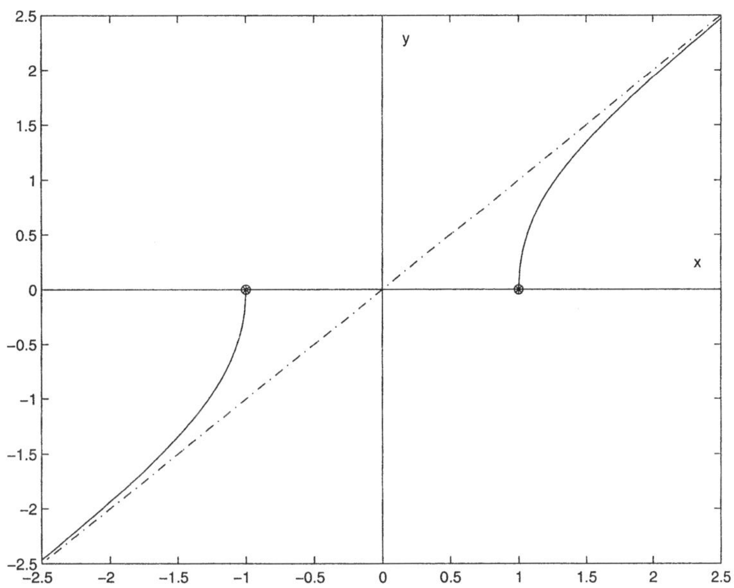

Figura 3.31: grafico di $f(x) = \frac{\sqrt{x^4-1}}{x}$

3.10.3 *Continuità e derivabilità*

Verifica della continuità

Soluzione dell'Esercizio 3.5.3. Il $CE(f) = \mathbb{R}$ e f è sicuramente continua per il TC su $\mathbb{R} \setminus \{1\}$. Resta da vedere se è continua nel punto $x = 1$ calcolando i limiti destro e sinistro in tale punto:

$$\begin{aligned}
\lim_{x\to1^-} f(x) &= \lim_{x\to1^-} 1 + \alpha x^2 = 1 + \alpha = f(1),\\
\lim_{x\to1^+} f(x) &= \lim_{x\to1^+} 3x + 2 = 5,
\end{aligned}$$

da cui segue che si ha continuità di f in $x = 1$ se e solo se $1 + \alpha = 5$ cioè $\alpha = 4$. ■

Soluzione dell'Esercizio 3.5.4. Il $CE(f) = \mathbb{R}$ e ragionando come negli esercizi precedenti si ottiene che f è continua su tutto $\mathbb{R}$ se e solo se

$$\lim_{x\to1^-} f(x) = \lim_{x\to1^+} f(x)$$

cioè $\alpha = 3 + 2\alpha$ che si verifica per $\alpha = -3$. ∎

Un po' di calcolo di derivate

Soluzione dell'Esercizio 3.5.7. Come nell'Esercizio 3.5.5 siamo in presenza della composizione di due funzioni. Copiandone il procedimento otteniamo che la derivata di f è

$$\mathrm{D}f(x) = \frac{2xe^{x^2} + 3}{e^{x^2} + 3x + 44}$$

e siamo a posto. ∎

Soluzione dell'Esercizio 3.5.8. Prodotto di due funzioni di cui una, la prima, è composizione di altre due. Quindi la derivata di f è

$$\begin{aligned}\mathrm{D}f(x) &= \ln x \mathrm{D}e^{3x^2+5x+6} + e^{3x^2+5x+6}\mathrm{D}\ln x \\ &= e^{3x^2+5x+6}(6x+5)\ln x + \frac{e^{3x^2+5x+6}}{x} \\ &= e^{3x^2+5x+6}\left((6x+5)\ln x + \frac{1}{x}\right)\end{aligned}$$

e siamo a posto. ∎

Soluzione dell'Esercizio 3.5.9. Rapporto di due funzioni entrambe composizioni di altre due. Quindi la derivata di f è

$$\mathrm{D}f(x) = \frac{\ln(6x+1)\mathrm{D}e^{2x} - e^{2x}\mathrm{D}\ln(6x+1)}{\ln^2(6x+1)} = \frac{e^{2x}\left(2\ln(6x+1) - \frac{6}{6x+1}\right)}{\ln^2(6x+1)}$$

e siamo a posto. ∎

Verifica della derivabilità (e quindi anche della continuità)

Soluzione dell'Esercizio 3.5.13. Osserviamo che (verificate per conto vostro) $CE(f) = [0, +\infty) \setminus \{e\}$; dunque dovremo vedere soltanto i limiti a destra (continuità e derivabilità a destra). Sostituendo, si ottiene

$$\lim_{x\to 0^+} f(x) = \lim_{x\to 0^+} \frac{x^2 \ln x}{\ln x - 1} = \frac{0 \cdot (-\infty)}{-\infty}$$

che è una "ultra" FI. Mettendo in evidenza $\ln x$ a denominatore, otteniamo

$$\lim_{x\to 0^+} f(x) = \lim_{x\to 0^+} \frac{x^2 \ln x}{\ln x \left(1 - \frac{1}{\ln x}\right)} = \lim_{x\to 0^+} \frac{x^2}{1 - \frac{1}{\ln x}} = \frac{0}{1-0} = 0.$$

Ciò implica che f è continua a destra in $x = 0$ (quindi è continua, poiché a sinistra la f non c'è). Essendoci continuità possiamo vedere se c'è derivabilità (se f fosse stata discontinua non avremmo certamente avuto derivabilità). Calcoliamoci il limite destro del rapporto incrementale:

$$\lim_{x\to 0^+} \frac{f(x) - f(0)}{x - 0} = \lim_{x\to 0^+} \frac{\frac{x^2 \ln x}{\ln x - 1}}{x} = \lim_{x\to 0^+} \frac{x \ln x}{\ln x - 1}.$$

Operando come nel caso precedente (cioè mettendo in evidenza $\ln x$ a denominatore), si ottiene

$$f'(0^+) = \lim_{x\to 0^+} \frac{x \ln x}{\ln x - 1} = \lim_{x\to 0^+} \frac{x}{1 - \frac{1}{\ln x}} = 0.$$

Quindi esiste $f'(0^+) = 0$. ∎

Soluzione dell'Esercizio 3.5.14. Per i TC e TD la funzione f è continua e derivabile per ogni $x \in (0,1) \cup (1,+\infty)$. Vediamo cosa succede in $x = 1$. Partiamo dal limite in $x = 1$ (con il limite destro e sinistro) per vederne la continuità.

$$\begin{aligned} \lim_{x \to 1^-} f(x) &= \lim_{x \to 1^-} x^\alpha = 1 = f(1), \\ \lim_{x \to 1^+} f(x) &= \lim_{x \to 1^+} \alpha x + \beta = \alpha + \beta. \end{aligned}$$

Quindi f risulta continua in $x = 1$ se e solo se

$$\alpha + \beta = 1. \tag{3.36}$$

Se vale (3.36) allora f può essere derivabile in $x = 1$. Per verificarlo calcoliamo i limiti destro e sinistro del rapporto incrementale.

$$\begin{aligned} f'(1^-) = \lim_{x \to 1^-} \frac{f(x) - f(1)}{x - 1} &= \lim_{x \to 1^-} \frac{x^\alpha - 1}{x - 1} = \alpha, \\ f'(1^+) = \lim_{x \to 1^+} \frac{f(x) - f(1)}{x - 1} &= \lim_{x \to 1^+} \frac{\alpha x + \beta - 1}{x - 1} = \alpha. \end{aligned}$$

Ne segue che, se vale (3.36) allora f è derivabile su tutto $CE(f)$. ∎

Soluzione dell'Esercizio 3.5.15. Chiaramente, grazie a TC e TD, la funzione q risulta continua e derivabile in ogni $p \geq 0$ escluso $p = 10$. In tale punto abbiamo

$$\begin{aligned} \lim_{p \to 10^-} q(p) &= \lim_{p \to 10^-} 1000 - p^2 = 900 \\ \lim_{p \to 10^+} q(p) &= \lim_{p \to 10^-} ke^{-p} = ke^{-10}. \end{aligned}$$

Occorre quindi che

$$ke^{-10} = 900$$

cioè $k = 900e^{10}$. Per quanto riguarda le derivabilità in $p = 10$ basta fare i limiti delle derivate a destra e sinistra di $p = 10$ (si usa l'Osservazione 3.5.9). Essi sono (provate!) -20 e -900 e quindi si ottiene che q non è derivabile. ∎

Soluzione dell'Esercizio 3.5.16. Grazie a TC e TD, la funzione f risulta continua e derivabile in ogni $x \geq 0$. Calcoliamo il limite destro in 0 con il Teorema di Bernoulli–de L'Hôpital:

$$\lim_{x \to 0^+} f(x) = \lim_{x \to 0^+} \frac{e^{kx} - 4x - 1}{x} = \lim_{x \to 0^+} \left(ke^{kx} - 4\right) = k - 4$$

Per quanto riguarda il limite sinistro si ha

$$\lim_{x \to 0^-} f(x) = \lim_{x \to 0^-} x^2 + hx + 6 = 6 = f(0)$$

Quindi dobbiamo avere

$$k - 4 = 6,$$

cioè $k = 10$ e perciò la funzione f risulta continua per h qualsiasi e $k = 10$. Determiniamo ora per quali valori di h la funzione è derivabile su tutto $\mathbb{R}$. Poiché una funzione derivabile è anche continua (e non viceversa!), deve essere necessariamente $k = 10$ e quindi resta da determinare h. Ovviamente, come precedentemente osservato per la continuità, la funzione f è derivabile in tutti i punti diversi dall'origine. Per determinare quando f è derivabile in 0, applichiamo la definizione di derivata:

$$f'(0) = \lim_{x \to 0} \frac{f(x) - f(0)}{x - 0} = \lim_{x \to 0} \frac{f(x) - 6}{x}$$

e spezziamo il limite in limite destro e limite sinistro. Per quanto riguarda il primo si ha

$$\lim_{x \to 0^+} \frac{f(x) - 6}{x} = \lim_{x \to 0^+} \frac{\frac{e^{10x} - 4x - 1}{x} - 6}{x} = \lim_{x \to 0^+} \frac{e^{10x} - 10x - 1}{x^2} = \lim_{x \to 0^+} \frac{10e^{10x} - 10}{2x} = \lim_{x \to 0^+} \frac{100e^{10x}}{2} = 50.$$

(ancora una volta abbiamo applicato due volte il Teorema di Bernoulli–de L'Hôpital). Più semplice è il calcolo del limite sinistro:

$$\lim_{x\to 0^-}\frac{f(x)-6}{x}=\lim_{x\to 0^-}\frac{x^2+hx+6-6}{x}=\lim_{x\to 0^-}\frac{x^2+hx}{x}=\lim_{x\to 0^-}(x+h)=h.$$

Affinché f sia derivabile, il limite destro deve uguagliare il limite sinistro e quindi deve essere $h=50$. ■

Teorema del valor medio, formula di Taylor ed esercizi annessi

Soluzione dell'Esercizio 3.5.19. È sufficiente utilizzare il Teorema del valor medio (nella forma di Rolle). Si verifica facilmente che

$$f(1)=f(-1)=0$$

e che f è continua su $[-1,1]$ e derivabile su $(-1,1)$[97]. Quindi per il Teorema del valor medio, esiste effettivamente $x_0\in(-1,1)$ tale che $f'(x_0)=0$.

Faccina 3.10.1 Come ci è venuto in mente questo procedimento? Il processo logico da noi seguito è questo:

- Il testo dell'esercizio chiede di *non* calcolare la derivata: quindo occorre applicare un teorema che dia come risultato l'esistenza di un tale x_0: il Teorema di Lagrange fa al nostro caso se riusciamo a trovare due punti distinti x_0 e x_1 in cui si abbia $f(x_0)=f(x_1)$ e tali che f sia derivabile su (x_0,x_1) e continua su $[x_0,x_1]$. In tal modo il Teorema di Lagrange (nel suo caso particolare di Rolle) fornisce automaticamente la tesi.
- Cerchiamo allora se ci sono due punti distinti x_0 e x_1 di questo tipo. Osserviamo che $CE(f)=\mathbb{R}$ e che, grazie a TC e TD f è continua su $\mathbb{R}$ e derivabile di sicuro su $\mathbb{R}\setminus\{-3\}$. Quindi cerchiamo di scegliere x_0 e x_1 in modo che -3 non sia compreso tra essi.
- Il modo più semplice per cercare due punti così ci pare essere quello di porre $f(x)=0$. Se si trovano due punti che soddisfano questo e non comprendono tra essi -3 siamo a posto. Ponendo $f(x)=0$ in effetti troviamo che $x_0=-1$ e $x_1=1$ è una buona scelta. ■

Soluzione dell'Esercizio 3.5.20. Si tratta di fare i calcoli e di applicare la formula (3.23).

1. Calcoliamo le derivate prima e seconda

$$f_1'(x)=2xe^{x^2}\qquad\text{e}\qquad f_1''(x)=2e^{x^2}+4x^2e^{x^2};$$

quindi

$$f_1(0)=1\qquad\text{e}\qquad f_1'(0)=0\qquad\text{e}\qquad f_1''(0)=2.$$

Perciò il polinomio di Taylor è

$$P_2(x,x_0)=\sum_{h=0}^{2}\frac{f_1^{(h)}(x_0)}{h!}(x-x_0)^h=f_1(x_0)+f_1'(x_0)(x-x_0)+\frac{1}{2!}f_1''(x_0)(x-x_0)^2=1+x^2.$$

2. Calcoliamo le derivate prima e seconda

$$f_2'(x)=3x^2\qquad\text{e}\qquad f_2''(x)=6x$$

e quindi

$$f_2(0)=0\qquad\text{e}\qquad f_2'(0)=0\qquad\text{e}\qquad f_2''(0)=0.$$

Perciò il polinomio di Taylor è

$$P_2(x,x_0)=0.$$

[97]Non perdete tempo a considerare i vari casi per il valore assoluto: stiamo lavorando sull'intervallo $[-1,1]$ ed in tale intervallo la funzione $|x+3|$ è sempre derivabile per TD.

3. Calcoliamo le derivate prima e seconda

$$f_3'(x) = \frac{1}{2\sqrt{1+x}} \quad \text{e} \quad f_3''(x) = -\frac{1}{4\sqrt{(1+x)^3}}$$

e quindi

$$f_3(0) = 1 \quad \text{e} \quad f_3'(0) = \frac{1}{2} \quad \text{e} \quad f_3''(0) = -\frac{1}{4}.$$

Perciò il polinomio di Taylor è

$$P_2(x, x_0) = 1 + \frac{1}{2}x - \frac{1}{8}x^2$$

e con questo abbiamo concluso. ∎

3.10.4 *Derivate, monotonia e convessità*

Derivata prima e monotonia

Soluzione dell'Esercizio 3.6.5. Essendo la funzione derivabile, è sufficiente determinare l'insieme in cui la derivata

$$f'(x) = 6x^2 + 48x + 90$$

è ≤ 0, cioè dobbiamo risolvere la disequazione

$$6x^2 + 48x + 90 \leq 0.$$

È un semplice eserciziettto la cui soluzione è $[-5, -3]$. ∎

Soluzione dell'Esercizio 3.6.6. Essendo la funzione derivabile, è sufficiente determinare l'insieme in cui la derivata

$$f'(x) = e^{2x}(2x - 5)$$

risulta ≥ 0 cioè

$$e^{2x}(2x - 5) \geq 0.$$

La soluzione è $\left[\frac{5}{2}, +\infty\right)$ (osservate che e^{2x} è sempre positiva). ∎

Soluzione dell'Esercizio 3.6.7. Iniziamo determinando il $CE(f)$: dobbiamo risolvere il sistema

$$\begin{cases} 20 - x > 0 \\ x - 10 > 0 \end{cases}$$

la cui soluzione è $CE(f) = (10, 20)$. Inoltre, notando che la funzione è derivabile sul $CE(f)$, bisogna imporre che

$$f'(x) = -\frac{1}{20 - x} + \frac{1}{x - 10} \geq 0.$$

Svolgendo i calcoli si ricava

$$\frac{-2x + 30}{(20 - x)(x - 10)} \geq 0.$$

Ringraziando cordialmente il $CE(f)$, si ricava che il denominatore è sempre positivo (in quanto prodotto di 2 fattori positivi), quindi è sufficiente avere

$$-2x + 30 \geq 0$$

cioè $x \leq 15$. Allora l'insieme massimale I in cui f è crescente è dato da tutti i punti del $CE(f)$ per cui f' è ≥ 0, cioè $I = (10, 15)$. ∎

Soluzione dell'Esercizio 3.6.8. Troviamo il $CE(f)$ risolvendo

$$x^2 + 2x - 2 \neq 0$$

che ha soluzione $x \in \mathbb{R} \setminus \{-1 \pm \sqrt{3}\}$. Quindi passiamo a calcolare la derivata prima

$$f'(x) = \frac{e^x}{(x^2+2x-2)^2}(x^2-4)$$

e controlliamo quando $f'(x) \leq 0$ nel $CE(f)$. Il fattore $\frac{e^x}{(x^2+2x-2)^2}$ è strettamente positivo e quindi

$$f'(x) \leq 0 \qquad \Longleftrightarrow \qquad x^2 - 4 \leq 0$$

la cui soluzione è $x \in [-2, 2]$. Ma non bisogna dimenticare il $CE(f)$: poiché $-1 + \sqrt{3} \in [-2, 2]$ occorre toglierlo e la soluzione finale è $I = [-2, -1+\sqrt{3}) \cup (-1+\sqrt{3}, 2]$. ∎

Soluzione dell'Esercizio 3.6.9. Come negli altri casi bisogna calcolare la derivata prima

$$f'(x) = (2x+1)e^{x^2+x+10}$$

ed imporre che sia ≥ 0, cioè

$$(2x+1)e^{x^2+x+10} \geq 0.$$

Essendo il secondo fattore (un esponenziale) sempre > 0, è sufficiente risolvere la disequazione

$$2x + 1 \geq 0$$

la cui soluzione è $\left[-\frac{1}{2}, +\infty\right)$ Notate che la funzione qui cresce se e solo se cresce l'esponente: si tratta in realtà di una regola generale che si può agevolmente giustificare ricordando l'Esercizio 3.3.32. ∎

Derivata seconda, convessità e concavità

Soluzione dell'Esercizio 3.6.13. Calcoliamo le derivate della funzione:

$$f'(x) = -3x^2 + 4x + 5 \qquad \text{e} \qquad f''(x) = -6x + 4.$$

Poiché una funzione è convessa se e solo se la sua derivata seconda è ≥ 0, segue che si deve avere

$$f''(x) = -6x + 4 \geq 0$$

la cui soluzione è $\left(-\infty, \frac{2}{3}\right]$. ∎

Soluzione dell'Esercizio 3.6.14. Ripetiamo i passi dell'Esercizio 3.6.13. Le derivate sono

$$f'(x) = 2e^{2x} - 12x + 2 \qquad \text{e} \qquad f''(x) = 4e^{2x} - 12.$$

Quindi si deve avere

$$4e^{2x} - 12 \geq 0 \qquad \Longleftrightarrow \qquad e^{2x} \geq 3 = e^{\ln 3}.$$

Sfruttando la monotonia dell'esponenziale, otteniamo la soluzione $\left[\frac{\ln 3}{2}, +\infty\right)$. ∎

Soluzione dell'Esercizio 3.6.15. Innanzitutto $CE(f) = (3 + \infty)$. Essendo la funzione due volte derivabile all'interno del $CE(f)$, è sufficiente determinare la positività della sua derivata seconda:

$$\begin{aligned} f'(x) &= 2x + 13 - 5\ln(x-3) - 5(x-3)\frac{1}{x \quad 3} = 2x + 8 - 5\ln(x-3) \\ f''(x) &= 2 - 5\frac{1}{x-3} = \frac{2x-11}{x-3}. \end{aligned}$$

Essendo $x - 3 > 0$ (grazie al $CE(f)$) si ha che $f'' \geq 0$ se e solo se $2x - 11 \geq 0$ cioè $x \in \left[\frac{11}{2}, +\infty\right)$[98]. ∎

[98] Vi proponiamo di indovinare quale è stato l'errore più gettonato in questo esercizio.

Soluzione dell'Esercizio 3.6.16. Come gli altri esercizi con una unica eccezione: in questo caso il $CE(f)$ non è tutto $\mathbb{R}$. Poiché c'è un logaritmo si deve avere l'argomento > 0, quindi $CE(f) = (2, +\infty)$. Ed ora passiamo alle derivate:

$$f'(x) = \frac{4}{x-2} + x + 2 \quad \text{e} \quad f''(x) = -\frac{4}{(x-2)^2} + 1 = \frac{x^2 - 4x}{(x-2)^2}.$$

Ora dobbiamo risolvere la disequazione

$$\frac{x^2 - 4x}{(x-2)^2} \leq 0$$

relativamente al $CE(f)$: la soluzione finale è $(2, 4]$. ∎

Soluzione dell'Esercizio 3.6.17. Questa volta saremo di poche parole. Le derivate sono

$$f'(x) = 4x^3 + 12x^2 - 180x + 10 \quad \text{e} \quad f''(x) = 12x^2 + 24x - 180.$$

Quindi dobbiamo risolvere la disequazione

$$12x^2 + 24x - 180 \geq 0$$

la cui soluzione è $(-\infty, -5] \cup [-3, +\infty)$. ∎

Soluzione dell'Esercizio 3.6.18. Le derivate sono

$$f'(x) = \frac{9}{x-3} + x + 3 \quad \text{e} \quad f''(x) = -\frac{9}{(x-3)^2} + 1.$$

Quindi dobbiamo risolvere la disequazione

$$-\frac{9}{(x-3)^2} + 1 \leq 0 \quad \Longleftrightarrow \quad (x-3)^2 \leq 9$$

la cui soluzione è $[0, 6]$. Quindi la funzione è concava in $[0, 6]$ ... siete d'accordo? Sorpresa! Vi siete ricordati del $CE(f)$ (Pericolo 3.6.8)? La vera soluzione è $(3, 6]$. ∎

Soluzione dell'Esercizio 3.6.19. Si ha $CE(f) = (0, +\infty)$ ed inoltre

$$f'(x) = x^{-1} + x \quad \text{e} \quad f''(x) = -x^{-2} + 1.$$

Risolvendo la disequazione $-x^{-2} + 1 < 0$ relativamente all'insieme richiesto $(0, 1)$ si ottiene che $f''(x) < 0$ su $(0, 1)$. Quindi f è concava su $(0, 1)$. ∎

3.10.5 *Problemi di massimo e minimo*

Massimi e minimi senza economia

Soluzione dell'Esercizio 3.7.10. Ragionando come nell'Esercizio 3.7.1 calcoliamo la derivata ed imponiamo che sia nulla:

$$f'(x) = (2x - 2)e^x + (x^2 - 2x + 2)e^x - 30x^2 = x^2 e^x - 30x^2 = x^2(e^x - 30) = 0.$$

Essendo l'espressione a sinistra composta da due fattori, bisogna determinare quando tali fattori si annullano. Per il primo si ha $x^2 = 0$ la cui soluzione è $x = 0$; per il secondo si ha

$$e^x - 30 = 0$$

la cui soluzione è $x = \ln 30$. Quindi i punti stazionari sono due, cioè $x = 0$ (che risulta essere un punto di flesso, provate) e $x = \ln 30$ (che risulta essere un punto di minimo, riprovate). ∎

Soluzione dell'Esercizio 3.7.11. L'esercizio proposto somiglia molto all'Esercizio 3.7.6. Ne diamo una soluzione per sommi capi. Innanzitutto $CE(h) = \mathbb{R}$, inoltre h è sicuramente continua e derivabile su $\mathbb{R} \setminus \{0\}$ grazie a TC e TD. I limiti agli estremi sono:

$$\lim_{x \to -\infty} h(x) = 2, \qquad \lim_{x \to 0^-} h(x) = 3, \qquad \lim_{x \to 0^+} h(x) = 0, \qquad \lim_{x \to +\infty} h(x) = 1.$$

Il punto $x = 0$ risulta essere punto di discontinuità (vale in esso la continuità a sinistra). La derivata vale

$$h'(x) = \begin{cases} \frac{1}{(1-x)^2}, & x < 0, \\ \frac{1}{x^2} e^{-\frac{1}{x}}, & x > 0. \end{cases}$$

Con una rapida indagine troviamo che h' è sempre > 0 e dunque h è strettamente crescente su $(-\infty, 0)$ e su $(0, +\infty)$. Attenzione che non è strettamente crescente su $\mathbb{R}$ (riguardate il Pericolo 3.3.14). L'unico punto da "testare" è $x = 0$ utilizzando il Teorema 3.7.9: con l'aiuto dei limiti agli estremi possiamo affermare che

$$\sup_{\mathbb{R}} h = \max_{\mathbb{R}} h = h(0) = 3 \qquad \text{e} \qquad \inf_{\mathbb{R}} h = 0$$

e non vi sono altri punti estremali locali escluso $x = 0$ che è globale (Figura 3.32).

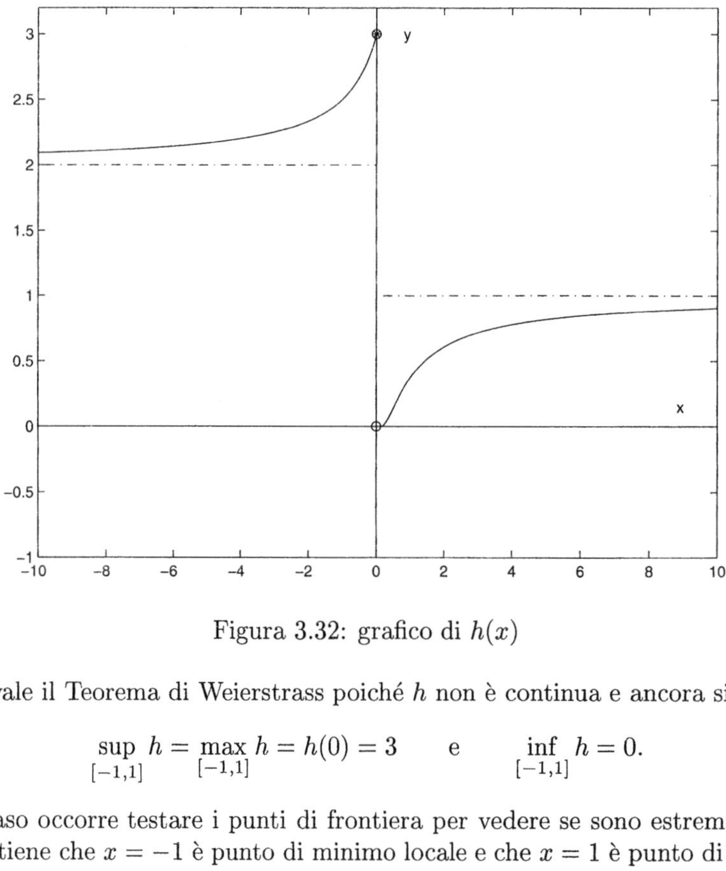

Figura 3.32: grafico di $h(x)$

Su $[-1, 1]$ non vale il Teorema di Weierstrass poiché h non è continua e ancora si ha

$$\sup_{[-1,1]} h = \max_{[-1,1]} h = h(0) = 3 \qquad \text{e} \qquad \inf_{[-1,1]} h = 0.$$

Inoltre in questo caso occorre testare i punti di frontiera per vedere se sono estremali locali. Usando il Teorema 3.7.8 si ottiene che $x = -1$ è punto di minimo locale e che $x = 1$ è punto di massimo locale. ∎

Soluzione dell'Esercizio 3.7.12. Questo esercizio ricorda molto l'Esercizio 3.7.7. Partiamo come al solito mostrando che $CE(f) = \mathbb{R}$ (ricordate l'Esercizio 3.3.6) e che f è sicuramente continua e derivabile su $\mathbb{R} \setminus \{0\}$ grazie a TC e TD. I limiti agli estremi sono:

$$\lim_{x \to 0} f(x) = -1, \qquad \lim_{x \to 0^+} f(x) = -\infty, \qquad \lim_{x \to -\infty} f(x) = -\infty, \qquad \lim_{x \to +\infty} f(x) = -\infty.$$

Tali limiti si determinano tutti sostituendo, tranne l'ultimo che fornisce una FI del tipo $+\infty - \infty$ che si tratta nella seguente maniera:

$$\lim_{x \to +\infty} \ln x - x = \lim_{x \to +\infty} x \left(\frac{\ln x}{x} - 1 \right) = +\infty(0 - 1) = -\infty.$$

La derivata è

$$f'(x) = \begin{cases} 2 - e^x, & x < 0, \\ \frac{1}{x} - 1, & x > 0, \end{cases}$$

e quindi

		0	1	
segno di f'	+	+	−
monotonia di f	↗	↗	↘

Allora

- applicando il Teorema 3.7.9 otteniamo che $x = 0$ è punto di massimo locale;
- usando il Teorema 3.7.8 otteniamo che $x = 1$ è punto di massimo locale.

Calcolando $f(1) = -1 = f(0)$ e confrontandoli con i limiti agli estremi ricaviamo

$$\sup_{\mathbb{R}} f = \max_{\mathbb{R}} f = -1 \qquad \text{e} \qquad \inf_{\mathbb{R}} f = -\infty.$$

Quindi i punti 0 e 1 sono di massimo globale su $\mathbb{R}$ (Figura 3.33).

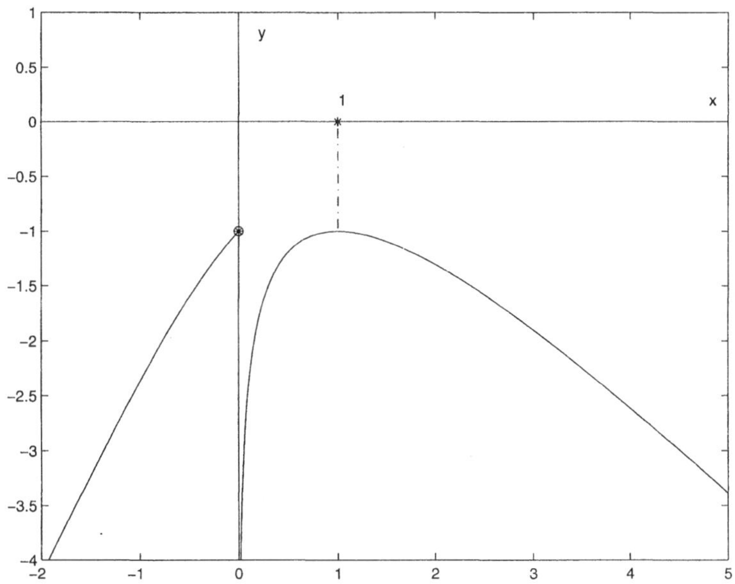

Figura 3.33: grafico di $f(x)$

Su $(-1, 1)$ non vale il Teorema di Weierstrass poiché $(-1, 1)$ non è compatto (è un intervallo limitato ma aperto). Si osserva che vi appartiene un solo punto candidato, $x = 0$, che è ancora punto di massimo globale. L'estremo inferiore e superiore sono gli stessi. ∎

Soluzione dell'Esercizio 3.7.13. Innanzitutto $CE(f) = \mathbb{R}$ e f è sicuramente continua e derivabile su $\mathbb{R} \setminus \{1\}$ grazie a TC e TD. I limiti agli estremi sono:

$$\lim_{x \to 1^-} f(x) = 1, \qquad \lim_{x \to 1^+} f(x) = e - 1, \qquad \lim_{x \to -\infty} f(x) = +\infty \qquad \lim_{x \to +\infty} f(x) = +\infty.$$

Tali limiti si trovano tutti sostituendo, tranne l'ultimo che dà una FI del tipo $+\infty - \infty$ che trattiamo nella seguente maniera:

$$\lim_{x \to +\infty} e^x - x = \lim_{x \to +\infty} x \left(\frac{e^x}{x} - 1 \right) = +\infty(+\infty - 1) = +\infty.$$

La derivata è

$$f'(x) = \begin{cases} 2x - 2, & x < 1, \\ e^x - 1, & x > 1, \end{cases}$$

e quindi

		1
segno di f'	$-$	$+$
monotonia di f	$\searrow$	$\nearrow$

Applicando ora il Teorema 3.7.9 otteniamo che $x = 0$ è punto di minimo globale (controllate che $1 < e-1$); dai limiti agli estremi troviamo che

$$\sup_{\mathbb{R}} f = +\infty \qquad \text{e} \qquad \inf_{\mathbb{R}} f = \min_{\mathbb{R}} f = f(1) = 1.$$

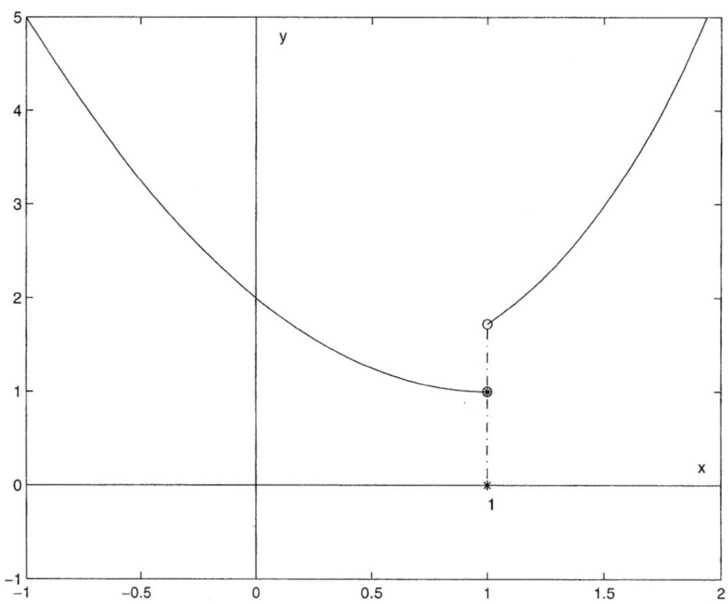

Figura 3.34: grafico di $f(x)$

Su $[2, 4]$ sono verificate le ipotesi del Teorema di Weierstrass e f è crescente. Quindi $x = 2$ è punto di massimo globale mentre $x = 4$ è punto di minimo globale (Figura 3.34). ∎

Soluzione dell'Esercizio 3.7.14. Il $CE(f) = \mathbb{R}$ e f è continua e derivabile su $\mathbb{R} \setminus \{0\}$ grazie a TC e TD. I limiti agli estremi sono (per il primo limite consigliamo di effettuare il cambiamento di variabile $t = x^{-2}$ riconducendosi al limite notevole (3.6)):

$$\lim_{x \to 0^-} f(x) = 0, \qquad \lim_{x \to 0^+} f(x) = -1, \qquad \lim_{x \to -\infty} f(x) = 0, \qquad \lim_{x \to +\infty} f(x) = +\infty.$$

La derivata vale:

$$f'(x) = \begin{cases} \frac{1}{x^2} e^{-\dfrac{1}{x^2}} \left(-1 + \dfrac{2}{x^2}\right), & x < 0, \\ 2x, & x > 0, \end{cases}$$

da cui si ricava

		$-\sqrt{2}$	0	
segno di f'	$-$	$+$	$+$	
monotonia di f	$\searrow$	$\nearrow$	$\nearrow$	

- Dal Teorema 3.7.9 si ricava che $x = 0$ è punto di minimo locale,
- dal Teorema 3.7.8 otteniamo che anche $x = -\sqrt{2}$ è punto di minimo locale.

Calcolando poi $f(-\sqrt{2}) = \frac{1}{\sqrt{2}}e^{-\frac{1}{2}}$ e $f(0) = -1$ e confrontandoli con i limiti agli estremi troviamo che

$$\sup_{\mathbb{R}} f = +\infty, \quad \text{e} \quad \inf_{\mathbb{R}} f = \min_{\mathbb{R}} f = f(0) = -1.$$

Quindi 0 è punto di minimo globale su $\mathbb{R}$ (Figura 3.35). ∎

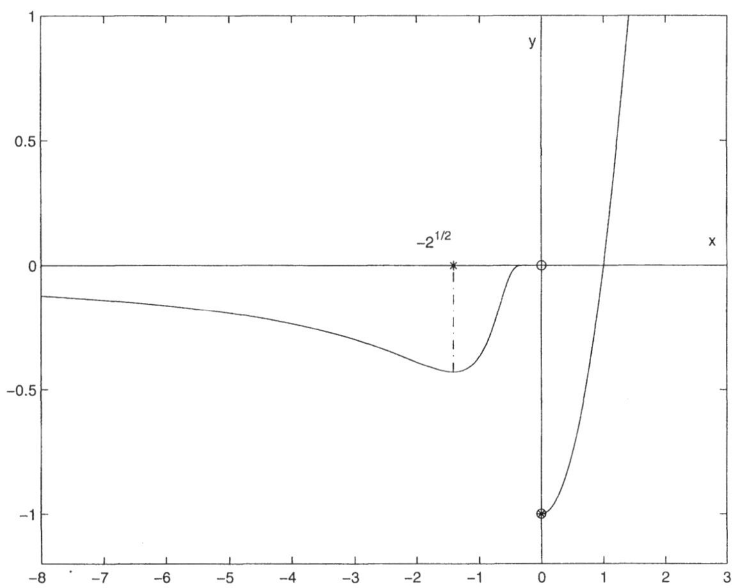

Figura 3.35: grafico di $f(x)$

Massimi e minimi con economia

Soluzione dell'Esercizio 3.7.20. Ricordate l'Esercizio 3.7.15? Questo non è diverso. Troviamo innanzitutto p in funzione di q

$$q = Ae^{-\alpha p} \iff e^{-\alpha p} = \frac{q}{A} \iff -\alpha p = \ln\left(\frac{q}{A}\right) \iff p = -\frac{1}{\alpha}\ln\left(\frac{q}{A}\right)$$

e quindi

$$\Pi(q) = pq - C(q) = -\frac{q}{\alpha}\ln\left(\frac{q}{A}\right) - f - vq = -\frac{1}{\alpha}q(\ln q - \ln A) - f - vq.$$

Si osserva che Π è continua su $[0, +\infty)$ e derivabile su $(0, +\infty)$. Inoltre, ricordando il limite dell'Esercizio 3.5.12, si ottiene

$$\lim_{q \to 0^+} \Pi(q) = -f$$

e, raccogliendo q a fattor comune,

$$\lim_{q\to+\infty}\Pi(q) = q\left(-\frac{1}{\alpha}\ln\left(\frac{q}{A}\right) - \frac{f}{q} - v\right) = -\infty.$$

Infine

$$\Pi'(q) = -\frac{1}{\alpha}\ln\left(\frac{q}{A}\right) - \frac{1}{\alpha} - v \quad \text{e} \quad \Pi''(q) = -\frac{1}{\alpha q}.$$

Dato che $\Pi''(q) < 0$, la funzione è concava e quindi i punti in cui si annulla $\Pi'(q)$ (se esistono) sono punti di massimo globale (anzi, avendo stretta concavità l'eventuale punto di massimo è unico). Determiniamo tale punto:

$$\Pi'(q) = 0 \iff -\frac{1}{\alpha}\ln\left(\frac{q}{A}\right) = \frac{1}{\alpha} + v \iff \ln\left(\frac{q}{A}\right) = -1 - \alpha v \iff q = Ae^{-1-\alpha v} > 0$$

che risulta essere il punto di massimo globale per Π. Il valore massimo si ottiene calcolando $\Pi\left(Ae^{-1-\alpha v}\right)$ che tralasciamo per non tediarvi.

Per quanto riguarda il caso facoltativo si osserva che i limiti sono gli stessi e che la funzione risulta ugualmente strettamente concava e che la derivata ammette un punto in cui si annulla (anche se non si riesce a calcolarlo). Quindi tale punto è l'unico punto di massimo globale. ■

Soluzione dell'Esercizio 3.7.21. Il $CE(f) = (0, +\infty)$ dove la funzione è continua e derivabile grazie a TC e TD. Calcoliamoci i limiti. Operando come nell'Esercizio 3.7.20 si ha

$$\begin{aligned}\lim_{p\to0^+} f(p) &= \lim_{p\to0^+}(p\ln p - A - Bp - Cp^2) = -A,\\ \lim_{p\to+\infty} f(p) &= \lim_{p\to+\infty} p^2\left(\frac{\ln p}{p} - \frac{A}{p^2} - \frac{B}{p} - C\right) = -\infty\end{aligned}$$

in quanto $C > 0$. Studiamo il segno della derivata prima:

$$f'(p) = \ln p + 1 - B - 2Cp > 0.$$

Tale disequazione non si riesce a risolvere esplicitamente coi metodi visti al Capitolo 1 e per questo utilizziamo i teoremi sugli zeri (vedasi Sezione 3.8.1). Poniamo

$$g(p) = \ln p + 1 - B - 2Cp.$$

Si ha $CE(g) = (0, +\infty)$. Poiché

$$\lim_{p\to0^+} g(p) = \lim_{p\to+\infty} g(p) = -\infty,$$

per il Teorema 3.7.5 esiste il massimo globale che ricerchiamo tra i punti stazionari:

$$g'(p) = \frac{1}{p} - 2C = 0 \iff p = \frac{1}{2C}.$$

Quindi

$$\inf_{(0,+\infty)} g = -\infty \quad \text{e} \quad \sup_{(0,+\infty)} g = \max_{(0,+\infty)} g = g\left(\frac{1}{2C}\right) = -\ln(2C) - B.$$

Si presentano due casi.

- Se $-\ln(2C) - B \le 0$ allora $f' \le 0$ sempre e quindi $f \searrow$ e non vi sono né punti di massimo locale né punti di minimo locale. Tantomeno esistono massimi e minimi globali.
- Se $-\ln(2C) - B > 0$ allora f ha due punti stazionari $p_1 \in \left(0, \frac{1}{2C}\right)$ (punto di minimo locale) e $p_2 \in \left(\frac{1}{2C}, +\infty\right)$ (punto di massimo locale). Di sicuro non esiste il minimo globale (ricordate il limite per $p \to +\infty$?) mentre per dire se esiste il massimo globale occorre confrontare il valore nel punto di massimo locale (cioè $f(p_2)$) con il limite in 0^+ (cioè $-A$). La cosa non è semplice poiché p_2 non è noto. Tuttavia sappiamo dall'analisi fatta per trovare i punti stazionari che

$$f(p_2) > f\left(\frac{1}{2C}\right) = -A + \frac{1}{2C}\left(-\ln(2C) - B - \frac{1}{2}\right).$$

Quindi, se

$$-\ln(2C) - B > \frac{1}{2}$$

di sicuro $f(p_2) > -A$ e perciò p_2 risulta essere punto di massimo globale. Ovviamente ciò potrebbe accadere anche per altri valori di $-\ln(2C) - B$ ma questo non è fondamentale per rispondere alla richiesta del nostro esercizio. ∎

3.10.6 *Ricerca degli zeri e dintorni*

Ricerca degli zeri e dintorni senza parametri

Soluzione dell'Esercizio 3.8.5. Il CE dell'equazione è $(0, +\infty)$ (ricordandoci del Pericolo 3.3.2). Trasformiamo l'equazione

$$x^x = e^{x-\frac{1}{2}} \iff e^{x\ln x} = e^{x-\frac{1}{2}} \iff x\ln x = x - \frac{1}{2} \iff x\ln x - x + \frac{1}{2} = 0.$$

A questo punto poniamo

$$f(x) = x\ln x - x + \frac{1}{2}$$

e troviamo quanti zeri ha su $(0, +\infty)$. Innanzitutto, come ci si aspetta, $CE(f) = (0, +\infty)$ e f è ivi continua e derivabile grazie a TC e TD. Inoltre, ricordandosi dell'Esercizio 3.5.12,

$$\lim_{x\to 0^+} f(x) = \frac{1}{2}$$

mentre, sostituendo,

$$\lim_{x\to+\infty} f(x) = \lim_{x\to+\infty} x(\ln x - 1) + \frac{1}{2} = +\infty.$$

Infine $f'(x) = \ln x$ e

	0	1
segno di f'	$-$	$+$
monotonia di f	↘	↗

Quindi il punto $x = 1$ è punto di minimo ed il valore di minimo è $f(1) = -\frac{1}{2}$. Applichiamo ora il Teorema 3.8.3 agli intervalli di stretta monotonia $(0, 1)$ e $(1, +\infty)$:

$$f(0^+) \cdot f(1) < 0 \qquad \text{e} \qquad f(1) \cdot f(+\infty) < 0;$$

quindi f ha 2 zeri in $(0, +\infty)$, esattamente uno in $(0, 1)$[99] ed il secondo in $(1, +\infty)$[100]. ∎

Soluzione dell'Esercizio 3.8.6. Occorre vedere se, per qualche $x > 0$ appartenente a

$$CE(f) \cap CE(g) = (\mathbb{R} \setminus \{0\}) \cap (0, +\infty) = (0, +\infty)$$

si ha

$$\frac{1}{x} = 4\ln x.$$

Notate che non si richiede di sapere quante soluzioni ha, ma solo se ne esistono: questo ci semplifica il lavoro. Definiamo la funzione $h : (0, +\infty) \longrightarrow \mathbb{R}$

$$h(x) = f(x) - g(x) = \frac{1}{x} - 4\ln x$$

[99] Per la precisione ~ 0.186682.

[100] Sempre per la precisione ~ 2.15553.

e troviamo quindi se essa ha degli zeri. Sappiamo che h è continua e derivabile su $(0,+\infty)$ grazie a TC e TD. Dato che (vedasi Esercizio 3.5.12)

$$\begin{aligned}\lim_{x\to 0^+} h(x) &= \lim_{x\to 0^+} \frac{1}{x}(1-4x\ln x) = +\infty \\ \lim_{x\to +\infty} h(x) &= \lim_{x\to +\infty} \left(\frac{1}{x} - 4\ln x\right) = -\infty\end{aligned}$$

possiamo subito applicare il Teorema 3.8.1 e concludere che di sicuro h ha almeno uno zero in $(0,+\infty)$, cioè i grafici di f e g si incontrano per almeno un $x_0 > 0$. Notate che non abbiamo avuto bisogno di studiare la monotonia della funzione[101]. ∎

Soluzione dell'Esercizio 3.8.7 . Esercizio perfettamente analogo alla prima parte dell'Esercizio 3.8.2. Velocemente: poniamo $f(x) = x^3 - 3x + 1$ definita su $\mathbb{R}$;

$$\lim_{x\to -\infty} f(x) = -\infty \quad \text{e} \quad \lim_{x\to +\infty} f(x) = +\infty$$

mentre $f'(x) = 3x^2 - 3$ da cui

		-1		1	
segno di f'	$+$		$-$		$+$
monotonia di f	↗		↘		↗

Poiché $f(-1) = 3$ e $f(1) = -1$, applicando il Teorema 3.8.3 ai tre intervalli $(-\infty,-1)$, $(-1,1)$ e $(1,+\infty)$ si trova che vi sono esattamente 3 zeri di f, uno per ogni intervallo di monotonia[102]. ∎

Soluzione dell'Esercizio 3.8.8. Il $CE(f) = (0,+\infty)$ ed inoltre

$$\begin{aligned}\lim_{x\to 0^+} f(x) &= \lim_{x\to 0^+} \frac{1}{x}(1+x\ln x) = +\infty, \\ \lim_{x\to +\infty} f(x) &= \lim_{x\to +\infty} \left(\frac{1}{x} + \ln x\right) = +\infty.\end{aligned}$$

Passiamo alla derivata

$$f'(x) = -\frac{1}{x^2} + \frac{1}{x} = \frac{x-1}{x^2} > 0 \iff x \in (1,+\infty).$$

Dato che $f(1) = 1$, si ha

$$f(0^+)\cdot f(1) > 0 \quad \text{e} \quad f(1)\cdot f(+\infty) > 0;$$

quindi non esistono zeri di f. ∎

Ricerca degli zeri e dintorni con parametri

Soluzione dell'Esercizio 3.8.12. I grafici delle due funzioni si incontrano se e solo se esiste $x \in \mathbb{R}$ tale che $f(x) - g(x) = 0$. Ponendo $h(x) : \mathbb{R} \longrightarrow \mathbb{R}$ definita

$$h(x) = f(x) - g(x) = e^{2x} - kx,$$

ci riduciamo a determinarne gli zeri. Innanzitutto $CE(h) = \mathbb{R}$ dove la funzione è continua e derivabile; per quanto riguarda i limiti si ha

$$\lim_{x\to -\infty} h(x) = +\infty \quad \text{e} \quad \lim_{x\to +\infty} h(x) = +\infty$$

[101] Se l'avesimo fatto avremmo visto che x_0 è unico ed il suo valore approssimato è $x_0 \sim 1.22615$.

[102] Per i curiosi ~ -1.87938, 0.347296 e 1.53208.

(quest'ultima è una semplice FI del tipo $+\infty - \infty$ che si risolve con un raccoglimento a fattore comune). Per quanto riguarda la derivata si ha

$$h'(x) = 2e^{2x} - k = 0 \quad \Longleftrightarrow \quad e^{2x} = \frac{k}{2} \quad \Longrightarrow \quad x = \frac{1}{2}\ln\frac{k}{2}.$$

Il punto $x_0 = \frac{1}{2}\ln\frac{k}{2}$ risulta essere punto di minimo globale (non è necessario studiare il segno della derivata prima ma è sufficiente invocare il Teorema 3.7.5). Quindi, per il Teorema 3.8.3, i grafici si incontrano se e solo se $h(x_0) \leq 0$. Calcoliamocelo:

$$h(x_0) = e^{2x_0} - kx_0 = e^{\ln\frac{k}{2}} - \frac{k}{2}\ln\frac{k}{2} = \frac{k}{2}\left(1 - \ln\frac{k}{2}\right).$$

Essendo $k > 0$ si ha

$$h(x_0) \leq 0 \quad \Longleftrightarrow \quad 1 - \ln\frac{k}{2} \leq 0 \quad \Longleftrightarrow \quad \ln\frac{k}{2} \geq 1 \quad \Longleftrightarrow \quad \frac{k}{2} \geq e \quad \Longleftrightarrow \quad k \geq 2e.$$

Quindi i grafici di f e g si incontrano se e solo se $k \in [2e, +\infty)$. ∎

Soluzione dell'Esercizio 3.8.13. Ragioniamo come nel 2° metodo dell'Esercizio 3.8.9 determinando il numero di zeri della famiglia di funzioni

$$f_k(x) = kx^3 - x^2 + k = 0$$

al variare del parametro k. Innanzitutto osserviamo che si presentano tre casi distinti ($k < 0$, $k = 0$ e $k > 0$) che analizziamo separatamente.

Caso $k = 0$. In tal caso l'equazione diventa $x^2 = 0$ che ha solamente una soluzione.

Caso $k < 0$. Il $CE(f_k) = \mathbb{R}$ ed i limiti agli estremi sono

$$\lim_{x \to -\infty} f_k(x) = +\infty \qquad \text{e} \qquad \lim_{x \to +\infty} f_k(x) = -\infty.$$

Passiamo alla derivata

$$f_k'(x) = 3kx^2 - 2x$$

che si annulla in $x_1 = \frac{2}{3k} < 0$ e $x_2 = 0$. Inoltre, ricordandosi che $k < 0$, abbiamo il seguente studio del segno di f_k':

	$\frac{2}{3k}$	0	
segno di f_k'	$-$	$+$	$-$
monotonia di f_k	↘	↗	↘

Quindi x_1 è punto di minimo locale con minimo locale $f_k(x_1) = -\frac{4}{27k^2} + k < 0$ (in quanto somma di due numeri negativi) mentre x_2 è punto di massimo locale con massimo locale $f_k(x_2) = k < 0$. Quindi applicando il Teorema 3.8.3 agli intervalli di monotonia $\left(-\infty, \frac{2}{3k}\right)$, $\left(\frac{2}{3k}, 0\right)$ e $(0, +\infty)$ otteniamo che esiste un solo zero appartenente a $\left(-\infty, \frac{2}{3k}\right)$.

Caso $k > 0$. Cambia qualcosa rispetto al caso precedente. Il $CE(f_k) = \mathbb{R}$ ma i limiti invertono il segno:

$$\lim_{x \to -\infty} f_k(x) = -\infty \qquad \text{e} \qquad \lim_{x \to +\infty} f_k(x) = +\infty.$$

Non cambia la derivata e quindi i punti stazionari, sebbene ora $x_1 > 0$; questo modifica lo studio del segno che diventa

	0	$\frac{2}{3k}$	
segno di f_k'	$+$	$-$	$+$
monotonia di f_k	↗	↘	↗

Quindi questa volta $x_1 = \frac{2}{3k}$ è punto di minimo locale mentre $x_2 = 0$ è punto di massimo locale. Gli intervalli di monotonia su cui applichiamo il Teorema 3.8.3 sono

$$I_1 = (-\infty, 0), \qquad I_2 = \left(0, \frac{2}{3k}\right), \qquad I_3 = \left(\frac{2}{3k}, +\infty\right).$$

Poiché $f_k(x_2) = k > 0$, esiste un unico zero in I_1 mentre non sappiamo qual è il segno di $f_k(x_1)$: se fosse positivo allora non avremmo nessun zero negli intervalli I_2 e I_3, se invece fosse negativo ne avremmo due (uno in I_2 ed un secondo in I_3). Non ci resta che determinare il segno di $f_k(x_1)$:

$$f_k(x_1) = -\frac{4}{27k^2} + k > 0 \iff 27k^3 - 4 > 0 \iff k > \frac{\sqrt[3]{4}}{3}.$$

Quindi ricapitolando:

- se $k > \frac{\sqrt[3]{4}}{3}$ l'equazione ha una soluzione;
- se $k = \frac{\sqrt[3]{4}}{3}$ l'equazione ha due soluzioni;
- se $k \in \left(0, \frac{\sqrt[3]{4}}{3}\right)$ l'equazione ha tre soluzioni;
- se $k = 0$ l'equazione ha una soluzione;
- se $k < 0$ l'equazione ha una soluzione. ■

Soluzione dell'Esercizio 3.8.14. Il $CE(f) = (0, +\infty)$ dove f è continua e derivabile grazie a TC e TD. Passiamo ai limiti:

$$\lim_{x \to 0^+} x \ln x = 0 \qquad \text{e} \qquad \lim_{x \to +\infty} x \ln x = +\infty$$

(per il primo limite si rimanda all'Esercizio 3.5.12). Si osserva facilmente che

$$x \ln x = 0 \iff x = 1$$

($x = 0$ non si accetta perché non appartiene a $CE(f)$) e quindi

$$f(x) \begin{cases} < 0, & x \in (0,1), \\ > 0, & x > 1. \end{cases}$$

Passiamo ora alla derivata:

$$f'(x) = \ln x + x \cdot \frac{1}{x} = 1 + \ln x$$

che si annulla nell'unico punto stazionario $x_0 = e^{-1}$. Studiamo il segni di f':

		e^{-1}
segno di f'	$-$	$+$
monotonia di f	↘	↗

Quindi x_0 è punto di minimo ed il valore di minimo è $f\left(e^{-1}\right) = -e^{-1}$. Il grafico di f è descritto in Figura 3.36.

Ed ora passiamo all'equazione $\log_x k = x$. Iniziamo a trovarne il CE (si tratta di un CE parametrico ma non difficile). Dato che la base di un logaritmo deve essere strettamente positiva e diversa da 1 (vedasi Sezione 1.4.7) si ha

$$CE = (0,1) \cup (1, +\infty).$$

Non bisogna dimenticare però che il parametro k deve essere > 0 in quanto argomento di un logaritmo. Per gli altri valori del parametro l'equazione non è mai definita o, se preferite, ha $CE = \emptyset$.

Abbiamo ora due casi.

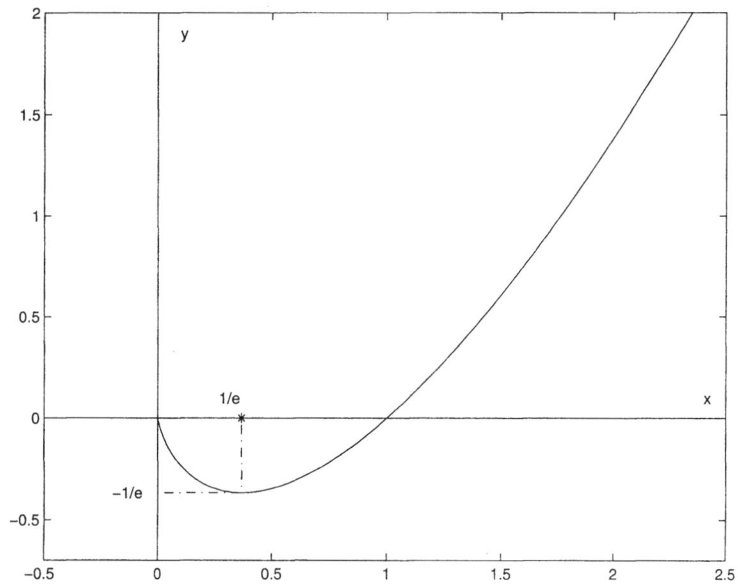

Figura 3.36: grafico di $f(x) = x \ln x$

Caso $k = 1$. L'equazione diventa $0 = x$ che ha esattamente una sola soluzione.

Caso $k \neq 1$. L'equazione diventa, tramite il cambio di base (vedasi Sezione 1.4.7)

$$\log_x k = x \iff \frac{\ln k}{\ln x} = x \iff \ln k = x \ln x.$$

Quindi l'insieme delle soluzioni dell'equazione coincide con le ascisse dei punti di intersezione della retta $y = \ln k$ con il grafico della funzione $f(x)$ studiata in precedenza e ristretta a $CER(f) = (0, +\infty) \setminus \{1\}$. Dal grafico visto prima (e dal Teorema di Darboux 3.8.4) si ricava:

- se $\ln k > 0$, cioè $k > 1$, l'equazione ha una sola soluzione;
- se $\ln k = 0$, cioè $k = 1$, l'equazione ha non ha soluzione (a causa dell'esclusione di $x = 1$);
- se $\ln k \in \left(-e^{-1}, 0\right)$, cioè $k \in \left(\left(\frac{1}{e}\right)^{\frac{1}{e}}, 1\right)$, l'equazione ha due soluzioni;
- se $\ln k = -e^{-1}$, cioè $k = \left(\frac{1}{e}\right)^{\frac{1}{e}}$ l'equazione ha una sola soluzione;
- se $\ln k < -e^{-1}$, cioè $0 < k < \left(\frac{1}{e}\right)^{\frac{1}{e}}$ l'equazione non ha soluzioni. ■

Soluzione dell'Esercizio 3.8.15. Mettiamo in evidenza k riscrivendo l'equazione nella seguente forma

$$ke^x - x + 1 = 0 \iff ke^x = x - 1 \iff k = (x-1)e^{-x}.$$

A questo punto il numero di soluzioni dell'equazione al variare del parametro k coincide con il numero di intersezioni della retta $y = k$ con il grafico della funzione

$$f(x) = (x-1)e^{-x}$$

che andiamo a disegnare. Il $CE(f) = \mathbb{R}$ ed i limiti sono

$$\lim_{x \to -\infty} f(x) = -\infty \quad \text{e} \quad \lim_{x \to +\infty} f(x) = \lim_{x \to +\infty} \frac{x-1}{e^x} = 0.$$

Il segno della funzione è

$$f(x) \begin{cases} < 0, & x < 1, \\ > 0, & x > 1, \end{cases}$$

e la derivata è

$$f'(x) = (2 - x)e^{-x}.$$

È immediato osservare che $x = 2$ è l'unico punto stazionario e che il segno di f' dipende dal segno di $2 - x$; quindi

		2
segno di f'	$+$	$-$
monotonia di f	$\nearrow$	$\searrow$

Il punto $x = 2$ è perciò punto di massimo globale ed il valore di massimo è $f(2) = e^{-2}$. Il grafico è in Figura 3.37.

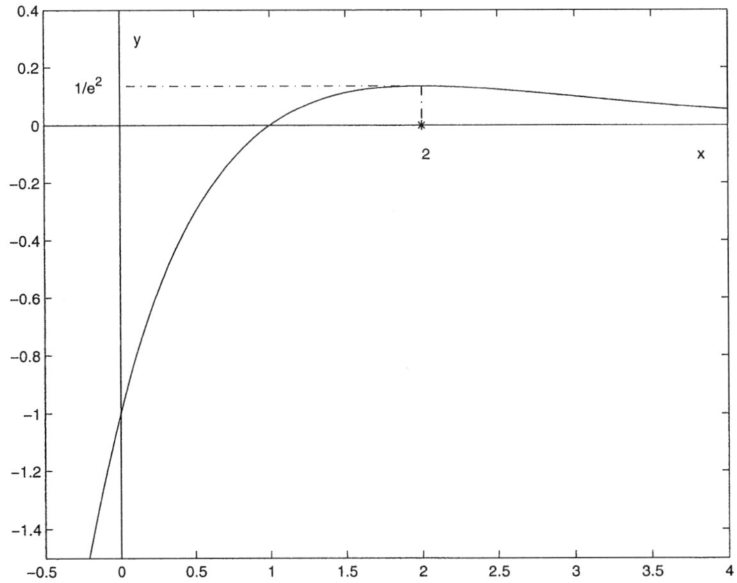

Figura 3.37: grafico di $f(x) = (x - 1)e^{-x}$

Dal grafico ricaviamo

- se $k > e^{-2}$ allora l'equazione non ha soluzione;
- se $k = e^{-2}$ allora l'equazione ha una sola soluzione;
- se $k \in (0, e^{-2})$ allora l'equazione ha due soluzioni;
- se $k \leq 0$ allora l'equazione ha una sola soluzione. ∎

Ricerca degli zeri e dintorni con economia

Soluzione dell'Esercizio 3.8.17. Possiamo scrivere $\delta = \delta(r)$ come funzione di r e vogliamo vedere per quali r si ha $\delta(r) < r$ (oppure $>$, oppure $=$). Osserviamo prima di tutto che $CE(\delta) = (-1, +\infty)$ (in genere si prende $r > 0$ ma qui, in mancanza di indicazioni precise nel testo dell'esercizio consideriamo tutto $CE(\delta)$). Passiamo alla disequazione:

$$\delta(r) - r < 0 \iff \ln(1 + r) - r < 0.$$

Non potendo risolvere esplicitamente tale disequazione usiamo il metodo suggerito alla Sezione 3.8.2 applicato alla funzione $g(r) = \ln(1+r) - r$ definita su $(-1, +\infty)$. Sappiamo da TC e TD che g è continua e derivabile su $(-1, +\infty)$ ed i limiti valgono

$$\lim_{r \to -1^+} g(r) = -\infty \qquad \text{e} \qquad \lim_{r \to +\infty} g(r) = -\infty$$

(nel secondo limite si raccoglie r e si usa il Teorema di Bernoulli–de l'Hôpital). Ora tocca alla derivata

$$g'(r) = \frac{1}{1+r} - 1 = -\frac{r}{1+r} > 0 \quad \Longleftrightarrow \quad r \in (-1, 0)$$

(vi siete ricordati del $CE(g)$?) Quindi $r = 0$ è punto di massimo globale e $g(0) = 0$. Questo significa che

$$g(r) \leq 0, \qquad \forall r > -1$$

cioè $\delta(r) \leq r$ per ogni $r > -1$ e l'uguaglianza vale solo per $r = 0$. ■

Soluzione dell'Esercizio 3.8.18. Iniziamo (ricordando gli esercizi della Sezione 1.3.3) calcolando il valore dei due mutui. Si ha, chiamando il primo V_1 (quello con 12 rate) e il secondo V_2 (quello con 11 rate)

$$\begin{aligned} V_1(r) &= \sum_{k=1}^{12} 100(1+r)^{-k} = \sum_{h=0}^{11} 100(1+r)^{-h-1} = 100(1+r)^{-1} \sum_{h=0}^{11} (1+r)^{-h}, \\ V_2(r) &= \sum_{k=1}^{11} 110(1+r)^{-k} = \sum_{h=0}^{10} 110(1+r)^{-h-1} = 110(1+r)^{-1} \sum_{h=0}^{10} (1+r)^{-h}, \end{aligned}$$

cioè, tramite la formula della somma di una progressione geometrica (1.2),

$$\begin{aligned} V_1(r) &= 100(1+r)^{-1} \frac{1 - (1+r)^{-12}}{1 - (1+r)^{-1}} = \frac{100}{r} \left(1 - (1+r)^{-12}\right), \\ V_2(r) &= 110(1+r)^{-1} \frac{1 - (1+r)^{-11}}{1 - (1+r)^{-1}} = \frac{110}{r} \left(1 - (1+r)^{-11}\right). \end{aligned}$$

I due valori si eguagliano se

$$V_1(r) - V_2(r) = 0 \quad \Longleftrightarrow \quad \frac{100}{r} \left(1 - (1+r)^{-12}\right) - \frac{110}{r} \left(1 - (1+r)^{-11}\right) = 0;$$

moltiplicando per $\frac{r}{10}$ la disequazione diventa

$$10 \left(1 - (1+r)^{-12}\right) - 11 \left(1 - (1+r)^{-11}\right) = 0 \quad \Longleftrightarrow \quad -1 - 10(1+r)^{-12} + 11(1+r)^{-11} = 0,$$

moltiplicando per $(1+r)^{-12}$ otteniamo

$$-(1+r)^{12} - 10 + 11(1+r) = 0 \quad \Longleftrightarrow \quad -(1+r)^{12} + 1 + 11r = 0.$$

Chiamiamo

$$g(r) = -(1+r)^{12} + 1 + 11r$$

ed applichiamo il Teorema 3.8.3 come abbiamo fatto nell'Esercizio 3.8.2. Partiamo dai limiti

$$\lim_{r \to 0^+} g(r) = 0 \quad \text{e} \quad \lim_{r \to +\infty} g(r) = -\infty$$

e proseguiamo con la derivata:

$$g'(r) = -12(1+r)^{11} + 11 < 0, \qquad \forall r > 0.$$

Quindi $g \searrow\!\searrow$ e perciò non esistono elementi $r > 0$ tali che $g(r) = 0$. Ne segue che i valori attuali dei due mutui non sono mai uguali per $r \in (0, +\infty)$. Dal limite per $r \to +\infty$ segue che $g(r) < 0$ per ogni $r > 0$ che significa che $V_1(r) < V_2(r)$: il primo mutuo è sempre meglio del secondo. ■

Soluzione dell'Esercizio 3.8.19. Si ha (vedasi gli esercizi alla Sezione 1.3.3)

$$V(r) = \frac{100}{(1+r)^{\frac{1}{4}}} + \frac{100}{1+r}.$$

L'equazione $V(r) = 150$ equivale a $g(r) = 0$ dove

$$g(r) = V(r) - 150 = \frac{100}{(1+r)^{\frac{1}{4}}} + \frac{100}{1+r} - 150.$$

Cerchiamo di applicare il Teorema 3.8.1 (a noi basta sapere se esiste uno zero, non ci interessa quanti sono). Innanzitutto $CE(g) = (-1, +\infty)$ ed inoltre

$$\lim_{r \to -1^+} g(r) = +\infty \quad \text{e} \quad \lim_{r \to +\infty} g(r) = -150.$$

Dal Teorema 3.8.1 segue che esiste almeno un $r > -1$ tale che $g(r) = 0$. Per vedere se è unico sarebbe sufficiente vedere se $g \searrow\searrow$ su $(-1, +\infty)$, ma non ci interessa[103]. ∎

3.10.7 *Esercizi vari*

Soluzione dell'Esercizio 3.9.8.

- Innanzitutto $CE(f) = \mathbb{R}$ in quanto l'argomento della radice a denominatore è sempre > 0. Inoltre grazie a TC e TD essa è sempre continua e derivabile su $\mathbb{R}$. Per vedere se f è monotona calcoliamone la derivata prima e studiamone il segno. Riscrivendo

$$f(x) = 2x \cdot (1+x^2)^{-\frac{1}{2}}$$

abbiamo

$$f'(x) = 2(1+x^2)^{-\frac{1}{2}} - 2x^2(1+x^2)^{-\frac{3}{2}} = 2(1+x^2)^{-\frac{3}{2}}.$$

Quindi $f'(x) > 0$ per ogni $x \in \mathbb{R}$ e perciò f è $\nearrow\nearrow$ su $\mathbb{R}$ (e quindi iniettiva grazie al Teorema 3.3.9).

- Dal punto precedente si ricava

$$\begin{aligned} \sup_{\mathbb{R}} f &= \lim_{x \to +\infty} f(x) = \lim_{x \to +\infty} \frac{2x}{\sqrt{1+x^2}} = \lim_{x \to +\infty} \frac{2x}{x\sqrt{1+\frac{1}{x^2}}} = 2, \\ \inf_{\mathbb{R}} f &= \lim_{x \to -\infty} f(x) = \lim_{x \to -\infty} \frac{2x}{-x\sqrt{1+\frac{1}{x^2}}} = -2. \end{aligned}$$

Ne segue che non ci sono estremali nè locali nè globali. Per dire se f è concava su $(0 + \infty)$ si calcola la derivata seconda

$$f''(x) = -6x(1+x^2)^{-\frac{5}{2}}$$

e si osserva che

$$f''(x) < 0, \qquad \forall x \in (0, +\infty).$$

Quindi, grazie al Teorema 3.6.6, f è concava su $\mathbb{R}$. ∎

Soluzione dell'Esercizio 3.9.9. Questo esercizio è abbastanza simile all'Esercizio 3.9.4. Affinché $F(k)$ sia affine a tratti la definiamo come

$$F(k) = \begin{cases} 0, & k \in [0, k_0], \\ a_1 k + a_2, & k \in (k_0, k_1], \\ b_1 k + b_2, & k \in (k_1, +\infty), \end{cases}$$

(poniamo nullo il primo tratto pensando che l'imposta sia nulla per redditi molto bassi). Ora vediamo di porre opportune condizioni sui parametri a_1, a_2, b_1, b_2 affinché F risulti continua, crescente e concava.

[103] Lo è! E già che ci siamo vi diciamo che lo zero è in $r \sim 0.627$.

Continuità: basta imporre che i limiti destro e sinistro nei punti k_0 e k_1 siano uguali, cioè

$$\lim_{k\to k_0^-} F(k) = \lim_{k\to k_0^+} F(k) \quad \text{e} \quad \lim_{k\to k_1^-} F(k) = \lim_{k\to k_1^+} F(k)$$

che significa, sostituendo,

$$a_1 k_0 + a_2 = 0 \quad \text{e} \quad a_1 k_1 + a_2 = b_1 k_1 + b_2. \tag{3.37}$$

Crescenza: occorre porre la derivata, dove esiste, ≥ 0 e quindi, essendo

$$F'(k) = \begin{cases} 0, & k \in (0, k_0), \\ a_1, & k \in (k_0, k_1), \\ b_1, & k \in (k_1, +\infty), \end{cases}$$

si richiede

$$a_1 > 0 \quad \text{e} \quad b_1 > 0. \tag{3.38}$$

Convessità: usando il Teorema 3.6.7 richiediamo che la derivata prima sia crescente cioè

$$0 < a_1 < b_1. \tag{3.39}$$

Se le condizioni (3.37), (3.38), (3.39), sono soddisfatte siamo a posto. Terminiamo con un esempio numerico

$$F(k) = \begin{cases} 0, & k \in [0, 10], \\ \frac{1}{10}k - 1, & k \in (10, 20], \\ \frac{1}{2}k - 9, & k \in (20 + \infty). \end{cases}$$

Notate che ci siamo premurati di avere anche $F(k) < k$, per rendere più realistico l'esempio. ∎

Soluzione dell'Esercizio 3.9.10. Il $CE(C) = [0, +\infty)$ e C è sicuramente continua nei punti diversi da 1 e 3 grazie a TC. Per vedere se C è continua nei punti 1 e 3 controlliamo i limiti:

$$\lim_{q\to 1^-} C(q) = \lim_{q\to 1^-} 1 + q + aq^2 = 2 + a \quad \text{e} \quad \lim_{q\to 1^+} C(q) = \lim_{q\to 1^+} q^{a+b} = 1.$$

Poiché $C(1) = 1$, per avere la continuità in $q = 1$ basta

$$2 + a = 1 \iff a = -1. \tag{3.40}$$

Nel punto $q = 3$ si ha invece

$$\lim_{q\to 3^-} C(q) = \lim_{q\to 3^-} q^{a+b} = 3^{a+b} \quad \text{e} \quad \lim_{q\to 3^+} C(q) = \lim_{q\to 3^+} a + 2 + e^{-\frac{1}{q-3}} = a + 2.$$

Poiché $C(3) = 3^{a+b}$, per avere la continuità in $q = 3$ basta che

$$3^{a+b} = a + 2. \tag{3.41}$$

Dalla (3.40) e dalla (3.41) ricaviamo

$$3^{a+b} = a + 2 \iff 3^{b-1} = 1 \iff b - 1 = 0 \iff b = 1.$$

0Ora per tali valori la funzione q non è crescente: infatti già il primo tratto ha derivata $1 - 2q$ che è positiva su $(0, \frac{1}{2})$ e negativa su $(\frac{1}{2}, 1)$.

Per la derivabilità in $q = 1$ assumiamo che sia verificata la (3.40) (senza la continuità non possiamo avere la derivabilità come afferma il Teorema 3.5.5) ed usiamo il Teorema 3.5.10 calcolando i limiti destro e sinistro di C' nel punto 1. Si ha

$$\lim_{q\to 1^-} C'(q) = \lim_{q\to 1^-} 1 - 2q = -1 \quad \text{e} \quad \lim_{q\to 1^+} C'(q) = \lim_{q\to 1^+} (-1 + b)q^{-2+b} = -1 + b.$$

Quindi, per avere la derivabilità in $q = 1$, bisogna porre $-1 = -1 + b$ cioè $a = -1$ e $b = 0$. ∎

Soluzione dell'Esercizio 3.9.11. Tramite la composizione di funzioni possiamo scrivere

$$\Pi(p) = pq(p) - C(q(p)) = p \cdot p^{-\frac{3}{2}} - 2 - 2p^{-3} = p^{-\frac{1}{2}} - 2 - 2p^{-3}$$

con $CE(\Pi) = (0, +\infty)$ e Π continua e derivabile su $CE(\Pi)$ grazie a TC e TD. Passiamo ai limiti:

$$\begin{aligned}\lim_{p\to 0+} \Pi(p) &= \lim_{p\to 0+} p^{-3}\left(p^{\frac{5}{2}} - 2p^3 - 2\right) = \lim_{p\to 0+} \frac{p^{\frac{5}{2}} - 2p^3 - 2}{p^3} = -\infty \\ \lim_{p\to +\infty} \Pi(p) &= \lim_{p\to +\infty} \frac{1}{\sqrt{p}} - \frac{2}{p^3} - 2 = -2.\end{aligned}$$

Per vedere se la funzione ammette massimo globale studiamo il segno della derivata:

$$\Pi'(p) = -\frac{1}{2}p^{-\frac{3}{2}} + 6p^{-4}.$$

Quindi

$$\Pi'(p) > 0 \iff -p^{-\frac{3}{2}} + 12p^{-4} > 0 \iff -p^{\frac{5}{2}} + 12 > 0 \iff p^{\frac{5}{2}} < 12 \iff p < 12^{\frac{2}{5}}.$$

Ne segue che Π è crescente fino a $p_0 = 12^{\frac{2}{5}}$ e poi decrescente; perciò p_0 è l'unico punto di massimo globale. Il massimo profitto è

$$\Pi\left(12^{\frac{2}{5}}\right) = \left(12^{\frac{2}{5}}\right)^{-\frac{1}{2}} - 2 - 2\left(12^{\frac{2}{5}}\right)^{-3} = 12^{-\frac{1}{5}} - 2 - 2 \cdot 12^{-\frac{6}{5}}.$$

Essendo negativo (verificatelo!) è meglio fallire. Terminiamo determinando l'elasticità della domanda:

$$E_q(p) = -\frac{q'(p)p}{q(p)} = -\frac{-\frac{3}{2}p^{-\frac{5}{2}} \cdot p}{p^{-\frac{3}{2}}} = \frac{3}{2}.$$

L'elasticità è costante e quindi il valore nel punto di massimo è $\frac{3}{2}$. ∎

Capitolo 4

Integrali

4.1 Quali esercizi affronteremo in questo capitolo?

1. Determinare la primitiva di semplici funzioni utilizzando (eventualmente in combinazione fra loro):
   - le primitive delle funzioni elementari;
   - la proprietà di linearità degli integrali;
   - il metodo di integrazione per funzioni razionali fratte;
   - il metodo di integrazione per sostituzione;
   - il metodo di integrazione per parti.
2. Calcolare semplici integrali definiti tramite il calcolo della primitiva.

4.2 Richiami

Introdurre con due semplici righe il concetto di integrale (di Riemann) risulterebbe troppo arduo; per questo motivo rimandiamo al solito [PSS]. Ci limitiamo a ricordare solamente le sue principali proprietà e alcuni metodi di calcolo che ci saranno utili negli esercizi.

Innanzitutto la notazione: se f è una funzione integrabile sull'intervallo limitato $[a, b]$, indicheremo l'*integrale definito* di f di estremi a e b come

$$\int_a^b f(x)\mathrm{d}x$$

ricordando che, se $f \geq 0$, tale integrale è il valore dell'area sottesa dal grafico di f tra a e b. La classe delle funzioni integrabili è piuttosto ampia; risultano infatti integrabili:

1. tutte le funzioni continue su $[a, b]$ (addirittura, se continuano ad essere limitate su tale intervallo, tali funzioni si possono permettere il lusso di avere un insieme finito di punti di discontinuità);
2. tutte le funzioni monotone e limitate (anche se con infiniti punti di discontinuità).

Inoltre l'integrale definito gode delle seguenti proprietà:

- *linearità*: se f_1 e f_2 sono integrabili su $[a, b]$, per ogni coppia di numeri c_1 e c_2 si ha

$$\int_a^b [c_1 f_1(x) + c_2 f_2(x)]\mathrm{d}x = c_1 \int_a^b f_1(x)\mathrm{d}x + c_2 \int_a^b f_2(x)\mathrm{d}x;$$

- *positività*: se f è non negativa ed integrabile su $[a, b]$ allora

$$\int_a^b f(x)\mathrm{d}x \geq 0;$$

- *monotonia* (che si ricava dalla proprietà di linearità e dalla positività): se f_1 e f_2 sono integrabili su $[a,b]$ e
$$f_1(x) \geq f_2(x), \quad \forall x \in [a,b],$$
allora
$$\int_a^b f_1(x)\mathrm{d}x \geq \int_a^b f_2(x)\mathrm{d}x;$$
- *convenzione*: per far tornare i calcoli, i matematici "hanno deciso" che
$$\begin{aligned} \int_a^b f(x)\mathrm{d}x &= -\int_b^a f(x)\mathrm{d}x, \\ \int_a^a f(x)\mathrm{d}x &= 0. \end{aligned}$$

Per quanto riguarda il calcolo ricordiamo innanzitutto cosa sono le funzioni primitive

Definizione 4.2.1 *Sia f continua sull'intervallo limitato $[a,b]$. Chiamiamo* primitiva *di f su $[a,b]$ una funzione $F : [a,b] \longrightarrow \mathbb{R}$ tale che*

1. *F è continua su $[a,b]$;*
2. *F è derivabile su (a,b) e*
$$F'(x) = f(x), \quad \forall x \in (a,b).$$

Per rassicurarvi subito ricordiamo che qualunque funzione f continua su un intervallo limitato $[a,b]$ ammette primitiva. Tuttavia tale primitiva *non* è unica in quanto, se F è una primitiva di f su $[a,b]$, anche la funzione $F(x)+c$, con c costante arbitraria, è una primitiva di f: anzi, tutte le primitive di f differiscono tra loro a meno di una costante. L'insieme delle funzioni primitive di f viene chiamato *integrale indefinito* di f e si indicherà[1] con

$$\int f(x)\mathrm{d}x = \{F : [a,b] \longrightarrow \mathbb{R} \text{ continua } : F'(x) = f(x), \quad \forall x \in (a,b)\}.$$

Spesso, data un primitiva F di f, scriveremo, con un abuso di linguaggio da molti usato,

$$\int f(x)\mathrm{d}x = F(x) + c$$

dove c indica una costante arbitraria in $\mathbb{R}$. A volte scriveremo soltanto

$$\int f(x)\mathrm{d}x = F(x)$$

intendendo che F è una delle possibili primitive. Il procedimento di calcolo di una primitiva viene chiamato *integrazione indefinita* o più semplicemente, *integrazione*.

Passiamo ora al seguente risultato (che non per nulla è noto al grande pubblico con l'appellativo di "fondamentale").

Teorema 4.2.2 (Fondamentale del calcolo integrale) *Sia f continua sull'intervallo limitato $[a,b]$ e sia F una sua primitiva su $[a,b]$; allora*

$$\int_a^b f(x)\mathrm{d}x = F(b) - F(a).$$

Il teorema fondamentale ci dice quindi come bisogna comportarci per calcolare un integrale definito di una funzione continua f su un intervallo limitato $[a,b]$.

1. Innanzitutto bisogna determinare *una primitiva* di f su $[a,b]$.
2. Scelta una qualsiasi primitiva F, si valuta agli estremi di integrazione e se ne fa la differenza.

[1]Nel simbolo di integrale indefinito non si nominano a e b: essi vengono sottintesi anche per evitare appesantimenti.

Il problema vero quindi è: come calcolare una primitiva? Cioè come risolvere il problema inverso della derivazione? Ebbene, se per tutte le funzioni derivabili sappiamo calcolare meccanicamente (o quasi) la derivata, la stessa cosa purtroppo non vale per il calcolo di una funzione primitiva[2]. Noi comunque ci occuperemo soltanto di casi semplici.

Faccina 4.2.3 Una prima cosa da sapere (a memoria) è la seguente tabella delle funzioni primitive

$f(x)$	x^n	a^x	$\frac{1}{x}$	$\operatorname{sen} x$	$\cos x$	$\frac{1}{\sqrt{1-x^2}}$	$-\frac{1}{\sqrt{1-x^2}}$	$\frac{1}{1+x^2}$
$\int f(x)\mathrm{d}x$	$\frac{x^{n+1}}{n+1}$	$\frac{a^x}{\ln a}$	$\ln\lvert x\rvert$	$-\cos x$	$\operatorname{sen} x$	$\arcsin x$	$\arccos x$	$\operatorname{arctg} x$

Pericolo 4.2.4 Notate che noi abbiamo definito le primitive su un intervallo limitato e chiuso $[a, b]$: nella tabella qui sopra invece abbiamo dato la forma delle primitive senza specificare alcun intervallo. Si tratta di un piccolo abuso di linguaggio che useremo spesso per brevità: scrivendo

$$\int f(x)\mathrm{d}x = F(x)$$

intendiamo che la funzione f è considerata su $CE(f)$ e che F è una primitiva di f *su ogni intervallo chiuso e limitato* $[a, b] \subseteq CE(f)$.

Negli esercizi, quando chiederemo di calcolare una primitiva (o l'integrale indefinito) di una funzione f senza specificare l'intervallo $[a, b]$ cercheremo proprio una funzione F che sia primitiva di f su ogni intervallo chiuso e limitato $[a, b] \subseteq CE(f)$. Invece, quando chiederemo di calcolare l'integrale definito di estremi a e b dati dovremo sincerarci che $[a, b] \subseteq CE(f)$ e che f sia continua su $[a, b]$ per poi calcolarne una primitiva.

Faccina 4.2.5 Un'altra cosa da sapere è la proprietà di linearità dell'integrale indefinito che scriviamo qui sotto: se f_1 e f_2 sono continue su $[a, b]$, per ogni coppia di numeri c_1 e c_2 si ha

$$\int [c_1 f_1(x) + c_2 f_2(x)]\mathrm{d}x = c_1 \int f_1(x)\mathrm{d}x + c_2 \int f_2(x)\mathrm{d}x.$$

Tale uguaglianza vale in questo senso:

> *"Ogni primitiva della funzione* $c_1 f_1(x) + c_2 f_2(x)$ *su* $[a, b]$ *si scrive come* $c_1 F_1(x) + c_2 F_2(x)$ *dove* F_1 *è una primitiva di* f_1 *su* $[a, b]$ *e* F_2 *è una primitiva di* f_2 *su* $[a, b]$*."*

Questa proprietà ci sarà utile in alcuni esercizi, ad esempio gli Esercizi 4.3.1, 4.3.2 e 4.3.4.

4.3 Integrali immediati

Per integrali immediati intediamo quegli integrali che per essere calcolati esplicitamente non richiedono l'utilizzo di tecniche complesse: per calcolarli basta conoscere la tabella di Faccina 4.2.3 e la proprietà di linearità (in Faccina 4.2.5) oltre a un po' d'occhio ed un po' di fantasia. L'occhio e la fantasia possono essere aiutati con dei piccoli espedienti che andiamo ad elencare. Tali espedienti possono essere visti come casi particolari del metodo di integrazione per sostituzione che verrà analizzato successivamente.

[2] Proviamo a spiegarci meglio. Prendiamo una qualunque funzione f che sia "combinazione" di funzioni elementari (nel senso delineato alla Sezione 3.2, punti (a), (b) e (c)).

- Derivazione: se f è derivabile, allora è sempre possibile (abbiamo cioè semplici regole che ci permettono di farlo) trovare f' ancora come "combinazione" di funzioni elementari.
- Integrazione: se f è continua (ma anche se fosse derivabile non cambierebbe nulla) non è detto che le sue primitive si possano esprimere ancora come "combinazione" di funzioni elementari. Su [PSS] si mostrano esempi in tal senso tramite un teorema di Liouville. Inoltre anche quando le primitive di f si possono esprimere come "combinazione" di funzioni elementari, la procedura di calcolo può essere molto complessa e nient'affatto meccanica.

(a) Se f è una funzione derivabile e strettamente positiva, si ha

$$\frac{\mathrm{d}}{\mathrm{d}x}\ln f(x) = \frac{f'(x)}{f(x)}.$$

Se invece f oltre che derivabile è strettamente negativa abbiamo

$$\frac{\mathrm{d}}{\mathrm{d}x}\ln(-f(x)) = \frac{-f'(x)}{-f(x)} = \frac{f'(x)}{f(x)}.$$

Sempre la stessa derivata! Quindi una primitiva di una funzione fratta in cui il numeratore è la derivata del denominatore risulta essere[3] il logaritmo del valore assoluto del denominatore, cioè

$$\int \frac{f'(x)}{f(x)}\mathrm{d}x = \ln|f(x)| + c, \qquad c \in \mathbb{R}.$$

(b) Se f è una funzione derivabile si ha

$$\frac{\mathrm{d}}{\mathrm{d}x}e^{f(x)} = f'(x)e^{f(x)};$$

il viceversa sarà

$$\int f'(x)e^{f(x)}\mathrm{d}x = e^{f(x)} + c, \qquad c \in \mathbb{R}.$$

(c) Se f è una funzione derivabile e strettamente positiva, ed $\alpha \in \mathbb{R}$ si ha

$$\frac{\mathrm{d}}{\mathrm{d}x}(f(x))^{\alpha} = \alpha f'(x)(f(x))^{\alpha-1};$$

il viceversa sarà (con $\beta \neq -1$, altrimenti siamo nel primo caso)

$$\int f'(x)(f(x))^{\beta}\mathrm{d}x = \frac{1}{\beta+1}(f(x))^{\beta+1} + c, \qquad c \in \mathbb{R}.$$

Esercizi ben svolti

Esercizio 4.3.1 [L'Aquila 28/09/1999, n.A6] Calcolare

$$\int_2^5 e^{10x}\mathrm{d}x.$$

Soluzione. Il calcolo di una funzione primitiva è immediato. Infatti si osserva che ci troviamo nel caso (b) con $f(x) = 10x$; è sufficiente moltiplicare e dividere per 10 (che è la derivata di $f(x)$) ed usare la linearità degli integrali indefiniti per ottenere

$$\int e^{10x}\mathrm{d}x = \frac{1}{10}\int 10e^{10x}\mathrm{d}x = \frac{e^{10x}}{10},$$

avendo scelto come costante 0. Quindi

$$\int_2^5 e^{10x}\mathrm{d}x = \left.\frac{e^{10x}}{10}\right|_2^5 = \frac{1}{10}(e^{50} - e^{20}).$$

Il trucchetto che abbiamo usato è molto standard per qusto tipo di esercizi e suggeriamo al lettore di ricordarselo bene. ∎

Esercizio 4.3.2 [L'Aquila 04/02/2000, n.A6] Calcolare

$$\int_2^8 \left(x + \frac{1}{x}\right)\mathrm{d}x.$$

[3] Negli intervalli $[a, b]$ in cui il denominatore non si annulla, si ricordi il Pericolo 4.2.4.

Soluzione. Calcoliamo inizialmente una primitiva della funzione $f(x) = x + \frac{1}{x}$. Utilizzando la linearità dell'integrale possiamo spezzare l'integrale della somma come somma di integrali, ottenendo

$$\int \left(x + \frac{1}{x}\right) \mathrm{d}x = \int x \mathrm{d}x + \int \frac{1}{x} \mathrm{d}x = \frac{x^2}{2} + \ln|x|,$$

dove abbiamo scelto la costante uguale a 0. Allora

$$\int_2^8 \left(x + \frac{1}{x}\right) \mathrm{d}x = \left(\frac{x^2}{2} + \ln|x|\right)\Bigg|_2^8 = \left(\frac{8^2}{2} + \ln 8\right) - \left(\frac{2^2}{2} + \ln 2\right) = 30 + 2\ln 2$$

è il valore dell'integrale cercato. ■

Esercizio 4.3.3 [L'Aquila 03/07/2000, n.B3] Calcolare una primitiva della funzione

$$f(x) = \frac{\cos x - \operatorname{sen} x}{\cos x + \operatorname{sen} x}.$$

Soluzione. Che il numeratore sia la derivata del denominatore? È proprio così:

$$\frac{\mathrm{d}}{\mathrm{d}x}(\cos x + \operatorname{sen} x) = -\operatorname{sen} x + \cos x.$$

Quindi, utilizzando il punto (a) qua sopra, si ha

$$\int \frac{\cos x - \operatorname{sen} x}{\cos x + \operatorname{sen} x} \mathrm{d}x = \ln|\cos x + \operatorname{sen} x| + c, \qquad c \in \mathbb{R}.$$

Era richiesta una qualunque primitiva e quindi si sceglie (ad arbitrio) una qualsiasi costante: la più semplice è 0 e la primitiva corrispondente risulta

$$F(x) = \ln|\cos x + \operatorname{sen} x|.$$

Notiamo che $CE(F) = CE(f)$ e F è la primitiva di f su ogni intevallo $[a,b] \subseteq CE(f)$, secondo la Definizione 4.2.1.

Faccina 4.3.1 Per esperienza, la prima idea che viene in testa a molti quando guardano per la prima volta questo esercizio è quella di applicare il metodo di integrazione per sostituzione con la sostituzione canonica per gli integrali trigonometrici (vedasi Sezione 4.5). Tuttavia, in questo caso il procedimento risulterebbe molto più lungo. Quindi, prima di iniziare a svolgere l'esercizio in maniera meccanica è bene controllare se siamo in presenza di un integrale immediato, ... non si sa mai! ■

Esercizio 4.3.4 [L'Aquila 25/09/2000, n.B3] Calcolare

$$\int_0^{\frac{\pi}{2}} \frac{2\cos t}{\operatorname{sen} t + \cos t} \mathrm{d}t.$$

Soluzione. Innanzitutto, come suggerito nel Pericolo 4.2.4, controlliamo se $\left[0, \frac{\pi}{2}\right] \subseteq CE(f)$. Questo è vero in quanto il denominatore $\operatorname{sen} t + \cos t$ non si annulla mai per $t \in \left[0, \frac{\pi}{2}\right]$.

In questo caso, a differenza di quanto accade nell'Esercizio 4.3.3, non è vero che il numeratore è la derivata del denominatore. Tuttavia ce la possiamo cavare con un artificio e la proprietà di linearità[4]. Infatti, aggiungendo e togliendo al numeratore $\operatorname{sen} t$ e ponendo $2\cos t = \cos t + \cos t$, si ottiene

$$\int \frac{2\cos t}{\operatorname{sen} t + \cos t} \mathrm{d}t = \int \frac{\cos t + \operatorname{sen} t + \cos t - \operatorname{sen} t}{\operatorname{sen} t + \cos t} \mathrm{d}t = \int \frac{\operatorname{sen} t + \cos t}{\operatorname{sen} t + \cos t} \mathrm{d}t + \int \frac{\cos t - \operatorname{sen} t}{\operatorname{sen} t + \cos t} \mathrm{d}t.$$

[4]Si veda in merito la Faccina 4.2.5.

Per il primo integrale non c'è niente da dire:

$$\int \frac{\operatorname{sen} t + \cos t}{\operatorname{sen} t + \cos t} dt = \int 1 dt = t.$$

Per il secondo si osserva che il numeratore coincide con la derivata del denominatore e quindi, come fatto nell'Esercizio 4.3.3 si ha

$$\int \frac{\cos t - \operatorname{sen} t}{\operatorname{sen} t + \cos t} dt = \ln |\operatorname{sen} t + \cos t|.$$

Quindi, avendo scelto come costante 0,

$$\begin{aligned}\int_0^{\frac{\pi}{2}} \frac{2\cos t}{\operatorname{sen} t + \cos t} dt &= (\ln |\operatorname{sen} t + \cos t| + t)\Big|_0^{\frac{\pi}{2}} \\ &= \left(\frac{\pi}{2} + \ln \left|\operatorname{sen}\frac{\pi}{2} + \cos\frac{\pi}{2}\right|\right) - (0 + \ln |\operatorname{sen} 0 + \cos 0|) = \frac{\pi}{2}.\end{aligned}$$

Faccina 4.3.2 Se avessimo utilizzato la sostituzione canonica (vedasi Sezione 4.5) $s = \operatorname{tg}\left(\frac{t}{2}\right)$ e quindi $t = 2 \operatorname{arctg} s$ con $dt = \frac{2}{s^2+1} ds$, ricordando che

$$\cos t = \frac{1 - s^2}{1 + s^2} \qquad \text{e} \qquad \operatorname{sen} t = \frac{2s}{1 + s^2}$$

avremmo ottenuto

$$\int \frac{2\cos t}{\operatorname{sen} t + \cos t} dt = \int \frac{2\frac{1-s^2}{1+s^2}}{\frac{2s}{1+s^2} + \frac{1-s^2}{1+s^2}} \cdot \frac{2}{s^2+1} ds = 4 \int \frac{s^2 - 1}{(s^2+1)(s^2 - 2s - 1)} ds.$$

Come si vede molto più difficoltoso dal punto di vista del calcolo. Provate coi metodi delineati nella Sezione 4.4. ■

Esercizi per casa

Esercizio 4.3.5 Calcolare

$$\int_1^3 e^{-3x} dx.$$

Esercizio 4.3.6 Calcolare

$$\int_1^2 \left(x^2 + x - 1 + \frac{2}{x}\right) dx.$$

Esercizio 4.3.7 [L'Aquila 19/06/2000, n.A6] Calcolare

$$\int_0^1 \frac{7}{1 + x^2} dx.$$

Esercizio 4.3.8 Calcolare

$$\int_1^3 \frac{7}{1 + x} dx.$$

4.4 Integrazione di razionali fratte

Le funzioni razionali fratte godono di una importante proprietà: è sempre possibile calcolare esplicitamente una primitiva anche se per far ciò è richiesto un lungo (e noioso, lo ammettiamo) procedimento che andiamo velocemente ad esporre. Supponiamo di dover integrare una funzione

$$f(x) = \frac{A(x)}{B(x)}$$

con $A(x)$ e $B(x)$ due polinomi primi tra loro (cioè non semplificabili):

$$\begin{aligned} A(x) &= x^m + a_1 x^{m-1} + \cdots + a_m, \\ B(x) &= x^n + b_1 x^{n-1} + \cdots + b_n. \end{aligned}$$

Il metodo di integrazione si compone di più passi.

Passo 0. Preliminarmente si deve vedere se il grado del numeratore (m) è più piccolo del grado del denominatore (n). Se non lo è (cioè se $m \geq n$) si divide[5] $A(x)$ per $B(x)$ ottenendo un *quoziente* $Q(x)$ ed un *resto* $R(x)$ di grado minore di n. In tal caso si ha

$$\frac{A(x)}{B(x)} = Q(x) + \frac{R(x)}{B(x)}$$

e, usando la linearità dell'integrale, otteniamo

$$\int \frac{A(x)}{B(x)} \mathrm{d}x = \int Q(x) \mathrm{d}x + \int \frac{R(x)}{B(x)} \mathrm{d}x.$$

Come si vede ci siamo ridotti a calcolare l'integrale di una funzione razionale fratta con il numeratore di grado inferiore a quello del denominatore in quanto

$$\int Q(x) \mathrm{d}x$$

è immediato (è l'integrale di un polinomio).

Passo 1. Si effettua la scomposizione del denominatore. Il *Teorema fondamentale dell'algebra* (che si può trovare su [PSS]) ci assicura che è sempre possibile scomporre il polinomio $B(x)$ come prodotto di polinomi di primo grado per polinomi di secondo grado con il discriminante negativo ($\Delta < 0$):

$$B(x) = (x - x_1)^{k_1} \cdot \ldots \cdot (x - x_r)^{k_r} \cdot (x^2 + \alpha_1 x + \beta_1)^{h_1} \cdot \ldots \cdot (x^2 + \alpha_s x + \beta_s)^{h_s},$$

dove

- x_i sono le radici del polinomio,
- $x^2 + \alpha_j x + \beta_j$ sono polinomi di secondo grado con
$$\Delta = \alpha_j^2 - 4\beta_j < 0,$$
- k_i e h_j rappresentano le molteplicità dei fattori, cioè rappresentano il numero di volte per cui $B(x)$ è divisibile per il corrispondente fattore. Quindi, sempre per *Teorema fondamentale dell'algebra*, si avrà
$$\sum_{i=1}^{r} k_i + 2 \sum_{j=1}^{s} h_j = n.$$

Faccina 4.4.1 La scomposizione del denominatore è certamente la parte più complessa dell'algoritmo, ma non vi dovete preoccupare: negli esercizi che vi propineremo sarà sempre abbastanza semplice.

---

[5] L'operazione di divisione tra polinomi non è affatto ovvia: si tratta di trovare un polinomio $Q(x)$ (il quoziente) e un polinomio $R(x)$ con grado di $R(x) < n$ (il resto) in modo che sia $A(x) = Q(x)B(x) + R(x)$. Si può dimostrare che tali polinomi $Q(x)$ e $R(x)$ sono unici. Il calcolo è in generale complicato. Tuttavia noi vedremo solo casi molto semplici in cui il calcolo si esegue facilmente: vedasi Esercizio 4.4.1.

Passo 2. Si può dimostrare che la frazione $\frac{A(x)}{B(x)}$ (oppure $\frac{R(x)}{B(x)}$ se abbiamo dovuto effettuare la divisione come visto nel Passo 0) si può scomporre (in maniera unica) nella seguente maniera

$$\begin{aligned}\frac{A(x)}{B(x)} &= \frac{a_{1,1}}{x-x_1}+\cdots+\frac{a_{1,k_1}}{(x-x_1)^{k_1}}\\ &\vdots\\ &+ \frac{a_{r,1}}{x-x_r}+\cdots+\frac{a_{r,k_r}}{(x-x_r)^{k_r}}\\ &\vdots\\ &+ \frac{p_{1,1}x+q_{1,1}}{x^2+\alpha_1 x+\beta_1}+\cdots+\frac{p_{1,h_1}x+q_{1,h_1}}{(x^2+\alpha_1 x+\beta_1)^{h_1}}\\ &\vdots\\ &+ \frac{p_{s,1}x+q_{s,1}}{x^2+\alpha_s x+\beta_s}+\cdots+\frac{p_{s,h_s}x+q_{s,h_s}}{(x^2+\alpha_s x+\beta_s)^{h_s}}\end{aligned}$$

dove i coefficienti $a_{i,j}$, $p_{i,j}$ e $q_{i,j}$ sono delle costanti da determinare utilizzando il *principio di identità dei polinomi* [6].

Passo 3. Utilizzando la linearità dell'integrale, si ricava

$$\begin{aligned}\int\frac{A(x)}{B(x)}\mathrm{d}x &= \int\frac{a_{1,1}}{x-x_1}\mathrm{d}x+\cdots+\int\frac{a_{1,k_1}}{(x-x_1)^{k_1}}\mathrm{d}x\\ &\vdots\\ &+ \int\frac{a_{r,1}}{x-x_r}\mathrm{d}x+\cdots+\int\frac{a_{r,k_r}}{(x-x_r)^{k_r}}\mathrm{d}x\\ &\vdots\\ &+ \int\frac{p_{1,1}x+q_{1,1}}{x^2+\alpha_1 x+\beta_1}\mathrm{d}x+\cdots+\int\frac{p_{1,h_1}x+q_{1,h_1}}{(x^2+\alpha_1 x+\beta_1)^{h_1}}\mathrm{d}x\\ &\vdots\\ &+ \int\frac{p_{s,1}x+q_{s,1}}{x^2+\alpha_s x+\beta_s}\mathrm{d}x+\cdots+\int\frac{p_{s,h_s}x+q_{s,h_s}}{(x^2+\alpha_s x+\beta_s)^{h_s}}\mathrm{d}x.\end{aligned}$$

In questa maniera ci siamo ricondotti allo studio di due soli tipi di integrali:

$$\int\frac{a}{(x-x_0)^r}\mathrm{d}x \quad \text{e} \quad \int\frac{px+q}{(x^2+\alpha x+\beta)^s}\mathrm{d}x$$

di cui vi diamo le formule.

Passo 3a. Per il primo integrale si ha

$$\int\frac{a}{(x-x_0)^r}\mathrm{d}x = \begin{cases} a\ln|x-x_0|+c, & \text{se } r=1,\\ \dfrac{a}{1-r}(x-x_0)^{1-r}+c, & \text{se } r>1.\end{cases}$$

Passo 3b. Più complessa è la formula per il secondo integrale: avendo posto

$$x=\frac{t\sqrt{-\Delta}-\alpha}{2} \quad \text{cioè} \quad t=\frac{2x+\alpha}{\sqrt{-\Delta}},$$

si ha

$$\int\frac{px+q}{(x^2+\alpha x+\beta)^s}\mathrm{d}x = \left(\frac{4}{-\Delta}\right)^{s-1}\left(pI_s(t)+\frac{2q-p\alpha}{\sqrt{-\Delta}}J_s(t)\right)$$

[6]Tale principio afferma quanto segue: *due polinomi $p(x)$ e $q(x)$ sono uguali se e solo se hanno lo stesso grado ed i coefficienti relativi ai monomi dello stesso grado sono uguali.*

dove

$$I_s(t) = \int \frac{t}{(1+t^2)^s} \mathrm{d}t = \begin{cases} \dfrac{\ln(1+t^2)}{2} + c, & \text{se } s = 1, \\ \dfrac{1}{2(1-s)}(1+t^2)^{1-s} + c, & \text{se } s > 1; \end{cases} \tag{4.1}$$

mentre

$$J_s(t) = \int \frac{1}{(1+t^2)^s} \mathrm{d}t = \begin{cases} \operatorname{arctg} t + c, & \text{se } s = 1, \\ \dfrac{2s-3}{2s-2} I_{s-1}(t) + \dfrac{t}{2(s-1)(1+t^2)^{s-1}} + c, & \text{se } s > 1. \end{cases} \tag{4.2}$$

Come si può vedere, la formula per $J_s(t)$ è induttiva (come quella per il calcolo del determinante, si veda la Sezione 5.4.1). In particolare si ha

$$\begin{aligned} J_1(t) &= \int \frac{1}{1+t^2} \mathrm{d}t = \operatorname{arctg} t + c, \\ J_2(t) &= \int \frac{1}{(1+t^2)^2} \mathrm{d}t = \frac{1}{2}\left(\operatorname{arctg} t + \frac{t}{1+t^2} \right) + c, \\ J_3(t) &= \int \frac{1}{(1+t^2)^3} \mathrm{d}t = \frac{3}{8}\left(\operatorname{arctg} t + \frac{t}{1+t^2} + \frac{2t}{3(1+t^2)^2} \right) + c. \end{aligned}$$

Faccina 4.4.2 Dopo una così indigesta scorpacciata di "formulacce" alcuni digestivi per poter dormire tranquillamente.

- Il procedimento appena fornito permette di determinare l'integrale di qualsiasi funzione razionale fratta: per questo motivo le formule sono piuttosto complesse. I casi che si presenteranno nei vari esercizi saranno molto più semplici (ad esempio s sarà sempre al massimo 2).
- Inoltre il formulario è solo di aiuto per i più restii ad affrontare il procedimento che potete trovare su qualsiasi testo teorico (anche il [PSS]).

Esercizi ben svolti

Esercizio 4.4.1 Calcolare una primitiva delle funzioni

$$f(x) = \frac{x^3 + x^2 + x - 5}{x^2} \qquad \text{e} \qquad g(x) = \frac{x^3 + x^2 - 2x - 1}{x^2 + x}.$$

Soluzione. In entrambi i casi abbiamo che il grado del numeratore (3) è maggiore di quello del denominatore: occorre quindi effettuare la divisione (passo 0). Nel primo caso occorre cioè trovare $Q(x)$ e $R(x)$ (con grado di $R(x) < 2$) in modo che

$$\frac{x^3 + x^2 + x - 5}{x^2} = Q(x) + \frac{R(x)}{x^2}.$$

In questo caso (come sempre, quando il denominatore è costituito da un solo monomio) è tutto semplice: basta infatti dividere ogni singolo monomio del numeratore di grado ≥ 2 per il denominatore x^2:

$$\frac{x^3 + x^2 + x - 5}{x^2} = \frac{x^3}{x^2} + \frac{x^2}{x^2} + \frac{x-5}{x^2} = x + 1 + \frac{x-5}{x^2}$$

quindi $Q(x) = x + 1$ e $R(x) = x - 5$. Ora il passo 1 (scomposizione del denominatore) è ovvio e il passo 2 è molto semplice in quanto basta scrivere

$$\frac{x-5}{x^2} = \frac{x}{x^2} - \frac{5}{x^2} = \frac{1}{x} - \frac{5}{x^2}$$

Anche l'integrale risulta semplice:

$$\int f(x)\mathrm{d}x = \int (x+1)\mathrm{d}x + \int \frac{1}{x}\mathrm{d}x - \int \frac{5}{x^2}\mathrm{d}x = \frac{x^2}{2} + x + \ln|x| + \frac{5}{x} + c, \qquad c \in \mathbb{R}.$$

Ponendo $c = 0$ si ottiene una primitiva.

Per il secondo integrale il passo 0 è più delicato. Il trucco è quello di cercare di ricavare, dai termini di grado maggiore o uguale a 2, un multiplo del denominatore. Se la cosa è possibile abbiamo fatto un passo avanti. In questo caso è possibile; si ha infatti

$$\frac{x^3+x^2-5}{x^2+x} = \frac{x(x^2+x)-2x-1}{x^2+x} = \frac{x(x^2+x)}{x^2+x} + \frac{-2x-1}{x^2+x} = x - \frac{2x+1}{x^2+x}$$

A questo punto potremmo applicare i passi successivi del metodo (provate per esercizio). Tuttavia in questo caso possiamo accorciare il procedimento ricordandoci dell'integrale immediato (a): infatti nella frazione $\frac{2x+1}{x^2+x}$ il numeratore è *esattamente* (che fortuna!) la derivata del numeratore. Quindi

$$\int \frac{x(x^2+x)-2x-1}{x^2+x}\mathrm{d}x = \int x\mathrm{d}x - \int \frac{2x+1}{x^2+x}\mathrm{d}x = fracx^2 2 - \ln|x^2+x| + c, \qquad c \in \mathbb{R},$$

e ponendo $c = 0$ si ottiene una primitiva. ∎

Esercizio 4.4.2 Calcolare una primitiva della funzione

$$f(x) = \frac{3x^3+3x-5}{x^4+2x^3+5x^2}.$$

Soluzione. Non ci sono problemi di divisione: il numeratore ha grado inferiore rispetto al denominatore. Passiamo quindi alla scomposizione del denominatore:

$$x^4+2x^3+5x^2 = x^2(x^2+2x+5)$$

con il discriminante del trinomio di secondo grado negativo

$$\Delta = 4 - 20 = -16 < 0.$$

Passiamo al Passo 2 dell'algoritmo determinando i coefficienti A, B, C e D per cui

$$\frac{3x^3+3x-5}{x^4+2x^3+5x^2} = \frac{A}{x} + \frac{B}{x^2} + \frac{Cx+D}{x^2+2x+5}.$$

Svolgendo i calcoli a secondo membro, si ha

$$\begin{aligned} \frac{A}{x} + \frac{B}{x^2} + \frac{Cx+D}{x^2+2x+5} &= \frac{Ax(x^2+2x+5)+B(x^2+2x+5)+x^2(Cx+D)}{x^2(x^2+2x+5)} \\ &= \frac{(A+C)x^3+(2A+B+D)x^2+(5A+2B)x+5B}{x^2(x^2+2x+5)} \end{aligned}$$

da cui

$$3x^3+3x-5 = (A+C)x^3+(2A+B+D)x^2+(5A+2B)x+5B.$$

Per il principio di identità dei polinomi, dobbiamo risolvere il sistema lineare

$$\begin{cases} A & & + C & & = 3 \\ 2A & + B & & + D & = 0 \\ 5A & + 2B & & & = 3 \\ & 5B & & & = -5 \end{cases}$$

la cui soluzione è

$$A = 1, \quad B = -1, \quad C = 2, \quad D = -1.$$

Abbiamo ottenuto la seguente identità

$$\frac{3x^3+3x-5}{x^4+2x^3+5x^2}=\frac{1}{x}-\frac{1}{x^2}+\frac{2x-1}{x^2+2x+5}.$$

Per la linearità dell'integrale, abbiamo

$$\int \frac{3x^3+3x-5}{x^4+2x^3+5x^2}\mathrm{d}x=\int \frac{1}{x}\mathrm{d}x-\int \frac{1}{x^2}\mathrm{d}x+\int \frac{2x-1}{x^2+2x+5}\mathrm{d}x$$

ed andiamo a risolvere i tre integrali.

- Per il primo c'è poco da dire:
$$\int \frac{1}{x}\mathrm{d}x=\ln|x|.$$
- Anche il secondo è immediato:
$$\int \frac{1}{x^2}\mathrm{d}x=\int x^{-2}\mathrm{d}x=\frac{x^{-2+1}}{-2+1}=-x^{-1}=-\frac{1}{x}.$$
- Per il terzo ragioniamo. Innanzitutto cerchiamo di far comparire a numeratore la derivata del denominatore più una eventuale costante. Poiché
$$\frac{\mathrm{d}}{\mathrm{d}x}(x^2+2x+5)=2x+2$$
si ha
$$\int \frac{2x-1}{x^2+2x+5}\mathrm{d}x=\int \frac{2x+2-2-1}{x^2+2x+5}\mathrm{d}x=\int \frac{2x+2}{x^2+2x+5}\mathrm{d}x-\int \frac{3}{x^2+2x+5}\mathrm{d}x.$$
Per il primo integrale non ci sono problemi (si veda il punto (a) nella Sezione 4.3):
$$\int \frac{2x+2}{x^2+2x+5}\mathrm{d}x=\ln|x^2+2x+5|.$$
Rimane il secondo integrale che cerchiamo di ricondurre all'integrale della funzione arctg. Innanzitutto proviamo ad ottenere a denominatore il quadrato di un binomio in x più una costante (che dovrà risultare > 0; perché?):
$$\int \frac{3}{x^2+2x+5}\mathrm{d}x=3\int \frac{1}{x^2+2x+1-1+5}\mathrm{d}x=3\int \frac{1}{(x+1)^2+4}\mathrm{d}x=\dots$$
e quindi mettiamo in evidenza la costante positiva ottenuta (4 nel nostro caso)
$$\dots=3\int \frac{1}{4\left(\frac{(x+1)^2}{4}+1\right)}\mathrm{d}x=\frac{3}{4}\int \frac{1}{\left(\frac{x+1}{2}\right)^2+1}\mathrm{d}x.$$
A questo punto ricordiamo che se f è una funzione derivabile
$$\frac{\mathrm{d}}{\mathrm{d}x}\operatorname{arctg} f(x)=\frac{f'(x)}{f^2(x)+1}.$$
Poiché $\frac{\mathrm{d}}{\mathrm{d}x}\left(\frac{x+1}{2}\right)=\frac{1}{2}$ è sufficiente moltiplicare e dividere la frazione per $\frac{1}{2}$ ottenendo
$$\frac{\frac{3}{4}}{\frac{1}{2}}\int \frac{\frac{1}{2}}{\left(\frac{x+1}{2}\right)^2+1}\mathrm{d}x=\frac{3}{2}\operatorname{arctg}\left(\frac{x+1}{2}\right)+c.$$

Finalmente abbiamo finito ricavando

$$\int \frac{3x^3+3x-5}{x^4+2x^3+5x^2}\mathrm{d}x=\ln|x|+\frac{1}{x}+\ln|x^2+2x+5)|-\frac{3}{2}\operatorname{arctg}\left(\frac{x+1}{2}\right)+c.$$

Faccina 4.4.3 Abbiamo risolto l'integrale

$$\int \frac{2x-1}{x^2+2x+5}\mathrm{d}x$$

ripercorrendo in questo caso particolare la dimostrazione delle formula date all'inizio della sezione. Tuttavia potevamo anche applicare sin dall'inizio il formulario fornito. Iniziamo con l'individuazione dei parametri

$$p=2, \quad q=-1, \quad \alpha=2, \quad \beta=5, \quad s=1;$$

quindi $-\Delta=-4+20=16$ e la sostituzione richiesta diventa

$$x=\frac{t\sqrt{-\Delta}-\alpha}{2}=2t-1 \quad \text{cioè} \quad t=\frac{x+1}{2}.$$

A questo punto abbiamo terminato

$$\begin{aligned}
\int \frac{2x-1}{x^2+2x+5}\mathrm{d}x &= \left(\frac{4}{16}\right)^{1-1}\left(2\int \frac{t}{(t^2+1)^1}\mathrm{d}t+\frac{-2-2\cdot 2}{\sqrt{16}}\int \frac{1}{(t^2+1)^1}\mathrm{d}t\right)\\
&= 2\cdot\frac{1}{2}\ln(t^2+1)-\frac{6}{4}\operatorname{arctg} t\\
&= \ln\left(\frac{x^2+2x+5}{4}\right)-\frac{3}{2}\operatorname{arctg}\left(\frac{x+1}{2}\right)\\
&= \ln(x^2+2x+5)-\frac{3}{2}\operatorname{arctg}\left(\frac{x+1}{2}\right)-\ln 4+c.
\end{aligned}$$

Perché quella novità di ln 4 non ci dà fastidio? Meditate! ■

Esercizi per casa

Esercizio 4.4.3 Calcolare una primitiva delle funzioni

$$f(x)=\frac{x^2+2x-5}{x^3}; \qquad g(x)=\frac{x^4+x^3-4x-2}{x^2+x}.$$

Esercizio 4.4.4 [L'Aquila 21/01/2000, n.B3] Calcolare l'integrale definito

$$\int_2^3 \frac{x^2+1}{x^2-x}\mathrm{d}x.$$

4.5 Integrazione per sostituzione

La regola della integrazione per sostituzione risulta essere il corrispettivo della formula per la derivazione della funzione composta.

Teorema 4.5.1 (Integrazione per sostituzione) *Siano $f:(a,b)\longrightarrow\mathbb{R}$ continua e $g:(c,d)\longrightarrow(a,b)$ invertibile e derivabile con derivata continua*[7]*; posto $s=g(t)$ si ha*

$$\int f(s)\mathrm{d}s=\int f(g(t))g'(t)\mathrm{d}t\Big|_{t=g^{-1}(s)}. \tag{4.3}$$

Faccina 4.5.2 Alcune considerazioni sul metodo di integrazione per sostituzione iniziando con l'interpretazione della formula (4.3). Se poniamo

$$F(s)=\int f(s)\mathrm{d}s \quad \text{e} \quad H(t)=\int f(g(t))g'(t)\mathrm{d}t$$

[7] Una funzione g con tali proprietà viene a volte chiamata un *cambiamento di variabile*.

(intendendo che F e H sono due possibili primitive), allora la formula (4.3) dice che, a meno di una costante additiva,

$$F(s) = H(g^{-1}(s)), \tag{4.4}$$
$$F(g(t)) = H(t). \tag{4.5}$$

Questo permette di utilizzare la (4.3) in due maniere: la (4.4) quando l'integrale è del tipo $\int f(s)\mathrm{d}s$ e la (4.5) quando invece l'integrale è del tipo $\int f(g(t))g'(t)\mathrm{d}t$. Facciamo un paio di esempi per chiarire come si agisce nei due casi, una volta chiaro il tipo di sostituzione da usare (su questo si veda la faccina successiva).

- Supponiamo ad esempio di dover calcolare

$$\int \sqrt{2x+1}\mathrm{d}x.$$

L'integrale è del tipo $\int f(x)\mathrm{d}x$ con $f(x) = \sqrt{2x+1}$ e quindi, individuata la sostituzione opportuna

$$t = \sqrt{2x+1} = g^{-1}(x) \qquad \text{cioè} \qquad x = g(t) = \frac{t^2-1}{2}$$

si ha che $f(g(t)) = t$ e $g'(t) = t$. Ne segue quindi che

$$\int \sqrt{2x+1}\mathrm{d}x = \int tg'(t)\mathrm{d}t = \int t^2\mathrm{d}t = \frac{t^3}{3} = \frac{(2x+1)^{\frac{3}{2}}}{3},$$

dove nella prima uguaglianza abbiamo usato la (4.3) e nell'ultima la (4.4).

- Se invece dobbiamo calcolare

$$\int 2xe^{x^2}\mathrm{d}x,$$

si osserva che la funzione da integrare è della forma $e^{g(x)}g'(x)$ cioè $f(g(x))g'(x)$ con $f(x) = e^x$ e $g(x) = x^2$. Quindi, ponendo

$$s = x^2 = g(x) \qquad \text{cioè} \qquad x = g^{-1}(s) = \sqrt{s},$$

si ha

$$\int 2xe^{x^2}\mathrm{d}x = \int e^s\mathrm{d}s = e^s = e^{x^2},$$

dove nella prima uguaglianza abbiamo usato la (4.3) e nell'ultima la (4.5).

Faccina 4.5.3 Il problema essenziale sarà quello di individuare la sostituzione giusta. Proviamo a dare alcuni consigli.

- Quando siamo in presenza di sole funzioni trigonometriche è possibile utilizzare la sostituzione

$$\operatorname{tg}\left(\frac{x}{2}\right) = t$$

da cui $x = 2\operatorname{arctg} t$ e $\mathrm{d}x = \frac{2}{1+t^2}\mathrm{d}t$. In questa maniera otteniamo

$$\operatorname{sen} x = \frac{2t}{1+t^2} \qquad \text{e} \qquad \cos x = \frac{1-t^2}{1+t^2}$$

e la funzione integranda si dovrebbe trasformare in una funzione razionale fratta che risolviamo con il metodo precedentemente esposto.

- Quando siamo in presenza di una radice di indice qualsiasi ed il radicando è una frazione con numeratore e denominatore al massimo di primo grado

$$\sqrt[n]{\frac{x+a}{x+b}},$$

si pone tutta la radice uguale a t:

$$t = \sqrt[n]{\frac{x+a}{x+b}}.$$

Quindi, mettendo in evidenza l'incognita x, si ricava

$$x = -\frac{bt^n - a}{t^n - 1}$$

e

$$\mathrm{d}x = n(b-a)\frac{t^{n-1}}{(t^n-1)^2}\mathrm{d}t$$

riconducendosi ad un integrale di una razionale fratta che risolviamo con il metodo presentato nella Sezione 4.4.

- Quando siamo in presenza di una radice quadrata con il radicando polinomio di secondo grado

$$\sqrt{ax^2 + bx + c},$$

dobbiamo controllare il segno del coefficiente a.

Caso $a > 0$. Si effettua la sostituzione

$$t = \sqrt{ax^2 + bx + c} - \sqrt{a}x$$

da cui si ricava

$$x = \frac{t^2 - c}{b - 2\sqrt{a}t}.$$

Caso $a < 0$. Necessariamente il discriminante $\Delta = b^2 - 4ac$ deve essere > 0 (altrimenti il radicando sarebbe sempre < 0). In tal caso, si determinano le soluzioni x_1 e x_2 dell'equazione

$$ax^2 + bx + c = 0$$

e si effettua la sostituzione

$$t = \sqrt{\frac{-a(x-x_1)}{x_2 - x}}$$

da cui si ricava

$$x = \frac{-ax_1 + t^2x_2}{-a + t^2}.$$

Osservazione 4.5.4 Una considerazione sulla relazione tra il metodo di integrazione per sostituzione e l'integrale definito. Se dobbiamo calcolare

$$\int_a^b f(x)\mathrm{d}x$$

e vogliamo utilizzare il metodo di integrazione per sostituzione, una volta individuato il cambiamento di variabile $y = g^{-1}(x)$ (cioè $x = g(y)$) possiamo operare in due diverse maniere.

(i) Modificare subito gli estremi di integrazione utilizzando la corrispondenza biunivoca g; in altre parole

$$\int_a^b f(x)\mathrm{d}x = \int_{g^{-1}(a)}^{g^{-1}(b)} f(g(y))g'(y)\mathrm{d}y.$$

(ii) Determinare una primitiva utilizzando la formula (4.4) ritornando nella variabile iniziale x e quindi effettuare le sostituzioni.

I due metodi sono equivalenti: scegliete voi quello che vi sembra più semplice ed efficace.

Esercizi ben svolti

Esercizio 4.5.1 [Roma 18/04/2000 n.10] Calcolare il seguente integrale definito

$$\int_1^2 (4x+3)^{\frac{2}{3}} \mathrm{d}x.$$

Facoltativo: dite anche quanto vale, al variare del parametro $\beta \in \mathbb{R}$ l'integrale

$$\int_1^2 (4x+3)^{\beta} \mathrm{d}x.$$

Soluzione. Basta porre $t = 4x+3$ e osservare che $x = \frac{t-3}{4}$, che $\mathrm{d}x = \frac{1}{4}\mathrm{d}t$, e che $x = 1$ implica $t = 7$ e $x = 2$ implica $t = 11$ (utilizziamo il metodo (i) dell'Osservazione 4.5.4). Quindi

$$\int_1^2 (4x+3)^{\frac{2}{3}} \mathrm{d}x = \frac{1}{4}\int_7^{11} t^{\frac{2}{3}} \mathrm{d}t = \frac{1}{4}\frac{t^{\frac{5}{3}}}{\frac{5}{3}}\Bigg|_7^{11} = \frac{3}{20}\left(11^{\frac{5}{3}} - 7^{\frac{5}{3}}\right).$$

Il calcolo nel caso generale *(facoltativo)* è lo stesso; si trova che

$$\int_1^2 (4x+3)^{\beta} \mathrm{d}x = \frac{1}{4}\int_7^{11} t^{\beta} \mathrm{d}t.$$

Se $\beta \neq -1$ ragioniamo come sopra ottenendo

$$\frac{1}{4}\int_7^{11} t^{\beta} \mathrm{d}t = \frac{1}{4(\beta+1)}\left(11^{\beta+1} - 7^{\beta+1}\right);$$

se $\beta = -1$ la primitiva è il logaritmo naturale e quindi

$$\frac{1}{4}\int_7^{11} \frac{1}{t}\mathrm{d}t = \frac{1}{4}\ln t\Big|_7^{11} = \frac{1}{4}\ln\left(\frac{11}{7}\right)$$

che è il valore cercato. ■

Esercizio 4.5.2 [Roma 07/07/2000 n.] Sia $f(R) = (2R+1)^{-\frac{2}{3}}$ il numero di persone in Italia con reddito maggiore o uguale a R. Calcolare il numero di persone che ricevono un reddito compreso tra R_1 e R_2 (con $R_1 < R_2$) e il loro reddito totale.

Soluzione. Notiamo innanzitutto che la funzione f è strettamente decrescente (come si capisce anche dal suo significato economico). Il numero totale di persone con reddito compreso tra R_1 e R_2 è

$$f(R_1) - f(R_2) = (2R_1+1)^{-\frac{2}{3}} - (2R_2+1)^{-\frac{2}{3}} = -\int_{R_1}^{R_2} f'(R)\mathrm{d}R.$$

Invece il loro reddito totale è

$$\int_{R_1}^{R_2} f(R)\mathrm{d}R = \int_{R_1}^{R_2} (2R+1)^{-\frac{2}{3}}\mathrm{d}R$$

e, cambiando variabile $s = 2R+1$ (cioè $R = \frac{s-1}{2}$ e $\mathrm{d}R = \frac{1}{2}\mathrm{d}s$) otteniamo (ricordandoci di aggiornare gli estremi in quanto utilizziamo il metodo (i) esposto nell'Osservazione 4.5.4)

$$\frac{1}{2}\int_{2R_1+1}^{2R_2+1} s^{-\frac{2}{3}}\mathrm{d}s = \frac{1}{2}\left(-\frac{2}{3}+1\right)^{-1} s^{-\frac{2}{3}+1}\Bigg|_{2R_1+1}^{2R_2+1} = \frac{3}{2}\left((2R_2+1)^{\frac{1}{3}} - (2R_1+1)^{\frac{1}{3}}\right)$$

che è il redito totale cercato. ■

Esercizio 4.5.3 [L'Aquila 31/05/1999, n.4] Calcolare una primitiva della funzione

$$f(x) = e^{13\sqrt{x}}.$$

Soluzione. Dobbiamo risolvere l'integrale indefinito

$$\int e^{13\sqrt{x}} \mathrm{d}x.$$

Procediamo con il metodo della sostituzione ponendo $13\sqrt{x} = t$ da cui $x = \frac{t^2}{169}$ e $\mathrm{d}x = \frac{2}{169}t\mathrm{d}t$. Allora

$$\int e^{13\sqrt{x}} \mathrm{d}x = \int e^t \cdot \frac{2}{169} t\mathrm{d}t = \frac{2}{169} \int te^t \mathrm{d}t.$$

A questo punto sviluppiamo l'integrale per parti (si veda Sezione 4.6), derivando la funzione t ed integrando la funzione e^t di cui una primitiva è e^t:

$$\frac{2}{169} \int te^t \mathrm{d}t = \frac{2}{169} \left(te^t - \int e^t \mathrm{D}t\mathrm{d}t \right) = \frac{2}{169} \left(te^t - \int e^t \mathrm{d}t \right) = \frac{2}{169}(te^t - e^t) + c.$$

Riportando nella incognita iniziale e scegliendo la costante uguale a zero, otteniamo

$$F(x) = \frac{2}{169}(13\sqrt{x} - 1)e^{13\sqrt{x}}$$

che è una primitiva. ∎

Esercizio 4.5.4 [L'Aquila 01/06/2000, n.B3] Calcolare una primitiva della funzione

$$f(x) = \frac{2\cos x}{3 + \cos^2 x}.$$

Soluzione. Prima di procedere a sviluppare i calcoli effettuando la sostituzione canonica per gli integrali trigonometrici, proviamo a modificare il denominatore della funzione integranda:

$$\frac{2\cos x}{3 + \cos^2 x} = \frac{2\cos x}{3 + (1 - \operatorname{sen}^2 x)} = \frac{2\cos x}{4 - \operatorname{sen}^2 x}.$$

A questo punto la sostituzione da effettuare è $\operatorname{sen} x = t$; infatti

$$\mathrm{d}t = \cos x \mathrm{d}x$$

e l'integrale diventa

$$\int \frac{2\cos x}{3 + \cos^2 x} \mathrm{d}x = \int \frac{2\cos x}{4 - \operatorname{sen}^2 x} \mathrm{d}x = \int \frac{2}{4 - t^2} \mathrm{d}t = \int \frac{2}{(2 - t)(2 + t)} \mathrm{d}t.$$

A questo punto utilizziamo il metodo di integrazione delle funzioni razionali fratte. Il grado del numeratore è minore del grado del denominatore e possiamo procedere con il metodo di decomposizione. Determiniamo A e B affinché

$$\frac{A}{2 - t} + \frac{B}{2 + t} = \frac{2}{(2 - t)(2 + t)}$$

sia verificata per ogni $t \in \mathbb{R}$; sviluppando i calcoli a sinistra, ricaviamo

$$\frac{A}{2 - t} + \frac{B}{2 + t} = \frac{A(2 + t) + B(2 - t)}{(2 - t)(2 + t)} = \frac{(A - B)t + 2(A + B)}{(2 - t)(2 + t)}.$$

Quindi dobbiamo risolvere il sistema lineare

$$\begin{cases} A - B = 0 \\ 2A + 2B = 2 \end{cases}$$

la cui soluzione è $A = \frac{1}{2}$ e $B = \frac{1}{2}$. Il nostro integrale diventa

$$\int \frac{2\cos x}{3+\cos^2 x}\mathrm{d}x = \int \left(\frac{\frac{1}{2}}{2-t} + \frac{\frac{1}{2}}{2+t}\right)\mathrm{d}t = \frac{1}{2}\int \frac{1}{2-t}\mathrm{d}t + \frac{1}{2}\int \frac{1}{2+t}\mathrm{d}t = -\frac{1}{2}\ln|2-t| + \frac{1}{2}\ln|2+t|,$$

dove abbiamo posto la costante uguale a 0. Ritornando all'incognita di partenza, abbiamo la soluzione

$$\int \frac{2\cos x}{3+\cos^2 x}\mathrm{d}x = -\frac{1}{2}\ln(2-\operatorname{sen} x) + \frac{1}{2}\ln(2+\operatorname{sen} x) = \frac{1}{2}\ln\left(\frac{2+\operatorname{sen} x}{2-\operatorname{sen} x}\right).$$

Faccina 4.5.5 Nell'ultimo passaggio abbiamo tolto il valore assoluto all'interno del logaritmo in quanto l'argomento risulta essere sempre positivo (ricordatevi che $\operatorname{sen} x$ varia solamente tra -1 e $+1$).

Pericolo 4.5.6 Cosa sarebbe successo se avessimo effettuato la sostituzione canonica per gli integrali trigonometrici? Andiamo a vedere a che cosa saremmo andati incontro. La sostituzione sarebbe stata $\operatorname{tg}\left(\frac{x}{2}\right) = t$ da cui

$$x = 2\operatorname{arctg} t \qquad \text{e} \qquad \mathrm{d}x = \frac{2}{t^2+1}\mathrm{d}t.$$

Ricordandoci che $\cos x = \frac{1-t^2}{1+t^2}$ otteniamo

$$\int \frac{2\cos x}{3+\cos^2 x}\mathrm{d}x = \int \frac{2\frac{1-t^2}{1+t^2}}{3+\left(\frac{1-t^2}{1+t^2}\right)^2}\frac{2}{1+t^2}\mathrm{d}t = \int \frac{1-t^2}{1+t^2+t^4}\mathrm{d}t.$$

E qui iniziano i primi problemi: come scomporre il denominatore? Quando si giunge a questo punto è opportuno chiedersi:

"forse che l'esercizio si risolverà utilizzando un metodo alternativo?"

Solamente per capire a quali disastrosi calcoli conduceva il metodo canonico, proseguiamo evitando di scrivere tutti i passaggi.

- La scomposizione del denominatore è (provate)

$$t^4 + t^2 + 1 = (t^2+t+1)(t^2-t+1).$$

- Dobbiamo determinare i coefficienti A, B, C e D affinché

$$\frac{1-t^2}{1+t^2+t^4} = \frac{At+B}{t^2+t+1} + \frac{Ct+D}{t^2-t+1}.$$

Sviluppando i calcoli si ricava

$$\frac{1-t^2}{1+t^2+t^4} = \frac{(A+C)t^3 + (-A+B+C+D)t^2 + (A-B+C+D)t + (B+D)}{(t^2+t+1)(t^2-t+1)}$$

e quindi dobbiamo risolvere il sistema (in 4 incognite)

$$\begin{cases} A \phantom{{}+B} + C \phantom{{}+D} = 0 \\ -A + B + C + D = -1 \\ A - B + C + D = 0 \\ B + D = 1. \end{cases}$$

La soluzione del sistema è

$$A = 1, \quad B = \frac{1}{2}, \quad C = -1, \quad D = \frac{1}{2}.$$

– L'integrale diventa

$$\int \frac{t+\frac{1}{2}}{t^2+t+1}\mathrm{d}t + \int \frac{-t+\frac{1}{2}}{t^2-t+1}\mathrm{d}t = \frac{1}{2}\left(\int \frac{2t+1}{t^2+t+1}\mathrm{d}t - \int \frac{2t-1}{t^2-t+1}\mathrm{d}t\right).$$

Almeno in questo siamo stati fortunati: i numeratori delle frazioni sono le derivate dei denominatori e quindi

$$\frac{1}{2}\left(\int \frac{2t+1}{t^2+t+1}\mathrm{d}t - \int \frac{2t-1}{t^2-t+1}\mathrm{d}t\right) = \frac{1}{2}\ln\left(\frac{t^2+t+1}{t^2-t+1}\right) + c.$$

– Ed ora l'ultima fatica: riportare tutto nell'incognita iniziale. Vi salviamo dai noiosissimi calcoli (noiosissimi anche per gli autori) ma vi assicuriamo che il risultato coincide con il precedente (anche se sembrerà scritto in maniera diversa).

Questo potrebbere convincere qualcuno a non utilizzare in maniera meccanica un qualsiasi procedimento. ∎

Esercizio 4.5.5 Calcolare una primitiva della funzione

$$f(x) = \frac{\operatorname{sen} x}{\operatorname{sen}^2 x + 2\cos^2 x}.$$

Soluzione. Possiamo vedere la soluzione di questo esercizio come la sagra del metodo di integrazione per sostituzione: infatti determineremo una primitiva di f con tre sostituzioni diverse.

1° **metodo.** La prima cosa che ci potrebbe venire in mente è quella della sostituzione canonica $t = \operatorname{tg}\frac{x}{2}$ per cui

$$\int \frac{\operatorname{sen} x}{\operatorname{sen}^2 x + 2\cos^2 x}\mathrm{d}x = \int \frac{\frac{2t}{1+t^2}}{\left(\frac{2t}{1+t^2}\right)^2 + 2\left(\frac{1-t^2}{1+t^2}\right)^2}\cdot\frac{2}{1+t^2}\mathrm{d}t = \int \frac{2t}{1+t^4}\mathrm{d}t$$

che risolviamo con il metodo di integrazione per le funzioni razionali fratte. E qui inizia il difficile: la decomposizione è (provate a verificarlo)

$$t^4+1 = (t^2-\sqrt{2}t+1)(t^2+\sqrt{2}t+1).$$

A questo punto dovremmo determinare le costanti A, B, C e D affinché

$$\frac{2t}{1+t^4} = \frac{At+B}{t^2+\sqrt{2}t+1} + \frac{Ct+D}{t^2-\sqrt{2}t+1};$$

in altre parole dovremmo risolvere il sistema

$$\begin{cases} A + C = 0 \\ -\sqrt{2}A + B + \sqrt{2}C + D = 0 \\ A - \sqrt{2}B + C + \sqrt{2}D = 2 \\ B + D = 0 \end{cases}$$

che ha come soluzione

$$A = 0, \quad B = -\frac{\sqrt{2}}{2}, \quad C = 0, \quad D = \frac{\sqrt{2}}{2}.$$

Quindi

$$\int \frac{2t}{1+t^4}\mathrm{d}t = \frac{\sqrt{2}}{2}\left(\int \frac{1}{t^2-\sqrt{2}t+1}\mathrm{d}t - \int \frac{1}{t^2+\sqrt{2}t+1}\mathrm{d}t\right).$$

Applichiamo la formula (4.2).

- Per il primo integrale i parametri sono

$$p = 0, \quad q = 1, \quad \alpha = -\sqrt{2}, \quad \beta = 1, \quad s = 1,$$

quindi $\Delta = 2 - 4 = -2$ e

$$\int \frac{1}{t^2-\sqrt{2}t+1}\mathrm{d}t = \sqrt{2}\operatorname{arctg}\left(\frac{2t-\sqrt{2}}{\sqrt{2}}\right) = \sqrt{2}\operatorname{arctg}(\sqrt{2}t-1).$$

- Per il secondo integrale i parametri sono

$$p = 0, \quad q = 1, \quad \alpha = \sqrt{2}, \quad \beta = 1, \quad s = 1,$$

quindi $\Delta = 2 - 4 = -2$ nuovamente e

$$\int \frac{1}{t^2 + \sqrt{2}t + 1} dt = \sqrt{2} \operatorname{arctg}\left(\frac{2t + \sqrt{2}}{\sqrt{2}}\right) = \sqrt{2} \operatorname{arctg}(\sqrt{2}t + 1).$$

Ritornando alla variabile iniziale si ha

$$\int \frac{\operatorname{sen} x}{\operatorname{sen}^2 x + 2\cos^2 x} dx = \operatorname{arctg}\left(\sqrt{2} \operatorname{tg}\left(\frac{x}{2}\right) - 1\right) - \operatorname{arctg}\left(\sqrt{2} \operatorname{tg}\left(\frac{x}{2}\right) + 1\right)$$

dove abbiamo scelto la costante uguale a 0.

2° **metodo.** Tuttavia, una volta fatta la sostituzione trigonometrica, potevamo risolvere l'integrale

$$\int \frac{2t}{1 + t^4} dt$$

effettuando una seconda sostituzione, cioè ponendo $t^2 = s$ da cui $2t dt = ds$; allora, (scegliendo la solita costante uguale a 0)

$$\int \frac{2t}{1 + t^4} dt = \int \frac{1}{1 + s^2} ds = \operatorname{arctg} s = \operatorname{arctg}(t^2) = \operatorname{arctg}\left(\operatorname{tg}^2\left(\frac{x}{2}\right)\right) = \operatorname{arctg}\left(\frac{1 - \cos x}{1 + \cos x}\right)$$

3° **metodo.** Oppure, ragionando come nell'Esercizio 4.5.4, possiamo riscrivere il denominatore facendo comparire solamente la funzione $\cos x$:

$$\int \frac{\operatorname{sen} x}{\operatorname{sen}^2 x + 2\cos^2 x} dx = \int \frac{\operatorname{sen} x}{1 - \cos^2 x + 2\cos^2 x} dx = \int \frac{\operatorname{sen} x}{1 + \cos^2 x} dx.$$

A questo punto effettuiamo la sostituzione $t = \cos x$ con $dt = -\operatorname{sen} dx$, ricavando

$$\int \frac{\operatorname{sen} x}{1 + \cos^2 x} dx = -\int \frac{1}{1 + t^2} dt = -\operatorname{arctg} t = -\operatorname{arctg} \cos x$$

dove nuovamente abbiamo scelto la costante uguale a 0. Come si può vedere, ragionando un pochino all'inizio si fatica molto meno.

Ma riguardando i tre diversi svolgimenti sembra che abbiamo ottenuto tre funzioni totalmente diverse:

$$\begin{aligned} F_1(x) &= \operatorname{arctg}\left(\sqrt{2} \operatorname{tg}\left(\frac{x}{2}\right) - 1\right) - \operatorname{arctg}\left(\sqrt{2} \operatorname{tg}\left(\frac{x}{2}\right) + 1\right), \\ F_2(x) &= \operatorname{arctg}\left(\frac{1 - \cos x}{1 + \cos x}\right), \\ F_3(x) &= -\operatorname{arctg} \cos x. \end{aligned}$$

In particolare osserviamo che

$$F_1(0) = -\frac{\pi}{2}, \quad F_2(0) = 0, \quad F_3(0) = -\frac{\pi}{4}.$$

Ovviamente non sono tre funzioni totalmente diverse (ce lo dice il Teorema fondamentale del calcolo integrale) ma differiscono tra loro a meno di una costante additiva; infatti si può verificare che

$$F_2(x) = F_3(x) + \frac{\pi}{4} \quad \text{e} \quad F_2(x) = F_1(x) + \frac{\pi}{2}.$$

Provate a farlo. ∎

Esercizi per casa

Esercizio 4.5.6 [L'Aquila 07/06/1999] Calcolare una primitiva della funzione

$$f(x) = \frac{1}{5+\sqrt{x}}.$$

Esercizio 4.5.7 [L'Aquila 25/06/1999] Calcolare una primitiva della funzione

$$f(x) = \frac{e^{2x}}{e^x+3}.$$

Esercizio 4.5.8 [L'Aquila 14/09/1999] Calcolare

$$\int_1^e \frac{1}{x(3+\ln x)^2}\mathrm{d}x.$$

Esercizio 4.5.9 [L'Aquila 21/12/1999] Calcolare una primitiva della funzione

$$f(x) = \frac{e^x+1}{e^x-1}.$$

4.6 Integrazione per parti

La regola della integrazione per parti risulta essere il corrispettivo della formula della derivazione del prodotto di due funzioni.

Teorema 4.6.1 (Integrazione per parti) *Siano $f, g : [a,b] \longrightarrow \mathbb{R}$ con f derivabile e sia G una primitiva di g (cioè $G'(x) = g(x)$); allora*

$$\int f(x)g(x)\mathrm{d}x = f(x)G(x)\mathrm{d}x - \int f'(x)G(x)\mathrm{d}x. \tag{4.6}$$

Ovviamente tale formula si applica quando il calcolo di $\int g(x)\mathrm{d}x$ risulta semplice. Accenniamo ad alcuni utili espedienti.

1. Per integrali del tipo
$$\int p(x)e^x\mathrm{d}x$$
con $p(x)$ polinomio, è conveniente utilizzare il metodo di integrazione per parti scegliendo $f(x) = p(x)$ (derivando si abbassa il grado di 1) e $g(x) = e^x$ (tanto all'esponenziale l'integrazione non gli fa niente). Il procedimento andrà ripetuto tante volte quanto è il grado di $p(x)$.

2. Per integrali del tipo
$$\int p(x)\operatorname{sen} x\mathrm{d}x \qquad \text{oppure} \qquad \int p(x)\cos x\mathrm{d}x$$
dove $p(x)$ è un polinomio, si utilizza il metodo di integrazione per parti scegliendo nuovamente $f(x) = p(x)$ e $g(x)$ la funzione trigonometrica. Anche questa volta il procedimento andrà ripetuto tante volte quanto è il grado di $p(x)$.

3. Integrali del tipo
$$\int p(x)\operatorname{arctg} x\mathrm{d}x$$
con $p(x)$ funzione razionale fratta, si risolvono utilizzando il metodo di integrazione per parti scegliendo $f(x) = \operatorname{arctg} x$ e $g(x) = p(x)$, riconducendosi all'integrale di una razionale fratta.

4. Anchc intcgrali dcl tipo
$$\int p(x)\ln x\mathrm{d}x$$
con $p(x)$ funzione razionale fratta, si risolvono utilizzando il metodo di integrazione per parti scegliendo $f(x) = \ln x$ e $g(x) = p(x)$ ed anche in questo caso ci si riconduce all'integrale di una razionale fratta.

5. Per integrali del tipo
$$\int e^x \operatorname{sen} x dx \qquad \text{oppure} \qquad \int e^x \cos x dx$$
si effettua il seguente accorgimento: scegliendo $f(x) = \operatorname{sen} x$ e $g(x) = e^x$ (e quindi $G(x) = e^x$) si ottiene
$$\int e^x \operatorname{sen} x dx = e^x \operatorname{sen} x - \int e^x \cos x dx.$$
Iterando il procedimento con $f(x) = \cos x$ e $g(x) = e^x$ si ha
$$\int e^x \operatorname{sen} x dx = e^x \operatorname{sen} x - \left(e^x \cos x - \int -e^x \operatorname{sen} x dx\right) = (\operatorname{sen} x - \cos x)e^x - \int e^x \operatorname{sen} x dx.$$
Trasportando l'integrale a secondo membro a sinistra otteniamo
$$2\int e^x \operatorname{sen} x dx = (\operatorname{sen} x - \cos x)e^x$$
e quindi
$$\int e^x \operatorname{sen} x dx = \frac{(\operatorname{sen} x - \cos x)e^x}{2} + c.$$
Analogamente si ricava
$$\int e^x \cos x dx = \frac{(\operatorname{sen} x + \cos x)e^x}{2} + c.$$

6. Alcune volte compare nell'integrale una sola funzione derivabile con derivata continua
$$\int \phi(x) dx.$$
In tali casi può risultare conveniente scegliere $f(x) = \phi(x)$ e $g(x) = 1$ (da cui $G(x) = x$) ottenendo
$$\int \phi(x) dx = x\phi(x) - \int x\phi'(x) dx.$$
Se ci va bene, il nuovo integrale risulta più semplice di quello iniziale. Facciamo due esempi.
   - Se $\phi(x) = \ln x$ allora
   $$\int \ln x dx = x \ln x - \int x \cdot \frac{1}{x} dx = x \ln x - \int 1 dx = x(\ln x - 1) + c.$$
   - Se $\phi(x) = \operatorname{arctg} x$ allora
   $$\int \operatorname{arctg} x dx = x \operatorname{arctg} x - \int \frac{x}{1+x^2} dx = x \operatorname{arctg} x - \frac{1}{2}\ln(1+x^2) + c.$$

7. Terminiamo con due integrali ricorrenti.
   - L'integrale di $\operatorname{sen}^2 x$ si ottiene spezzando $\operatorname{sen}^2 x$ come prodotto di $\operatorname{sen} x \cdot \operatorname{sen} x$ e ponendo $f(x) = \operatorname{sen} x$ e $g(x) = \operatorname{sen} x$ (da cui $G(x) = -\cos x$:
   $$\begin{aligned}\int \operatorname{sen}^2 x dx &= \int \operatorname{sen} x \cdot \operatorname{sen} x dx \\ &= -\operatorname{sen} x \cos x - \int -\cos x \mathrm{D} \operatorname{sen} x dx \\ &= -\operatorname{sen} x \cos x + \int \cos^2 x dx \\ &= -\operatorname{sen} x \cos x + \int (1 - \operatorname{sen}^2 x) dx \\ &= -\operatorname{sen} x \cos x + x - \int \operatorname{sen}^2 x dx.\end{aligned}$$

Con una astuzia simile a quella effettuata nel punto 5, trasportando a sinistra l'integrale che si trova a destra, otteniamo

$$\int \operatorname{sen}^2 x \mathrm{d}x = \frac{x - \operatorname{sen} x \cos x}{2} + c.$$

- Potremmo calcolare l'integrale di $\cos^2 x$ con lo stesso metodo, oppure con altre varie astuzie; ad esempio, utilizzando il precedente risultato, si ha

$$\int \cos^2 x \mathrm{d}x = \int (1 - \operatorname{sen}^2 x)\mathrm{d}x = x - \frac{x - \operatorname{sen} x \cos x}{2} + c = \frac{x + \operatorname{sen} x \cos x}{2} + c.$$

Cercatene altre (come ad esempio sfruttare la relazione $\cos(2x) = \cos^2 x - \operatorname{sen}^2 x$).

Esercizi ben svolti

Esercizio 4.6.1 [Roma 30/05/2000 n.10 (recupero)] Calcolare il seguente integrale definito

$$\int_1^4 (\ln x + x)\mathrm{d}x.$$

Facoltativo: dite anche quanto vale l'integrale definito

$$\int_1^4 (\ln x)^2 \mathrm{d}x.$$

Soluzione. Usando l'additività si ha

$$\int_1^4 (\ln x + x)\mathrm{d}x = \int_1^4 \ln x \mathrm{d}x + \int_1^4 x \mathrm{d}x.$$

Non ci sono problemi per il secondo integrale per cui si ha

$$\int_1^4 x\mathrm{d}x = \left.\frac{x^2}{2}\right|_1^4 = \frac{4^2}{2} - \frac{1^2}{2} = \frac{15}{2}.$$

Per il primo integrale utilizziamo il metodo di integrazione per parti scegliendo $f(x) = \ln x$ e $g(x) = 1$ con $G(x) = x$ (lo ripetiamo anche se visto precedentemente):

$$\int \ln x \mathrm{d}x = x \ln x - \int \frac{1}{x} \cdot x \mathrm{d}x = x \ln x - x + c.$$

Scegliendo la costante uguale a 0 si ottiene

$$\int_1^4 \ln x \mathrm{d}x = (x \ln x - x)\Big|_1^4 = (4 \ln 4 - 4) - (1 \ln 1 - 1) = 4 \ln 4 - 3,$$

e quindi

$$\int_1^4 (\ln x + x)\mathrm{d}x = 4 \ln 4 - 3 + \frac{15}{2} = 4 \ln 4 + \frac{9}{2}.$$

Per il caso facoltativo si ripete l'integrazione per parti utilizzando il risultato precedente. Possiamo porre $f(x) = \ln x$ e $g(x) = \ln x$ (oramai sappiamo che una primitiva è $G(x) = x \ln x - x$) e si ricava

$$\begin{aligned}
\int \ln^2 x \mathrm{d}x &= \ln x(x \ln x - x) - \int \left(\frac{1}{x}(x \ln x - x)\right) \mathrm{d}x \\
&= x(\ln^2 x - \ln x) - \int (\ln x - 1)\mathrm{d}x \\
&= x(\ln^2 x - \ln x) - (x \ln x - x - x) \\
&= x(\ln^2 x - 2 \ln x + 2) + c.
\end{aligned}$$

Quindi

$$\int_1^4 \ln^2 x \mathrm{d}x = x(\ln^2 x - 2\ln x + 2)\Big|_1^4 = 4(\ln^2 4 - 2\ln 4 + 2) - (\ln^2 1 - 2\ln 1 + 2) = 4\ln^2 4 - 8\ln 4 + 6.$$

Potevamo anche effettuare l'integrazione per parti scegliendo $f(x) = \ln^2 x$ e $g(x) = 1$. Provateci. ∎

Esercizio 4.6.2 [L'Aquila 28/09/1999, n.B3] Calcolare una primitiva della funzione

$$f(x) = \frac{(x-3)\ln x}{x}.$$

Soluzione. Dobbiamo risolvere l'integrale indefinito

$$\int \frac{(x-3)\ln x}{x} \mathrm{d}x.$$

Procediamo con il metodo della sostituzione ponendo $\ln x = t$ da cui $x = e^t$ e $\mathrm{d}x = e^t \mathrm{d}t$. Allora

$$\int \frac{(x-3)\ln x}{x} \mathrm{d}x = \int \frac{e^t - 3}{e^t} te^t \mathrm{d}t = \int (e^t - 3)t\mathrm{d}t = \int e^t t\mathrm{d}t - 3\int t\mathrm{d}t = \int e^t t\mathrm{d}t - \frac{3}{2}t^2.$$

Per il rimanente integrale, operiamo integrando per parti, integrando e^t (la primitiva che sceglieremo sarà ovviamente $G(t) = e^t$) e derivando t:

$$\int e^t t\mathrm{d}t = te^t - \int e^t \mathrm{D}t\mathrm{d}t = te^t - \int e^t \mathrm{d}t = (t-1)e^t + c.$$

Quindi, riportando nella incognita iniziale e scegliendo la costante uguale a zero, otteniamo

$$\int \frac{(x-3)\ln x}{x} \mathrm{d}x = x\ln x - x - \frac{3}{2}\ln^2 x$$

che è una primitiva. ∎

Esercizi per casa

Esercizio 4.6.3 [L'Aquila 30/05/2000, n.B3] Calcolare

$$\int_0^{\frac{\pi}{2}} x \operatorname{sen} x \mathrm{d}x.$$

Esercizio 4.6.4 Trovare una primitiva della funzione

$$f(x) = x \operatorname{arctg} x.$$

4.7 *Soluzioni degli esercizi per casa*

4.7.1 *Integrali immediati*

Soluzione dell'Esercizio 4.3.5. L'esercizio è analogo all'Esercizio 4.3.1; questa volta si osserva che è sufficiente moltiplicare e dividere per -3 ed ottenere

$$\int e^{-3x} \mathrm{d}x = -\frac{1}{3}\int -3e^{-3x} \mathrm{d}x = -\frac{e^{-3x}}{3},$$

avendo scelto come costante 0. Quindi

$$\int_1^3 e^{-3x} \mathrm{d}x = -\frac{e^{-3x}}{3}\Big|_1^3 = \frac{1}{3}(e^{-3} - e^{-9})$$

è una primitiva cercata. ■

Soluzione dell'Esercizio 4.3.6. Come nell'Esercizio 4.3.2 ci calcoliamo una primitiva utilizzando la linearità dell'integrale:

$$\int \left(x^2 + x - 1 + \frac{2}{x}\right) \mathrm{d}x = \int x^2 \mathrm{d}x + \int x \mathrm{d}x - \int \mathrm{d}x + 2 \int \frac{1}{x} \mathrm{d}x = \frac{x^3}{3} + \frac{x^2}{2} - x + 2 \ln |x|,$$

dove abbiamo scelto la costante uguale a 0. Allora

$$\int_1^2 \left(x^2 + x - 1 + \frac{2}{x}\right) \mathrm{d}x = \left(\frac{x^3}{3} + \frac{x^2}{2} - x + 2 \ln x\right)\Bigg|_1^2 = \left(\frac{8}{3} + 2 - 2 + 2 \ln 2\right) - \left(\frac{1}{3} + \frac{1}{2} - 1 + 2 \ln 1\right)$$

Semplificando si ottiene che i valore finale è $\frac{17}{6} + 2 \ln 2$. ■

Soluzione dell'Esercizio 4.3.7. Iniziamo con il calcolo di una primitiva di $f(x) = \frac{7}{1+x^2}$. Utilizzando la linearità, possiamo portare fuori la costante moltiplicativa 7, ottenendo

$$\int \frac{7}{1+x^2} \mathrm{d}x = 7 \int \frac{1}{1+x^2} \mathrm{d}x = 7 \operatorname{arctg} x$$

dove abbiamo scelto la costante uguale a 0. Quindi

$$\int_0^1 \frac{7}{1+x^2} \mathrm{d}x = (7 \operatorname{arctg} x)\Bigg|_0^1 = 7 \operatorname{arctg} 1 - 7 \operatorname{arctg} 0.$$

Il valore cercato è allora $\frac{7}{4}\pi$. ■

Soluzione dell'Esercizio 4.3.8. Velocemente ci calcoliamo una primitiva:

$$\int \frac{7}{1+x} \mathrm{d}x = 7 \int \frac{1}{1+x} \mathrm{d}x = 7 \ln |x+1|;$$

quindi

$$\int_1^3 \frac{7}{1+x} \mathrm{d}x = (7 \ln |x+1|)\Bigg|_1^3 = 7 \ln 4 - 7 \ln 2.$$

Il risultato finale è dunque $= 7 \ln \frac{3}{2}$. ■

4.7.2 *Integrazione di razionali fratte*

Soluzione dell'Esercizio 4.4.3. Nel primo caso, memori dell'Esercizio 4.4.1, scriviamo

$$\frac{x^2 + 2x - 5}{x^3} = \frac{1}{x} + \frac{2}{x^2} - \frac{5}{x^3}.$$

Quindi l'integrale risulta semplice:

$$\int f(x) \mathrm{d}x = \int \frac{1}{x} \mathrm{d}x + \int \frac{2}{x^2} \mathrm{d}x - \int \frac{5}{x^3} \mathrm{d}x = \ln |x| - \frac{2}{x} + \frac{5}{x^2} + c, \qquad c \in \mathbb{R}.$$

Ponendo $c = 0$ si ottiene una primitiva. Per il secondo integrale si opera il passo 0 come nell'Esercizio 4.4.1:

$$\frac{x^4 + x^3 - 4x - 2}{x^2 + x} = \frac{x^2(x^2 + x) - 4x - 2}{x^2 + x} = \frac{x^2(x^2 + x)}{x^2 + x} + \frac{-4x - 2}{x^2 + x} = x^2 - 2\frac{2x + 1}{x^2 + x}.$$

A questo punto possiamo accorciare il procedimento ricordandoci dell'integrale immediato (a): infatti nella frazione $\frac{2x+1}{x^2+x}$ il numeratore è *esattamente* (che fortuna!) la derivata del numeratore. Quindi

$$\int \frac{x^4 + x^3 - 4x - 2}{x^2 + x} dx = \int x^2 dx - 2 \int \frac{2x+1}{x^2+x} dx = \frac{x^3}{3} - 2\ln|x^2 + x| + c, \qquad c \in \mathbb{R},$$

e ponendo $c = 0$ si ottiene una primitiva. ∎

Soluzione dell'Esercizio 4.4.4. Siamo in presenza di un integrale definito di una funzione razionale fratta. Determiniamo innanzitutto una primitiva di

$$\frac{x^2+1}{x^2-x}.$$

Essendo il grado del numeratore uguale al grado del denominatore, dobbiamo dividere $x^2 + 1$ per $x^2 - x$, ottenendo come quoziente $Q(x) = 1$ e come resto $R(x) = x + 1$ (provate a farlo). Oppure potremmo operare nella seguente maniera:

$$\frac{x^2+1}{x^2-x} = \frac{x^2 - x + x + 1}{x^2 - x} = \frac{x^2-x}{x^2-x} + \frac{x+1}{x^2-x} = 1 + \frac{x+1}{x^2-x}.$$

Quindi

$$\int \frac{x^2+1}{x^2-x} dx = \int \left(1 + \frac{x+1}{x^2-x}\right) dx = \int 1 dx + \int \frac{x+1}{x^2-x} dx = x + \int \frac{x+1}{x^2-x} dx.$$

Rimane quindi da calcolare

$$\int \frac{x+1}{x^2-x} dx.$$

Procediamo usando il metodo esposto asll'inizio della sezione: dobbiamo determinare A e B tali che

$$\frac{x+1}{(x-1)x} = \frac{A}{x} + \frac{B}{x-1} \tag{4.7}$$

per ogni valore di $x \in \mathbb{R}$. Facciamo il minimo comun denominatore a destra:

$$\frac{A}{x} + \frac{B}{x-1} = \frac{A(x-1) + Bx}{(x-1)x} = \frac{(A+B)x - A}{(x-1)x}.$$

Quindi i due membri dell'espressione (4.7) hanno lo stesso denominatore e perciò, affinché l'espressione (4.7) sia sempre verificata, dobbiamo avere i due numeratori uguali, cioè

$$x + 1 = (A + B)x - A.$$

In altre parole il coefficiente della x a destra (che è $A + B$) deve essere uguale al coefficiente della x a sinistra (che è 1), ed i termini noti devono essere uguali. Dobbiamo quindi risolvere il sistema lineare

$$\begin{cases} A + B = 1 \\ -A = 1 \end{cases}$$

nelle incognite A e B. La soluzione è $A = -1$ e $B = 2$ e quindi

$$\int \frac{x+1}{x(x-1)} dx = \int \left(-\frac{1}{x} + \frac{2}{x-1}\right) dx = -\ln|x| + 2\ln|x-1| + c.$$

Ricapitolando, scegliendo la costante uguale a zero, abbiamo

$$\begin{aligned} \int_2^3 \frac{x^2+1}{x^2-x} dx &= \left(x - \ln|x| + 2\ln|x-1|\right)\Big|_2^3 \\ &= (3 - \ln 3 + 2\ln 2) - (2 - \ln 2 + 2\ln 1) \\ &= 1 + 3\ln 2 - \ln 3 \end{aligned}$$

che è il valore cercato. ∎

4.7.3 *Integrazione per sostituzione*

Soluzione dell'Esercizio 4.5.6. Dobbiamo risolvere l'integrale indefinito

$$\int \frac{1}{5+\sqrt{x}}\mathrm{d}x.$$

Procediamo con il metodo della sostituzione ponendo $\sqrt{x} = t$ da cui $x = t^2$ e $\mathrm{d}x = 2t\mathrm{d}t$. Allora

$$\int \frac{1}{5+\sqrt{x}}\mathrm{d}x = \int \frac{1}{t+5}2t\mathrm{d}t = 2\int \frac{t}{t+5}\mathrm{d}t.$$

Ci siamo ricondotti a determinare l'integrale di una funzione razionale fratta in cui il grado del numeratore non è inferiore al grado del denominatore. Potremmo procedere in maniera meccanica dividendo il numeratore per il denominatore ottenendo il quoziente (nel nostro caso 1) ed il resto (nel nostro caso -5) oppure operando nella seguente maniera:

$$\begin{aligned} 2\int \frac{t}{t+5}\mathrm{d}t &= 2\int \frac{t+5-5}{t+5}\mathrm{d}t = 2\int \left(\frac{t+5}{t+5} - \frac{5}{t+5}\mathrm{d}t\right) \\ &= 2\int 1\mathrm{d}t - 10\int \frac{1}{t+5}\mathrm{d}t = 2t - 10\ln|t+5| + c. \end{aligned}$$

Riportando nella incognita iniziale e scegliendo la costante uguale a zero, otteniamo

$$F(x) = 2\sqrt{x} - 10\ln(\sqrt{x}+5)$$

che è ciò che vogliamo. ■

Soluzione dell'Esercizio 4.5.7. Dobbiamo risolvere l'integrale indefinito

$$\int \frac{e^{2x}}{e^x+3}\mathrm{d}x.$$

Procediamo con il metodo della sostituzione ponendo $e^x = t$ da cui $x = \ln t$ e $\mathrm{d}x = \frac{\mathrm{d}t}{t}$. Allora

$$\begin{aligned} \int \frac{e^{2x}}{e^x+3}\mathrm{d}x &= \int \frac{t^2}{t+3}\cdot\frac{1}{t}\mathrm{d}t = \int \frac{t}{t+3}\mathrm{d}t \\ &= \int \frac{t+3-3}{t+3}\mathrm{d}t = \int \left(\frac{t+3}{t+3} - \frac{3}{t+3}\right)\mathrm{d}t \\ &= \int 1\mathrm{d}t - 3\int \frac{1}{t+3}\mathrm{d}t = t - 3\ln|t+5| + c. \end{aligned}$$

Riportando nella incognita iniziale e scegliendo la costante uguale a zero, otteniamo che

$$F(x) = e^x - \ln(e^x+3)$$

è una primitiva. ■

Soluzione dell'Esercizio 4.5.8. Procediamo con il metodo della sostituzione ponendo $\ln x = t$ da cui $x = e^t$ e $\mathrm{d}x = e^t\mathrm{d}t$. Allora gli estremi di integrazione cambiano; poiché x varia tra 1 ed e allora $\ln x$ (cioè t) varierà tra $\ln 1 = 0$ e $\ln e = 1$. Quindi

$$\int_1^e \frac{1}{x(3+\ln x)^2}\mathrm{d}x = \int_0^1 \frac{1}{e^t(3+t)^2}e^t\mathrm{d}t = \int_0^1 \frac{1}{(3+t)^2}\mathrm{d}t = -\frac{1}{3+t}\Bigg|_{t=0}^{t=1} = \frac{1}{12}$$

è il risultato. ■

Soluzione dell'Esercizio 4.5.9. Sostituzione ovvia: $e^x = t$ da cui $x = \ln t$ e $\mathrm{d}x = \frac{1}{t}\mathrm{d}t$. Allora l'integrale diventa

$$\int \frac{e^x+1}{e^x-1}\mathrm{d}x = \int \frac{t+1}{t-1}\cdot\frac{1}{t}\mathrm{d}t.$$

Ci siamo ricondotti ad una razionale fratta ed applichiamo il metodo di decomposizione: cerchiamo A e B affinché

$$\frac{t+1}{t(t-1)} = \frac{A}{t-1} + \frac{B}{t} = \frac{(A+B)t - B}{t(t-1)}.$$

Quindi dobbiamo risolvere il sistema

$$\begin{cases} A + B = 1 \\ \quad - B = 1 \end{cases}$$

che ha come soluzione $A = 2$ e $B = -1$. Allora

$$\int \frac{t+1}{t(t-1)}\mathrm{d}t = \int \frac{2}{t-1}\mathrm{d}t - \int \frac{1}{t}\mathrm{d}t = 2\ln|t-1| - \ln|t|$$

avendo posto la costante uguale a 0. Ritornando alla variabile iniziale, si ottiene

$$\int \frac{e^x+1}{e^x-1}\mathrm{d}x = 2\ln|e^x-1| - \ln e^x = \ln(e^x-1)^2 - x$$

che è la nostra primitiva. ∎

4.7.4 *Integrazione per parti*

Soluzione dell'Esercizio 4.6.3. Tipico esercizio che si risolve integrando per parti ponendo $f(x) = x$ e $g(x) = \operatorname{sen} x$ (con $G(x) = -\cos x$); in tal caso una primitiva di $x \operatorname{sen} x$ risulta

$$\int x \operatorname{sen} x \mathrm{d}x = -x\cos x + \int \cos x \mathrm{d}x = -x\cos x + \operatorname{sen} x.$$

Quindi

$$\int_0^{\frac{\pi}{2}} x \operatorname{sen} x \mathrm{d}x = \left(-\frac{\pi}{2}\cos\left(\frac{\pi}{2}\right) + \operatorname{sen}\left(\frac{\pi}{2}\right)\right) - (-0\cos 0 + \operatorname{sen} 0) = 1$$

è la nostra primitiva. ∎

Soluzione dell'Esercizio 4.6.4. Per parti: deriviamo $\operatorname{arctg} x$ ed integriamo x (la cui primitiva è $\frac{x^2}{2}$); allora

$$\begin{aligned} \int x \operatorname{arctg} x \mathrm{d}x &= \frac{x^2}{2}\operatorname{arctg} x - \int \frac{x^2}{2}\cdot\frac{1}{x^2+1}\mathrm{d}x = \frac{x^2}{2}\operatorname{arctg} x - \frac{1}{2}\int \frac{x^2}{x^2+1}\mathrm{d}x \\ &= \frac{x^2}{2}\operatorname{arctg} x - \frac{1}{2}\int \frac{x^2+1-1}{x^2+1}\mathrm{d}x = \frac{x^2}{2}\operatorname{arctg} x - \frac{1}{2}\int \mathrm{d}x + \frac{1}{2}\int \frac{1}{x^2+1}\mathrm{d}x \\ &= \frac{1}{2}(x^2\operatorname{arctg} x - x + \operatorname{arctg} x) \end{aligned}$$

avendo scelto la costante uguale a 0. ∎

Capitolo 5

Vettori e matrici

5.1 Quali esercizi affronteremo in questo capitolo?

1. Saper fare combinazioni lineari di vettori di $\mathbb{R}^n$; determinare quando vettori di $\mathbb{R}^n$ risultano essere linearmente dipendenti oppure indipendenti e quindi quando un vettore risulta essere combinazione lineare degli altri.

2. Saper calcolare la caratteristica ed il determinante di matrici di dimensione bassa; inoltre sapere utilizzare caratteristica e determinante per la risoluzione di altri esercizi (ad esempio la lineare dipendenza ed indipendenza di vettori e la discussione sulla risolubilità di sistemi lineari).

3. Saper svolgere prodotti interni (scalari) tra vettori e prodotti matriciali. Inoltre, attraverso il prodotto interno, saper riconoscere quando due vettori risultano ortogonali.

4. Identificare rette e piani in $\mathbb{R}^2$ e $\mathbb{R}^3$, saperne scrivere sia l'equazione vettoriale sia quella implicita, rappresentarli graficamente ed individuarli attraverso le loro proprietà.

5. Discutere la risolubilità di un sistema lineare, cioè essere in grado di determinare se un sistema ha soluzione oppure no (ed in caso affermativo, saper dire quante sono le soluzioni). I sistemi lineari che affronteremo saranno sia con coefficienti fissati, sia con coefficienti parametrici.

6. Determinare le soluzioni di un sistema lineare sia utilizzando il metodo di Cramer, sia il metodo di Gauss–Jordan.

7. Applicare la teoria svolta a semplici problemi finanziari come la replicabilità di operazioni finanziarie e l'ortogonalità rispetto ai tassi di sconto.

5.2 Come indichiamo vettori e matrici?

In questa sezioncina ci limitiamo ad indicare le principali notazioni di cui faremo uso in seguito. Per una esauriente trattazione su tali argomenti rimandiamo a [PSS]. Indicheremo i vettori in neretto[1] (ad esempio $\mathbf{u}$, $\mathbf{v}$, eccetera) e, a differenza di quanto esposto in [PSS], non distingueremo il caso in cui i vettori siano vettori colonna oppure vettori riga. Le componenti dei vettori non verranno scritte in neretto[2] e saranno indicizzate in basso (scriveremo, ad esempio, $\mathbf{v} = (v_1, \ldots, v_n)$) mentre eventuali indicizzazioni dei vettori avverranno in alto. Quindi quando scriveremo $\mathbf{v}^1, \ldots, \mathbf{v}^k$ intenderemo indicare k vettori: non ci sono pericoli di confusione con le potenze dato che la potenza di un vettore è un'operazione che non useremo mai[3]. Anche le matrici saranno denotate in neretto con lettere maiuscole (ad esempio $\mathbf{A}$, $\mathbf{B}$, eccetera) ed indicheremo con $\operatorname{car}\mathbf{A}$ e $\det\mathbf{A}$ rispettivamente la caratteristica (o rango) ed il determinante della matrice $\mathbf{A}$. Se una matrice è quadrata con n righe e n colonne diremo che n è l'*ordine* della matrice. Un elemento generico della matrice $\mathbf{A}$ lo indicheremo con il simbolo $a_{i,j}$ dove i è l'indice di riga e j l'indice di colonna (ciò significa che $a_{i,j}$ è l'elemento della matrice $\mathbf{A}$ che sta sulla i–esima riga e sulla j–esima colonna).

[1] Detto anche grassetto per gli amici.

[2] Secondo la convenzione che solo i vettori sono "grassetti" perché in un simbolo racchiudono n componenti.

[3] Anche perché la sua definizione crea qualche problema ... pensateci.

Quando sia chiaro dal contesto la i–esima riga (o la j–esima colonna) di $\mathbf{A}$ sarà talvolta indicata con $\mathbf{a}^i$ ($\mathbf{a}^j$). La trasposta[4] di una matrice $\mathbf{A}$ verrà indicata con il simbolo $\mathbf{A}^T$.

La moltiplicazione di uno scalare $\alpha \in \mathbb{R}$ per un vettore $\mathbf{v} \in \mathbb{R}^n$ oppure per una matrice $\mathbf{A}$ si indicherà senza alcun simbolo come per la moltiplicazione tra numeri (quind $\alpha\mathbf{v}$ oppure $\alpha\mathbf{A}$), lo stesso dicasi per la moltiplicazione tra due matrici o tra una matrice e un vettore (quando possibile). Quindi $\mathbf{AB}$ indica la moltiplicazione tra le matrici $\mathbf{A}$ e $\mathbf{B}$ e $\mathbf{Ax}$ indica la moltiplicazione della matrice $\mathbf{A}$ per il vettore $\mathbf{x}$. Il prodotto interno tra due vettori $\mathbf{u}$ e $\mathbf{v}$ di $\mathbb{R}^n$ sarà indicato con $\langle \mathbf{u}, \mathbf{v} \rangle$ mentre la norma di un vettore $\mathbf{v}$ si indicherà con $||\mathbf{v}||$. A questo punto passiamo oltre.

5.3 Vettori, combinazioni lineari, lineare dipendenza ed indipendenza

Partiamo prima di tutto con una definizione

Definizione 5.3.1 *Un* vettore *è una n-upla ordinata, cioè n numeri reali presi con il loro ordine.*

Si tratta di un oggetto algebrico che ha un immediato significato economico (ad esempio quantità prodotte in un certo anno di merci diverse). Sul significato geometrico si veda l'osservazione che segue.

Osservazione 5.3.2 Spesso nelle scuole superiori ed anche nel linguaggio comune il concetto di vettore indica un segmento orientato (si veda la Figura 5.1 a sinistra) in cui ci sta un origine A e una fine B. Per individuare un vettore occorre quindi conoscere due punti: l'origine e la fine. Si usa spesso la notazione $\vec{AB}$.

Invece il concetto di vettore definito sopra è leggermente diverso. Pensiamo al caso $n = 2$ guardando la Figura 5.1 a destra: in tal caso un vettore $\mathbf{v}$ secondo la nostra definizione corrisponde ad un punto di $\mathbb{R}^2$ secondo la regola di individuare i punti del piano cartesiano tramite coppie ordinate di numeri reali. E il segmento orientato a cui eravamo abituati dov'è? Beh, se immaginiamo di avere fissato una volta per tutte il punto iniziale nell'origine degli assi (quindi $A = (0, 0)$), allora il punto $\mathbf{v}$ può essere pensato come il punto finale di un segmento orientato la cui origine è $(0, 0)$. In questo senso possiamo dire che un vettore secondo la Definizione 5.3.1 individua in modo univoco un segmento orientato.

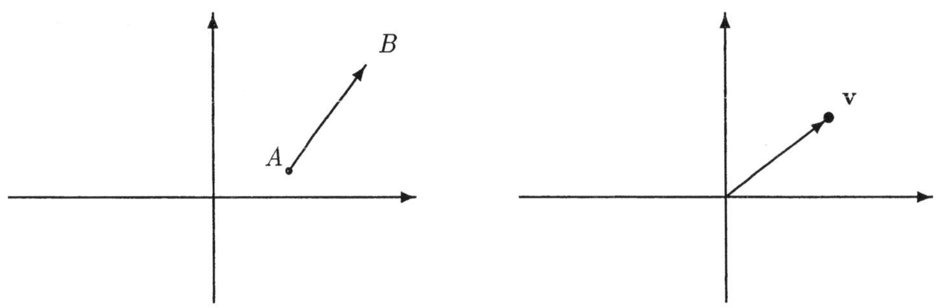

Figura 5.1: vettore in fisica e in matematica

Riassumendo quindi il concetto di vettore definito sopra viene associato a due concetti grafici collegati tra loro ma non equivalenti:

- quello di punto nello spazio cartesiano $\mathbb{R}^n$,
- quello di segmento orientato nello stesso spazio cartesiano $\mathbb{R}^n$ avente l'origine in $(0, 0)$.

Entrambe queste associazioni sono lecite e verranno utilizzate nel seguito.

Sappiamo dalla teoria che tra vettori si possono fare le operazioni di somma, moltiplicazione per scalare e prodotto interno [PSS]. Per spianare la strada ai fondamentali concetti di lineare dipendenza ed indipendenza di vettori introduciamo la nozione di combinazione lineare.

[4]Cioè la matrice ottenuta da quella di partenza scambiando fra loro righe e colonne.

Definizione 5.3.3 *Siano* $\mathbf{v}^1, \mathbf{v}^2, \ldots, \mathbf{v}^k$ *vettori di* $\mathbb{R}^n$ *e* $a_1, a_2, \ldots, a_k$ *elementi di* $\mathbb{R}$*; il vettore*

$$\mathbf{v} = \sum_{i=1}^{k} a_i \mathbf{v}^i = a_1 \mathbf{v}^1 + a_2 \mathbf{v}^2 + \cdots + a_k \mathbf{v}^k$$

si dice combinazione lineare *(o CL) di* $\mathbf{v}^1, \mathbf{v}^2, \ldots, \mathbf{v}^k$ *con coefficienti* $a_1, a_2, \ldots, a_k$.

A questo punto siamo in grado di dare la definizione di lineare dipendenza ed indipendenza.

Definizione 5.3.4 *I vettori* $\mathbf{v}^1, \mathbf{v}^2, \ldots, \mathbf{v}^k$ *di* $\mathbb{R}^n$ *si diranno*

- linearmente dipendenti *(o LD) se il vettore nullo* $\mathbf{0}$ *si può ottenere attraverso una loro CL con almeno un coefficiente diverso da 0, cioè, in formula, se esistono* $a_1, a_2, \ldots, a_k \in \mathbb{R}$ *non tutti nulli per cui*

$$\mathbf{0} = \sum_{i=1}^{k} a_i \mathbf{v}^i = a_1 \mathbf{v}^1 + a_2 \mathbf{v}^2 + \cdots + a_k \mathbf{v}^k; \tag{5.1}$$

  questo equivale a dire che almeno uno *può essere ottenuto come CL degli altri.*

- linearmente indipendenti *(o LI) se non sono LD, cioè il vettore nullo può essere ottenuto come CL dei vettori* $\mathbf{v}^1, \mathbf{v}^2, \ldots, \mathbf{v}^k$ *solamente scegliendo tutti i coefficienti nulli. In altre parole, i vettori sono LI se (5.1) implica*

$$a_1 = a_2 = \cdots = a_k = 0.$$

  Questo equivale a dire che nessuno *può essere ottenuto come CL degli altri.*

Osservazione 5.3.5 L'equazione (5.1) è un sistema lineare nelle variabili $a_1, \ldots a_k$ (vedasi Sezione 5.7) e quindi la definizione sopra si può rileggere così:

- i vettori $\mathbf{v}^1, \mathbf{v}^2, \ldots, \mathbf{v}^k$ sono *LD* se il sistema lineare omogeneo (5.1) ha più di una soluzione.
- i vettori $\mathbf{v}^1, \mathbf{v}^2, \ldots, \mathbf{v}^k$ sono *LI* se il sistema lineare omogeneo (5.1) ha solo una soluzione: quella nulla.

Rimandiamo a [PSS] per le principali proprietà dei vettori *LD* e *LI*. Terminiamo con un'ultima definizione che useremo principalmente nella Sezione 5.4.3 ma che ci sta bene qui.

Definizione 5.3.6 *Dato un insieme* $\mathbf{V}$ *costituito da un numero finito di vettori*[5] *di* $\mathbb{R}^n$*, ad esempio*

$$\mathbf{V} = \{\mathbf{v}^1, \mathbf{v}^2, \ldots, \mathbf{v}^k\}$$

chiameremo rango *di* $\mathbf{V}$ *il numero massimo di vettori LI di* $\mathbf{V}$ *e lo indicheremo* $\text{rango}\,\mathbf{V}$ *(ricordiamoci che tale numero non può essere più grande di* n *anche se* k *è molto grande). In particolare diremo che*

- *l'insieme* $\mathbf{V}$ *è un* insieme di generatori *di* $\mathbb{R}^n$ *se*

$$\text{rango}\,\mathbf{V} = n;$$

- *l'insieme* $\mathbf{V}$ *è una* base *di* $\mathbb{R}^n$ *se è un insieme di generatori di* $\mathbb{R}^n$ *formato esattamente da* n *vettori.*

Un applicazione di questi concetti ad esempi economici si trova nella Sezione 5.8.

[5] La nozione di rango di un insieme di vettori ha senso anche quando esso contiene infiniti vettori, ma in questa sede la cosa non ci interessa più di tanto.

Esercizi ben svolti

Gli esercizi che seguono sono delle semplici applicazioni delle definizioni di CL di vettori LD e LI e ci aiutano a prendere confidenza con esse. Per risolverli possiamo applicare direttamente la definizione risolvendo a mano il sistema che ne esce (cosa poco consigliabile in genere) oppure possiamo considerare il problema da due punti di vista.

- Osservare che k vettori sono LI se e solo se il loro rango è esattamente k. Basta calcolare il rango dell'insieme di vettori $\{\mathbf{v}^1, \ldots, \mathbf{v}^k\}$ (che è poi la caratteristica (vedasi Sezione 5.4) della matrice $\mathbf{A}$ che ha tali vettori come vettori colonna).
- Osservare che k vettori sono LI se e solo se il sistema lineare omogeneo (5.1) ha un'unica soluzione (quella nulla). Basta allora usare il teorema di Rouchè-Capelli (vedasi Sezione 5.7) che dice quante soluzioni ha il sistema (5.1) in base alla caratteristica della matrice dei coefficienti (che è poi la stessa del punto precedente).

Tali punti di vista non sono completamente distinti fra loro: possiamo anzi dire che sono facce diverse della stessa medaglia. In che senso? Nel senso che entrambi si riducono poi, di fatto, al calcolo della caratteristica della matrice $\mathbf{A}$ che ha per vettori colonna $\mathbf{v}^1, \ldots, \mathbf{v}^k$. I metodi per il calcolo della caratteristica di $\mathbf{A}$ sono descritti nella Sezione 5.4 e sono:

- il metodo di Gauss-Jordan,
- il metodo dei determinanti,

Qui li useremo solo per i nostri obiettivi rimandando alla Sezione 5.4 per approfondimenti. Iniziamo da un esercizio semplice che coinvolge solo due vettori senza parametro.

Esercizio 5.3.1 Dati i seguenti vettori

$$\mathbf{u} = (21, 3, 4, 1) \qquad \text{e} \qquad \mathbf{v} = (2, 1, 0, 3)$$

trovare la loro CL tramite gli scalari α e β. Inoltre mostrate che sono LI.

Soluzione. Calcoliamo prima la loro CL:

$$\alpha\mathbf{u} + \beta\mathbf{v} = \alpha \begin{pmatrix} 21 \\ 3 \\ 4 \\ 1 \end{pmatrix} + \beta \begin{pmatrix} 2 \\ 1 \\ 0 \\ 3 \end{pmatrix} = \begin{pmatrix} 21\alpha + 2\beta \\ 3\alpha + \beta \\ 4\alpha \\ \alpha + 3\beta \end{pmatrix}.$$

Per controllare se $\mathbf{u}$ e $\mathbf{v}$ sono LI occorrerebbe porre la CL uguale a zero e vedere per quali α e β è verificata. Si tratta di risolvere un sistema di 4 equazioni con 2 incognite. In realtà in questo caso abbiamo una scorciatoia. Infatti, come accennato nella Definizione 5.3.4, due vettori sono LD se e solo se uno dei due è multiplo dell'altro cioè se esiste un $\alpha \in \mathbb{R}$ tale che $\mathbf{u} = \alpha\mathbf{v}$. Viceversa sono LI se ciò non è possibile. Allora ci basta risolvere il sistema con 4 equazioni ed 1 incognita

$$\begin{pmatrix} 21 \\ 3 \\ 4 \\ 1 \end{pmatrix} = \alpha \begin{pmatrix} 2 \\ 1 \\ 0 \\ 3 \end{pmatrix}.$$

Dobbiamo mostrare che tale sistema non ha soluzione. L'idea è semplice: ricaviamo α da un'equazione e vediamo se tale valore va bene anche per le altre. Il sistema che ricaviamo è

$$\begin{cases} 21 = 2\alpha \\ 3 = \alpha \\ 4 = 0 \\ 1 = 3\alpha \end{cases}.$$

Tale sistema è impossibile: in particolare si vede che la terza equazione è impossibile di per sè.

Faccina 5.3.7 Questo esempio suggerisce una regola generale: dati due vettori di n componenti, se una stessa componente è nulla per uno e non nulla per l'altro, allora i vettori sono per forza LI. Ovviamente se ciò non accade i due vettori possono essere comunque LI: tuttavia questa regola è utile per velocizzare i calcoli.

Faccina 5.3.8 Potevamo anche in questo caso utilizzare altri metodi.

- Potevamo in particolare calcolare il rango dell'insieme di vettori
$$\mathbf{V} = \{\mathbf{u}, \mathbf{v}\}.$$
Se esso vale 1 i due vettori sono LD, se vale 2 essi sono LI. Tale rango è esattamente la caratteristica della matrice
$$\begin{pmatrix} 21 & 2 \\ 3 & 1 \\ 4 & 0 \\ 1 & 3 \end{pmatrix}$$
che si calcola facilmente con il metodo dei determinanti o con il metodo di Gauss–Jordan (vedasi Sezione 5.4).
- Potevamo anche risolvere il sistema lineare
$$\alpha\mathbf{u} + \beta\mathbf{v} = \mathbf{0}$$
usando i metodi descritti nella Sezione 5.7, che poi sostanzialmente sono ancora il metodo dei determinanti o il metodo di Gauss–Jordan. ■

Esercizio 5.3.2 Dire, al variare di $k \in \mathbb{R}$, se i vettori
$$\mathbf{v}^1 = (k, 1, k), \quad \mathbf{v}^2 = (2, k, 1), \quad \mathbf{v}^3 = (2, 2, 0)$$
sono LI oppure LD.

Soluzione. Mostriamo qui tre possibili modi di agire

I) *Uso della definizione:* consideriamo la CL
$$x_1\mathbf{v}^1 + x_2\mathbf{v}^2 + x_3\mathbf{v}^3 = \mathbf{0};$$
i vettori saranno LI se e solo se l'unica possibile CL è quella con coefficienti x_1, x_2 e x_3 tutti nulli. Il sistema associato alla CL è
$$\begin{cases} kx_1 + 2x_2 + 2x_3 = 0 \\ x_1 + kx_2 + 2x_3 = 0 \\ kx_1 + x_2 = 0. \end{cases}$$
Dalla terza equazione si ricava $x_2 = -kx_1$ che, sostituita nelle altre due equazioni, permette di ricavare il seguente sistema
$$\begin{cases} -kx_1 + 2x_3 = 0 \\ (1-k^2)x_1 + 2x_3 = 0. \end{cases}$$
Dalla seconda equazione si ricava $x_3 = \frac{k^2-1}{2}x_1$ che, sostituita nella prima equazione, dà
$$(k^2 - k - 1)x_1 = 0.$$
Allora, se $k^2 - k - 1 \neq 0$, l'unica soluzione del sistema è $x_1 = 0$, che implica $x_2 = x_3 = 0$: in tal caso i vettori sono LI. Altrimenti, se $k^2 - k - 1 = 0$, cioè $k = \frac{1\pm\sqrt{5}}{2}$, l'equazione è verificata per ogni x_1 e quindi il sistema ha infinite soluzioni (per l'esattezza ∞^1, cioè l'insieme delle soluzioni è una retta) ed i vettori sono LD (ad esempio basta scegliere $x_1 = 1$ da cui si ricava $x_2 = -k$ e $x_3 = \frac{k^2-1}{2}$).

Faccina 5.3.9 Questo metodo non è il massimo ma non preoccupatevi: attraverso il calcolo della caratteristica, saremo in grado di risolvere con meno calcoli questo problema (si vedano i modi successivi).

II) *Metodo dei determinanti:* calcoliamo la caratteristica della matrice

$$\mathbf{A} = \begin{pmatrix} k & 2 & 2 \\ 1 & k & 2 \\ k & 1 & 0 \end{pmatrix}$$

tramite il metodo dei determinanti. Ci calcoliamo il determinante con il metodo di Laplace

$$\det \mathbf{A} = k \det \begin{pmatrix} 2 & 2 \\ k & 2 \end{pmatrix} - 1 \det \begin{pmatrix} k & 2 \\ 1 & 2 \end{pmatrix} = k(4-2k) - (2k-2) = 2(-k^2+k+1).$$

Ne segue che se $-k^2+k+1=0$ i vettori sono LD, altrimenti sono LI. Infatti i tre vettori $\mathbf{v}^1$, $\mathbf{v}^2$ e $\mathbf{v}^3$ sono LI se e solo se la matrice $\mathbf{A}$ avente per colonne i tre vettori ha determinante diverso da zero.

III) *Metodo di Gauss–Jordan:* calcoliamo la caratteristica della matrice $\mathbf{A}$ tramite il metodo di Gauss–Jordan per la caratteristica (che trovate descritto in Sezione 5.4). Trasformiamo la matrice $\mathbf{A}$ secondo tale algoritmo. Conviene innanzitutto scambiare le prime due righe così ci troviamo subito la prima riga con un numero non nullo come primo elemento. Se non lo facciamo siamo obbligati da subito a dividere i casi tra $k=0$ e $k \neq 0$ (il lettore è invitato a provare questa esperienza) e noi vogliamo evitare troppi calcoli:

$$\begin{pmatrix} 1 & k & 2 \\ k & 2 & 2 \\ k & 1 & 0 \end{pmatrix}.$$

Ora sistemiamo la prima colonna

$$\begin{pmatrix} 1 & k & 2 \\ 0 & 2-k^2 & 2-2k \\ 0 & 1-k^2 & -2k \end{pmatrix}.$$

Ora siamo obbligati a dividere i casi.

Caso $2-k^2=0$, cioè $k=\pm\sqrt{2}$. Allora la matrice diventa

$$\mathbf{A} = \begin{pmatrix} 1 & \pm\sqrt{2} & 2 \\ 0 & 0 & 2-2(\pm\sqrt{2}) \\ 0 & -1 & -2(\pm\sqrt{2}) \end{pmatrix}$$

che si trasforma scambiando le ultime due righe e cambiando di segno la nuova seconda riga

$$\mathbf{A} = \begin{pmatrix} 1 & \pm\sqrt{2} & 2 \\ 0 & 1 & 2(\pm\sqrt{2}) \\ 0 & 0 & 2-2(\pm\sqrt{2}) \end{pmatrix}$$

che ha caratteristica 3.

Caso $2-k^2 \neq 0$, cioè $k \neq \pm\sqrt{2}$. Allora si applica il metodo di Gauss–Jordan ancora alla seconda colonna facendo cardine su $2-k^2$ e la matrice diventa, con qualche semplice ma noioso calcolo

$$\mathbf{A} = \begin{pmatrix} 1 & k & 2 \\ 0 & 1 & \dfrac{2-2k}{2-k^2} \\ 0 & 0 & 2\dfrac{k^2-k-1}{2-k^2} \end{pmatrix}.$$

Si ottiene allora che per $k^2-k-1 \neq 0$ la caratteristica vale 3, mentre negli altri casi vale 2.

Faccina 5.3.10 Anche questo metodo non è il massimo. Il problema in questo caso sta nella presenza dei parametri: in effetti in presenza di parametri i calcoli con il metodo di Gauss–Jordan sono in genere più laboriosi di quelli del metodo dei determinanti. ■

Esercizio 5.3.3 [Roma 28/04/1999 n.7] Dati i vettori

$$\mathbf{v} = (2, 1, 4), \quad \mathbf{v}^1 = (1, 2, 3), \quad \mathbf{v}^2 = (0, 1, 2)$$

dire se è possibile scrivere $\mathbf{v}$ come CL di $\mathbf{v}^1$ e $\mathbf{v}^2$. Giustificare la risposta.

Soluzione. La richiesta di questo esercizio è diversa da quelle degli esercizi precedenti anche se non lontana. Lo risolviamo in due modi.

I) Prima di tutto cerchiamo di risolvere l'esercizio utilizzando esclusivamente la definizione di CL: il vettore $\mathbf{v}$ è CL di $\mathbf{v}^1$ e $\mathbf{v}^2$ se esistono due scalari x_1 e x_2 per cui

$$\mathbf{v} = x_1\mathbf{v}^1 + x_2\mathbf{v}^2$$

cioè se esiste almeno una soluzione del sistema lineare

$$\begin{cases} x_1 & & = 2 \\ 2x_1 & + \; x_2 & = 1 \\ 3x_1 & + \; 2x_2 & = 4. \end{cases}$$

Dalla prima equazione si ricava $x_1 = 2$ che, sostituita nelle altre due equazioni, implica

$$\begin{cases} x_2 = 1 - 2x_1 = 1 - 2 \cdot 2 = -3 \\ 2x_2 = 4 - 3x_1 = 4 - 3 \cdot 2 = -2. \end{cases}$$

Quindi il sistema è impossibile (x_2 non ha il dono dell'ubiquità: o è -3 oppure è -1!) e perciò possiamo affermare che $\mathbf{v}$ non può essere CL degli altri due vettori. Attenzione: ciò non dice se i tre vettori sono LI.

II) Colleghiamo la richiesta del'esercizio ai concetti di LD e LI ragionandoci un *attimino*.

FG: Dunque: se $\mathbf{v}$ si scrive come CL di $\mathbf{v}^1$ e $\mathbf{v}^2$ allora i tre vettori $\mathbf{v}$, $\mathbf{v}^1$ e $\mathbf{v}^2$ devono essere per forza LD (in fatti questo implica che il sistema (5.1) ha almeno una soluzione non nulla.

MC: Viceversa, se i nostri tre vettori sono LD non è detto che $\mathbf{v}$ si possa scrivere come CL di $\mathbf{v}^1$ e $\mathbf{v}^2$. Ad esempio se $\mathbf{v}^1$ e $\mathbf{v}^2$ fossero LD (cioè uno multiplo dell'altro secondo l'Esercizio 5.3.1) e $\mathbf{v}$ fosse da essi indipendente, allora i tre vettori risulterebbero comunque LD.

Possiamo allora agire considerando la matrice avente per colonne $\mathbf{v}, \mathbf{v}^1$ e $\mathbf{v}^2$ calcolandone la caratteristica. Se $\operatorname{car} \mathbf{A} = 3$ i tre vettori sono LI e di sicuro $\mathbf{v}$ non si scrive come CL di $\mathbf{v}^1$ e $\mathbf{v}^2$. Se invece $\operatorname{car} \mathbf{A} < 3$ allora non abbiamo certezze ed occorre ragionare come nel primo metodo. Quindi prendiamo

$$\mathbf{A} = \begin{pmatrix} 2 & 1 & 0 \\ 1 & 2 & 1 \\ 4 & 3 & 2 \end{pmatrix}$$

e ne calcoliamo il determinante (utilizziamo il metodo di Laplace sviluppando rispetto alla prima riga)

$$\det \mathbf{A} = 2 \det \begin{pmatrix} 2 & 1 \\ 3 & 2 \end{pmatrix} - \det \begin{pmatrix} 1 & 1 \\ 4 & 2 \end{pmatrix} = 2 + 2 = 4 \neq 0.$$

Quindi i tre vettori sono LI e perciò $\mathbf{v}$ non può scriversi come CL di $\mathbf{v}^1$ e $\mathbf{v}^2$. ■

Esercizi per casa

Esercizio 5.3.4 Date le seguenti coppie di vettori

(1) $\mathbf{u} = (2, 1, \sqrt{3})$ e $\mathbf{v} = (2, 0, 2)$

(2) $\mathbf{u} = (2, 3, 4, 1)$ e $\mathbf{v} = (2, 1, 4, 3)$

(3) $\mathbf{u} = (2, 4(2 + \sqrt{2}), 6)$ e $\mathbf{v} = (2 - \sqrt{2}, 4, 6 - 3\sqrt{2})$

trovare la loro CL tramite gli scalari α e β. Inoltre dite se sono LI o LD.

Esercizio 5.3.5 Dati i vettori

$$\mathbf{v}^1 = (1, 4, 3), \quad \mathbf{v}^2 = (3, 12, 9), \quad \mathbf{v}^3 = (2, 3, 6)$$

dire se sono LIo LD. Dire poi se è possibile scrivere $\mathbf{v}^3$ come combinazione lineare di $\mathbf{v}^1$ e $\mathbf{v}^2$.

Esercizio 5.3.6 [Roma 12/10/1999 n.5] Dire per quali valori di $k \in \mathbb{R}$ i vettori

$$\mathbf{v}^1 = (k, 1, 2), \quad \mathbf{v}^2 = (1, k, 3), \quad \mathbf{v}^3 = (2, 1, 0)$$

sono LI.

5.4 Caratteristica e determinante

Strettamente connessi con i vettori troviamo le matrici che sono delle "tabelle" rettangolari composte da numeri (definizione tutt'altro che matematica ma sufficiente al nostro scopo). Rimandiamo a [PSS] per le varie definizioni di matrici ed operazioni con esse; in questo paragrafo ci interesseremo solamente a due operazioni[6] particolari: la *caratteristica* o *rango* ed il *determinante* che ci saranno particolarmente utili. Per essere più precisi diciamo che la caratteristica è un concetto chiave che utilizzeremo in gran parte degli esercizi (vettori LI e LD, sistemi lineari), mentre il determinante servirà principalmente come metodo per il calcolo della caratteristica.

Caratteristica

Indicando con $\mathcal{M}(m, n)$ l'insieme delle matrici composte da m righe e n colonne[7], possiamo vedere la *caratteristica* come una funzione (che indicheremo car) che ad ogni matrice $\mathbf{A} \in \mathcal{M}(m, n)$ associa un numero naturale compreso tra 0 e $\min\{m, n\}$, cioè

$$\text{car} : \mathcal{M}(m, n) \longrightarrow \{0, 1, \ldots, \min\{m, n\}\}.$$

In quale maniera? La caratteristica di una matrice $\mathbf{A}$ indica il numero massimo di colonne di $\mathbf{A}$ (viste come vettori di $\mathbb{R}^m$) LI. Questo numero (che viene indicato car $\mathbf{A}$) coincide con il numero massimo di righe di $\mathbf{A}$ (viste come vettori di $\mathbb{R}^n$) LI. Possiamo dire allora che la caratteristica di $\mathbf{A}$ coincide con il rango dei suoi vettori riga e dei suoi vettori colonna. Da questo si deduce[8] che la caratteristica di una matrice coincide con la caratteristica della matrice trasposta.

Determinante e minori

Il determinante è invece una funzione a valori in $\mathbb{R}$ (che indicheremo con det) che si applica unicamente alle matrici quadrate (cioè tante righe quante colonne):

$$\det : \mathcal{M}(n, n) \longrightarrow \mathbb{R}.$$

Per i metodi di calcolo (metodo di Laplace e metodo di Sarrus) rimandiamo a [PSS]. Sappiamo che una matrice quadrata ha caratteristica massima[9] se e solo se il suo determinante è diverso da zero: questo

[6] Qui per "operazioni" in senso lato intendiamo semplicemente delle procedure che associano ad una matrice (o più di una) un'altra matrice oppure un numero.

[7] Cioè con m vettori riga e n vettori colonna

[8] In realtà il ragionamento andrebbe ribaltato ...

[9] Il che significa che è *non singolare* (oppure *invertibile*).

è il legame fondamentale tra determinante e caratteristica. Data una matrice $\mathbf{A} \in \mathcal{M}(m,n)$, ogni altra matrice che si ottiene da $\mathbf{A}$ eliminando alcune righe e colonne[10] si dice *sottomatrice* di $\mathbf{A}$. Noi considereremo solamente sottomatrici quadrate e quindi, per semplicità, ometteremo il termine "quadrate". Se $\mathbf{A}_k$ è una sottomatrice di ordine k della matrice $\mathbf{A}$, il suo determinante si dice *minore di* $\mathbf{A}$ *di ordine* k.

Il determinante e i minori risultano molto utili per il calcolo della caratteristica di una matrice; infatti possiamo ricavare la seguente equivalente definizione di caratteristica.

Teorema 5.4.1 *Sia* $\mathbf{A} \in \mathcal{M}(m,n)$*; la caratteristica di* $\mathbf{A}$ *è* k *se e solo se esiste almeno un minore di ordine* k *non nullo mentre tutti i minori di ordine superiore a* k *sono nulli.*

Metodi per il calcolo della caratteristica

Ricordiamo tre metodi:

I) *Definizione.* Provare ad applicare direttamente la definizione di caratteristica. In alcuni casi, benché rari, può risultare un'utile scorciatoia, vedasi Esercizio 5.4.10.

II) *Determinanti.* Il Teorema ci permette di ottenere un metodo algebrico (detto *metodo dei determinanti*) per calcolare la caratteristica di una matrice. Tale metodo può essere sviluppato in due maniere diverse.

- *In discesa*: si guarda se esiste un minore di ordine massimo possibile diverso da zero. Se esiste, la caratteristica risulta determinata dall'ordine di tale minore, altrimenti si passa ai minori di ordine inferiore. Tale metodo (che possiamo dire "ottimista" in quanto ci aspettiamo che la caratteristica risulti massima) vale la pena di applicarlo essenzialmente quando la matrice è quadrata. Si veda ad esempio l'Esercizio 5.4.9.
- *In salita* o *metodo dell'orlatura* o anche *algoritmo di Kronecker*: tale metodo è composto dai seguenti passi.
  (a) Si determina $\mathbf{A}_1$ sottomatrice di ordine 1 di $\mathbf{A}$ non singolare. Se tale sottomatrice non esiste, cioè la matrice $\mathbf{A}$ è la matrice nulla, allora $\operatorname{car}\mathbf{A} = 0$ e abbiamo finito, altrimenti $\operatorname{car}\mathbf{A} \geq 1$ e si va al passo successivo.
  (b) Si considerano tutte le sottomatrici di ordine 2 di $\mathbf{A}$ ottenute *orlando* $\mathbf{A}_1$ cioè aggiungendo ad $\mathbf{A}_1$ una riga ed una colonna di $\mathbf{A}$ mancante in $\mathbf{A}_1$:
    i. se tutte i minori di ordine 2 sono nulli allora $\operatorname{car}\mathbf{A} = 1$ e abbiamo finito,
    ii. altrimenti sia $\mathbf{A}_2$ la sottomatrice di ordine 2 di $\mathbf{A}$ non singolare e quindi $\operatorname{car}\mathbf{A} \geq 2$ e si va al passo successivo.
  (c) Si itera il procedimento. Supponiamo di aver determinato $\mathbf{A}_k$ sottomatrice di ordine k di $\mathbf{A}$ non singolare; quindi $\operatorname{car}\mathbf{A} \geq k$. Se $k = \min\{m,n\}$ allora $\operatorname{car}\mathbf{A} = k$. Altrimenti si considerano tutte le sottomatrici di $\mathbf{A}$ di ordine $k+1$ ottenute *orlando* $\mathbf{A}_k$ cioè aggiungendo ad $\mathbf{A}_k$ una riga ed una colonna di $\mathbf{A}$ mancante in $\mathbf{A}_k$:
    i. se tutte i minori di ordine $k+1$ sono nulli allora $\operatorname{car}\mathbf{A} = k$,
    ii. altrimenti sia $\mathbf{A}_{k+1}$ la sottomatrice di ordine $k+1$ di $\mathbf{A}$ non singolare e quindi $\operatorname{car}\mathbf{A} \geq k+1$.

  Attraverso il metodo dell'orlatura (che è un metodo, diciamo, "pessimista") evitiamo di calcolare tutti i minori di $\mathbf{A}$: un teorema (dovuto a Kronecker, matematico del 1800) ci assicura che se tutte le sottomatrici di ordine $k+1$ che orlano una certa sottomatrice di ordine k invertibile hanno determinante nullo, allora anche tutti gli altri minori di ordine $k+1$ sono nulli. Si veda ad esempio l'Esercizio 5.4.11 e il Pericolo 5.4.3.

III) *Gauss–Jordan.* Oltre al metodo dei determinanti, possiamo utilizzare il *metodo di Gauss–Jordan* che trasforma la matrice iniziale $\mathbf{A}$ in una nuova matrice $\mathbf{A}'$ con la stessa caratteristica: il vantaggio è che la caratteristica di $\mathbf{A}'$ si calcola immediatamente. Le operazioni che servono per questa "trasformazione" vengono dette *operazioni elementari di riga* e consistono:

- moltiplicazione di una riga per un numero diverso da zero;

[10] Ovviamente avremmo anche potuto dire (e qualche volta lo faremo) "scegliendo alcune righe e colonne", cioè quelle non scartate, ma operativamente è meno facile da usare. Provate a rendervene conto.

- scambio di due righe;
- sostituzione di una riga con la somma della stessa con un qualsiasi multiplo di un'altra riga.

Utilizzando queste operazioni (che mantengono inalterata la caratteristica), il metodo di Gauss–Jordan si implementa nella seguente maniera.

(a) Si controlla che il coefficiente $a_{1,1}$ sia diverso da zero. Se non lo è, si cerca una riga il cui primo elemento sia diverso da zero:
  - se si trova, si scambia tale riga con la prima (operazione elementare di riga e quindi la nuova matrice ha la stessa caratteristica della matrice iniziale),
  - se non si trova vuol dire che la prima colonna è il vettore $\mathbf{0}$ e quindi non "serve" per determinare la caratteristica e tale colonna si cancella. La nuova matrice (formata da una colonna in meno rispetto ad $\mathbf{A}$) ha la stessa caratteristica di $\mathbf{A}$ e quindi si ripete il ragionamento su di essa.

(b) Si sommano alle altre righe multipli della prima riga (operazione elementare di riga) in maniera da far diventare zero tutti gli elementi della prima colonna diversi da $a_{1,1}$ (per fare questo dobbiamo sommare alla riga i–esima la prima riga moltiplicata per $-\frac{a_{i,1}}{a_{1,1}}$).

(c) A questo punto si passa alla seconda colonna. Si controlla se l'elemento $a_{2,2}$ è diverso da zero; se non lo è si cerca un riga successiva alla seconda (cioè non si deve guardare la prima riga) avente il secondo elemento diverso da zero:
  - se si trova, la si scambia con la seconda riga;
  - se una tale riga non esiste, vuol dire che la seconda colonna è multipla della prima e quindi non contribuisce alla determinazione della caratteristica e si può scartare. La nuova matrice ha la stessa caratteristica della matrice precedente e si ripete il ragionamento sulla nuova seconda colonna che coincide con la terza della precedente matrice.

(d) Come fatto in precedenza, si sommano alle righe successive alla seconda multipli della seconda riga in maniera da far diventare zero tutti gli elementi della seconda colonna diversi da $a_{2,2}$. Quindi si passa alla terza colonna e così via.

Quando termina l'algoritmo? In due casi:

- o abbiamo terminato le colonne su cui è possibile lavorare (nel senso che restano solo colonne con tutta la seconda parte nulla) e la matrice è diventata
$$\mathbf{A}' = \left(\begin{array}{c|c} \mathbf{T}_k & \mathbf{R} \\ \hline \mathbf{0} & \mathbf{0} \end{array}\right)$$
dove $\mathbf{T}_k$ è una matrice triangolare superiore di ordine k con tutti gli elementi sulla diagonale non nulli, $\mathbf{R}$ è una matrice (qualunque) con k righe[11] mentre $\mathbf{0}$ è una matrice con tutti zero,
- oppure abbiamo finito le righe e la matrice è diventata
$$\mathbf{A}' = \left(\begin{array}{c|c} \mathbf{T}_k & \mathbf{R} \end{array}\right)$$
dove $\mathbf{T}_k$ è sempre una matrice triangolare superiore di ordine k con tutti gli elementi sulla diagonale non nulli mentre $\mathbf{R}$ è una matrice (qualunque) con k righe[12].

In entrambi i casi si ha
$$\operatorname{car}\mathbf{A} = \operatorname{car}\mathbf{A}' = k.$$

5.4.1 Calcolo di determinanti

Per calcolare il determinante di una matrice quadrata useremo il metodo di Laplace[13]. Si tratta di un metodo *ricorsivo* nel senso che,

[11] Le colonne di $\mathbf{R}$ sono $n-k$ se non abbiamo eliminato nessuna colonna, altrimenti sono di meno.
[12] Anche qui le colonne di $\mathbf{R}$ sono $n-k$ se non abbiamo eliminato nessuna colonna, altrimenti sono di meno.
[13] In realtà per le matrici 3 per 3 useremo anche il metodo di Sarrus che introdurremo nel primo esercizio.

- si definisce come si calcola il determinante quando la matrice è di ordine 2:

$$\det\begin{pmatrix} a_{1,1} & a_{1,2} \\ a_{2,1} & a_{2,2} \end{pmatrix} = a_{1,1}a_{2,2} - a_{2,1}a_{1,2};$$

- si fornisce una regola per ricondurre il calcolo del determinante di una matrice di ordine n al calcolo di n determinanti di matrici di ordine $n-1$:

$$\det \mathbf{A} = \sum_{j=1}^{n}(-1)^{i+j}a_{i,j}\det \mathbf{A}_{i,j} = \sum_{i=1}^{n}(-1)^{i+j}a_{i,j}\det \mathbf{A}_{i,j}$$

  dove:

  - $\mathbf{A}_{i,j}$ è la sottomatrice di $\mathbf{A}$ ottenuta cancellando la riga i–esima e la colonna j–esima,
  - i è l'indice di riga e j l'indice di colonna. Nella prima uguaglianza si fissa una riga (l'i–esima) e si fa muovere j lungo quella riga. Nella seconda uguaglianza si fissa una colonna (la j–esima) e si fa muovere i lungo quella colonna.

- La regola vale per ogni i e j e quindi abbiamo $2n$ modi diversi di svolgere il calcolo. Si sceglierà la riga o colonna più conveniente, cioè quella con più elementi nulli in quanto comporterà meno calcoli.

Il metodo descritto non è molto *"user friend"* anche se utilizzato per le matrici di ordine 3 e 4 ci si accorge che non è poi male. Sarà comunque buona regola prima di applicarlo *cercare qual'è la riga o colonna di* **A** *con il maggior numero di elementi nulli e sviluppare la formula di Laplace rispetto ad essa.* Vediamo un po'.

Esercizi ben svolti

Esercizio 5.4.1 [L'Aquila 25/06/1999 n.A3] Calcolare il determinante della matrice

$$\mathbf{A} = \begin{pmatrix} 11 & 0 & 2 \\ 9 & 2 & 0 \\ 2 & 9 & 0 \end{pmatrix}.$$

Soluzione. Essendo una matrice di ordine 3 possiamo utilizzare sia il metodo di Sarrus sia quello di Laplace. Questa volta (e solamente questa!) li utilizzeremo entrambi: ovviamente il risultato non cambia.

- Utilizzando il metodo di Sarrus, costruiamo una nuova tabella ottenuta dalla matrice iniziale aggiungendo una quarta ed una quinta colonna uguali rispettivamente alla prima ed alla seconda della matrice **A**. Quindi il determinante è ottenuto facendo la somma dei prodotti degli elementi in diagonale presi con lo stesso segno se la diagonale è discendente (cioè parte dall'alto a sinistra e va a finire in basso a destra), con il segno opposto se la diagonale è ascendente (cioè parte dal basso a sinistra e termina in alto a destra):

$$\begin{array}{ccccccccc}
 & & & & 8 & & 0 & & 0 \\
 & & & & \uparrow & & \uparrow & & \uparrow \\
11 & & 0 & & 2 & & 11 & & 0 \\
 & \searrow & & \times & & \times & & \nearrow & \\
9 & & 2 & & 0 & & 9 & & 2 \\
 & \nearrow & & \times & & \times & & \searrow & \\
2 & & 9 & & 0 & & 2 & & 9 \\
 & & & & \downarrow & & \downarrow & & \downarrow \\
 & & & & 0 & & 0 & & 162
\end{array}.$$

  Quindi

$$\det \mathbf{A} = (0+0+162) - (8+0+0) = 154.$$

⚠ **Pericolo 5.4.2** Ci raccomandiamo: il metodo di Sarrus si applica solamente alle matrici quadrate di ordine 3. Non pensate di generalizzarlo a matrici di ordine diverso: non si può!

- Utilizzando il metodo di Laplace, sviluppando il determinante rispetto alla terza colonna (in quanto vi compaiono più zeri, ma andava bene anche rispetto ad una qualsiasi altra riga o colonna), si ottiene
$$\det \mathbf{A} = 2\det\begin{pmatrix} 9 & 2 \\ 2 & 9 \end{pmatrix} - 0\det\begin{pmatrix} 11 & 0 \\ 2 & 9 \end{pmatrix} + 0\det\begin{pmatrix} 11 & 0 \\ 9 & 2 \end{pmatrix} = 2(81-4) = 154.$$

Notate che ci è bastato calcolare un determinante di ordine 2, quindi abbiamo fatto meno fatica che con il metodo di Sarrus. ∎

Esercizio 5.4.2 Calcolare il determinante della matrice
$$\mathbf{A} = \begin{pmatrix} k-1 & -1 & 0 \\ -k & k+1 & -k \\ k & k & 1 \end{pmatrix}$$

Soluzione. Calcoliamo il determinante di $\mathbf{A}$ utilizzando il metodo di Laplace. Secondo le indicazioni scegliamo la prima riga ed applichiamo la formula:
$$\begin{aligned} \det \mathbf{A} &= (k-1)\det\begin{pmatrix} k+1 & -k \\ k & 1 \end{pmatrix} + 1\det\begin{pmatrix} -k & -k \\ k & 1 \end{pmatrix} \\ &= (k-1)(k+1+k^2) + (-k+k^2) \\ &= (k-1)(k+1+k^2) + k(k-1) \\ &= (k-1)(k+1+k^2+k) = (k-1)(k+1)^2. \end{aligned}$$

Proviamo ora con il metodo di Sarrus. Costruiamo una nuova matrice 3×5 aggiungendo alla matrice iniziale una quarta ed una quinta colonna uguali rispettivamente alla prima ed alla seconda di $\mathbf{A}$. Quindi il determinante è ottenuto facendo la somma dei prodotti degli elementi in diagonale presi con lo stesso segno se la diagonale è discendente (cioè parte dall'alto a sinistra e va a finire in basso a destra), con il segno opposto se la diagonale è ascendente (cioè parte dal basso a sinistra e termina in alto a destra):
$$\begin{array}{ccccccccc} & & & & 0 & & -k^3+k^2 & & k \\ & & & & \uparrow & & \uparrow & & \uparrow \\ k-1 & & -1 & & 0 & & k-1 & & -1 \\ & \searrow & & \nearrow\!\!\!\!\searrow & & \nearrow\!\!\!\!\searrow & & \nearrow & \\ -k & & k+1 & & -k & & -k & & k+1 \\ & \nearrow & & \nearrow\!\!\!\!\searrow & & \nearrow\!\!\!\!\searrow & & \searrow & \\ k & & k & & 1 & & k & & k \\ & & & & \downarrow & & \downarrow & & \downarrow \\ & & & & k^2-1 & & k^2 & & 0 \end{array}.$$

Quindi[14]
$$\det \mathbf{A} = [(k^2-1)+k^2] - [(-k^3+k^2)+k] = k^3+k^2-k-1 = (k-1)(k+1)^2$$
che per fortuna è lo stesso di prima. ∎

Esercizio 5.4.3 Calcolare il determinante della matrice
$$\mathbf{A} = \begin{pmatrix} 1 & 2 & 3 & \frac{1}{2} \\ 0 & 0 & 3 & 2 \\ 1 & 0 & 0 & 0 \\ 2 & 2 & 1 & 3 \end{pmatrix}.$$

Soluzione. Sviluppando il determinante lungo la terza riga (quella con 3 elementi nulli!!) con la formula di Laplace otteniamo
$$\det \mathbf{A} = 1\det\begin{pmatrix} 2 & 3 & \frac{1}{2} \\ 0 & 3 & 2 \\ 2 & 1 & 3 \end{pmatrix} = 2\det\begin{pmatrix} 3 & 2 \\ 1 & 3 \end{pmatrix} + 2\det\begin{pmatrix} 3 & \frac{1}{2} \\ 3 & 2 \end{pmatrix} = 14 + 9 = 23 \neq 0,$$
che non ci costa molta fatica nonostante la matrice sia di ordine 4. ∎

[14] Il lettore attento si accorgerà che abbiamo mancato alla promessa fatta nella soluzione dell'esercizio precedente, tuttavia lo facciamo a fin di bene ...

Esercizi per casa

Esercizio 5.4.4 [L'Aquila 04/02/2000 n.A3] Calcolare il determinante della matrice

$$\mathbf{A} = \begin{pmatrix} 2 & 1 & -1 \\ 1 & 2 & 1 \\ 1 & 0 & 1 \end{pmatrix}.$$

Esercizio 5.4.5 [L'Aquila 30/05/2000 n.A6] Calcolare il determinante della matrice

$$\mathbf{A} = \begin{pmatrix} 3 & 0 & 10 \\ 1 & 1 & 0 \\ 0 & 3 & 10 \end{pmatrix}.$$

Esercizio 5.4.6 [L'Aquila 03/07/2000 n.A1] Calcolare il determinante della matrice

$$\mathbf{A} = \begin{pmatrix} 10 & 4 & 1 \\ 1 & 1 & 0 \\ 4 & 10 & 1 \end{pmatrix}.$$

Esercizio 5.4.7 Calcolare il determinante della matrice

$$\mathbf{A} = \begin{pmatrix} 2 & 1 & -1 & 1 \\ 1 & 2 & 1 & 0 \\ 1 & 0 & 1 & 0 \\ 2 & 1 & -1 & 1 \end{pmatrix}.$$

5.4.2 Rango o caratteristica di una matrice

Esercizi ben svolti

Esercizio 5.4.8

1) Quanti sono le sottomatrici di ordine k di una matrice $\mathbf{A} \in \mathcal{M}(m,n)$? (Ovviamente dovrà essere $k \leq \min\{m,n\}$).

Supponiamo poi che $\mathbf{A} \in \mathcal{M}(7,5)$ e supponiamo di aver determinato una sottomatrice invertibile $\mathbf{A}_3$ di ordine 3.

2) Quanti sono le sottomatrici di ordine 4 della matrice $\mathbf{A}$?

3) Quante sono le sottomatrici di ordine 4 della matrice $\mathbf{A}$ che orlano $\mathbf{A}_3$?

Soluzione. Occorre usare qui il calcolo combinatorio (vedasi Sezione 1.3.1). Vediamo come occorre ragionare per la prima domanda. Cosa vuol dire individuare una sottomatrice di $\mathbf{A}$ di ordine k? Vuol dire scegliere k righe tra le m disponibili e k colonne tra le n disponibili. Ovviamente non ha senso dire in quale ordine si scelgono ed ancora ovviamente la stessa riga e la stessa colonna possono essere scelte una sola volta. Parliamo dunque di combinazioni semplici sia per le righe che per le colonne (vedasi Faccina 1.3.1). Quindi si avranno $\binom{m}{k}$ possibili scelte di k righe e $\binom{n}{k}$ possibili scelte di k colonne: ne deduciamo che il numero di sottomatrici di ordine k sarà

$$\binom{m}{k} \cdot \binom{n}{k}.$$

Ora che abbiamo la formula servita su un piatto d'argento rispondiamo alla seconda domanda.

MC: Basta scegliere $m = 7$, $n = 5$ e $k = 4$ ed otteniamo

$$\binom{7}{4} \cdot \binom{5}{4} = \frac{7!}{4! \cdot 3!} \cdot \frac{5!}{4! \cdot 1!} = 175.$$

@∗!♠ℵ&♮[15]

[15] Esclamazione irripetibile dovuta all'alto numero di sottomatrici presenti.

FG: Visto che non hai faticato a rispondere alla seconda domanda, rispondi anche alla terza.

MC: Beh, dopo aver risposto alla prima, la terza è facile. Il ragionamento è analogo. Le sottomatrici di ordine 4 si ottengono aggiungendo una riga ed una colonna alla sottomatrice $\mathbf{A}_3$. La riga da aggiungere la scelgo tra le 4 rimanenti della matrice $\mathbf{A}$ (3 righe sono già incorporate in $\mathbf{A}_3$): quindi ho 4 possibili scelte. Analogamente la colonna da aggiungere la scelgo tra le 2 colonne rimanenti e quindi ho 2 possibilità. Quindi le sottomatrici di ordine 4 che orlano $\mathbf{A}_3$ sono

$$4 \cdot 2 = 8.$$

Ʊb ⊕ ♣∆&♯[16]

FG: Visto che differenza? Per questo motivo il metodo dell'orlatura non è così orribile (almeno per basse dimensioni della matrice). ∎

Esercizio 5.4.9 Trovare la caratteristica della seguente matrice

$$\mathbf{A} = \begin{pmatrix} 1 & 2 & 3 & \frac{1}{2} \\ 0 & 0 & 3 & 2 \\ 1 & 0 & 0 & 0 \\ 2 & 2 & 1 & 3 \end{pmatrix}.$$

Soluzione. Come abbiamo visto, per il calcolo della caratteristica esistono molti metodi: Gauss–Jordan ed il metodo dei determinanti che possono essere *in salita*, detto anche metodo dell'orlatura, oppure *in discesa*. Vediamoli tutti e tre.

1. *Metodo di Gauss–Jordan.* Indichiamo con $\mathbf{w}^i$ la i–esima riga della matrice $\mathbf{A}$ cioè

$$\begin{aligned} \mathbf{w}^1 &= \left(1, 2, 3, \frac{1}{2}\right) \\ \mathbf{w}^2 &= (0, 0, 3, 2) \\ \mathbf{w}^3 &= (1, 0, 0, 0) \\ \mathbf{w}^4 &= (2, 2, 1, 3) \end{aligned}$$

ed indichiamo a sinistra la matrice trasformata ed a destra le operazioni elementari di riga che abbiamo svolto su ogni riga per ottenere la matrice a sinistra da quella precedente. Facciamo cardine su $a_{1,1}$ nella prima colonna (ciò significa che sulla prima colonna facciamo diventare nulli tutti gli elementi sotto a $a_{1,1}$):

$$\begin{pmatrix} 1 & 2 & 3 & \frac{1}{2} \\ 0 & 0 & 3 & 2 \\ 0 & -2 & -3 & -\frac{1}{2} \\ 0 & -2 & -5 & 2 \end{pmatrix} \qquad \begin{aligned} &\mathbf{w}^1 \to \mathbf{w}^1 \\ &\mathbf{w}^2 \to \mathbf{w}^2 \\ &\mathbf{w}^3 \to \mathbf{w}^3 - \mathbf{w}^1 \\ &\mathbf{w}^4 \to \mathbf{w}^4 - 2\mathbf{w}^1 \end{aligned}$$

$\Downarrow$ Poichè l'elemento $a_{2,2} = 0$, scambiamo la seconda con la terza riga e facciamo cardine sul nuovo $a_{2,2}$

$$\begin{pmatrix} 1 & 2 & 3 & \frac{1}{2} \\ 0 & -2 & -3 & -\frac{1}{2} \\ 0 & 0 & 3 & 2 \\ 0 & 0 & -2 & \frac{5}{2} \end{pmatrix} \qquad \begin{aligned} &\mathbf{w}^1 \to \mathbf{w}^1 \\ &\mathbf{w}^2 \to \mathbf{w}^2 \\ &\mathbf{w}^3 \to \mathbf{w}^3 \\ &\mathbf{w}^4 \to \mathbf{w}^4 - \mathbf{w}^2 \end{aligned}$$

$$\Downarrow$$

$$\begin{pmatrix} 1 & 2 & 3 & \frac{1}{2} \\ 0 & -2 & -3 & -\frac{1}{2} \\ 0 & 0 & 3 & 2 \\ 0 & 0 & 0 & \frac{23}{6} \end{pmatrix} \qquad \begin{aligned} &\mathbf{w}^1 \to \mathbf{w}^1 \\ &\mathbf{w}^2 \to \mathbf{w}^2 \\ &\mathbf{w}^3 \to \mathbf{w}^3 \\ &\mathbf{w}^4 \to \mathbf{w}^4 + \tfrac{2}{3}\mathbf{w}^3. \end{aligned}$$

[16] Esclamazione nuovamente irripetibile dovuta, questa volta, alla sorpresa del basso numero di sottomatrici che orlano $\mathbf{A}_3$.

La matrice $\mathbf{A}' = \mathbf{T}_4$ cioè è una matrice triangolare di ordine 4 con tutti gli elementi sulla diagonale non nulli e quindi

$$\operatorname{car}\mathbf{A} = \operatorname{car}\mathbf{A}' = 4.$$

2. *Metodo dei determinanti in discesa.* Essendo $\mathbf{A}$ quadrata iniziamo a calcolarne il determinante. Se questo è diverso da zero allora $\operatorname{car}\mathbf{A} = 4$, altrimenti (cioè se $\det\mathbf{A} = 0$) significa che $\operatorname{car}\mathbf{A} < 4$ e per calcolarla devo andare a calcolare tutti i minori di ordine 3. Ma il determinante lo abbiamo già calcolato nell'Esercizio 5.4.3 e vale:

$$\det\mathbf{A} = 23 \neq 0;$$

allora $\operatorname{car}\mathbf{A} = 4$. Questo metodo ci pare il più veloce in questo caso.

3. *Metodo dei determinanti in salita (orlatura).* Individuiamo (se esiste) una sottomatrice di ordine 1 non singolare: in altre parole vediamo se c'è un numero diverso da zero nella matrice. Ce ne sono abbastanza e scegliamo quello "più semplice"[17]: il primo in alto a sinistra $a_{1,1} = 1$. Quindi $\operatorname{car}\mathbf{A} \geq 1$. Devo considerare tutte le sottomatrici di ordine 2 che ottengo aggiungendo una riga ed una colonna di $\mathbf{A}$ alla sottomatrice $\mathbf{A}_1 = (a_{1,1})$. In teoria dovrei calcolare $3 \times 3 = 9$ minori di ordine due determinati dalle seguenti sottomatrici:

$$\mathbf{A}^1_{2,2} = \begin{pmatrix} 1 & 2 \\ 0 & 0 \end{pmatrix} \quad \mathbf{A}^1_{2,3} = \begin{pmatrix} 1 & 3 \\ 0 & 3 \end{pmatrix} \quad \mathbf{A}^1_{2,4} = \begin{pmatrix} 1 & \frac{1}{2} \\ 0 & 2 \end{pmatrix}$$

$$\mathbf{A}^1_{3,2} = \begin{pmatrix} 1 & 2 \\ 1 & 0 \end{pmatrix} \quad \mathbf{A}^1_{3,3} = \begin{pmatrix} 1 & 3 \\ 1 & 0 \end{pmatrix} \quad \mathbf{A}^1_{3,4} = \begin{pmatrix} 1 & \frac{1}{2} \\ 1 & 0 \end{pmatrix}$$

$$\mathbf{A}^1_{4,2} = \begin{pmatrix} 1 & 2 \\ 2 & 2 \end{pmatrix} \quad \mathbf{A}^1_{4,3} = \begin{pmatrix} 1 & 3 \\ 2 & 1 \end{pmatrix} \quad \mathbf{A}^1_{4,4} = \begin{pmatrix} 1 & \frac{1}{2} \\ 2 & 3 \end{pmatrix}$$

dove con il simbolo $\mathbf{A}^k_{i,j}$ indichiamo la sottomatrice che si ottiene aggiungendo alla sottomatrice di ordine k invertibile la i–esima riga e la j–esima colonna. È sufficiente che uno dei 9 minori risulti non nullo: ad esempio il minore

$$\det\mathbf{A}^1_{2,3} = 3 \neq 0;$$

quindi $\operatorname{car}\mathbf{A} \geq 2$ e poniamo $\mathbf{A}_2 = \mathbf{A}^1_{2,3}$. A questo punto dobbiamo vedere se esiste una sottomatrice di ordine 3 che orli $\mathbf{A}_2$ con determinante diverso da zero. Senza il metodo dell'orlatura dovremmo calcolare 16 (perché?) minori di ordine 3; tuttavia le sottomatrici che orlano $\mathbf{A}_2$ sono solamente (!) 4, e cioè

$$\mathbf{A}^2_{3,2} = \begin{pmatrix} 1 & 2 & 3 \\ 0 & 0 & 3 \\ 1 & 0 & 0 \end{pmatrix} \qquad \mathbf{A}^2_{3,4} = \begin{pmatrix} 1 & 3 & \frac{1}{2} \\ 0 & 3 & 2 \\ 1 & 0 & 0 \end{pmatrix}$$

$$\mathbf{A}^2_{4,2} = \begin{pmatrix} 1 & 2 & 3 \\ 0 & 0 & 3 \\ 2 & 2 & 1 \end{pmatrix} \qquad \mathbf{A}^2_{4,4} = \begin{pmatrix} 1 & 3 & \frac{1}{2} \\ 0 & 3 & 2 \\ 2 & 1 & 3 \end{pmatrix}$$

Si verifica facilmente che il minore determinato da $\mathbf{A}^2_{3,2}$ è diverso da zero e quindi $\operatorname{car}\mathbf{A} \geq 3$. Per essere 4 resta da vedere il determinante della matrice $\mathbf{A}$ ($\mathbf{A}$ è l'unica sottomatrice di $\mathbf{A}$ di ordine 4!). Come abbiamo precedentemente visto il suo determinante è diverso da zero e quindi $\operatorname{car}\mathbf{A} = 4$.

Pericolo 5.4.3 Il metodo dell'orlatura sembra molto più lungo dei precedenti e quindi un lettore alle prime armi potrebbe (giustamente) obiettare:

> *"Mi hanno dato tre metodi per il calcolo della caratteristica, i primi due sono più veloci, che me ne faccio di quest'ultimo? Basta che sappia i primi due e sono a posto."*

Tuttavia molto spesso è proprio il terzo metodo l'unico che si può "facilmente" usare. Ricordiamo due casi (che poi verificherete con i futuri esercizi).

[17] Più semplice perché è il primo che vediamo con le nostre abitudini di lettura. Quale avrebbe scelto Leonardo da Vinci?

- Se la matrice iniziale non è quadrata allora partire con il metodo dei determinanti in discesa può non essere vantaggioso. Inoltre, anche se la matrice è quadrata ma il suo determinante è nullo, il metodo dei determinanti in discesa risulta problematico da applicare in quanto non fornisce alcuna indicazione su quale sottomatrice di ordine inferiore a 1 rispetto alla matrice iniziale possiamo scegliere per calcolarne il determinante.

  In generale, nel caso di matrici quadrate, consigliamo di calcolare subito il determinante (metodo dei determinanti in discesa). Se risulta diverso da zero (come nell'esercizio) allora siamo stati fortunati ed abbiamo risolto l'esercizio, altrimenti, a meno di avere un occhio allenato che individua subito un minore non nullo, è meglio applicare il metodo dell'orlatura.
- Se la matrice da analizzare è parametrica (vedasi ad esempio l'Esercizio 5.3.2 e anche tutti gli esercizi sulla risolubilità di sistemi parametrici) il metodo di Gauss–Jordan può indurre a commettere errori: il più classico (avviene purtroppo molto spesso) è quello di dividere per un qualcosa di parametrico senza chiedersi se è zero oppure no. ∎

Esercizio 5.4.10 [Roma 30/05/2000, n.1] Calcolare il rango (caratteristica) della matrice

$$\mathbf{A} = \begin{pmatrix} 1 & 1 & 0 & 4 & 2 \\ 2 & 1 & 2 & 6 & 5 \\ 3 & 2 & 2 & 10 & 7 \end{pmatrix}.$$

Soluzione. Non è una matrice quadrata e quindi ha poco senso utilizzare il metodo dei determinanti in discesa: non ho una sola scelta di sottomatrice di ordine massimo ma bensì 10 sottomatrici di ordine 3. Perchè 10? O le contate oppure (e sarebbe meglio) risolvete un semplice esercizio di calcolo combinatorio: ogni sottomatrice di ordine 3 si ottiene scegliendo 3 delle 5 colonne di $\mathbf{A}$, quindi ... (si veda Esercizio 5.4.8).

Potremmo utilizzare gli altri due metodi rimasti, tuttavia, questa volta, ragioniamo (non fa mai male). Basta osservare che le prime due righe sono *LI* (la prima ha uno zero dove la seconda non ce l'ha: ricordate l'Esercizio 5.3.1?) e che la terza è la somma delle altre due per concludere che $\operatorname{car}\mathbf{A} = 2$. Anche altri metodi, seppure più lunghi, sono pienamente accettati. ∎

Esercizio 5.4.11 Calcolare la caratteristica della matrice

$$\mathbf{A} = \begin{pmatrix} k & 1 & k+1 & 3 \\ 2k & k & 0 & 2k \\ 3k & k+1 & k+1 & 2k+3 \end{pmatrix}$$

al variare del parametro $k \in \mathbb{R}$. Ripetere per la matrice $\mathbf{A}^T$.

Soluzione. Questo è uno dei tipici casi in cui il metodo dei determinanti in salita (orlatura) risulta essere il migliore metodo applicabile. Osserviamo che l'elemento $a_{1,4} = 3 \neq 0$ e quindi $\operatorname{car}\mathbf{A} \geqslant 1$. Orliamo tale elemento aggiungendo la seconda riga e terza colonna ottenendo una sottomatrice di ordine 2 il cui determinante è

$$\det\begin{pmatrix} k+1 & 3 \\ 0 & 2k \end{pmatrix} = 2k(k+1)$$

che si annulla per $k = 0$ e $k = -1$. Si presentano perciò tre casi.

Caso $k \neq 0, -1$. In tal caso $\operatorname{car}\mathbf{A} \geqslant 2$ e si passa a studiare i minori di ordine 3. Le sottomatrici di ordine 3 che ci interessano sono quelle che orlano la sottomatrice

$$\mathbf{A}_2 = \begin{pmatrix} k+1 & 3 \\ 0 & 2k \end{pmatrix}$$

e quindi sono le due sottomatrici

$$\mathbf{A}^2_{3,1} = \begin{pmatrix} k & k+1 & 3 \\ 2k & 0 & 2k \\ 3k & k+1 & 2k+3 \end{pmatrix} \quad \text{e} \quad \mathbf{A}^2_{3,2} = \begin{pmatrix} 1 & k+1 & 3 \\ k & 0 & 2k \\ k+1 & k+1 & 2k+3 \end{pmatrix}$$

Poiché entrambi i minori sono nulli, indipendentemente da $k \in \mathbb{R}$ (provate a fare i calcoli! Si vede anche dal fatto che la terza riga è la somma delle altre due), ne segue che $\operatorname{car}\mathbf{A} = 2$.

Caso $k = 0$. In tal caso la matrice diventa

$$\mathbf{A} = \begin{pmatrix} 0 & 1 & 1 & 3 \\ 0 & 0 & 0 & 0 \\ 0 & 1 & 1 & 3 \end{pmatrix}$$

e $\operatorname{car} \mathbf{A} = 1$ in quanto una riga è nulla e le altre due sono uguali.

Caso $k = -1$. In tal caso la matrice diventa

$$\mathbf{A} = \begin{pmatrix} -1 & 1 & 0 & 3 \\ -2 & -1 & 0 & -2 \\ -3 & 0 & 0 & 1 \end{pmatrix}$$

e se consideriamo la sottomatrice di ordine 2 formata dalle prime due righe e dalle prime due colonne si ha

$$\det \begin{pmatrix} -1 & 1 \\ -2 & -1 \end{pmatrix} = 1 + 2 = 3 \neq 0;$$

quindi $\operatorname{car} \mathbf{A} \geq 2$. Per avere $\operatorname{car} \mathbf{A} = 3$, dobbiamo calcolare i minori delle sottomatrici che orlano la nostra "matricina" e che sono

$$\begin{pmatrix} -1 & 1 & 0 \\ -2 & -1 & 0 \\ -3 & 0 & 0 \end{pmatrix} \quad \text{e} \quad \begin{pmatrix} -1 & 1 & 3 \\ -2 & -1 & -2 \\ -3 & 0 & 1 \end{pmatrix}.$$

La prima ha determinante nullo (una colonna è composta di soli zero), la seconda ... idem (lasciamo i calcoli al lettore). Quindi $\operatorname{car} \mathbf{A} = 2$.

Ricapitolando:

- se $k \neq 0$ allora $\operatorname{car} \mathbf{A} = 2$;
- se $k = 0$ allora $\operatorname{car} \mathbf{A} = 1$.

Faccina 5.4.4 Occhio alla conversazione.

MC: Abbiamo risolto l'esercizio.

FG: Si, ma abbiamo scelto la sottomatrice di ordine due senza pensarci.

MC: Hai ragione! Pensiamoci meglio ora!! Se orlavamo l'elemento $a_{1,4}$ aggiungendo la seconda colonna invece della terza, avevamo da analizzare solo due casi.

FG: Infatti il minore di ordine 2 è

$$\det \begin{pmatrix} 1 & 3 \\ k & 2k \end{pmatrix} = -k,$$

e quindi solamente i casi $k = 0$ e $k \neq 0$.

MC: Hai ragione, facciamo continuare l'esercizio al lettore che potrà così sperimentare il risparmio dato da questo supplemento di attenzione.

Noi invece terminiamo l'esercizio (che è in realtà già concluso): infatti la teoria (vedasi Sezione 5.4 all'inizio) ci assicura che la caratteristica della matrice $\mathbf{A}^T$ corrisponde a quello della matrice $\mathbf{A}$. Perciò niente calcoli. ■

Esercizio 5.4.12 [L'Aquila 18/02/2000n.B1] Calcolare la caratteristica della matrice

$$\mathbf{A} = \begin{pmatrix} 1 & 0 & k & h \\ 0 & 1 & h & 1 \\ -k & h & 0 & -2 \end{pmatrix}$$

al variare dei parametri h e k.

Soluzione. Questo esercizio potrebbe risultare antipatico a causa della presenza di due parametri. Tuttavia il metodo da usare è lo stesso. Occorre solo fare più attenzione nel dividere i vari casi. Utilizziamo il metodo dei determinanti in salita (orlatura). Osserviamo che la sottomatrice formata dalle prime due righe e dalle prime due colonne

$$\mathbf{A}_2 = \begin{pmatrix} 1 & 0 \\ 0 & 1 \end{pmatrix}$$

ha determinante non nullo: quindi $\operatorname{car} \mathbf{A} \geq 2$. Utilizzando il metodo dell'orlatura, dobbiamo considerare solamente le sottomatrici di ordine 3 che contengono $\mathbf{A}_2$, cioè

$$\mathbf{A}^2_{3,3} = \begin{pmatrix} 1 & 0 & k \\ 0 & 1 & h \\ -k & h & 0 \end{pmatrix}$$

ottenuta aggiungendo la terza riga e la terza colonna e

$$\mathbf{A}^2_{3,4} = \begin{pmatrix} 1 & 0 & h \\ 0 & 1 & 1 \\ -k & h & -2 \end{pmatrix}$$

ottenuta aggiungendo la terza riga e la quarta colonna. Se tutte e due le sottomatrici hanno determinante nullo allora $\operatorname{car} \mathbf{A} = 2$ altrimenti $\operatorname{car} \mathbf{A} = 3$. Calcoliamoci i due determinanti con il metodo di Laplace:

$$\det \mathbf{A}^2_{3,3} = 1 \det \begin{pmatrix} 1 & h \\ h & 0 \end{pmatrix} + k \det \begin{pmatrix} 0 & 1 \\ -k & h \end{pmatrix} = -h^2 + k^2,$$

$$\det \mathbf{A}^2_{3,4} = 1 \det \begin{pmatrix} 1 & 1 \\ h & -2 \end{pmatrix} + h \det \begin{pmatrix} 0 & 1 \\ -k & h \end{pmatrix} = -2 - h + hk.$$

Quindi avremo $\operatorname{car} \mathbf{A} = 2$ se e solo se h e k risolvono il sistema

$$\begin{cases} k^2 - h^2 = 0 \\ hk - h - 2 = 0. \end{cases}$$

Dalla prima equazione ricaviamo

$$0 = k^2 - h^2 = (k - h)(k + h)$$

le cui soluzioni sono $k = h$ e $k = -h$. Dobbiamo perciò analizzare due casi.

Caso $k = h$. In tal caso la seconda equazione diventa

$$h^2 - h - 2 = 0$$

le cui soluzioni sono $h = 2$ e $h = -1$.

Caso $k = -h$. In tal caso la seconda equazione diventa

$$h^2 + h + 2 = 0$$

che non ha soluzione in quanto $\Delta = 1 - 8 = -7 < 0$.

Quindi le soluzioni del sistema sono $(k, h) = (2, 2)$ e $(k, h) = (-1, -1)$: in tal caso $\operatorname{car} \mathbf{A} = 2$ altrimenti $\operatorname{car} \mathbf{A} = 3$. ∎

Esercizi per casa

Esercizio 5.4.13 Calcolare il rango (caratteristica) della matrice

$$\mathbf{A} = \begin{pmatrix} 1 & 0 & 0 & 3 & 2 \\ 4 & 5 & 1 & 0 & 3 \\ 3 & 5 & 1 & -3 & 1 \end{pmatrix}.$$

Esercizio 5.4.14 Trovare la caratteristica della seguente matrice

$$\mathbf{A} = \begin{pmatrix} 0 & 2 & 3 & 1 \\ 1 & 0 & 3 & 2 \\ 1 & 0 & 2 & 1 \\ 2 & 2 & 1 & 0 \end{pmatrix}.$$

Esercizio 5.4.15 Calcolare la caratteristica della matrice

$$\mathbf{A} = \begin{pmatrix} 3 & 1 & k \\ 2k & 0 & 1 \\ 3 & k+1 & k \end{pmatrix}$$

al variare del parametro $k \in \mathbb{R}$. Ripetere per la matrice $\mathbf{A}^T$.

Esercizio 5.4.16 Calcolare la caratteristica della matrice

$$\mathbf{A} = \begin{pmatrix} a & 1 & b \\ 0 & 2 & b \\ 1 & 3 & a \end{pmatrix}$$

al variare dei parametri $a, b \in \mathbb{R}$.

5.4.3 Rango e basi vettoriali

In questi esercizi usiamo i metodi imparati nelle sottosezioni precedenti 5.4.1 e 5.4.2 per trovare il rango di un'insieme di vettori (Definizione 5.3.6. Si tratta di fatto di trovare la caratteristica di una matrice, come nella sottosezione precedente.

Esercizi ben svolti

Esercizio 5.4.17 [L'Aquila 28/01/1999 n.2] Per quali valori del parametro $k \in \mathbb{R}$ i seguenti vettori

$$\mathbf{v}^1 = (k-1, -k, k), \qquad \mathbf{v}^2 = (-1, k+1, k), \qquad \mathbf{v}^3 = (0, -k, 1)$$

formano una base di $\mathbb{R}^3$? Calcolare inoltre il rango dell'insieme $\mathbf{V} = \{\mathbf{v}^1, \mathbf{v}^2, \mathbf{v}^3\}$ al variare di k.

Soluzione. Poiché la dimensione di $\mathbb{R}^3$ è 3, per formare una base è necessario e sufficiente che i tre vettori risultino LI, cioè la matrice associata ai tre vettori

$$\mathbf{A} = \begin{pmatrix} k-1 & -1 & 0 \\ -k & k+1 & -k \\ k & k & 1 \end{pmatrix}$$

abbia determinante diverso da zero. Lo abbiamo calcolato nell'Esercizio 5.4.2 e abbiamo ottenuto:

$$\det \mathbf{A} = (k-1)(k+1)^2.$$

Allora i tre vettori formano una base di $\mathbb{R}^3$ se e solo se

$$(k-1)(k+1)^2 \neq 0$$

cioè $k \neq 1$ e $k \neq -1$. Per quanto riguarda il rango dei tre vettori, cioè il numero massimo di vettori LI, questo sarà ovviamente 3 quando $k \neq 1$ e $k \neq -1$. Restano da analizzare i casi $k = 1$ e $k = -1$. Poiché il rango di un insieme di vettori coincide con la caratteristica della matrice associata a tali vettori, dobbiamo calcolare la caratteristica di $\mathbf{A}$.

Caso $k = 1$**.** La matrice $\mathbf{A}$ diventa

$$\mathbf{A} = \begin{pmatrix} 0 & -1 & 0 \\ -1 & 2 & -1 \\ 1 & 1 & 1 \end{pmatrix}$$

e $\operatorname{car} \mathbf{A} = 2$ dato che il minore associato alla sottomatrice formata dalle prime due righe e dalle prime due colonne

$$\begin{pmatrix} 0 & -1 \\ -1 & 2 \end{pmatrix}$$

ha determinante -1.

Caso $k = -1$. La matrice $\mathbf{A}$ diventa

$$\mathbf{A} = \begin{pmatrix} -2 & -1 & 0 \\ 1 & 0 & 1 \\ -1 & -1 & 1 \end{pmatrix}$$

e $\operatorname{car} \mathbf{A} = 2$ dato che il minore associato alla sottomatrice formata dalle prime due righe e dalle prime due colonne

$$\begin{pmatrix} -2 & -1 \\ 1 & 0 \end{pmatrix}$$

ha determinante è 1.

Ricapitolando

- per $k \neq \pm 1$ si ha $\operatorname{rango} \mathbf{V} = 3$;
- per $k = \pm 1$ si ha $\operatorname{rango} \mathbf{V} = 2$. ∎

Esercizio 5.4.18 [L'Aquila 21/01/2000 n.B2] Determinare, al variare dei parametri h e k il rango dell'insieme di vettori $\mathbf{V} = \{\mathbf{v}^1, \mathbf{v}^2, \mathbf{v}^3\}$ definiti

$$\mathbf{v}^1 = (k, h, 0), \qquad \mathbf{v}^2 = (k-1, k, 1), \qquad \mathbf{v}^3 = (k-1, h, 1).$$

Soluzione. Questo esercizio è come il precedente, ma con la difficoltà di avere due parametri ... non spaventiamoci. Consideriamo la matrice associata ai tre vettori

$$\mathbf{A} = \begin{pmatrix} k & k-1 & k-1 \\ h & k & h \\ 0 & 1 & 1 \end{pmatrix};$$

allora

$$\operatorname{rango} \mathbf{V} = \operatorname{car} \mathbf{A}.$$

Ci siamo perciò ricondotti a calcolare la caratteristica di $\mathbf{A}$. Consideriamo inizialmente il determinante di $\mathbf{A}$ che sviluppiamo, con il metodo di Laplace, rispetto alla prima colonna:

$$\det \mathbf{A} = k \det \begin{pmatrix} k & h \\ 1 & 1 \end{pmatrix} - h \det \begin{pmatrix} k-1 & k-1 \\ 1 & 1 \end{pmatrix} = k(k-h) - h(k-1-k+1) = k(k-h).$$

Quindi $\det \mathbf{A} \neq 0$ se e solo se $k \neq 0$ e $k \neq h$; in tal caso $\operatorname{car} \mathbf{A} = 3$. Essendo $\mathbf{v}^1$, $\mathbf{v}^2$ e $\mathbf{v}^3$ tre vettori *LI* di $\mathbb{R}^3$, formano una base. Rimangono da analizzare tre casi.

Caso $k = h$ e $k \neq 0$. La matrice $\mathbf{A}$ diventa

$$\mathbf{A} = \begin{pmatrix} k & k-1 & k-1 \\ k & k & k \\ 0 & 1 & 1 \end{pmatrix}$$

e $\operatorname{car} \mathbf{A} = 2$ in quanto la sottomatrice formata dalle prime due righe e dalle prime due colonne

$$\begin{pmatrix} k & k-1 \\ k & k \end{pmatrix}$$

ha determinante $k \neq 0$. Quindi

$$\operatorname{rango} \mathbf{V} = 2$$

ed i vettori *LI* sono $\mathbf{v}^1$ e $\mathbf{v}^2$.

Caso $k = 0$ e $h \neq k$. La matrice $\mathbf{A}$ diventa

$$\mathbf{A} = \begin{pmatrix} 0 & -1 & -1 \\ h & 0 & h \\ 0 & 1 & 1 \end{pmatrix}$$

e $\operatorname{car} \mathbf{A} = 2$ in quanto il minore associato alla sottomatrice formata dalle prime due righe e dalle prime due colonne

$$\begin{pmatrix} 0 & -1 \\ h & 0 \end{pmatrix}$$

è $h \neq 0$. Quindi

$$\operatorname{rango} \mathbf{V} = 2$$

ed i vettori LI sono $\mathbf{v}^1$ e $\mathbf{v}^2$.

Caso $k = h = 0$. La matrice $\mathbf{A}$ diventa

$$\mathbf{A} = \begin{pmatrix} 0 & -1 & -1 \\ 0 & 0 & 0 \\ 0 & 1 & 1 \end{pmatrix}$$

e $\operatorname{car} \mathbf{A} = 1$ in quanto la prima colonna risulta nulla e la seconda è uguale alla terza. Quindi

$$\operatorname{rango} \mathbf{V} = 1.$$

Ricapitolando:

- per $k \neq 0$ e $k \neq h$ si ha $\operatorname{rango} \mathbf{V} = 3$;
- per $k = 0$ oppure (disgiuntivo) $k = h$ si ha $\operatorname{rango} \mathbf{V} = 2$;
- per $k = h = 0$ si ha $\operatorname{rango} \mathbf{V} = 1$. ■

Esercizi per casa

Esercizio 5.4.19 [L'Aquila 13/07/1999 n.B3] Determinare, al variare del parametro k, il rango dell'insieme di vettori $\mathbf{V} = \{\mathbf{v}^1, \mathbf{v}^2, \mathbf{v}^3\}$ definiti

$$\mathbf{v}^1 = (k-4, 1, -1) \qquad \mathbf{v}^2 = (k-3, k+4, 0) \qquad \mathbf{v}^3 = (2k-4, 1, k-1).$$

5.5 Prodotto interno, matriciale ed ortogonalità

Il *prodotto interno* (detto anche *prodotto scalare*, da non confondere con il "prodotto per uno scalare" che invece indica la moltiplicazione tra un numero reale e un vettore[18]) è una operazione che a due vettori $\mathbf{v} = (v_1, v_2, \ldots, v_n)$ e $\mathbf{u} = (u_1, u_2, \ldots, u_n)$ di $\mathbb{R}^n$ associa il numero

$$\langle \mathbf{v}, \mathbf{u} \rangle = \sum_{i=1}^{n} v_i u_i = v_1 u_1 + v_2 u_2 + \cdots + v_n u_n.$$

La *norma* di un vettore $\mathbf{v} = (v_1, v_2 \ldots, v_n)$ di $\mathbb{R}^n$ rappresenta la lunghezza di tale vettore e si determina, attraverso il prodotto scalare, nella seguente maniera:

$$||\mathbf{v}|| = \sqrt{\langle \mathbf{v}, \mathbf{v} \rangle} = \sqrt{\sum_{i=1}^{n} v_i^2} = \sqrt{v_1^2 + v_2^2 + \cdots + v_n^2}.$$

Attraverso il prodotto interno e la norma siamo in grado di determinare la misura dell'angolo convesso θ compreso tra due vettori $\mathbf{u}$ e $\mathbf{v}$:

$$\cos\theta = \frac{\langle \mathbf{u}, \mathbf{v} \rangle}{||\mathbf{u}|| \cdot ||\mathbf{v}||}.$$

Essendo $\cos\theta = 0$ se e solo se $\theta = \frac{\pi}{2}$ (ricordiamo che l'angolo è convesso, cioè inferiore a π radianti) e quindi se e solo se i vettori sono ortogonali, ricaviamo che condizione necessaria e sufficiente affinché due vettori $\mathbf{u}$ e $\mathbf{v}$ siano ortogonali è richiedere che il loro prodotto scalare sia nullo.

[18] Questo gioco di parole rischia di creare confusione ed è per questo che preferiamo con moderazione il nome *prodotto interno*.

Il prodotto tra due matrici $\mathbf{A}$ e $\mathbf{B}$ si indica semplicemente con $\mathbf{A} \cdot \mathbf{B}$ (omettendo in genere il puntino in mezzo) ed è un'operazione che consiste sostanzialmente nel fare tanti prodotti scalari tra i vettori riga di $\mathbf{A}$ ed i vettori colonna di $\mathbf{B}$. Per questo motivo si può fare soltanto se il numero delle colonne di $\mathbf{A}$ è uguale al numero delle righe di $\mathbf{B}$ e si definisce come segue: se $\mathbf{A} \in \mathcal{M}(m,n)$ e $\mathbf{B} \in \mathcal{M}(n,k)$ allora $\mathbf{A} \cdot \mathbf{B} = \mathbf{C} \in \mathcal{M}(m,k)$ di componenti

$$c_{i,j} = \sum_{h=1}^{n} a_{i,h} b_{h,j} = \langle \mathbf{a}^i, \mathbf{b}^j \rangle.$$

5.5.1 Prodotto interno e ortogonalità

Esercizi ben svolti

Esercizio 5.5.1 [L'Aquila 25/06/1999 n.A4] Calcolare il prodotto scalare tra i due vettori di $\mathbb{R}^4$

$$\mathbf{v}^1 = (8,4,3,1) \qquad \text{e} \qquad \mathbf{v}^2 = (4,-5,-1,1).$$

Soluzione. Ricordando la definizione di prodotto scalare (o interno) si ha

$$\langle \mathbf{v}^1, \mathbf{v}^2 \rangle = 8 \cdot 4 + 4 \cdot (-5) + 3 \cdot (-1) + 1 \cdot 1 = 32 - 20 - 3 + 1 = 10$$

che è quanto cercavamo. ∎

Esercizio 5.5.2 Dimostrare che se $\mathbf{v}$ e $\mathbf{w}$ sono due vettori ortogonali non nulli allora sono LI. Due vettori LD possono essere ortogonali?

Soluzione. Iniziamo dalla prima domanda. Si tratta di un tipico caso in cui "viene bene" una dimostrazione per assurdo. Non sappiamo darvi una regola su quali sono i casi in cui vengono bene le dimostrazioni per assurdo. Diciamo che, quando avete da dimostrare una cosa, è utile ricordarsi che il metodo per assurdo si può utilizzare purché ben applicato. Prendiamo due vettori $\mathbf{v}$ e $\mathbf{w}$ non nulli e ortogonali e mostriamo, per assurdo, che sono LI. Ipotizziamo cioè che sia falsa la tesi (cioè ipotizziamo che siano LD) e vedremo che anche l'ipotesi è per forza falsa.

Se dunque, ***per assurdo***, $\mathbf{v}$ e $\mathbf{w}$ fossero LD avremmo $\mathbf{v} = \alpha \mathbf{w}$ per un certo $\alpha \neq 0$ ($\alpha = 0$ significherebbe $\mathbf{v}$ nullo il che non succede) e quindi

$$0 = \langle \mathbf{v}, \mathbf{w} \rangle = \alpha \langle \mathbf{w}, \mathbf{w} \rangle.$$

Ma $\langle \mathbf{w}, \mathbf{w} \rangle$ non è mai nullo (salvo il caso $\mathbf{w} = \mathbf{0}$ che non è il nostro) ed $\alpha \neq 0$, quindi il prodotto deve essere diverso da zero. Allora negando l'ipotesi sono arrivato a negare anche la tesi (***dimostrazione per assurdo***).

Per quanto riguarda la seconda domanda dovrebbe risultare chiaro da quanto detto sopra che la risposta è affermativa solamente se almeno uno dei due vettori è nullo. ∎

Esercizio 5.5.3 [L'Aquila 07/06/1999 n.A4] Determinare i valori del parametro k per cui sono ortogonali i vettori

$$\mathbf{u} = (k-5, 12-k, 7) \qquad \text{e} \qquad \mathbf{v} = (k+1, -6+k, 4-k).$$

Soluzione. Poiché l'ortogonalità di due vettori significa che il loro prodotto interno è nullo, dobbiamo avere

$$\begin{aligned} 0 = \langle \mathbf{u}, \mathbf{v} \rangle &= \langle (k-5, 12-k, 7), (k+1, -6+k, 4-k) \rangle \\ &= (k-5)(k+1) + (12-k)(-6+k) + 7(4-k) = 7k - 49, \end{aligned}$$

la cui unica soluzione è $k = 7$. ∎

Esercizio 5.5.4 Trovare l'insieme dei vettori ortogonali ai vettori

$$\mathbf{v}^1 = (1,2,3), \qquad \mathbf{v}^2 = (2,1,4), \qquad \mathbf{v}^3 = (3,0,5).$$

Soluzione. Riflettiamo un momento sulla richiesta. Ci viene chiesto di trovare l'insieme dei vettori ortogonali ai vettori dati. Tale insieme sarà per forza un sottoinsieme di $\mathbb{R}^3$ e ogni suo elemento (o meglio tutti e soli i suoi elementi) $\mathbf{x} = (x_1, x_2, x_3)$ deve essere ortogonale ai tre vettori dati. Ma $\mathbf{x}$ è ortogonale ai vettori $\mathbf{v}^1, \mathbf{v}^2, \mathbf{v}^3$ se e solo se:

$$\begin{cases} \langle \mathbf{x}, \mathbf{v}^1 \rangle = 0 \\ \langle \mathbf{x}, \mathbf{v}^2 \rangle = 0 \\ \langle \mathbf{x}, \mathbf{v}^3 \rangle = 0, \end{cases}$$

cioè se le sue coordinate sono soluzioni del sistema

$$\begin{cases} x_1 & + & 2x_2 & + & 3x_3 & = & 0 \\ 2x_1 & + & x_2 & + & 4x_3 & = & 0 \\ 3x_1 & & & + & 5x_3 & = & 0. \end{cases}$$

Quindi l'insieme cercato altro non è che l'insieme delle soluzioni del sistema qui sopra. Tale sistema è omogeneo con matrice completa

$$(\mathbf{A}|\mathbf{b}) = \left(\begin{array}{ccc|c} 1 & 2 & 3 & 0 \\ 2 & 1 & 4 & 0 \\ 3 & 0 & 5 & 0 \end{array} \right)$$

le cui tre righe chiamiamo $\mathbf{w}^1, \mathbf{w}^2, \mathbf{w}^3$. Ovviamente $\operatorname{car}(\mathbf{A}|\mathbf{b}) = \operatorname{car}\mathbf{A}$ (ciò è sempre vero nei sistemi omogenei) e quindi esiste sempre almeno una soluzione (l'origine!). Si vede (provate!) che $\operatorname{car}\mathbf{A} = 2$ (la prima riga è il doppio della seconda riga meno la terza) e quindi esistono ∞^1 soluzioni cioè una retta (per le rette vedasi la Sezione 5.6, per tutte le cose inerenti ai sistemi lineari rimandiamo alla Sezione 5.7). Ne troviamo l'equazione col metodo di Gauss–Jordan (rimandiamo ancora alla Sezione 5.7 per l'analisi di tale metodo).

$$\left(\begin{array}{ccc|c} 1 & 2 & 3 & 0 \\ 0 & -3 & -2 & 0 \\ 0 & -6 & -4 & 0 \end{array} \right) \qquad \begin{array}{l} \mathbf{w}^1 \to \mathbf{w}^1 \\ \mathbf{w}^2 \to \mathbf{w}^2 - 2\mathbf{w}^1 \\ \mathbf{w}^3 \to \mathbf{w}^3 - 3\mathbf{w}^1 \end{array}$$

$$\Downarrow$$

$$\left(\begin{array}{ccc|c} 1 & 0 & \frac{5}{3} & 0 \\ 0 & 1 & \frac{2}{3} & 0 \\ 0 & 0 & 0 & 0 \end{array} \right) \qquad \begin{array}{l} \mathbf{w}^1 \to \mathbf{w}^1 + \frac{2}{3}\mathbf{w}^2 \\ \mathbf{w}^2 \to -\frac{1}{3}\mathbf{w}^2 \\ \mathbf{w}^3 \to \mathbf{w}^3 - 2\mathbf{w}^2 \end{array}$$

Quindi il sistema si è trasformato nel seguente sistema equivalente

$$\begin{cases} x_1 & & & + & \frac{5}{3}x_3 & = & 0 \\ & & x_2 & + & \frac{2}{3}x_3 & = & 0 \\ & & & & x_3 & = & t \end{cases}$$

che porta alla soluzione

$$\begin{pmatrix} x_1 \\ x_2 \\ x_3 \end{pmatrix} = t \begin{pmatrix} -\frac{5}{3} \\ -\frac{2}{3} \\ 1 \end{pmatrix}$$

che è l'equazione vettoriale della retta cercata. ∎

Esercizio 5.5.5 [L'Aquila 28/01/1999 n.4] Determinare per quali valori dei parametri $a, b, c \in \mathbb{R}$ i vettori di $\mathbb{R}^3$

$$\begin{aligned} \mathbf{v}^1 &= (a+1, 1, -1) \\ \mathbf{v}^2 &= (1, b-1, 1) \\ \mathbf{v}^3 &= (1, -1, c-1) \end{aligned}$$

risultano tra loro ortogonali.

Soluzione. Dovendo essere i tre vettori reciprocamente ortogonali, si deve avere

$$\begin{cases} \langle \mathbf{v}^1, \mathbf{v}^2 \rangle &= 0 \\ \langle \mathbf{v}^1, \mathbf{v}^3 \rangle &= 0 \\ \langle \mathbf{v}^2, \mathbf{v}^3 \rangle &= 0 \end{cases}$$

cioè

$$\begin{cases} (a+1)+(b-1)+(-1) &= 0 \\ (a+1)+(-1)+(1-c) &= 0 \\ 1+(1-b)+(c-1) &= 0. \end{cases}$$

Semplificando le espressioni si ottiene il seguente sistema

$$\begin{cases} a + b = 1 \\ a - c = -1 \\ -b + c = -1 \end{cases}$$

Si tratta di un sistema lineare.

⚠ **Pericolo 5.5.1** Si tratta di un caso fortunato poiché i parametri erano presenti in modo lineare nelle espressioni dei tre vettori dati. Tuttavia in generale esercizi di questo tipo portano a sistemi non lineari (pensate al caso in cui $\mathbf{v} = (a^2 - 1, e^b - c, \ln(bc))$. Quindi non facciamoci illusioni per il futuro, ma apprezziamo la fortuna e ...

... risolviamo con il metodo di Gauss–Jordan. La matrice completa risulta

$$(\mathbf{A}|\mathbf{b}) = \left(\begin{array}{ccc|c} 1 & 1 & 0 & 1 \\ 1 & 0 & -1 & -1 \\ 0 & -1 & 1 & -1 \end{array}\right)$$

ed indichiamo con $\mathbf{w}^1, \mathbf{w}^2, \mathbf{w}^3$ le tre righe della matrice; allora

$$\left(\begin{array}{ccc|c} 1 & 1 & 0 & 1 \\ 0 & -1 & -1 & -2 \\ 0 & -1 & 1 & -1 \end{array}\right) \qquad \begin{array}{l} \mathbf{w}^1 \to \mathbf{w}^1 \\ \mathbf{w}^2 \to \mathbf{w}^2 - \mathbf{w}^1 \\ \mathbf{w}^3 \to \mathbf{w}^3 \end{array}$$

$$\Downarrow$$

$$\left(\begin{array}{ccc|c} 1 & 0 & -1 & -1 \\ 0 & 1 & 1 & 2 \\ 0 & 0 & 2 & 1 \end{array}\right) \qquad \begin{array}{l} \mathbf{w}^1 \to \mathbf{w}^1 + \mathbf{w}^2 \\ \mathbf{w}^2 \to -\mathbf{w}^2 \\ \mathbf{w}^3 \to \mathbf{w}^3 - \mathbf{w}^2 \end{array}$$

$$\Downarrow$$

$$\left(\begin{array}{ccc|c} 1 & 0 & 0 & -\frac{1}{2} \\ 0 & 1 & 0 & \frac{3}{2} \\ 0 & 0 & 1 & \frac{1}{2} \end{array}\right) \qquad \begin{array}{l} \mathbf{w}^1 \to \mathbf{w}^1 + \frac{1}{2}\mathbf{w}^3 \\ \mathbf{w}^2 \to \mathbf{w}^2 - \frac{1}{2}\mathbf{w}^3 \\ \mathbf{w}^3 \to \frac{1}{2}\mathbf{w}^3. \end{array}$$

Quindi il sistema si è trasformato nel seguente sistema equivalente

$$\begin{cases} a = -\frac{1}{2} \\ b = \frac{3}{2} \\ c = \frac{1}{2} \end{cases}$$

che porta alla soluzione $(a, b, c) = \left(-\frac{1}{2}, \frac{3}{2}, \frac{1}{2}\right)$. ■

Esercizio 5.5.6 [Roma 17/06/1999, n.4] Trovare al variare di $k \in \mathbb{R}$ l'insieme dei vettori ortogonali ai vettori

$$\mathbf{v}^1 = (1, k, 2), \qquad \mathbf{v}^2 = (2, 1, k), \qquad \mathbf{v}^3 = (0, 1, k).$$

Soluzione. Si tratta della stessa richiesta dell'Esercizio 5.5.4 con l'aggravante del parametro. Il vettore $\mathbf{x} = (x_1, x_2, x_3)$ è ortogonale ai tre vettori se e solo se risolve il sistema

$$\begin{cases} \langle \mathbf{x}, \mathbf{v}^1 \rangle = 0 \\ \langle \mathbf{x}, \mathbf{v}^2 \rangle = 0 \\ \langle \mathbf{x}, \mathbf{v}^3 \rangle = 0, \end{cases}$$

cioè risolve il sistema lineare omogeneo

$$\begin{cases} x_1 + kx_2 + 2x_3 = 0 \\ 2x_1 + x_2 + kx_3 = 0 \\ x_2 + kx_3 = 0. \end{cases}$$

Determiniamo la caratteristica della matrice dei coefficienti calcolandone il determinante (metodo dei determinanti in discesa)

$$\det \mathbf{A} = \det \begin{pmatrix} 1 & k & 2 \\ 2 & 1 & k \\ 0 & 1 & k \end{pmatrix} = -1 \det \begin{pmatrix} 1 & 2 \\ 2 & k \end{pmatrix} + k \det \begin{pmatrix} 1 & k \\ 2 & 1 \end{pmatrix} = -2(k^2 - 2).$$

Quindi la matrice $\mathbf{A}$ ha determinante non nullo (e quindi $\operatorname{car} \mathbf{A} = 3$) se e solo se $k \neq \pm\sqrt{2}$: in tal caso, per il Teorema di Cramer (Sezione 5.7), il sistema ha una sola soluzione che è $(0, 0, 0)$. Altrimenti, se $k = \pm\sqrt{2}$, allora $\operatorname{car} \mathbf{A} = 2$ grazie alla sottomatrice formata dalle ultime due righe e dalle prime due colonne

$$\begin{pmatrix} 2 & 1 \\ 0 & 1 \end{pmatrix} \tag{5.2}$$

che ha determinante uguale a 2. In tali casi abbiamo ∞^1 soluzioni (quindi geometricamente una retta di cui determiniamo l'equazione vettoriale). Eliminando la prima equazione (se non vi ricordate il perché provate a vedere il Teorema di Rouchè–Capelli nella Sezione 5.7![19]) otteniamo il sistema equivalente

$$\begin{cases} 2x_1 + x_2 + kx_3 = 0 \\ x_2 + kx_3 = 0. \end{cases}$$

Sottraendo alla prima equazione la seconda si ricava $x_1 = 0$; ponendo $x_3 = t$ si ottiene $x_2 = -kt$ e quindi

- per $k = \sqrt{2}$, l'insieme dei vettori ortogonali è la retta di equazione vettoriale $\mathbf{x} = (0, -\sqrt{2}t, t)$,
- per $k = -\sqrt{2}$, l'insieme dei vettori ortogonali è la retta di equazione vettoriale $\mathbf{x} = (0, \sqrt{2}t, t)$. ∎

Esercizio 5.5.7 [L'Aquila 28/09/1999 n.A3] Calcolare la norma del vettore

$$\mathbf{v} = (1, -1, 3, 1).$$

Soluzione. In generale, dato un vettore $\mathbf{x} \in \mathbb{R}^n$ di coordinate

$$\mathbf{x} = (x_1, x_2, \ldots, x_n),$$

la sua norma equivale alla radice quadrata del prodotto scalare di $\mathbf{x}$ con se stesso, cioè

$$\|\mathbf{x}\| = \sqrt{\langle \mathbf{x}, \mathbf{x} \rangle} = \sqrt{x_1^2 + x_2^2 + \cdots + x_n^2}.$$

Quindi

$$\|\mathbf{v}\| = \sqrt{(1)^2 + (-1)^2 + (3)^2 + (1)^2} = \sqrt{12}$$

è la norma cercata. ∎

[19] Vi aiutiamo: il fatto che la sottomatrice (5.2) sia invertibile implica che le ultime due righe (e quindi equazioni) del sistema sono LI, quindi la prima è CL delle ultime due, quindi la prima è inutile.

Esercizi per casa

Esercizio 5.5.8 [L'Aquila 14/09/1999 n.A3] Determinare per quali valori del parametro k i vettori

$$\mathbf{u} = (4, 9-k, 5) \quad \text{e} \quad \mathbf{v} = (k, 4, k)$$

sono ortogonali.

Esercizio 5.5.9 [L'Aquila 21/12/1999 n.A3] Determinare per quali valori del parametro k i vettori

$$\mathbf{u} = (k+2, k, 2) \quad \text{e} \quad \mathbf{v} = (k, 1, k)$$

sono ortogonali.

Esercizio 5.5.10 [L'Aquila 18/02/2000 n.A3] Determinare per quali valori di k sono ortogonali i vettori

$$\mathbf{u} = (2, k, k-1, 1) \quad \text{e} \quad \mathbf{v} = (k, 1, 1, 6).$$

Esercizio 5.5.11 [L'Aquila 30/05/2000 n.A5] Determinare i valori del parametro k affinchè risultino ortogonali i vettori

$$\mathbf{u} = (k-2, k, 3) \quad \text{e} \quad \mathbf{v} = (2, 3, 1-k).$$

Esercizio 5.5.12 [L'Aquila 19/06/2000 n.A3] Determinare i valori di k affinchè risultino ortogonali i vettori

$$\mathbf{u} = (k, 7, k^2) \quad \text{e} \quad \mathbf{v} = (k-7, 2k, 1).$$

Esercizio 5.5.13 [L'Aquila 13/09/2000 n.A3] Determinare per quali valori di k risultano ortogonali i vettori

$$\mathbf{v}_1 = (k-3, 2, k) \quad \text{e} \quad \mathbf{v}_2 = (k+3, 2k, -k).$$

5.5.2 Prodotto matriciale

Esercizi ben svolti

Esercizio 5.5.14 [L'Aquila 07/06/1999 n.A3] Calcolare il prodotto matriciale $\mathbf{A} \cdot \mathbf{B}$ dove

$$\mathbf{A} = \begin{pmatrix} 1 & 4 \\ 8 & 2 \end{pmatrix} \quad \text{e} \quad \mathbf{B} = \begin{pmatrix} 4 & 2 \\ -1 & -4 \end{pmatrix}.$$

Soluzione. Poiché il generico elemento della matrice prodotto posto nella i–esima riga e j–esima colonna si ottiene facendo il prodotto scalare tra la i–esima riga di $\mathbf{A}$ per la j–esima colonna di $\mathbf{B}$, si ricava

$$\begin{aligned} \mathbf{A} \cdot \mathbf{B} &= \begin{pmatrix} 1 & 4 \\ 8 & 2 \end{pmatrix} \cdot \begin{pmatrix} 4 & 2 \\ -1 & -4 \end{pmatrix} \\ &= \begin{pmatrix} \langle (1,4),(4,-1) \rangle & \langle (1,4),(2,-4) \rangle \\ \langle (8,2),(4,-1) \rangle & \langle (8,2),(2,-4) \rangle \end{pmatrix} \\ &= \begin{pmatrix} 1\cdot 4 - 1\cdot 4 & 1\cdot 2 - 4\cdot 4 \\ 8\cdot 4 - 2\cdot 1 & 8\cdot 2 - 4\cdot 2 \end{pmatrix} \\ &= \begin{pmatrix} 0 & -14 \\ 30 & 8 \end{pmatrix}. \end{aligned}$$

Insomma, soltanto calcoli. ∎

Esercizi per casa

Esercizio 5.5.15 [L'Aquila 13/07/1999 n.A3] Calcolare il prodotto matriciale $\mathbf{A} \cdot \mathbf{B}$ dove

$$\mathbf{A} = \begin{pmatrix} 9 & 6 \\ 2 & 1 \end{pmatrix} \quad \text{e} \quad \mathbf{B} = \begin{pmatrix} 6 & 1 \\ -9 & -1 \end{pmatrix}.$$

Esercizio 5.5.16 [L'Aquila 21/01/2000 n.A3] Calcolare il prodotto $\mathbf{A} \cdot \mathbf{B}$ tra le matrici

$$\mathbf{A} = \begin{pmatrix} 1 & 2 \\ 1 & 1 \end{pmatrix} \quad \text{e} \quad \mathbf{B} = \begin{pmatrix} -1 & -1 \\ 3 & 0 \end{pmatrix}.$$

Esercizio 5.5.17 [L'Aquila 25/09/2000 n.A1] Calcolare il prodotto matriciale $A \cdot B$ dove

$$A = \begin{pmatrix} 2 & 0 & 1 \\ 0 & 10 & 1 \end{pmatrix} \quad \text{e} \quad B = \begin{pmatrix} 1 & 0 \\ -1 & 0 \\ -2 & 1 \end{pmatrix}.$$

5.6 Rette e piani

Entriamo ora nel campo della geometria analitica. Non approfondiremo molto le nozioni e i metodi di lavoro su questo argomento. Ci interessa soltanto fornire alcune chiavi di lettura per visualizzare ed interpretare le operazioni viste nelle altre sezioni di questo capitolo. Consigliamo sempre di pensare al caso semplice in cui $n = 2$ o al massimo $n = 3$ per visualizzare e capire cosa succede.

Prima di introdurre gli oggetti tipici della geometria analitica (rette, piani e amici vari) una breve riflessione. Cosa intendiamo fare con questi oggetti?

Vogliamo stabilire un collegamento tra oggetti geometrici (rette, piani e amici vari appunto) e oggetti algebrici (tipicamente equazioni e disequazioni), assegnando ad ogni oggetto geometrico (ad esempio una retta) almeno un oggetto algebrico (ad esempio un'equazione). E viceversa. Il criterio di assegnazione? L'insieme delle soluzioni dell'oggetto algebrico (l'equazione), se rappresentato nel piano (o nello spazio) cartesiano, è proprio l'oggetto geometrico da cui siamo partiti. La cosa non sarà semplicissima dato che

- ad ogni oggetto geometrico potremo associare tante equazioni, addirittura infinite;
- le equazioni saranno spesso parametriche.

5.6.1 Le rette in $\mathbb{R}^n$

La retta è forse il più semplice oggetto geometrico astratto, ma l'esperienza ci insegna che non è poi molto semplice prenderci mano. Teniamo fede al preambolo scritto sopra e vediamo quali equazioni possiamo associare alle rette: l'*equazione cartesiana* o *implicita* e l'*equazione vettoriale* o *parametrica.*

Equazioni cartesiane delle rette in $\mathbb{R}^2$

Si tratta di un equazione della forma

$$ax_1 + bx_2 = c \tag{5.3}$$

in cui i coefficienti a, b, c dipendono dalla particolare retta considerata; in ogni caso a e b non possono essere entrambi nulli, cioè $a^2 + b^2 \neq 0$. Questa equazione contiene due variabili e il suo insieme di soluzioni è proprio una retta in $\mathbb{R}^2$. Da essa si può risalire alle equazioni della retta usate di solito nelle scuole medie superiori. Se $b = 0$ allora l'equazione si può riscrivere come

$$x_1 = \frac{c}{a}$$

che rappresenta una retta verticale nel piano cartesiano $\mathbb{R}^2$. Se invece $b \neq 0$ allora possiamo scrivere

$$x_2 = -\frac{a}{b}x_1 + \frac{c}{b}$$

che rappresenta una retta con coefficiente angolare $-\frac{a}{b}$ e intercetta $\frac{c}{b}$. Eccone qui sotto un paio di esempi grafici.

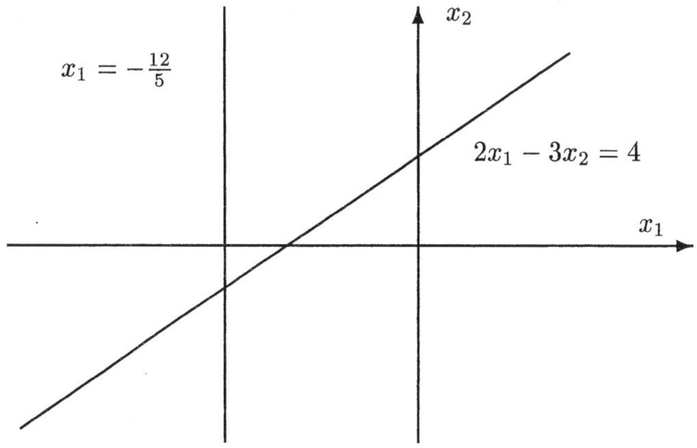

Figura 5.2: rette nel piano

Osservazione 5.6.1 Vi sono infinite equazioni cartesiane per la stessa retta. Infatti l'insieme delle soluzioni non cambia se moltiplichiamo l'equazione per un numero qualunque diverso da zero. Ad esempio

$$2x_1 - 3x_2 = 4 \qquad \text{e} \qquad 4x_1 - 6x_2 = 8 \qquad \text{e} \qquad -2x_1 + 3x_2 = -4$$

rappresentano la stessa retta. Per essere più precisi vi sono ∞^1 equazioni diverse[20].

Osservazione 5.6.2 Interpretazione geometrica dei coefficienti: il vettore (a, b) è perpendicolare alla retta. In termini di equazione vettoriale (vedasi punto seguente): il vettore (a, b) è ortogonale al vettore direzione dell'equazione vettoriale della retta. Il numero c (o meglio il suo valore assoluto) è proporzionale (fissati a e b) alla distanza della retta dall'origine degli assi[21]. Se $c = 0$ dunque la retta passa per l'origine, altrimenti no.

Osservazione 5.6.3 Osservate inoltre che l'equazione (5.3) può essere letta come un semplice sistema lineare con due variabili e una sola equazione. La matrice incompleta è il vettore (a, b) mentre quella completa è il vettore (a, b, c). Si può dunque applicare il Teorema di Rouchè-Capelli (vedasi Sezione 5.7). Si ottiene che, se $\text{car}\,(a, b) = 1$ (cioè $a^2 + b^2 \neq 0$) allora il sistema ha ∞^1 soluzioni, cioè una retta. La cosa ci soddisfa perché abbiamo trovato la stessa risposta usando la teoria generale dei sistemi lineari.

Per indicare che una data retta r ha una data equazione cartesiana a volte scriveremo

$$r: \qquad ax_1 + bx_2 = c.$$

Come si controlla se un punto $\mathbf{P}$[22] appartiene ad una retta con data equazione cartesiana? Basta sostituire le coordinate del punto al posto di x_1 e x_2 e vedere se l'equazione è soddisfatta.

Ad esempio se

$$r: \qquad 2x_1 - 3x_2 = 4$$

allora $(5, 2) \in r$ poiché $2 \cdot 5 - 3 \cdot 2 = 4$ mentre $(1, 2) \notin r$ poiché $2 \cdot 1 - 3 \cdot 2 = -4 \neq 4$.

Equazioni vettoriali delle rette in $\mathbb{R}^2$ e in $\mathbb{R}^n$

Fissati due punti–vettori $\mathbf{x}^0, \mathbf{v} \in \mathbb{R}^n$ con $\mathbf{v} \neq \mathbf{0}$ l'equazione

$$\mathbf{x} = \mathbf{x}^0 + t\mathbf{v}$$

[20] Questo si potrebbe dimostrare con precisione ma non vi vogliamo annoiare: vi diciamo solo che intuitivamente ciò dipende dal fatto che tutte le possibili equazioni cartesiane si ottengono l'una dall'altra moltiplicando per un parametro reale, quindi 1 grado di libertà.

[21] Per i curiosi ricordiamo che tale distanza vale esattamente $|c|(a^2 + b^2)^{-1/2}$.

[22] Il fatto che usiamo a volte i simboli $\mathbf{P}, \mathbf{Q}$ per indicare dei punti non vi tragga in inganno. Si tratta sempre di vettori ma li indichiamo così perché ci piace di più, in certi contesti, vederli come punti: dal punto di vista algebrico e dei conti non cambia nulla!

al variare del parametro $t \in \mathbb{R}$ individua una retta (che chiamiamo r) passante per il punto $\mathbf{x}^0$ (vedasi figura 2 qui sotto) e parallela al vettore $\mathbf{v}$.

Perché? Iniziamo a pensare al caso in cui $\mathbf{x}^0 = \mathbf{0}$. In tal caso, al variare di $t \in \mathbb{R}$, vengono toccati tutti i multipli di $\mathbf{v}$ che formano appunto una retta (che chiamiamo r_0) passante per l'origine degli assi. Ad ogni $t \in \mathbb{R}$ si associa uno e un solo punto di tale retta

$$r_0 : \qquad \mathbf{x} = t\mathbf{v}.$$

Se poi aggiungiamo $\mathbf{x}^0$ tramite l'operazione di somma di vettori (che graficamente si effettua con la regola del parallelogramma) il punto $\mathbf{x} = \mathbf{x}^0 + t\mathbf{v}$ non sta più sulla retta r_0 considerata sopra ma sulla sua parallela r passante per $\mathbf{x}^0$. Meditate sulla Figura 5.3.

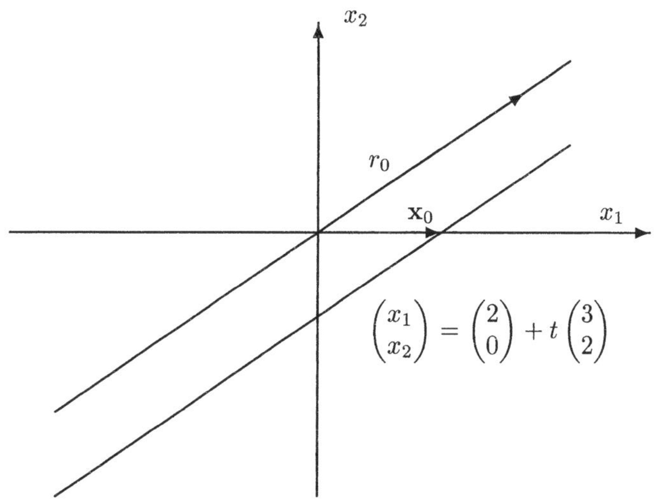

Figura 5.3: equazione vettoriale della retta

Osservazione 5.6.4 Notate che qui $\mathbf{x}^0$ viene visto come un punto, mentre $\mathbf{v}$ viene visto come un vettore. Le due cose sono equivalenti a livello algebrico (cioè per fare i conti) per cui scegliere uno dei due punti di vista dipende dalla situazione grafica che si considera.

Osservazione 5.6.5 Il significato algebrico dell'equazione vettoriale è meno immediato rispetto a quello dell'equazione cartesiana. Innanzitutto si tratta di una equazione tra vettori di $\mathbb{R}^2$, dunque di due equazioni tra numeri (n equazioni se siamo in $\mathbb{R}^n$) quindi contiene più "roba" di quella cartesiana. Inoltre l'equazione parametrica è già esplicitata rispetto alla variabile $\mathbf{x}$ ed ha un'unica soluzione per ogni fissato valore del parametro $t \in \mathbb{R}$. Non possiamo dunque dire che l'insieme delle soluzioni di tale equazione è una retta. Possiamo però dire che l'unione di tutte le soluzioni al variare di $t \in \mathbb{R}$, è una retta. In simboli, se I_t è l'insieme delle soluzioni per un fissato $t \in \mathbb{R}$,

$$r = \bigcup_{t \in \mathbb{R}} I_t.$$

Inoltre possiamo dire che una data equazione vettoriale individua una funzione $h_r : \mathbb{R} \longrightarrow \mathbb{R}^n$ definita come

$$h_r(t) = \mathbf{x} = \mathbf{x}^0 + t\mathbf{v}.$$

Si tratta di una funzione di tipo diverso da quelle che abbiamo incontrato nel capitolo 3 ($\mathbb{R} \longrightarrow \mathbb{R}$) e che incontreremo nel capitolo 6 ($\mathbb{R}^n \longrightarrow \mathbb{R}$). Funzioni di questo tipo, che in partenza (input) hanno solo una variabile e in arrivo (output) ne hanno tante si dicono in genere *curve*. Notiamo che una funzione h così definita mette in corrispondenza biunivoca i punti di $\mathbb{R}$ con i punti della retta r rappresentata dall'equazione. In qualche modo possiamo dire che essa trasporta la retta reale sulla retta r. Ritroveremo questa funzione nella Sezione 6.2.2.

Infine osserviamo che possiamo decidere di restringere i valori del parametro ad un sottoinsieme di $\mathbb{R}$, ad esempio $[0,1]$ oppure $(0,+\infty)$. In tal caso l'equazione non individua più una retta ma un suo sottoinsieme (negli esempi citati un segmento con gli estremi compresi ed una semiretta con l'estremo escluso). Vedremo un caso nell'Esercizio 5.8.1.

Osservazione 5.6.6 Il significato geometrico dei coefficienti di un'equazione vettoriale di una data retta r è il seguente:

- il vettore $\mathbf{v}$ indica[23] la *direzione* della retta r cioè la retta r_0 parallela a r e passante per l'origine.
- Il vettore $\mathbf{x}^0$ indica un punto appartenente a r.

Da questo (in particolare dal fatto che $\mathbf{v}$ e $\mathbf{x}^0$ come sopra possono essere scelti in infiniti modi), si intuisce che vi sono infinite equazioni vettoriali per la stessa retta. Possiamo dire che tale infinità è ∞^2 e quindi maggiore di quella delle equazioni cartesiane[24].

Per indicare che una data retta r ha una data equazione vettoriale scriveremo

$$r: \qquad \mathbf{x} = \mathbf{x}^0 + t\mathbf{v}.$$

Come si controlla se un punto $\mathbf{P}$ appartiene ad una retta con data equazione vettoriale? La cosa è diversa dal caso dell'equazione cartesiana: ricordando l'Osservazione 5.6.5 occorre cercare se esiste un valore del parametro $t \in \mathbb{R}$ tale che $\mathbf{P} = \mathbf{x}^0 + t\mathbf{v}$. Quindi occorre risolvere un piccolo sistema. Ad esempio vediamo se i punti $\mathbf{P} = (5,2)$ e $\mathbf{Q} = (1,2)$ stanno sulla retta di equazione vettoriale

$$r: \qquad \begin{pmatrix} x_1 \\ x_2 \end{pmatrix} = \begin{pmatrix} 2 \\ 0 \end{pmatrix} + t\begin{pmatrix} 3 \\ 2 \end{pmatrix}.$$

Sostituiamo le coordinate del punto $\mathbf{P}$ al posto di x_1 e x_2 ed otteniamo un sistema di due equazioni in una sola incognita t. Basta risolvere una qualunque equazione e vedere se la soluzione trovata risolve anche le altre. Se provate vedrete che $\mathbf{P} \in r$ mentre $\mathbf{Q} \notin r$. (vedasi Esercizio 5.6.1).

Osservazione 5.6.7 L'equazione vettoriale delle rette in $\mathbb{R}^n$ si scrive esattamente allo stesso modo (cambia solo il numero delle componenti dei vettori) e con lo stesso significato geometrico. Non si può dire lo stesso dell'equazione cartesiana. Infatti l'equazione

$$ax_1 + bx_2 + cx_3 = d$$

(che è la semplice generalizzazione della (5.3) in $\mathbb{R}^3$) non rappresenta una retta bensì un piano in $\mathbb{R}^3$. In generale l'equazione

$$a_1x_1 + a_2x_2 + \cdots + a_nx_n = b$$

rappresenta un *iperpiano* in $\mathbb{R}^n$, cioè un sottospazio vettoriale di dimensione $n-1$.

Osservazione 5.6.8 Come si passa da una equazione all'altra? Per ottenere la forma vettoriale, si pone una delle due incognite t e si esplicita l'altra. Viceversa, dalla forma vettoriale, mettendo in evidenza il parametro t in una delle due componenti e sostituendolo nell'altra equazione, ricaviamo la forma implicita. Però qualche trabocchetto ogni tanto salta fuori (si veda ad esempio l'Esercizio 5.6.4).

Posizione reciproca delle rette in $\mathbb{R}^n$

Due rette determinate dalle equazioni vettoriali

$$\begin{aligned} r_1: \quad \mathbf{x} &= \mathbf{x}^1 + t\mathbf{v}^1 \\ r_2: \quad \mathbf{x} &= \mathbf{x}^2 + t\mathbf{v}^2 \end{aligned}$$

risultano

- *coincidenti* se sono la stessa retta;

[23] Nel senso che il segmento individuato da $\mathbf{v}$ sta su r_0.

[24] Intuitivamente ciò dipende dal fatto che possiamo scegliere un qualunque $\mathbf{v}$ lungo una retta e un qualunque $\mathbf{x}^0$ lungo un'altra retta: quindi 2 gradi di libertà.

- *incidenti* se si intersecano in uno e un solo punto;
- *parallele* se hanno le stesse direzioni, cioè se $\mathbf{v}^1$ è multiplo di $\mathbf{v}^2$, cioè se $\mathbf{v}^1$ e $\mathbf{v}^2$ sono LD (attenzione che due rette parallele possono anche essere coincidenti[25]);
- *sghembe* se non sono né incidenti né parallele (cosa che non accade in $\mathbb{R}^2$ ma in $\mathbb{R}^n$ con $n \geq 3$ può accadere);
- *ortogonali* se le loro direzioni $\mathbf{v}^1$ e $\mathbf{v}^2$ sono ortogonali, cioè

$$\langle \mathbf{v}^1, \mathbf{v}^2 \rangle = 0.$$

(Attenzione! Secondo questa definizione due rette possono essere ortogonali senza incrociarsi).

Concludiamo ricordando che per due punti distinti $\mathbf{P}$ e $\mathbf{Q}$ passa una e una sola retta. La sua equazione vettoriale è data da

$$\mathbf{x} = \mathbf{P} + t(\mathbf{Q} - \mathbf{P}).$$

Basta discorsi ... passiamo agli esercizi.

Esercizi ben svolti

Esercizio 5.6.1 Dire se il punto $\mathbf{A} = (1, 2, 3)$ appartiene alla retta

$$r: \quad \begin{pmatrix} x_1 \\ x_2 \\ x_3 \end{pmatrix} = \begin{pmatrix} 1 \\ 0 \\ 3 \end{pmatrix} + t \begin{pmatrix} 1 \\ \frac{1}{2} \\ -1 \end{pmatrix}.$$

Soluzione. Posto $\mathbf{x}^0 = (1, 0, 3)$ e $\mathbf{v} = \left(1, \frac{1}{2}, -1\right)$ si ha $\mathbf{A} \in r$ se e solo se esiste $t_0 \in \mathbb{R}$ per cui

$$\mathbf{A} = \mathbf{x}^0 + t_0 \mathbf{v};$$

in altre parole se il sistema

$$\begin{cases} 1 = 1 + t_0 \\ 2 = 0 + \frac{1}{2} t_0 \\ 3 = 3 - t_0 \end{cases}$$

ha soluzione. Poiché tale sistema non ha soluzione (provare) allora $\mathbf{A} \notin r$. Verificate che $\mathbf{B} \notin r$ mentre $\mathbf{C} \in r$. ■

Esercizio 5.6.2 Dire se le seguenti rette in $\mathbb{R}^2$ sono parallele, coincidenti o incidenti (se incidenti trovate il punto di incontro):

$$r_1: \quad \begin{pmatrix} x_1 \\ x_2 \end{pmatrix} = \begin{pmatrix} 2 \\ 3 \end{pmatrix} + t \begin{pmatrix} -1 \\ \frac{1}{4} \end{pmatrix},$$

$$r_2: \quad \begin{pmatrix} x_1 \\ x_2 \end{pmatrix} = \begin{pmatrix} 1 \\ 2 \end{pmatrix} + t \begin{pmatrix} -1 \\ 2 \end{pmatrix}.$$

Soluzione. Si tratta di un tipico esercizio in cui si chiede di indagare la posizione reciproca di due rette date. Poiché ci troviamo in $\mathbb{R}^2$ le due rette possono essere o parallele o incidenti (*o* esclusivo)[26]. Poi, se sono parallele, possono essere distinte o coincidenti, come ricordato nella definizione di rette parallele.

Dobbiamo allora innanzitutto scoprire se sono o no parallele. Per questo basta controllare se i due vettori che indicano le direzioni delle due rette, $\mathbf{v}^1 = \left(-1, \frac{1}{4}\right)$ e $\mathbf{v}^2 = (-1, 2)$, sono LI o LD. Essendo

$$\det(\mathbf{v}^1 | \mathbf{v}^2) = \det \begin{pmatrix} -1 & -1 \\ \frac{1}{4} & 2 \end{pmatrix} = -\frac{7}{4} \neq 0.$$

[25] Questo fatto va contro l'idea secondo cui due rette parallele non si incontrano mai. Ricordiamocelo bene!

[26] Attenzione che questo è falso in $\mathbb{R}^3$ e in generale in $\mathbb{R}^n$ con $n \geq 3$ come si vede dall'esercizio seguente.

le due direzioni sono LI e quindi le rette sono incidenti. Determiniamone ora l'intersezione. Come? Mettendo a sistema le equazioni delle due rette. Infatti l'insieme delle soluzioni di un sistema di equazioni è proprio ***l'intersezione*** degli insiemi delle soluzioni, si veda in proposito l'Osservazione 3.3.3.

Il problema è che qui le equazioni da mettere a sistema sono parametriche quindi occorre fare attenzione!

Noi cerchiamo un punto **P** che appartenga a entrambe le rette. Quindi devono esistere due valori dei parametri (uno per la prima retta, l'altro per la seconda) $t_1 \in \mathbb{R}$ e $t_2 \in \mathbb{R}$ tali che

$$\begin{aligned} \mathbf{P} &= \begin{pmatrix} 2 \\ 3 \end{pmatrix} + t_1 \begin{pmatrix} -1 \\ \frac{1}{4} \end{pmatrix}, \\ \mathbf{P} &= \begin{pmatrix} 1 \\ 2 \end{pmatrix} + t_2 \begin{pmatrix} -1 \\ 2 \end{pmatrix}. \end{aligned}$$

⚠ **Pericolo 5.6.9** Un errore purtroppo molto comune in questo esercizio è quello di pensare che $t_1 = t_2$ e chiamarli entrambi t. Male, malissimo! Infatti i due valori t_1 e t_2 non devono affatto essere uguali ... riflettete sul loro significato! Così facendo poi troveremmo che le due rette non sono incidenti perché il sistema non ha soluzione, cosa chiaramente falsa.

Dobbiamo allora mettere a sistema le due equazioni vettoriali sopra. Il sistema risultante è un sistema lineare che consiste di 4 equazioni e di 4 incognite (le coordinate di **P** e i due parametri t_1 e t_2). La soluzione è però facile: mettendo a sistema le due equazioni vettoriali ed eguagliando i secondi membri otteniamo il sistema lineare a due equazioni e due incognite:

$$\begin{cases} 2 - t_1 = 1 - t_2 \\ 3 + \frac{1}{4} t_1 = 2 + 2t_2 \end{cases}$$

la cui soluzione è $t_1 = \frac{12}{7}$ e $t_2 = \frac{5}{7}$. Da questo ricaviamo, sostituendo ad esempio nella prima retta, il punto di intersezione **P**

$$\begin{pmatrix} x_1 \\ x_2 \end{pmatrix} = \begin{pmatrix} 2 \\ 3 \end{pmatrix} + \frac{12}{7} \begin{pmatrix} -1 \\ \frac{1}{4} \end{pmatrix} = \begin{pmatrix} \frac{2}{7} \\ \frac{24}{7} \end{pmatrix}.$$

Ecco qui una figura che dice cosa succede.

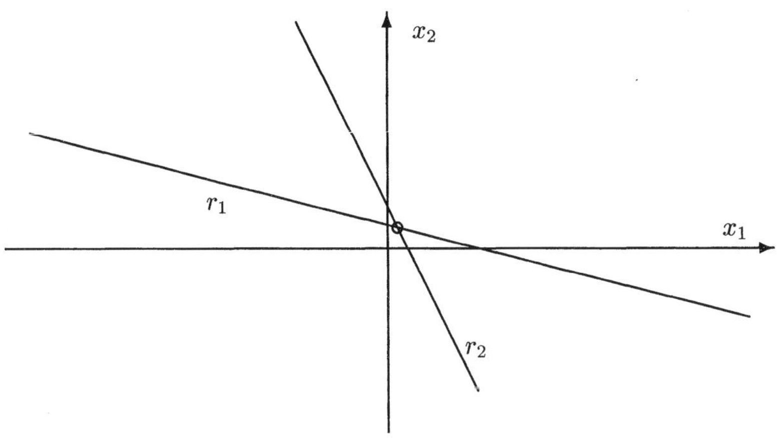

Figura 5.4: intersezione delle rette r_1 e r_2

Esercizio 5.6.3 Dire se le seguenti rette in $\mathbb{R}^3$ sono parallele, incidenti o sghembe (se incidenti trovate il punto di incontro):

$$\begin{aligned} r_1 : \quad \begin{pmatrix} x_1 \\ x_2 \\ x_3 \end{pmatrix} &= \begin{pmatrix} 2 \\ 3 \\ 4 \end{pmatrix} + t \begin{pmatrix} -1 \\ 1 \\ 2 \end{pmatrix}, \\ r_2 : \quad \begin{pmatrix} x_1 \\ x_2 \\ x_3 \end{pmatrix} &= \begin{pmatrix} 1 \\ 2 \\ 0 \end{pmatrix} + t \begin{pmatrix} -1 \\ 2 \\ 3 \end{pmatrix}. \end{aligned}$$

Fate poi la stessa cosa nel caso in cui il vettore direzione di r_1 sia $(2, -4, -6)$.

Soluzione. La domanda è molto simile a quella dell'esercizio precedente solo che qui siamo in $\mathbb{R}^3$ e quindi è possibile che le rette siano sghembe. Il modo di agire è molto simile al precedente. Vediamo innanzitutto se le rette sono parallele. I vettori direzione $(-1, 1, 2)$ e $(-1, 2, 3)$ sono chiaramente LI in quanto la matrice

$$\mathbf{A} = \begin{pmatrix} -1 & -1 \\ 1 & 2 \\ 2 & 3 \end{pmatrix}$$

ha caratteristica 2 (il minore di ordine 2 formata dalle prime 2 righe è $-2 + 1 = -1 \neq 0$). Le due rette non sono quindi parallele e possono essere incidenti o sghembe. Per distinguere tra queste due possibilità impostiamo il sistema che dà l'intersezione delle due rette. Se ha soluzione (al massimo una[27]) le rette sono incidenti, altrimenti sono sghembe. Il sistema si imposta come nell'esercizio precedente con la differenza che ora ci sono 3 componenti invece di 2. Si risolve il sistema lineare

$$\begin{aligned} \mathbf{P} &= \begin{pmatrix} 2 \\ 3 \\ 4 \end{pmatrix} + t_1 \begin{pmatrix} -1 \\ 1 \\ 2 \end{pmatrix}, \\ \mathbf{P} &= \begin{pmatrix} 1 \\ 2 \\ 0 \end{pmatrix} + t_2 \begin{pmatrix} -1 \\ 2 \\ 3 \end{pmatrix}. \end{aligned}$$

che ha stavolta 6 equazioni e 5 incognite (le componenti di $\mathbf{P}$ e poi i due parametri t_1 e t_2).[28] Agendo come prima si ottiene il sistema

$$\begin{cases} 2 - t_1 = 1 - t_2 \\ 3 + t_1 = 2 + 2t_2 \\ 4 + 2t_1 = 3t_2. \end{cases}$$

Dalle prime due equazioni ricaviamo $t_1 = 3$ e $t_2 = 2$ che, sostituite nella terza, danno la falsa espressione $10 = 6$. Quindi le due rette sono sghembe.

Nel secondo caso si verifica facilmente che le due rette sono parallele perché i vettori direzione sono LD (lo si controlla come visto all'Esercizio 5.3.1. Per capire se sono coincidenti o no si può agire come nell'esercizio precedente. Non è però richiesto. ■

Esercizio 5.6.4 Scrivere un'equazione vettoriale delle rette

$$\begin{aligned} r_1 : \quad & 3x_1 + x_2 = 1, \\ r_2 : \quad & x_1 = 1. \end{aligned}$$

Scrivere poi un equazione cartesiana delle rette

$$\begin{aligned} r_1 : \quad & \mathbf{x} = \begin{pmatrix} 2 \\ 3 \end{pmatrix} + t \begin{pmatrix} -1 \\ 1 \end{pmatrix}, \\ r_2 : \quad & \mathbf{x} = \begin{pmatrix} 1 \\ 2 \end{pmatrix} + t \begin{pmatrix} -1 \\ 0 \end{pmatrix}. \end{aligned}$$

Soluzione.

(a) *Da cartesiana a vettoriale.* Per ottenere l'equazione vettoriale della retta si aggiunge un'equazione in cui si pone una delle variabili uguale al parametro t e poi si esplicita l'altra equazione in funzione di t. Ponendo $x_1 = t$ (ma qui potremmo anche porre $x_2 = t$) si ha

$$\begin{cases} 3x_1 + x_2 = 1 \\ x_1 = t \end{cases} \iff \begin{cases} x_1 = t \\ x_2 = 1 - 3x_1 = 1 - 3t \end{cases} \iff \begin{pmatrix} x_1 \\ x_2 \end{pmatrix} = \begin{pmatrix} 0 \\ 1 \end{pmatrix} + t \begin{pmatrix} 1 \\ -3 \end{pmatrix}$$

[27] Ricordiamoci che se due rette hanno due punti in comune allora coincidono, in altre parole, come diceva qualcuno, per due punti fissati e distinti passa una sola retta.

[28] Notate che, a differenza dell'esercizio precedente il sistema ora è sovradeterminato; questo è dovuto al fatto che, aumentando la dimensione, è più difficile che due rette prese a caso si intersechino ...

con $t \in \mathbb{R}$. Provate a vedere che succede ponendo $x_2 = t$: verrà fuori un'equazione vettoriale diversa. Ciò non deve stupire: come sapete, equazioni diverse possono rappresentare la stessa retta.

Analogamente possiamo svolgere il secondo caso; dobbiamo però avere l'accortezza di non porre $x_1 = t$. Infatti in questo caso la variabile x_1 è bloccata a 1 e non può essere posta uguale a t. Ciò succede per le rette parallele agli assi. In generale possiamo dire che il metodo di porre una delle variabili uguale al parametro t funziona ma non è detto che tutte le variabili vadano bene.

(b) *Da vettoriale a cartesiana.* Dalla forma vettoriale mettiamo in evidenza il parametro t in una delle due equazioni e lo sostituiamo nell'altra che diventa l'equazione implicita. Vediamo la prima retta:

$$\begin{cases} x_1 = 2 - t \\ x_2 = 3 + t. \end{cases}$$

Ricaviamo t dalla prima equazione ottenendo

$$\begin{cases} t = 2 - x_1 \\ x_2 = 3 + t. \end{cases}$$

Sostituiamo nella seconda che diventa

$$x_2 = 3 + 2 - x_1 \quad \Longleftrightarrow \quad x_1 + x_2 = 5$$

che è un'equazione cartesiana cercata. Vediamo ora la seconda retta

$$\begin{cases} x_1 = 1 - t \\ x_2 = 2 \end{cases}$$

Piccolo problema! Possiamo anche ricavare t dalla prima equazione ottenendo

$$t = 1 - x_1,$$

Ma poi non possiamo sostituire nella seconda equazione poiché essa non contiene t. E allora? Niente di preoccupante: la seconda equazione è già un'equazione cartesiana e quindi può essere presa "tout court" senza fare calcoli. Quindi il metodo descritto sopra va bene a meno che ci sia già un'equazione senza la t. In tal caso essa è "tout court" un'equazione cartesiana della retta in questione. ■

Esercizio 5.6.5 Dato il punto $\mathbf{P} = (1, 2)$ e la retta

$$r_1: \quad \begin{pmatrix} x_1 \\ x_2 \end{pmatrix} = \begin{pmatrix} 1 \\ 4 \end{pmatrix} + t \begin{pmatrix} 2 \\ 1 \end{pmatrix},$$

trovare l'equazione vettoriale della retta r_2 ortogonale a r_1 e passante per $\mathbf{P}$.

Soluzione. In esercizi di questo tipo si richiede di trovare l'equazione vettoriale di una retta con date caratteristiche. La prima cosa da chiedersi è: che cosa in effetti dobbiamo trovare? Dobbiamo trovare i coefficienti di tale equazione e più precisamente:

- un qualunque punto della retta (che nell'equazione $\mathbf{x} = \mathbf{x}^0 + t\mathbf{v}$ diventerà $\mathbf{x}^0$);
- un qualunque vettore direzione della retta cioè un qualunque vettore che stia sulla retta parallela a quella cercata.

Per fare questo occorre ovviamente utilizzare le informazioni fornite dal testo dell'esercizio.

In questo caso la prima cosa è semplice. Ci viene detto che la retta cercata passa per $\mathbf{P} = (1, 2)$. Questo sarà il punto $\mathbf{x}^0$ nell'equazione cercata. Dobbiamo ora trovare $\mathbf{v}$. Per farlo utilizziamo l'informazione data nell'esercizio: la retta cercata deve esere ortogonale ad una retta data. Si intuisce che questo deve riguardare il vettore direzione, ma come? Dobbiamo qui ricordare che, per la definizione ricordata all'inizio della sezione, due rette scritte in forma vettoriale sono tra loro ortogonali se e solo se i loro vettori direzione lo sono; in altre parole la retta r_2 che avrà equazione

$$r_2: \quad \begin{pmatrix} x_1 \\ x_2 \end{pmatrix} = \begin{pmatrix} 1 \\ 2 \end{pmatrix} + t \begin{pmatrix} v_1 \\ v_2 \end{pmatrix},$$

dovrà avere il vettore direzione $\mathbf{v} = (v_1, v_2)$ ortogonale al vettore direzione della retta r_1. Quindi

$$0 = \langle (v_1, v_2), (2, 1) \rangle = 2v_1 + v_2,$$

cioè $v_2 = -2v_1$. Come si vede abbiamo infiniti vettori ortogonali, uno multiplo dell'altro[29]. A noi basterà sceglierne uno, ad esempio ponendo $v_1 = 1$ e di conseguenza $v_2 = -2$. Perciò la retta risulta avere equazione vettoriale

$$r_2 : \quad \begin{pmatrix} x_1 \\ x_2 \end{pmatrix} = \begin{pmatrix} 1 \\ 2 \end{pmatrix} + t \begin{pmatrix} 1 \\ -2 \end{pmatrix}.$$

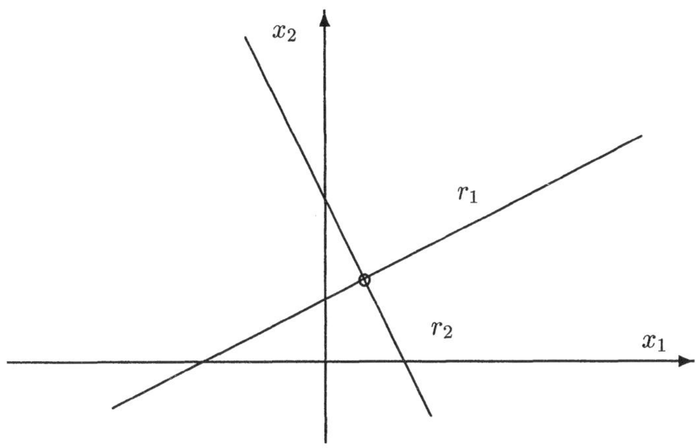

Figura 5.5: rette ortogonali

MC: Rimembranze delle scuole superiori affiorano alla mia mente *(licenza poetica)*. Mi ricordo che ci avevano insegnato a determinare l'equazione di una retta ortogonale ad una data e passante per un determinato punto.

FG: Certo, però le equazioni delle rette erano in forma implicita[30]. Ti ricordo che se avevamo una retta di equazione[31]

$$s_1 : \quad a_1x_1 + a_2x_2 + a_3 = 0$$

con $a_2 \neq 0$, ne calcolavamo il coefficiente angolare $m_1 = -\frac{a_1}{a_2}$, e sfruttavamo il fatto che il coefficiente angolare della retta ortogonale doveva essere l'antireciproco di m_1, cioè doveva essere

$$m_2 = -\frac{1}{m_1} = \frac{a_2}{a_1}.$$

Quindi la retta s_2 ortogonale a s_1 e passante per $\mathbf{P} = (\overline{x}_1, \overline{x}_2)$ aveva equazione

$$s_2 : \quad x_2 - \overline{x}_2 = m_2(x_1 - \overline{x}_1).$$

MC: Sono curioso di vedere se potevamo applicare tale formula.

FG: Certamente. Prima, però, dobbiamo scrivere la retta r_1 in forma implicita.

MC: Basta ricavare la t da una equazione del sistema

$$\begin{cases} x_1 &= 1 + 2t \\ x_2 &= 4 + t \end{cases}$$

[29] Questo dovrebbe essere ovvio dato che se $\mathbf{v}$ ha prodotto interno nullo con $(2, 1)$ (o un qualunque altro vettore) lo stesso vale per $2\mathbf{v}$, $3\mathbf{v}$, ecc..

[30] Questa frase, che viene usata spesso in giro per il mondo significa semplicemente che conosciamo l'equazione implicita o cartesiana.

[31] Qui l'equazione è in una forma leggermente diversa da quella data: alcuni simpaticoni in effetti la definiscono così e non ci sta nulla di sbagliato in ciò. Ve l'abbiamo propinata qui per farvela vedere almeno una volta in questo libro.

e sostituirla nell'altra. Ad esempio, dalla seconda equazione si ricava $t = x_2 - 4$ che, sostituita nella prima equazione produce

$$x_1 - 2x_2 + 7 = 0.$$

FG: Se i conti sono giusti, abbiamo che il coefficiente angolare di r_1 è $m_1 = \frac{1}{2}$ e quindi quello della retta ortogonale risulta $m_2 = -2$.

MC: Applicando la formuletta della scuola superiore otteniamo

$$x_2 - 2 = -2(x_1 - 1)$$

cioè

$$2x_1 + x_2 - 4 = 0.$$

FG: Sarà la stessa retta trovata nell'altro procedimento?

MC: È sufficiente riscrivere ... Beh, la risposta è meno banale del previsto. Ho tre possibilità:

1. prendere la prima soluzione trovata (r_2 scritta in forma vettoriale) e riscriverla in forma implicita confrontandola in modo opportuno (provate!) con quella appena trovata;
2. viceversa, prendere la soluzione appena trovata (r_2 scritta in forma implicita) e riscriverla in forma vettoriale confrontandola in modo opportuno (provate!) con quella trovata prima;
3. prendere due punti distinti (scelti a caso, possibilmente con qualche coordinata nulla così è più semplice fare i calcoli) che stanno sulla retta trovata prima e vedere se soddisfano anche l'equazione implicita appena trovata.

Quale conviene?

FG: Io direi la terza, ma lasciamolo scegliere al lettore. ∎

Esercizio 5.6.6 [Roma 30/05/2000, n.4] Si consideri la retta r_0 in $\mathbb{R}^3$ generata dal vettore $\mathbf{v} = (1, 2, 3)$. Determinare una equazione vettoriale della retta r_1 ad essa parallela e passante per il punto $\mathbf{x}^0 = (0, 1, 2)$. Dire se il vettore $\mathbf{y} = (1, 3, 6)$ sta su r_1.

Soluzione. Come nell'Esercizio 5.6.5 dobbiamo trovare un'equazione vettoriale (di equazioni vettoriali ce ne sono tante!) di r_1. Qui la cosa è piuttosto facile poiché $\mathbf{x}^0$ è dato (come nell'esercizio precedente) e $\mathbf{v}$ pure: infatti il fatto che r_1 sia parallela a r_0 implica che posso prendere come vettore direzione di r_1 lo stesso di r_0. Abbiamo quindi

$$r_1 : \quad \mathbf{x} = \mathbf{x}^0 + t\mathbf{v}$$

che si scrive estesamente

$$\begin{cases} x_1 = t \\ x_2 = 1 + 2t \\ x_3 = 2 + 3t. \end{cases}$$

Per vedere se $\mathbf{y} \in r_1$ agiamo come al solito: vediamo se il sistema $\mathbf{y} = \mathbf{x}^0 + t\mathbf{v}$ ha soluzione per almeno un $t \in \mathbb{R}$. Si ha

$$\begin{cases} 1 = t \\ 3 = 1 + 2t \\ 6 = 2 + 3t \end{cases}$$

che non ha soluzione. Quindi $\mathbf{y} \notin r_1$.

Esercizi per casa

Esercizio 5.6.7 Dire se i punti $\mathbf{B} = (2,1,0)$ e $\mathbf{C} = (3,1,1)$ appartengono alla retta

$$r: \quad \begin{pmatrix} x_1 \\ x_2 \\ x_3 \end{pmatrix} = \begin{pmatrix} 1 \\ 0 \\ 3 \end{pmatrix} + t \begin{pmatrix} 1 \\ \frac{1}{2} \\ -1 \end{pmatrix}.$$

Esercizio 5.6.8 Dire se le seguenti rette in $\mathbb{R}^2$ sono parallele, coincidenti o incidenti (se incidenti trovate il punto di incontro):

$$\begin{aligned} r_1: \quad \begin{pmatrix} x_1 \\ x_2 \end{pmatrix} &= \begin{pmatrix} 2 \\ 3 \end{pmatrix} + t \begin{pmatrix} 2 \\ -4 \end{pmatrix}, \\ r_2: \quad \begin{pmatrix} x_1 \\ x_2 \end{pmatrix} &= \begin{pmatrix} 1 \\ 2 \end{pmatrix} + t \begin{pmatrix} -1 \\ 2 \end{pmatrix}. \end{aligned}$$

Esercizio 5.6.9 Dire se le seguenti rette in $\mathbb{R}^3$ sono parallele, incidenti o sghembe (se incidenti trovate il punto di incontro):

$$\begin{aligned} r_1: \quad \begin{pmatrix} x_1 \\ x_2 \\ x_3 \end{pmatrix} &= \begin{pmatrix} 2 \\ 3 \\ 10 \end{pmatrix} + t \begin{pmatrix} 0 \\ 1 \\ 2 \end{pmatrix}, \\ r_2: \quad \begin{pmatrix} x_1 \\ x_2 \\ x_3 \end{pmatrix} &= \begin{pmatrix} 1 \\ 2 \\ 0 \end{pmatrix} + t \begin{pmatrix} 1 \\ -3 \\ 2 \end{pmatrix}. \end{aligned}$$

Fate poi la stessa cosa nel caso in cui il vettore direzione di r_1 sia $(-2,6,-4)$.

Esercizio 5.6.10 [Roma 22/09/2000 n.8] Si consideri la retta r_0 in $\mathbb{R}^3$ generata dal vettore $\mathbf{v} = (2,2,3)$. Determinare una equazione vettoriale della retta r_1 ad essa parallela e passante per il punto $\mathbf{x}_0 = (0,1,2)$. Dire se il vettore $\mathbf{y} = (1,4,6)$ appartiene a r_1.

5.6.2 Piani e iperpiani

Nello spazio $\mathbb{R}^3$ l'equazione

$$a_1x_1 + a_2x_2 + a_3x_3 = c$$

ha come insieme delle soluzioni un piano in $\mathbb{R}^3$. Per questo essa viene detta *equazione cartesiana* o *implicita del piano* considerato. Dato che i piani spesso si indicano con la lettera Π scriveremo spesso, analogamente a quanto fatto per le rette,

$$\Pi: \quad a_1x_1 + a_2x_2 + a_3x_3 = c.$$

Il vettore dei coefficienti

$$\mathbf{v} = (a_1, a_2, a_3)$$

risulta perpendicolare Π (e per questo si dice *vettore ortogonale al piano*). Come nel caso delle rette il coefficiente c, fissati gli altri, è proporzionale alla distanza del piano dall'origine degli assi. È possibile anche descrivere un piano Π attraverso una equazione parametrica (analogamente a quanto fatto per le rette) del tipo

$$\Pi: \quad \mathbf{x} = \mathbf{x}^0 + t_1\mathbf{v} + t_2\mathbf{w}$$

dove $\mathbf{v}$ e $\mathbf{w}$ si dicono di solito i vettori generatori di Π[32] e $\mathbf{x}^0$ è un punto qualunque del piano. Ovviamente $\mathbf{v}, \mathbf{w}$ e $\mathbf{x}^0$ appartengo a $\mathbb{R}^n$ e si possono ripetere (con le debite modifiche) tutte le considerazioni fatte per le equazioni vettoriali delle rette (vedasi Esercizio 5.7.2-2 per un esempio).

Infine ricordiamo che l'insieme delle soluzioni dell'equazione lineare

$$\Pi: \quad a_1x_1 + a_2x_2 + \cdots + a_nx_n = c$$

nello spazio $\mathbb{R}^n$ prende il nome di *iperpiano* (non preoccupatevi, non stiamo sconfinando nella fantamatematica) ed ha dimensione $n-1$.

[32] Essi in realtà generano un piano passante per l'origine e parallelo a quello considerato.

Esercizio 5.6.11 Trovare la posizione reciproca del piano

$$\Pi : \quad -x + 2z = 1$$

e della retta

$$r : \quad \begin{pmatrix} x \\ y \\ z \end{pmatrix} = \begin{pmatrix} 1 \\ 1 \\ 3 \end{pmatrix} + t \begin{pmatrix} 4 \\ 2 \\ 2 \end{pmatrix}.$$

Soluzione. Prima di tutto occorre vedere se il vettore direzione di r è un vettore che giace sul piano parallelo a Π e passante per l'origine: in tal caso avremo che r è parallela a Π o (addirittura) contenuta in esso (caso particolare di parallelismo). In caso negativo la retta ed il piano si incontrano in un solo punto e si dicono *incidenti.* Per effettuare il controllo basta vedere se il vettore $(4, 2, 2)$ direzione di r è ortogonale al vettore $(-1, 0, 2)$ ortogonale a Π. Ciò è vero poiché il loro prodotto scalare è nullo e quindi retta e piano sono paralleli. Poiché il punto iniziale $(1, 1, 3)$ di r non soddisfa l'equazione di Π, ne segue che r non è contenuta in Π. ∎

Esercizio 5.6.12 Dati due piani in $\mathbb{R}^3$ di equazione cartesiana

$$\Pi_1 : \quad x_1 + 2x_2 = 1$$
$$\Pi_2 : \quad x_2 - x_3 = 3$$

trovare l'equazione vettoriale della retta r intersezione dei due piani.

Soluzione. Innanzitutto Π_1 e Π_2 non sono paralleli poichè i loro vettori ortogonali $(1, 2, 0)$ e $(0, 1, -1)$ sono LI. La retta intersezione (che quindi esiste ed è unica) si trova mettendo a sistema le due equazioni:

$$\begin{cases} x_1 + 2x_2 = 1 \\ x_2 - x_3 = 3. \end{cases}$$

Scegliendo come parametro $x_2 = t$ otteniamo

$$\begin{cases} x_1 = 1 - 2t \\ x_2 = t \\ x_3 = t - 3 \end{cases}$$

cioè

$$\begin{pmatrix} x_1 \\ x_2 \\ x_3 \end{pmatrix} = \begin{pmatrix} 1 \\ 0 \\ -3 \end{pmatrix} + t \begin{pmatrix} -2 \\ 1 \\ 1 \end{pmatrix}.$$

Esercizio 5.6.13 [Roma 28/04/1999 n.6] Dire se il piano

$$\Pi : \quad 2x_1 + x_2 - x_3 = 1$$

e la retta

$$r : \quad \begin{pmatrix} x_1 \\ x_2 \\ x_3 \end{pmatrix} = \begin{pmatrix} 1 \\ 2 \\ 1 \end{pmatrix} + t \begin{pmatrix} 1 \\ 1 \\ 3 \end{pmatrix}$$

sono ortogonali o no. Dire qual è il punto in cui si intersecano (se esiste).

Soluzione. Per essere ortogonali il vettore direzione della retta $(1, 1, 3)$ ed il vettore ortogonale del piano $(2, 1, -1)$ dovrebbero essere LD: si vede facilmente che non lo sono e quindi i due insiemi non sono tra loro ortogonali. Passiamo al calcolo dell'eventuale punto di intersezione mettendo a sistema le due equazioni

$$\begin{cases} x_1 = 1 + t \\ x_2 = 2 + t \\ x_3 = 1 + 3t \\ 2x_1 + x_2 - x_3 = 1. \end{cases}$$

Sostituendo le prime tre equazioni nell'ultima, ricaviamo

$$2(1 + t) + (2 + t) - (1 + 3t) = 1$$

che diventa $3 = 1$ che è impossibile. Quindi retta e piano non hanno punto di intersezione. Allora la retta risulterà parallela al piano.

☺ **Faccina 5.6.10** Tutto il problema poteva essere risolto con una intuizione (fortunata). Se facciamo il prodotto scalare tra il vettore direzione della retta ed il vettore ortogonale al piano, otteniamo

$$\langle (1,1,3),(2,1,-1)\rangle = 2+1-3 = 0.$$

Quindi i due vettori sono ortogonali che significa che i due insiemi sono paralleli. Quindi, a meno che la retta non sia contenuta nel piano, non esisterà punto di intersezione. ∎

Esercizio 5.6.14 [Roma 22/02/1999 n.7 e 8] Dato il punto $\mathbf{P} = (1,2,3)$, dire se:

1. $\mathbf{P} \in r_1$ di equazione
$$\begin{pmatrix} x_1 \\ x_2 \\ x_3 \end{pmatrix} = \begin{pmatrix} 1 \\ 1 \\ 1 \end{pmatrix} + t \begin{pmatrix} 1 \\ 1 \\ 3 \end{pmatrix};$$
2. $\mathbf{P} \in r_2$ di equazione
$$\begin{pmatrix} x_1 \\ x_2 \\ x_3 \end{pmatrix} = \begin{pmatrix} \frac{3}{2} \\ 1 \\ 2 \end{pmatrix} + t \begin{pmatrix} 1 \\ -2 \\ -2 \end{pmatrix};$$
3. $\mathbf{P} \in \Pi$ di equazione
$$2x_1 + 3x_2 - x_3 = 5.$$
4. Trovare l'equazione vettoriale di una retta r_3 tale che
   (a) $\mathbf{P} \in r_3$,
   (b) r_3 sia ortogonale a r_1,
   (c) r_3 e r_1 siano incidenti,

Soluzione.

1. Dobbiamo verificare se esiste $t \in \mathbb{R}$ tale che
$$\begin{cases} 1 = 1 + t \\ 2 = 1 + t \\ 3 = 1 + 3t. \end{cases}$$
Poiché tale sistema è impossibile allora $\mathbf{P} \notin r_1$.
2. Dobbiamo verificare se esiste $t \in \mathbb{R}$ soluzione del sistema
$$\begin{cases} 1 = \frac{3}{2} + t \\ 2 = 1 - 2t \\ 3 = 2 - 2t. \end{cases}$$
Dalla prima equazione si ricava $t = -\frac{1}{2}$ che è anche soluzione delle altre due equazioni, allora $\mathbf{P} \in r_2$.
3. Basta sostituire le coordinate di $\mathbf{P}$ nell'equazione del piano e vedere se l'uguaglianza è verificata:
$$2 \cdot 1 + 3 \cdot 2 - 1 \cdot 3 = 5.$$
Essendo l'uguaglianza verificata allora $\mathbf{P} \in \Pi$.
4. Sentiamo cosa dicono *MC* e *FG* di questa ultima parte.

   FG: Come ti sembra questa ultima domanda?

   MC: Certamente è più complessa rispetto alle altre tre. Tuttavia basta ragionare un po' e siamo in grado di risolvere il problema.

   FG: Certamente il disegno può essere di aiuto.

MC: Sono sempre stato impedito nel disegno; lo lascio fare al lettore (provate). Ricostruendo la situazione mi sembra che la retta r_3 debba trovarsi sul piano perpendicolare alla retta r_1 e passante per **P**.

FG: Giusto, quindi:

- devo calcolare Π_1 ortogonale a r_1. Ovviamente ci sono infiniti piani ortogonali ad una retta; per la precisione sono tutti quelli aventi il vettore ortogonale uguale al vettore direzione della retta. Poiché il vettore ortogonale ad un piano coincide con il vettore le cui coordinate sono i coefficienti dell'equazione implicita del piano, abbiamo che il generico piano ha equazione
$$x_1 + x_2 + 3x_3 = k.$$
- Per determinare k è sufficiente imporre che il piano passi per il punto **P** e quindi
$$1 + 2 + 3 \cdot 3 = k,$$
cioè $k = 12$.

MC: Perfetto, oramai ci siamo. Il piano contenente la retta r_3 è
$$\Pi_1 : \quad x_1 + x_2 + 3x_3 = 12.$$
Non rimane che sfruttare la terza informazione: r_1 e r_3 devono essere incidenti. Ovviamente il punto **Q** di intersezione tra le due rette è lo stesso dell'intersezione tra r_1 e Π, quindi basta risolvere il sistema
$$\begin{cases} x_1 + x_2 + 3x_3 = 12 \\ x_1 = 1 + t \\ x_2 = 1 + t \\ x_3 = 1 + 3t. \end{cases}$$
Sostituendo le ultime tre equazioni nella prima, otteniamo
$$(1 + t) + (1 + t) + 3(1 + 3t) = 12$$
la cui soluzione è $t = \frac{7}{11}$. Sostituendo t nelle altre tre equazioni troviamo il punto di intersezione $\mathbf{Q} = \left(\frac{18}{11}, \frac{18}{11}, \frac{32}{11}\right)$.

FG: Ora l'esercizio è finito: la retta desiderata è quella passante per **P** e **Q**. Utilizzando la formula che permette di determinare l'equazione parametrica della retta passante per due punti, cioè
$$\mathbf{x} = \mathbf{P} + t(\mathbf{Q} - \mathbf{P}),$$
otteniamo
$$\begin{pmatrix} x_1 \\ x_2 \\ x_3 \end{pmatrix} = \begin{pmatrix} 1 \\ 2 \\ 3 \end{pmatrix} + t \begin{pmatrix} \frac{7}{11} \\ -\frac{4}{11} \\ -\frac{1}{11} \end{pmatrix}.$$

MC: Mentre te stavi svolgendo questi ultimi calcoli, mi è venuta in mente una maniera alternativa per risolvere l'esercizio. Una volta calcolato il piano Π_1, bastava calcolare il piano Π_2 contenente la retta r_1 e passante per **P**. Allora r_3 era determinata dall'intersezione dei due piani.

FG: Giustissimo. Lasciamo svolgere i calcoli allo studente e verificare che la soluzione è la stessa

⚠ **Pericolo 5.6.11** Lo studente (volenteroso) che affronta anche il secondo metodo, presti attenzione alla soluzione: la prima che *MC* e *FG* hanno trovato rappresenta la retta in forma parametrica, quella che lo studente ricaverà sarà in forma implicita. Quindi per verificare che le soluzioni sono coincidenti dovrà ... ■

Esercizi per casa

Esercizio 5.6.15 Trovare l'equazione del piano Π passante per il punto $\mathbf{A} = (1, 2, 1)$ e perpendicolare alla retta

$$r : \begin{pmatrix} x \\ y \\ z \end{pmatrix} = \begin{pmatrix} 1 \\ 1 \\ 1 \end{pmatrix} + t \begin{pmatrix} 2 \\ 1 \\ 1 \end{pmatrix}.$$

Esercizio 5.6.16 Trovare l'equazione del piano passante per i tre punti $\mathbf{A} = (1, 2, 1)$, $\mathbf{B} = (0, 0, 2)$, $\mathbf{C} = (1, 4, 2)$.

Esercizio 5.6.17 [Roma 28/04/1999 n.8] Trovare un'equazione vettoriale di una retta r contenuta in $\mathbb{R}^3$ passante per il punto $\mathbf{P} = (0, 1, 1)$ e ortogonale al piano

$$\Pi : \quad 2x_1 + x_2 - x_3 = 1.$$

Determinare successivamente un'equazione vettoriale di una retta parallela a tale piano.

5.7 Sistemi lineari

Per la definizione di sistema lineare rimandiamo a [PSS]. Qui ci limitiamo a ricordare le notazioni ed i principali risultati teorici che utilizzeremo per lo svolgimento degli esercizi. Dato il sistema lineare di m equazioni in n incognite

$$\begin{cases} a_{1,1}x_1 & + & a_{1,2}x_2 & + & \dots & + & a_{1,n}x_n & = & b_1 \\ a_{2,1}x_1 & + & a_{2,2}x_2 & + & \dots & + & a_{2,n}x_n & = & b_2 \\ \vdots & & \vdots & & \ddots & & \vdots & & \vdots \\ a_{m,1}x_1 & + & a_{m,2}x_2 & + & \dots & + & a_{m,n}x_n & = & b_m \end{cases} \tag{5.4}$$

il vettore

$$\mathbf{b} = \begin{pmatrix} b_1 \\ b_2 \\ \vdots \\ b_m \end{pmatrix}$$

viene detto *vettore dei termini noti*, la matrice

$$\mathbf{A} = \begin{pmatrix} a_{1,1} & a_{1,2} & \dots & a_{1,n} \\ a_{2,1} & a_{2,2} & \dots & a_{2,n} \\ \vdots & \vdots & \ddots & \vdots \\ a_{m,1} & a_{m,2} & \dots & a_{m,n} \end{pmatrix}$$

prende il nome di *matrice dei coefficienti* o *matrice incompleta*, ed infine la matrice composta sia dai coefficienti sia dai termini noti

$$(\mathbf{A}|\mathbf{b}) = \left(\begin{array}{cccc|c} a_{1,1} & a_{1,2} & \dots & a_{1,n} & b_1 \\ a_{2,1} & a_{2,2} & \dots & a_{2,n} & b_2 \\ \vdots & \vdots & \ddots & \vdots & \vdots \\ a_{m,1} & a_{m,2} & \dots & a_{m,n} & b_m \end{array}\right)$$

viene detta *matrice completa*. Utilizzando la notazione matriciale, il sistema (5.4) può essere riscritto

$$\mathbf{Ax} = \mathbf{b}.$$

Un sistema di equazioni lineari si dice *risolubile* se ammette soluzione. Il seguente risultato è fondamentale per lo studio della risolubilità di un sistema lineare.

Teorema 5.7.1 (di Rouchè–Capelli) *Il sistema (5.4) è risolubile se e solo se*

$$\operatorname{car}\mathbf{A} = \operatorname{car}(\mathbf{A}|\mathbf{b}).$$

In tal caso le soluzioni sono $\infty^{n-\operatorname{car}\mathbf{A}}$, *cioè le soluzioni dipendono da* $n - \operatorname{car}\mathbf{A}$ *parametri, cioè le soluzioni formano un sottospazio affine di* $\mathbb{R}^n$ *di dimensione* $n - \operatorname{car}\mathbf{A}$.

Il fatto che le soluzioni dipendano da $n-\operatorname{car}\mathbf{A}$ parametri significa che possiamo esplicitare esattamente $\operatorname{car}\mathbf{A}$ variabili in funzione delle altre $n - \operatorname{car}\mathbf{A}$. Queste ultime assumono il ruolo di parametri poiché ognuna di esse è libera di variare in $\mathbb{R}$ indipendentemente dalle altre. Per visualizzare la cosa può essere utile pensare al caso in cui $n - \operatorname{car}\mathbf{A} = 1$: in tal caso lo spazio delle soluzioni è una retta la cui equazione vettoriale contiene esattamente 1 parametro libero.

Per risolvere numericamente tale sistema si può procedere utilizzando vari metodi come quelli imparati a scuola (sostituzione, confronto, somma e sottrazione), oppure quelli "algoritmici". Noi risolveremo gli esercizi utilizzando questi ultimi metodi ed in particolare il metodo di Gauss–Jordan ed il metodo di Cramer.

- Il metodo di *Gauss–Jordan* per il calcolo delle soluzioni dei sistemi lineari è del tutto analogo a quello per la determinazione della caratteristica della matrice $(\mathbf{A}|\mathbf{b})$ con dei piccoli accorgimenti.

  1. Nel caso della caratteristica buttavamo via le colonne (crepi l'avarizia!) che risultavano essere *LD* alle precedenti: buttar via ora vorrebbe dire dire "eliminare delle incognite". È un peccato capitale! Si lasciano stare, trascurandole, perché in futuro, alla fine dell'algoritmo, diventeranno parametri
  2. Nel caso della caratteristica, portavamo a zero solamente gli elementi che stavano sotto al "pivot" (cioè all'elemento diverso da zero che azzerava gli altri elementi): questa volta dobbiamo lavorare un po' di più in quanto dobbiamo azzerare anche gli elementi che stanno sopra il pivot ed additrittura, con un colpo di mano (anzi, di divisione), poniamo lo stesso pivot uguale a 1 (cioè dividiamo tutta la riga per il coefficiente del pivot – che è diverso da zero!)

  Quindi i passi essenziali risultano.

  1. Si costruisce la matrice completa $(\mathbf{A}|\mathbf{b})$.
  2. Si applica il metodo di Gauss–Jordan per la caratteristica alla prima colonna. Se tutti gli elementi della colonna sono nulli allora x_1 diventerà parametro e si ripete il procedimento sulla seconda colonna; altrimenti, attraverso operazioni elementari di riga, la prima colonna di $(\mathbf{A}|\mathbf{b})$ diventerà
  $$\begin{pmatrix}1\\0\\\vdots\\0\end{pmatrix}.$$
  3. A questo punto si passa alla seconda colonna: ragionando come per il metodo di Gauss–Jordan per la caratteristica si presentano due casi.
     - La seconda colonna è *LD* alla prima: la variabile x_2 diventerà parametro e si passa alla terza colonna che si analizzerà come se fosse la seconda.
     - La seconda colonna è *LI* alla precedente e quindi, attraverso operazioni elementari di riga, diventerà
     $$\begin{pmatrix}0\\1\\\vdots\\0\end{pmatrix}.$$

     Quindi si passa alla terza colonna e così via fino alla fine.
  4. Si trasportano a destra le incognite che non hanno contribuito all'azzeramento degli elementi nella propria colonna cioè che hanno assunto lo status di parametri. Riscrivendo il sistema a partire dalla matrice così ottenuta ricaviamo immediatamente le soluzioni.

- Il metodo di Cramer si può utilizzare solo quando siamo in presenza di sistemi "quadrati" e "non singolari" cioè dove il numero delle equazioni è uguale al numero delle incognite e dove la matrice dei coeficienti ha determinante non nullo. Tale metodo si basa sul seguente risultato.

Teorema 5.7.2 (di Cramer) *Supponiamo che la matrice* $\mathbf{A}$ *sia quadrata di ordine* n *non singolare; allora il sistema ha una sola soluzione* $\overline{\mathbf{x}} = (\overline{x}_1, \ldots, \overline{x}_n)$ *con*

$$\overline{x}_i = \frac{\det \mathbf{A}_i}{\det \mathbf{A}}, \forall i = 1, \ldots, n$$

dove $\mathbf{A}_i$ *è la matrice quadrata di ordine* n *che si ottiene da* $\mathbf{A}$ *sostituendo la* i*-esima colonna con il vettore* $\mathbf{b}$*, cioè*

$$\mathbf{A}_i = \begin{pmatrix} a_{1,1} & \cdots & a_{1,i-1} & b_1 & a_{1,i+1} & \cdots & a_{1,n} \\ a_{2,1} & \cdots & a_{2,i-1} & b_2 & a_{2,i+1} & \cdots & a_{2,n} \\ \vdots & \ddots & \vdots & \vdots & \vdots & \ddots & \vdots \\ a_{n,1} & \cdots & a_{n,i-1} & b_m & a_{n,i+1} & \cdots & a_{n,n} \end{pmatrix}.$$

Dal punto di vista computazionale il metodo di Cramer risulta generalmente più lungo (soprattutto per sistemi con un gran numero di variabili ma questo non sarà il nostro caso), tuttavia risulta un utile strumento per risolvere altri problemi (ad esempio la determinazione della formula per ottenere la matrice inversa).

Faccina 5.7.3 Ritornando al teorema di Rouchè–Capelli, si possono dedurre alcuni espedienti per svolgere più velocemente i calcoli:

1. una volta determinata la sottomatrice invertibile il cui ordine individua la caratteristica di $\mathbf{A}$, si possono eliminare tutte le equazioni corrispondenti alle righe che non formano tale sottomatrice (in quanto saranno righe LD, si veda l'Esercizio 5.5.6);
2. tutte le incognite le cui corrispondenti colonne nella matrice $\mathbf{A}$ non formano la suddetta sottomatrice, assumono lo "status" di parametri. Quindi vengono "trasportati" dall'altra parte delle uguaglianze ed il sistema diventa un sistema con tante incognite e tante equazioni.

Se utilizziamo tali espedienti gli inconvenienti (colonne LD) descritti nel metodo di Gauss–Jordan non si presentano ed alla fine dell'algoritmo ci ritroviamo con la matrice identità.

5.7.1 Sistemi lineari non parametrici

Esercizi ben svolti

Iniziamo da un esercizio che ci suggerisce alcune utili interpretazioni grafiche e geometriche dei sistemi lineari.

Esercizio 5.7.1 Risolvere il sistema lineare

$$\begin{cases} 2x_1 + 3x_2 = 1 \\ 3x_1 + x_2 = -2 \end{cases}$$

e poi darne l'interpretazione come

1. *intersezione di due rette*;
2. *CL di vettori*.

Risolvere poi il sistema lineare omogeneo

$$\begin{cases} 2x_1 + 3x_2 = 0 \\ 4x_1 + 6x_2 = 0 \end{cases}$$

e poi interpretarlo come *ricerca dei vettori ortogonali a due vettori dati.*

Soluzione. La matrice incompleta del primo sistema è

$$\mathbf{A} = \begin{pmatrix} 2 & 3 \\ 3 & 1 \end{pmatrix}$$

il cui determinante risulta

$$\det \mathbf{A} = 2 - 9 = -7 \neq 0.$$

Quindi, per il Teorema di Cramer, il sistema ha una sola soluzione. Calcoliamoci la soluzione sia con il metodo di Cramer sia con il metodo di Gauss–Jordan.

- Con il metodo di Cramer si ha:

$$\begin{aligned} \det \mathbf{A}_1 &= \det \begin{pmatrix} 1 & 3 \\ -2 & 1 \end{pmatrix} = 1 + 6 = 7, \\ \det \mathbf{A}_2 &= \det \begin{pmatrix} 2 & 1 \\ 3 & -2 \end{pmatrix} = -4 - 3 = -7. \end{aligned}$$

  Quindi

$$\begin{aligned} x_1 &= \frac{\det \mathbf{A}_1}{\det \mathbf{A}} = \frac{7}{-7} = -1, \\ x_2 &= \frac{\det \mathbf{A}_2}{\det \mathbf{A}} = \frac{-7}{-7} = 1. \end{aligned}$$

  La soluzione risulta $(x_1, x_2) = (-1, 1)$.

- Risolviamo il sistema utilizzando il metodo di Gauss–Jordan. La matrice completa risulta essere

$$(\mathbf{A}|\mathbf{b}) = \left(\begin{array}{cc|c} 2 & 3 & 1 \\ 3 & 1 & -2 \end{array}\right).$$

  e chiamiamo $\mathbf{w}^1$ e $\mathbf{w}^2$ le due righe della matrice. In seguito porremo a sinistra la matrice trasformata attraverso le operazioni elementari di riga ed a destra le relative operazioni:

$$\left(\begin{array}{cc|c} 1 & \frac{3}{2} & \frac{1}{2} \\ 3 & 1 & -2 \end{array}\right) \qquad \begin{array}{l} \mathbf{w}^1 \to \frac{1}{2}\mathbf{w}^1 \\ \mathbf{w}^2 \to \mathbf{w}^2 \end{array}$$

$$\Downarrow$$

$$\left(\begin{array}{cc|c} 1 & \frac{3}{2} & \frac{1}{2} \\ 0 & -\frac{7}{2} & -\frac{7}{2} \end{array}\right) \qquad \begin{array}{l} \mathbf{w}^1 \to \mathbf{w}^1 \\ \mathbf{w}^2 \to \mathbf{w}^2 - 3\mathbf{w}^1 \end{array}$$

$$\Downarrow$$

$$\left(\begin{array}{cc|c} 1 & \frac{3}{2} & \frac{1}{2} \\ 0 & 1 & 1 \end{array}\right) \qquad \begin{array}{l} \mathbf{w}^1 \to \mathbf{w}^1 \\ \mathbf{w}^2 \to -\frac{2}{7}\mathbf{w}^2 \end{array}$$

$$\Downarrow$$

$$\left(\begin{array}{cc|c} 1 & 0 & -1 \\ 0 & 1 & 1 \end{array}\right) \qquad \begin{array}{l} \mathbf{w}^1 \to \mathbf{w}^1 - \frac{3}{2}\mathbf{w}^2 \\ \mathbf{w}^2 \to \mathbf{w}^2. \end{array}$$

  Riscrivendo il sistema associato alla nuova matrice completa

$$\begin{cases} x_1 = -1 \\ x_2 = 1 \end{cases}$$

  otteniamo immediatamente le soluzioni.

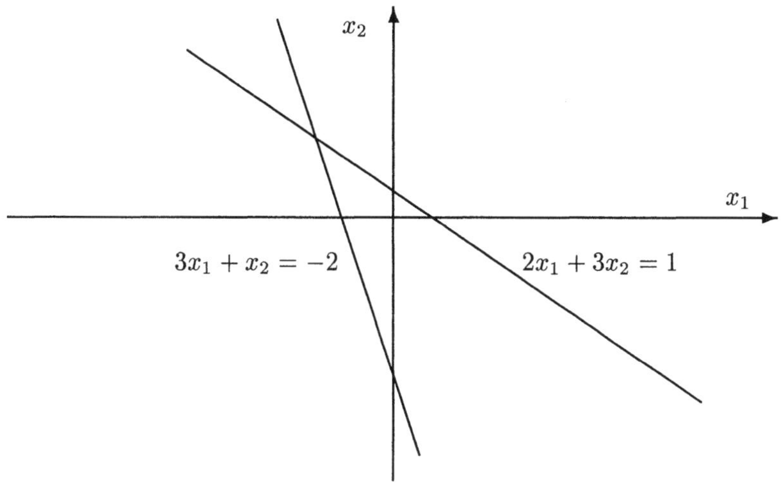

Figura 5.6: intersezione delle rette

Passiamo ad interpretare la soluzione trovata.

1. Le due equazioni rappresentano le equazioni implicite di due rette in $\mathbb{R}^2$ (si veda in merito la Sezione 5.6.1): risolvere il sistema equivale a determinare il punto di intersezione tra tali rette.

   Faccina 5.7.4 L'interpretazione qui considerata vale in generale: infatti in un sistema lineare a m equazioni e n incognite ogni equazione rappresenta un iperpiano in $\mathbb{R}^n$ (vedasi la Sezione 5.6.2). Quindi il sistema si interpreta come l'intersezione di m iperpiani in $\mathbb{R}^n$. Il numero di soluzioni dipende quindi dalla posizione reciproca di tali iperpiani. È interessante e istruttivo cercare di capire i vari casi che si possono presentare per sistemi in $\mathbb{R}^3$.

2. I due vettori colonna
$$\mathbf{v}^1 = \begin{pmatrix} 2 \\ 3 \end{pmatrix} \quad \text{e} \quad \mathbf{v}^2 = \begin{pmatrix} 3 \\ 1 \end{pmatrix}$$
   risultano *LI* e quindi formano una base di $\mathbb{R}^2$. In altre parole ogni altro vettore di $\mathbb{R}^2$ può essere scritto (in maniera unica) come *CL* di $\mathbf{v}^1$ e $\mathbf{v}^2$. Notiamo ora che il sistema si può scrivere come
$$x_1\mathbf{v}^1 + x_2\mathbf{v}^2 = \begin{pmatrix} 1 \\ -2 \end{pmatrix}$$
   La soluzione del sistema $\mathbf{x} = (x_1, x_2)$ fornisce quindi i coefficienti (unici) di tale *CL* per il vettore $(1, 5)$. Si dice anche che tali coefficienti sono le coordinate del vettore
$$\mathbf{b} = \begin{pmatrix} 1 \\ -2 \end{pmatrix}$$
   rispetto alla base $\{\mathbf{v}^1, \mathbf{v}^2\}$.

   Faccina 5.7.5 Anche l'interpretazione qui considerata vale in generale. Dato un sistema lineare a m equazioni e n incognite le n colonne dei coeficienti sono vettori di $\mathbb{R}^m$ che generano un sottospazio vettoriale X di $\mathbb{R}^m$. Il sistema ha soluzioni se e solo se il vettore dei termini noti $\mathbf{b} \in \mathbb{R}^m$ sta nel sottospazio X. Le soluzioni sono esattamente le *CL* degli n vettori colonna che eguagliano $\mathbf{b}$. Se la soluzione è unica significa che $\mathbf{b}$ può essere scritto in un unico modo come *CL* di tali vettori colonna. È interessante e istruttivo cercare di capire i vari casi che si possono presentare per sistemi in $\mathbb{R}^2$ e $\mathbb{R}^3$.

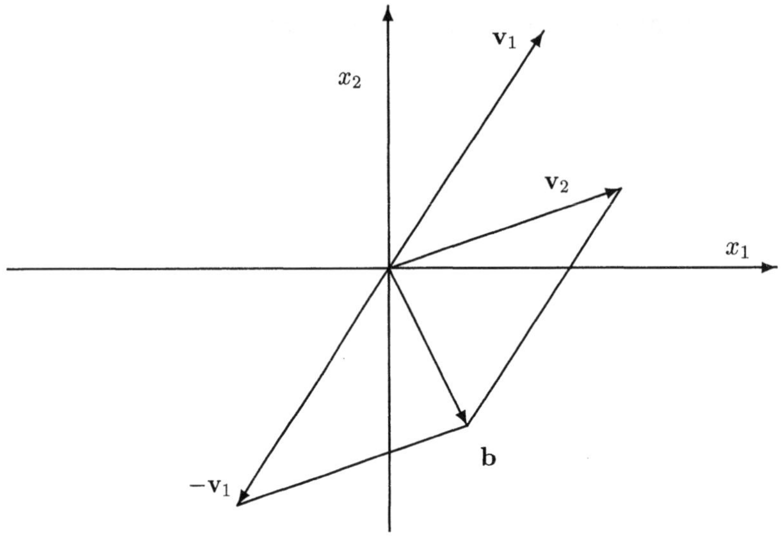

Figura 5.7: il vettore $\mathbf{b}$ come CL dei vettori $\mathbf{v}^1$ e $\mathbf{v}^2$

Osservazione 5.7.6 Poiché ogni vettore di $\mathbb{R}^2$ è generato dalla base $\{\mathbf{v}^1, \mathbf{v}^2\}$, ne segue che il sistema

$$\begin{cases} 2x_1 + 3x_2 = b_1 \\ 3x_1 + x_2 = b_2 \end{cases}$$

ha sempre una ed una sola soluzione qualunque siano b_1 e b_2 in $\mathbb{R}$.

Veniamo ora al secondo sistema

$$\begin{cases} 2x_1 + 3x_2 = 0 \\ 4x_1 + 6x_2 = 0. \end{cases}$$

Si vede subito, se l'occhio è un po' allenato, che la seconda equazione si ottiene dalla prima moltiplicando per 2. Questo ci avvisa che le soluzioni saranno infinite (esistono sempre in quanto il sistema è omogeneo). Comunque la matrice dei coefficienti è

$$\mathbf{A} = \begin{pmatrix} 2 & 3 \\ 4 & 6 \end{pmatrix}$$

che ha caratteristica 1 essendo il determinante nullo. Dato che il sistema è omogeneo le soluzioni esistono sempre (car $\mathbf{A}$ è sempre uguale alla caratteristica della matrice completa) e sono ∞^1 cioè una retta di cui occorre trovare l'equazione con il metodo di Gauss-Jordan:

$$\left(\begin{array}{cc|c} 1 & \frac{3}{2} & 0 \\ 4 & 6 & 0 \end{array}\right) \qquad \begin{array}{l} \mathbf{w}^1 \to \frac{1}{2}\mathbf{w}^1 \\ \mathbf{w}^2 \to \mathbf{w}^2 \end{array}$$

$$\Downarrow$$

$$\left(\begin{array}{cc|c} 1 & \frac{3}{2} & 0 \\ 0 & 0 & 0 \end{array}\right) \qquad \begin{array}{l} \mathbf{w}^1 \to \mathbf{w}^1 \\ \mathbf{w}^2 \to \mathbf{w}^2 - 4\mathbf{w}^1. \end{array}$$

Si elimina a questo punto la seconda equazione ed il sistema risulta equivalente a

$$x_1 + \frac{3}{2}x_2 = 0.$$

Questa è un'equazione cartesiana della retta che è proprio il nostro insieme di soluzioni. Nell'equazione rimasta possiamo esplicitare le variabili diagonalizzate (in questo caso x_1) rispetto alle altre (in questo caso x_2) che assumono il ruolo di parametri; si ha dunque

$$x_1 = -\frac{3}{2}x_2.$$

Ponendo poi $x_2 = t$ (cosa che si fa spesso per evidenziarne il ruolo di parametro) si ottiene l'equazione vettoriale della retta di soluzioni

$$\mathbf{x} = t\begin{pmatrix} -\frac{3}{2} \\ 1 \end{pmatrix}.$$

Notate allora che il passo 4 del metodo di Gauss–Jordan corrisponde, in questo caso, al determinare l'equazione vettoriale della retta partendo da quella cartesiana.

Interpretazione: i due vettori riga $\mathbf{v}^1 = (2,3)$ e $\mathbf{v}^2 = (4,6)$ sono vettori di $\mathbb{R}^2$ e le due equazioni del sistema corrispondono a richiedere che il vettore $\mathbf{x}$ sia ortogonale a entrambi.

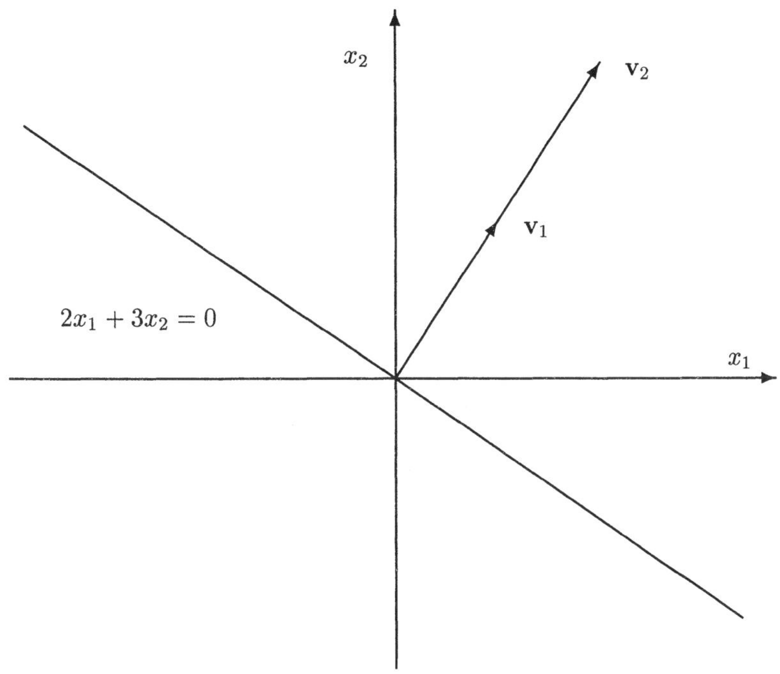

Figura 5.8: ortogonalità

Quindi l'insieme delle soluzioni del sistema è proprio l'insieme di tutti e soli i vettori $\mathbf{x}$ che sono ortogonali a entrambi i vettori riga.

Faccina 5.7.7 Anche quest'ultima interpretazione vale in generale. Dato un sistema lineare omogeneo a m equazioni e n le soluzioni del sistema sono tutti e soli i vettori ortogonali contemporaneamente a tutti gli n vettori riga della matrice incompleta. È sicuramente istruttivo cercare di capire i vari casi che si possono presentare per sistemi in $\mathbb{R}^2$ e $\mathbb{R}^3$ ed il legame che ci sta tra questa interpretazione geometrica e la prima che abbiamo fornito. ∎

Esercizio 5.7.2 Dire se i seguenti sistemi lineari $\mathbf{Ax} = \mathbf{b}$ hanno soluzione e, se sì, quante.

1. $\mathbf{A} = \begin{pmatrix} 1 & 0 \\ 2 & 1 \\ 1 & 2 \end{pmatrix}$ e $\mathbf{b} = \begin{pmatrix} 3 \\ 1 \\ 0 \end{pmatrix}$;

2. $\mathbf{A} = \begin{pmatrix} 3 & 2 & 1 & 1 \\ 1 & 0 & 1 & 3 \end{pmatrix}$ e $\mathbf{b} = \begin{pmatrix} 1 \\ 1 \end{pmatrix}$.

Soluzione. Per dire se esistono soluzioni occorre applicare il Teorema di Rouchè-Capelli. Si tratta allora di calcolare la caratteristica di $\mathbf{A}$ e quella di $(\mathbf{A}|\mathbf{b})$. Da quale conviene partire? Non c'è una regola precisa. Tuttavia,

- il calcolo per matrici quadrate è in genere più semplice, in particolare a dimensione bassa;

- nota la caratteristica di una delle due l'altra è in genere più semplice.

Queste due cose suggeriscono che, per lo meno negli esercizietti tipo questi, può essere più conveniente partire da quella delle due che è quadrata, se ce n'è una. Se nessuna delle due è quadrata forse conviene iniziare da **A** che è la più piccola, ma è meglio valutare caso per caso.

Faccina 5.7.8 Inoltre è spesso molto utile ricordare che valgono le seguenti relazioni fra le due caratteristiche cercate.

(a) $\operatorname{car}\mathbf{A} \le \operatorname{car}(\mathbf{A}|\mathbf{b}) \le \operatorname{car}\mathbf{A} + 1$;

(b) $\operatorname{car}\mathbf{A} \le \min\{m, n\}$;

(c) $\operatorname{car}(\mathbf{A}|\mathbf{b}) \le \min\{m, n+1\}$.

Ritorniamo al nostro esercizio.

1. In questo caso la matrice completa

$$(\mathbf{A}|\mathbf{b}) = \left(\begin{array}{cc|c} 1 & 0 & 3 \\ 2 & 1 & 1 \\ 1 & 2 & 0 \end{array}\right)$$

è quadrata e quindi calcoliamo $\operatorname{car}(\mathbf{A}|\mathbf{b})$ utilizzando il metodo dei determinanti in discesa. Poiché

$$\det(\mathbf{A}|\mathbf{b}) = 1\det\begin{pmatrix} 1 & 1 \\ 2 & 0 \end{pmatrix} + 3\det\begin{pmatrix} 2 & 1 \\ 1 & 2 \end{pmatrix} = -2 + 9 = 7 \neq 0$$

abbiamo $\operatorname{car}(\mathbf{A}|\mathbf{b}) = 3$. Ora $\operatorname{car}\mathbf{A} < 3$ poiché **A** ha solo due colonne. Ne segue da (a) e (b) che deve essere[33] $\operatorname{car}\mathbf{A} = 2$ e quindi non esiste soluzione.

Proviamo ora ad usare, come metodo alternativo, il metodo di Gauss–Jordan chiamando $\mathbf{w}^1$, $\mathbf{w}^2$ e $\mathbf{w}^3$ le righe di $(\mathbf{A}|\mathbf{b})$:

$$\left(\begin{array}{cc|c} 1 & 0 & 3 \\ 0 & 1 & -5 \\ 0 & 2 & -3 \end{array}\right) \qquad \begin{array}{l} \mathbf{w}^1 \to \mathbf{w}^1 \\ \mathbf{w}^2 \to \mathbf{w}^2 - 2\mathbf{w}^1 \\ \mathbf{w}^3 \to \mathbf{w}^3 - \mathbf{w}^1 \end{array}$$

$$\Downarrow$$

$$\left(\begin{array}{cc|c} 1 & 0 & 3 \\ 0 & 1 & -5 \\ 0 & 0 & 7 \end{array}\right) \qquad \begin{array}{l} \mathbf{w}^1 \to \mathbf{w}^1 \\ \mathbf{w}^2 \to \mathbf{w}^2 \\ \mathbf{w}^3 \to \mathbf{w}^3 - 2\mathbf{w}^2. \end{array}$$

Allora non esiste soluzione poiché $0 \neq 7$.

2. In questo caso si osserva che la sottomatrice di ordine 2 formata dalle prime due colonne ha determinante diverso da zero:

$$\det\begin{pmatrix} 3 & 2 \\ 1 & 0 \end{pmatrix} = -2.$$

Quindi grazie ad (a), (b) e (c) si ha[34] $\operatorname{car}\mathbf{A} = 2 = \operatorname{car}(\mathbf{A}|\mathbf{b})$ ed il sistema ha ∞^2 soluzioni (un piano). Per calcolarle utilizziamo il metodo di Gauss–Jordan.

$$\left(\begin{array}{cccc|c} 1 & \frac{2}{3} & \frac{1}{3} & \frac{1}{3} & \frac{1}{3} \\ 0 & -\frac{2}{3} & \frac{2}{3} & \frac{8}{3} & \frac{2}{3} \end{array}\right) \qquad \begin{array}{l} \mathbf{w}^1 \to \frac{1}{3}\mathbf{w}^1 \\ \mathbf{w}^2 \to \mathbf{w}^2 - \frac{1}{3}\mathbf{w}^1 \end{array}$$

$$\Downarrow$$

$$\left(\begin{array}{cccc|c} 1 & 0 & 1 & 3 & 1 \\ 0 & 1 & -1 & -4 & -1 \end{array}\right) \qquad \begin{array}{l} \mathbf{w}^1 \to \mathbf{w}^1 + \mathbf{w}^2 \\ \mathbf{w}^2 \to -\frac{3}{2}\mathbf{w}^2. \end{array}$$

[33] In quanto dalla (b) segue che $\operatorname{car}\mathbf{A} \le 2$ mentre dalla (a) segue che $\operatorname{car}\mathbf{A} \ge \operatorname{car}(\mathbf{A}|\mathbf{b}) - 1$.

[34] Da (b) segue che $\operatorname{car}\mathbf{A} \le 2$, da (c) che anche $\operatorname{car}(\mathbf{A}|\mathbf{b}) \le 2$, da (a) che $\operatorname{car}\mathbf{A} \le \operatorname{car}(\mathbf{A}|\mathbf{b})$ e queste tre cose insieme ci danno proprio che $\operatorname{car}\mathbf{A} = 2 = \operatorname{car}(\mathbf{A}|\mathbf{b})$.

Allora, nuovamente, si ottiene $\operatorname{car}\mathbf{A} = \operatorname{car}(\mathbf{A}|\mathbf{b}) = 2$ che implica l'esistenza di ∞^2 soluzioni (piano). Ricaviamo ora un'equazione vettoriale di tale piano: il sistema associato alla matrice completa $(\mathbf{A}|\mathbf{b})$ dopo la trasformazione di Gauss–Jordan è

$$\begin{cases} x_1 \quad + x_3 + 3x_4 = 1 \\ \quad x_2 - x_3 - 4x_4 = -1 \end{cases}$$

che si può interpretare come un'equazione cartesiana di un piano in $\mathbb{R}^4$ (perché?). Possiamo ora portare a secondo membro le varibili libere e farle diventare parametri. Ponendo $x_3 = t_1$ e $x_4 = t_2$ otteniamo un'equazione vettoriale del piano

$$\begin{cases} x_1 = 1 - t_1 - 3t_2 \\ x_2 = -1 + t_1 + 4t_2 \\ x_3 = t_1 \\ x_4 = t_2 \end{cases}$$

cioè

$$\begin{pmatrix} x_1 \\ x_2 \\ x_3 \\ x_4 \end{pmatrix} = \begin{pmatrix} 1 \\ -1 \\ 0 \\ 0 \end{pmatrix} + t_1 \begin{pmatrix} -1 \\ 1 \\ 1 \\ 0 \end{pmatrix} + t_2 \begin{pmatrix} -3 \\ 4 \\ 0 \\ 1 \end{pmatrix}$$

e questo chiude l'esercizio. ∎

Esercizio 5.7.3 [Roma 23/06/2000, n.7] Calcolare il rango della matrice

$$\mathbf{A} = \begin{pmatrix} 1 & 1 & 1 & 1 & 2 \\ 2 & 3 & 2 & 5 & 5 \\ 4 & 5 & 4 & 7 & 9 \end{pmatrix}$$

e dire, motivando adeguatamente la risposta, se il sistema lineare $\mathbf{Ax} = \mathbf{b}$ è risolvibile per ogni $\mathbf{b} \in \mathbb{R}^3$.

Soluzione. Basta osservare che le prime due righe sono LI (il minore in alto a sinistra è non nullo) e che la terza è la somma della seconda e del doppio della prima per concludere che $\operatorname{car}\mathbf{A} = 2$. Anche altri metodi, seppure più lunghi, sono pienamente accettati (vedasi Sezione 5.4).

Inoltre il sistema lineare $\mathbf{Ax} = \mathbf{b}$ è risolvibile se e solo se $2 = \operatorname{car}\mathbf{A} = \operatorname{car}(\mathbf{A}|\mathbf{b})$. Ciò è possibile se e solo se il vettore $\mathbf{b}$ si può scrivere come CL delle colonne di $\mathbf{A}$, cioè se e solo se $\mathbf{b}$ sta nello spazio generato dalle colonne di $\mathbf{A}$ (ricordate la Faccina 5.7.5. Tale spazio ha dimensione 2 e quindi non è vero che il sistema è risolvibile per ogni $\mathbf{b} \in \mathbb{R}^3$. ∎

Esercizio 5.7.4 [Roma 22/02/1999 n.4] Risolvere, usando il metodo di Gauss–Jordan, il sistema lineare

$$\begin{cases} \qquad 2x_2 = 3 \\ x_1 + 3x_2 = 1 \\ 2x_1 \qquad = -7. \end{cases}$$

Dire cosa succede se sostituiamo l'ultima equazione con

$$2x_1 = 3.$$

Soluzione. Qui siamo obbligati dall'estensore dell'esercizio ad usare il metodo di Gauss-Jordan. Il lettore volendo può cimentarsi con altri metodi. La matrice completa è

$$(\mathbf{A}|\mathbf{b}) = \left(\begin{array}{cc|c} 0 & 2 & 3 \\ 1 & 3 & 1 \\ 2 & 0 & -7 \end{array}\right).$$

Indicando con $\mathbf{w}^1$, $\mathbf{w}^2$ e $\mathbf{w}^3$ le tre righe di $(\mathbf{A}|\mathbf{b})$, applichiamo il metodo di Gauss–Jordan ottenendo

$$\left(\begin{array}{cc|c} 1 & 3 & 1 \\ 0 & 2 & 3 \\ 2 & 0 & -7 \end{array}\right) \qquad \text{Scambiando le prime due righe}$$

$$\Downarrow$$

$$\left(\begin{array}{cc|c} 1 & 3 & 1 \\ 0 & 2 & 3 \\ 0 & -6 & -9 \end{array}\right) \qquad \begin{array}{l} \mathbf{w}^1 \to \mathbf{w}^1 \\ \mathbf{w}^2 \to \mathbf{w}^2 \\ \mathbf{w}^3 \to \mathbf{w}^3 - 2\mathbf{w}^1 \end{array} .$$

$$\Downarrow$$

$$\left(\begin{array}{cc|c} 1 & 0 & -\frac{7}{2} \\ 0 & 1 & \frac{3}{2} \\ 0 & 0 & 0 \end{array}\right) \qquad \begin{array}{l} \mathbf{w}^1 \to \mathbf{w}^1 - \frac{3}{2}\mathbf{w}^2 \\ \mathbf{w}^2 \to \frac{1}{2}\mathbf{w}^2 \\ \mathbf{w}^3 \to \mathbf{w}^3 + 3\mathbf{w}^2 \end{array}$$

Allora esiste una sola soluzione $(x_1, x_2) = \left(-\frac{7}{2}, \frac{3}{2}\right)$. Se fosse stato $b_3 = 3$ invece di -7, nell'ultima tabella avremmo avuto $b_3 = 10$ invece di 0, e quindi in tal caso il sistema sarebbe risultato impossibile. ∎

Esecizi per casa

Esercizio 5.7.5 [Roma 15/07/1999 n.4] Risolvere il sistema lineare $\mathbf{A}\mathbf{x} = \mathbf{b}$ con

$$\mathbf{A} = \begin{pmatrix} 1 & 2 & 1 \\ 0 & 3 & 2 \\ 1 & 1 & 0 \end{pmatrix} \quad \text{e} \quad \mathbf{b} = \begin{pmatrix} 3 \\ 1 \\ 2 \end{pmatrix}.$$

Esercizio 5.7.6 [L'Aquila 21/01/2000 n.A6] Calcolare le soluzioni del sistema

$$\begin{cases} 2x + y = 4 \\ x - y = -1. \end{cases}$$

Esercizio 5.7.7 [Roma 28/04/1999 n.5] Risolvere, col metodo di Gauss–Jordan, il sistema lineare $\mathbf{A}\mathbf{x} = \mathbf{b}$ con

$$\mathbf{A} = \begin{pmatrix} 2 & 0 & 0 \\ 2 & 1 & 1 \\ 1 & 2 & 2 \end{pmatrix} \quad \text{e} \quad \mathbf{b} = \begin{pmatrix} 1 \\ 2 \\ \frac{5}{2} \end{pmatrix}.$$

Dire cosa succede se $\mathbf{b} = \begin{pmatrix} 1 \\ 2 \\ 3 \end{pmatrix}$.

Esercizio 5.7.8 [Roma 17/06/1999, n.3] Risolvere il sistema lineare $\mathbf{A}\mathbf{x} = \mathbf{b}$ con

$$\mathbf{A} = \begin{pmatrix} 2 & 2 & 0 \\ 3 & 2 & 2 \\ 1 & 3 & 4 \end{pmatrix} \quad \text{e} \quad \mathbf{b} = \begin{pmatrix} 1 \\ 2 \\ 1 \end{pmatrix}$$

usando il metodo di Gauss–Jordan.

Esercizio 5.7.9 [Roma 01/07/1999, n.5] Risolvere il sistema col metodo di Gauss–Jordan e trovarne l'equazione vettoriale dell'insieme delle soluzioni.

$$\begin{cases} x_1 + 2x_2 + 3x_3 = 4 \\ \quad\quad\; 2x_2 + x_3 = 1 \\ 3x_1 + 4x_2 + 8x_3 = 11. \end{cases}$$

Esercizio 5.7.10 [Roma 12/10/1999 n.4] Risolvere il sistema lineare $\mathbf{Ax} = \mathbf{b}$ con

$$\mathbf{A} = \begin{pmatrix} 0 & 1 & 2 \\ 2 & 1 & 3 \end{pmatrix} \quad \text{e} \quad \mathbf{b} = \begin{pmatrix} 1 \\ 1 \end{pmatrix}.$$

Scrivere l'equazione dell'insieme di soluzioni.

Esercizio 5.7.11 [Roma 20/12/1999 n.2] Risolvere il sistema lineare $\mathbf{Ax} = \mathbf{b}$ con il metodo di Gauss–Jordan

$$\mathbf{A} = \begin{pmatrix} 3 & 4 \\ 1 & 2 \end{pmatrix} \quad \text{e} \quad \mathbf{b} = \begin{pmatrix} 2 \\ 3 \end{pmatrix}.$$

Esercizio 5.7.12 [Roma 30/05/2000, n.5] Risolvere il sistema lineare $\mathbf{Ax} = \mathbf{b}$ dove

$$\mathbf{A} = \begin{pmatrix} 1 & 2 & 0 \\ 2 & 4 & 3 \end{pmatrix} \quad \text{e} \quad \mathbf{b} = \begin{pmatrix} 1 \\ 4 \end{pmatrix}.$$

Esercizio 5.7.13 [Roma 07/07/2000, n.8] Risolvere, se possibile, il sistema lineare $\mathbf{Ax} = \mathbf{b}$ dove

$$\mathbf{A} = \begin{pmatrix} 1 & 1 & 0 & 4 & 2 \\ 2 & 1 & 2 & 6 & 5 \\ 3 & 2 & 2 & 10 & 7 \end{pmatrix} \quad \text{e} \quad \mathbf{b} = \begin{pmatrix} 1 \\ 4 \\ 1 \end{pmatrix}.$$

Esercizio 5.7.14 [Roma 21/07/2000, n.8] Risolvere, se possibile, il sistema lineare $\mathbf{Ax} = \mathbf{b}$ dove

$$\mathbf{A} = \begin{pmatrix} 1 & 3 \\ 2 & 2 \\ 0 & 2 \end{pmatrix} \quad \text{e} \quad \mathbf{b} = \begin{pmatrix} 1 \\ 4 \\ 1 \end{pmatrix}.$$

Esercizio 5.7.15 [Roma 10/10/2000 n.7] Data la matrice

$$\mathbf{A} = \begin{pmatrix} 1 & 2 \\ 3 & 2 \\ 3 & 4 \end{pmatrix}$$

dite, motivando adeguatamente la risposta, per quali valori di $\mathbf{b} \in \mathbb{R}^3$ il sistema lineare $\mathbf{Ax} = \mathbf{b}$ è risolvibile. Risolvetelo in un caso in cui $\mathbf{b} \neq \mathbf{0}$.

5.7.2 Sistemi lineari parametrici

La presenza dei parametri (purtroppo presenti sempre nei modelli economici) rende gli esercizi sui sistemi lineari un po' più complessi. Le idee da usare sono le stesse ma occorre fare attenzione a dividere bene i casi.

Esercizi ben svolti

Esercizio 5.7.16 [L'Aquila 28/01/1999, n.1] Sia dato il sistema

$$\begin{cases} kx_1 + x_2 = 1 \\ x_1 + x_2 + (1-k)x_3 = k \\ x_2 + x_3 = 1. \end{cases}$$

Per quali valori del parametro $k \in \mathbb{R}$ il sistema ha una unica soluzione? Per quali valori ha invece infinite soluzioni? Quando è impossibile?

Soluzione. Per il Teorema di Cramer il sistema ha una sola soluzione se e solo se il determinante della matrice dei coefficienti (matrice incompleta) è diverso da zero. Tale matrice è

$$\mathbf{A} = \begin{pmatrix} k & 1 & 0 \\ 1 & 1 & 1-k \\ 0 & 1 & 1 \end{pmatrix};$$

ne calcoliamo il determinante utilizzando il metodo di Laplace sviluppandolo rispetto alla prima riga

$$\det \mathbf{A} = k \det \begin{pmatrix} 1 & 1-k \\ 1 & 1 \end{pmatrix} - \det \begin{pmatrix} 1 & 1-k \\ 0 & 1 \end{pmatrix} = k(1-1+k) - 1 = k^2 - 1.$$

Quindi $\det \mathbf{A} \neq 0$ se e solo se $k^2 - 1 \neq 0$ cioè $k \neq \pm 1$. Sebbene non fosse richiesto, determiniamo, sempre utilizzando il Teorema di Cramer, le soluzioni del sistema.

$$\begin{aligned}
\det \mathbf{A}_1 &= \det \begin{pmatrix} 1 & 1 & 0 \\ k & 1 & 1-k \\ 1 & 1 & 1 \end{pmatrix} \\
&= \det \begin{pmatrix} 1 & 1-k \\ 1 & 1 \end{pmatrix} - \det \begin{pmatrix} k & 1-k \\ 1 & 1 \end{pmatrix} \\
&= (1-1+k) - (k-1+k) = 1-k; \\
\det \mathbf{A}_2 &= \det \begin{pmatrix} k & 1 & 0 \\ 1 & k & 1-k \\ 0 & 1 & 1 \end{pmatrix} \\
&= k \det \begin{pmatrix} k & 1-k \\ 1 & 1 \end{pmatrix} - \det \begin{pmatrix} 1 & 1-k \\ 0 & 1 \end{pmatrix} \\
&= k(k-1+k) - 1 = 2k^2 - k - 1; \\
\det \mathbf{A}_3 &= \det \begin{pmatrix} k & 1 & 1 \\ 1 & 1 & k \\ 0 & 1 & 1 \end{pmatrix} = k \det \begin{pmatrix} 1 & k \\ 1 & 1 \end{pmatrix} - \det \begin{pmatrix} 1 & 1 \\ 1 & 1 \end{pmatrix} = k(1-k).
\end{aligned}$$

Quindi

$$\begin{aligned}
x_1 &= \frac{\det \mathbf{A}_1}{\det \mathbf{A}} = \frac{1-k}{k^2-1} = -\frac{1}{k+1}, \\
x_2 &= \frac{\det \mathbf{A}_2}{\det \mathbf{A}} = \frac{2k^2-k-1}{k^2-1} = \frac{2k+1}{k+1}, \\
x_3 &= \frac{\det \mathbf{A}_3}{\det \mathbf{A}} = \frac{k(1-k)}{k^2-1} = -\frac{k}{k+1}.
\end{aligned}$$

Passiamo ora alle altre due domande, analizzando i casi $k = 1$ e $k = -1$.

Caso $k = 1$**.** La matrice $\mathbf{A}$ diventa

$$\mathbf{A} = \begin{pmatrix} 1 & 1 & 0 \\ 1 & 1 & 0 \\ 0 & 1 & 1 \end{pmatrix}$$

e $\operatorname{car} \mathbf{A} = 2$. È infatti sufficiente prendere la sottomatrice formata dalle ultime due righe e dalle prime due colonne

$$\begin{pmatrix} 1 & 1 \\ 0 & 1 \end{pmatrix},$$

che ha determinante 1. La matrice completa $(\mathbf{A}|\mathbf{b})$ ottenuta aggiungendo alla matrice dei coefficienti $\mathbf{A}$ la colonna dei termini noti, diventa

$$(\mathbf{A}|\mathbf{b}) = \left(\begin{array}{ccc|c} 1 & 1 & 0 & 1 \\ 1 & 1 & 0 & 1 \\ 0 & 1 & 1 & 1 \end{array} \right).$$

Anche tale matrice ha $\operatorname{car}(\mathbf{A}|\mathbf{b}) = 2$ come si evince facilmente osservando che le prime due righe sono uguali e quindi, eliminando la prima riga, superflua,

$$\operatorname{car}(\mathbf{A}|\mathbf{b}) = \operatorname{car} \left(\begin{array}{ccc|c} 1 & 1 & 0 & 1 \\ 0 & 1 & 1 & 1 \end{array} \right) = 2$$

grazie allo stesso minore di prima. Se non avessimo notato che la prima riga è uguale alla seconda, potevamo applicare, meccanicamente, il metodo dell'orlatura considerando tutte le sottomatrici di ordine tre che contenevano la sottomatrice di ordine due invertibile precedentemente trovata. In altre parole dovevamo considerare i minori dati da

$$\begin{pmatrix} 1 & 1 & 0 \\ 1 & 1 & 0 \\ 0 & 1 & 1 \end{pmatrix} \quad \text{e} \quad \begin{pmatrix} 1 & 1 & 1 \\ 1 & 1 & 1 \\ 0 & 1 & 1 \end{pmatrix}.$$

Sappiamo già che il primo minore è zero; inoltre è facile calcolare il secondo minore ed anche in questo caso il risultato è nullo (ad esempio ci possiamo accorgere che la sottomatrice ha due righe e due colonne uguali!). Quindi, per il Teorema di Rouchè–Capelli, poiché

$$\operatorname{car} \mathbf{A} = \operatorname{car} (\mathbf{A}|\mathbf{b}) = 2$$

il sistema ha $\infty^{3-2} = \infty^1$ soluzioni che dipendono da un parametro. Anche in questo caso, sebbene non fosse richiesto, determiniamo le soluzioni del sistema. La prima equazione si può eliminare (in quanto vi è una sottomatrice di ordine due non singolare formata dalle ultime due righe), ottenendo il sistema

$$\begin{cases} x_1 + x_2 + = 1 \\ x_2 + x_3 = 1. \end{cases}$$

Poiché viè una sottomatrice di ordine 2 nonsingolare composta dalle prime due colonne, la variabile x_3 può giocare il ruolo di parametro; ponendo $x_3 = t$ e spostandola a destra si ha:

$$\begin{cases} x_1 + x_2 = 1 \\ x_2 = 1 - t. \end{cases}$$

A questo punto abbiamo un sistema di due equazioni in due incognite con il determinante della matrice dei coefficienti diverso da zero che possiamo risolvere o con Cramer o con un qualsiasi altro metodo. In questo caso le soluzioni si ricavano facilmente ottenendo la retta

$$\begin{pmatrix} x_1 \\ x_2 \\ x_3 \end{pmatrix} = \begin{pmatrix} 0 \\ 1 \\ 0 \end{pmatrix} + t \begin{pmatrix} 1 \\ -1 \\ 1 \end{pmatrix}.$$

Notate che in questo caso abbiamo in sostanza trasformato un'equazione cartesiana di una retta in un'equazione vettoriale (vedasi in proposito la soluzione dell'Esercizio 5.7.10.

Caso $k = -1$. La matrice $\mathbf{A}$ diventa

$$\mathbf{A} = \begin{pmatrix} -1 & 1 & 0 \\ 1 & 1 & 2 \\ 0 & 1 & 1 \end{pmatrix}$$

e $\operatorname{car} \mathbf{A} = 2$. È infatti sufficiente prendere nuovamente la sottomatrice non singolare formata dalle ultime due righe e dalle prime due colonne

$$\begin{pmatrix} 1 & 1 \\ 0 & 1 \end{pmatrix},$$

che ha determinante 1. La matrice completa $(\mathbf{A}|\mathbf{b})$ ottenuta aggiungendo alla matrice dei coefficienti $\mathbf{A}$ la colonna dei termini noti, diventa

$$(\mathbf{A}|\mathbf{b}) = \left(\begin{array}{ccc|c} -1 & 1 & 0 & 1 \\ 1 & 1 & 2 & -1 \\ 0 & 1 & 1 & 1 \end{array}\right).$$

Applichiamo il metodo dell'orlatura per calcolarne la caratteristica. Aggiungiamo alla sottomatrice precedentemente ottenuta la prima riga e l'ultima colonna (non certo la terza in quanto riotterremmo la matrice $\mathbf{A}$ che sappiamo aver determinante nullo); otteniamo quindi la sottomatrice

$$\begin{pmatrix} -1 & 1 & 1 \\ 1 & 1 & -1 \\ 0 & 1 & 1 \end{pmatrix},$$

il cui determinante è

$$\det\begin{pmatrix}-1 & 1 & 1\\ 1 & 1 & -1\\ 0 & 1 & 1\end{pmatrix} = -\det\begin{pmatrix}1 & -1\\ 1 & 1\end{pmatrix} - \det\begin{pmatrix}1 & 1\\ 1 & 1\end{pmatrix} = -2.$$

Essendo il determinante diverso da zero, si ha $\operatorname{car}(\mathbf{A}|\mathbf{b}) = 3$ e quindi

$$\operatorname{car}\mathbf{A} = 2 \neq 3 = \operatorname{car}(\mathbf{A}|\mathbf{b}).$$

Per il Teorema di Rouchè–Capelli il sistema risulta impossibile.

Ricapitolando:

- per $k \neq \pm 1$ esiste una ed una sola soluzione

$$(x_1, x_2, x_3) = \left(-\frac{1}{k+1}, \frac{2k+1}{k+1}, -\frac{k}{k+1}\right);$$

- per $k = 1$ il sistema ha ∞^1 soluzioni (retta)

$$\begin{pmatrix}x_1\\ x_2\\ x_3\end{pmatrix} = \begin{pmatrix}0\\ 1\\ 0\end{pmatrix} + t\begin{pmatrix}1\\ -1\\ 1\end{pmatrix};$$

- per $k = -1$ il sistema è impossibile. ■

Esercizio 5.7.17 [Roma 28/04/1999 n.4] Discutere il seguente sistema lineare parametrico $\mathbf{Ax} = \mathbf{b}$ al variare di $k \in \mathbb{R}$, dove

$$\mathbf{A} = \begin{pmatrix}k & 0\\ 0 & k\\ 1 & 2\end{pmatrix} \quad \text{e} \quad \mathbf{b} = \begin{pmatrix}1\\ 2\\ k\end{pmatrix}$$

Trovare anche l'insieme delle soluzioni.

Soluzione. Ricordiamo innanzitutto che "discutere un sistema lineare parametrico" significa dire per quali valori del parametro esistono soluzioni e, se ne esistono, quante sono. La matrice completa associata al sistema è

$$(\mathbf{A}|\mathbf{b}) = \left(\begin{array}{cc|c}k & 0 & 1\\ 0 & k & 2\\ 1 & 2 & k\end{array}\right).$$

A differenza di quanto effettuato nell'esercizio precedente, in cui era la matrice incompleta ad essere quadrata, questa volta conviene partire con il calcolo della caratteristica della matrice completa, sviluppandone il determinante:

$$\det(\mathbf{A}|\mathbf{b}) = k\det\begin{pmatrix}k & 2\\ 2 & k\end{pmatrix} + \det\begin{pmatrix}0 & 1\\ k & 2\end{pmatrix} = k(k^2-4) - k = k(k^2-5).$$

Quindi $\det(\mathbf{A}|\mathbf{b}) \neq 0$ (che significa $\operatorname{car}(\mathbf{A}|\mathbf{b}) = 3$) se e solo se $k \neq 0, \pm\sqrt{5}$: in tutti questi casi il sistema è impossibile (infatti $\operatorname{car}\mathbf{A} = 2$). Restano da analizzare gli altri tre casi.

Caso $k = 0$. La matrice completa diventa

$$(\mathbf{A}|\mathbf{b}) = \left(\begin{array}{cc|c}0 & 0 & 1\\ 0 & 0 & 2\\ 1 & 2 & 0\end{array}\right)$$

da cui si deduce

- $\operatorname{car}\mathbf{A} = 1$ in quanto la matrice $\mathbf{A}$ è composta da due righe nulle,

- car $(\mathbf{A}|\mathbf{b}) = 2$ in quanto la sottomatrice formata dalle ultime righe e colonne ha determinante diverso da zero.

Quindi anche in questo caso il sistema è impossibile.

Caso $k = \pm\sqrt{5}$. La matrice completa diventa

$$(\mathbf{A}|\mathbf{b}) = \left(\begin{array}{cc|c} \pm\sqrt{5} & 0 & 1 \\ 0 & \pm\sqrt{5} & 2 \\ 1 & 2 & \pm\sqrt{5} \end{array}\right)$$

e car $\mathbf{A}$ = car $(\mathbf{A}|\mathbf{b}) = 2$ determinata dalla sottomatrice formata dalle prime due righe e dalle prime due colonne:

$$\det\begin{pmatrix} \pm\sqrt{5} & 0 \\ 0 & \pm\sqrt{5} \end{pmatrix} = 5 \neq 0.$$

In questo caso esiste una sola soluzione data da

$$\begin{pmatrix} x_1 \\ x_2 \end{pmatrix} = \begin{pmatrix} \pm\frac{1}{\sqrt{5}} \\ \pm\frac{2}{\sqrt{5}} \end{pmatrix}.$$

Qui l'abbiamo determinata con il metodo di Gauss–Jordan. ∎

Esercizio 5.7.18 [L'Aquila 19/06/2000, n.B1] Studiare la risolubilità del sistema lineare

$$\begin{cases} kx_1 & + & 2x_2 & + & (k-1)x_3 & = & k \\ (h+1)x_1 & + & kx_2 & + & x_3 & = & -h \end{cases}$$

al variare dei parametri h e k.

Soluzione. Come nell'esercizio precedente ricordiamo innanzitutto che "studiare la risolubilità di un sistema lineare parametrico" significa dire per quali valori del parametro esistono soluzioni e, se ne esistono, quante sono.

In questo caso né la matrice incompleta né quella completa risultano quadrate; quindi per il calcolo della caratteristica conviene, a priori, partire da quella incompleta (che è di dimensioni più piccole). La matrice incompleta è

$$\mathbf{A} = \begin{pmatrix} k & 2 & k-1 \\ h+1 & k & 1 \end{pmatrix}$$

di cui andiamo a calcolare la caratteristica utilizzando il metodo dell'orlatura. Il minore di ordine 1 individuato dalla seconda riga e terza colonna ($\mathbf{A}_1 = (1)$) è non nullo. Quindi car $\mathbf{A} = 1$ se e solo se tutte le sottomatrici che orlano $\mathbf{A}_1$

$$\mathbf{A}^1_{1,1} = \begin{pmatrix} k & k-1 \\ h+1 & 1 \end{pmatrix} \quad \text{e} \quad \mathbf{A}^1_{1,2} = \begin{pmatrix} 2 & k-1 \\ k & 1 \end{pmatrix}$$

hanno determinante nullo. Calcoliamoci i minori

$$\begin{aligned} M^1_{1,1} &= \det\begin{pmatrix} k & k-1 \\ h+1 & 1 \end{pmatrix} = -hk + h + 1, \\ M^1_{1,2} &= \det\begin{pmatrix} 2 & k-1 \\ k & 1 \end{pmatrix} = -k^2 + k + 2; \end{aligned}$$

quindi car $\mathbf{A} = 1$ se e solo se

$$\begin{cases} -hk + h + 1 = 0 \\ -k^2 + k + 2 = 0. \end{cases}$$

Dalla seconda equazione si ricavano $k = -1$ e $k = 2$.

- Se $k = -1$ la prima equazione diventa
$$h + h + 1 = 0$$
che ha come soluzione $h = -\frac{1}{2}$.

- Se $k = 2$ la prima equazione diventa
$$-2h + h + 1 = 0$$
la cui soluzione è $h = 1$.

Quindi si presentano tre casi distinti.

Caso $(k, h) \neq \left(-1, -\frac{1}{2}\right)$ **e** $(k, h) \neq (2, 1)$. In tal caso $\operatorname{car} \mathbf{A} = 2$ e, per il Teorema di Rouchè–Capelli (poiché anche $\operatorname{car}(\mathbf{A}|\mathbf{b}) = 2$) il sistema ha esattamente ∞^1 soluzioni (retta).

Caso $(k, h) = \left(-1, -\frac{1}{2}\right)$. In questo caso $\operatorname{car} \mathbf{A} = 1$ e ci rimane da calcolare $\operatorname{car}(\mathbf{A}|\mathbf{b})$. La matrice completa diventa
$$(\mathbf{A}|\mathbf{b}) = \left(\begin{array}{ccc|c} -1 & 2 & -2 & -1 \\ \frac{1}{2} & -1 & 1 & \frac{1}{2} \end{array}\right)$$
poiché la prima riga è doppia della seconda con il segno cambiato, ricaviamo che
$$\operatorname{car}(\mathbf{A}|\mathbf{b}) = 1$$
ed il sistema ha ∞^2 soluzioni (piano).

Caso $(k, h) \neq (2, 1)$. La matrice completa diventa
$$(\mathbf{A}|\mathbf{b}) = \left(\begin{array}{ccc|c} 2 & 2 & 1 & 2 \\ 2 & 2 & 1 & -1 \end{array}\right)$$
con $\operatorname{car}(\mathbf{A}|\mathbf{b}) = 2$ (basta vedere il minore determinato dalla sottomatrice formata dalle ultime due colonne). Quindi
$$\operatorname{car}(\mathbf{A}|\mathbf{b}) = 2 > 1 = \operatorname{car} \mathbf{A}$$
ed il sistema è impossibile. ∎

Esercizi per casa

Esercizio 5.7.19 [L'Aquila 25/06/1999 n.B1] Studiare il sistema
$$\begin{cases} (k-1)x_1 + x_2 - x_3 = 1 \\ 3x_1 + kx_2 + 3x_3 = k \\ (k-3)x_1 + (k-3)x_3 = k \end{cases}$$
al variare del parametro $k \in \mathbb{R}$.

Esercizio 5.7.20 [Roma 22/02/1999 n.5 e 6] Discutere il sistema lineare parametrico $\mathbf{A}\mathbf{x} = \mathbf{b}$, al variare di $k \in \mathbb{R}$, dove
$$\mathbf{A} = \begin{pmatrix} -k & k+2 & 0 \\ 2 & k & k+1 \\ k & 0 & k+2 \end{pmatrix} \quad \text{e} \quad \mathbf{b} = \begin{pmatrix} 2 \\ 0 \\ k \end{pmatrix}.$$
Fissato $k = -2$ trovare l'equazione vettoriale dell'insieme delle soluzioni. Dire che relazione geometrica c'è tra i vettori riga di $\mathbf{A}$ e l'insieme delle soluzioni.

Esercizio 5.7.21 [Roma 01/07/1999, n.4] Dati
$$\mathbf{A} = \begin{pmatrix} 1 & 2 \\ 1 & k \\ 0 & 1 \end{pmatrix} \quad \text{e} \quad \mathbf{b} = \begin{pmatrix} k \\ 2 \\ k \end{pmatrix}$$
discutere il sistema $\mathbf{A}\mathbf{x} = \mathbf{b}$ e trovarne le soluzioni, quando esistono.

Esercizio 5.7.22 [Roma 15/07/1999 n.5] Discutere, al variare di $k \in \mathbb{R}$, il sistema lineare $\mathbf{Ax} = \mathbf{b}$ dove

$$\mathbf{A} = \begin{pmatrix} k & 6-k \\ 1 & 1 \\ k & 3 \end{pmatrix} \quad \text{e} \quad \mathbf{b} = \begin{pmatrix} k \\ 1 \\ k \end{pmatrix}.$$

Trovare, per $k = 3$, l'equazione vettoriale dell'insieme delle soluzioni.

Esercizio 5.7.23 [Roma 21/09/1999 n.4-5] Discutere al variare di $k \in \mathbb{R}$, il sistema lineare $\mathbf{Ax} = \mathbf{b}$ dove

$$\mathbf{A} = \begin{pmatrix} 0 & k \\ 1 & 2 \\ k & 0 \end{pmatrix} \quad \text{e} \quad \mathbf{b} = \begin{pmatrix} 2 \\ k \\ 1 \end{pmatrix}.$$

Esercizio 5.7.24 [Roma 20/12/1999 n.3] Trovare per quali valori di $k \in \mathbb{R}$ la matrice

$$\mathbf{A} = \begin{pmatrix} k & 1 & 0 \\ 1 & 1 & 1 \\ k & 0 & 1 \end{pmatrix}$$

ha caratteristica minore di 3. Trovare poi le soluzioni (nel caso siano infinite trovare l'equazione dell'insieme delle soluzioni) del sistema lineare omogeneo $\mathbf{Ax} = \mathbf{0}$.

Esercizio 5.7.25 [Roma 15/02/2000 n.1-2]

1. Trovare la caratteristica della matrice

$$\mathbf{A} = \begin{pmatrix} 2 & 1 & k \\ k-1 & 0 & 0 \\ 2 & k & 1 \end{pmatrix}$$

al variare di $k \in \mathbb{R}$.

2. Risolvere il sistema lineare $\mathbf{Ax} = \mathbf{0}$ per ogni $k \in \mathbb{R}$ (se la soluzione non è unica trovate l'equazione per l'insieme delle soluzioni).

Esercizio 5.7.26 [L'Aquila 14/09/1999, n.B3] Determinare, al variare del parametro k, il numero di soluzioni del seguente sistema

$$\begin{cases} (k+5)x_1 + x_2 + 4x_3 = k \\ kx_1 + kx_2 = 1 \\ kx_1 - (k-1)x_2 + (k-1)x_3 = k-1. \end{cases}$$

Esercizio 5.7.27 [L'Aquila 21/12/1999, n.B1] Studiare la risolubilità del sistema lineare

$$\begin{cases} kx_1 + x_2 + kx_3 = 0 \\ kx_2 + kx_3 = 2k \\ -kx_1 - x_2 = -1 \end{cases}$$

al variare del parametro k.

Esercizio 5.7.28 [L'Aquila 04/02/2000, n.B1] Studiare la risolubilità del sistema lineare

$$\begin{cases} kx_1 + x_2 - x_3 = -1 \\ kx_1 + (k-1)x_2 + kx_3 = 1 \\ (k+1)x_1 + x_2 = k-2 \end{cases}$$

al variare del parametro k.

Esercizio 5.7.29 [L'Aquila 01/06/2000, n.B1] Studiare la risolubilità del sistema lineare

$$\begin{cases} kx_1 - 3x_2 = 0 \\ x_1 + (1-k)x_2 = 1 \\ x_2 = k \end{cases}$$

al variare del parametro k.

Esercizio 5.7.30 [L'Aquila 13/09/2000 n.B3] Studiare la risolubilità del sistema

$$\begin{cases} kx_1 & + & kx_2 & = & 0 \\ kx_1 & + & x_2 & = & h \\ -x_1 & + & hx_2 & = & k \end{cases}$$

al variare dei parametri h e k.

Esercizio 5.7.31 [Roma 22/09/2000 n.7] Data la matrice

$$\mathbf{A} = \begin{pmatrix} 1 & 1 & 1 \\ 2 & 3 & 2 \\ 4 & 5 & k \end{pmatrix}$$

dite, motivando adeguatamente la risposta, per quali valori di $k \in \mathbb{R}$ il sistema lineare $\mathbf{Ax} = \mathbf{b}$ è risolvibile per ogni $\mathbf{b} \in \mathbb{R}^3$.

5.8 Esercizi applicati

Esercizi ben svolti

Esercizio 5.8.1 Una ditta in regime di monopolio produce $n = 4$ beni distinti con un unico processo produttivo. Nel regime di produzione attuale il vettore delle quantità prodotte annualmente risulta essere (in opportune unità di misura che non specifichiamo)

$$\mathbf{v} = (1, 3, 2, 5).$$

La ditta può decidere di modificare il livello di attività attuale solo nel seguente modo: può decidere di moltiplicare il vettore delle quantità prodotte per un numero positivo t[35]. Se la domanda del mercato dei 4 beni in questione risulta essere $\mathbf{P} = (10, 6, 4, 85)$ potrà la ditta modificare il suo livello di attività in modo da soddisfare perfettamente la domanda senza sovraproduzione? Se ciò non accade quale è il valore di t migliore che consente di avere la minima distanza dalla domanda?

Soluzione. In sostanza la ditta può modificare la produzione in modo che il vettore delle quantità prodotte $\mathbf{x}$ valga

$$\mathbf{x} = t\mathbf{v}, \qquad (t > 0)$$

che è l'equazione di una semiretta in $\mathbb{R}^4$. Dobbiamo innanzitutto vedere se $\mathbf{P}$ appartiene a tale semiretta e cioè, se esiste $t > 0$ tale che

$$\begin{pmatrix} 10 \\ 6 \\ 4 \\ 5 \end{pmatrix} = t \begin{pmatrix} 1 \\ 3 \\ 2 \\ 5 \end{pmatrix}.$$

Tale sistema è impossibile (lo lasciamo verificare al lettore). A questo punto cerchiamo di trovare per quale valore di t la distanza tra il vettore delle quantità prodotte $\mathbf{x}$ e $\mathbf{P}$ è minima. La distanza vale

$$d(\mathbf{x}, \mathbf{P}) = \|\mathbf{x} - \mathbf{P}\| = \sqrt{(t-10)^2 + (3t-6)^2 + (2t-4)^2 + (5t-5)^2}.$$

Poichè ne vogliamo determinare il minimo globale, ci conviene calcolarlo di d^2 invece che di d. Infatti il punto di minimo deve essere lo stesso (provate a dimostrarlo) e d^2 è più semplice da maneggiare. Si ha dunque

$$d^2(\mathbf{x}, \mathbf{P}) = t^2 - 20t + 100 + 9t^2 - 36t + 36 + 4t^2 - 16t + 16 + 25t^2 - 50t + 25 = 39t^2 - 122t + 177.$$

Il punto di minimo si calcola facilmente ed è $t_0 = \frac{61}{39}$ e quindi il punto di minima distanza da $\mathbf{P}$ è

$$\mathbf{x}_0 = t_0\mathbf{v} = \frac{61}{39}(1, 3, 2, 5) = \left(\frac{61}{39}, \frac{61}{13}, \frac{122}{39}, \frac{305}{39}\right)$$

e siamo a posto. ∎

[35] Si tratta di un'ipotesi non del tutto peregrina che corrisponde all'idea di "constant return to scale".

Esercizio 5.8.2 [Roma 30/05/2000, n.2-3] Dite se l'operazione finanziaria caratterizzata dai flussi di cassa (agli anni 0,1,2) $\mathbf{x} = (-100, 15, 100)$ è replicabile con le operazioni

$$\mathbf{y} = (-100, 110, 0) \qquad \text{e} \qquad \mathbf{z} = (-100, 0, 121).$$

Dato il vettore dei tassi di sconto (alle date 0,1,2)

$$\phi(r) = \left(1, (1+r)^{-1}, (1+r)^{-2}\right)$$

dire se esiste un $r_0 > 0$ tale che $\phi(r_0)$ sia ortogonale a $\mathbf{y}$ e $\mathbf{z}$. Dire poi qual è l'insieme dei vettori ortogonali a $\phi(r_0)$.

Facoltativo: dare una interpretazione finanziaria dell'ortogonalità fra i vettori delle operazioni finanziarie e il vettore dei tassi di sconto.

Soluzione. Osserviamo prima di tutto che $\mathbf{x}$ è replicabile tramite $\mathbf{y}$ e $\mathbf{z}$ se possiamo scriverla come CL di esse, cioè se esistono $\alpha, \beta \in \mathbb{R}$ tali che

$$\mathbf{x} = \alpha\mathbf{y} + \beta\mathbf{z}.$$

Poiché $\mathbf{y}$ e $\mathbf{z}$ sono LI (basta controllarne le componenti nulle) l'equazione precedente è vera se e solo se la matrice che ha come vettori colonna $\mathbf{x}$, $\mathbf{y}$ e $\mathbf{z}$, ha rango inferiore a 3 e cioè determinante nullo. Quindi calcoliamo, sviluppando rispetto alla seconda colonna

$$\begin{aligned} \det\begin{pmatrix} -100 & -100 & -100 \\ 15 & 110 & 0 \\ 100 & 0 & 121 \end{pmatrix} &= 100\det\begin{pmatrix} 15 & 0 \\ 100 & 121 \end{pmatrix} + 110\det\begin{pmatrix} -100 & -100 \\ 100 & 121 \end{pmatrix} \\ &= 100(121 \cdot 15) + 110(-12.100 + 10.000) \neq 0. \end{aligned}$$

Ne segue che $\mathbf{x}$ non è replicabile tramite $\mathbf{y}$ e $\mathbf{z}$.

Per il secondo punto, si tratta di vedere se esiste $r_0 > 0$ tale che

$$\begin{cases} \langle \mathbf{y}, \phi(r_0) \rangle &= 0 \\ \langle \mathbf{z}, \phi(r_0) \rangle &= 0 \end{cases}$$

cioè

$$\begin{cases} -100 + 110(1 + r_0)^{-1} &= 0 \\ -100 + 121(1 + r_0)^{-2} &= 0 \end{cases}$$

Risolvendo si trova che $r_0 = 10\%$ è la soluzione cercata. Inoltre, dato che $\mathbf{y}$ e $\mathbf{z}$ sono LI l'insieme dei vettori ortogonali a $\phi(r_0)$ è il sottospazio vettoriale generato da $\mathbf{y}$ e $\mathbf{z}$. Questo perché tale insieme deve essere un piano (dimensione 2) grazie al Teorema di Rouchè–Capelli. ∎

Esercizio 5.8.3 [Roma 30/05/2000, n.6] Un'azienda utilizza k materie prime per produrre n merci. Sia $a_{i,j}$ la quantità di materia prima i–esima di cui c'è bisogno per produrre 1 unità di merce j–esima (quindi $i = 1, \ldots, k$ e $j = 1, \ldots, n$). Se la fabbrica vuole produrre quantità $\mathbf{q} = (q_1, ..., q_n)$ di merci, qual è il vettore $\mathbf{f} = (f_1, ..., f_k)$ dei fabbisogni delle materie prime? Inoltre se $k = n = 2$ e abbiamo a disposizione i quantitativi di materie prime $\mathbf{f} = (1, 2)$, come possiamo determinare $\mathbf{q}$? Dare la risposta nel caso in cui

$$\mathbf{A} = \begin{pmatrix} 1 & 3 \\ 4 & 6 \end{pmatrix}.$$

Facoltativo: dire come ci si deve comportare nel caso generale.

Soluzione. Ragionando sul significato economico del problema (vedasi in proposito [PSS] pagina 451 della prima edizione) si trova che

$$\mathbf{f} = \mathbf{A}\mathbf{q}; \tag{5.5}$$

infatti, ad esempio il fabbisogno f_1 della prima materia prima è

$$f_1 = a_{1,1}q_1 + a_{1,2}q_2 + \cdots + a_{1,n}q_n$$

e così via per le altre. Inoltre se conosciamo $\mathbf{f}$ e vogliamo ricavare $\mathbf{q}$ dobbiamo usare l'equazione (5.5). Infatti

$$\mathbf{f} = \mathbf{A}\mathbf{q} \qquad \Longrightarrow \qquad \mathbf{q} = \mathbf{A}^{-1}\mathbf{f}.$$

⚠ **Pericolo 5.8.1** Attenzione però: perché il risultato abbia senso economicamente occorre che $\mathbf{A}^{-1}\mathbf{f}$ abbia tutte le componenti non negative. Se avesse anche una sola componente negativa non sarebbe un risultato accettabile. In tal caso il risultato effettivo sarà che se la componente i–esima di $\mathbf{A}^{-1}\mathbf{f}$ è negativa, di tale merce non si produrrà nulla, e quindi $q_i = 0$. Si noti inoltre che in effetti, una volta noto $\mathbf{f}$, le quantità prodotte devono soddisfare soltanto un vincolo di fattibilità, e cioè

$$\mathbf{Aq} \leq \mathbf{f}$$

e quindi tutti i $\mathbf{q}$ che soddisfano tale disuguaglianza vettoriale vanno bene. Il modo suggerito sopra è solo uno di quelli possibili. Per scegliere il migliore occorrerà individuare un criterio di scelta (ad esempio minimo costo di produzione).

Nel caso numerico in questione, ponendo $\mathbf{Aq} = \mathbf{f}$ si ha

$$\begin{cases} q_1 + 3q_2 &= 1 \\ 4q_1 + 6q_2 &= 2 \end{cases}$$

da cui segue, con brevi calcoli, $q_1 = 0$ e $q_2 = \frac{1}{3}$, che è accettabile. ∎

Esercizio 5.8.4 [Roma 10/10/2000 n.C8] In semplici modelli economici si cercano i sentieri di crescita bilanciata di un'economia risolvendo il sistema lineare

$$\mathbf{Ax} = \lambda\mathbf{x}$$

dove $\mathbf{A}$ è la matrice dei coefficienti tecnologici (tutti non negativi) λ è il tasso di crescita e $\mathbf{x}$ è il vettore delle quantità prodotte. Supponete

$$\mathbf{A} = \begin{pmatrix} 0 & 1 & 0 \\ 0 & 0 & 1 \\ 8 & 0 & 0 \end{pmatrix}$$

e $\lambda = 2$, trovate $\mathbf{x}$.

Soluzione. Il sistema $\mathbf{Ax} = \lambda\mathbf{x}$ si scrive:

$$\begin{cases} x_2 &= 2x_1 \\ x_3 &= 2x_2 \\ 8x_1 &= 2x_3 \end{cases} \iff \begin{cases} -2x_1 + x_2 &= 0 \\ -2x_2 + x_3 &= 0 \\ 8x_1 - 2x_3 &= 0 \end{cases} \iff \mathbf{Bx} = \mathbf{0}$$

con

$$\mathbf{B} = \begin{pmatrix} 2 & -1 & 0 \\ 0 & 2 & -1 \\ -8 & 0 & 2 \end{pmatrix}.$$

Poiché

$$\det \mathbf{B} = 2 \det \begin{pmatrix} 2 & -1 \\ 0 & 2 \end{pmatrix} - 8 \det \begin{pmatrix} -1 & 0 \\ 2 & -1 \end{pmatrix} = 8 - 8 = 0$$

ed il minore determinato dalle ultime due righe e due colonne è non nullo, segue che $\operatorname{car} \mathbf{B} = 2$ e quindi il sistema omogeneo $\mathbf{Bx} = \mathbf{0}$ ha ∞^1 soluzioni (una retta). Per trovarne una possiamo porre ad esempio $x_1 = 1$ e trovare le altre ottenendo $\mathbf{x} = (1, 2, 4)$. Matematicamente λ si chiama *autovalore* di $\mathbf{A}$ e $\mathbf{x}$ *autovettore* relativo all'autovalore λ. ∎

Esercizi per casa

Esercizio 5.8.5 Una ditta in regime di monopolio produce $n = 3$ beni distinti con un unico processo produttivo. Tali beni vengono usati da un'altra ditta in un altro processo produttivo. La prima ditta può produrre solo vettori di quantità che stanno sulla semiretta

$$\mathbf{x} = \mathbf{x}^0 + t_1\mathbf{y}, \qquad (t_1 > 0)$$

con $\mathbf{x}^0 = (4, 3, 1)$ e $\mathbf{y} = (1, 3, 6)$, mentre le seconda può utilizzare solo vettori di quantità che siano multipli positivi del vettore

$$\mathbf{v} = (1, 3, 2)$$

(cioè $\mathbf{x} = t_2\mathbf{v}$ con $t_2 > 0$). E' possibile far incontrare perfettamente le esigenze delle due ditte? Se non é possibile per quali valori dei parametri si trova una distanza minima tra le due esigenze?

Esercizio 5.8.6 [Roma 23/06/2000, n.8] Dite se l'operazione finanziaria caratterizzata dai flussi di cassa (agli anni 0,1,2) $\mathbf{v} = (-10, 1, 10)$ è replicabile con le operazioni

$$\mathbf{v}^1 = (-10, 11, 0), \qquad \mathbf{v}^2 = (-15, 2, 15), \qquad \mathbf{v}^3 = (-10, 0, 12).$$

In caso affermativo dire in quanti modi è possibile fare tale replicazione.

Esercizio 5.8.7 [Roma 07/07/2000, n.7] Date le operazioni finanziarie

$$\mathbf{y} = (-10, 12, 0), \qquad \mathbf{w} = (-15, 2, 15), \qquad \mathbf{z} = (-10, 0, 13)$$

ed il vettore dei tassi di sconto (alle date 0,1,2)

$$\phi(r) = (1, (1+r)^{-1}, (1+r)^{-2})$$

dire se esiste un $r_0 > 0$ tale che $\phi(r_0)$ sia ortogonale a tutti e tre. Dire poi qual è l'insieme dei vettori ortogonali a $\mathbf{y}$ e $\mathbf{w}$.

Esercizio 5.8.8 [Roma 21/07/2000, n.7] Date le operazioni finanziarie

$$\mathbf{y} = (-10, 11, 1), \qquad \mathbf{w} = (-15, 2, 15), \qquad \mathbf{z} = (-10, 0, 12),$$

dire se almeno una delle 3 è replicabile tramite le altre 2. Dire poi se, data una qualunque altra operazione finanziaria $\mathbf{x}$ è possibile replicarla tramite $\mathbf{y}$, $\mathbf{z}$ e $\mathbf{w}$. Se sì specificare in quanti modi ciò è possibile. Dire infine quali sono le operazione finanziarie $\mathbf{x}$ che possono essere replicate tramite le sole $\mathbf{y}$ e $\mathbf{z}$ e in quanti modi esse possono essere replicate.

Esercizio 5.8.9 [Roma 19/06/2001, n.7] In semplici modelli economici si cercano i sentieri di crescita bilanciata di un'economia risolvendo il sistema lineare

$$\mathbf{A}\mathbf{x} = \lambda\mathbf{x}$$

dove $\mathbf{A}$ è la matrice dei coefficienti tecnologici (tutti nonnegativi) λ è il tasso di crescita e $\mathbf{x}$ è il vettore (non nullo) delle quantità prodotte. Supponete

$$\mathbf{A} = \begin{bmatrix} 0 & 3 & 0 \\ 0 & 0 & 3 \\ 3 & 0 & 0 \end{bmatrix},$$

e dite se esiste un $\lambda \in \mathbb{R}$ tale che il sistema $\mathbf{A}\mathbf{x} = \lambda\mathbf{x}$ abbia almeno una soluzione $\mathbf{x}$ non nulla. Se sì dite quale e poi trovate $\mathbf{x}$.

5.9 *Soluzioni degli esercizi per casa*

5.9.1 *Vettori, combinazioni lineari, lineare dipendenza ed indipendenza*

Soluzione dell'Esercizio 5.3.4.

(1) Calcoliamo prima la CL:

$$\alpha\mathbf{u} + \beta\mathbf{v} = \begin{pmatrix} 2\alpha + 2\beta \\ \alpha \\ \sqrt{3}\alpha + 2\beta \end{pmatrix}.$$

Grazie alla Faccina 5.3.7 i due vettori sono LI (la seconda componente di $\mathbf{v}$ è nulla mentre la seconda di $\mathbf{u}$ non lo è).

(2) Calcoliamo prima la CL:

$$\alpha\mathbf{u} + \beta\mathbf{v} = \begin{pmatrix} 2\alpha + 2\beta \\ 3\alpha + \beta \\ 4\alpha + 4\beta \\ \alpha + 3\beta \end{pmatrix}.$$

Qui non possiamo usare la Faccina 5.3.7. Allora calcoliamoci il rango della matrice

$$\begin{pmatrix} 2 & 3 \\ 4 & 1 \\ 2 & 1 \\ 4 & 3 \end{pmatrix}$$

con il metodo dei determinanti (vedasi Sezione 5.4). Si vede subito che il minore di ordine 2 formato dalle prime due righe vale $2 \cdot 1 - 4 \cdot 3 = -10 \neq 0$. Quindi $\operatorname{car} \mathbf{A} = 2$ e i due vettori sono LI.

(3) Calcoliamo prima la CL:

$$\alpha\mathbf{u} + \beta\mathbf{v} = \begin{pmatrix} 2\alpha + (2 - \sqrt{2})\beta \\ 4(2 + \sqrt{2})\alpha + 4\beta \\ 6\alpha + (6 - 3\sqrt{2})\beta \end{pmatrix}.$$

Come nell'Esercizio 5.3.1 risolvere il sistema con 3 equazioni ed 1 incognita

$$\begin{cases} 2 = (2 - \sqrt{2})\alpha \\ 4(2 + \sqrt{2}) = 4\alpha \\ 6 = (6 - 3\sqrt{2})\alpha \end{cases}.$$

Dobbiamo vedere se tale sistema ha soluzione o no. Ricaviamo α dalla prima equazione e vediamo se tale valore va bene anche per le altre. Ne segue che, razionalizzando,[36]

$$\alpha = \frac{2}{2 - \sqrt{2}} = 2 + \sqrt{2}.$$

Tale valore di α soddisfa anche le altre due equazioni, quindi i vettori dati stavolta sono LD. ■

Soluzione dell'Esercizio 5.3.5. Per vedere se i tre vettori sono LI o LD si può ragionare come nell'Esercizio 5.3.2 usando la caratteristica di matrici. Tuttavia qui è facile accorgersi che $\mathbf{v}^2 = 3\mathbf{v}^1$. Ne segue che i primi due vettori sono LD e, di conseguenza, anche i tre vettori dati sono LD[37]. Vediamo ora se è possibile scrivere $\mathbf{v}^3$ come CL di $\mathbf{v}^1$ e $\mathbf{v}^2$. Ragionando come nel metodo I) dell'Esercizio 5.3.3 si trova che il sistema è impossibile (è possibile anche usare il Teorema di Rouchè–Capelli, provateci). Questo è quindi un caso come quello menzionato da *MC* nel dialogo al metodo II) dell'Esercizio 5.3.3. ■

Soluzione dell'Esercizio 5.3.6. Questa volta utilizziamo solamente l'operazione determinante (vedasi Esercizio 5.3.3). Per vedere se i vettori sono LI consideriamo la matrice $\mathbf{A}$ con tali vettori come colonne e poi ne calcoliamo il determinante sapendo che $\det \mathbf{A} = 0$ se e solo se le colonne sono LD:

$$\det \mathbf{A} = \det \begin{pmatrix} k & 1 & 2 \\ 1 & k & 1 \\ 2 & 3 & 0 \end{pmatrix} = 2 \det \begin{pmatrix} 1 & 2 \\ k & 1 \end{pmatrix} - 3 \det \begin{pmatrix} k & 2 \\ 1 & 1 \end{pmatrix} = 2(1 - 2k) - 3(k - 2) = 8 - 7k.$$

Poiché $\det \mathbf{A} = 0$ se e solo se $k = \frac{8}{7}$ abbiamo che i vettori sono LI se e solo se $k \neq \frac{8}{7}$. Provate a risolvere l'esercizio come fatto nell'Esercizio 5.3.2. ■

5.9.2 *Caratteristica e determinante*

Soluzione dell'Esercizio 5.4.4. Calcoliamo il determinante della matrice $\mathbf{A}$ utilizzando il metodo di Laplace, sviluppandolo rispetto alla terza riga (ci sono più zeri):

$$\det \mathbf{A} = 1 \det \begin{pmatrix} 1 & -1 \\ 2 & 1 \end{pmatrix} + 1 \det \begin{pmatrix} 2 & 1 \\ 1 & 2 \end{pmatrix} = (1 + 2) + (4 - 1) = 6$$

e siamo a posto. ■

[36] Vedasi nota alla soluzione dell'Esercizio 3.4.4-(2).

[37] Si tratta di una conseguenza della definizione di vettori LD da non trascurare.

Soluzione dell'Esercizio 5.4.5. Essendo una matrice di ordine 3 possiamo utilizzare il metodo di Sarrus. La tabella di Sarrus diventa

$$
\begin{array}{ccccccccc}
 & & & & 0 & & 0 & & 0 \\
 & & & & \uparrow & & \uparrow & & \uparrow \\
3 & & 0 & & 10 & & 3 & & 0 \\
 & \searrow & & \times & & \times & & \nearrow & \\
1 & & 1 & & 0 & & 1 & & 1 \\
 & \nearrow & & \times & & \times & & \searrow & \\
0 & & 3 & & 10 & & 0 & & 3 \\
 & & & & \downarrow & & \downarrow & & \downarrow \\
 & & & & 30 & & 0 & & 30
\end{array}
$$

e quindi

$$\det \mathbf{A} = (30 + 0 + 30) - (0 + 0 + 0) = 60$$

e siamo a posto. ■

Soluzione dell'Esercizio 5.4.6. Calcoliamo il determinante della matrice $\mathbf{A}$ utilizzando il metodo di Laplace, sviluppandolo rispetto alla terza colonna:

$$\det \mathbf{A} = 1 \det \begin{pmatrix} 1 & 1 \\ 4 & 10 \end{pmatrix} + 1 \det \begin{pmatrix} 10 & 4 \\ 1 & 1 \end{pmatrix} = (10 - 4) + (10 - 4) = 12$$

e siamo a posto. ■

Soluzione dell'Esercizio 5.4.7. Potremmo calcolare il determinante della matrice $\mathbf{A}$ utilizzando il metodo di Laplace, sviluppandolo rispetto alla terza riga o alla quarta colonna (entrambe contengono due elementi nulli). Tuttavia ragioniamo: la prima e l'ultima riga sono uguali, quindi LD e quindi la matrice ha al massimo carattersitica 3, quindi deve avere determinante nullo (vedasi in proposito la Sezione 5.4 all'inizio). *Quindi* abbiamo fatto prima! ■

Soluzione dell'Esercizio 5.4.13. Come nell'Esercizio 5.4.10 ci accorgiamo che le prime due righe sono LI (la prima ha uno zero dove la seconda non ce l'ha: ricordate l'Esercizio 5.3.1?) e che la terza è la differenza delle altre due per concludere che $\operatorname{car} \mathbf{A} = 2$. ■

Soluzione dell'Esercizio 5.4.14. Usiamo il metodo dei determinanti in discesa. Essendo $\mathbf{A}$ quadrata iniziamo a calcolarne il determinante. Sviluppiamo con Laplace rispetto alla seconda colonna:

$$\det \mathbf{A} = -2 \det \begin{pmatrix} 1 & 3 & 2 \\ 1 & 2 & 1 \\ 2 & 1 & 0 \end{pmatrix} + 2 \det \begin{pmatrix} 0 & 3 & 1 \\ 1 & 3 & 2 \\ 1 & 2 & 1 \end{pmatrix}$$

Ora

$$\det \begin{pmatrix} 1 & 3 & 2 \\ 1 & 2 & 1 \\ 2 & 1 & 0 \end{pmatrix} = 2 \det \begin{pmatrix} 1 & 2 \\ 2 & 1 \end{pmatrix} - 1 \det \begin{pmatrix} 1 & 3 \\ 2 & 1 \end{pmatrix} = -6 + 5 = 1$$

e

$$\det \begin{pmatrix} 0 & 3 & 1 \\ 1 & 3 & 2 \\ 1 & 2 & 1 \end{pmatrix} = -1 \det \begin{pmatrix} 3 & 1 \\ 2 & 1 \end{pmatrix} + 1 \det \begin{pmatrix} 3 & 1 \\ 3 & 2 \end{pmatrix} = -1 + 3 = 2$$

quindi $\det \mathbf{A} = -2 \cdot 1 + 2 \cdot 2 = 2$. Quindi $\operatorname{car} \mathbf{A} = 4$. ■

Soluzione dell'Esercizio 5.4.15. Iniziamo calcolando il determinante, sviluppando rispetto alla seconda riga:

$$\det \mathbf{A} = -2k \det \begin{pmatrix} 1 & k \\ k+1 & k \end{pmatrix} - 1 \det \begin{pmatrix} 3 & 1 \\ 3 & k+1 \end{pmatrix} = -2k(-k^2) - 1(3k) = 2k^3 - 3k = k(2k^2 - 3).$$

Si ha quindi che $\det \mathbf{A} = 0$ se e solo se $k = 0, \sqrt{\frac{3}{2}}, -\sqrt{\frac{3}{2}}$. Per k diverso da tali valori la caratteristica vale sempre 3. Per tali valori la carattersitica vale sempre 2: infatti il minore di ordine 2 in alto a destra vale sempre 1 *indipendentemente* dal valore di k. ∎

Soluzione dell'Esercizio 5.4.16. Essendo la matrice $\mathbf{A}$ quadrata utilizziamo il metodo dei determinanti in discesa. Calcoliamo innanzitutto il determinante della matrice:

$$\det \mathbf{A} = a \det \begin{pmatrix} 2 & b \\ 3 & a \end{pmatrix} + 1 \det \begin{pmatrix} 1 & b \\ 2 & b \end{pmatrix} = a(2a - 3b) + (b - 2b) = 2^2 - 3ab - b.$$

Quindi:

- se $2a^2 - 3ab - b \neq 0$ allora $\operatorname{car} \mathbf{A} = 3$;
- se $2a^2 - 3ab - b = 0$ allora $\operatorname{car} \mathbf{A} < 3$. Poiché la sottomatrice formata dalle ultime due righe e dalle prime due colonne ha determinante diverso da zero

$$\det \begin{pmatrix} 0 & 2 \\ 1 & 3 \end{pmatrix} = -2 \neq 0,$$

  si ha $\operatorname{car} \mathbf{A} = 2$.

Vi proponiamo un'esercizio; disegnate sul piano cartesiano (a, b), l'insieme dei punti in cui $\operatorname{car} \mathbf{A} = 2$. Si tratta del grafico di una funzione: infatti

$$2a^2 - 3ab - b = 0 \iff b = \frac{2a^2}{1 + 3a}, \qquad a \neq \frac{1}{3}.$$

Il grafico può essere tracciato usando i metodi visti alla Sezione 3.7.3 (vedasi Figura 5.9). ∎

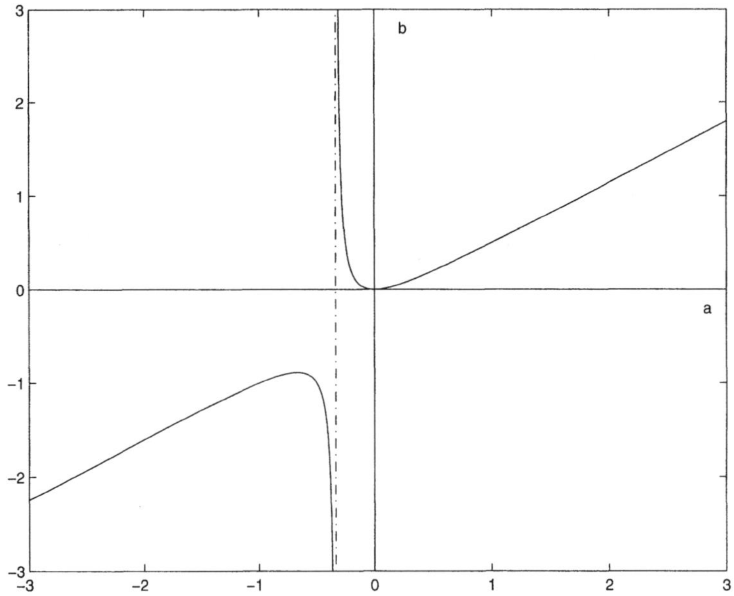

Figura 5.9: grafico di $b = \frac{2a^2}{1+3a}$

Soluzione dell'Esercizio 5.4.19. Consideriamo la matrice associata ai tre vettori

$$\mathbf{A} = \begin{pmatrix} k-4 & k-3 & 2k-4 \\ 1 & k+4 & 1 \\ -1 & 0 & k-1 \end{pmatrix};$$

alllora

$$\operatorname{rango}\{\mathbf{v}^1, \mathbf{v}^2, \mathbf{v}^3\} = \operatorname{car} \mathbf{A}.$$

Per calcolare la caratteristica della matrice utilizziamo il metodo dei determinanti in discesa:

$$\det \mathbf{A} = -1 \det \begin{pmatrix} k-3 & 2k-4 \\ k+4 & 1 \end{pmatrix} + (k-1) \det \begin{pmatrix} k-4 & k-3 \\ 1 & k+4 \end{pmatrix} = k^3 - 9k.$$

Quindi $\det \mathbf{A} = 0$ se e solo se $k^3 - 9k = 0$ cioè per $k = 0, \pm 3$. Perciò, per $k \neq 0, \pm 3$ si ha $\operatorname{car} \mathbf{A} = 3$ e quindi

$$\operatorname{rango}\{\mathbf{v}^1, \mathbf{v}^2, \mathbf{v}^3\} = 3.$$

In tal caso i tre vettori di $\mathbb{R}^3$ formano una base. Restano da analizzare i rimanenti tre casi. Tuttavia considerando la sottomatrice formata dalle ultime due righe e dalle ultime due colonne

$$\begin{pmatrix} k+4 & 1 \\ 0 & k-1 \end{pmatrix},$$

si osserva che il suo determinante è $(k+4)(k-1)$ che si annulla solamente per $k = 1$ e $k = -4$. Quindi nei nostri tre casi risulta essere un minore non nullo e

$$\operatorname{rango}\{\mathbf{v}^1, \mathbf{v}^2, \mathbf{v}^3\} = \operatorname{car} \mathbf{A} = 2.$$

Ricapitolando:

- per $k \neq 0, \pm 3$ il rango è tre;
- per $k = 0, \pm 3$ il rango è due. ■

5.9.3 *Prodotto interno, matriciale ed ortogonalità*

Soluzione dell'Esercizio 5.5.8. Deve essere il prodotto scalare nullo, cioè

$$0 = \langle \mathbf{u}, \mathbf{v} \rangle = \langle (4, 9-k, 5), (k, 4, k) \rangle = 4k + 4(9-k) + 5k = 5k + 36.$$

La soluzione dell'equazione $5k + 36 = 0$ è $k = -\frac{36}{5}$. ■

Soluzione dell'Esercizio 5.5.9. Deve essere il prodotto scalare nullo, cioè

$$0 = \langle \mathbf{u}, \mathbf{v} \rangle = \langle (k+2, k, 2), (k, 1, k) \rangle = k(k+2) + k + 2k = k^2 + 5k.$$

Le soluzioni dell'equazione $k^2 + 5k = 0$ sono $k = 0$ e $k = -5$. ■

Soluzione dell'Esercizio 5.5.10. Deve essere il prodotto scalare nullo, cioè

$$0 = \langle \mathbf{u}, \mathbf{v} \rangle = \langle (2, k, k-1, 1), (k, 1, 1, 6) \rangle = 2k + k + (k-1) + 6 = 4k + 5.$$

La soluzione dell'equazione $4k + 5 = 0$ è $k = -\frac{5}{4}$. ■

Soluzione dell'Esercizio 5.5.11. Deve essere il prodotto scalare nullo, cioè

$$0 = \langle \mathbf{u}, \mathbf{v} \rangle = \langle (k-2, k, 3), (2, 3, 1-k) \rangle = 2(k-2) + 3k + 3(1-k) = 2k - 1.$$

La soluzione dell'equazione $2k - 1 = 0$ è $k = \frac{1}{2}$. ■

Soluzione dell'Esercizio 5.5.12. Deve essere il prodotto scalare nullo, cioè

$$0 = \langle \mathbf{u}, \mathbf{v} \rangle = \langle (k, 7, k^2), (k-7, 2k, 1) \rangle = k(k-7) + 7(2k) + k^2 = 2k^2 + 7k.$$

Le soluzioni dell'equazione $2k^2 + 7k = 0$ sono $k = 0$ e $k = -\frac{7}{2}$. ■

Soluzione dell'Esercizio 5.5.13. Deve essere il prodotto scalare nullo, cioè

$$0 = \langle \mathbf{v}_1, \mathbf{v}_2 \rangle = \langle (k-3, 2, k), (k+3, 2k, -k) \rangle = (k-3)(k+3) + 2(2k) + k(-k) = 4k - 9.$$

La soluzione dell'equazione $4k - 9 = 0$ è $k = \frac{9}{4}$. ∎

Soluzione dell'Esercizio 5.5.15. Il prodotto è

$$\mathbf{A} \cdot \mathbf{B} = \begin{pmatrix} 9 & 6 \\ 2 & 1 \end{pmatrix} \cdot \begin{pmatrix} 6 & 1 \\ -9 & -1 \end{pmatrix} = \begin{pmatrix} 9 \cdot 6 - 6 \cdot 9 & 9 \cdot 1 - 6 \cdot 1 \\ 2 \cdot 6 - 1 \cdot 9 & 2 \cdot 1 - 1 \cdot 1 \end{pmatrix} = \begin{pmatrix} 0 & 3 \\ 3 & 1 \end{pmatrix}$$

e abbiamo finito. ∎

Soluzione dell'Esercizio 5.5.16. Il prodotto è

$$\mathbf{A} \cdot \mathbf{B} = \begin{pmatrix} 1 & 2 \\ 1 & 1 \end{pmatrix} \cdot \begin{pmatrix} -1 & -1 \\ 3 & 0 \end{pmatrix} = \begin{pmatrix} -1 \cdot 1 + 2 \cdot 3 & -1 \cdot 1 + 2 \cdot 0 \\ -1 \cdot 1 + 1 \cdot 3 & -1 \cdot 1 + 1 \cdot 0 \end{pmatrix} = \begin{pmatrix} 5 & -1 \\ 2 & -1 \end{pmatrix}$$

e abbiamo finito. ∎

Soluzione dell'Esercizio 5.5.17. Il prodotto è

$$\mathbf{A} \cdot \mathbf{B} = \begin{pmatrix} 2 & 0 & 1 \\ 0 & 10 & 1 \end{pmatrix} \cdot \begin{pmatrix} 1 & 0 \\ -1 & 0 \\ -2 & 1 \end{pmatrix} = \begin{pmatrix} 2 \cdot 1 - 0 \cdot 1 - 1 \cdot 2 & 2 \cdot 0 + 0 \cdot 0 + 1 \cdot 1 \\ 0 \cdot 1 - 10 \cdot 1 - 1 \cdot 2 & 0 \cdot 0 + 10 \cdot 0 + 1 \cdot 1 \end{pmatrix} = \begin{pmatrix} 0 & 1 \\ -12 & 1 \end{pmatrix}$$

e abbiamo finito anche stavolta. ∎

5.9.4 *Rette e piani*

Soluzione dell'Esercizio 5.6.7. Si tratta della stessa retta dell'Esercizio 5.6.1. Posto $\mathbf{x}^0 = (1, 0, 3)$ e $\mathbf{v} = \left(1, \frac{1}{2}, -1\right)$ si ha $\mathbf{B} \in r$ se e solo se esiste $t_0 \in \mathbb{R}$ per cui

$$\mathbf{B} = \mathbf{x}^0 + t_0 \mathbf{v};$$

in altre parole se il sistema

$$\begin{cases} 2 = 1 + t_0 \\ 1 = 0 + \frac{1}{2} t_0 \\ 0 = 3 - t_0 \end{cases}$$

ha soluzione. Tale sistema non ha soluzione quindi $\mathbf{B} \notin r$.

Per vedere $\mathbf{C} \in r$ occorre vedere se ha soluzione il sistema

$$\begin{cases} 3 = 1 + t_0 \\ 1 = 0 + \frac{1}{2} t_0 \\ 1 = 3 - t_0. \end{cases}$$

In effetti $t_0 = 2$ è soluzione, Quindi $\mathbf{C} \in r$. ∎

Soluzione dell'Esercizio 5.6.8. Si ragiona come nell'Esercizio 5.6.2. Le due rette risultano parallele poiché i due vettori direzione sono *LD* (lasciamo la facile verifica al lettore). Resta da vedere se le due rette sono o no coincidenti. Il modo migliore per fare questo è: prendiamo un punto della prima retta, ad esempio $(2, 3)$ e vediamo se appartiene alla seconda. Se ci sta le rette sono coincidenti, altrimenti sono parallele. Nel nostro caso occorre vedere se esiste t tale che

$$\begin{pmatrix} 2 \\ 3 \end{pmatrix} = \begin{pmatrix} 1 \\ 2 \end{pmatrix} + t \begin{pmatrix} -1 \\ 2 \end{pmatrix}.$$

La prima equazione diventa $2 = 1 - t$ con soluzione $t = -1$, la seconda diventa $3 = 2 + 2t$ con soluzione $t = \frac{1}{2}$; quindi non esiste soluzione e le due rette sono parallele e distinte. ∎

Soluzione dell'Esercizio 5.6.9. La domanda è la stessa dell'Esercizio 5.6.3. Vediamo innanzitutto se le rette sono parallele. I vettori direzione $(0, 1, 2)$ e $(1, -3, 2)$ sono chiaramente *LI* (Faccina 5.3.7). Le due rette non sono quindi parallele e possono essere incidenti o sghembe. Per distinguere tra queste due possibilità impostiamo il sistema lineare che dà l'intersezione delle due rette.

$$\mathbf{P} = \begin{pmatrix} 2 \\ 3 \\ 10 \end{pmatrix} + t_1 \begin{pmatrix} 0 \\ 1 \\ 2 \end{pmatrix},$$
$$\mathbf{P} = \begin{pmatrix} 1 \\ 2 \\ 0 \end{pmatrix} + t_2 \begin{pmatrix} 1 \\ -3 \\ 2 \end{pmatrix}.$$

Agendo come nell'Esercizio 5.6.3 si ottiene il sistema

$$\begin{cases} 2 = 1 + t_2 \\ 3 + t_1 = 2 - 3t_2 \\ 10 + 2t_1 = 2t_2. \end{cases}$$

Dalle prime due equazioni ricaviamo $t_1 = -4$ e $t_2 = 1$ che, sostituite nella terza, danno $10 = 10$. Quindi le due rette sono incidenti. Il punto di incontro è (sostituendo nella prima retta)

$$\mathbf{x} = \begin{pmatrix} x_1 \\ x_2 \\ x_3 \end{pmatrix} = \begin{pmatrix} 2 \\ 3 \\ 10 \end{pmatrix} - 4 \begin{pmatrix} 0 \\ 1 \\ 2 \end{pmatrix} = \begin{pmatrix} 2 \\ -1 \\ 2 \end{pmatrix}.$$

Nel secondo caso si verifica facilmente che le due rette sono parallele perché i vettori direzione sono LD. Volendo si può capire se sono coincidenti o no agendo come nell'Esercizio 5.6.2. ∎

Soluzione dell'Esercizio 5.6.10. Un'equazione vettoriale di r_1 è

$$\mathbf{x} = \mathbf{x}_0 + t\mathbf{v},$$

al variare di $t \in \mathbb{R}$ che si scrive più estesamente

$$\begin{cases} x_1 = 2t \\ x_2 = 1 + 2t \\ x_3 = 2 + 3t \end{cases}$$

Per vedere se $\mathbf{y} \in r_1$ vediamo se il sistema

$$\mathbf{y} = \mathbf{x}_0 + t\mathbf{v}$$

ha soluzione per almeno un $t \in \mathbb{R}$. Si ha

$$\begin{cases} 1 = 2t \\ 4 = 1 + 2t \\ 6 = 2 + 3t \end{cases}$$

che non ha soluzione. Quindi $\mathbf{y} \notin \mathbb{R}$. ∎

Soluzione dell'Esercizio 5.6.15. Il fatto che Π sia ortogonale a r significa che il vettore direzione di r è proprio uno dei vettori ortogonali a Π e quindi

$$\Pi: \quad 2x + y + z = d.$$

Per determinare d basta imporre che il piano passi per $\mathbf{A}$ ottenendo. Ne segue che

$$\Pi: \quad 2x + y + z = 5$$

è un'equazione cartesiana del piano considerato. ∎

Soluzione dell'Esercizio 5.6.16. Basta imporre che le coordinate dei tre punti risolvano l'equazione

$$ax_1 + bx_2 + cx_3 = d.$$

Sostituendo si ottiene il sistema:

$$\begin{cases} a + 2b + c = d \\ 2c = d \\ a + 4b + 2c = d \end{cases}$$

che ha ∞^1 soluzioni dipendenti da un parametro: $(-4t, t, -2t, -4t)$. Scegliendo $t = -1$ si trova l'equazione $4x - y + 2z = 4$. ■

Soluzione dell'Esercizio 5.6.17. Per la retta ortogonale basta prendere

$$r: \quad \mathbf{x} = \mathbf{P} + t\mathbf{v}$$

con $\mathbf{v} = (2, 1, -1)$ il vettore ortogonale di Π (che è ortogonale a Π!). Di rette parallele ne esistono infinite (per la precisione ∞^2) e si ottengono con la stessa formula ma $\mathbf{v} = (x_1, x_2, x_3)$ deve essere scelto ortogonale al vettore dei coefficienti di Π, cioè deve verificare

$$\langle (x_1, x_2, x_3), (2, 1, -1) \rangle = 2x_1 + x_2 - x_3 = 0.$$

Scelti come parametri $x_1 = a$ e $x_2 = b$ si ha $x_3 = 2a + b$, e quindi il fascio di rette parallele avrà equazione

$$\begin{pmatrix} x_1 \\ x_2 \\ x_3 \end{pmatrix} = \begin{pmatrix} 0 \\ 1 \\ 1 \end{pmatrix} + t \begin{pmatrix} a \\ b \\ 2a + b \end{pmatrix}$$

Scegliendo un valore di a e b qualunque (purché non entrambi nulli si trova una equazione vettoriale di una retta parallela al piano. ■

5.9.5 *Sistemi lineari*

Soluzione dell'Esercizio 5.7.5. Applichiamo, questa volta, il Teorema di Cramer, calcolando il determinante della matrice dei coefficienti

$$\det \mathbf{A} = \det \begin{pmatrix} 1 & 2 & 1 \\ 0 & 3 & 2 \\ 1 & 1 & 0 \end{pmatrix} = \det \begin{pmatrix} 3 & 2 \\ 1 & 0 \end{pmatrix} + \det \begin{pmatrix} 2 & 1 \\ 3 & 2 \end{pmatrix} = -2 + (4 - 3) = -1 \neq 0.$$

Quindi il sistema ammette una sola soluzione che andiamo a determinare attraverso il metodo di Cramer

$$\begin{aligned} \det \mathbf{A}_1 &= \det \begin{pmatrix} 3 & 2 & 1 \\ 1 & 3 & 2 \\ 2 & 1 & 0 \end{pmatrix} = 2 \det \begin{pmatrix} 2 & 1 \\ 3 & 2 \end{pmatrix} - \det \begin{pmatrix} 3 & 1 \\ 1 & 2 \end{pmatrix} = -3 \\ \det \mathbf{A}_2 &= \det \begin{pmatrix} 1 & 3 & 1 \\ 0 & 1 & 2 \\ 1 & 2 & 0 \end{pmatrix} = \det \begin{pmatrix} 1 & 2 \\ 2 & 0 \end{pmatrix} + \det \begin{pmatrix} 3 & 1 \\ 1 & 2 \end{pmatrix} = 1 \\ \det \mathbf{A}_3 &= \det \begin{pmatrix} 1 & 2 & 3 \\ 0 & 3 & 1 \\ 1 & 1 & 2 \end{pmatrix} = \det \begin{pmatrix} 3 & 1 \\ 1 & 2 \end{pmatrix} + \det \begin{pmatrix} 2 & 3 \\ 3 & 1 \end{pmatrix} = -2. \end{aligned}$$

Quindi

$$\begin{aligned} x_1 &= \frac{\det \mathbf{A}_1}{\det \mathbf{A}} = \frac{-3}{-1} = 3, \\ x_2 &= \frac{\det \mathbf{A}_2}{\det \mathbf{A}} = \frac{1}{-1} = -1, \\ x_3 &= \frac{\det \mathbf{A}_3}{\det \mathbf{A}} = \frac{-2}{-1} = 2 \end{aligned}$$

è l'unica soluzione. ∎

Soluzione dell'Esercizio 5.7.6. Il sistema

$$\begin{cases} 2x + y = 4 \\ x - y = -1. \end{cases}$$

ha di sicuro un'unica soluzione dato che la matrice incompleta ha determinante $-3 \neq 0$ (questo implica, usando le (a), (b), (c) dell'Esercizio 5.7.2 che la matrice completa e l'incompleta hanno entrambe caratteristica 2) La soluzione si calcola facilmente per sostituzione (provate per esercizio ad usare gli altri metodi!) trovando così

$$\begin{cases} y = 4 - 2x \\ x - (4 - 2x) = -1. \end{cases}$$

La seconda equazione ha soluzione $x = 1$ e quindi dalla prima si ricava $y = 2$. ∎

Soluzione dell'Esercizio 5.7.7. Applicando il metodo di Gauss–Jordan alla matrice completa

$$(\mathbf{A}|\mathbf{b}) = \left(\begin{array}{ccc|c} 2 & 0 & 0 & 1 \\ 2 & 1 & 1 & 2 \\ 1 & 2 & 2 & \frac{5}{2} \end{array}\right)$$

otteniamo (prima facendo cardine su $a_{1,1}$ poi su $a_{2,2}$)

$$\left(\begin{array}{ccc|c} 1 & 0 & 0 & \frac{1}{2} \\ 0 & 1 & 1 & 1 \\ 0 & 0 & 0 & 0 \end{array}\right).$$

Quindi $\operatorname{car}\mathbf{A} = \operatorname{car}(\mathbf{A}|\mathbf{b}) = 2$ ed il sistema ha ∞^1 soluzioni (retta). Il sistema diventa:

$$\begin{cases} x_1 = \frac{1}{2} \\ x_2 + x_3 = 1 \end{cases}$$

e, ponendo $x_3 = t$, otteniamo la retta parametrica

$$r: \quad \begin{pmatrix} x_1 \\ x_2 \\ x_3 \end{pmatrix} = \begin{pmatrix} \frac{1}{2} \\ 1 \\ 0 \end{pmatrix} + t \begin{pmatrix} 0 \\ -1 \\ 1 \end{pmatrix}.$$

Nel caso in cui $\mathbf{b} = (1, 2, 3)$ sarebbe cambiato solamente b_3 ottenendo la matrice

$$\left(\begin{array}{ccc|c} 1 & 0 & 0 & \frac{1}{2} \\ 0 & 1 & 1 & 1 \\ 0 & 0 & 0 & \frac{1}{2} \end{array}\right).$$

Quindi $\operatorname{car}\mathbf{A} = 2$ e $\operatorname{car}(\mathbf{A}|\mathbf{b}) = 3$ ed il sistema sarebbe risultato impossibile. ∎

Soluzione dell'Esercizio 5.7.8. Posto $\mathbf{w}^1$, $\mathbf{w}^2$ e $\mathbf{w}^3$ le tre righe della matrice, si hanno le seguenti trasformazioni:

$$\left(\begin{array}{ccc|c} 1 & 1 & 0 & \frac{1}{2} \\ 0 & -1 & 2 & \frac{1}{2} \\ 0 & 2 & 4 & \frac{1}{2} \end{array}\right) \qquad \begin{array}{l} \mathbf{w}^1 \to \frac{1}{2}\mathbf{w}^1 \\ \mathbf{w}^2 \to \mathbf{w}^2 - \frac{3}{2}\mathbf{w}^1 \\ \mathbf{w}^3 \to \mathbf{w}^3 - \frac{1}{2}\mathbf{w}^1 \end{array}$$

$$\Downarrow$$

$$\left(\begin{array}{ccc|c} 1 & 0 & 2 & 1 \\ 0 & 1 & -2 & -\frac{1}{2} \\ 0 & 0 & 8 & \frac{3}{2} \end{array}\right) \qquad \begin{array}{l} \mathbf{w}^1 \to \mathbf{w}^1 + \mathbf{w}^2 \\ \mathbf{w}^2 \to -\mathbf{w}^2 \\ \mathbf{w}^3 \to \mathbf{w}^3 + 2\mathbf{w}^2 \end{array}.$$

$$\Downarrow$$

$$\left(\begin{array}{ccc|c} 1 & 0 & 0 & \frac{5}{8} \\ 0 & 1 & 0 & -\frac{1}{8} \\ 0 & 0 & 1 & \frac{3}{16} \end{array}\right) \qquad \begin{array}{l} \mathbf{w}^1 \to \mathbf{w}^1 - \frac{1}{4}\mathbf{w}^3 \\ \mathbf{w}^2 \to \mathbf{w}^2 + \frac{1}{4}\mathbf{w}^3 \\ \mathbf{w}^3 \to \frac{1}{8}\mathbf{w}^3 \end{array}$$

Quindi l'unica soluzione è $(x_1, x_2, x_3) = \left(\frac{5}{8}, -\frac{1}{8}, \frac{3}{16}\right)$. ■

Soluzione dell'Esercizio 5.7.9. Applichiamo il metodo di Gauss–Jordan (ma omettiamo la descrizione delle operazioni elementari di riga che effettuiamo):

$$(\mathbf{A}|\mathbf{b}) = \left(\begin{array}{ccc|c} 1 & 2 & 3 & 4 \\ 0 & 2 & 1 & 1 \\ 3 & 4 & 8 & 11 \end{array}\right) \Rightarrow \left(\begin{array}{ccc|c} 1 & 2 & 3 & 4 \\ 0 & 2 & 1 & 1 \\ 0 & -2 & -1 & -1 \end{array}\right) \Rightarrow \left(\begin{array}{ccc|c} 1 & 0 & 2 & 3 \\ 0 & 1 & \frac{1}{2} & \frac{1}{2} \\ 0 & 0 & 0 & 0 \end{array}\right).$$

Quindi $\operatorname{car} \mathbf{A} = \operatorname{car}(\mathbf{A}|\mathbf{b}) = 2$ ed il sistema ha ∞^1 soluzioni (retta):

$$\begin{pmatrix} x_1 \\ x_2 \\ x_3 \end{pmatrix} = \begin{pmatrix} 3 \\ \frac{1}{2} \\ 0 \end{pmatrix} + t \begin{pmatrix} -2 \\ -\frac{1}{2} \\ 1 \end{pmatrix}$$

questa è un'equazione vettoriale di tale retta. ■

Soluzione dell'Esercizio 5.7.10. La matrice completa è

$$(\mathbf{A}|\mathbf{b}) = \left(\begin{array}{ccc|c} 0 & 1 & 2 & 1 \\ 2 & 1 & 3 & 1 \end{array}\right)$$

ed è facile verificare che $\operatorname{car} \mathbf{A} = \operatorname{car}(\mathbf{A}|\mathbf{b}) = 2$ (E' sufficiente prendere la sottomatrice formata dalle prime due colonne). Quindi esistono ∞^1 soluzioni (retta). Ne ricaviamo un'equazione vettoriale con un metodo diverso rispetto all'esercizio precedente. Poiché la sottomatrice formata dalle prime due colonne ha caratteristica 2, posiamo far assumere lo "status" di parametro alla terza incognita ponendo $x_3 = t$. Portando a destra dell'uguale otteniamo il sistema di 2 equazioni in 2 incognite

$$\begin{cases} \quad\;\; x_2 = 1 - 2t \\ 2x_1 + x_2 = 1 - 3t. \end{cases}$$

Sostituendo x_2 alla seconda equazione ricaviamo la retta di soluzioni

$$\begin{pmatrix} x_1 \\ x_2 \\ x_3 \end{pmatrix} = \begin{pmatrix} 0 \\ 1 \\ 0 \end{pmatrix} + t \begin{pmatrix} -\frac{1}{2} \\ -2 \\ 1 \end{pmatrix}.$$

Faccina 5.9.1 Possiamo interpretare le operazioni svolte sopra nel seguente modo. Il sistema di equazioni dato rappresenta l'intersezione di due piani in $\mathbb{R}^3$ (si ricordi la Faccina 5.7.4) tra loro non paralleli. Tale sistema si puó interpretare allora come l'equazione cartesiana di una retta in $\mathbb{R}^3$. I passaggi che abbiamo fatto sopra corrispondono al passaggio da un'equazione cartesiana ad un'equazione vettoriale, come mostrato all'Esercizio 5.6.4 per il caso bidimensionale. ■

Soluzione dell'Esercizio 5.7.11. Limitiamoci a mostrare come si trasforma la matrice completa attraverso i passaggi del metodo di Gauss–Jordan:

$$\left(\begin{array}{cc|c} 3 & 4 & 2 \\ 1 & 2 & 3 \end{array}\right) \Longrightarrow \left(\begin{array}{cc|c} 1 & \frac{4}{3} & \frac{2}{3} \\ 0 & \frac{2}{3} & \frac{7}{3} \end{array}\right) \Longrightarrow \left(\begin{array}{cc|c} 1 & 0 & -4 \\ 0 & 1 & \frac{7}{2} \end{array}\right);$$

quindi il sistema ha una sola soluzione $(x_1, x_2) = \left(-4, \frac{7}{2}\right)$. ■

Soluzione dell'Esercizio 5.7.12. Usiamo il metodo di Gauss-Jordan omettendo la descrizione delle operazioni elementari di riga che utilizziamo:

$$(\mathbf{A}|\mathbf{b}) = \left(\begin{array}{ccc|c} 1 & 2 & 0 & 1 \\ 2 & 34 & 3 & 4 \end{array}\right) \Rightarrow \left(\begin{array}{ccc|c} 1 & 2 & 0 & 1 \\ 0 & 0 & 3 & 2 \end{array}\right) \Rightarrow \left(\begin{array}{ccc|c} 1 & 2 & 0 & 1 \\ 0 & 0 & 1 & \frac{2}{3} \end{array}\right).$$

Ne segue che vi sono ∞^1 soluzioni (una retta). Esplicitando la prima e la terza variabile rispetto alla seconda (che diventa parametro) si ha

$$\begin{cases} x_1 &= 1 - 2x_2 \\ x_3 &= \frac{2}{3}. \end{cases}$$

L'equazione vettoriale della retta di soluzioni è

$$\begin{pmatrix} x_1 \\ x_2 \\ x_3 \end{pmatrix} = \begin{pmatrix} 1 \\ 0 \\ \frac{2}{3} \end{pmatrix} + t \begin{pmatrix} -2 \\ 1 \\ 0 \end{pmatrix}$$

e siamo a posto. ∎

Soluzione dell'Esercizio 5.7.13. La matrice $\mathbf{A}$ ha caratteristica 2 poiché la terza riga è la somma delle prime due ed il minore di ordine 2 in alto a sinistra è diverso da zero. Inoltre

$$\operatorname{car}(\mathbf{A}|\mathbf{b}) = 3$$

poichè il determinante della sottomatrice formata dalla terza, quinta e sesta colonna (scelte così per prendere l'ultima colonna e una colonna con uno zero) è

$$\det \begin{pmatrix} 0 & 2 & 1 \\ 2 & 5 & 4 \\ 2 & 7 & 1 \end{pmatrix} = -2 \det \begin{pmatrix} 2 & 4 \\ 2 & 1 \end{pmatrix} + 1 \det \begin{pmatrix} 2 & 5 \\ 2 & 7 \end{pmatrix} = 12 + 4 = 16 \neq 0.$$

Per il Teorema di Rouchè-Capelli ne segue che il sistema non ha soluzione. ∎

Soluzione dell'Esercizio 5.7.14. Calcoliamo il determinante della matrice completa

$$\det(\mathbf{A}|\mathbf{b}) = \det \begin{pmatrix} 1 & 3 & 1 \\ 2 & 2 & 4 \\ 0 & 2 & 1 \end{pmatrix} = 1 \det \begin{pmatrix} 2 & 4 \\ 2 & 1 \end{pmatrix} - 2 \det \begin{pmatrix} 3 & 1 \\ 2 & 1 \end{pmatrix} = -6 - 2 = -8 \neq 0.$$

Quindi $\operatorname{car}(\mathbf{A}|\mathbf{b}) = 3$ mentre $\operatorname{car}\mathbf{A} = 2$ (non può essere 3 perché è formata solamente da due colonne). Per il Teorema di Rouché-Capelli il sistema non ha soluzione. ∎

Soluzione dell'Esercizio 5.7.15. Per il Teorema di Rouchè–Capelli il sistema lineare è risolvibile se la caratteristica di $\mathbf{A}$ e quella di $(\mathbf{A}|\mathbf{b})$ sono uguali cioè $\mathbf{b}$ è esprimibile come CL delle colonne di $\mathbf{A}$ (vedasi Faccina 5.7.5. Quindi il sistema ha soluzioni se e solo se $\mathbf{b}$ appartiene al sottospazio vettoriale di $\mathbb{R}^3$ generato dai vettori $\mathbf{v}^1 = (1, 3, 3)$ e $\mathbf{v}^2 = (2, 2, 4)$, che poi è un piano. Se provate a risolvere l'esercizio quando $\mathbf{b} = (1, -1, 1)$ la risposta sarà: ci sta un unica soluzione che vale $(x_1, x_2) = (-1, 1)$. ∎

Soluzione dell'Esercizio 5.7.19. Consideriamo le matrici associate al sistema. La matrice incompleta è

$$\mathbf{A} = \begin{pmatrix} k-1 & 1 & -1 \\ 3 & k & 3 \\ k-3 & 0 & k-3 \end{pmatrix}$$

mentre quella completa è

$$(\mathbf{A}|\mathbf{b}) = \left(\begin{array}{ccc|c} k-1 & 1 & -1 & 1 \\ 3 & k & 3 & k \\ k-3 & 0 & k-3 & k \end{array} \right).$$

Per il Teorema di Rouchè–Capelli il sistema ha soluzione se e solo se

$$\operatorname{car}\mathbf{A} = \operatorname{car}(\mathbf{A}|\mathbf{b}).$$

Determiniamo la caratteristica di $\mathbf{A}$ calcolandone inizialmente il determinante con il metodo di Laplace, sviluppandolo rispetto alla terza riga:

$$\begin{aligned} \det \mathbf{A} &= (k-3) \det \begin{pmatrix} 1 & -1 \\ k & 3 \end{pmatrix} + (k-3) \det \begin{pmatrix} k-1 & 1 \\ 3 & k \end{pmatrix} \\ &= (k-3)(k+3) + (k-3)(k^2 - k - 3) = k^2(k-3). \end{aligned}$$

Quindi $\det \mathbf{A} = 0$ se e solo se $k = 0$ e $k = 3$. Perciò per $k \neq 0$ e $k \neq 3$, essendo la matrice $\mathbf{A}$ non singolare, per il Teorema di Cramer, il sistema ha una ed una sola soluzione. Provate a determinarne le soluzioni utilizzando il metodo di Cramer. Rimangono da analizzare i casi $k = 0$ e $k = 3$.

Caso $k = 0$. La matrice $\mathbf{A}$ diventa

$$\mathbf{A} = \begin{pmatrix} -1 & 1 & -1 \\ 3 & 0 & 3 \\ -3 & 0 & -3 \end{pmatrix}$$

e $\operatorname{car} \mathbf{A} = 2$ grazie alla sottomatrice formata dalle prime due righe e due colonne:

$$\begin{pmatrix} -1 & 1 \\ 3 & 0 \end{pmatrix}.$$

La matrice $(\mathbf{A}|\mathbf{b})$ diventa

$$(\mathbf{A}|\mathbf{b}) = \left(\begin{array}{ccc|c} -1 & 1 & -1 & 1 \\ 3 & 0 & 3 & 0 \\ -3 & 0 & -3 & 0 \end{array}\right).$$

Poiché la quarta colonna è uguale alla seconda colonna, si ricava

$$\operatorname{car} \mathbf{A} = \operatorname{car} (\mathbf{A}|\mathbf{b}) = 2$$

e quindi, per il Teorema di Rouchè–Capelli, il sistema ha $\infty^{3-2} = \infty^1$ soluzioni (dove 3 indica il numero delle incognite mentre 2 è la caratteristica comune delle due matrici).

Caso $k = 3$. La matrice $\mathbf{A}$ diventa

$$\mathbf{A} = \begin{pmatrix} 2 & 1 & -1 \\ 3 & 3 & 3 \\ 0 & 0 & 0 \end{pmatrix}$$

e $\operatorname{car} \mathbf{A} = 2$ grazie nuovamente alla sottomatrice formata dalle prime due righe e due colonne:

$$\begin{pmatrix} 2 & 1 \\ 3 & 3 \end{pmatrix}.$$

La matrice $(\mathbf{A}|\mathbf{b})$ diventa

$$(\mathbf{A}|\mathbf{b}) = \left(\begin{array}{ccc|c} 2 & 1 & -1 & 1 \\ 3 & 3 & 3 & 3 \\ 0 & 0 & 0 & 3 \end{array}\right).$$

Orlando la precedente sottomatrice con l'aggiunta della terza riga e della quarta colonna, otteniamo una matrice quadrata di ordine 3 il cui determinante è

$$\det \begin{pmatrix} 2 & 1 & 1 \\ 3 & 3 & 3 \\ 0 & 0 & 3 \end{pmatrix} = 3 \det \begin{pmatrix} 2 & 1 \\ 3 & 3 \end{pmatrix} = 9 \neq 0.$$

Quindi

$$\operatorname{car} (\mathbf{A}|\mathbf{b}) = 3 \neq 2 = \operatorname{car} \mathbf{A}$$

e, per il Teorema di Rouchè–Capelli, il sistema è impossibile.

Faccina 5.9.2 Che il sistema fosse impossibile si poteva dedurre immediatamente osservando che la terza riga rappresenta l'equazione

$$0x_1 + 0x_2 + 0x_3 = 3$$

evidentemente impossibile.

Ricapitolando:

- per $k \neq 0, 3$ esiste un'unica soluzione

$$(x_1, x_2, x_3) = \left(\frac{k+3}{k(k-3)}, \frac{k-6}{k-3}, \frac{k^2-k-3}{k(k-3)} \right);$$

- per $k = 0$ il sistema ha ∞^1 soluzioni;
- per $k = 3$ il sistema è impossibile.

■

Soluzione dell'Esercizio 5.7.20. La matrice completa è

$$(\mathbf{A}|\mathbf{b}) = \left(\begin{array}{ccc|c} -k & k+2 & 0 & 2 \\ 2 & k & k+1 & 0 \\ k & 0 & k+2 & k \end{array} \right).$$

Calcoliamo il deteminante della matrice dei coefficienti

$$\begin{aligned} \det \mathbf{A} &= -k \det \begin{pmatrix} k & k+1 \\ 0 & k+2 \end{pmatrix} - (k+2) \det \begin{pmatrix} 2 & k+1 \\ k & k+2 \end{pmatrix} \\ &= -k^2(k+2) - (k+2)(-k^2+k+4) \\ &= -(k+2)(k+4). \end{aligned}$$

Quindi $\det \mathbf{A} \neq 0$ se e solo se $k \neq -2, -4$ ed in tal caso, per il Teorema di Cramer, esiste una sola soluzione. Rimangono da analizzare gli altri due casi.

Caso $k = -2$. Dalla sottomatrice

$$\begin{pmatrix} 2 & 0 \\ 2 & -2 \end{pmatrix}$$

si ricava che $\operatorname{car} \mathbf{A} = 2$; per quanto riguarda la matrice incompleta $(\mathbf{A}|\mathbf{b})$ si osserva che la terza riga è uguale alla prima cambiata di segno:

$$(\mathbf{A}|\mathbf{b}) = \left(\begin{array}{ccc|c} 2 & 0 & 0 & 2 \\ 2 & -2 & -1 & 0 \\ -2 & 0 & 0 & -2 \end{array} \right)$$

e quindi

$$\operatorname{car} \mathbf{A} = \operatorname{car} (\mathbf{A}|\mathbf{b}) = 2.$$

In tal caso il sistema ha ∞^1 soluzioni (retta).

Caso $k = -4$. Il sistema è impossibile poiché la caratteristica della matrice completa è 3. Infatti scegliendo la sottomatrice formata dalle prime due colonne e dalla colonna dei termini noti si ha

$$\det \begin{pmatrix} 4 & -2 & 2 \\ 2 & -4 & 0 \\ -4 & 0 & 4 \end{pmatrix} = -80 \neq 0.$$

Per la seconda parte dell'esercizio, applichiamo il metodo di Gauss–Jordan alla matrice completa (avendo sostituito k con -2):

$$(\mathbf{A}|\mathbf{b}) = \left(\begin{array}{ccc|c} 2 & 0 & 0 & 2 \\ 2 & -2 & -1 & 0 \\ -2 & 0 & 0 & -2 \end{array} \right) \Rightarrow \left(\begin{array}{ccc|c} 1 & 0 & 0 & 1 \\ 0 & -2 & -1 & -2 \\ 0 & 0 & 0 & 0 \end{array} \right) \Rightarrow \left(\begin{array}{ccc|c} 1 & 0 & 0 & 1 \\ 0 & 1 & \frac{1}{2} & 1 \\ 0 & 0 & 0 & 0 \end{array} \right).$$

Il sistema associato è diventato

$$\begin{cases} x_1 = 1 \\ x_2 + \frac{1}{2} x_3 = 1; \end{cases}$$

ponendo $x_3 = t$ ricaviamo la soluzione

$$\begin{pmatrix} x_1 \\ x_2 \\ x_3 \end{pmatrix} = \begin{pmatrix} 1 \\ 1 \\ 0 \end{pmatrix} + t \begin{pmatrix} 0 \\ \frac{1}{2} \\ 1 \end{pmatrix}.$$

Quanto all'interpretazione geometrica si vede facilmente, calcolando il prodotto scalare delle righe di **A** con il vettore direzione della retta di soluzioni, che esso vale sempre 0 e dunque i vettori riga di **A** sono ortogonali all'insieme di soluzioni. Si tratta di un fatto generale, si veda in proposito la Faccina 5.7.7. ■

Soluzione dell'Esercizio 5.7.21. La matrice completa associata al sistema è

$$(\mathbf{A}|\mathbf{b}) = \left(\begin{array}{cc|c} 1 & 2 & k \\ 1 & k & 2 \\ 0 & 1 & k \end{array}\right)$$

il cui determinante è $\det(\mathbf{A}|\mathbf{b}) = k^2 - k - 2$ che si annulla per $k = -1$ e $k = 2$: esclusi questi due casi la caratteristica della matrice completa risulta massima ($\text{car}\,(\mathbf{A}|\mathbf{b}) = 3$) e, per il Teorema di Rouchè–Capelli, il sistema non ha soluzione (poiché $\text{car}\,\mathbf{A} = 2$). Analizziamo i due rimanenti casi.

Caso $k = -1$. La matrice completa diventa

$$(\mathbf{A}|\mathbf{b}) = \left(\begin{array}{cc|c} 1 & 2 & -1 \\ 1 & -1 & 2 \\ 0 & 1 & -1 \end{array}\right)$$

ed analizzando il determinante della sottomatrice formata dalle ultime due righe e dalle prime due colonne (quanto fa?) si deduce che

$$\text{car}\,\mathbf{A} = \text{car}\,(\mathbf{A}|\mathbf{b}) = 2.$$

Quindi il sistema ha esattamente una soluzione che si determina eliminando la prima equazione superflua (in quanto CL delle altre) e ottenendo il nuovo sistema

$$\begin{cases} x_1 - x_2 = 2 \\ x_2 = -1 \end{cases}$$

la cui soluzione è $(x_1, x_2) = (1, -1)$.

Caso $k = 2$. In questo caso la matrice completa è

$$(\mathbf{A}|\mathbf{b}) = \left(\begin{array}{cc|c} 1 & 2 & 2 \\ 1 & 2 & 2 \\ 0 & 1 & 2 \end{array}\right)$$

e nuovamente si ha

$$\text{car}\,\mathbf{A} = \text{car}\,(\mathbf{A}|\mathbf{b}) = 2.$$

La soluzione (unica) è $(x_1, x_2) = (-2, 2)$.

Ricapitolando:

- per $k \neq -1$ e $k \neq 2$ il sistema è impossibile;
- per $k = -1$ oppure $k = 2$ il sistema ha una sola soluzione. ■

Soluzione dell'Esercizio 5.7.22. La matrice completa è

$$(\mathbf{A}|\mathbf{b}) = \left(\begin{array}{cc|c} k & 6-k & k \\ 1 & 1 & 1 \\ k & 3 & k \end{array}\right).$$

Per calcolarci la caratteristica di $(\mathbf{A}|\mathbf{b})$ osserviamo che la prima e la terza colonna di $(\mathbf{A}|\mathbf{b})$ sono uguali quindi

$$\operatorname{car}(\mathbf{A}|\mathbf{b}) = \operatorname{car}\mathbf{A};$$

allora il sistema ha sempre soluzione il cui numero dipende dal valore della caratteristica di $\mathbf{A}$. Per determinarlo consideriamo la sottomatrice formata dalle ultime due righe e ne calcoliamo il determinante:

$$\det\begin{pmatrix} 1 & 1 \\ k & 3 \end{pmatrix} = 3 - k.$$

Quindi, se $k \neq 3$ allora $\operatorname{car}\mathbf{A} = 2$ ed il sistema ha una sola soluzione. Nel caso in cui $k = 3$ la matrice $\mathbf{A}$ diventa

$$\mathbf{A} = \begin{pmatrix} 3 & 3 \\ 1 & 1 \\ 3 & 3 \end{pmatrix}.$$

Essendo le due colonne uguali, deduciamo che $\operatorname{car}\mathbf{A} = 1$ e quindi il sistema ha ∞^1 soluzioni (retta). Infatti il sistema si riduce ad una sola equazione

$$x_1 + x_2 = 1$$

che rappresenta proprio un'equazione cartesiana della retta nel piano. Per avere un'equazione vettoriale basta agire come nell'Esercizio 5.6.4: si pone $x_2 = t$ ottenendo

$$\begin{pmatrix} x_1 \\ x_2 \end{pmatrix} = \begin{pmatrix} 1 \\ 0 \end{pmatrix} + t\begin{pmatrix} -1 \\ 1 \end{pmatrix}$$

e siamo a posto. ∎

Soluzione dell'Esercizio 5.7.23. La matrice completa è

$$(\mathbf{A}|\mathbf{b}) = \left(\begin{array}{cc|c} 0 & k & 2 \\ 1 & 2 & k \\ k & 0 & 1 \end{array}\right)$$

di cui calcoliamo la caratteristica utilizzando il metodo dei determinanti in discesa:

$$\det(\mathbf{A}|\mathbf{b}) = k\det\begin{pmatrix} k & 2 \\ 2 & k \end{pmatrix} + \det\begin{pmatrix} 0 & k \\ 1 & 2 \end{pmatrix} = k(k^2 - 5).$$

- Se $k \neq 0, \pm\sqrt{5}$ si ha $\det(\mathbf{A}|\mathbf{b}) \neq 0$ ed allora

  $$\operatorname{car}(\mathbf{A}|\mathbf{b}) = 3 \neq 2 = \operatorname{car}\mathbf{A}$$

  e, per il Teorema di Rouchè–Capelli, il sistema è impossibile.

- Se $k = 0$ la matrice completa diventa

  $$(\mathbf{A}|\mathbf{b}) = \left(\begin{array}{cc|c} 0 & 0 & 2 \\ 1 & 2 & 0 \\ 0 & 0 & 1 \end{array}\right)$$

  da cui ricaviamo che $\operatorname{car}\mathbf{A} = 1$ (ci sono due righe di $\mathbf{A}$ formate da soli zeri) mentre $\operatorname{car}(\mathbf{A}|\mathbf{b}) = 2$ determinata dal minore individuato dalla sottomatrice formata dalle prime due righe e dalle ultime due colonne

  $$\begin{pmatrix} 0 & 2 \\ 2 & 0 \end{pmatrix}$$

  il cui determinante è $-4 \neq 0$. Quindi anche in questo caso il sistema è impossibile.

- Se $k = \pm\sqrt{5}$ la matrice completa diventa

$$(\mathbf{A}|\mathbf{b}) = \left(\begin{array}{cc|c} 0 & \pm\sqrt{5} & 2 \\ 1 & 2 & \pm\sqrt{5} \\ \pm\sqrt{5} & 0 & 1 \end{array}\right)$$

ed in tal caso si ha

$$\operatorname{car}\mathbf{A} = \operatorname{car}(\mathbf{A}|\mathbf{b}) = 2$$

poiché la sottomatrice formata dalla prima e terza riga e dalle prime due colonne

$$\begin{pmatrix} 0 & \pm\sqrt{5} \\ \pm\sqrt{5} & 0 \end{pmatrix}$$

ha determinante $-5 \neq 0$. Quindi, per il Teorema di Rouchè–Capelli, il sistema ha una sola soluzione che è individuata dal sistema formato dalla prima e dalla terza equazione:

$$\begin{cases} \pm\sqrt{5}x_2 &= 2 \\ \pm\sqrt{5}x_1 &= 1 \end{cases}$$

Quindi la soluzione è $(x_1, x_2) = \left(\pm\frac{1}{\sqrt{5}}, \pm\frac{2}{\sqrt{5}}\right)$. ∎

Soluzione dell'Esercizio 5.7.24. Calcoliamo il determinante di $\mathbf{A}$:

$$\det\mathbf{A} = k\det\begin{pmatrix} 1 & 1 \\ 0 & 1 \end{pmatrix} - \det\begin{pmatrix} 1 & 1 \\ k & 1 \end{pmatrix} = k - (1-k) = 2k - 1;$$

quindi per $k \neq \frac{1}{2}$ la matrice incompleta ha determinante diverso da zero e quindi $\operatorname{car}\mathbf{A} < 3$. Per il Teorema di Cramer, il sistema omogeneo associato ha una unica soluzione che è $(x_1, x_2, x_3) = (0, 0, 0)$. Rimane da esaminare il caso $k = \frac{1}{2}$. In tal caso la matrice dei coefficienti risulta

$$\mathbf{A} = \begin{pmatrix} \frac{1}{2} & 1 & 0 \\ 1 & 1 & 1 \\ \frac{1}{2} & 0 & 1 \end{pmatrix}$$

che ha caratteristica 2 in quanto la sottomatrice formata dalla prima e terza riga e dalle ultime due colonne

$$\mathbf{A} = \begin{pmatrix} 1 & 0 \\ 0 & 1 \end{pmatrix}$$

ha determinante diverso da zero. Per il Teorema di Rouchè–Capelli il sistema ha ∞^1 soluzioni (retta passante per l'origine, in quanto il sistema è omogeneo). Sempre per il Teorema di Rouchè–Capelli possiamo eliminare la seconda equazione (la seconda riga non compare nella sottomatrice che abbiamo usato per determinare la caratteristica) e quindi otteniamo il sistema equivalente

$$\begin{cases} \frac{1}{2}x_1 + x_2 &= 0 \\ \frac{1}{2}x_1 + x_3 &= 0 \end{cases}$$

Posto $x_1 = 2t$ si ottiene

$$\begin{cases} x_2 &= -t \\ x_3 &= -t. \end{cases}$$

e quindi un'equazione vettoriale della retta di soluzioni è

$$\begin{pmatrix} x_1 \\ x_2 \\ x_3 \end{pmatrix} = t\begin{pmatrix} 2 \\ -1 \\ -1 \end{pmatrix}$$

e siamo a posto. ∎

Soluzione dell'Esercizio 5.7.25. Calcoliamo il determinante di $\mathbf{A}$:

$$\det \mathbf{A} = -(k-1)\det\begin{pmatrix}1 & k\\ k & 1\end{pmatrix} = -(k-1)(1-k^2)$$

che si annulla per $k = 1$ e $k = -1$. Quindi per $k \neq \pm 1$ la matrice incompleta ha determinante diverso da zero e, per il Teorema di Cramer, il sistema ha una unica soluzione che è $(x_1, x_2, x_3) = (0, 0, 0)$. Rimangono da esaminare i rimanenti due casi

Caso $k = -1$. In tal caso la matrice dei coefficienti risulta

$$\mathbf{A} = \begin{pmatrix}2 & 1 & -1\\ -2 & 0 & 0\\ 2 & -1 & 1\end{pmatrix}$$

che ha caratteristica 2 in quanto la sottomatrice formata dalla prime due righe e colonne

$$\mathbf{A} = \begin{pmatrix}2 & 1\\ -2 & 0\end{pmatrix}$$

ha determinante diverso da zero. Per il Teorema di Rouchè–Capelli il sistema ha ∞^1 soluzioni (retta passante per l'origine, in quanto il sistema è omogeneo) e, sempre per il Teorema di Rouchè–Capelli, possiamo eliminare la terza equazione (la terza riga non compare nella sottomatrice che abbiamo usato per determinare la caratteristica) ottenendo il sistema

$$\begin{cases} 2x_1 + x_2 - x_3 = 0\\ -2x_1 = 0. \end{cases}$$

Quindi $x_1 = 0$ e $x_2 = x_3$; in altre parole, scegliendo $x_3 = t$ si ottiene la retta soluzione

$$\begin{pmatrix}x_1\\ x_2\\ x_3\end{pmatrix} = t\begin{pmatrix}0\\ 1\\ 1\end{pmatrix}.$$

Caso $k = 1$. Questa volta la matrice dei coefficienti diventa

$$\mathbf{A} = \begin{pmatrix}2 & 1 & 1\\ 0 & 0 & 0\\ 2 & 1 & 1\end{pmatrix}$$

che ha caratteristica 1 in quanto la seconda riga è nulla e la terza è uguale alla prima. Per il Teorema di Rouchè–Capelli il sistema ha ∞^2 soluzioni (piano passante per l'origine) la cui equazione implicita è data dalla prima equazione

$$2x_1 + x_2 + x_3 = 0.$$

Se vogliamo determinarne un'equazione vettoriale si scelgono due parametri (ad esempio $x_1 = t_1$ e $x_2 = t_2$) e si ricava la terza incognita in funzione dei due parametri

$$x_3 = -2x_1 - x_2 = -2t_1 - t_2.$$

Un'equazione vettoriale del piano soluzione risulta

$$\begin{pmatrix}x_1\\ x_2\\ x_3\end{pmatrix} = t_1\begin{pmatrix}1\\ 0\\ -2\end{pmatrix} + t_2\begin{pmatrix}0\\ 1\\ -1\end{pmatrix}$$

e siamo a posto. ∎

Soluzione dell'Esercizio 5.7.26. La matrice incompleta è

$$\mathbf{A} = \begin{pmatrix} k+5 & 1 & 4 \\ k & k & 0 \\ k & -(k-1) & k-1 \end{pmatrix}$$

di cui determiniamo la caratteristica utilizzando il metodo dei determinanti in discesa. Il determinante della matrice incompleta risulta

$$\det \mathbf{A} = -k \det \begin{pmatrix} 1 & 4 \\ -(k-1) & k-1 \end{pmatrix} + k \begin{pmatrix} k+5 & 4 \\ k & k-1 \end{pmatrix} = k^3 - 5k^2$$

che si annulla per $k = 0$ e $k = 5$. Quindi per $k \neq 0$ e $k \neq 5$ si avrà $\operatorname{car} \mathbf{A} = 3$ e, grazie al Teorema di Cramer, il sistema ha esattamente una soluzione. Analizziamo separatamente i due casi particolari.

Caso $k = 0$. La matrice completa diventa

$$(\mathbf{A}|\mathbf{b}) = \left(\begin{array}{ccc|c} 5 & 1 & 4 & 0 \\ 0 & 0 & 0 & 1 \\ 0 & 1 & -1 & -1 \end{array} \right).$$

Si potrebbe verificare con i calcoli che $\operatorname{car} \mathbf{A} = 2$ e $\operatorname{car}(\mathbf{A}|\mathbf{b}) = 3$ e quindi, invocando a gran voce il Teorema di Rouchè–Capelli, affermare che il sistema è impossibile, oppure, con occhio di lince, osservare che la seconda riga rappresenta l'equazione

$$0x_1 + 0x_2 + 0x_3 = 1$$

che è impossibile. In ogni caso per $k = 0$ il sistema è impossibile.

Caso $k = 5$. In questo caso la matrice completa diventa

$$(\mathbf{A}|\mathbf{b}) = \left(\begin{array}{ccc|c} 10 & 1 & 4 & 5 \\ 5 & 5 & 0 & 1 \\ 5 & -4 & 4 & 4 \end{array} \right).$$

Allora $\operatorname{car} \mathbf{A} = 2$ come si vede scegliendo, ad esempio, la sottomatrice formata dalle prime due righe e dalle prime due colonne. Questo implica che che la terza riga di $\mathbf{A}$ è CL delle prime due: in quale maniera? La terza riga si ottiene togliendo dalla prima la seconda. Allora il sistema sarà possibile se e solo se la terza riga di $(\mathbf{A}|\mathbf{b})$ si ottiene togliendo dalla prima riga (di $(\mathbf{A}|\mathbf{b})$) la seconda riga (di $(\mathbf{A}|\mathbf{b})$). In altre parole se

$$b_3 = b_1 - b_2.$$

Poiché si ha

$$4 = 5 - 1$$

si deduce che anche $\operatorname{car}(\mathbf{A}|\mathbf{b}) = 2$ e quindi il sistema ha ∞^1 soluzioni (retta).

Ricapitolando:

- per $k \neq 0, 5$ esiste un'unica soluzione;
- per $k = 5$ il sistema ha ∞^1 soluzioni;
- per $k = 0$ il sistema è impossibile. ∎

Soluzione dell'Esercizio 5.7.27. La matrice incompleta è

$$\mathbf{A} = \begin{pmatrix} k & 1 & k \\ 0 & k & k \\ -k & -1 & 0 \end{pmatrix}$$

ed il suo determinante risulta

$$\det \mathbf{A} = k \begin{pmatrix} k & k \\ -1 & 0 \end{pmatrix} - k \begin{pmatrix} 1 & k \\ k & k \end{pmatrix} = k^2 - k^2 + k^3 = k^3.$$

Quindi, per il Teorema di Cramer, il sistema ha una ed una sola soluzione quando il determinante è diverso da zero, cioè per $k \neq 0$. Nel caso in cui $k = 0$, la matrice completa diventa

$$(\mathbf{A}|\mathbf{b}) = \left(\begin{array}{ccc|c} 0 & 1 & 0 & 0 \\ 0 & 0 & 0 & 0 \\ 0 & -1 & 0 & -1 \end{array}\right)$$

che coincide con il sistema

$$\begin{cases} x_2 & = & 0 \\ 0 & = & 0 \\ -x_2 & = & -1 \end{cases}$$

che è impossibile (la prima e la terza equazione sono tra loro incompatibili: x_2 o è 0 oppure è -1). Ricapitolando:

- per $k \neq 0$ esiste un'unica soluzione $(x_1, x_2, x_3) = (-\frac{k+1}{k^2}, \frac{2k+1}{k}, -\frac{1}{k})$;
- per $k = 0$ il sistema è impossibile. ∎

Soluzione dell'Esercizio 5.7.28. La matrice incompleta associata al sistema è

$$\mathbf{A} = \begin{pmatrix} k & 1 & -1 \\ k & k-1 & k \\ k+1 & 1 & 0 \end{pmatrix}$$

ed il suo determinante risulta

$$\det \mathbf{A} = (k+1) \det \begin{pmatrix} 1 & -1 \\ k-1 & k \end{pmatrix} - \det \begin{pmatrix} k & -1 \\ k & k \end{pmatrix} = k^2 - 1.$$

Quindi, per $k^2 - 1 \neq 0$ (cioè $k \neq \pm 1$) avremo $\det \mathbf{A} \neq 0$ e, per il Teorema di Cramer, il sistema ha una sola soluzione. Inoltre, scegliendo la sottomatrice formata dalla prima e terza riga e dalle ultime due colonne

$$\begin{pmatrix} 1 & -1 \\ 1 & 0 \end{pmatrix}$$

il cui determinante è $1 \neq 0$, si ricava che, negli altri due casi $\operatorname{car} \mathbf{A} = 2$. Resta da calcolare $\operatorname{car}(\mathbf{A}|\mathbf{b})$ quando $k = 1$ e $k = -1$.

Caso $k = 1$. La matrice completa risulta

$$(\mathbf{A}|\mathbf{b}) = \left(\begin{array}{ccc|c} 1 & 1 & -1 & -1 \\ 1 & 0 & 1 & 1 \\ 2 & 1 & 0 & -1 \end{array}\right)$$

ed orliamo la sottomatrice precedentemente trovata aggiungendo la seconda riga (l'ultima rimasta) e la colonna dei termini noti. La sottomatrice che otteniamo risulta

$$\begin{pmatrix} 1 & -1 & -1 \\ 0 & 1 & 1 \\ 1 & 0 & -1 \end{pmatrix}$$

il cui determinante è

$$\det \begin{pmatrix} 1 & -1 & -1 \\ 0 & 1 & 1 \\ 1 & 0 & -1 \end{pmatrix} = \det \begin{pmatrix} 1 & 1 \\ 0 & -1 \end{pmatrix} + \begin{pmatrix} -1 & -1 \\ 1 & 1 \end{pmatrix} = -1 \neq 0.$$

Quindi $\operatorname{car}(\mathbf{A}|\mathbf{b}) = 3$ ed il sistema è impossibile.

Caso $k = -1$. La matrice completa risulta

$$(\mathbf{A}|\mathbf{b}) = \left(\begin{array}{ccc|c} -1 & 1 & -1 & -1 \\ -1 & -2 & -1 & 1 \\ 0 & 1 & 0 & -3 \end{array}\right)$$

ed orliamo la sottomatrice precedentemente trovata aggiungendo la seconda riga e la colonna dei termini noti. La sottomatrice che otteniamo ha determinante

$$\det\begin{pmatrix} 1 & -1 & -1 \\ -2 & -1 & 1 \\ 1 & 0 & -3 \end{pmatrix} = \det\begin{pmatrix} -1 & -1 \\ -1 & 1 \end{pmatrix} - 3\begin{pmatrix} 1 & -1 \\ -2 & -1 \end{pmatrix} = 7 \neq 0.$$

Nuovamente $\operatorname{car}(\mathbf{A}|\mathbf{b}) = 3$ ed il sistema è anche questa volta impossibile.

Ricapitolando

- per $k \neq \pm 1$ esiste una sola soluzione;
- per $k = \pm 1$ il sistema è impossibile. ■

Soluzione dell'Esercizio 5.7.29. La matrice completa associata al sistema è

$$(\mathbf{A}|\mathbf{b}) = \left(\begin{array}{cc|c} k & -3 & 0 \\ 1 & 1-k & 1 \\ 0 & 1 & k \end{array}\right)$$

il cui determinante risulta (sviluppando rispetto alla prima colonna)

$$\det(\mathbf{A}|\mathbf{b}) = k\det\begin{pmatrix} 1-k & 1 \\ 1 & k \end{pmatrix} - 1\det\begin{pmatrix} -3 & 0 \\ 1 & k \end{pmatrix} = -k(k^2 - k - 2).$$

Scomponendo il secondo fattore si ricava

$$\det(\mathbf{A}|\mathbf{b}) = -k(k-2)(k+1)$$

che si annulla o quando $k = 0$, o quando $k = 2$ oppure quando $k = -1$. Quindi, se $k \neq 0$, $k \neq 2$ e $k \neq -1$, abbiamo che il sistema è impossibile, in quanto

$$\operatorname{car}(\mathbf{A}|\mathbf{b}) = 3 > 2 = \operatorname{car}\mathbf{A}.$$

Negli altri casi abbiamo

Caso $k = 0$. Allora

$$(\mathbf{A}|\mathbf{b}) = \left(\begin{array}{cc|c} 0 & -3 & 0 \\ 1 & 1 & 1 \\ 0 & 1 & 0 \end{array}\right)$$

e con semplici calcoli troviamo che $\operatorname{car}\mathbf{A} = \operatorname{car}(\mathbf{A}|\mathbf{b}) = 2$ e quindi esiste un'unica soluzione.

Caso $k = 2$. Allora

$$(\mathbf{A}|\mathbf{b}) = \left(\begin{array}{cc|c} 2 & -3 & 0 \\ 1 & -1 & 1 \\ 0 & 1 & 2 \end{array}\right)$$

e con semplici calcoli troviamo che $\operatorname{car}\mathbf{A} = \operatorname{car}(\mathbf{A}|\mathbf{b}) = 2$ e quindi esiste un'unica soluzione.

Caso $k = -1$. Allora

$$(\mathbf{A}|\mathbf{b}) = \left(\begin{array}{cc|c} -1 & -3 & 0 \\ 1 & 2 & 1 \\ 0 & 1 & -1 \end{array}\right).$$

Ancora con semplici calcoli troviamo che $\operatorname{car}\mathbf{A} = \operatorname{car}(\mathbf{A}|\mathbf{b}) = 2$ e quindi esiste (nuovamente) un'unica soluzione. ■

Soluzione dell'Esercizio 5.7.30. La matrice completa associata al sistema è

$$(\mathbf{A}|\mathbf{b}) = \left(\begin{array}{cc|c} k & k & 0 \\ -k & 1 & h \\ -1 & h & k \end{array}\right)$$

il cui determinante risulta

$$\det(\mathbf{A}|\mathbf{b}) = k \det \begin{pmatrix} 1 & h \\ h & k \end{pmatrix} - k \det \begin{pmatrix} -k & h \\ -1 & k \end{pmatrix} = k(k - h + k^2 - h^2).$$

Scomponendo il secondo fattore si ricava

$$\det(\mathbf{A}|\mathbf{b}) = k(k-h)(k+h+1)$$

che si annulla o quando $k = 0$, o quando $k = h$ oppure quando $k + h = -1$. Quindi, se $k \neq 0$, $k \neq h$ e $k + h \neq -1$, abbiamo che il sistema è impossibile, in quanto

$$\operatorname{car}(\mathbf{A}|\mathbf{b}) = 3 > 2 = \operatorname{car}\mathbf{A}.$$

Rimangono da analizzare gli altri casi

Caso $k = 0$**.** La matrice completa risulta

$$(\mathbf{A}|\mathbf{b}) = \left(\begin{array}{cc|c} 0 & 0 & 0 \\ 0 & 1 & h \\ -1 & h & 0 \end{array}\right)$$

con caratteristica 2 determinata dalla sottomatrice formata dalle ultime due righe e dalle prime due colonne. Quindi

$$\operatorname{car}(\mathbf{A}|\mathbf{b}) = \operatorname{car}\mathbf{A} = 2$$

ed il sistema ha esattamente una sola soluzione $(x_1, x_2) = (h^2, h)$.

Caso $k = h$**.** La matrice completa risulta

$$(\mathbf{A}|\mathbf{b}) = \left(\begin{array}{cc|c} k & k & 0 \\ -k & 1 & k \\ -1 & k & k \end{array}\right).$$

Possiamo supporre $k \neq 0$ (in quanto il caso $k = 0$ lo abbiamo prcedentemente analizzato): allora il minore formato dalle prime due righe e dalle ultime due colonne è invertibile in quanto

$$\det \begin{pmatrix} k & 0 \\ 1 & k \end{pmatrix} = k^2 \neq 0.$$

Quindi $\operatorname{car}(\mathbf{A}|\mathbf{b}) = 2$. Resta da calcolare $\operatorname{car}\mathbf{A}$. Utilizziamo il metodo dell'orlatura partendo dalla sottomatrice

$$\mathbf{A}_1 = (a_{3,1}) = (-1)$$

che ha determinante diverso da zero. Calcoliamo i minori che si ottengono orlando $\mathbf{A}_1$:

$$\begin{aligned} M^2_{2,2} &= \det \begin{pmatrix} -k & 1 \\ -1 & k \end{pmatrix} = -k^2 + 1, \\ M^2_{1,2} &= \det \begin{pmatrix} k & k \\ -1 & k \end{pmatrix} = k^2 + k. \end{aligned}$$

Allora $\operatorname{car}\mathbf{A} = 1$ se e solo se entrambi i minori sono nulli, cioè se viene risolto il sistema

$$\begin{cases} -k^2 + 1 = 0 \\ k^2 + k = 0. \end{cases}$$

Le soluzioni della prima equazione sono $k = \pm 1$ e $k = -1$ è anche soluzione della seconda equazione e quindi del sistema. Perciò

- per $k = h = 1$ si ha
$$\operatorname{car}(\mathbf{A}|\mathbf{b}) = 2 > 1 = \operatorname{car}\mathbf{A}$$
ed il sistema è impossibile;
- per $k = h$ ma $k \neq 1$ si ha
$$\operatorname{car}(\mathbf{A}|\mathbf{b}) = \operatorname{car}\mathbf{A} = 2$$
ed il sistema ha esattamente una sola soluzione.

Caso $h = -k - 1$. La matrice completa risulta

$$(\mathbf{A}|\mathbf{b}) = \left(\begin{array}{cc|c} k & k & 0 \\ -k & 1 & -k-1 \\ -1 & -k-1 & k \end{array}\right).$$

ed il minore determinato dalle ultime due righe e dalle prime due colonne

$$\det\begin{pmatrix} -k & 1 \\ -1 & -k-1 \end{pmatrix} = k^2 + k + 1$$

risulta sempre diverso da zero (in quanto ha $\Delta < 0$). Quindi in tal caso la soluzione è unica. ∎

Soluzione dell'Esercizio 5.7.31. Per il teorema di Rouchè–Capelli il sistema lineare $\mathbf{Ax} = \mathbf{b}$ è risolvibile se le caratteristiche di $\mathbf{A}$ e di $(\mathbf{A}|\mathbf{b})$ sono uguali. Il che è come dire che il vettore $\mathbf{b}$ è esprimibile come CL delle colonne di $\mathbf{A}$ (si ricordi la Faccina 5.7.5. Ciò accade per ogni $\mathbf{b} \in \mathbb{R}^3$ se e solo se le colonne di $\mathbf{A}$ sono una base di $\mathbb{R}^3$ cioè se e solo se $\operatorname{car}\mathbf{A} = 3$. È allora sufficiente vedere per quali valori di $k \in \mathbb{R}$ la matrice ha determinante non nullo. Dato che

$$\det\mathbf{A} = 1(3k - 10) - 1(2k - 8) + 1(10 - 12) = k - 4$$

ne segue che il sistema lineare è risolvibile per ogni $\mathbf{b} \in \mathbb{R}^3$ se e solo se $k \neq 4$. ∎

5.9.6 *Esercizi applicati*

Soluzione dell'Esercizio 5.8.5. Si tratta in sostanza di vedere se le due semirette si incontrano oppure no. Allora consideriamo le rette da esse individuate e vediamo se sono incidenti col metodo visto nell'Esercizio 5.6.3 e poi controlliamo se l'eventuale punto di incontro sta anche su entrambe le semirette considerate. Si vede senza fatica che i vettori direzione delle due rette sono LI. Inoltre per vedere se sono incidenti occorre risolvere il sistema

$$\begin{cases} 4 + t_1 = t_2 \\ 3 + 3t_1 = 3t_2 \\ 1 + 6t_1 = 2t_2 \end{cases}$$

che risulta impossibile. Quindi le due rette sono sghembe. A maggior ragione le semirette considerate non si intersecano.

Per quanto riguarda la seconda domanda ricordiamo che la distanza tra due punti dati delle due semirette vale

$$d(\mathbf{x}^1, \mathbf{x}^2) = \sqrt{(4 + t_1 - t_2)^2 + (3 + 3t_1 - 3t_2)^2 + (1 + 6t_1 - 2t_2)^2}.$$

Dato che minimizzare d equivale a minimizzare d^2, la richiesta è sostanzialmente di trovare il punto di minimo (t_1, t_2) della funzione a due variabili

$$f(t_1, t_2) = (4 + t_1 - t_2)^2 + (3 + 3t_1 - 3t_2)^2 + (1 + 6t_1 - 2t_2)^2.$$

Per fare questo occorre usare i metodi sviluppati nel successivo Capitolo 6. In questo caso si osserva che la funzione in questione è convessa e che l'unico punto di minimo è quello in cui si annulla il gradiente. Dato che

$$\nabla f(t_1, t_2) = \begin{pmatrix} 38 + 92t_1 - 44t_2 \\ \\ -30 - 44t_1 + 28t_2 \end{pmatrix}$$

il punto di minimo cercato (t_1, t_2) è l'unica soluzione del sistema lineare $\nabla f(t_1, t_2) = \mathbf{0}$ qui sopra che lasciamo per divertimento al lettore. ∎

Soluzione dell'Esercizio 5.8.6. Osserviamo prima di tutto che $\mathbf{v}$ è replicabile tramite $\mathbf{v}^1$, $\mathbf{v}^2$ e $\mathbf{v}^3$ se possiamo scriverla come CL di esse, cioè se esistono x_1, x_2 e x_3 tali che

$$\mathbf{v} = x_1\mathbf{v}^1 + x_2\mathbf{v}^2 + x_3\mathbf{v}^3.$$

I modi in cui è possibile fare tale replicazione sono tutte le possibili scelte dei parametri $x_1, x_2, x_3 \in \mathbb{R}$. In altre parole occorre vedere se, posto $\mathbf{x} = (x_1, x_2, x_3)$ vettore delle incognite, il sistema lineare

$$\mathbf{A}\mathbf{x} = \mathbf{v}$$

(qui $\mathbf{A}$ è la matrice quadrata di ordine 3 che ha come colonne i vettori $\mathbf{v}^1$, $\mathbf{v}^2$ e $\mathbf{v}^3$) è risolvibile e, in caso positivo, quante soluzioni ha. Usiamo all'uopo il Teorema di Rouché-Capelli; poiché

$$\det \mathbf{A} = \det \begin{pmatrix} -10 & -15 & -10 \\ 11 & 2 & 0 \\ 0 & 15 & 12 \end{pmatrix} = 90 \neq 0,$$

ne segue che $\operatorname{car} \mathbf{A} = 3$. Allora anche $\operatorname{car}(\mathbf{A}|\mathbf{v}) = 3$ e quindi il sistema ha un'unica soluzione, cioè il titolo $\mathbf{v}$ è replicabile in un modo solo. ∎

Soluzione dell'Esercizio 5.8.7. Affinché il vettore $\phi(r)$ risulti ortogonale ai tre vettori si deve verificare se esiste un $r_0 > 0$ tale che

$$\begin{cases} \langle \phi(r_0), \mathbf{y} \rangle = 0 \\ \langle \phi(r_0), \mathbf{w} \rangle = 0 \\ \langle \phi(r_0), \mathbf{z} \rangle = 0 \end{cases}$$

cioè

$$\begin{cases} -10 + 12(1+r)^{-1} = 0 \\ -15 + 2(1+r)^{-1} + 15(1+r)^{-2} = 0 \\ -10 + 13(1+r)^{-2} = 0. \end{cases}$$

Posto $t = 1 + r$ sviluppando i calcoli si ottiene

$$\begin{cases} -10t + 12 = 0 \\ -15t^2 + 2t + 15 = 0 \\ -10t^2 + 13 = 0. \end{cases}$$

Conviene risolvere la prima equazione che è la più semplice e poi vedere se il valore di t trovato verifica o no le altre due equazioni. La soluzione della prima equazione è $t = \frac{12}{10}$. Sostituendo tale valore nella terza equazione si ha

$$-10\left(\frac{12}{10}\right)^2 + 13 = -\frac{144}{10} + 13 = -\frac{14}{10} \neq 0.$$

Quindi non esiste nessun $r_0 > 0$ tale che $\phi(r_0)$ sia ortogonale a tutti e tre. ∎

Soluzione dell'Esercizio 5.8.8. Per definizione almeno una delle 3 operazioni date è replicabile tramite le altre 2 se e solo se i vettori sono LD. Calcoliamoci allora il determinante della matrice $\mathbf{A}$ che ha le colonne uguali alle tre operazioni date

$$\det \mathbf{A} = \det \begin{pmatrix} -10 & -15 & -10 \\ 11 & 2 & 0 \\ 1 & 15 & 12 \end{pmatrix} = -11 \det \begin{pmatrix} -15 & -10 \\ 15 & 12 \end{pmatrix} + 2 \det \begin{pmatrix} -10 & -10 \\ 1 & 12 \end{pmatrix} = 110 \neq 0.$$

Quindi i tre vettori sono LI e nessuna delle tre è replicabile tramite le altre due. Ne segue poi che qualunque altra operazione finanziaria $\mathbf{x}$ è replicabile in modo unico (grazie al Teorema di Rouchè-Capelli) con le tre date. Infine $\mathbf{x}$ è replicabile tramite $\mathbf{y}$ e $\mathbf{z}$ se e solo se $\mathbf{x}$ appartiene allo spazio vettoriale generato da $\mathbf{y}$ e $\mathbf{z}$ (che sono tra loro LI). Tali $\mathbf{x}$ possono essere replicati in maniera unica in quanto il sistema che ne risulta ha soluzione unica. ∎

Soluzione dell'Esercizio 5.8.9. Si tratta di un'esercizio analogo all'Esercizio 5.8.4. Qui però il valore di λ non viene fornito. Siamo allora obbligati a trovarcelo risolvendo un sistema lineare parametrico sul modello di quelli visti nella sezione precedente. Il sistema $\mathbf{Ax} = \lambda\mathbf{x}$ si scrive:

$$\begin{cases} 3x_2 = \lambda x_1 \\ 3x_3 = \lambda x_2 \\ 3x_1 = \lambda x_3 \end{cases} \iff \begin{cases} -\lambda x_1 + 3x_2 = 0 \\ -\lambda x_2 + 3x_3 = 0 \\ 3x_1 - \lambda x_3 = 0 \end{cases} \iff \mathbf{Bx} = \mathbf{0}, \quad \text{con} \quad \mathbf{B} = \begin{bmatrix} -\lambda & 3 & 0 \\ 0 & -\lambda & 3 \\ 3 & 0 & -\lambda \end{bmatrix}$$

Abbiamo quindi un sistema lineare omogeneo parametrico. Esso ammette sempre una soluzione nulla. Dobbiamo vedere per quali valori del parametro λ esso ammette anche soluzioni non nulle. Perché ciò accada bisogna (ricordando il Teorema di Rouchè-Capelli) che la caratteristica di $\mathbf{B}$ sia minore di 3, quindi che $\det \mathbf{B} = 0$. Poiché

$$\det \mathbf{B} = -\lambda \begin{vmatrix} -\lambda & 3 \\ 0 & -\lambda \end{vmatrix} + 3 \begin{vmatrix} 3 & 0 \\ -\lambda & 3 \end{vmatrix} = -\lambda^3 + 27$$

si ha

$$\det \mathbf{B} = 0 \iff -\lambda^3 + 27 = 0 \iff \lambda = 3;$$

(in realtà vi sono anche valori complessi di λ che annullano il determinante ma l'esercizio era dichiaratamente interessato solo a quelli reali). Per $\lambda = 3$ si ha $\det \mathbf{B} = 0$ e $\operatorname{car} \mathbf{B} = 2$ (basta vedere che il minore in alto a sinistra di ordine 2 è non nullo) e quindi il sistema omogeneo $\mathbf{Bx} = \mathbf{0}$ ha ∞^1 soluzioni (una retta). Per trovarne una possiamo porre ad esempio $x_1 = 1$ e trovare le altre ottenendo $\mathbf{x} = (1, 1, 1)$. ∎

Capitolo 6

Funzioni a più variabili

6.1 Quali esercizi affronteremo in questo capitolo?

1. Calcolare la restrizione di una funzione lungo rette e determinarne le derivate direzionali (e quindi anche parziali) ove esistano.

2. Calcolare il gradiente e l'Hessiano di funzioni a più variabili derivabili due volte.

3. Identificare i minori principali di guida di una matrice e, attraverso essi, stabilire se la matrice risulta definita/semidefinita positiva/negativa oppure indefinita. Di conseguenza determinare se una funzione a più variabili è convessa o concava in un certo insieme.

4. Risolvere semplici problemi di massimo e minimo di funzioni a più variabili. In particolare:

   (a) saper individuare punti stazionari interni di semplici funzioni in più variabili tramite lo studio del sistema $\nabla f(\mathbf{x}) = 0$;

   (b) dire se un punto stazionario interno $\mathbf{x}^0$ è punto di minimo o di massimo locale tramite:

      - condizione necessaria del secondo ordine (segno della matrice Hessiana),
      - condizione sufficiente del secondo ordine (segno della matrice Hessiana),
      - uso della definizione di massimo e minimo,
      - restrizione ad opportune curve (solitamente rette) passanti per $\mathbf{x}^0$;

   (c) dire se un punto stazionario interno $\mathbf{x}^0$ è punto di minimo o di massimo globale su un insieme A tramite:

      - uso della definizione di massimo e minimo,
      - restrizione ad opportune curve (solitamente rette),
      - condizione sufficiente attraverso la convessità/concavità della funzione su A;

   (d) saper scrivere le condizioni necessarie di Kuhn–Tucker per massimi e minimi vincolati; inoltre verificare se i punti stazionari risultano punti di massimo/minimo locale e/o globale (oltre ai metodi precedentemente esposti si richiede l'utilizzo del Teorema di Weierstrass).

6.2 Richiami di teoria

Premessa indispensabile: gli argomenti trattati in questo paragrafo ed in quello successivo sono piuttosto complessi. Per questo motivo richiederebbero uno studio approfondito che non può essere effettuato in un corso introduttivo di Matematica nei corsi di laurea in Facoltà di Economia. Ci limiteremo ad esporre brevemente (omettendo qualsiasi accenno ai limiti ed alla continuità delle funzioni) le principali cose che uno studente deve conoscere anche per poter affrontare i vari esami di economia (per un riferimento segnaliamo nuovamente [PSS]).

6.2.1 Due righe di topologia in $\mathbb{R}^n$

Diamo qui alcune nozioni di topologia in $\mathbb{R}^n$. Si tratta di generalizzazioni delle definizioni viste alla Sezione 3.3.2 che vi consigliamo di riguardare prima di avventurarvi in questa. Qui, per non ripeterci, mostriamo solo i cambiamenti rispetto alle definizioni descritte in tale sezione.

Ci interessano le nozioni di: intorno, distanza, punto di frontiera, punto di accumulazione, punto isolato, punto interno ed esterno; insieme aperto, chiuso, limitato, compatto; le nozioni di massimo e minimo, estremo superiore e inferiore di un insieme invece non hanno senso in $\mathbb{R}^n$ ma solo in $\mathbb{R}$ e quindi qui non ci sono.

Distanza. Dati due punti $\mathbf{x}^1$ e $\mathbf{x}^2$ in $\mathbb{R}$ chiamiamo *distanza* fra essi (indicata spesso con il simbolo $d(\mathbf{x}^1, \mathbf{x}^2)$) il numero

$$\sqrt{\sum_{i=1}^{n}(x_i^1 - x_i^2)^2} = \sqrt{(x_1^1 - x_1^2)^2 + \cdots + (x_n^1 - x_n^2)^2} = \left(\sum_{i=1}^{n}(x_i^1 - x_i^2)^2\right)^{\frac{1}{2}}$$

che geometricamente è la lunghezza del segmento di retta che unisce $\mathbf{x}^1$ e $\mathbf{x}^2$ (ricordandoci del Teorema di Pitagora). In particolare la distanza $d(\mathbf{0}, \mathbf{x})$ di un vettore $\mathbf{x}$ dall'origine si dice *norma*[1] del vettore $\mathbf{x}$ e si indica con il simbolo $\|\mathbf{x}\|$.

Intorno. Dato $\mathbf{x}^0 \in \mathbb{R}^n$, chiamiamo *intorno* di centro $\mathbf{x}^0$ e raggio ε, l'insieme

$$I(\mathbf{x}^0, \varepsilon) = \left\{\mathbf{x} \in \mathbb{R}^n \ : \ d(\mathbf{x}, \mathbf{x}^0) < \varepsilon\right\}$$

che geometricamente è una palla senza la buccia.

Insieme limitato. Un insieme A si dice *limitato* se esiste $M \in \mathbb{R}$ tale che $A \subseteq I(\mathbf{0}, M)$ cioè se esiste una palla centrata nell'origine che lo contiene tutto.

Insieme convesso. Un insieme A si dice *convesso* se dati due punti $\mathbf{x}^1$ e $\mathbf{x}^2$ in A, il segmento che li unisce è sempre tutto contenuto in A cioè:

$$\mathbf{x}^1, \mathbf{x}^2 \in A \quad \Longrightarrow \quad t\mathbf{x}^1 + (1-t)\mathbf{x}^2 \in A, \quad \forall t \in (0,1).$$

Le altre definizioni: punto di frontiera, punto di accumulazione, punto isolato, punto interno, punto esterno, insieme aperto, insieme chiuso, insieme compatto, sono esattamente le stesse viste per il caso $n = 1$ e non ve le ripetiamo.

Ricordiamo infine che le nozioni sopra ricordate verranno usate per studiare il dominio di funzioni date. Ciò sarà utile nell'affrontare alcune questioni, in particolare:

- *insieme compatto:* per il Teorema di Weierstrass (che ci fornisce una condizione di esistenza di massimi e minimi);
- *insieme convesso:* per il teorema che lega la concavità (convessità) di una funzione e l'esistenza di massimi (minimi) globali;
- *punto interno:* per definire le derivate parziali e direzionali e quindi le condizioni necessarie di massimo e minimo;
- *punto di frontiera:* per lo studio di massimi e minimi vincolati.

Faccina 6.2.1 Rappresentare e studiare dal punto di vista topologico sottoinsiemi di $\mathbb{R}^n$ è un compito in genere arduo. Quindi noi ci limiteremo a casi piuttosto semplici. In breve le cose che ci capiterà di fare negli esercizi proposti saranno le seguenti:

[1]La norma si può definire anche attraverso il prodotto scalare, si veda l'inizio della Sezione 5.5.

(i) Determinare i CE di semplici funzioni a più variabili scrivendoli come soluzione di sistemi di equazioni e/o disequazioni (ad esempio l'insieme

$$A = \{\mathbf{x} \in \mathbb{R}^2 \ : \ x_2 > x_1\}$$

che è un semipiano in $\mathbb{R}^2$ o l'insieme

$$B = \{\mathbf{x} \in \mathbb{R}^2 \ : \ x_2 > x_1, \ x_2 > 0\}$$

che è un cono in $\mathbb{R}^2$).

(ii) Rappresentare graficamente i domini espressi come soluzione di sistemi di equazioni/disequazioni nel caso in cui si tratti di funzioni a due variabili.

(iii) Determinare per semplici insiemi $A \subseteq \mathbb{R}^n$ espressi come soluzione di sistemi di equazioni/disequazioni la frontiera e la parte interna; vedere poi se sono aperti, chiusi, limitati, compatti.

Faccina 6.2.2 Diamo alcune di idee pratiche.

- Per il calcolo dei CE occorre impostare un sistema, esattamente con le stesse regole ricordate nella Sezione 3.3.1 (parte sui Metodi). I denominatori vanno posti diversi da 0, gli argomenti di radici e potenze simili vanno posti ≥ 0, gli argomenti dei logaritmo vanno posti > 0.
- Per capire come è fatto un sottoinsieme di $\mathbb{R}^2$ definito da una disequazione conviene spesso agire come segue.
  - Tracciare prima la soluzione dell'equazione (che solitamente è il grafico di una funzione a una variabile, nel caso di A è la retta $x_2 = x_1$ bisettrice del primo e terzo quadrante).
  - Tale grafico divide il piano cartesiano in due insiemi (nel caso di A due semipiani): l'insieme cercato è uno dei due.
  - Per decidere quale sia dei due conviene scegliere un punto a caso in una delle due regioni (nel caso di A si può scegliere $(1,0)$) e vedere se soddisfa o no la disequazione. Se la soddisfa la parte "buona" è quella contenente tale punto, altrimenti è l'altra (nel nostro caso $(1,0)$ non soddisfa la disequazione $x_2 > x_1$, quindi il semipiano cercato è l'altro).
- Un insieme definito da due disequazioni può essere scritto come intersezione di due insiemi definiti ciascuno da una disequazione (ad esempio, nel caso visto sopra si ha

$$B = \{\mathbf{x} \in \mathbb{R}^2 \ : \ x_2 > x_1, \ x_2 > 0\} = \{\mathbf{x} \in \mathbb{R}^2 \ : \ x_2 > x_1\} \cap \{\mathbf{x} \in \mathbb{R}^2 \ : \ x_2 > 0\}$$

senza difficoltà). L'intersezione può essere determinata graficamente con una semplice sovrapposizione dei due insiemi.
- Se un insieme è definito da una disequazione, tipicamente[2] la parte interna soddisfa la disequazione stretta mentre la frontiera soddisfa l'equazione. Ad esempio

$$\operatorname{int} A = \{\mathbf{x} \in \mathbb{R}^2 \ : \ x_2 > x_1\} \qquad \text{e} \qquad \operatorname{fr} A = \{\mathbf{x} \in \mathbb{R}^2 \ : \ x_2 = x_1\}.$$

Questo permette di capire subito se un tale insieme è aperto o chiuso. La cosa non vale per insiemi definiti da più disequazioni dove occorre aguzzare un po' l'ingegno.
- Se un insieme è definito da un uguaglianza (salvo casi degeneri che non tratteremo) esso non ha alcun punto interno: tutti i suoi punti sono di frontiera e quindi non può essere aperto (vedasi A_5 qui sotto).
- Come capire se un insieme è chiuso o aperto? Senza dare metodi precisi consideriamo ad esempio gli insiemi

$$\begin{aligned}
A_1 &= \{\mathbf{x} \in \mathbb{R}^2 \ : \ x_2 \geq x_1^2\} \\
A_2 &= \{\mathbf{x} \in \mathbb{R}^2 \ : \ x_1 \geq 0, \ x_2 \geq 1, \ x_1 + 2x_2 \leq 4\} \\
A_3 &= \{\mathbf{x} \in \mathbb{R}^2 \ : \ x_1 x_2 > 2\}. \\
A_4 &= \{\mathbf{x} \in \mathbb{R}^2 \ : \ x_1 \geq 0, \ x_2 > 0, \ x_1 + x_2 \leq 4\} \\
A_5 &= \{\mathbf{x} \in \mathbb{R}^2 \ : \ x_1 + x_2 = 2\} \\
A_6 &= \{\mathbf{x} \in \mathbb{R}^2 \ : \ x_1 + x_2 = 2, \ x_1 > 0\}.
\end{aligned}$$

[2]Nel senso che ciò sarà sempre verificato negli esempi da noi considerati. Tuttavia non si tratta di una cosa vera in generale.

Sappiamo che se A comprende tutta la frontiera (nei nostri esempi accade se *tutte* le disuguaglianze valgono con $\geq$ o $\leq$) allora A è chiuso (così A_1 e A_2). Se invece A non contiene neanche un pezzo di frontiera (nei nostri casi accade se *tutte* le disuguaglianze valgono con $<$ o $>$) allora A è aperto (così A_3). Se poi A contiene solo un pezzo di frontiera (nei nostri casi accade quando alcune disuguaglianze sono larghe e altre strette) allora A non è né chiuso né aperto (così A_4). Un insieme che non contiene punti interni può essere chiuso (così A_5) o né chiuso né aperto (così A_6), ma *non può* essere aperto.

Si veda a proposito l'Esercizio 6.3.1.

6.2.2 Derivate direzionali, derivate parziali, gradiente

Una funzione a più variabili è definita su un dominio $A \subseteq \mathbb{R}^n$ e a valori in $\mathbb{R}$. La indichiamo come al solito con $f : A \longrightarrow \mathbb{R}$ (oppure $f : \mathbf{x} \mapsto f(\mathbf{x})$) ricordando la simbologia usata comunemente per i vettori e introdotta alla Sezione 5.2.

Data una funzione $f : A \longrightarrow \mathbb{R}$ ed una retta r di equazione vettoriale

$$r: \qquad \mathbf{x} = \mathbf{x}^0 + t\mathbf{v}$$

definiamo la *restrizione* di f alla retta r (rispetto l'equazione vettoriale data) come la funzione in una variabile $f_{\mathbf{v}}(t)$ determinata dalla composizione di f con $h_r(t) = \mathbf{x}^0 + t\mathbf{v}$ (vedasi Osservazione 5.6.5). Si ha quindi[3] $f_{\mathbf{v}} : A_0 \longrightarrow \mathbb{R}$ definita

$$f_{\mathbf{v}}(t) = f(h_r(t)) = f(\mathbf{x}^0 + t\mathbf{v}),$$

dove, esattamente come descritto all'inizio della Sezione 3.3.3,

$$A_0 = \{t \in \mathbb{R} : \ h_r(t) \in A\}.$$

In altre parole, il grafico della funzione $f_{\mathbf{v}}$ si ottiene "affettando" con un piano verticale contenente la retta r il grafico di f.

Fissiamo ora un punto $\mathbf{x}^0 \in \operatorname{int} A$. In tal caso si intuisce[4] che A_0 contiene almeno un intervallo $(-\varepsilon, \varepsilon)$ e quindi $t = 0$ è interno ad A_0. Diciamo allora che f ammette *derivata direzionale* nel punto $\mathbf{x}^0$ lungo la direzione $\mathbf{v}$ se $f_{\mathbf{v}}$ è derivabile in $t = 0$. Se ciò avviene la derivata direzionale si indica

$$\frac{\partial f}{\partial \mathbf{v}}(\mathbf{x}^0) = f'_{\mathbf{v}}(0) = \lim_{t \to 0} \frac{f(\mathbf{x}^0 + t\mathbf{v}) - f(\mathbf{x}^0)}{t}. \tag{6.1}$$

Un ruolo particolare viene giocato dalle rette corrispondenti agli assi cartesiani. In tal caso la derivata direzionale di f in un punto $\mathbf{x}^0$ lungo l'asse i–esimo prende il nome di *derivata parziale* di f rispetto alla i–esima componente e si indica

$$\frac{\partial f}{\partial x_i}(\mathbf{x}^0).$$

Il calcolo della derivata parziale i–esima risulta molto semplice: si effettua con le stesse regole di calcolo della derivata di una funzione in una variabile applicate alla variabile x_i facendo finta che tutte le altre variabili siano delle costanti (dei parametri!). Quindi ad una funzione definita su $\mathbb{R}^n$ si associano n derivate parziali, una per ogni incognita. Il vettore di $\mathbb{R}^n$ che le raccoglie si chiama *gradiente*:

$$\nabla f(\mathbf{x}^0) = \left(\frac{\partial f}{\partial x_1}(\mathbf{x}^0), \frac{\partial f}{\partial x_2}(\mathbf{x}^0), \ldots, \frac{\partial f}{\partial x_n}(\mathbf{x}^0) \right).$$

Il gradiente recita[5] il ruolo della derivata per le funzioni in più variabili nel senso che permette di individuare il piano (o l'iperpiano) tangente al grafico della funzione, quando essa è "liscia".

Utilizzando il gradiente possiamo anche facilmente calcolare la derivata direzionale; infatti vale la seguente formula:

$$\frac{\partial f}{\partial \mathbf{v}}(\mathbf{x}^0) = \langle \nabla f(\mathbf{x}^0), \mathbf{v} \rangle. \tag{6.2}$$

[3]Il lettore attento si accorgerà che la funzione $f_{\mathbf{v}}(t)$ cambia se consideriamo la stessa retta ma con una equazione vettoriale diversa. Dovremmo quindi parlare di una restrizione tra le tante possibili. Per questo parliamo di restrizione secondo una data equazione vettoriale.

[4]Consigliamo di fare un disegno per capirlo bene.

[5]Sotto opportune ipotesi che preferiamo non rammentare, tanto non ne faremo uso.

6.2.3 Derivate seconde ed Hessiano

Poiché la derivata di una funzione in più variabili è risultata un vettore a n componenti (il gradiente), per fare la derivata seconda dovremmo derivare ogni singola componente del vettore (quindi ogni derivata parziale) nuovamente per le n incognite, ottenenendo quindi n^2 derivate seconde. Ogni derivata seconda la indicheremo col simbolo

$$\frac{\partial^2 f}{\partial x_i \partial x_j}(\mathbf{x}^0)$$

che significherà che abbiamo derivato $\frac{\partial f}{\partial x_j}$ rispetto alla variabile x_i. Nel caso particolare in cui $i = j$ scriveremo

$$\frac{\partial^2 f}{\partial x_i^2}(\mathbf{x}^0).$$

Le n^2 derivate seconde vengono raggruppate in una matrice quadrata di ordine n che viene detta *Hessiano* di f e che sarà del tipo

$$H_f(\mathbf{x}^0) = \begin{pmatrix} \frac{\partial^2 f}{\partial x_1^2}(\mathbf{x}^0) & \frac{\partial^2 f}{\partial x_2 \partial x_1}(\mathbf{x}^0) & \cdots & \frac{\partial^2 f}{\partial x_n \partial x_1}(\mathbf{x}^0) \\ \frac{\partial^2 f}{\partial x_1 \partial x_2}(\mathbf{x}^0) & \frac{\partial^2 f}{\partial x_2^2}(\mathbf{x}^0) & \cdots & \frac{\partial^2 f}{\partial x_n \partial x_2}(\mathbf{x}^0) \\ \vdots & \vdots & \ddots & \vdots \\ \frac{\partial^2 f}{\partial x_1 \partial x_n}(\mathbf{x}^0) & \frac{\partial^2 f}{\partial x_2 \partial x_n}(\mathbf{x}^0) & \cdots & \frac{\partial^2 f}{\partial x_n^2}(\mathbf{x}^0) \end{pmatrix}.$$

In generale le derivate seconde miste $\frac{\partial^2 f}{\partial x_i \partial x_j}(\mathbf{x}^0)$ e $\frac{\partial^2 f}{\partial x_j \partial x_i}(\mathbf{x}^0)$ risultano diverse: il Teorema di Schwarz (vedasi [PSS]) garantisce che sotto opportune condizioni (sempre verificate nei nostri esercizi, i lettori stiano tranquilli) le derivate miste sono uguali, cioè

$$\frac{\partial^2 f}{\partial x_i \partial x_j}(\mathbf{x}^0) = \frac{\partial^2 f}{\partial x_j \partial x_i}(\mathbf{x}^0), \quad \forall i, j.$$

In tal caso la matrice Hessiana risulta simmetrica.

6.2.4 A che servono gradiente ed Hessiano?

Ma a cosa potranno mai servire gradiente ed Hessiano? Probabilmente (anzi certamente) per risolvere gli stessi problemi che venivano risolti con la derivata prima e seconda di una funzione in una variabile. Per chiarire facciamo un veloce *résumé* sull'utilizzo delle derivate per funzioni in una variabile negli esercizi visti al Capitolo 3.

Monotonia. Attraverso il segno della derivata prima siamo in grado di individuare gli insiemi di monotonia, cioè dove la funzione è crescente oppure decrescente.

Convessità e concavità. Attraverso la derivata seconda siamo in grado di identificare gli insiemi su cui la funzione è convessa oppure concava.

Minimi e massimi. Attraverso le derivate prima e seconda siamo in grado di stabilire quando un punto è di minimo o di massimo.

Zeri. Attraverso la derivata prima siamo in grado di stabilire se una funzione ammette degli zeri e anche il loro numero.

Vediamo ora in rozza sintesi quale è la situazione, nel caso di funzioni in più variabili.

Monotonia. Non possiamo dare un buon ordinamento tra vettori (è difficile dire se il vettore $(1, 2)$ è maggiore oppure minore del vettore $(2, 1)$) e quindi non possiamo parlare di monotonia come nel caso di una variabile. Potremmo parlare di ordinamenti parziali tramite coni e definire concetti di monotonia più deboli a cui applicare le derivate, ma ve li risparmiamo. Il primo problema non si pone. Meno male.

Convessità e concavità. Si possono fare (con più fatica) le stesse cose fatte per funzioni in una variabile definendo in modo opportuno il segno delle matrici simmetriche: si veda la Sezione 6.4.

Minimi e massimi. Questo problema è più complesso di quello con una sola variabile ma comunque può essere trattato in un certo numero di casi: si veda la Sezione 6.5.

Zeri. Qui ci sono problemi seri. Il problema si può affrontare ma vi sono molte difficoltà non elementari. Lo tralasciamo.

Sottolineiamo, per finire, che negli esercizi di questo capitolo noi avremo a che fare con funzioni sempre derivabili almeno due volte con derivate continue sul loro dominio (un'eccezione è l'Esercizio 6.3.6). Quindi lasciamo sempre da parte problemi di non derivabilità.

6.3 Calcolo di gradienti, derivate direzionali, derivate seconde

Esercizi ben svolti

Esercizio 6.3.1 [L'Aquila 30/05/2000 n.A3] Calcolare il gradiente della funzione

$$f(x_1, x_2) = \ln(x_1 + 10x_2) - x_1 e^{x_2}.$$

Soluzione. Innanzitutto il CE (anche se sembra non servire nel resto dell'esercizio è sempre bene calcolarlo). Poiché siamo in presenza di un logaritmo dobbiamo imporre che l'argomento sia strettamente positivo (vedasi Faccina 6.2.1) e quindi

$$CE(f) = \{\mathbf{x} \in \mathbb{R}^2 \ : \ x_1 + 10x_2 > 0\}.$$

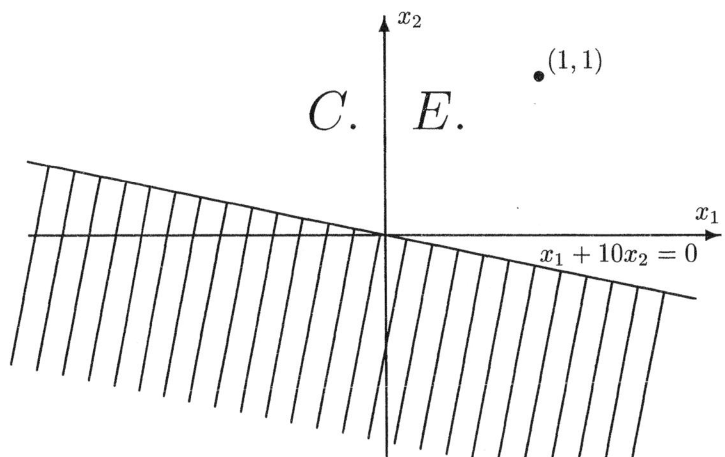

Figura 6.1: $x_1 + 10x_2 > 0$

Il $CE(f)$ è un semipiano individuato dalla retta passante per l'origine $x_1 + 10x_2 = 0$; per capire quale dei due semipiani scegliere è sufficiente (seguendo i consigli della Faccina 6.2.1) prendere un punto che non appartiene alla retta[6]; per esempio il punto $(1,1)$. Sostituendo le sue coordinate nell'espressione otteniamo

$$1 + 10 \cdot 2 = 21 > 0.$$

Quindi il $CE(f)$ è il semipiano contenente $(1,1)$ (vedasi Figura 6.1).

[6]Non scegliete l'origine!

Dobbiamo ora calcolare le derivate parziali di f rispetto alla prima e seconda variabile. Per calcolare la derivata parziale di f rispetto a x_1 dobbiamo "far finta" che la variabile x_2 sia una costante. Quindi

$$\frac{\partial f}{\partial x_1}(\mathbf{x}) = \frac{1}{x_1 + 10x_2} - e^{x_2}.$$

Analogamente per calcolare la derivata parziale di f rispetto a x_2 dobbiamo considerare x_1 fissato:

$$\frac{\partial f}{\partial x_2}(\mathbf{x}) = \frac{10}{x_1 + 10x_2} - x_1 e^{x_2}.$$

Il gradiente di f è il vettore delle derivate parziali e quindi

$$\nabla f(\mathbf{x}) = \left(\frac{\partial f}{\partial x_1}(\mathbf{x}), \frac{\partial f}{\partial x_2}(\mathbf{x})\right) = \left(\frac{1}{x_1 + 10x_2} - e^{x_2}, \frac{10}{x_1 + 10x_2} - x_1 e^{x_2}\right)$$

è il risultato cercato. ∎

Esercizio 6.3.2 [Roma 30/05/2000, n.9] Trovate la restrizione alla retta r di equazione

$$r: \begin{pmatrix} x_1 \\ x_2 \\ x_3 \end{pmatrix} = \begin{pmatrix} 0 \\ 1 \\ 2 \end{pmatrix} + t \begin{pmatrix} 1 \\ 2 \\ 3 \end{pmatrix},$$

della funzione

$$f(x_1, x_2, x_3) = x_3^2 + (1 + x_1 x_2)^2$$

e trovatene anche la derivata direzionale in $\mathbf{x}^0 = (0, 1, 2)$ nella direzione $\mathbf{v} = (1, 2, 3)$.

Soluzione. Il CE della funzione è tutto $\mathbb{R}^2$. La restrizione di f su r vale

$$\begin{aligned} f_{\mathbf{v}}(t) &= f(\mathbf{x}^0 + t\mathbf{v}) \\ &= f(t, 1 + 2t, 2 + 3t) \\ &= (2 + 3t)^2 + (1 + t(1 + 2t))^2 \\ &= 4t^4 + 4t^3 + 14t^2 + 14t + 5. \end{aligned}$$

La derivata direzionale si può calcolare in due maniere diverse:

- o calcolando direttamente la derivata di $f_{\mathbf{v}}(t)$ (dalla Definizione 6.1)

  $$f'_{\mathbf{v}}(t) = 16t^3 + 12t^2 + 28t + 14$$

  e valutandola in $t = 0$ ottenendo

  $$\frac{\partial f}{\partial \mathbf{v}}(\mathbf{x}^0) = f'_{\mathbf{v}}(0) = 14;$$

- oppure utilizzando la formula (6.2) facendo il prodotto interno tra il gradiente di f valutato in $\mathbf{x}^0$ e la direzione $\mathbf{v}$. Le derivate parziali di f sono

  $$\begin{aligned} \frac{\partial f}{\partial x_1}(\mathbf{x}) &= 2x_2(1 + x_1 x_2) \\ \frac{\partial f}{\partial x_2}(\mathbf{x}) &= 2x_1(1 + x_1 x_2) \\ \frac{\partial f}{\partial x_3}(\mathbf{x}) &= 2x_3 \end{aligned}$$

  e sostituendo si ottiene

  $$\nabla f(\mathbf{x}^0) = \begin{pmatrix} 2 \\ 0 \\ 4 \end{pmatrix}.$$

  Quindi

  $$\frac{\partial f}{\partial \mathbf{v}}(\mathbf{x}^0) = \langle \nabla f(\mathbf{x}^0), \mathbf{v} \rangle = \langle (2, 0, 4), (1, 2, 3) \rangle = 14$$

  che è lo stesso risultato di prima. ∎

Esercizio 6.3.3 [Roma 08/06/1999 n.8] Data la funzione

$$f(x_1, x_2) = 3x_1^2 + x_1 x_2,$$

trovarne il gradiente, l'Hessiano, la restrizione alla retta

$$r: \begin{pmatrix} x_1 \\ x_2 \end{pmatrix} = \begin{pmatrix} 1 \\ 1 \end{pmatrix} + t \begin{pmatrix} 2 \\ 3 \end{pmatrix}$$

e la derivata direzionale in $\mathbf{x}^0 = (1, 1)$ con direzione $\mathbf{v} = (2, 3)$.

Soluzione. La funzione è definita su tutto $\mathbb{R}^2$ dove è derivabile due volte. Il gradiente si calcola come in Esercizio 6.3.1 ed è

$$\nabla f(\mathbf{x}) = \begin{pmatrix} 6x_1 + x_2 \\ x_1 \end{pmatrix}$$

che, calcolato in $\mathbf{x}^0$, diventa

$$\nabla f(\mathbf{x}^0) = \begin{pmatrix} 7 \\ 1 \end{pmatrix}.$$

L'Hessiano è determinato facendo le derivate parziali delle due derivate parziali che compongono il gradiente:

$$\begin{aligned}
\frac{\partial^2 f}{\partial x_1^2}(\mathbf{x}) &= \frac{\partial}{\partial x_1}\left(\frac{\partial f}{\partial x_1}\right)(\mathbf{x}) = \frac{\partial}{\partial x_1}(6x_1 + x_2) = 6, \\
\frac{\partial^2 f}{\partial x_2 \partial x_1}(\mathbf{x}) &= \frac{\partial}{\partial x_2}\left(\frac{\partial f}{\partial x_1}\right)(\mathbf{x}) = \frac{\partial}{\partial x_2}(6x_1 + x_2) = 1, \\
\frac{\partial^2 f}{\partial x_1 \partial x_2}(\mathbf{x}) &= \frac{\partial}{\partial x_1}\left(\frac{\partial f}{\partial x_2}\right)(\mathbf{x}) = \frac{\partial}{\partial x_1}(x_1) = 1, \\
\frac{\partial^2 f}{\partial x_2^2}(\mathbf{x}) &= \frac{\partial}{\partial x_2}\left(\frac{\partial f}{\partial x_2}\right)(\mathbf{x}) = \frac{\partial}{\partial x_2}(x_1) = 0.
\end{aligned}$$

Osserviamo che le due derivate miste sono uguali. Del resto ce lo aspettavamo dato che le ipotesi del Teorema di Schwarz (vedasi Sezione 6.2.3) sono sempre verificate nei casi da noi considerati. La matrice Hessiana

$$H_f(\mathbf{x}) = \begin{pmatrix} 6 & 1 \\ 1 & 0 \end{pmatrix}$$

risulta indipendente dal punto in cui è calcolata, simmetrica e indefinita (vedasi su questo la Sezione 6.4.1). La restrizione alla retta r, calcolata come in Esercizio 6.3.2 è

$$f_{\mathbf{v}}(t) = f(\mathbf{x}^0 + t\mathbf{v}) = f(1 + 2t, 1 + 3t) = 3(1 + 2t)^2 + (1 + 2t)(1 + 3t) = 4 + 17t + 18t^2$$

e quindi la derivata direzionale cercata è

$$\frac{\partial f}{\partial \mathbf{v}}(\mathbf{x}^0) = \langle \nabla f(\mathbf{x}^0), \mathbf{v} \rangle = \langle (7, 1), (2, 3) \rangle = 17.$$

(Verificate che con il calcolo diretto si arriva allo stesso risultato). ∎

Esercizi per casa

Esercizio 6.3.4 [L'Aquila 01/06/2000 n.A3] Calcolare il gradiente della funzione

$$f(x_1, x_2) = x_1 x_2 \sin(2x_1) \cos(20x_2).$$

Esercizio 6.3.5 [L'Aquila 03/07/2000 n.A3] Calcolare il gradiente della funzione

$$f(x_1, x_2) = x_1 \ln(10 + 4x_1 x_2^2).$$

Esercizio 6.3.6 [Roma 15/07/1999 n.9] Data la funzione

$$f(x_1, x_2) = x_1^{\frac{1}{3}} \cdot x_2^{\frac{2}{3}} = \sqrt[3]{x_1 x_2^2}$$

trovarne il gradiente, l'Hessiano, la restrizione $f_{\mathbf{v}}(t)$ nel punto $\mathbf{x}^0 = (1,2)$ con direzione $\mathbf{v} = (2,3)$ ed infine la derivata direzionale in $\mathbf{x}^0$ con direzione $\mathbf{v}$.

Esercizio 6.3.7 [Roma 12/10/1999 n.9] Trovare il gradiente, l'Hessiano ed i punti stazionari della funzione

$$f(x_1, x_2, x_3) = x_1 - x_2 x_3^2.$$

Trovarne inoltre la restrizione $f_{\mathbf{v}}(t)$ e la derivata direzionale $\frac{\partial f}{\partial \mathbf{v}}(\mathbf{x}^0)$ in $\mathbf{x}^0 = (2,1,0)$ lungo $\mathbf{v} = (1,0,1)$.

Esercizio 6.3.8 [Roma 01/02/2000 n.3] Data la funzione

$$f(x_1, x_2) = x_1^2 x_2^3 - e^{x_1 - x_2},$$

calcolarne il gradiente, l'Hessiano, la derivata direzionale nel punto $\mathbf{x}^0 = (1,2)$ con direzione $\mathbf{v} = (2,3)$ e la restrizione $f_{\mathbf{v}}(t) = f(\mathbf{x}^0 + t\mathbf{v})$.

6.4 Concavità e convessità per funzioni a più variabili

Riassumiamo qui ciò che ci serve sapere per determinare la concavità (convessità) di funzioni a più variabili nel caso in cui esse siano derivabili due volte con tutte le derivate seconde continue[7]. Non ci dilunghiamo nel ricordare la definizione di convessità: ricordiamo solo che per parlare di funzione concava (convessa) su un insieme $A \subset \mathbb{R}^n$ occorre che A sia convesso (altrimenti la definizione non ha senso), quindi ad esempio se A è $\mathbb{R}^2$ meno il primo quadrante non ci siamo.

Ricordiamo poi che una funzione in una variabile è convessa (rispettivamente concava) in un intervallo se e solo se la sua derivata seconda è non negativa (rispettivamente non positiva). Vogliamo tradurrre questo risultato al caso n–dimensionale: per farlo dobbiamo adattare il concetto di positività e negatività alla matrice Hessiana. Per questo motivo apriamo una sottosezione.

6.4.1 Matrici simmetriche e loro segno

Ricordiamo le seguenti definizioni.

Definizione 6.4.1 *Una matrice quadrata* $\mathbf{A} \in \mathcal{M}(n,n)$ *si dice simmetrica se*

$$\mathbf{A} = \mathbf{A}^T$$

che significa

$$a_{i,j} = a_{j,i}, \qquad \forall i \neq j.$$

Grazie al Teorema di Schwarz ricordato nella Sezione 6.2.3 tutte le matrici Hessiane che noi vi propineremo saranno simmetriche.

Definizione 6.4.2 *Una matrice simmetrica* $\mathbf{A} \in \mathcal{M}(n,n)$ *si dice*

- *definita positiva se* $\langle \mathbf{x}, \mathbf{A}\mathbf{x} \rangle > 0$ *per ogni* $\mathbf{x} \in \mathbb{R}^n$ *con* $\mathbf{x} \neq \mathbf{0}$*;*
- *definita negativa se* $\langle \mathbf{x}, \mathbf{A}\mathbf{x} \rangle < 0$ *per ogni* $\mathbf{x} \in \mathbb{R}^n$ *con* $\mathbf{x} \neq \mathbf{0}$*;*
- *semidefinita positiva se* $\langle \mathbf{x}, \mathbf{A}\mathbf{x} \rangle \geq 0$ *per ogni* $\mathbf{x} \in \mathbb{R}^n$ *ed esiste* $\mathbf{x}^0 \neq 0$ *per cui*

$$\langle \mathbf{x}^0, \mathbf{A}\mathbf{x}^0 \rangle = 0;$$

[7] Si tratta ovviamente di un caso particolare che non si applica ad esempio alle funzioni affini a tratti viste al Capitolo 3. Comunque non affronteremo questo caso negli esercizi.

- *semidefinita negativa se* $\langle \mathbf{x}, \mathbf{A}\mathbf{x} \rangle \leq 0$ *per ogni* $\mathbf{x} \in \mathbb{R}^n$ *ed esiste* $\mathbf{x}^0 \neq 0$ *per cui*
$$\langle \mathbf{x}^0, \mathbf{A}\mathbf{x}^0 \rangle = 0;$$
- *indefinita se esistono* $\mathbf{x}^1, \mathbf{x}^2 \in \mathbb{R}^n$ *per cui*
$$\begin{aligned} \langle \mathbf{x}^1, \mathbf{A}\mathbf{x}^1 \rangle &> 0 \\ \langle \mathbf{x}^2, \mathbf{A}\mathbf{x}^2 \rangle &< 0. \end{aligned}$$

D'ora in poi quando diremo: "determinare il segno di una matrice simmetrica **A**", intenderemo: "dire se la matrice simmetrica **A** è definita positiva, definita negativa, semidefinita positiva, semidefinita negativa, indefinita".

Osservazione 6.4.3 La definizione qui sopra in qualche modo stabilisce un segno per le matrici simmetriche[8] analogo al segno di numeri reali. A differenza del segno per i numeri reali qui vi sono matrici non nulle che non sono nè positive né negative, le cosiddette matrici indefinite. Questa definizione di segno ci serve per generalizzare la condizione $f'' > 0$ (o ≥ 0) che garantisce la convessità nel caso di funzioni di una variabile. Con un semplice ragionamento, che lasciamo ai volenterosi lettori, si può constatare che per $n = 1$ il segno di una matrice simmetrica è esattamente il segno di numeri reali.

Pericolo 6.4.4 La definizione di matrice semidefinita che abbiamo appena dato è diversa da quella che comunemente si trova scritta nei testi di teoria (compreso il [PSS]). Infatti, in generale, non è richiesta l'esistenza di un vettore $\mathbf{x}^0 \neq 0$ per cui $\langle \mathbf{x}^0, \mathbf{A}\mathbf{x}^0 \rangle = 0$; abbiamo usato questa nuova definizione perché ci pare più adatta a svolgere velocemente i futuri esercizi[9]. Per questo motivo consigliamo al lettore di prestare molta attenzione ai risultati che troverà esposti in seguito.

Facciamo un confronto grafico tra la nostra definizione di segno e quella usata in [PSS]. Nella definizione in [PSS] dovrebbe risultare chiaro (pensateci su un pochino) che se una matrice è definita positiva (oppure negativa) allora è anche semidefinita positiva (oppure negativa). In altre parole l'insieme delle matrici definite risulta un sottoinsieme delle matrici semidefinite (figura sotto a sinistra).

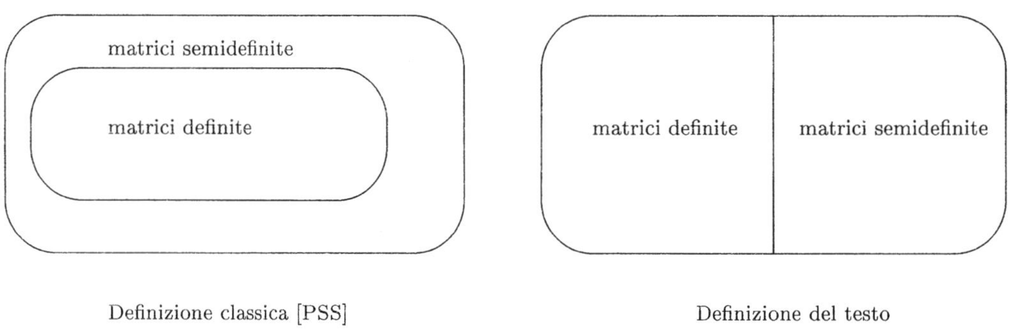

Figura 6.2: matrici definite e semidefinite

Invece nella nostra definizione (figura sopra a destra) l'insieme delle matrici definite è disgiunto dall'insieme delle matrici semidefinite ed è proprio questa disgiunzione che ci fa comodo nella pratica.

A questo punto abbiamo il problema di come riconoscere il segno di una matrice simmetrica. Per risolvere questo problema è bene ricordare chi sono alcuni particolari minori di matrici quadrate.

Definizione 6.4.5 *Sia* $\mathbf{A} \in \mathcal{M}(n, n)$ *una matrice quadrata simmetrica. Fissato* $k \in \mathbb{N}$ *con* $1 \leq k \leq n$ *si chiama*

[8] Il lettore acuto noterà che tale segno stabilisce anche un ordinamento parziale tra le matrici simmetriche.

[9] Aprendo una piccola parentesi, quanto ci siamo permessi di fare è (purtroppo?) un abitudine dei matematici: spesso la definizione che viene data è in funzione di quanto viene sviluppato nel seguito.

- sottomatrice principale *una qualsiasi sottomatrice di ordine k ricavata scegliendo gli stessi indici di riga e di colonna; il suo determinante si chiama* minore principale *di ordine* k;
- sottomatrice principale di guida o di testa *la sottomatrice* $\mathbf{A}_k$ *di ordine* k *ricavata scegliendo le prime* k *righe e le prime* k *colonne; il suo determinante si chiama* minore principale di guida (o di testa) *di ordine* k, *e lo indicheremo con* M_k.

Utilizzando questa definizione siamo in grado di caratterizzare il segno delle matrici simmetriche.

Teorema 6.4.6 (Caratterizzazione del segno delle matrici simmetriche) *Sia* $\mathbf{A} \in \mathcal{M}(n,n)$ *simmetrica; allora* $\mathbf{A}$ *è*

- *definita positiva se e solo se tutti i minori principali di guida sono positivi;*
- *definita negativa se e solo se tutti i minori principali di guida sono di segno alterno con il primo negativo, cioè* $M_1 < 0$, $M_2 > 0$, $M_3 < 0$ *e così via. Con uno sforzo di formalismo potremmo scrivere:*
$$(-1)^k M_k > 0, \quad \forall k;$$
- *semidefinita positiva se e solo se tutti i minori principali sono non negativi e* $\det \mathbf{A} = 0$;
- *semidefinita negativa se e solo se tutti i minori principali di ordine dispari sono non negativi mentre quelli di ordine pari sono non positivi ed inoltre* $\det \mathbf{A} = 0$;
- *indefinita altrimenti.*

Faccina 6.4.7 Negli esercizi, per determinare il segno di una matrice simmetrica $\mathbf{A}$, useremo il seguente metodo standardizzato:

(i) Calcolare il determinante di $\mathbf{A}$.

(ii)-(a) Se $\det \mathbf{A} \neq 0$, allora per il segno di $\mathbf{A}$ vi sono tre possibilità disgiunte:

- $\mathbf{A}$ definita positiva,
- $\mathbf{A}$ definita negativa,
- $\mathbf{A}$ indefinita.

Per decidere quella giusta occorre determinare il segno dei *minori principali di guida* ed usare il Teorema 6.4.6 per distinguere fra le tre possibilità.

(ii)-(b) Se $\det \mathbf{A} = 0$ vi sono tre possibilità:

- $\mathbf{A}$ semidefinita positiva,
- $\mathbf{A}$ semidefinita negativa,
- $\mathbf{A}$ indefinita.

Queste tre ultime possibilità non sono perfettamente disgiunte perché la matrice nulla è sia semidefinita positiva che semidefinita negativa. Se la matrice non è nulla occorre determinare il segno dei *minori principali* ed usare il Teorema 6.4.6 per distinguere fra le tre possibilità.

Pericolo 6.4.8 Attenzione a due particolari che spesso sono causa di errori.

- Per vedere se una matrice è semidefinita positiva/negativa dobbiamo controllare tutti i minori principali e non solo quelli di guida!
- La matrice nulla è l'unica matrice che risulta sia semidefinita positiva sia semidefinita negativa! Si tratta di un caso che conviene sempre trattare a parte.

Osservazione 6.4.9 Nel caso particolare di matrici di ordine 2 il Teorema 6.4.6 si può riscrivere nella seguente forma equivalente.

Corollario 6.4.10 *Una matrice* $\mathbf{A} \in \mathcal{M}(2,2)$ *è*

- *definita positiva se* $\det \mathbf{A} > 0$ *e* $a_{1,1} > 0$;

- *definita negativa se* $\det \mathbf{A} > 0$ *e* $a_{1,1} < 0$*;*
- *semidefinita positiva se* $\det \mathbf{A} = 0$ *e* $a_{1,1} + a_{2,2} \geq 0$*;*
- *semidefinita negativa se* $\det \mathbf{A} = 0$ *e* $a_{1,1} + a_{2,2} \leq 0$*;*
- *indefinita se* $\det \mathbf{A} < 0$.

Questo corollario può essere utile quando si indaga il segno di matrici 2×2 poiché permette di abbreviare alcuni calcoli. Ad esempio, se il determinante risulta positivo, con il metodo suggerito alla Faccina 6.4.7 abbiamo tre possibilità tra cui distinguere; invece usando il Corollario 6.4.10 ne abbiamo solo due: ciò significa che il corollario ci dà maggiore informazione.

6.4.2 Segno dell'Hessiano e concavità (convessità)

La matrice Hessiana definita positiva/negativa assume lo stesso significato della positività/negatività della derivata seconda, mentre la matrice semidefinita positiva/negativa è in corrispondenza con la non negatività/non positività della derivata seconda: tuttavia la matrice Hessiana indefinita è un qualcosa che prima non avevamo. Allora si può dimostrare il seguente risultato che caratterizza la convessità per le funzioni in più variabili.

Teorema 6.4.11 (Caratterizzazione della convessità/concavità) *Sia* $f : A \longrightarrow \mathbb{R}$ *derivabile due volte sull'insieme* $A \subseteq \mathbb{R}^n$ *aperto e convesso; allora*

- f *è convessa su* A *se e solo se, per ogni* $\mathbf{x} \in A$*,* $H_f(\mathbf{x})$ *è definito oppure semidefinito positivo,*
- f *è concava su* A *se e solo se, per ogni* $\mathbf{x} \in A$*,* $H_f(\mathbf{x})$ *è definito oppure semidefinito negativo.*

Pericolo 6.4.12 Attenzione: il Teorema 6.4.11 permette di ricavare la concavità/convessità di una funzione f se l'insieme A è aperto e convesso. Se poi f è convessa (concava) su un'aperto convesso A e continua su $B = A \cup \operatorname{fr} A$ (o $B = A \cup C$ con $C \subseteq \operatorname{fr} A$) allora f risulta convessa (concava) su B: useremo questo fatto ad esempio negli Esercizi 6.4.4 e 6.4.8.

Su insiemi diversi (ad esempio una retta o una sua porzione in $\mathbb{R}^2$ – Esercizio 6.4.4 – o il piano $\mathbb{R}^2$ privato degli assi – Esercizio 6.4.7) non abbiamo a disposizione risultati[10]. Quando in alcuni esercizi chiederemo di studiare la convessità (concavità) di una funzione sul CE intenderemo *individuare delle regioni aperte convesse il più grande possibile in cui la funzione sia convessa (concava).*

Esercizi ben svolti

Esercizio 6.4.1 Scrivere i minori principali di guida ed i minori principali della matrice

$$\mathbf{A} = \begin{pmatrix} 2 & 2 & 3 \\ 2 & 2 & 0 \\ 3 & 0 & 0 \end{pmatrix}.$$

Determinarne poi il segno.

Soluzione. Le tre matrici principali di guida $\mathbf{A}_1$, $\mathbf{A}_2$ e $\mathbf{A}_3$ sono

$$\begin{aligned} \mathbf{A}_1 &= (a_{1,1}) = (2) \\ \mathbf{A}_2 &= \begin{pmatrix} a_{1,1} & a_{1,2} \\ a_{2,1} & a_{2,2} \end{pmatrix} = \begin{pmatrix} 2 & 2 \\ 2 & 2 \end{pmatrix} \\ \mathbf{A}_3 &= \mathbf{A}. \end{aligned}$$

Quindi i minori principali di guida sono

$$\begin{aligned} M_1 &= \det \mathbf{A}_1 = 2 \\ M_2 &= \det \mathbf{A}_2 = 0 \\ M_3 &= \det \mathbf{A}_3 = -18. \end{aligned}$$

[10]Esistono in commercio risultati in questi casi ma non ne parliamo qui.

Ricordando il Teorema 6.4.6 e la Faccina 6.4.7 osserviamo che la matrice non è semidefinita perché il determinante della matrice è diverso da zero. Inoltre non è definita né positiva né negativa (in quanto il secondo minore principale di guida è nullo): quindi è indefinita.

Andiamo ora a calcolare le sottomatrici principali (i cui determinanti saranno i minori principali):

- le sottomatrici principali di ordine 1 sono

$$\mathbf{A}_1^1 = (2), \quad \mathbf{A}_2^1 = (2), \quad \mathbf{A}_3^1 = (0);$$

- le sottomatrici principali di ordine 2 sono

$$\mathbf{A}_{2,3}^2 = \begin{pmatrix} 2 & 0 \\ 0 & 0 \end{pmatrix}, \quad \mathbf{A}_{1,3}^2 = \begin{pmatrix} 2 & 3 \\ 3 & 0 \end{pmatrix}, \quad \mathbf{A}_{1,2}^2 = \det \begin{pmatrix} 2 & 2 \\ 2 & 2 \end{pmatrix};$$

- l'unica matrice principale di ordine 3 è ovviamente

$$\mathbf{A}_{1,2,3}^3 = \mathbf{A}.$$

Quindi i minori pincipali sono

- quelli di ordine 1

$$M_1^1 = \det \mathbf{A}_1^1 = 2, \quad M_2^1 = \det \mathbf{A}_2^1 = 2, \quad M_3^1 = \det \mathbf{A}_3^1 = 0;$$

- quelli di ordine 2

$$M_{2,3}^2 = \det \mathbf{A}_{2,3}^2 = 0, \quad M_{1,3}^2 = \det \mathbf{A}_{1,3}^2 = -9, \quad M_{1,2}^2 = \det \mathbf{A}_{1,2}^2 = 0;$$

- quello di ordine 3

$$M_{1,2,3}^3 = \det \mathbf{A} = -18$$

  che poi è il determinante. ■

Esercizio 6.4.2 Dire se le matrici seguenti sono definite/semidefinite positive o negative oppure indefinite.

$$\mathbf{A} = \begin{pmatrix} 1 & 2 & 0 \\ 2 & 1 & 1 \\ 0 & 1 & 3 \end{pmatrix} \qquad \mathbf{B} = \begin{pmatrix} -1 & 2 & 1 \\ 2 & -6 & 0 \\ 1 & 0 & -6 \end{pmatrix} \qquad \mathbf{C} = \begin{pmatrix} 2 & 1 \\ 1 & \frac{1}{2} \end{pmatrix}$$

Soluzione.

Matrice A. Calcoliamone prima di tutto il determinante

$$\det \mathbf{A} = 1 \det \begin{pmatrix} 1 & 1 \\ 1 & 3 \end{pmatrix} - 2 \det \begin{pmatrix} 2 & 1 \\ 0 & 3 \end{pmatrix} = 2 - 12 = -10.$$

Quindi dato che la matrice **A** è di ordine 3 (dispari) per la Faccina 6.4.7 essa può essere definita negativa oppure indefinita. Controlliamo i minori principali di guida.

$$M_1 \quad = \quad \det \mathbf{A}_1 = \det(1) = 1 > 0$$

Poiché il primo è positivo, allora la matrice non è definita negativa e risulta perciò indefinita.

Matrice B. Il suo determinante è

$$\det \mathbf{B} = \det \begin{pmatrix} -1 & 2 & 1 \\ 2 & -6 & 0 \\ 1 & 0 & -6 \end{pmatrix} = 1 \det \begin{pmatrix} 2 & 1 \\ -6 & 0 \end{pmatrix} - 6 \det \begin{pmatrix} -1 & 2 \\ 2 & -6 \end{pmatrix} = -6.$$

Quindi **B** è, come nel caso precedente, o definita negativa oppure indeterminata. Andiamo ad analizzare i minori principali di guida:

$$\begin{aligned} M_1 &= \det \mathbf{B}_1 = \det(-1) = -1 < 0 \\ M_2 &= \det \mathbf{B}_2 = \det \begin{pmatrix} -1 & 2 \\ 2 & -6 \end{pmatrix} = 2 > 0 \\ M_3 &= \det \mathbf{B}_3 = \det \mathbf{B} = -6 < 0; \end{aligned}$$

poiché il primo minore è negativo, il secondo positivo ed il terzo negativo, per il Teorema 6.4.6, abbiamo che **B** è definita negativa.

Matrice C. Possiamo usare il Teorema 6.4.6 oppure il Corollario 6.4.10. Usiamo quest'ultimo visto che pare migliore, a sentire l'Osservazione 6.4.9. Si ha $\det \mathbf{C} = 2 \cdot \frac{1}{2} - 1 \cdot 1 = 0$. Quindi **C** è semidefinita. Per discernere se sia positiva o negativa basta guardare la traccia della matrice, cioè la somma degli elementi sulla diagonale

$$c_{1,1} + c_{2,2} = 2 + \frac{1}{2} = \frac{5}{2} > 0;$$

allora **C** è semidefinita positiva. ∎

Esercizio 6.4.3 Studiare al variare di $\mathbf{x}$ nel CE il segno dell'Hessiano della funzione

$$f(x_1, x_2) = x_1^2 \ln(x_2 - 1).$$

Soluzione. Il CE della funzione (Figura 6.3) è

$$CE(f) = \{\mathbf{x} \in \mathbb{R}^2 \ : \ x_2 > 1\}$$

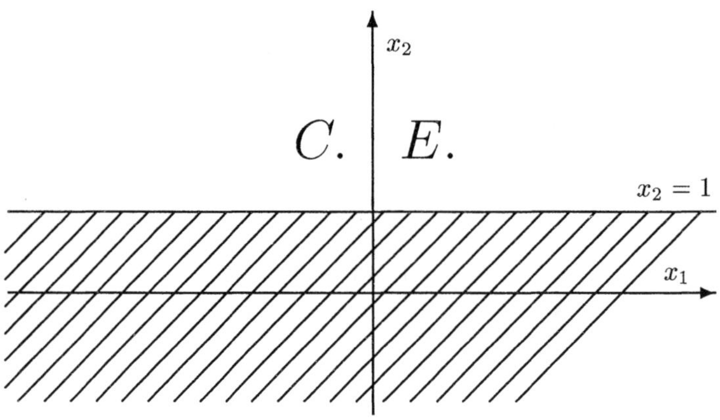

Figura 6.3: $x_2 > 1$

dove la funzione risulta derivabile due volte con gradiente

$$\nabla f(\mathbf{x}) = \begin{pmatrix} 2x_1 \ln(x_2 - 1) \\ \\ \dfrac{x_1^2}{x_2 - 1} \end{pmatrix}$$

ed Hessiano

$$H_f(\mathbf{x}) = \begin{pmatrix} 2\ln(x_2 - 1) & \dfrac{2x_1}{x_2 - 1} \\ \\ \dfrac{2x_1}{x_2 - 1} & -\dfrac{x_1^2}{(x_2 - 1)^2} \end{pmatrix}.$$

Calcoliamoci il determinante dell'Hessiano:

$$\det H_f(\mathbf{x}) = -\frac{2x_1^2}{(x_2-1)^2}\ln(x_2-1) - \frac{4x_1^2}{(x_2-1)^2} = -\frac{2x_1^2}{(x_2-1)^2}(\ln(x_2-1)+2).$$

Il segno dell'Hessiano dipenderà chiaramente dai valori di $\mathbf{x} = (x_1, x_2)$. Ricordandosi della Faccina 6.4.7 e del Corollario 6.4.10 troviamoci il segno del determinante:

- se il determinante è positivo allora l'Hessiano sarà definito,
- se il determinante è nullo allora l'Hessiano sarà semidefinito (da considerare a parte il caso della matrice nulla),
- se il determinante è negativo allora l'Hessiano sarà indefinito.

L'equazione $\det H_f(\mathbf{x}) = 0$ ha come soluzioni $x_1 = 0$ oppure $x_2 = 1 + e^{-2}$. Quindi l'insieme degli $\mathbf{x} \in \mathbb{R}^2$ tali che $\det H_f(\mathbf{x}) = 0$ è costituito da due rette (l'asse verticale e una retta orizzontale)[11]. Per quanto riguarda il segno del determinante nei casi in cui non si annulla osserviamo che il primo fattore

$$\frac{2x_1^2}{(x_2-1)^2} \geq 0, \quad \forall \mathbf{x} \in CE(f)$$

mentre il secondo fattore $\ln(x_2-1)+2$ risulta

- positivo se $x_2 > 1 + e^{-2}$,
- negativo se $x_2 \in (1, 1+e^{-2})$.

Quindi, tenendo conto del segno "$-$"davanti al prodotto, si ricava (Figura 6.4):

(1) $\det H_f(\mathbf{x}) = 0$ sull'insieme

$$A_0 = \{\mathbf{x} \in CE \ : \ x_1 = 0 \text{ oppure } x_2 = 1 + e^{-2}\},$$

(2) $\det H_f(\mathbf{x}) < 0$ sull'insieme

$$A_- = \{\mathbf{x} \in CE \ : \ x_1 \neq 0 \text{ e } x_2 > 1 + e^{-2}\},$$

(3) $\det H_f(\mathbf{x}) > 0$ sull'insieme

$$A_+ = \{\mathbf{x} \in CE \ : \ x_1 \neq 0 \text{ e } x_2 \in (1, 1+e^{-2})\}.$$

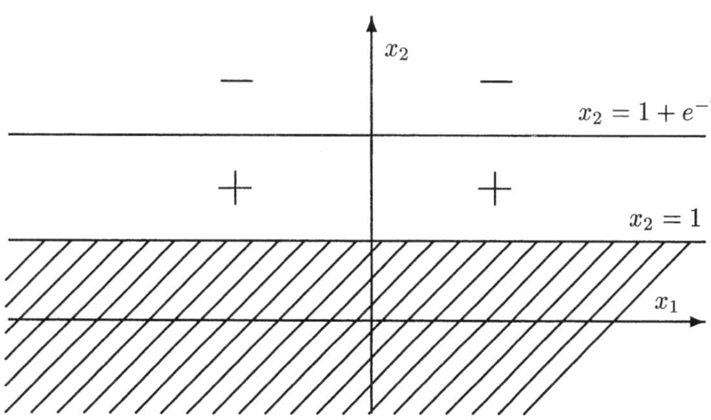

Figura 6.4: segno del determinante dell'Hessiano

Utilizziamo ora il Corollario 6.4.10 per studiare il segno di $H_f(\mathbf{x})$ (Figura 6.5).

[11]Qualcuno qui ha detto che c'erano due soluzioni, qualcuno una sola: la confusione viene dal pensare in una dimensione quando invece le dimensioni sono due.

(I) Se $x_1 \neq 0$ e $x_2 > 1 + e^{-2}$ (quindi per $\mathbf{x} \in A_-$) allora $\det H_f(\mathbf{x}) < 0$ e quindi l'Hessiano è indefinito.

(II) Se $x_1 \neq 0$ e $x_2 \in (1, 1 + e^{-2})$ (quindi per $\mathbf{x} \in A_+$) allora $\det H_f(\mathbf{x}) > 0$ mentre il minore principale di guida di ordine 1 è

$$M_1 = 2\ln(x_2 - 1) \leq 2\ln(1 + e^{-2} - 1) = -4 < 0$$

e quindi l'Hessiano è definito negativo.

(III) Restano da analizzare i casi in cui $\det H_f(\mathbf{x}) = 0$.

(a) Se $x_1 \neq 0$ e $x_2 = 1 + e^{-2}$ (cioè lungo la retta orizzontale decurtata del punto $(0, 1 + e^{-2})$) allora

$$a_{1,1} + a_{2,2} = 2\ln(1 + e^{-2} - 1) - \frac{x_1^2}{(1 + e^{-2} - 1)^2} = -4 - e^4 x_1^2 < 0$$

e quindi l'Hessiano è semidefinito negativo.

(b) Se $x_1 = 0$ (cioè lungo la retta verticale) la matrice Hessiana diventa

$$H_f(\mathbf{x}) = \begin{pmatrix} 2\ln(x_2 - 1) & 0 \\ 0 & 0 \end{pmatrix}$$

mentre

$$a_{1,1} + a_{2,2} = 2\ln(x_2 - 1)$$

risulta

- positivo se e solo se $x_2 - 1 > 1$ cioè $x_2 > 2$; in tal caso $H_f(\mathbf{x})$ è semidefinito positivo;
- negativo se e solo se $x_2 - 1 < 1$ cioè $1 < x_2 < 2$ (non dimenticatevi mai il *CE*!); in tal caso $H_f(\mathbf{x})$ è semidefinito negativo;
- nullo se e solo se $x_2 - 1 = 1$ cioè $x_2 = 2$; in tal caso $H_f(\mathbf{x})$ è la matrice nulla. ∎

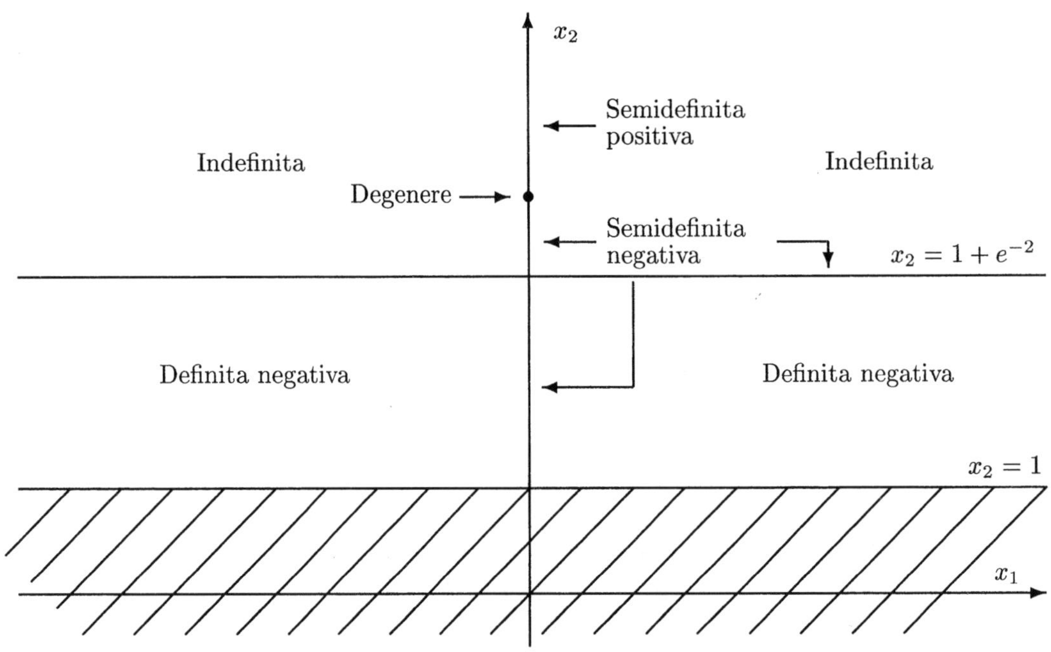

Figura 6.5: segno dell'Hessiano

Esercizio 6.4.4 Studiare la concavità e la convessità della funzione

$$f(x_1, x_2) = x_1^2 \ln(x_2 - 1).$$

Soluzione. Si tratta di utilizzare bene le informazioni dell'esercizio precedente alla luce del Teorema 6.4.11 e del Pericolo 6.4.12. Occorre dunque individuare, se vi sono, delle regioni aperte e convesse contenute nel CE in cui l'Hessiano sia definito o semidefinito positivo (negativo). Conviene aiutarsi con la Figura 6.5: si capisce che la regione su cui l'Hessiano risulta definito o semidefinito positivo non ci interessa in quanto non solo non è aperta ma nemmeno ha parte interna, quindi quanto detto all'inizio del Pericolo 6.4.12 non si applica qui. Invece l'Hessiano è definito o semidefinito negativo in tutta la regione

$$B = \{\mathbf{x} \in \mathbb{R}^2 \ : \ 1 < x_2 \leq 1 + e^{-2}\}$$

(semidefinito negativo solo sui pezzi di B in cui $x_1 = 0$ oppure $x_2 \leq 1+e^{-2}$, per il resto definito negativo). Quindi su B la funzione risulta concava grazie al Teorema 6.4.11 e al Pericolo 6.4.12. ∎

Esercizi per casa

Esercizio 6.4.5 Data una matrice $\mathbf{A} \in \mathcal{M}(n, n)$ determinare quanti sono i minori principali di ordine k.

Esercizio 6.4.6 [Roma 15/02/2000 n.5] Data la funzione

$$f(x_1, x_2) = x_1^3 - \ln\left(x_1^2 x_2\right)$$

calcolarne il CE, il gradiente, l'Hessiano, la derivata direzionale nel punto $\mathbf{x}^0 = (1, 3)$ con direzione $\mathbf{v} = (2, 4)$ e la restrizione $f_{\mathbf{v}}(t) = f(\mathbf{x}^0 + t\mathbf{v})$. Dire infine se la funzione f è convessa all'interno del primo quadrante.

Esercizio 6.4.7 Data la funzione

$$f(x_1, x_2) = x_1^{\frac{1}{3}} \cdot x_2^{\frac{2}{3}} = \sqrt[3]{x_1 x_2^2}$$

studiarne concavità e convessità.

Esercizio 6.4.8 Data la funzione

$$f(x_1, x_2, x_3) = x_1 - x_2 x_3^2$$

studiarne concavità e convessità.

6.5 Massimi e minimi

Il problema è quello di trovare massimi e/o minimi locali (relativi) e/o globali (assoluti) di una funzione $f : A \longrightarrow \mathbb{R}$ dove $A \subseteq \mathbb{R}^n$ (si veda il Capitolo 3 per le definizioni in questione). Puntualizziamo alcune cose.

(i) Ci limitiamo ad analizzare casi in cui f sia derivabile due volte su A e quindi, rispetto al caso di una variabile, lasciamo da parte i problemi legati alla non continuità ed alla non derivabilità.

(ii) Se A è aperto (nei nostri esercizi ciò accade spesso quando A è il CE) parliamo di *problemi di estremo libero (o interno)*; Se A non è aperto (nei nostri esercizi ciò accade spesso quando A è definito da alcuni vincoli di uguaglianza o diseguaglianza ed è più piccolo del CE) parliamo di *problemi di estremo vincolato*. La differenza di fatto viene dalla presenza di punti di frontiera. Per indagare la presenza, fra essi, di punti di massimo e minimo occorrono tecniche diverse che rendono più difficili i problemi di estremo vincolato.

6.5.1 Problemi di estremo libero.

Iniziamo spiegando come si determinano punti di massimo e minimo locale e poi vediamo sotto quali condizioni i punti di estremo locale possono essere o non essere globali. Avvertiamo però che spesso, nello svolgimento degli esercizi, le due questioni verranno affrontate insieme per abbreviare i calcoli.

Problemi di estremo libero locale

La ricerca dei punti di estremo libero locale si effettua (in grandi linee) nella seguente maniera.

1. Si determinano i *punti stazionari* (detti anche *punti critici*), cioè quei punti $\mathbf{x}^0 \in \mathbb{R}^n$, interni al CE, per cui
$$\nabla f(\mathbf{x}^0) = \mathbf{0}.$$
Tali punti saranno i candidati ad essere punti di massimo e minimo.

2. Si calcola l'Hessiano $H_f(\mathbf{x})$ e lo si valuta nei punti stazionari:
   - *(condizione necessaria)*: se $\mathbf{x}^0$ è punto di minimo allora $H_f(\mathbf{x}^0)$ è definita oppure semidefinita positiva;
   - *(condizione necessaria)*: se $\mathbf{x}^0$ è punto di massimo allora $H_f(\mathbf{x}^0)$ è definita oppure semidefinita negativa;
   - *(condizione sufficiente)*: se $H_f(\mathbf{x}^0)$ è definita positiva allora $\mathbf{x}^0$ è punto di minimo;
   - *(condizione sufficiente)*: se $H_f(\mathbf{x}^0)$ è definita negativa allora $\mathbf{x}^0$ è punto di massimo;
   - *(condizione sufficiente)*: se $H_f(\mathbf{x}^0)$ è indefinita allora $\mathbf{x}^0$ non è né punto di minimo né punto di massimo, e prende il nome di *punto di sella*[12].

   Quindi,
   - se l'Hessiano è definito o indefinito abbiamo una informazione completa: ad esempio se è definito positivo sappiamo che $\mathbf{x}^0$ è punto di minimo;
   - se l'Hessiano è semidefinito ma non nullo abbiamo una informazione parziale: ad esempio se è semidefinito positivo sappiamo che $\mathbf{x}^0$ non è punto di massimo; resta da decidere se è punto di minimo o di sella;
   - se l'Hessiano è nullo non abbiamo alcuna informazione.

3. Come si vede dal punto 2. i problemi di classificazione dei punti stazionari nascono quando l'Hessiano risulta semidefinito. Purtroppo non esistono modi "sicuri" alternativi per determinare la natura di un punto stazionario in tali casi. Di seguito elenchiamo quelli più utilizzati.
   (a) Verificare la definizione di punto di massimo/minimo locale tramite la soluzione di una disequazione.
   (b) Studiare le restrizioni di f rispetto a delle curve (noi useremo solitamente rette) passanti per il punto stazionario. Tale metodo, che serve solamente per far vedere che $\mathbf{x}^0$ non è né punto di minimo né punto di massimo, si basa sul seguente risultato.

   Teorema 6.5.1 (sulla restrizione locale) *Se f ha un punto di massimo/minimo locale in $\mathbf{x}^0$ allora ogni restrizione di f a rette passanti per $\mathbf{x}^0$, cioè ogni funzione*
   $$f_{\mathbf{v}}(t) = f(\mathbf{x}^0 + t\mathbf{v})$$
   al variare di $\mathbf{v} \in \mathbb{R}^n$, ha in $t = 0$ massimo/minimo locale.

   Tale metodo si usa se, per un qualche motivo, ci aspettiamo che $\mathbf{x}^0$ non sia punto di massimo/minimo oppure se non si sa che pesci prendere. Il difficile è trovare la retta giusta: in assenza di idee può convenire provare con le rette più semplici, come le parallele agli assi.
   (c) Usando la convessità/concavità come riportato dal seguente risultato.

   Teorema 6.5.2 (sull'ottimalità e convessità) *Sia $f : A \longrightarrow \mathbb{R}$ convessa (rispettivamente concava) su A convesso e sia $\mathbf{x}^0$ punto stazionario. Allora $\mathbf{x}^0$ è punto di minimo (rispettivamente massimo) globale su A. Se invece f è convessa (rispettivamente concava) solo in $I(x_0, r) \cap A$ (dove $I(x_0, r)$ è un fissato intorno di $\mathbf{x}^0$) allora $\mathbf{x}^0$ è punto di minimo (rispettivamente massimo) locale su A.*

   Utilizzando tale risultato assieme al Teorema 6.4.11, possiamo dedurre che un punto stazionario è di minimo o massimo locale e/o globale su A studiando il segno dell'Hessiano. Per ora siamo interessati alla parte locale. Quella globale la useremo qui sotto.
   (d) Usando le curve di livello. Omettiamo per ragioni di brevità la descrizione di questo metodo.

[12] Il nome deriva dal fatto che per *alcune* funzioni il grafico vicino al punto $\mathbf{x}^0$ ha proprio la forma di una sella.

Problemi di estremo libero globale

Una volta che abbiamo trovato i punti stazionari (e abbiamo eventualmente studiato la loro natura) si pone il problema di sapere se qualcuno di essi sia punto di estremo globale. Non abbiamo a disposizione teoremi di esistenza in quanto il Teorema di Weierstrass vale solo se A è compatto, cosa che non sarà mai verificata per i nostri problemi di estremo libero (in quanto qui A sarà sempre aperto e gli aperti non sono compatti). Elenchiamo qui i metodi che useremo negli esercizi seguenti. Alcuni di essi sono molto simili a quelli visti per gli estremi liberi locali ma con un diverso punto di vista.

1. Verificare la definizione di punto di massimo/minimo globale tramite la soluzione di una disequazione.

2. Studiare le restrizioni di f rispetto a delle curve (noi useremo solitamente rette o pezzi di rette) contenute in A. Tale metodo, che serve solamente per far vedere che $\mathbf{x}^0$ non è né punto di minimo né punto di massimo, si basa sul seguente risultato.

   Teorema 6.5.3 (sulla restrizione globale) *Se f ha un punto di massimo (minimo) globale in $\mathbf{x}^0$ allora ogni restrizione di f a rette, cioè ogni funzione*

   $$f_{\mathbf{v}}(t) = f(\mathbf{x}^1 + t\mathbf{v})$$

   al variare di $\mathbf{x}^1, \mathbf{v} \in \mathbb{R}^n$, ha estremo superiore (inferiore) minore o uguale (minore o uguale) a $f(\mathbf{x}^0)$.

   Tale metodo si usa se, per un qualche motivo, ci aspettiamo che $\mathbf{x}^0$ non sia punto di massimo/minimo globale oppure se non si sa che pesci prendere. Anche qui il difficile è trovare la retta giusta. Notate che ora abbiamo più libertà di prima: non serve che la retta passi per $\mathbf{x}^0$.

3. Usando la convessità/concavità come riportato dal Teorema 6.5.2.

4. Usando le curve di livello, metodo di cui omettiamo la descrizione poiché non le useremo nei successivi esercizi.

Esercizi ben svolti

Esercizio 6.5.1 Trovare i punti di massimo e di minimo locale e globale della funzione

$$f(x_1, x_2) = x_1^4 + x_2^2.$$

Soluzione. Il *CE* (ci raccomandiamo di determinare sempre il *CE*) della funzione f è tutto $\mathbb{R}^2$ e la funzione è derivabile due volte con gradiente

$$\nabla f(\mathbf{x}) = \begin{pmatrix} 4x_1^3 \\ 2x_2 \end{pmatrix}$$

ed Hessiano

$$H_f(\mathbf{x}) = \begin{pmatrix} 12x_1^2 & 0 \\ 0 & 2 \end{pmatrix}.$$

I punti stazionari risolvono il sistema

$$\begin{cases} 4x_1^3 & = & 0 \\ 2x_2 & = & 0 \end{cases}$$

e l'unica soluzione è $\mathbf{x}^0 = (0, 0)$. Non resta che valutare l'Hessiano nel punto $\mathbf{x}^0$. Sostituendo otteniamo

$$H_f(\mathbf{x}^0) = \begin{pmatrix} 0 & 0 \\ 0 & 2 \end{pmatrix}.$$

Ahi, ahi! La matrice Hessiana in $\mathbf{x}^0$ non è definita ma solamente semidefinita positiva: infatti il determinante è nullo e la somma dei termini sulla diagonale è $2 > 0$. Quindi non possiamo utilizzare la condizione sufficiente: l'unica cosa che possiamo dire è che $\mathbf{x}^0$ *non è punto di massimo* ma potrebbe essere punto di minimo. La risposta della matrice Hessiana calcolata nel punto non è quindi completa e dobbiamo procedere con altri metodi. Proviamo col metodo (3)-(a). Poiché $f(\mathbf{x}^0) = 0$, per far vedere che è un punto di minimo basterebbe verificare che

$$f(\mathbf{x}) \geq f(\mathbf{x}^0) = 0$$

almeno nelle vicinanze di $\mathbf{x}^0$. Tale disequazione diventa

$$x_1^4 + x_2^2 \geq 0$$

che è sempre verificata (infatti il primo membro è la somma di due cose sempre non negative). Quindi, per definizione, $\mathbf{x}^0$ è punto di minimo globale. Inoltre non esistono punti di massimo locale (o globale) poiché, se ci fossero, sarebbero punti stazionari.

Proviamo ora con il metodo (3)-(c). Il determinante dell'Hessiano è

$$\det H_f(\mathbf{x}) = \det \begin{pmatrix} 12x_1^2 & 0 \\ 0 & 2 \end{pmatrix} = 12x_1^2 \geq 0$$

ed il minore principale di guida di ordine 1 è

$$\det(12x_1^2) = 12x_1^2 \geq 0.$$

Quindi $H_f(\mathbf{x})$ è semidefinita positiva per ogni $\mathbf{x} \in \mathbb{R}^2$ e quindi, per il Teorema 6.4.11, la funzione f è convessa su $\mathbb{R}^2$. Ne segue, per il Teorema 6.5.2, che ogni punto stazionario di f è punto di minimo globale e quindi $\mathbf{x}^0$ risulta essere punto di minimo globale (Figura 6.6).

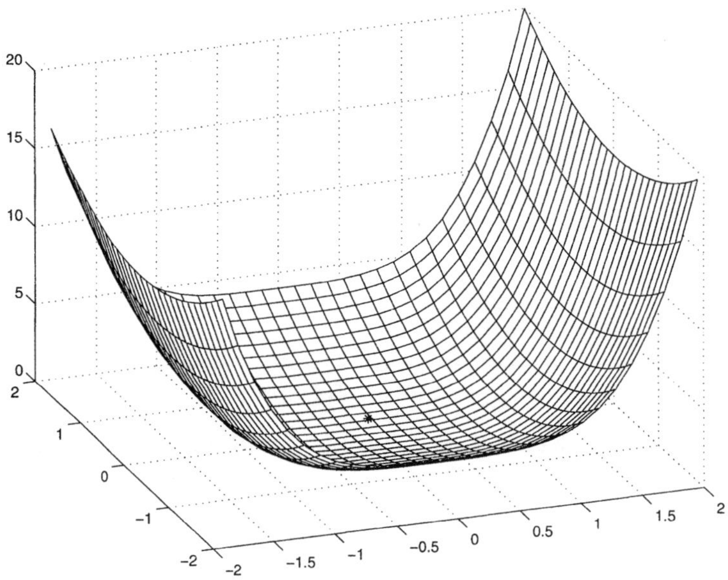

Figura 6.6: grafico di $f(\mathbf{x}) = x_1^4 + x_2^2$

Questa volta è andata bene con entrambi i metodi. ∎

Esercizio 6.5.2 Trovare i punti di massimo e di minimo locale e globale della funzione

$$f(x_1, x_2) = x_1^3 + x_2^2 + 1.$$

Soluzione. Il CE della funzione f è tutto $\mathbb{R}^2$ e la funzione è derivabile due volte con gradiente

$$\nabla f(\mathbf{x}) = \begin{pmatrix} 3x_1^2 \\ 2x_2 \end{pmatrix}$$

ed Hessiano

$$H_f(\mathbf{x}) = \begin{pmatrix} 6x_1 & 0 \\ 0 & 2 \end{pmatrix}.$$

I punti stazionari si ottengono risolvendo il sistema

$$\begin{cases} 3x_1^2 & = & 0 \\ 2x_2 & = & 0 \end{cases}$$

e quindi l'unico punto stazionario è $\mathbf{x}^0 = (0,0)$. Anche questa volta lo studio dell'Hessiano in $\mathbf{x}^0$ non dà una risposta definitiva: infatti

$$H_f(\mathbf{x}^0) = \begin{pmatrix} 0 & 0 \\ 0 & 2 \end{pmatrix}$$

risulta semidefinito positivo (verificatelo!). Questo ci permette solamente di affermare che $\mathbf{x}^0$ non è sicuramente un punto di massimo. Lasciamo studiare al lettore volenteroso la natura di tale punto col metodo (3)-(a); noi usiamo invece il metodo (3)-(b) (per mostrare che non è punto estremale).

Faccina 6.5.4 È difficile spiegare il motivo che ci ha indotto a pensare che il punto $\mathbf{x}^0$ non è punto di minimo: probabilmente, in questo caso, è stata la presenza del grado massimo di x_1 che è tre (dispari): ci ha ricordato tanto la funzione $y = x^3$ che ha in 0 un punto stazionario che, però, non è punto estremale.

Utilizzando il Teorema sulla restrizione locale 6.5.1, se troviamo una retta lungo la quale la restrizione di f non ha, in $t = 0$, punto di minimo, allora siamo sicuri che $\mathbf{x}^0$ non è punto di minimo. Nel nostro caso consideriamo la retta individuata dal vettore $\mathbf{v} = (1,0)$:

$$\begin{pmatrix} x_1 \\ x_2 \end{pmatrix} = \begin{pmatrix} 0 \\ 0 \end{pmatrix} + t \begin{pmatrix} 1 \\ 0 \end{pmatrix} = \begin{pmatrix} t \\ 0 \end{pmatrix}$$

che comporta una restrizione

$$f_{\mathbf{v}}(t) = f(\mathbf{x}^0 + t\mathbf{v}) = f(t,0) = t^3 + 1.$$

Poiché tale funzione non ha minimo in $t = 0$, allora f non ha minimo in $\mathbf{x}^0$ (Figura 6.7).

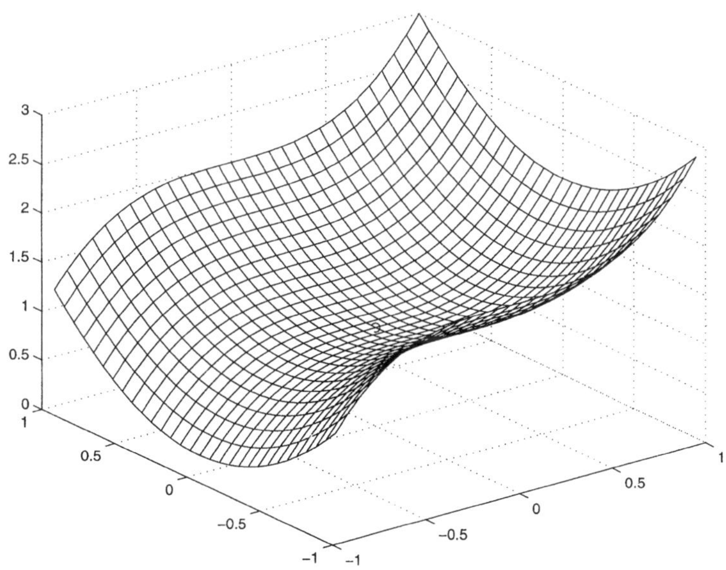

Figura 6.7: grafico di $f(\mathbf{x}) = x_1^3 + x_2^2 + 1$

Faccina 6.5.5 La restrizione si può effettuare anche in altro modo utilizzando l'equazione esplicita della retta in questione. Essa è $x_2 = 0$. Sostituendo $x_2 = 0$ nella funzione otteniamo

$$f(x_1, 0) = x_1^3 + 1$$

al variare di x_1 in $\mathbb{R}$. Poi si ragiona come sopra.

Provate a vedere cosa succedeva se avessimo considerato la restrizione all'asse x_2 oppure alla bisettrice del primo e terzo quadrante (ripensate anche a ciò che ci ha indotto a supporre che il punto $\mathbf{x}^0$ non fosse punto di minimo).

Esercizio 6.5.3 [Roma 30/05/2000, n.7] Data la funzione definita su $\mathbb{R}^2$

$$f(x_1, x_2) = x_1^3 + \ln(1 + x_1 x_2)$$

trovarne il CE, il gradiente, l'Hessiano.
Facoltativo: trovarne i punti stazionari e studiarne la natura.

Soluzione. Il CE, causa la presenza del logaritmo, è

$$CE(f) = \{\mathbf{x} \in \mathbb{R}^2 \ : \ 1 + x_1 x_2 > 0\}.$$

Per disegnarlo esprimete x_2 in funzione di x_1 ottenendo così:

- se $x_1 < 0$ allora $x_2 < -\dfrac{1}{x_1}$,
- se $x_1 > 0$ allora $x_2 > -\dfrac{1}{x_1}$.

⚠ **Pericolo 6.5.6** Abbiamo dovuto considerare i due casi distinti poiché dividendo ambo i membri di una disequazione il segno della disequazione cambia se il divisore è negativo.

La funzione è derivabile due volte all'interno del proprio CE: il gradiente è

$$\nabla f(\mathbf{x}) = \begin{pmatrix} 3x_1^2 + \dfrac{x_2}{1 + x_1 x_2} \\ \\ \dfrac{x_1}{1 + x_1 x_2} \end{pmatrix}$$

mentre l'Hessiano è

$$H_f(\mathbf{x}) = \begin{pmatrix} \dfrac{6x_1 + 12x_1^2 x_2 + 6x_1^3 x_2^2 - x_2^2}{(1 + x_1 x_2)^2} & \dfrac{1}{(1 + x_1 x_2)^2} \\ \\ \dfrac{1}{(1 + x_1 x_2)^2} & -\dfrac{x_1^2}{(1 + x_1 x_2)^2} \end{pmatrix}.$$

Cerchiamo i punti stazionari. Occorre risolvere il sistema $\nabla f(\mathbf{x}) = \mathbf{0}$, cioè

$$\begin{cases} 3x_1^2 + \dfrac{x_2}{1 + x_1 x_2} = 0 \\ \\ \dfrac{x_1}{1 + x_1 x_2} = 0. \end{cases}$$

Dalla seconda equazione ricaviamo $x_1 = 0$ che, sostituita nella prima, porta all'equazione

$$x_2 = 0.$$

Quindi l'unico punto stazionario è $\mathbf{x}^0 = (0, 0)$. Sostituendo tale punto nell'Hessiano otteniamo

$$H_f(\mathbf{x}^0) = \begin{pmatrix} 0 & 1 \\ 1 & 0 \end{pmatrix}$$

che è indefinito avendo determinante negativo. Ne segue che il punto $\mathbf{x}^0$ non è né punto di massimo né punto di minimo (Figura 6.8). ■

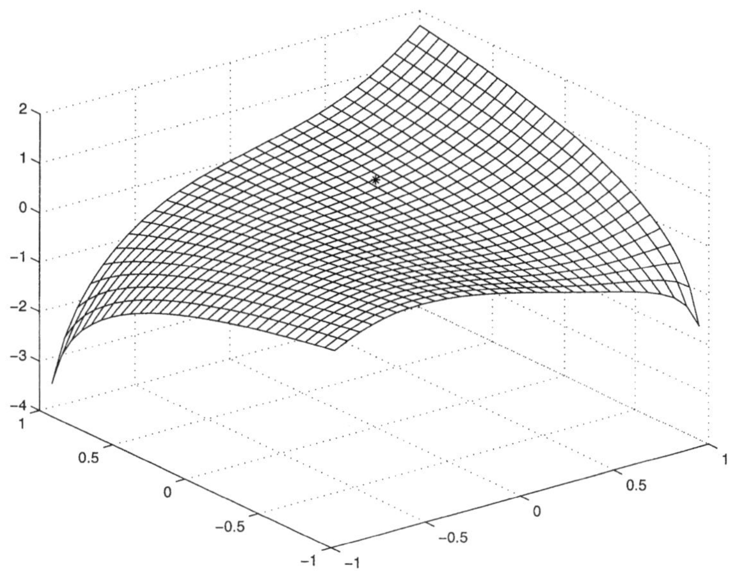

Figura 6.8: grafico di $f(\mathbf{x}) = x_1^3 + \ln(1 + x_1x_2)$

Esercizio 6.5.4 [Roma 07/07/2000, n.9] Data la funzione definita su $\mathbb{R}^2$

$$f(x_1, x_2) = x_1^2x_2 - x_1^3$$

trovarne il CE, il gradiente, l'Hessiano ed i punti stazionari. Studiare infine la natura di tali punti stazionari.

Soluzione. Il CE è tutto $\mathbb{R}^2$ dove la funzione è derivabile due volte con gradiente

$$\nabla f(\mathbf{x}) = \begin{pmatrix} 2x_1x_2 - 3x_1^2 \\ x_1^2 \end{pmatrix}$$

ed Hessiano

$$H_f(\mathbf{x}) = \begin{pmatrix} 2x_2 - 6x_1 & 2x_1 \\ 2x_1 & 0 \end{pmatrix}.$$

I punti stazionari si trovano eguagliando a zero il gradiente, cioè risolvendo il sistema

$$\begin{cases} 2x_1x_2 - 3x_1^2 = 0 \\ x_1^2 = 0. \end{cases}$$

Dalla seconda equazione si ricava $x_1 = 0$ e, sostituendo tale valore nella prima, otteniamo l'identità $0 = 0$ (verificata per ogni x_2). Quindi tutti i punti stazionari sono del tipo $(0, x_2)$, con $x_2 \in \mathbb{R}$ (un'intera retta!). L'Hessiano in tali punti vale

$$H_f(0, x_2) = \begin{pmatrix} 2x_2 & 0 \\ 0 & 0 \end{pmatrix}.$$

Il determinante è nullo e l'Hessiano risulta

- semidefinito positivo per $x_2 > 0$,
- semidefinito negativo per $x_2 < 0$,
- nullo nel punto $(0, 0)$.

Quindi l'Hessiano non dà informazioni precise: dice solo che

- i punti $(0, x_2)$ con $x_2 > 0$ non possono essere punti di massimo,
- i punti $(0, x_2)$ con $x_2 < 0$ non possono essere punti di minimo,

- l'origine può essere qualsiasi cosa.

In ogni caso in tutti i punti stazionari la funzione vale

$$f(0, x_2) = 0$$

Per fare un indagine conclusiva possiamo usare il metodo (3)-(a). In pratica, essendo $f = 0$ in tutti i punti stazionari occorre risolvere la disequazione

$$f(\mathbf{x}) \geq 0$$

che equivale a determinare il "segno" di f, cioè ad individuare le zone del piano in cui f è positiva e quelle in cui è negativa. La disequazione si scrive esplicitamente come

$$x_1^2 x_2 - x_1^3 \geq 0.$$

Mettendo in evidenza x_1^2, otteniamo

$$x_1^2(x_2 - x_1) \geq 0$$

da cui segue che

- $f(\mathbf{x}) = 0$ se e solo se $x_1 = 0$ oppure $x_1 = x_2$,
- $f(\mathbf{x}) > 0$ se e solo se $x_1 \neq 0$ e $x_1 < x_2$,
- $f(\mathbf{x}) < 0$ se e solo se $x_1 \neq 0$ e $x_1 > x_2$.

Disegnamo le varie regioni (Figura 6.9).

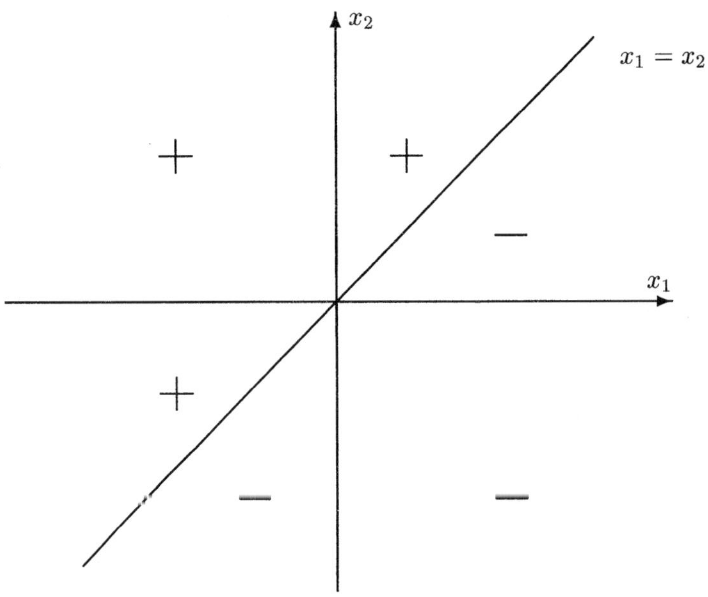

Figura 6.9: segno di $f(\mathbf{x}) = x_1^2 x_2 - x_1^3$

Dalla Figura 6.9 si deduce che (Figura 6.10[13]):

- nei punti $(0, x_2)$ con $x_2 > 0$, la funzione f ha minimo locale (in essi f vale 0 ed esiste un intorno di essi in cui assume solo valori non negativi);
- nei punti $(0, x_2)$ con $x_2 < 0$, la funzione f ha massimo locale (in essi f vale 0 ed esiste un intorno di essi in cui assume solo valori non positivi);

[13]Non è facile ma capita quando si disegnano le figure al computer

- l'origine non è né punto di massimo né punto di minimo poiché in esso f vale 0 e in ogni intorno di esso vi sono punti con valori positivi e punti con valori negativi. (È sufficiente controllare i valori assunti dalla funzione nei punti dell'asse delle x_1 a destra e a sinistra dell'origine). ∎

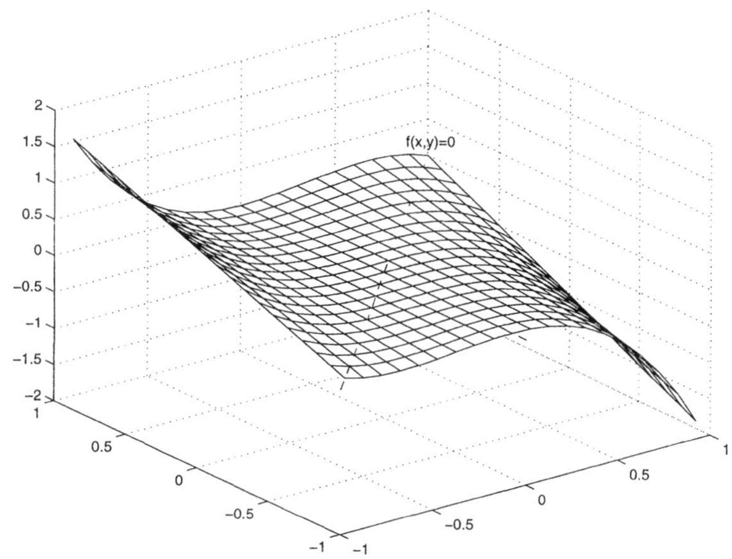

Figura 6.10: grafico di $f(\mathbf{x}) = x_1^2 x_2 - x_1^3$

Esercizi per casa

Esercizio 6.5.5 [Roma 21/07/2000, n.9] Data la funzione definita su $\mathbb{R}^2$

$$f(x_1, x_2) = x_1^2 x_2^2 - x_1^2$$

trovarne il CE, il gradiente, l'Hessiano ed i punti stazionari. Studiare infine la natura di tali punti stazionari.

Esercizio 6.5.6 [Roma 01/07/1999 n.9-10] Data la funzione

$$f(x_1, x_2) = x_1^2 \ln(1 + x_2),$$

trovarne il CE (disegnarlo), gradiente, Hessiano, la restrizione

$$f_{\mathbf{v}}(t) = f(\mathbf{x}^0 + t\mathbf{v})$$

nel punto $\mathbf{x}^0 = (1, 3)$ con direzione $\mathbf{v} = (1, 1)$ ed infine la derivata direzionale in $\mathbf{x}^0$ con direzione $\mathbf{v}$. Trovare inoltre i punti stazionari e studiarne la natura.

Esercizio 6.5.7 Trovare i punti di massimo e di minimo locale e globale della funzione

$$f(x_1, x_2, x_3) = x_1^2 + 2x_1x_2 + 3x_1x_3 + x_2^2.$$

Esercizio 6.5.8 [Roma 30/05/2000, n.8] Trovare i punti stazionari della funzione definita su $\mathbb{R}^2$

$$f(x_1, x_2) = x_1^3 + x_1x_2 + 2x_2^2$$

e studiarne la natura.

Esercizio 6.5.9 [Roma 23/06/2000, n.9] Data la funzione definita su $\mathbb{R}^2$

$$f(x_1, x_2) = x_1 + e^{1+x_1x_2}$$

trovarne il CE, il gradiente, l'Hessiano ed i punti stazionari.
Facoltativo: studiare la natura di tali punti stazionari.

Esercizio 6.5.10 [Roma 08/06/1999 n.9] Trovare i punti stazionari della funzione

$$f(x_1, x_2) = 2x_1^3 + x_2^2 - 6x_1 - 4x_2$$

e studiarne la natura.

Esercizio 6.5.11 [Roma 15/07/1999 n.10] Trovare i punti stazionari di

$$f(x_1, x_2) = x_1^3 + x_2^2 x_1$$

e studiarne la natura.

Esercizio 6.5.12 [Roma 12/10/1999 n.10] Dire qual è la "natura" del punto stazionario $\mathbf{x}^0 = (0,0)$ della funzione

$$f(x_1, x_2) = x_1 x_2 + x_2 \ln\left(1 + x_1^2\right).$$

Esercizio 6.5.13 [Roma 20/12/1999 n.6] Data la funzione

$$f(x_1, x_2) = x_1 \ln\left(x_1^2 + 1 + x_2^2\right) - x_1 x_2,$$

calcolarne il gradiente, l'Hessiano, la derivata direzionale nel punto $\mathbf{x}^0 = (1,3)$ con direzione $\mathbf{v} = (2,4)$ e la restrizione $f_\mathbf{v}(t) = f(\mathbf{x}^0 + t\mathbf{v})$. Dire infine se il punto $\mathbf{x}^1 = (0,0)$ è un punto stazionario e studiarne la natura.

Esercizio 6.5.14 [Roma 01/02/2000 n.4] Trovare i punti stazionari della funzione

$$f(x_1, x_2) = x_1^2 x_2^3 + 1,$$

e studiarne la natura.

Esercizio 6.5.15 [L'Aquila 13/09/2000 n.B1] Calcolare massimi e minimi locali della funzione

$$f(x_1, x_2) = x_1^4 + x_2^4 - 2x_1^2 x_2.$$

Esercizio 6.5.16 [Roma 22/09/2000 n.C9] Data la funzione, definita su $\mathbb{R}^2$,

$$f(x_1, x_2) = x_2^2 + e^{1+x_1 x_2}$$

trovarne il CE, il gradiente, l'Hessiano, i punti stazionari.
Facoltativo: studiare la natura di tali punti stazionari.

Esercizio 6.5.17 [Roma 10/10/2000 n.C9] Data la funzione definita su $\mathbb{R}^2$

$$f(x_1, x_2 = x_2 + e^{1+x_1 x_2}$$

trovarne il CE, il gradiente, l'Hessiano, i punti stazionari.
Facoltativo: studiare la natura di tali punti stazionari.

6.5.2 Problemi di estremo vincolato

Illustriamo qui brevemente alcune idee per trattare problemi di estremo vincolato. Ci limitiamo a parlare delle condizioni di Kuhn-Tucker senza addentrarci in altri metodi. Negli esercizi che seguono faremo cenno a possibili idee alternative.

La forma standard di scrittura di tali problemi sarà

$$\begin{cases} \min / \max f(\mathbf{x}) \\ g_1(\mathbf{x}) \leq 0 \\ \vdots \\ g_m(\mathbf{x}) \leq 0 \\ h_1(\mathbf{x}) = 0 \\ \vdots \\ h_p(\mathbf{x}) = 0. \end{cases} \tag{6.3}$$

La f si dice spesso "funzione obiettivo" mentre le g_i e h_j con $i = 1, \ldots, m$ e $j = 1, \ldots, p$ si dicono "funzioni vincolari". In questo caso la teoria è ancora più delicata rispetto al caso non vincolato.

1. La condizione necessaria $\nabla f(\mathbf{x}) = 0$ diventa più complessa. Essa dice che se un punto è di massimo o minimo locale allora esistono dei moltiplicatori $\lambda_1, \ldots, \lambda_m, \mu_1, \ldots, \mu_p$ tali che $\mathbf{x}$, λ_i $(i = 1, \ldots, m)$ e μ_j $(j = 1, \ldots, p)$ risolvono il sistema di Kuhn–Tucker associato al problema (6.3):

$$\begin{cases} \nabla f(\mathbf{x}) + \sum_{i=1}^{m} \lambda_i \nabla g_i(\mathbf{x}) + \sum_{j=1}^{p} \mu_j \nabla h_j(\mathbf{x}) = \mathbf{0} \\ \lambda_i g_i(\mathbf{x}) = 0, \quad \forall i, \\ g_i(\mathbf{x}) \le 0, \quad \forall i, \\ h_j(\mathbf{x}) = 0, \quad \forall j. \end{cases} \tag{6.4}$$

Inoltre si deve avere

- $\lambda_i \ge 0$ se $\mathbf{x}$ è punto di minimo,
- $\lambda_i \le 0$ se $\mathbf{x}$ è punto di massimo.

I punti $\mathbf{x}$ tali che esistono dei moltiplicatori che soddisfano il sistema (6.4) si dicono punti stazionari vincolati. Ovviamente quanto detto vale sotto opportune ipotesi di regolarità che nei problemi proposti saranno sempre verificate.

Le variabili λ_i e μ_j prendono il nome di *moltiplicatori di Kuhn–Tucker* mentre la seconda equazione del sistema prende il nome di *condizione di complementarietà.*

Operativamente occorre innanzitutto scrivere il problema nella forma standard, scrivere poi il sistema di Kuhn-Tucker associato e trovare i punti che lo risolvono: essi saranno i candidati ad essere punti di massimo e minimo.

2. Purtroppo non abbiamo un buon metodo generale per indagare la natura dei punti stazionari vincolati (cioè per dire se sono effettivamente punti di massimo o minimo locali o globali). Una volta trovati i punti che soddisfano le condizioni necessarie di Kuhn–Tucker possiamo indagare la loro natura utilizzando i metodi esposti nel punto 3 precedente a cui si può aggiungere il Teorema di Weierstrass (serve per vedere che un punto stazionario è di massimo o minimo globale nel caso di dominio compatto).

Esercizio 6.5.18 Trovare massimi e minimi globali (se esistono) della funzione

$$f(x_1, x_2) = x_1^2 - 2x_1 - x_2$$

sull'insieme

$$A = \left\{\mathbf{x} \in \mathbb{R}^2 \ : \ x_1 \ge 0, \ x_2 \ge 0, \ x_1 + x_2 \le 8\right\}.$$

Soluzione. Scriviamo il problema nella forma standard

$$\begin{cases} \max / \min x_1^2 - 2x_1 - x_2 \\ -x_1 \le 0 \\ -x_2 \le 0 \\ x_1 + x_2 - 8 \le 0. \end{cases}$$

Siamo in presenza di $n = 2$ variabili e $m = 3$ vincoli:

$$g_1(\mathbf{x}) = -x_1, \quad g_2(\mathbf{x}) = -x_2, \quad g_3(\mathbf{x}) = x_1 + x_2 - 8.$$

Osserviamo che A è chiuso e limitato (compatto) e f è continua su A.

Dunque, per il Teorema di Weierstrass, esistono massimo e minimo. Per trovarli si risolve il sistema di Kuhn–Tucker (6.4) trovando tutti i punti stazionari e poi confrontiamo i valori assunti da f su essi: notiamo che in tal modo non siamo in grado di sapere se ci sono altri punti di massimo o minimo locale. Il gradiente della funzione obiettivo risulta

$$\nabla f(\mathbf{x}) = \begin{pmatrix} 2x_1 - 2 \\ -1 \end{pmatrix}$$

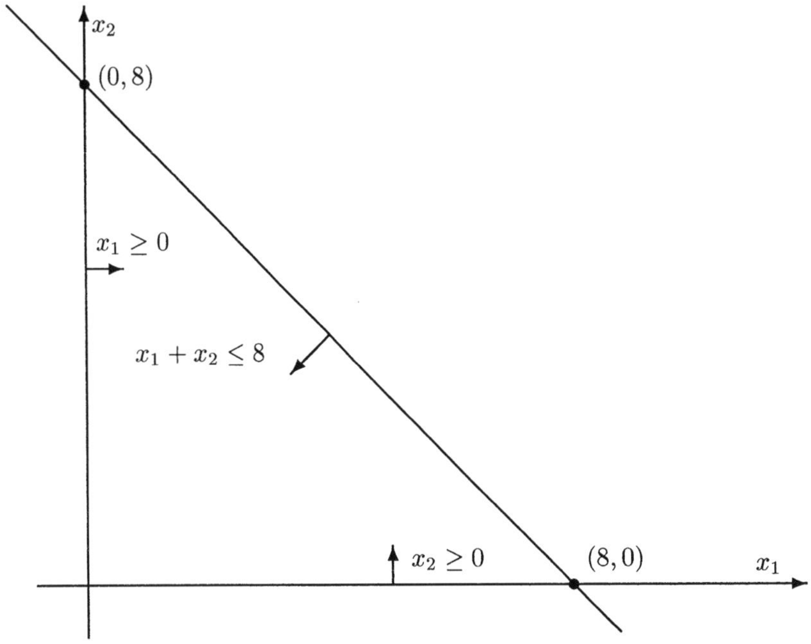

Figura 6.11: regione ammissibile

mentre quelli dei tre vincoli sono

$$\nabla g_1(\mathbf{x}) = \begin{pmatrix} -1 \\ 0 \end{pmatrix}, \quad \nabla g_2(\mathbf{x}) = \begin{pmatrix} 0 \\ -1 \end{pmatrix}, \quad \nabla g_3(\mathbf{x}) = \begin{pmatrix} 1 \\ 1 \end{pmatrix}.$$

A questo punto il sistema di Kuhn–Tucker risulta

$$\begin{cases} 2x_1 - 2 - \lambda_1 + \lambda_3 = 0 \\ -1 - \lambda_2 + \lambda_3 = 0 \\ -\lambda_1 x_1 = 0 \\ -\lambda_2 x_2 = 0 \\ \lambda_3(x_1 + x_2 - 8) = 0 \\ -x_1 \leq 0 \\ -x_2 \leq 0 \\ x_1 + x_2 - 8 \leq 0 \end{cases} \tag{6.5}$$

con l'ulteriore vincolo sul segno dei moltiplicatori λ_i che dovranno essere non negativi per la ricerca dei punti di minimo e non positivi per la ricerca dei punti di massimo. Affronteremo questo esercizio esaminando vari casi chiarendone l'interpretazione geometrica.

1. Consideriamo il caso in cui i tre vincoli $g_i(\mathbf{x}) \leq 0$ siano verificati con il segno di minore stretto ($<$). Dal punto di vista geometrico significa che ricerchiamo i punti stazionari interni alla regione ammissibile.

   MC: Ma allora è come se i vincoli, per un certo verso, non contassero niente e quindi i punti stazionari coincidono con i punti che annullano il gradiente della funzione obiettivo!

   FG: È vero: ma anche senza questa tua intuizione riuscivamo lo stesso a ricavarlo dal sistema (6.5). Infatti, essendo $g_i(\mathbf{x}) < 0$, dalle equazioni di complementarietà, ricaviamo che tutti e tre i moltiplicatori devono necessariamente essere zero.

   MC: Tuttavia l'equazione $\nabla f(\mathbf{x}) = \mathbf{0}$ risulta impossibile, poiché la seconda componente è costantemente $-1 \neq 0$.

FG: Allora vuol dire che i punti di massimo e di minimo non saranno interni alla regione ma dovranno trovarsi sulla frontiera.

2. Ricerchiamo il punto stazionario su un lato della regione ammissibile. Questo significa che uno dei tre vincoli deve essere verificato con il segno di uguaglianza mentre gli altri due con il segno di disuaglianza stretta. Dobbiamo vedere perciò tre casi

Caso $g_1(\mathbf{x}) = 0$. Essendo $g_2(\mathbf{x}) < 0$ e $g_3(\mathbf{x}) < 0$, dalla condizione di complementarietà si ricava $\lambda_2 = \lambda_3 = 0$ ed il sistema diventa

$$\begin{cases} 2x_1 - 2 - \lambda_1 = 0 \\ -1 = 0 \\ -x_1 = 0 \\ -x_2 < 0 \\ x_1 + x_2 - 8 < 0 \end{cases}$$

che risulta impossibile (la seconda equazione risulta un po' difficile da risolvere!). Quindi non esistono punti stazionari sul primo lato.

Caso $g_2(\mathbf{x}) = 0$. Essendo $g_1(\mathbf{x}) < 0$ e $g_3(\mathbf{x}) < 0$, dalla condizione di complementarietà si ricava $\lambda_1 = \lambda_3 = 0$ ed il sistema diventa

$$\begin{cases} 2x_1 - 2 = 0 \\ -1 - \lambda_2 = 0 \\ -x_1 < 0 \\ -x_2 = 0 \\ x + x_2 - 8 < 0 \end{cases}$$

che implica la soluzione

$$\begin{cases} x_1 = 1 \\ x_2 = 0 \\ \lambda_1 = 0 \\ \lambda_2 = -1 \\ \lambda_3 = 0. \end{cases}$$

Quindi l'unico punto stazionario è $\mathbf{x}^1 = (1, 0)$ che può essere punto di massimo (in quanto tutti e tre i moltiplicatori sono non positivi).

Caso $g_3(\mathbf{x}) = 0$. Essendo $g_1(\mathbf{x}) < 0$ e $g_2(\mathbf{x}) < 0$, dalla condizione di complementarietà si ricava $\lambda_1 = \lambda_2 = 0$ ed il sistema diventa

$$\begin{cases} 2x_1 - 2 + \lambda_3 = 0 \\ -1 + \lambda_3 = 0 \\ x_1 > 0 \\ x_2 > 0 \\ x_1 + x_2 = 8 \end{cases}$$

che implica la soluzione

$$\begin{cases} x_1 = \frac{1}{2} \\ x_2 = \frac{15}{2} \\ \lambda_1 = 0 \\ \lambda_2 = 0 \\ \lambda_3 = 1. \end{cases}$$

Quindi l'unico punto stazionario è $\mathbf{x}^2 = \left(\frac{1}{2}, \frac{15}{2}\right)$ che può essere punto di minimo (in quanto tutti e tre i moltiplicatori sono non negativi).

3. A questo punto dobbiamo (teoricamente) analizzare il caso in cui due vincoli siano verificati sottoforma di uguaglianza ed il terzo invece con la disuguaglianza stretta. Questo equivale a considerare quei punti che risultano dall'intersezione di due dei tre vincoli. Nel nostro caso i tre vertici del triangolo che sono

$$\mathbf{P}_1 = (0, 0), \quad \mathbf{P}_2 = (0, 8), \quad \mathbf{P}_3 = (8, 0).$$

Potremmo anche per questi verificare se valgono le condizioni di Kuhn-Tucker, tuttavia è più conveniente inserirli subito tra i punti candidati (tanto sono un numero finito) e andare avanti.

Abbiamo quindi determinato cinque punti candidati. Passiamo ad esaminare (e confrontare tra loro) i valori assunti dalla funzione obiettivo in tali punti:

$$f(1,0) = -1, \quad f\left(\frac{1}{2}, \frac{15}{2}\right) = -\frac{33}{4}, \quad f(0,0) = 0, \quad f(0,8) = -8, \quad f(8,0) = 48.$$

Quindi il punto $\mathbf{x}_2 = (\frac{1}{2}, \frac{15}{2})$ è di minimo globale mentre $\mathbf{P}_3 = (8,0)$ è di massimo globale. ∎

Esercizio 6.5.19 Trovare il costo minimo

$$C(K,L) = P_K \cdot K + P_L \cdot L$$

sapendo che $K \geq 0$, $L \geq 0$ ed il livello di produzione non è minore di $q > 0$ dove la funzione di produzione è una funzione di Cobb–Douglas di parametro $\alpha \in (0,1)$:

$$F(K,L) = K^\alpha L^{1-\alpha}.$$

Soluzione. Il problema si scrive nella forma standard

$$\begin{cases} \min P_K \cdot K + P_L \cdot L \\ -K \leq 0 \\ -L \leq 0 \\ q - K^\alpha L^{1-\alpha} \leq 0. \end{cases}$$

Notiamo che i primi due vincoli sono di fatto superflui perchè non possono mai essere nulli (altrimenti non è verificata la terza disuguaglianza) cioè valgono sempre col segno di $<$ (quindi li posso ignorare nel sistema di Kuhn–Tucker). Otteniamo perciò

$$\begin{cases} \min P_K \cdot K + P_L \cdot L \\ q - K^\alpha L^{1-\alpha} \leq 0 \end{cases}$$

con $n = 2$ variabili e $m = 1$ vincoli. Posto $g(K,L) = q - F(K,L)$ otteniamo

$$\nabla C(K,L) = \begin{pmatrix} P_K \\ P_L \end{pmatrix} \qquad \nabla g(K,L) = \begin{pmatrix} -\alpha K^{\alpha-1} L^{1-\alpha} \\ -(1-\alpha) K^\alpha L^{-\alpha} \end{pmatrix}$$

ed il sistema di Kuhn–Tucker diventa

$$\begin{cases} \nabla C(K,L) + \lambda \nabla g(K,L) = 0 \\ \lambda g(K,L) = 0 \\ g(K,L) \leq 0. \end{cases} \tag{6.6}$$

Si presentano da analizzare due casi

1. Supponiamo che (K,L) sia interno alla regione ammissibile cioè $g(K,L) < 0$. Allora si deve avere

$$\nabla C(K,L) = 0$$

che risulta impossibile in quanto i prezzi non sono nulli. In altre parole non esistono punti stazionari interni alla regione ammissibile.

2. Nel secondo caso supponiamo che il punto (K,L) stia sulla frontiera della regione ammissibile. In tal caso il sistema (6.6) diventa

$$\begin{cases} P_K - \alpha\lambda K^{\alpha-1} L^{1-\alpha} = 0 \\ P_L - (1-\alpha)\lambda K^\alpha L^{-\alpha} = 0 \\ q = K^\alpha L^{1-\alpha}. \end{cases}$$

Utilizzando la terza equazione si ricava

$$\begin{cases} P_K = \alpha\lambda \dfrac{q}{K} \\[2ex] P_L = (1-\alpha)\lambda \dfrac{q}{L} \\[2ex] q = K^\alpha L^{1-\alpha} \end{cases}$$

da cui otteniamo

$$K = \frac{\alpha\lambda q}{P_K} \quad \text{e} \quad L = \frac{(1-\alpha)\lambda q}{P_L}.$$

Sostituendo tali espressioni nella terza equazione, otteniamo

$$q = \left(\frac{\alpha\lambda q}{P_K}\right)^{\alpha} \cdot \left(\frac{(1-\alpha)\lambda q}{P_L}\right)^{1-\alpha} = \frac{\alpha^{\alpha}(1-\alpha)^{1-\alpha}}{P_K^{\alpha} P_L^{1-\alpha}}\lambda q$$

da cui

$$\lambda = \frac{P_K^{\alpha} P_L^{1-\alpha}}{\alpha^{\alpha}(1-\alpha)^{1-\alpha}}.$$

Dopo aver determinato il moltiplicatore (che risulta positivo) si ha

$$K = \frac{\alpha q}{P_K} \cdot \frac{P_K^{\alpha} P_L^{1-\alpha}}{\alpha^{\alpha}(1-\alpha)^{1-\alpha}} = \left(\frac{P_L}{P_K}\right)^{1-\alpha} \left(\frac{\alpha}{1-\alpha}\right)^{1-\alpha} q = \left(\frac{P_L}{P_K} \cdot \frac{\alpha}{1-\alpha}\right)^{1-\alpha} q = K_0$$

$$L = \frac{(1-\alpha) q}{P_L} \cdot \frac{P_K^{\alpha} P_L^{1-\alpha}}{\alpha^{\alpha}(1-\alpha)^{1-\alpha}} = \left(\frac{P_K}{P_L}\right)^{\alpha} \left(\frac{1-\alpha}{\alpha}\right)^{\alpha} q = \left(\frac{P_K}{P_L} \cdot \frac{1-\alpha}{\alpha}\right)^{\alpha} q = L_0.$$

Quindi l'unico punto stazionario risulta essere (K_0, L_0). Infine il dominio è convesso e la funzione $C(K, L)$ è anch'essa convessa (ogni funzione lineare è sia concava che convessa): quindi (K_0, L_0) è punto di minimo globale. ■

Esercizio 6.5.20 [Roma 30/05/2000, n.10] E' data la funzione di produzione

$$F(K, L) = K^{\alpha} L^{1-\alpha}$$

(K è il capitale, L il lavoro e $\alpha \in (0, 1)$ è un parametro fissato) sul dominio

$$D = \{(K, L) \in \mathbb{R}^2 \ : \ K \geq 0, \ L \geq 0, \ K + L \leq 1\},$$

(il terzo vincolo è un vincolo sui costi). Trovarne gradiente ed Hessiano. Dire se esistono punti stazionari interni a D. Dire se esistono dei punti sulla frontiera di D in cui F realizza il suo massimo e il suo minimo.
Facoltativo: trovare tali punti.

Soluzione. Iniziamo con il CE.

FG: Sebbene l'espressione della funzione di produzione sia semplice, mi sembra che il suo CE non sia facile da determinare.

MC: Sì, concordo. Penso che dipenda dal valore del parametro α.

FG: È vero. Se ad esempio fosse $\alpha = \frac{1}{2}$ la funzione assumerebbe l'espressione

$$F(K, L) = K^{\frac{1}{2}} L^{1-\frac{1}{2}} = K^{\frac{1}{2}} L^{\frac{1}{2}} = \sqrt{K} \cdot \sqrt{L},$$

quindi il suo CE sarebbe il primo quadrante (frontiera compresa) cioè

$$CE(F) = \{(K, L) \in \mathbb{R}^2 \ : \ K \geq 0, \ L \geq 0\}.$$

MC: Vero. Però se fosse $\alpha = \frac{1}{3}$ la funzione assumerebbe l'espressione

$$F(K, L) = K^{\frac{1}{3}} L^{1-\frac{1}{3}} = K^{\frac{1}{3}} L^{\frac{2}{3}} = \sqrt[3]{K} \cdot \sqrt[3]{L^2},$$

ed in tal caso il suo CE sarebbe tutto $\mathbb{R}^2$.

FG: Quindi qualche volta (spesso) è solo il primo quadrante, altre (molto più rare) è tutto $\mathbb{R}^2$. Secondo te cosa ci conviene fare? Analizzare tutti i vari casi?

MC: Beh, visto che il dominio D su cui dobbiamo lavorare è contenuto nel primo quadrante e visto che comunque il CE contiene il primo quadrante, possiamo evitare di arrovellarci il cervello.

FG: Giusto!

Passiamo ad analizzare il gradiente. Qui bisogna prestare un poco più di attenzione: visto che si lavora sul primo quadrante (frontiera compresa), è bene osservare che, tuttavia, la funzione non è derivabile lungo gli assi cartesiani, cioè nei punti aventi una coordinata uguale a zero. Negli altri punti (cioè in quelli interni al primo quadrante), il gradiente vale

$$\nabla F(K,L) = \begin{pmatrix} \alpha K^{\alpha-1}L^{1-\alpha} \\ \\ (1-\alpha)K^{\alpha}L^{-\alpha} \end{pmatrix}.$$

L'Hessiano risulta chiaramente definito nello stesso insieme di definizione del gradiente ed è

$$H_F(K,L) = \begin{pmatrix} \alpha(\alpha-1)K^{\alpha-2}L^{1-\alpha} & \alpha(1-\alpha)K^{\alpha-1}L^{-\alpha} \\ \\ \alpha(1-\alpha)K^{\alpha-1}L^{-\alpha} & -\alpha(1-\alpha)K^{\alpha}L^{-\alpha-1} \end{pmatrix}.$$

Passiamo ad analizzare l'esistenza di punti stazionari all'interno di D. La risposta è "Non ce ne sono". Tuttavia F è continua e D è compatto (cioè chiuso e limitato), e quindi, per il Teorema di Weierstrass, F realizza il suo massimo e il suo minimo in D. I punti di massimo e minimo devono stare per forza sulla frontiera: se fossero interni allora sarebbero stazionari, ma abbiamo visto che non vi sono punti stazionari interni.

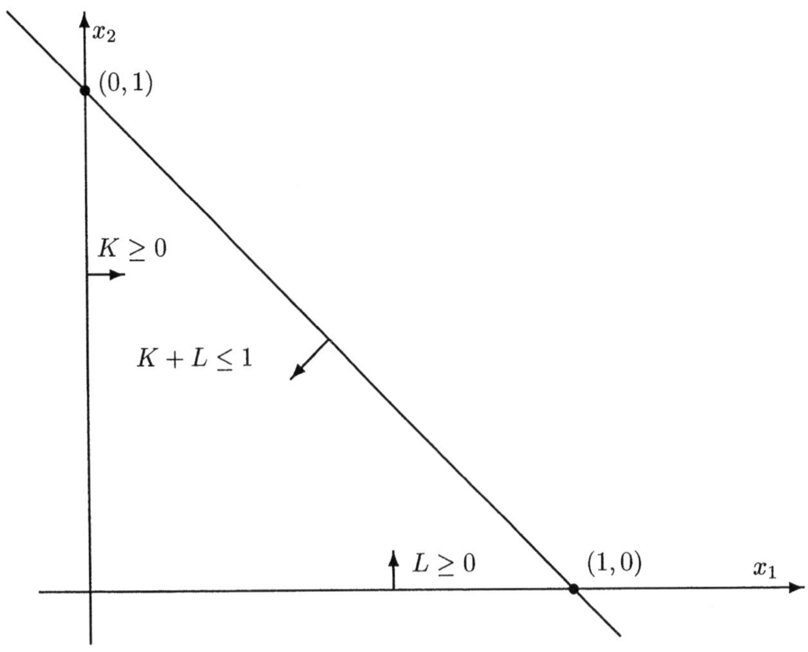

Figura 6.12: regione ammissibile

Parte facoltativa: per trovare i punti di minimo basta osservare che $F \geq 0$ su D. Inoltre $F = 0$ per $K = 0$ o per $L = 0$. Quindi tutti i punti su tali lati (i cateti) sono punti di minimo. Ne segue che i punti di massimo devono trovarsi per forza lungo l'ipotenusa

$$\{(K,L) \ : \ K+L=1, \ K \in [0,1], \ L \in [0,1]\}.$$

Poichè su tale lato $K = 1 - L$, possiamo sostituire tale valore all'interno della funzione costo, ottenendo una restrizione lungo la retta contenente l'ipotenusa. La nuova funzione nella sola variabile L è

$$\varphi(L) = F(1-L,L) = (1-L)^{\alpha}L^{1-\alpha}$$

di cui ci interesserà il suo massimo sull'intervallo $I = [0, 1]$. Poichè $\varphi(0) = \varphi(1) = 0$ e $\varphi(L) \geq 0$ per ogni $L \in [0, 1]$, il massimo sarà raggiunto in un punto interno dell'intervallo, e quindi in un punto stazionario per φ. Ne calcoliamo la derivata:

$$\begin{aligned}\varphi'(L) &= -\alpha(1-L)^{\alpha-1}L^{1-\alpha} + (1-\alpha)(1-L)^{\alpha}L^{-\alpha} \\ &= (1-L)^{\alpha-1}L^{-\alpha}(-\alpha L + (1-\alpha)(1-L)) \\ &= (1-L)^{\alpha-1}L^{-\alpha}(1-\alpha-L).\end{aligned}$$

Quindi, essendo $L \in (0, 1)$, i primi due fattori della derivata sono positivi e

$$\varphi'(L) > 0 \iff 1-\alpha-L > 0 \iff L < 1-\alpha.$$

Perciò $L_0 = 1 - \alpha$ è punto di massimo globale per φ su $[0, 1]$ e, di conseguenza, il punto $(1 - L_0, L_0) = (\alpha, 1 - \alpha)$ è punto di massimo per F. Il valore massimo di F sarà

$$F(\alpha, 1-\alpha) = \alpha^{\alpha}(1-\alpha)^{1-\alpha}$$

che ha una sua dignitosa simmetria. ∎

Esercizio 6.5.21 [Roma 17/06/1999 n.9 e 10] Trovare gradiente, Hessiano e restrizione alla retta

$$r: \quad \mathbf{x} = \begin{pmatrix}1\\1\end{pmatrix} + t\begin{pmatrix}0\\2\end{pmatrix}$$

della funzione

$$f(x_1, x_2) = (x_1 - 1)^2 + (x_2 - 1)^3.$$

Cosa possiamo dire del punto $\mathbf{x}^0 = (1, 1)$ in base a:

1. gradiente,
2. Hessiano,
3. restrizione?

Trovare poi massimi e minimi globali di f sul quadrato $[0, 1] \times [0, 1]$.

Soluzione. La funzione è derivabile due volte su tutto $\mathbb{R}^2$ con gradiente

$$\nabla f(\mathbf{x}) = \begin{pmatrix}2(x_1-1)\\3(x_2-1)^2\end{pmatrix}$$

ed Hessiano

$$H_f(\mathbf{x}) = \begin{pmatrix}2 & 0\\0 & 6\,(x_2-1)\end{pmatrix}$$

Dall'equazione vettoriale di r ricaviamo che

$$f_{\mathbf{v}}(t) = (2t)^3 = 8t^3$$

dove $\mathbf{v} = (0, 2)$. Passiamo ad analizzare gli altri tre punti dell'esercizio.

1. Sostituendo nel gradiente il punto $\mathbf{x}^0$ otteniamo $\nabla f(\mathbf{x}^0) = \mathbf{0}$; quindi $\mathbf{x}^0$ è un punto stazionario.
2. Sostituendo nell'Hessiano il punto $\mathbf{x}^0$ otteniamo

$$H_f(\mathbf{x}^0) = \begin{pmatrix}2 & 0\\0 & 0\end{pmatrix}$$

che risulta una matrice semidefinita positiva: quindi $\mathbf{x}^0$ non è punto di massimo locale (può essere punto di minimo locale).

3. La funzione $f_{\mathbf{v}}(t)$ è sempre crescente e quindi in $t = 0$ non ha né massimo né minimo. Perciò $\mathbf{x}^0 = (1,1)$ non è punto di minimo né di massimo.

Terminiamo con la ricerca di massimi e minimi globali sul quadrato. Dal Teorema di Weierstrass sappiamo che esiste il massimo ed il minimo (in quanto la funzione f è continua e la regione ammissibile è chiusa e limitata). Poiché il gradiente non si annulla mai all'interno del quadrato, la ricerca dei punti di massimo e minimo andrà effettuata sulla frontiera. Svolgiamo con Kuhn–Tucker: il problema assume la seguente forma

$$\begin{cases} \max / \min f(\mathbf{x}) = (x_1 - 1)^2 + (x_2 - 1)^3 \\ g_1(\mathbf{x}) = -x_1 \leq 0 \\ g_2(\mathbf{x}) = x_1 - 1 \leq 0 \\ g_3(\mathbf{x}) = -x_2 \leq 0 \\ g_4(\mathbf{x}) = x_2 - 1 \leq 0. \end{cases}$$

I gradienti dei vincoli sono

$$\nabla g_1(\mathbf{x}) = \begin{pmatrix} -1 \\ 0 \end{pmatrix} \quad \nabla g_2(\mathbf{x}) = \begin{pmatrix} 1 \\ 0 \end{pmatrix} \quad \nabla g_3(\mathbf{x}) = \begin{pmatrix} 0 \\ -1 \end{pmatrix} \quad \nabla g_4(\mathbf{x}) = \begin{pmatrix} 0 \\ 1 \end{pmatrix}$$

e la condizione necessaria diventa

$$\begin{cases} 2(x_1 - 1) - \lambda_1 + \lambda_2 = 0 \\ 3(x_2 - 1)^2 - \lambda_3 + \lambda_4 = 0 \\ -\lambda_1 x_1 = 0 \\ \lambda_2(x_1 - 1) = 0 \\ -\lambda_3 x_2 = 0 \\ \lambda_4(x_2 - 1) = 0 \\ -x_1 \leq 0 \\ x_1 - 1 \leq 0 \\ -x_2 \leq 0 \\ x_2 - 1 \leq 0. \end{cases} \tag{6.7}$$

Analizziamo i quattro casi (corrispondenti ai quattro lati del quadrato privati degli estremi).

1. **Lato** $\{0\} \times (0,1)$. È il caso in cui $g_1(\mathbf{x}) = 0$ e gli altri tre vincoli valgono con il minore stretto: $g_2(\mathbf{x}), g_3(\mathbf{x}), g_4(\mathbf{x}) < 0$. In tal caso i moltiplicatori λ_2, λ_3 e λ_4 sono nulli ed il sistema (6.7) semplificato diventa

$$\begin{cases} -2 - \lambda_1 = 0 \\ 3(x_2 - 1)^2 = 0 \\ x_1 = 0 \\ 0 < x_2 < 1. \end{cases}$$

La seconda equazione si risolve per $x_2 = 1$ che risulta incompatibile con l'ultima disequazione. Quindi il sistema è impossibile.

2. **Lato** $\{1\} \times (0,1)$. È il caso in cui $g_2(\mathbf{x}) = 0$ e gli altri tre vincoli valgono con il minore stretto: $g_1(\mathbf{x}), g_3(\mathbf{x}), g_4(\mathbf{x}) < 0$. In tal caso i moltiplicatori λ_1, λ_3 e λ_4 sono nulli ed il sistema (6.7) semplificato diventa

$$\begin{cases} \lambda_2 = 0 \\ 3(x_2 - 1)^2 = 0 \\ x_1 = 1 \\ 0 < x_2 < 1. \end{cases}$$

Nuovamente la seconda equazione e l'ultima disequazione sono incompatibili ed il sistema è impossibile.

3. **Lato** $(0,1) \times \{0\}$. È il caso in cui $g_3(\mathbf{x}) = 0$ e gli altri tre vincoli valgono con il minore stretto: $g_1(\mathbf{x}), g_2(\mathbf{x}), g_4(\mathbf{x}) < 0$. In tal caso i moltiplicatori λ_1, λ_2 e λ_4 sono nulli ed il sistema (6.7) semplificato diventa

$$\begin{cases} 2(x_1 - 1) = 0 \\ 3 - \lambda_3 = 0 \\ 0 < x_1 < 1 \\ x_2 = 0. \end{cases}$$

Questa volta sono incompatibili la prima equazione (che si risolve per $x_1 = 1$) e la terza disequazione. Nuovamente il sistema è impossibile.

4. **Lato** $(0, 1) \times \{1\}$. È l'ultimo caso in cui $g_4(\mathbf{x}) = 0$ e gli altri tre vincoli valgono con il minore stretto: $g_1(\mathbf{x}), g_2(\mathbf{x}), g_3(\mathbf{x}) < 0$. In tal caso i moltiplicatori λ_1, λ_2 e λ_3 sono nulli ed il sistema (6.7) semplificato diventa

$$\begin{cases} 2(x_1 - 1) = 0 \\ \lambda_4 = 0 \\ 0 < x_1 < 1 \\ x_2 = 1. \end{cases}$$

Ovviamente anche questo sistema è impossibile perché sono incompatibili la prima e la terza.

Restano allora i 4 vertici

$$\mathbf{x}^1 = (0, 0), \quad \mathbf{x}^2 = (1, 0), \quad \mathbf{x}^3 = (0, 1), \quad \mathbf{x}^4 = (1, 1)$$

che confrontiamo direttamente:

$$f(\mathbf{x}^1) = 0, \quad f(\mathbf{x}^2) = -1, \quad f(\mathbf{x}^3) = 1, \quad f(\mathbf{x}^4) = 0.$$

Quindi il massimo è raggiunto in $\mathbf{x}^3 = (0, 1)$ ed il minimo in $\mathbf{x}^2 = (1, 0)$.

Faccina 6.5.7 Quanti calcoli! Tuttavia, ragionandoci un pochino, eravamo capaci di ottenere lo stesso risultato (e senza fare il minimo calcolo). La funzione obiettivo è

$$f(\mathbf{x}) = (x_1 - 1)^2 + (x_2 - 1)^3$$

somma di due addendi, il primo dipendente solamente da x_1 ed il secondo dipendente solamente da x_2. Poiché (e questo è il punto più delicato) le due variabili sono indipendenti, nel senso che per individuare un qualsiasi punto all'interno del quadrato, la scelta di una delle due variabili non influenza l'altra, per ottenere il massimo della funzione sarà sufficiente ottenere il massimo dei due addendi. Il massimo di $(x_1 - 1)^2$ (che è un numero sempre positivo) si avrà quando la base è massima in modulo al variare di $x_1 \in [0, 1]$, cioè per $x_1 = 0$, mentre il massimo di $(x_2 - 1)^3$ (che è un numero sempre negativo) si avrà quando sarà massima la base al variare di $x_2 \in [0, 1]$, cioè per $x_2 = 1$. Quindi il massimo si ha in $(0, 1)$.

Ragionando in maniera analoga si ottiene il minimo. E senza fare un calcolo! ■

Esercizi per casa

Esercizio 6.5.22 [L'Aquila 19/06/2000 n.B2] Calcolare massimo e minimo globale della funzione

$$f(x_1, x_2) = x_1^2 + x_2^2$$

sulla regione

$$Q = \{\mathbf{x} \in \mathbb{R}^2 \ : \ x_2^2 - \ln(5 - x_1^2) = 0\}.$$

Esercizio 6.5.23 [Roma 08/06/1999 n.10] Scrivere le condizioni necessarie di Kuhn–Tucker per calcolare massimi e minimi della funzione

$$f(x_1, x_2) = x_1^3 - 3x_1^2 + x_2$$

sul quadrato $[0, 2] \times [0, 2]$.

Facoltativo: trovare massimi e minimi.

Esercizio 6.5.24 [Roma 21/09/1999 n.9-10] Data la funzione

$$f(x_1, x_2) = \frac{x_1^2}{x_2}$$

trovarne il *CE*, il gradiente, l'Hessiano, la restrizione $f_{\mathbf{v}}(t)$ nel punto $\mathbf{x}^0 = (1, 1)$ e rispetto alla direzione $\mathbf{v} = (1, 3)$, e la derivata direzionale $\frac{\partial f}{\partial \mathbf{v}}(\mathbf{x}^0)$. Trovare infine massimi e minimi di f sul triangolo

$$T = \{\mathbf{x} \in \mathbb{R}^2 \ : \ x_1 \geq 0, \ x_2 \geq 1, \ x_1 + x_2 \leq 3\}.$$

6.6 *Soluzioni degli esercizi per casa*

6.6.1 *Calcolo di gradienti, derivate direzionali, derivate seconde*

Gradiente e derivata direzionale

Soluzione dell'Esercizio 6.3.4. Il CE è tutto $\mathbb{R}^2$. Calcoliamo le derivate parziali:

$$\begin{aligned}\frac{\partial f}{\partial x_1}(\mathbf{x}) &= x_2\cos(20x_2)\,(\operatorname{sen}(2x_1)+2x_1\cos(2x_1))\,,\\ \frac{\partial f}{\partial x_2}(\mathbf{x}) &= x_1\operatorname{sen}(2x_1)\,(\cos(20x_2)-20x_2\operatorname{sen}(20x_2))\,;\end{aligned}$$

quindi il gradiente risulta

$$\nabla f(\mathbf{x}) = \big(x_2\cos(20x_2)\,(\operatorname{sen}(2x_1)+2x_1\cos(2x_1))\,, x_1\operatorname{sen}(2x_1)\,(\cos(20x_2)-20x_2\operatorname{sen}(20x_2))\,\big)$$

e siamo a posto. ∎

Soluzione dell'Esercizio 6.3.5. Il CE è tutto $\mathbb{R}^2$. Calcoliamo le derivate parziali:

$$\begin{aligned}\frac{\partial f}{\partial x_1}(\mathbf{x}) &= \ln(10+4x_1x_2^2)+\frac{4x_1x_2^2}{10+4x_1x_2^2},\\ \frac{\partial f}{\partial x_2}(\mathbf{x}) &= \frac{8x_1x_2}{10+4x_1x_2^2};\end{aligned}$$

quindi il gradiente risulta

$$\nabla f(\mathbf{x}) = \left(\ln(10+4x_1x_2^2)+\frac{4x_1x_2^2}{10+4x_1x_2^2}, \frac{8x_1x_2}{10+4x_1x_2^2}\right)$$

e siamo a posto. ∎

Soluzione dell'Esercizio 6.3.6. Il CE è tutto $\mathbb{R}^2$ (sono radici cubiche e quindi ben definite su tutti i numeri); tuttavia non si può calcolare il gradiente in tutti i punti. Purtroppo non è possibile calcolare le derivate parziali nei punti appartenenti agli assi cartesiani cioè nei punti del tipo $(x_1, 0)$ e $(0, x_2)$. Al di fuori di tali punti il gradiente risulta essere

$$\nabla f(\mathbf{x}) = \begin{pmatrix} \frac{1}{3}x_1^{-\frac{2}{3}}x_2^{\frac{2}{3}} \\ \\ \frac{2}{3}x_1^{\frac{1}{3}}x_2^{-\frac{1}{3}} \end{pmatrix} = \begin{pmatrix} \frac{1}{3}\sqrt[3]{\left(\frac{x_2}{x_1}\right)^2} \\ \\ \frac{2}{3}\sqrt[3]{\frac{x_1}{x_2}} \end{pmatrix}.$$

In particolare

$$\nabla f(\mathbf{x}^0) = \begin{pmatrix} \frac{\sqrt[3]{4}}{3} \\ \\ \frac{2}{3\sqrt[3]{2}} \end{pmatrix}.$$

Analogamente per l'Hessiano

$$H_f(\mathbf{x}) = \begin{pmatrix} -\frac{2}{9}x_1^{-\frac{5}{3}}x_2^{\frac{2}{3}} & \frac{2}{9}x_1^{-\frac{2}{3}}x_2^{-\frac{1}{3}} \\ \\ \frac{2}{9}x_1^{-\frac{2}{3}}x_2^{-\frac{1}{3}} & -\frac{2}{9}x_1^{\frac{1}{3}}x_2^{-\frac{4}{3}} \end{pmatrix}.$$

La restrizione di f risulta essere

$$f_{\mathbf{v}}(t) = f(\mathbf{x}^0+t\mathbf{v}) = f(1+2t, 2+3t) = (1+2t)^{\frac{1}{3}}(2+3t)^{\frac{2}{3}}$$

e quindi la derivata direzionale risulta

$$\frac{\partial f}{\partial \mathbf{v}}(\mathbf{x}^0) = \langle\nabla f(\mathbf{x}^0), \mathbf{v}\rangle = \left\langle\left(\frac{\sqrt[3]{4}}{3}, \frac{2}{3\sqrt[3]{2}}\right), (2,3)\right\rangle = \frac{5\sqrt[3]{4}}{3}.$$

Verificate la bontà dell'ultimo risultato valutando direttamente la derivata $f'_{\mathbf{v}}$ in $t = 0$. ∎

Soluzione dell'Esercizio 6.3.7. Il CE è tutto $\mathbb{R}^3$ ed il gradiente

$$\nabla f(\mathbf{x}) = \begin{pmatrix} 1 \\ -x_3^2 \\ -2x_2x_3 \end{pmatrix}:$$

poiché la prima componente è sempre 1 non esistono punti stazionari, cioè punti in cui il gradiente è il vettore nullo. L'Hessiano è

$$H_f(\mathbf{x}) = \begin{pmatrix} 0 & 0 & 0 \\ 0 & 0 & -2x_3 \\ 0 & -2x_3 & -2x_2 \end{pmatrix}$$

e la restrizione

$$f_{\mathbf{v}}(t) = f(\mathbf{x}^0 + t\mathbf{v}) = f(2+t, 1, t) = 2 + t - t^2;$$

la derivata direzionale

$$\frac{\partial f}{\partial \mathbf{v}}(\mathbf{x}^0) = \langle \nabla f(\mathbf{x}^0), \mathbf{v} \rangle = \langle (1,0,0), (1,0,1) \rangle = 1$$

e siamo a posto. ∎

Soluzione dell'Esercizio 6.3.8. Il CE della funzione è tutto $\mathbb{R}^2$ dove la funzione è derivabile due volte con gradiente

$$\nabla f(\mathbf{x}^0) = \begin{pmatrix} 2x_1x_2^3 - e^{x_1 - x_2} \\ 3x_1^2x_2^2 + e^{x_1 - x_2} \end{pmatrix}$$

ed Hessiano

$$H_f(\mathbf{x}^0) = \begin{pmatrix} 2x_2^3 - e^{x_1-x_2} & 6x_1x_2^2 + e^{x_1-x_2} \\ 6x_1x_2^2 + e^{x_1-x_2} & 6x_1^2x_2 - e^{x_1-x_2} \end{pmatrix}.$$

La restrizione alla retta r risulta

$$\begin{aligned} f_{\mathbf{v}}(t) &= f(\mathbf{x}^0 + t\mathbf{v}) = f(1+2t, 2+3t) \\ &= (1+2t)^2(2+3t)^3 - e^{(1+2t)-(2+3t)} \\ &= 108t^5 + 324t^4 + 387t^3 + 230t^2 + 68t + 8 - \frac{1}{e^{t+1}}. \end{aligned}$$

Calcoliamo la derivata direzionale utilizzando la definizione. La derivata di $f_{\mathbf{v}}(t)$ è

$$f'_{\mathbf{v}}(t) = 540t^4 + 1296t^3 + 1161t^2 + 460t + 68 + \frac{1}{e^{t+1}},$$

quindi

$$\frac{\partial f}{\partial \mathbf{v}}(\mathbf{x}^0) = f'_{\mathbf{v}}(0) = 68 + \frac{1}{e}.$$

Provate a verificare il risultato utilizzando la formula (6.2). ∎

6.6.2 *Concavità e convessità per funzioni a più variabili*

Soluzione dell'Esercizio 6.4.5. E' un esercizio sul calcolo combinatorio molto simile a quello proposto nell'Esercizio 5.4.8 a cui rimandiamo per una dettagliata spiegazione sullo svolgimento. A differenza della ricerca dei minori di ordine k dove dovevamo scegliere k righe e k colonne indipendentemente per determinare la sottomatrice, questa volta le k colonne saranno le stesse delle righe scelte: in altre parole il nostro libero arbitrio si limita alla scelta delle righe. Quindi vi sono esattamente $\binom{n}{k}$ sottomatrici principali di ordine k in una matrice quadrata di ordine n. ∎

Soluzione dell'Esercizio 6.4.6. Poiché c'è un logaritmo, il CE della funzione sarà individuato da quella parte di piano in cui l'argomento risulta positivo, cioè dove è verificata la disuguaglianza

$$x_1^2x_2 > 0.$$

Il primo fattore x_1^2 è sempre non negativo, quindi l'unico problema si ha quando è nullo; per il secondo fattore si deve avere $x_2 > 0$. Perciò

$$CE(f) = \{\mathbf{x} \in \mathbb{R}^2 \ : \ x_1 \neq 0, \ x_2 > 0\}$$

rappresentato in Figura 6.13.

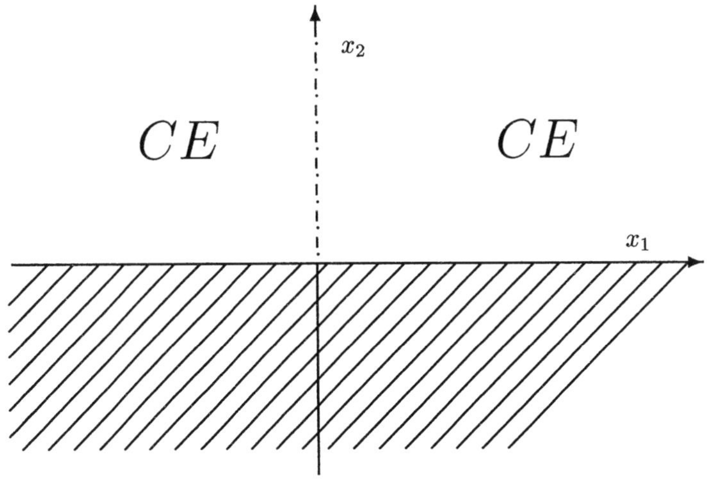

Figura 6.13: $x_1 \neq 0$ e $x_2 > 0$

All'interno del CE la funzione è derivabile due volte con gradiente

$$\nabla f(\mathbf{x}) = \begin{pmatrix} 3x_1^2 - \dfrac{2}{x_1} \\ \\ -\dfrac{1}{x_2} \end{pmatrix}$$

ed Hessiano

$$H_f(\mathbf{x}) = \begin{pmatrix} 6x_1 + \dfrac{2}{x_1^2} & 0 \\ \\ 0 & \dfrac{1}{x_2^2} \end{pmatrix}.$$

Per calcolarci la derivata direzionale nel punto $\mathbf{x}^0$, valutiamo inizialmente il gradiente in tale punto

$$\nabla f(\mathbf{x}^0) = \begin{pmatrix} 1 \\ -\dfrac{1}{3} \end{pmatrix}$$

e poi applichiamo la formuletta (6.2), ottenendo

$$\frac{\partial f}{\partial \mathbf{v}}(\mathbf{x}^0) = \langle \nabla f(\mathbf{x}^0), \mathbf{v} \rangle = \left\langle \left(1, -\frac{1}{3}\right), (2,4) \right\rangle = \frac{2}{3}.$$

Potevamo anche determinarla calcolando la derivata della restrizione

$$f_\mathbf{v}(t) = f(\mathbf{x}^0 + t\mathbf{v}) = f(1+2t, 3+4t) = (1+2t)^3 - \ln\left((1+2t)^2(3+4t)\right)$$

nel punto $t = 0$. Invitiamo il lettore a farlo e a verificare che il risultato è lo stesso.

Analizziamo ora la convessità della funzione all'interno del primo quadrante (cioè per $x_1 > 0$ e $x_2 > 0$). Osserviamo innanzitutto che i coefficienti

$$\frac{\partial^2 f}{\partial x_1^2}(\mathbf{x}) = 6x_1 + \frac{2}{x_1^2} \quad \text{e} \quad \frac{\partial^2 f}{\partial x_2^2}(\mathbf{x}) = \frac{1}{x_2^2}$$

della matrice Hessiana sono entrambi positivi nel primo quadrante. Quindi

$$\det H_f(\mathbf{x}) = \frac{1}{x_2^2}\left(6x_1 + \frac{2}{x_1^2}\right) > 0$$

e applicando il Corollario 6.4.10 si vede che la matrice è definita positiva nel primo quadrante. Per il Teorema 6.4.11, la funzione risulta convessa sul primo quadrante. ∎

Soluzione dell'Esercizio 6.4.7. Il CE è tutto $\mathbb{R}^2$. Dall'Esercizio 6.3.6 sappiamo che l'Hessiano è definito al di fuori degli assi cartesiani e vale

$$H_f(\mathbf{x}) = \begin{pmatrix} -\frac{2}{9}x_1^{-\frac{5}{3}}x_2^{\frac{2}{3}} & \frac{2}{9}x_1^{-\frac{2}{3}}x_2^{-\frac{1}{3}} \\ \frac{2}{9}x_1^{-\frac{2}{3}}x_2^{-\frac{1}{3}} & -\frac{2}{9}x_1^{\frac{1}{3}}x_2^{-\frac{4}{3}} \end{pmatrix}.$$

Il determinante risulta sempre nullo; infatti

$$\det H_f(\mathbf{x}) = \frac{4}{81}x_1^{-\frac{4}{3}}x_2^{-\frac{2}{3}} - \frac{4}{81}x_1^{-\frac{4}{3}}x_2^{-\frac{2}{3}} = 0.$$

Usiamo ora il Corollario 6.4.10. La somma degli elementi sulla diagonale principale vale

$$-\frac{2}{9}x_1^{\frac{1}{3}}\left(x_1^{-2}x_2^{\frac{2}{3}} + x_2^{-\frac{4}{3}}\right)$$

e quindi il segno di tale somma dipende solo dal segno di x_1. Ne segue che

- se $x_1 > 0$ allora $H_f(\mathbf{x})$ è semidefinita negativa;
- se $x_1 < 0$ allora $H_f(\mathbf{x})$ è semidefinita positiva;

Quindi f risulta convessa sul primo e secondo quadrante e concava sul terzo e quarto quadrante (consideriamo sempre i quadranti come aperti). Non possiamo dire che f è convessa sulla regione $\{x_1 > 0\}$ in quanto il Teorema 6.4.11 non vale (non esistono le derivate per $x_2 = 0$) né si può usare la prima parte del Pericolo 6.4.12 perché l'unione del primo e secondo quadrante non è un aperto convesso. ∎

Soluzione dell'Esercizio 6.4.8. Il CE è tutto $\mathbb{R}^3$. L'Hessiano, calcolato nell'Esercizio 6.3.7 è

$$H_f(\mathbf{x}) = \begin{pmatrix} 0 & 0 & 0 \\ 0 & 0 & -2x_3 \\ 0 & -2x_3 & 2x_2 \end{pmatrix}$$

Il determinante risulta sempre nullo; infatti la prima colonna è nulla. Utilizziamo ora il metodo visto alla Faccina 6.4.7. I minori principali di ordine 1 sono 0, 0, $-2x_2$; mentre quelli di ordine 2 sono 0, 0, $-4x_3^2$. Quindi

- Se $x_2 \leq 0$ la matrice è semidefinita negativa;
- Se $x_1 < 0$ la matrice è indefinita.

Si può applicare il Teorema 6.4.11 e quanto detto all'inizio del Pericolo 6.4.12 ottenendo che f è concava sull'insieme $\{x_2 \leq 0\}$. ∎

6.6.3 *Massimi e minimi*

Problemi di estremo libero

Soluzione dell'Esercizio 6.5.5 . La funzione è ben definita su tutto $\mathbb{R}^2$ ed ivi è derivabile due volte. Il gradiente risulta

$$\nabla f(\mathbf{x}) = \begin{pmatrix} 2x_1x_2^2 - 2x_1 \\ 2x_1^2x_2 \end{pmatrix}$$

e l'Hessiano

$$H_f(\mathbf{x}) = \begin{pmatrix} 2x_2^2 - 2 & 4x_1x_2 \\ 4x_1x_2 & 2x_1^2 \end{pmatrix}.$$

I punti stazionari si trovano eguagliando a zero il gradiente, cioè risolvendo il sistema

$$\begin{cases} 2x_1x_2^2 - 2x_1 = 0 \\ 2x_1^2x_2 = 0. \end{cases}$$

Dalla seconda equazione si ricavano due casi distinti:

Caso $x_1 = 0$. In tal caso la prima equazione diventa l'identità $0 = 0$ verificata per ogni x_2: quindi i punti stazionari saranno del tipo $(0, x_2)$;

Caso $x_2 = 0$. In tal caso la prima equazione diventa $-2x_1 = 0$ verificata da $x_1 = 0$.

Ricapitolando tutti i punti stazionari sono del tipo $(0, x_2)$, con $x_2 \in \mathbb{R}$. L'Hessiano in tali punti vale

$$H_f(0, x_2) = \begin{pmatrix} 2x_2^2 - 2 & 0 \\ 0 & 0 \end{pmatrix}$$

il cui determinante è nullo. Analizzando il minore principale di guida di ordine 1 ricaviamo che $H_f(0, x_2)$ risulta

- semidefinito positivo per $2x_2^2 - 2 > 0$, cioè $|x_2| > 1$;
- semidefinito negativo per $2x_2^2 - 2 < 0$, cioè $|x_2| < 1$;
- nullo nei punti con $x_2 = \pm 1$ cioè nei punti $(0, \pm 1)$.

Quindi l'Hessiano non dà informazioni precise: dice solo che

- i punti $(0, x_2)$ con $|x_2| > 1$ non possono essere punti di massimo,
- i punti $(0, x_2)$ con $|x_2| < 1$ non possono essere punti di minimo,
- i punti $(0, 1)$ e $(0, -1)$ possono essere qualsiasi cosa.

In ogni caso in tutti i punti stazionari la funzione vale

$$f(0, x_2) = 0.$$

A questo punto usiamo il metodo (3)-(a) (che qui significa studiare il segno della funzione, come nell'Esercizio 6.5.4), risolvendo la disequazione

$$f(\mathbf{x}) = x_1^2x_2^2 - x_1^2 \geq 0 = f(0, x_2).$$

Mettendo in evidenza x_1^2 otteniamo

$$x_1^2(x_2^2 - 1) \geq 0$$

da cui ricaviamo

- $f(\mathbf{x}) = 0$ se e solo se $x_1 = 0$ oppure $|x_2| = 1$,
- $f(\mathbf{x}) > 0$ se e solo se $x_1 \neq 0$ e $|x_2| > 1$,
- $f(\mathbf{x}) < 0$ se e solo se $x_1 \neq 0$ e $|x_2| < 1$.

Dalla Figura 6.14 delle varie zone del piano in cui f risulta positiva oppure negativa deduciamo che

- i punti $(0, x_2)$ con $|x_2| > 1$ sono di minimo locale per f,
- i punti $(0, x_2)$ con $|x_2| < 1$ sono di massimo locale per f,
- i punti stazionari $(0, 1)$ e $(0, -1)$ non sono né punti di massimo né punti di minimo.

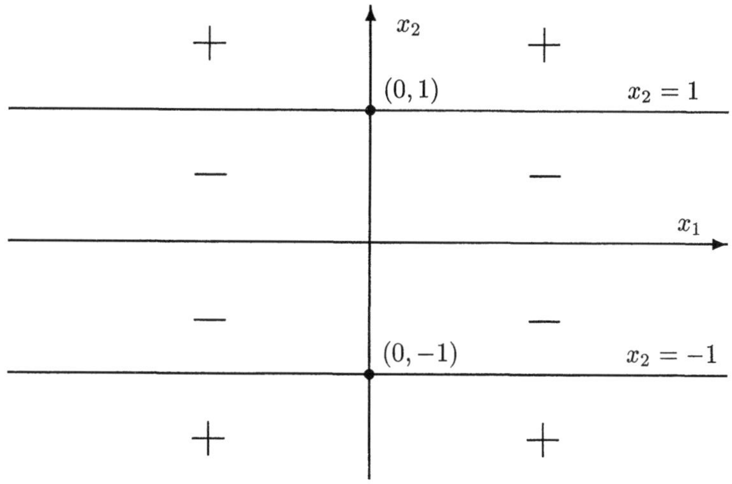

Figura 6.14: segno di f

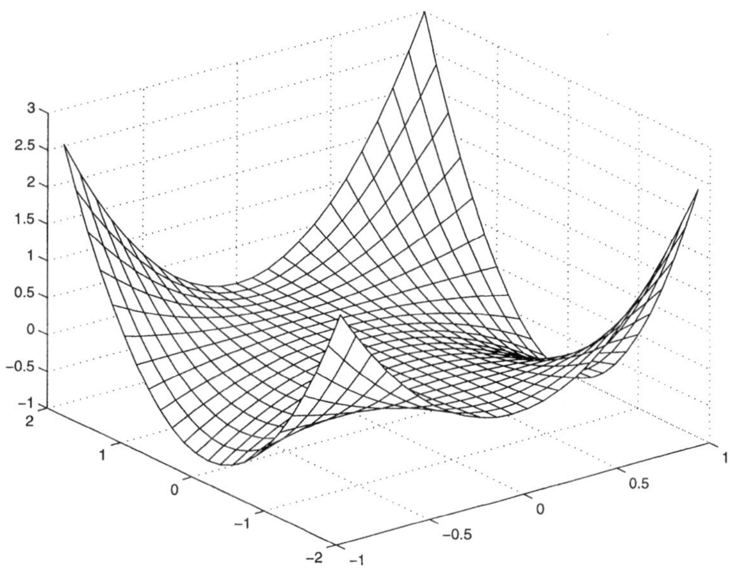

Figura 6.15: grafico di $f(\mathbf{x}) = x_1^2 x_2^2 - x_1^2$

Il grafico è rappresentato in Figura 6.15. ∎

Soluzione dell'Esercizio 6.5.6. Il CE di f è (Figura 6.16)

$$CE(f) = \{\mathbf{x} \in \mathbb{R}^2 \ : \ x_2 > -1\}.$$

All'interno del CE la funzione è derivabile due volte con gradiente

$$\nabla f(\mathbf{x}) = \begin{pmatrix} 2x_1 \ln(1 + x_2) \\ \\ \dfrac{x_1^2}{1 + x_2} \end{pmatrix}$$

ed Hessiano

$$H_f(\mathbf{x}) = \begin{pmatrix} 2\ln(1 + x_2) & \dfrac{2x_1}{1 + x_2} \\ \\ \dfrac{2x_1}{1 + x_2} & -\dfrac{x_1^2}{(1 + x_2)^2} \end{pmatrix}.$$

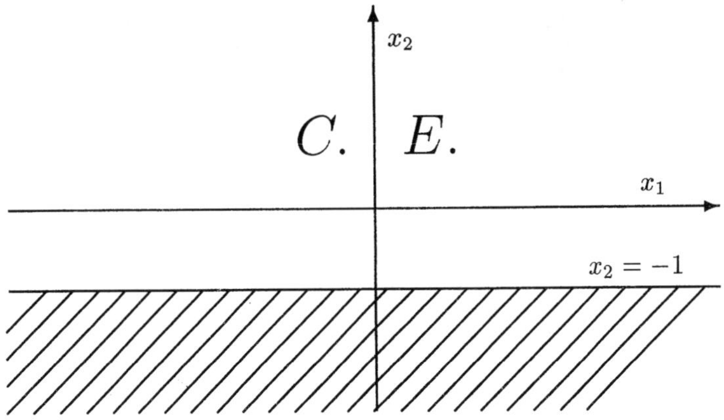

Figura 6.16: $x_2 > -1$

La retta passante per $\mathbf{x}^0$ con direzione $\mathbf{v}$ è

$$r: \quad \begin{pmatrix} x_1 \\ x_2 \end{pmatrix} = \begin{pmatrix} 1 \\ 3 \end{pmatrix} + t \begin{pmatrix} 1 \\ 1 \end{pmatrix}$$

e quindi la restrizione risulta

$$f_{\mathbf{v}}(t) = f_{\mathbf{v}}(\mathbf{x}^0 + t\mathbf{v}) = f(1+t, 3+t) = (1+t)^2 \ln(4+t)$$

il cui CE è $(-4, +\infty)$. Per calcolare la derivata direzionale utilizziamo la formula (6.2) ottenendo

$$\frac{\partial f}{\partial \mathbf{v}}(\mathbf{x}^0) = \langle \nabla f(\mathbf{x}^0), \mathbf{v} \rangle = \left\langle \left(2\ln 4, \frac{1}{4} \right), (1,1) \right\rangle = 2\ln 4 + \frac{1}{4}.$$

Rimangono da calcolare i punti stazionari, cioè le soluzioni del sistema

$$\begin{cases} 2x_1 \ln(1+x_2) = 0 \\ \\ \dfrac{x_1^2}{1+x_2} = 0. \end{cases}$$

Dalla seconda equazione si ricava $x_1 = 0$ che rende la prima equazione una identità $0 = 0$ verificata per ogni $x_2 > -1$.

⚠ **Pericolo 6.6.1** Attenzione: l'identità, di per sè, è verificata per ogni x_2, tuttavia bisogna sempre ricordarsi del CE.

Quindi i punti stazionari sono tutti quelli del tipo $(0, x_2)$ con $x_2 > -1$. Valutiamo l'Hessiano in tali punti

$$H_f(0, x_2) = \begin{pmatrix} 2\ln(1+x_2) & 0 \\ 0 & 0 \end{pmatrix}.$$

Poiché il determinante è nullo ricaviamo che

- se $2\ln(1+x_2) > 0$ cioè $x_2 > 0$ allora $H_f(0, x_2)$ risulta semidefinita positiva ed il punto non è di massimo;
- se $2\ln(1+x_2) < 0$ cioè $x_2 \in (-1, 0)$ allora $H_f(0, x_2)$ risulta semidefinita negativa ed il punto non è di minimo;

- se $2\ln(1 + x_2) = 0$ cioè $x_2 = 0$ allora $H_f(0,0)$ risulta nulla e quindi non abbiamo nessuna informazione sulla natura dell'origine.

Per cercare di risolvere il problema, si osserva che la funzione si annulla nei punti stazionari (cioè $f(0, x_2) = 0$) e quindi, come nell'Esercizio 6.5.4, proviamo ad analizzare il segno di f studiando la disequazione

$$f(\mathbf{x}) = x_1^2 \ln(1 + x_2) \geq 0 = f(0, x_2).$$

Essendo il prodotto di due fattori, il segno dipenderà dal segno di tali fattori: il primo è sempre non negativo (è un quadrato), mentre il secondo si annulla per $x_2 = 0$ ed è positivo per $x_2 > 0$. Quindi

- se $x_1 = 0$ oppure $x_2 = 0$ abbiamo $f(\mathbf{x}) = 0$,
- se $x_1 \neq 0$ e $x_2 > 0$ abbiamo $f(\mathbf{x}) > 0$,
- se $x_1 \neq 0$ e $x_2 \in (-1, 0)$ abbiamo $f(\mathbf{x}) < 0$.

Ora siamo in grado di decifrare la natura dei punti stazionari (come sono ben chiari nella Figura 6.17):

- i punti $(0, x_2)$ con $x_2 > 0$ sono punti di minimo locale;
- i punti $(0, x_2)$ con $x_2 \in (-1, 0)$ sono punti di massimo locale;
- l'origine non è né punto di massimo né punto di minimo. (Attraverso quale restrizione potevamo dedurre che l'origine non è né punto di minimo né punto di massimo? Scegliete tra uno dei due assi e la bisettrice del primo e terzo quadrante). ∎

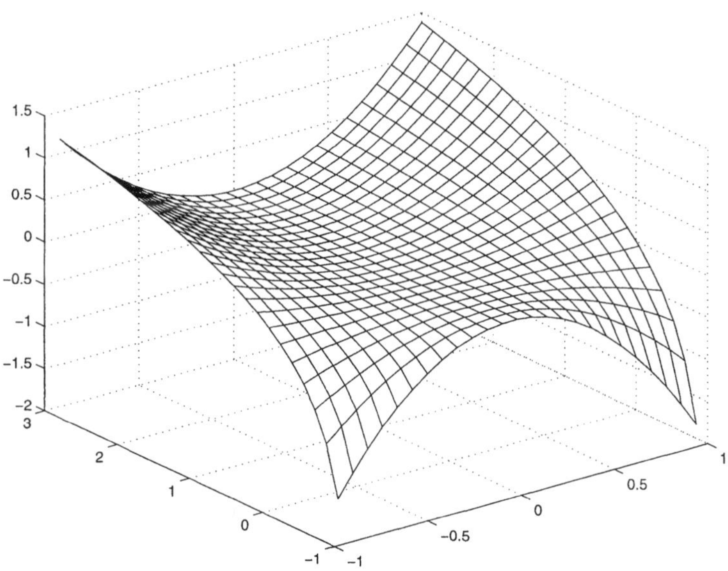

Figura 6.17: grafico di $f(\mathbf{x}) = x_1^2 \ln(1 + x_2)$

Soluzione dell'Esercizio 6.5.7. Il CE della funzione f è tutto $\mathbb{R}^3$ e la funzione è derivabile due volte con gradiente

$$\nabla f(\mathbf{x}) = \begin{pmatrix} 2x_1 + 2x_2 + 3x_3 \\ 2x_1 + 2x_2 \\ 3x_1 \end{pmatrix}.$$

I punti stazionari si ottengono risolvendo il sistema lineare omogeneo

$$\begin{cases} 2x_1 + 2x_2 + 3x_3 = 0 \\ 2x_1 + 2x_2 = 0 \\ 3x_1 = 0 \end{cases}$$

la cui matrice incompleta è

$$\mathbf{A} = \begin{pmatrix} 2 & 2 & 3 \\ 2 & 2 & 0 \\ 3 & 0 & 0 \end{pmatrix}.$$

Il determinante di tale matrice è

$$\det \mathbf{A} = 3 \det \begin{pmatrix} 2 & 3 \\ 2 & 0 \end{pmatrix} = -18 \neq 0$$

e quindi, per il Teorema di Cramer, il sistema ha una sola soluzione che risulta $\mathbf{x}^0 = (0, 0, 0)$. Calcolando l'Hessiano, otteniamo

$$H_f(\mathbf{x}) = \begin{pmatrix} 2 & 2 & 3 \\ 2 & 2 & 0 \\ 3 & 0 & 0 \end{pmatrix}$$

che è indipendente dal punto e, guarda caso, è uguale ad $\mathbf{A}$. Per determinare la natura del punto stazionario, calcoliamo il determinante dell'Hessiano

$$\det H_f(\mathbf{x}) = \det \begin{pmatrix} 2 & 2 & 3 \\ 2 & 2 & 0 \\ 3 & 0 & 0 \end{pmatrix} = -18 < 0.$$

Essendo $M_1 = 2 > 0$ si ha che $H_f(\mathbf{x}^0)$ è indefinita, e perciò $\mathbf{x}^0$ non è né punto di minimo né punto di massimo locale. ∎

Soluzione dell'Esercizio 6.5.8. Il CE è tutto $\mathbb{R}^2$. Il gradiente vale

$$\nabla f(\mathbf{x}) = \begin{pmatrix} 3x_1^2 + x_2 \\ x_1 + 4x_2 \end{pmatrix}$$

e l'Hessiano

$$H_f(\mathbf{x}) = \begin{pmatrix} 6x_1 & 1 \\ 1 & 4 \end{pmatrix}.$$

Cerchiamo i punti stazionari. Occorre risolvere il sistema $\nabla f(\mathbf{x}) = \mathbf{0}$, cioè

$$\begin{cases} 3x_1^2 + x_2 = 0 \\ x_1 + 4x_2 = 0 \end{cases}$$

Dalla seconda equazione ricaviamo $x_2 = -\frac{x_1}{4}$. Sostituendo tale risultato nella prima equazione otteniamo

$$3x_1^2 - \frac{1}{4}x_1 = 0$$

le cui soluzioni sono $x_1 = 0$ oppure $x_1 = \frac{1}{12}$ che implicano, rispettivamente, $x_2 = 0$ oppure $x_2 = -\frac{1}{48}$. Quindi vi sono due punti stazionari: il punto $\mathbf{x}^1 = (0, 0)$ ed il punto $\mathbf{x}^2 = \left(\frac{1}{12}, -\frac{1}{48}\right)$ di cui andiamo a studiare la natura.

Punto $\mathbf{x}^1$. Sostituendo il punto $\mathbf{x}^1$ nell'Hessiano abbiamo

$$H_f(\mathbf{x}^1) = \begin{pmatrix} 0 & 1 \\ 1 & 4 \end{pmatrix}$$

che è indefinito poiché il suo determinante è negativo. Ne segue che tale punto non è né punto di massimo né punto di minimo.

Punto $\mathbf{x}^2$. Sostituendo il punto $\mathbf{x}^2$ nell'Hessiano otteniamo

$$H_f(\mathbf{x}^2) = \begin{pmatrix} \frac{1}{2} & 1 \\ 1 & 4 \end{pmatrix}$$

il cui determinante vale 1 ed il minore principale di guida è positivo. Quindi $H_f(\mathbf{x}^2)$ è definita positiva ed il punto $\mathbf{x}^2$ è di minimo locale.

Soluzione dell'Esercizio 6.5.9. Il CE è tutto $\mathbb{R}^2$. Inoltre f è derivabile due volte con gradiente

$$\nabla f(\mathbf{x}) = \begin{pmatrix} 1 + x_2 e^{1+x_1x_2} \\ x_1 e^{1+x_1x_2} \end{pmatrix}$$

ed Hessiano

$$H_f(\mathbf{x}) = \begin{pmatrix} x_2^2 e^{1+x_1x_2} & e^{1+x_1x_2} + x_1x_2e^{1+x_1x_2} \\ e^{1+x_1x_2} + x_1x_2e^{1+x_1x_2} & x_1^2 e^{1+x_1x_2} \end{pmatrix}.$$

I punti stazionari si trovano ponendo $\nabla f(\mathbf{x}) = \mathbf{0}$, cioè dal sistema

$$\begin{cases} 1 + x_2 e^{1+x_1x_2} = 0 \\ x_1 e^{1+x_1x_2} = 0. \end{cases}$$

Dalla seconda equazione segue $x_1 = 0$ (in quanto l'esponenziale è sempre positivo) e, sostituendo tale valore nella prima equazione, otteniamo

$$1 + x_2 e = 0$$

la cui soluzione è $x_2 = -\frac{1}{e}$. Quindi l'unico punto stazionario è $\mathbf{x}^0 = \left(0, -\frac{1}{e}\right)$. La sua natura (*facoltativo*) si determina sostituendo tale punto nell'Hessiano ottenendo

$$H_f(\mathbf{x}^0) = \begin{pmatrix} \frac{1}{e} & e \\ e & 0 \end{pmatrix}.$$

Tale matrice è indefinita essendo il suo determinante $-e^2$ negativo. Ciò significa che il punto stazionario trovato non è né punto di massimo né punto di minimo.

Soluzione dell'Esercizio 6.5.10. Il CE è tutto $\mathbb{R}^2$; inoltre f è derivabile due volte con gradiente

$$\nabla f(\mathbf{x}) = \begin{pmatrix} 6x_1^2 - 6 \\ 2x_2 - 4 \end{pmatrix}$$

ed Hessiano

$$H_f(\mathbf{x}) = \begin{pmatrix} 12x_1 & 0 \\ 0 & 2 \end{pmatrix}.$$

I punti stazionari si ottengono risolvendo il sistema

$$\begin{cases} 6x_1^2 - 6 = 0 \\ 2x_2 - 4 = 0 \end{cases}$$

e sono $\mathbf{x}^1 = (-1, 2)$ e $\mathbf{x}^2 = (1, 2)$. Studiamo la natura dei due punti.

Punto $\mathbf{x}^1$. Valutando l'Hessiano in tale punto otteniamo

$$H_f(\mathbf{x}^1) = \begin{pmatrix} -12 & 0 \\ 0 & 2 \end{pmatrix}$$

che risulta indefinita in quanto ha determinante negativo. Quindi $\mathbf{x}^1$ non è né punto di massimo né punto di minimo.

Punto $\mathbf{x}^2$. Valutando l'Hessiano in tale punto otteniamo

$$H_f(\mathbf{x}^2) = \begin{pmatrix} 12 & 0 \\ 0 & 2 \end{pmatrix}$$

che risulta definita positiva in quanto ha determinante positivo e minore principale di guida positivo; allora $\mathbf{x}^2$ è punto di minimo.

Soluzione dell'Esercizio 6.5.11. La funzione è ben definita su tutto $\mathbb{R}^2$ ed è derivabile due volte con gradiente

$$\nabla f(\mathbf{x}) = \begin{pmatrix} 3x_1^2 + x_2^2 \\ 2x_2x_1 \end{pmatrix}$$

che si annulla solamente nell'origine $\mathbf{x}^0 = (0,0)$. L'Hessiano è

$$H_f(\mathbf{x}) = \begin{pmatrix} 6x_1 & 2x_2 \\ 2x_2 & 2x_1 \end{pmatrix}$$

che, valutato nell'origine, diventa

$$H_f(\mathbf{x}^0) = \begin{pmatrix} 0 & 0 \\ 0 & 0 \end{pmatrix}.$$

Quindi l'Hessiano non dà alcuna informazione. Proviamo a studiare la disequazione

$$f(\mathbf{x}) = x_1^3 + x_2^2x_1 \geq 0 = f(\mathbf{x}^0).$$

Mettendo in evidenza x_1 otteniamo che

- $f(\mathbf{x}) > 0$ se e solo se $x_1 > 0$,
- $f(\mathbf{x}) < 0$ se e solo se $x_1 < 0$,
- $f(\mathbf{x}) = 0$ se e solo se $x_1 = 0$.

Quindi in ogni intorno di $\mathbf{x}^0$ ci sono punti in cui f è positiva e punti in cui f è negativa e perciò $\mathbf{x}^0$ non è né punto di minimo né punto di massimo.

Alla stessa conclusione potevamo arrivare considerando la restrizione di f alla retta $x_2 = 0$, cioè

$$\begin{pmatrix} x_1 \\ x_2 \end{pmatrix} = \begin{pmatrix} 0 \\ 0 \end{pmatrix} + t\begin{pmatrix} 1 \\ 0 \end{pmatrix} = \begin{pmatrix} t \\ 0 \end{pmatrix}.$$

La funzione ristretta a tale retta risulta

$$f_{\mathbf{v}}(t) = f(t,0) = t^3$$

che è strettamente crescente nell'origine e quindi non ha né minimo né massimo in $t = 0$. ∎

Soluzione dell'Esercizio 6.5.12. La funzione è definita ovunque (poiché $x_1^2+1 > 0$ è sempre verificata). Il gradiente è

$$\nabla f(\mathbf{x}) = \begin{pmatrix} x_2 + \dfrac{2x_1x_2}{1+x_1^2} \\ \\ x_1 + \ln\left(1+x_1^2\right) \end{pmatrix}$$

che si annulla nell'unico punto stazionario $\mathbf{x}^0 = (0,0)$. L'Hessiano è

$$H_f(\mathbf{x}) = \begin{pmatrix} \dfrac{2x_2\left(1-x_1^2\right)}{\left(1+x_1^2\right)^2} & 1 + \dfrac{2x_1}{1+x_1^2} \\ \\ 1 + \dfrac{2x_1}{1+x_1^2} & 0 \end{pmatrix}$$

che, valutato nell'origine, diventa

$$H_f(\mathbf{x}^0) = \begin{pmatrix} 0 & 1 \\ 1 & 0 \end{pmatrix}$$

Essendo il determinante negativo ne segue che $H_f(\mathbf{x}^0)$ è indefinita e quindi l'origine non è né punto di massimo né punto di minimo. ∎

Soluzione dell'Esercizio 6.5.13. Il CE è tutto $\mathbb{R}$ (in quanto $x_1^2 + x_2^2 + 1 > 0$ è sempre verificata). Il gradiente è

$$\nabla f(\mathbf{x}) = \begin{pmatrix} \ln(x_1^2 + x_2^2 + 1) + \dfrac{2x_1^2}{x_1^2 + x_2^2 + 1} - x_2 \\ \\ \dfrac{2x_1 x_2}{x_1^2 + x_2^2 + 1} - x_1 \end{pmatrix}$$

mentre l'Hessiano è

$$H_f(\mathbf{x}) = \begin{pmatrix} \dfrac{2x_1}{x_1^2 + x_2^2 + 1} + \dfrac{4x_1(x_2^2 + 1)}{(x_1^2 + x_2^2 + 1)^2} & \dfrac{2x_2}{x_1^2 + x_2^2 + 1} - \dfrac{4x_1^2 x_2}{(x_1^2 + x_2^2 + 1)^2} - 1 \\ \\ \dfrac{2x_2}{x_1^2 + x_2^2 + 1} - \dfrac{4x_1^2 x_2}{(x_1^2 + x_2^2 + 1)^2} - 1 & \dfrac{2x_1}{x_1^2 + x_2^2 + 1} - \dfrac{4x_1 x_2^2}{(x_1^2 + x_2^2 + 1)^2} \end{pmatrix}.$$

Per quanto riguarda la restrizione di f abbiamo

$$\begin{aligned} f_{\mathbf{v}}(t) = f(\mathbf{x}^0 + t\mathbf{v}) = f(1 + 2t, 3 + 4t) &= (1 + 2t) \ln\left(1 + (1 + 2t)^2 + (3 + 4t)^2\right) - (1 + 2t)(3 + 4t) \\ &= (1 + 2t) \ln\left(20t^2 + 28t + 11\right) - (8t^2 + 10t + 3) \end{aligned}$$

mentre, valutando il gradiente nel punto $\mathbf{x}^0$, si ricava

$$\nabla f(\mathbf{x}^0) = \begin{pmatrix} \ln 11 - \frac{31}{11} \\ \\ -\frac{5}{11} \end{pmatrix}$$

che implica

$$\frac{\partial f}{\partial \mathbf{v}}(\mathbf{x}^0) = \langle \nabla f(\mathbf{x}^0), \mathbf{v} \rangle = \left\langle \left(\ln 11 - \frac{31}{11}, -\frac{5}{11} \right), (2, 4) \right\rangle = 2 \ln 11 - \frac{82}{11}.$$

Terminiamo con l'analisi dell'origine. Sostituendo il punto $\mathbf{x}^1$ nel gradiente si ricava $\nabla f(\mathbf{x}^1) = \mathbf{0}$; quindi l'origine è un punto stazionario con matrice Hessiana

$$H_f(\mathbf{x}^1) = \begin{pmatrix} 0 & -1 \\ -1 & 0 \end{pmatrix}.$$

Essendo il determinante negativo ne segue che $H_f(\mathbf{x}^1)$ è indefinita e quindi l'origine non è né punto di massimo né punto di minimo. ∎

Soluzione dell'Esercizio 6.5.14. Il CE è tutto $\mathbb{R}$ ed il gradiente è

$$\nabla f(\mathbf{x}) = \begin{pmatrix} 2x_1 x_2^3 \\ \\ 3x_1^2 x_2^2 \end{pmatrix}$$

che si annulla in tutti i punti degli assi cartesiani. L'Hessiano è

$$H_f(\mathbf{x}) = \begin{pmatrix} 2x_2^3 & 6x_1 x_2^2 \\ \\ 6x_1 x_2^2 & 6x_1^2 x_2 \end{pmatrix}$$

il cui determinante

$$\det H_f(\mathbf{x}) = -24 x_1^2 x_2^4$$

risulta sempre non positivo su tutto il piano e sempre nullo in tutti i punti stazionari. Analizziamo la natura dei punti stazionari col metodo (3)-(a). Dato che sugli assi cartesiani la funzione vale

$$f(x_1, 0) = f(0, x_2) = 1;$$

studiamo la disequazione

$$f(\mathbf{x}) > 1.$$

Osserviamo che

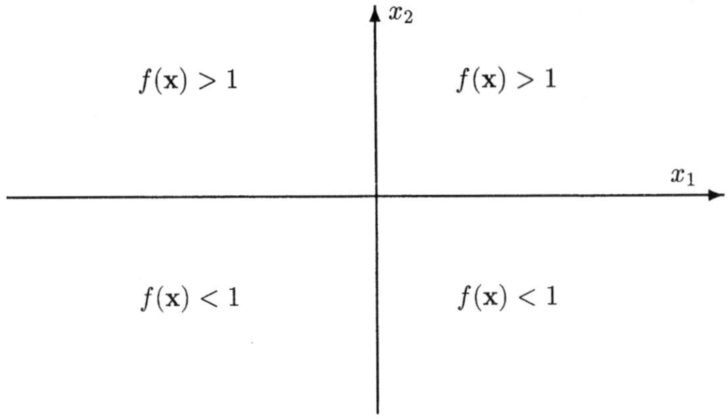

Figura 6.18: segno di $f(\mathbf{x}) = x_1^2 x_2^3 + 1$

- abbiamo $f(\mathbf{x}) > 1$ se e solo se $x_1^2 x_2^3 > 0$ cioè $x_2 > 0$ e $x_1 \neq 0$;
- abbiamo $f(\mathbf{x}) < 1$ se e solo se $x_1^2 x_2^3 < 0$ cioè $x_2 < 0$ e $x_1 \neq 0$.

Quindi dalla Figura 6.18 si ricava che (vedasi Figura 6.19)

- i punti $(0, x_2)$ con $x_2 > 0$ sono punti di minimo;

- i punti $(0, x_2)$ con $x_2 < 0$ sono punti di massimo;

- i punti $(x_1, 0)$ sono punti di sella. ∎

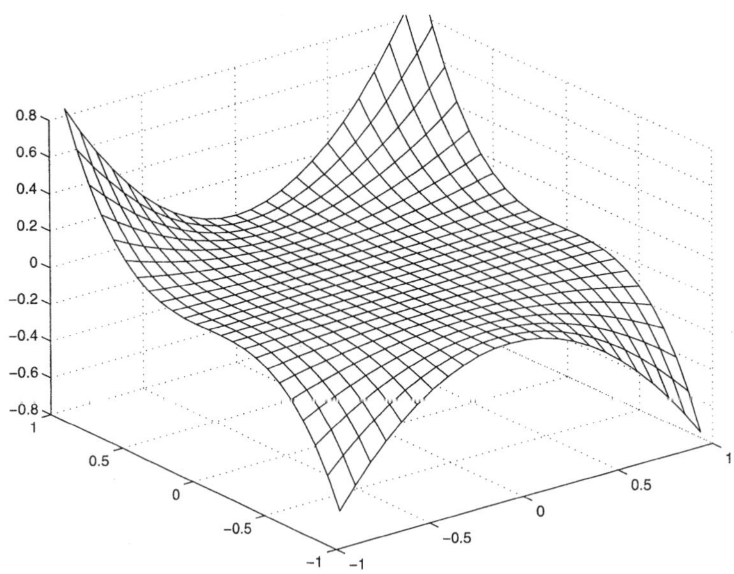

Figura 6.19: grafico di $f(\mathbf{x}) = x_1^2 x_2^3 + 1$

Soluzione dell'Esercizio 6.5.15. La funzione è continua e derivabile due volte su tutto $\mathbb{R}^2$. Quindi, per calcolare i massimi ed i minimi, si determinano innanzitutto i punti stazionari. Il gradiente di f è

$$\nabla f(\mathbf{x}) = \begin{pmatrix} 4x_1^3 - 4x_1 x_2 \\ \\ 4x_2^3 - 2x_1^2 \end{pmatrix}$$

e si deve risolvere il sistema

$$\begin{cases} 4x_1^3 - 4x_1x_2 = 0 \\ 4x_2^3 - 2x_1^2 = 0. \end{cases}$$

Dalla prima equazione si ricava

$$4x_1(x_1^2 - x_2) = 0$$

che si annulla o quando $x_1 = 0$ oppure quando $x_2 = x_1^2$.

Caso $x_1 = 0$. La seconda equazione diventa $4x_2^3 = 0$ e quindi un punto stazionario è $\mathbf{x}^1 = (0,0)$.

Caso $x_2 = x_1^2$. La seconda equazione diventa

$$0 = 4x_1^6 - 2x_1^2 = 2x_1^2(2x_1^4 - 1)$$

le cui soluzioni sono $x_1 = 0, \pm\sqrt[4]{\frac{1}{2}}$. Oltre al già trovato punto stazionario $\mathbf{x}^1$, si trovano i punti

$$\mathbf{x}^2 = \left(\sqrt[4]{\frac{1}{2}}, \sqrt{\frac{1}{2}}\right) \quad \text{e} \quad \mathbf{x}^3 = \left(-\sqrt[4]{\frac{1}{2}}, \sqrt{\frac{1}{2}}\right).$$

Calcoliamo la matrice Hessiana

$$H_f(\mathbf{x}) = \begin{pmatrix} 12x_1^2 - 4x_2 & -4x_1 \\ -4x_1 & 12x_2^2 \end{pmatrix}$$

e controlliamo la natura dei tre punti.

Punto $\mathbf{x}^1$. La matrice Hessiana diventa la matrice nulla e quindi non ci fornisce alcuna informazione. Proviamo con il metodo (2)-(b) considerando la restrizione di f alla bisettrice del primo e terzo quadrante, cioè lungo la retta di direzione $\mathbf{v} = (1,1)$. In tal caso si ha

$$f_{\mathbf{v}}(t) = f(\mathbf{x}^1 + t\mathbf{v}) = f(t,t) = 2t^4 - 2t^3$$

e controlliamo il comportamento di $f_{\mathbf{v}}$ nelle vicinanze dell'origine. Poiché

$$f'_{\mathbf{v}}(t) = 8t^3 - 6t^2 = t^2(8t - 6)$$

risulta negativa nelle vicinanze di $t = 0$ (escluso che in $t = 0$ dove si annulla), si ricava che $f_{\mathbf{v}}$ è decrescente e quindi $t = 0$ non è né punto di minimo né punto di massimo per $f_{\mathbf{v}}$. Perciò $\mathbf{x}^1$ è punto di sella.

Punto $\mathbf{x}^2$. La matrice Hessiana calcolata in $\mathbf{x}^2$ risulta

$$H_f(\mathbf{x}^2) = \begin{pmatrix} 8\sqrt{\frac{1}{2}} & -4\sqrt[4]{\frac{1}{2}} \\ -4\sqrt[4]{\frac{1}{2}} & 6 \end{pmatrix}$$

il cui determinante risulta

$$\det H_f(\mathbf{x}^2) = 6 \cdot 8\sqrt{\frac{1}{2}} - \left(-4\sqrt[4]{\frac{1}{2}}\right)^2 = 32\sqrt{\frac{1}{2}} > 0.$$

Quindi $H_f(\mathbf{x}^2)$ è definita e la sua traccia è

$$a_{1,1} + a_{2,2} = 8\sqrt{\frac{1}{2}} + 6 > 0.$$

Perciò $\mathbf{x}^2$ è punto di minimo locale con valore di minimo $f(\mathbf{x}^2) = -\frac{1}{4}$.

Punto $\mathbf{x}^3$. La matrice Hessiana calcolata in $\mathbf{x}^3$ risulta

$$H_f(\mathbf{x}^3) = \begin{pmatrix} 8\sqrt{\frac{1}{2}} & 4\sqrt[4]{\frac{1}{2}} \\ 4\sqrt[4]{\frac{1}{2}} & 6 \end{pmatrix}$$

il cui determinante risulta

$$\det H_f(\mathbf{x}^3) = \det H_f(\mathbf{x}^3) = 32\sqrt{\frac{1}{2}} > 0.$$

mentre la sua traccia è

$$a_{1,1} + a_{2,2} = 8\sqrt{\frac{1}{2}} + 6 > 0.$$

Perciò anche $\mathbf{x}^3$ è punto di minimo locale con valore di minimo $f(\mathbf{x}^3) = -\frac{1}{4}$. ∎

Soluzione dell'Esercizio 6.5.16. Il CE è tutto $\mathbb{R}^2$. Inoltre il gradiente è

$$\nabla f(\mathbf{x}) = \begin{pmatrix} x_2 e^{1+x_1x_2} \\ 2x_2 + x_1 e^{1+x_1x_2} \end{pmatrix}$$

mentre l'Hessiano risulta

$$H_f(\mathbf{x}) = \begin{pmatrix} x_2^2 e^{1+x_1x_2} & e^{1+x_1x_2} + x_1x_2 e^{1+x_1x_2} \\ e^{1+x_1x_2} + x_1x_2 e^{1+x_1x_2} & 2 + x_1^2 e^{1+x_1x_2} \end{pmatrix}.$$

I punti stazionari si trovano ponendo $\nabla f(\mathbf{x}) = 0$ ottendo il sistema

$$\begin{cases} x_2 e^{1+x_1x_2} = 0 \\ 2x_2 + x_1 e^{1+x_1x_2} = 0 \end{cases}$$

da cui segue

$$\begin{cases} x_2 = 0 \\ x_1 e^{1+x_1x_2} = 0 \end{cases}$$

e quindi l'unico punto stazionario è $\mathbf{x}_0 = (0,0)$. La sua natura (parte facoltativa) si trova sostituendo tale punto nell'Hessiano, scoprendo che

$$H_f(\mathbf{x}_0) = \begin{pmatrix} 0 & 1 \\ 1 & 2 \end{pmatrix}$$

è indefinita essendo il suo determinante $-1 < 0$. Ciò significa che il punto stazionario trovato non è né di massimo né di minimo. ∎

Soluzione dell'Esercizio 6.5.17. Il CE è $\mathbb{R}^2$, il gradiente è

$$\nabla f(\mathbf{x}) = \begin{pmatrix} x_2 e^{1+x_1x_2} \\ 1 + x_1 e^{1+x_1x_2} \end{pmatrix}$$

mentre l'Hessiano è

$$H_f(\mathbf{x}) = \begin{pmatrix} x_2^2 e^{1+x_1x_2} & e^{1+x_1x_2}(1 + x_1x_2) \\ e^{1+x_1x_2}(1 + x_1x_2) & x_1^2 e^{1+x_1x_2} \end{pmatrix}.$$

I punti stazionari si trovano ponendo $\nabla f(\mathbf{x}) = \mathbf{0}$, ottenendo il sistema

$$\begin{cases} x_2 e^{1+x_1x_2} = 0 \\ 1 + x_1 e^{1+x_1x_2} = 0 \end{cases}$$

da cui si ricava l'unico punto stazionario $\mathbf{x}_0 = \left(-\frac{1}{e}, 0\right)$. Sostituendo tale punto nell'Hessiano si ottiene

$$H_f(\mathbf{x}_0) = \begin{pmatrix} 0 & e \\ e & \frac{1}{e} \end{pmatrix}$$

che risulta indefinita in quanto il suo determinante è il numero negativo $-e^2$. Ciò significa che il punto stazionario trovato non è né di massimo né di minimo. ∎

Problemi di estremo vincolato

Soluzione dell'Esercizio 6.5.22. La regione ammissibile Q è un compatto che si può disegnare tracciando i grafici delle funzioni (provate a farlo per esercizio)

$$x_2 = \sqrt{\ln(5 - x_1^2)} \quad \text{e} \quad x_2 = -\sqrt{\ln(5 - x_1^2)}.$$

Essendo f continua, per il Teorema di Weierstrass, esistono massimo e minimo globale che determiniamo con il metodo di Kuhn–Tucker (in realtà, non essendoci vincoli di disuguaglianza ma solamente di uguaglianza il metodo si dice di Lagrange). I gradienti delle due funzioni sono

$$\nabla f(\mathbf{x}) = \begin{pmatrix} 2x_1 \\ 2x_2 \end{pmatrix} \quad \text{e} \quad \nabla h(\mathbf{x}) = \begin{pmatrix} \dfrac{2x_1}{5 - x_1^2} \\ 2x_2 \end{pmatrix}$$

e quindi il sistema diventa

$$\begin{cases} 2x_1 + \mu \dfrac{2x_1}{5 - x_1^2} = 0 \\ 2x_2 + 2\mu x_2 = 0 \\ x_2^2 - \ln(5 - x_1^2) = 0 \end{cases}$$

Dalla seconda equazione si ottengono due possibilità:

$$2x_2 + 2\mu x_2 = 0 \iff 2x_2(1 + \mu) = 0 \iff x_2 = 0 \quad \text{oppure} \quad \mu = -1.$$

Caso $x_2 = 0$. Dalla terza equazione si ricava

$$\ln(5 - x_1^2) = 0 \iff 5 - x_1^2 = 1 \iff x_1^2 = \pm 2.$$

Dalla prima ricaviamo il moltiplicatore $\mu = -1$; quindi abbiamo determinato due punti stazionari $\mathbf{x}^1 = (2, 0)$ e $\mathbf{x}^2 = (-2, 0)$.

Caso $\mu = -1$. Dalla prima equazione otteniamo

$$2x_1 - \mu \frac{2x_1}{5 - x_1^2} = 0 \iff 2x_1\left(1 - \mu \frac{1}{5 - x_1^2}\right) = 0 \iff x_1 = 0 \quad \text{oppure} \quad x_1 = \pm 2.$$

Il caso $x_1 = \pm 2$ riconduce ai punti stazionari precedentemente trovati, mentre $x_1 = 0$ sostituito nella terza equazione produce due nuovi punti stazionari $\mathbf{x}^3 = (0, \sqrt{\ln 5})$ e $\mathbf{x}^4 = (0, -\sqrt{\ln 5})$.

Sostituiamo tali valori nella funzione obiettivo ottenendo

$$f(\mathbf{x}^1) = f(\mathbf{x}^2) = 4 \qquad \text{e} \qquad f(\mathbf{x}^3) = f(\mathbf{x}^4) = \ln 5.$$

Quindi $\mathbf{x}^1$ e $\mathbf{x}^2$ sono punti di massimo mentre $\mathbf{x}^3$ e $\mathbf{x}^4$ sono punti di minimo. ■

Soluzione dell'Esercizio 6.5.23. Il problema in forma standard è

$$\begin{cases} \max / \min f(\mathbf{x}) = x_1^3 - 3x_1^2 + x_2 \\ g_1(\mathbf{x}) = -x_1 \leq 0 \\ g_2(\mathbf{x}) = x_1 - 2 \leq 0 \\ g_3(\mathbf{x}) = -x_2 \leq 0 \\ g_4(\mathbf{x}) = x_2 - 2 \leq 0 \end{cases}$$

ed i gradienti delle funzioni sono

$$\nabla f(\mathbf{x}) = \begin{pmatrix} 3x_1^2 - 6x_1 \\ 1 \end{pmatrix}, \; \nabla g_1(\mathbf{x}) = \begin{pmatrix} -1 \\ 0 \end{pmatrix}, \; \nabla g_2(\mathbf{x}) = \begin{pmatrix} 1 \\ 0 \end{pmatrix}, \; \nabla g_3(\mathbf{x}) = \begin{pmatrix} 0 \\ -1 \end{pmatrix}, \; \nabla g_4(\mathbf{x}) = \begin{pmatrix} 0 \\ 1 \end{pmatrix}.$$

Quindi la condizione necessaria di Kuhn–Tucker diventa

$$\begin{cases} 3x_1^2 - 6x_1 - \lambda_1 + \lambda_2 = 0 \\ 1 - \lambda_3 + \lambda_4 = 0 \\ -\lambda_1 x_1 = 0 \\ \lambda_2(x_1 - 2) = 0 \\ -\lambda_3 x_2 = 0 \\ \lambda_4(x_2 - 2) = 0 \\ -x_1 \leq 0 \\ x_1 - 2 \leq 0 \\ -x_2 \leq 0 \\ x_2 - 2 \leq 0 \end{cases} \tag{6.8}$$

con

$\lambda_i \geq 0$ per il punto di massimo,

$\lambda_i \leq 0$ per il punto di minimo.

Facoltativo. Osserviamo che, grazie al teorema di Weierstrass esistono massimo e minimo. Come determinarli? Poiché la regione ammissibile è un quadrato e la funzione obiettivo e la somma di due funzioni, una nella variabile x_1 (l'addendo è $x_1^3 - 3x_1^2$) l'altra nella variabile x_2 (l'addendo è semplicemente x_2), possiamo ragionare in due maniere come nell'Esercizio 6.5.21. Iniziamo con l'uso del sistema (6.8). Analizziamo i quattro casi (corrispondenti ai quattro lati del quadrato privati degli estremi).

1. **Lato** $\{0\} \times (0, 2)$**.** È il caso in cui $g_1(\mathbf{x}) = 0$ e gli altri tre vincoli valgono con il minore stretto: in tal caso i moltiplicatori λ_2, λ_3 e λ_4 sono nulli ed il sistema (6.8) semplificato diventa

$$\begin{cases} -\lambda_1 = 0 \\ 1 = 0 \\ x_1 = 0 \\ 0 < x_2 < 2. \end{cases}$$

   Dalla seconda equazione si ricava che il sistema è impossibile.

2. **Lato** $\{2\} \times (0, 2)$**.** È il caso in cui $g_2(\mathbf{x}) = 0$ e gli altri tre vincoli valgono con il minore stretto: in tal caso i moltiplicatori λ_1, λ_3 e λ_4 sono nulli ed il sistema (6.8) semplificato diventa

$$\begin{cases} \lambda_2 = 0 \\ 1 = 0 \\ x_1 = 2 \\ 0 < x_2 < 2. \end{cases}$$

   Nuovamente dalla seconda equazione ricaviamo che il sistema è impossibile.

3. **Lato** $(0,2) \times \{0\}$. È il caso in cui $g_3(\mathbf{x}) = 0$ e gli altri tre vincoli valgono con il minore stretto: questa volta sono nulli i moltiplicatori λ_1, λ_2 e λ_4 ed il sistema (6.8) semplificato diventa

$$\begin{cases} 3x_1^2 - 6x_1 = 0 \\ 1 - \lambda_3 = 0 \\ 0 < x_1 < 2 \\ x_2 = 0. \end{cases}$$

Questa volta dalla prima equazione si ricava che le uniche possibili soluzioni sono $x_1 = 0$ e $x_1 = 2$ che sono incompatibili con la terza disuguaglianza. Nuovamente il sistema è impossibile.

4. **Lato** $(0,2) \times \{2\}$. È l'ultimo caso in cui $g_4(\mathbf{x}) = 0$ e gli altri tre vincoli valgono con il minore stretto. In tal caso i moltiplicatori λ_1, λ_2 e λ_3 sono nulli ed il sistema (6.8) semplificato diventa

$$\begin{cases} 3x_1^2 - 6x_1 = 0 \\ 1 + \lambda_4 = 0 \\ 0 < x_1 < 2 \\ x_2 = 2. \end{cases}$$

L'impossibilità del sistema si deduce in maniera analoga al caso precedente.

Restano allora i 4 vertici

$$\mathbf{x}^1 = (0,0), \quad \mathbf{x}^2 = (2,0), \quad \mathbf{x}^3 = (0,2), \quad \mathbf{x}^4 = (2,2)$$

che confrontiamo direttamente:

$$f(\mathbf{x}^1) = 0, \quad f(\mathbf{x}^2) = -4, \quad f(\mathbf{x}^3) = 2, \quad f(\mathbf{x}^4) = -2.$$

Quindi il massimo è raggiunto in $\mathbf{x}^3 = (0,2)$ ed il minimo in $\mathbf{x}^2 = (2,0)$.

Passiamo ora al metodo alternativo. Essendo la regione un quadrato e la funzione scrivibile come somma di due funzioni, una dipendente solo da x_1 e l'altra dipendente solo da x_2, le variabili sono tra loro indipendenti (si veda l'Esercizio 6.5.21 e la Faccina 6.5.7). Quindi il massimo (rispettivamente il minimo) si ottiene massimizzando (minimizzando)

$$f_1(x_1) = x_1^3 - 3x_1^2$$

sull'intervallo $[0,2]$ e massimizzando (minimizzando) la funzione

$$f_2(x_2) = x_2$$

sull'intervallo $[0,2]$. Nel primo caso si ha (lasciamo i calcoli al lettore)

$$\max_{x_1 \in [0,2]} f_1(x_1) = f_1(0) = 0 \quad \text{e} \quad \min_{x_1 \in [0,2]} f_1(x_1) = f_1(2) = -4;$$

nel secondo caso si ha

$$\max_{x_2 \in [0,2]} f_2(x_2) = f_2(2) = 2 \quad \text{e} \quad \min_{x_2 \in [0,2]} f_2(x_2) = f_2(0) = 0.$$

Quindi il massimo si ha nel punto $(0,2)$ ed il minimo in $(2,0)$. ∎

Soluzione dell'Esercizio 6.5.24. Il CE è

$$CE(f) = \{\mathbf{x} \in \mathbb{R}^2 \ : \ x_2 \neq 0\}$$

dove f è derivabile due volte con gradiente

$$\nabla f(\mathbf{x}) = \begin{pmatrix} 2\dfrac{x_1}{x_2} \\ \\ -\dfrac{x_1^2}{x_2^2} \end{pmatrix}$$

ed Hessiano

$$H_f(\mathbf{x}) = \begin{pmatrix} \dfrac{2}{x_2} & -2\dfrac{x_1}{x_2^2} \\ & \\ -2\dfrac{x_1}{x_2^2} & 2\dfrac{x_1^2}{x_2^3} \end{pmatrix}.$$

La restrizione è

$$f_{\mathbf{v}}(\mathbf{x}^0) = f(\mathbf{x}^0 + t\mathbf{v}) = f(1+t, 1+3t) = \frac{(1+t)^2}{1+3t}$$

e la derivata direzionale risulta

$$\frac{\partial f}{\partial \mathbf{v}}(\mathbf{x}^0) = \langle \nabla f(\mathbf{x}^0), \mathbf{v} \rangle = \langle (2,-1), (1,3) \rangle = -1.$$

Impostiamo il problema

$$\begin{cases} \max / \min f(\mathbf{x}) = \dfrac{x_1^2}{x_2} \\ \\ g_1(\mathbf{x}) = -x_1 \leq 0 \\ g_2(\mathbf{x}) = -x_2 + 1 \leq 0 \\ g_3(\mathbf{x}) = x_1 + x_2 - 3 \leq 0. \end{cases}$$

I gradienti dei vincoli sono

$$\nabla g_1(\mathbf{x}) = \begin{pmatrix} -1 \\ 0 \end{pmatrix} \quad \nabla g_2(\mathbf{x}) = \begin{pmatrix} 0 \\ -1 \end{pmatrix} \quad \nabla g_3(\mathbf{x}) = \begin{pmatrix} 1 \\ 1 \end{pmatrix}$$

e la condizione necessaria diventa

$$\begin{cases} 2\left(\dfrac{x_1}{x_2}\right) - \lambda_1 + \lambda_3 = 0 \\ \\ -\left(\dfrac{x_1}{x_2}\right)^2 - \lambda_2 + \lambda_3 = 0 \\ \\ -\lambda_1 x_1 = 0 \\ -\lambda_2(x_2 - 1) = 0 \\ \lambda_3(x_1 + x_2 - 3) = 0 \\ -x_1 \leq 0 \\ -x_2 + 1 \leq 0 \\ x_1 + x_2 - 3 \leq 0. \end{cases}$$

Lasciamo i calcoli al lettore e cerchiamo di seguire quanto dicono i due personaggi.

MC: Non ho proprio voglia di fare tutti i casi.

FG: Neanche io. Dovremmo vedere se il gradiente si annulla in punti interni al triangolo e poi analizzare il comportamento lungo i tre lati.

MC: E poi, ci scommetterei, che il massimo oppure il minimo (oppure entrambi) si trovano sui vertici. Bisogna escogitare qualcosa.

FG: Purtroppo non è come nell'Esercizio 6.5.21 dove la regione ammissibile era un quadrato e quindi le due variabili erano indipendenti. In questo caso è un triangolo e la scelta della x_1 influenza la scelta di x_2 (e viceversa). Però potremmo essere fortunati.

MC: Guardiamo. Innanzitutto la funzione è sempre non negativa e si annulla sul lato $x_1 = 0$: quindi su tale lato assume il valore di minimo.

FG: Benissimo, intanto abbiamo calcolato il minimo che si raggiunge in tutti i punti del tipo $(0, x_2)$ con $x_2 \in [1, 3]$. Per quanto riguarda il massimo, teoricamente, questo è raggiunto quando il numeratore è massimo ed il denominatore è minimo.

⚠ **Pericolo 6.6.2** Questo ultimo ragionamento, piuttosto poco formale, va bene solamente per il fatto che sia il numeratore che il denominatore sono non negativi e che dipendono da variabili diverse. Senza alcuna informazione sul segno degli elementi della frazione o se una variabile compariva sia a numeratore che a denominatore non avremmo potuto dire nulla.

Il massimo per x_1 è 2 mentre il minimo per la x_2 è 1.

MC: Che fortuna! Il punto $(2, 1)$ appartiene al triangolo e quindi è il punto di massimo.

FG: Siamo stati fortunati, ma purtroppo non sempre sarà così. ∎